Machado e Rosa
Leituras Críticas

Machado e Rosa
~ Leituras Críticas ~

Marli Fantini
(org.)

Ateliê Editorial

Copyright © 2010 dos autores

Direitos reservados e protegidos pela Lei 9.610 de 19 de fevereiro de 1998.
É proibida a reprodução total ou parcial sem autorização, por escrito, da editora.

Dados Internacionais de Catalogação na Publicação (CIP)
(Câmara Brasileira do Livro, SP, Brasil)

Machado e Rosa: Leituras Críticas / Marli Fantini, (org.). – Cotia, SP: Ateliê Editorial, 2010.

ISBN: 978-85-7480-508-5
Vários autores

1. Assis, Machado de, 1839-1908 – Crítica e interpretação 2. Ficção brasileira 3. Rosa, Guimarães, 1908-1967 – Crítica e interpretação I. Fantini, Marli.

10-06190   CDD-869.9309

Índices para catálogo sistemático:
1. Ficção: Literatura brasileira: História e Crítica   869.9309

Direitos reservados à
ATELIÊ EDITORIAL
Estrada da Aldeia de Carapicuíba, 897
06709-300 – Granja Viana – Cotia – SP
Telefax: (11) 4612-9666
www.atelie.com.br
atelie@atelie.com.br

Printed in Brazil   2010
Foi feito o depósito legal

SUMÁRIO

Agradecimentos 13
Apresentação – *Marli Fantini* 15

MACHADO DE ASSIS: O FASCÍNIO POR NAPOLEÃO E ALENCAR

1. Era no Tempo de Napoleão 23
   SILVIANO SANTIAGO

2. O Olhar Assombrado do Menino Heine para Napoleão:
   A Fascinação de Machado por Alencar 35
   ÂNGELA MARIA ROSSAS MOTA DE GUTIÉRREZ

MELANCOLIA, TRAGÉDIA E TESTEMUNHO EM ROSA

3. A Melancolia em *A Terceira Margem do Rio* 45
   JAIME GINZBURG

4. *Grande Sertão: Veredas* como Gesto Testemunhal
   e Confessional 49
   MÁRCIO SELIGMANN-SILVA

5. Guimarães Rosa e o Testemunho 65
   MARLI FANTINI

O LEGADO DE MACHADO E ROSA

6. Machado e Rosa: Um Olhar Além de seu Tempo 83
   EDUARDO F. COUTINHO

7. O Legado de Machado de Assis 91
   VERA LÚCIA FOLLAIN DE FIGUEIREDO

8. O Percurso Literário de Machado de Assis:
   Amplificação ou Redução? 103
   ANA MARIA CLARK PERES

9. Metamorfoses do Narrador nos Romances Iniciais
   de Machado de Assis 113
   MARCOS ROGÉRIO CORDEIRO

ROSA E MACHADO: LEITORES LIDOS E RECORTADOS

10. A História na Estória 125
    MARIA LUÍZA RAMOS

11. Por Linhas Tortas 131
    BENJAMIN ABDALA JUNIOR

12. O Homem Recortado 143
    MYRIAM ÁVILA

TRADUÇÃO E (NÃO) TRADUÇÃO EM MACHADO E ROSA

13. João & Harriet (Notas sobre um Diálogo Intercultural) 153
    SANDRA GUARDINI T. VASCONCELOS

14. Uma Vocação em Busca de Línguas: Notas sobre as
    (Não) Traduções de Machado de Assis 163
    HÉLIO DE SEIXAS GUIMARÃES

15. Rosa e Machado: Problemas de Tradução 173
    ELIANA AMARANTE DE MENDONÇA MENDES

OLHARES E ESPELHOS

16. Simplicidade do Olhar 191
    HELOÍSA VILHENA DE ARAÚJO

17. Oblíquos Reflexos: Guimarães Rosa, Leitor
    de Machado de Assis 215
    SUSANA KAMPFF LAGES

18. Olhares Fotográficos Cruzando-se n'*O Espelho*:
    Machado de Assis e Guimarães Rosa 223
    THOMAS STRÄTER

19. Presença Inquietante: Espelho de Machado 235
    EDUARDO STERZI

20. O Olhar Plástico de Guimarães Rosa 247
    ODALICE DE CASTRO SILVA

ESPAÇO E COR LOCAL

21. Machado de Assis e a Cor Local 259
    JOSÉ LUÍS JOBIM

22. Sertão-lugar, Sertão-espaço: Interface Poética 265
    CLEONICE PAES BARRETO MOURÃO

23. A Rua do Ouvidor e o Beco na Escrita Machadiana 271
    IVETE WALTY

BIBLIOTECA, MITOLOGIA, OBJETOS DO DESEJO,
CONTATO E DESVIO EM MACHADO DE ASSIS

24. Machado de Assis, Escritor do Rio da Prata:
    Duas Hipóteses Contraditórias 283
    PABLO ROCCA

25. Pequeno Dicionário de Sedução: O Lugar dos Objetos
    na Vivência do Amor 297
    FERNANDA COUTINHO

26. Elogio das Ambiguidades: Para uma Mitologia
    Machadiana na América Latina 307
    BIAGIO D'ANGELO

27. Como Fazer Original o que É Comum, e Novo
    o que Morre de Velho ou Singular Ocorrência:
    Ponto de Contato e Ponto de Desvio de
    Certa Ficção Machadiana 315
    RENATO CORDEIRO GOMES

TENSÕES ESPACIAIS NA MODERNIDADE DE MACHADO E ROSA

28. As Cidades (In)Visíveis de Machado de Assis e Guimarães Rosa. Duas Variações sobre o Tema da Tragédia Moderna 325
ROBERTO MULINACCI

29. A *Polis* como Exceção: Ambiguidades e Tensões Trágicas em Machado e Rosa... 339
ROBERTO VECCHI

30. Escritas do Espaço: Machado de Assis e Guimarães Rosa 353
LUÍS ALBERTO BRANDÃO

INTERLOCUÇÕES: MACHADO E ROSA

31. A Loucura Padecente de Minas Gerais nas Obras de Machado de Assis e Guimarães Rosa 361
FÁBIO LUCAS

32. Rosa, Machado e os Limites do Humano...................... 373
MARIA ESTHER MACIEL

33. Machado de Assis e Guimarães Rosa: Construção Poética e Utopia 383
VERA BASTAZIN

LEITURAS ROSIANAS

34. Meu Tio o Iauaretê: A Biografia Impossível.................... 395
EVELINA HOISEL

35. Guimarães Rosa e a Filosofia da Linguagem: Xenofilia e Hospitalidade 405
OLGÁRIA MATOS

36. Narrativas da Infidelidade em *Sagarana*, de Guimarães Rosa...... 429
REGINA ZILBERMAN

37. O Avesso da Linguagem em *Grande Sertão: Veredas* 441
EDNA MARIA F. S. NASCIMENTO

38. Dito e Miguilim ou os Dois Usos da Linguagem................. 453
    LÉLIA PARREIRA DUARTE

39. Num Aliso de Vereda, Eu Vi o Rio: Imagens do *Grande Sertão* 463
    FABIANA B. CARELLI MARQUEZINI e JÚLIO CÉSAR BORGES BOMFIM

O DIABO EM *GRANDE SERTÃO: VEREDAS*

40. O Diabo e a Inquisição: Repercussões em
    Grande Sertão: Veredas 481
    SUZI FRANKL SPERBER

41. A Função Luciférica da Linguagem: *Grande Sertão: Veredas*
    à Luz da *História do Diabo* de Vilém Flusser................... 493
    WILLI BOLLE

AGRADECIMENTOS

Agradecemos veemente às seguintes instituições:

CAPES (Coordenação de Aperfeiçoamento de Pessoal de Nível Superior) pela concessão de recursos (para a realização do evento Congresso Internacional de Dois Imortais: Machado de Assis e Guimarães Rosa), parte dos quais foram utilizados para a publicação deste livro.

CNPq (Conselho Nacional de Desenvolvimento Científico e Tecnológico) pela bolsa de produtividade de pesquisa, graças à qual foi-nos possível produzir este livro.

FAPEMIG (Fundação de Amparo à Pesquisa do Estado de Minas Gerais) pela concessão da Bolsa Pesquisador Mineiro que possibilitou, dentre outros investimentos materiais e simbólicos em pesquisa, realizar a editoração deste livro.

APRESENTAÇÃO

Qual o sentido e qual o interesse de figurarem, num mesmo volume, leituras críticas voltadas para a obra de Machado de Assis e, respectivamente, a de Guimarães Rosa, escritores cujas produções literárias despontaram em séculos e contextos diferenciados? Excetuando-se o lugar-comum de ambos ocuparem lugar exponencial na literatura, bem como na Academia Brasileira de Letras, e de se ter comemorado, em 2008, o duplo centenário dos dois, ou mais precisamente, da morte de um e do nascimento do outro, resta reafirmar a potência criadora e a imortalidade literária, qualidades patentes dos dois escritores. Homens de seu século e de seu país, sem se deixarem, contudo, circunscrever a limitações de tempo e espaço, os dois escritores brasileiros, nacional e internacionalmente reconhecidos por reinventariar, revigorar e mesmo renovar a literatura em língua portuguesa, souberam dialogar criativamente com seus predecessores e deixar um legado para a posteridade. Graças a estas e outras qualidades, Machado e Rosa patenteiam-se como grandes clássicos de nossa literatura.

Por que as obras de tais escritores são, a seu tempo e muito depois dele, consagradas como clássicas? Ora, clássica é aquela obra que, mais do que nos ensinar algo que não sabíamos, tem a potência de provocar a descoberta de algo que os leitores já sabiam ou acreditavam saber. Quem o afirma é Ítalo Calvino que identifica na obra clássica o "equivalente do universo". Dotada de tais propriedades, a literatura clássica é aquela que nunca termina de dizer o que tinha para dizer, deixando sempre em aberto suas virtualidades criativas. Como discernir um clássico?, indagamo-nos juntamente com Calvino, que, sem relutar, já nos oferece a resposta, em seu livro *Por que Ler os Clás-*

sicos: "Um clássico é uma obra que provoca incessantemente uma nuvem de discursos sobre si"[1]. Homens de cultura exemplar que põem suas pesquisas e sua sabedoria em circulação tornam-se admiráveis. Escondidos na modéstia e discrição de quem não alardeia conhecimento, escritores clássicos são aqueles que desencadeiam em torno de si essa nuvem de discursos críticos de que fala Calvino, além de atrair uma gama de admiradores que, desejando partilhar de sua erudição, buscam, por trás das nuvens, a chave da genialidade, qualidade recorrentemente atribuída a autores clássicos.

Nesse sentido, valeria a pena registrar parte da entrevista concedida por Guimarães Rosa ao crítico alemão, Gunther Lorenz, no efervescente contexto do Primeiro Congresso de Escritores Latino-Americanos, realizado em Gênova, em janeiro de 1965. Tendo o entrevistador reconhecido a genialidade de Rosa, este, escritor-crítico consciente de seu árduo fazer literário, refuta veementemente sua condição de gênio em favor de seu conhecido investimento na elaboração do verbo: "Genialidade, sei... Eu diria: trabalho, trabalho e trabalho!"[2]

A capacidade de dar visibilidade a potencialidades não-realizadas; de agenciar novas redes de sentido; de conciliar experiência e discurso – sem perder de vista a coexistência contraditória entre essas duas instâncias – são atributos em que justamente se encaixa o perfil intelectual de Rosa, escritor cujas obras se patenteiam, em diferentes tempos e distintas formas de recepção, sempre novas, inesperadas, inéditas. Homem de cultura exemplar, pesquisador contumaz desde muito jovem, Guimarães Rosa soube, como raros escritores, conciliar sua reconhecida inventividade com uma obstinada pesquisa a fontes da mais diversificada procedência, aplicando-se, ademais, à permanente e disciplinada aprendizagem de diversos idiomas. A par de suas pesquisas, ele deteve-se continuamente no esforço de depurar, refinar e potencializar a língua que dá suporte a sua obra literária. O ineditismo de suas construções sintáticas, a mescla vocabular, a revitalização de palavras gastas, o aproveitamento de virtualidades fônicas tanto do português quanto de outros idiomas, entre outros procedimentos, revelam um escritor empenhado em surpreender e adotar, em sua textura poética, formações linguísticas singulares, oriundas de várias temporalidades e de diferentes usos,

---

1. Ítalo Calvino, *Por que Ler os Clássicos*, trad. Nilson Moulin, São Paulo, Companhia das Letras, 1991, p. 12.
2. João Guimarães Rosa, "Diálogo com Guimarães Rosa", *Ficção Completa*, 2 v., Rio de Janeiro, Nova Aguilar, 1994, p. 46, vol. 1.

visando, dessa forma, aproximar sua língua do original divino ideal e atingir, assim, um ideal de inteligibilidade universal a que aspiram os tradutores e suas traduções.

Ademais da nuvem de discursos que um clássico provoca incessantemente sobre si, também os discursos críticos, empenhados em melhor ler, refletir e gerar novas reflexões sobre as obras clássicas, recorrentemente alimentam leituras renovadas, a tecer a rede de recepção que não apenas canoniza, mas também profana as obras clássicas, possibilitando-lhes, assim, sempre atualizar-se e, por conseguinte, dotar-se de novos ares e sopros de vida. Esse é um circuito apto a renovar a potência de tais obras que, desse modo, continuam suscitando novas indagações. Ainda capaz de desencadear novas articulações, tal circuito desponta como um dos agenciadores da incomensurável fortuna crítica de grandes escritores, como Machado e Rosa, autores enfocados nesta coletânea de artigos e ensaios.

Mas o que dizer de Machado? O que o diferencia? Uma resposta possível poderia ser buscada com Carlos Fuentes, escritor-crítico mexicano, que lastima o fato de a literatura hispano-americana não ter tido, no século XIX, um único escritor com a estatura de Machado de Assis, o que só iria compensar-se no século XX com a obra de Jorge Luis Borges[3]. A par desse tributo ao Bruxo do Cosme Velho, Fuentes salienta que a ele se deveria atribuir a reescrita póstuma de quase toda uma tradição canônica, que este teria desconstruído para depois reconstruir, sob o conúbio da pena da galhofa com a tinta da melancolia. Endossando a feliz percepção de Fuentes, é inegável que Machado, em afinidade com seu defunto autor, logrou, sob o incomensurável desdém dos finados, satirizar toda um intocável cânone literário, histórico, filosófico e político, dialogando com elegância e insubmissão com seus predecessores. Coube-lhe, portanto, inaugurar, junto com a aurora de nossa independência política, uma nova literatura, inserindo-a na tradição ocidental e conferindo-lhe, ao mesmo tempo, a carta de alforria que a coloca em consonância com o espírito renovador e emancipador da modernidade ocidental.

Essa coletânea resulta da convergência (e divergência) de vozes que se pronunciaram sob uma renovada perspectiva a partir, sobretudo, do contexto do centenário de dois dos mais relevantes criadores da literatura brasileira. Nela, os leitores terão a oportunidade de acompanhar o percurso da recepção

---

3. Carlos Fuentes, "O Milagre de Machado de Assis", Caderno Mais!, *Folha de S. Paulo*, São Paulo, 21 nov. 1999, p. 9.

crítica à obra dos dois autores, a qual, a despeito de lhe conferir canonicidade e de lhe realimentar a fortuna crítica, não se deixa deter, produzindo novos enquadramentos e inflexões. Tal propriedade mostra-se por si só suficiente para justificar novos estudos críticos sobre Machado e Rosa, no pós-centenário (morte de um e nascimento do outro). Paradoxalmente, é essa discronia que os torna contemporâneos. Vale dizer: Machado de Assis e Guimarães Rosa são escritores contemporâneos precisamente por não coincidirem inteiramente com seu tempo, nem se adequarem de forma estreita a suas normas e exigências, caminhando nesse sentido na mão dupla que os faz simultaneamente atuais e extemporâneos em relação a seus respectivos presentes.

Todavia, é justamente em razão desse deslocamento e desse anacronismo que, mais do que outros, os dois escritores foram capazes de perceber, apreender e traduzir seu tempo, deixando-lhe os paradigmas em aberto para serem revistos no devir, em outros devires. A capacidade de ser contemporâneo é surpreendida por Agamben, segundo o qual por mais que odeie seu tempo, o homem inteligente sabe que não pode fugir dele. Isto é: a não-coincidência e a discronia não significam que contemporâneo seja aquele nostálgico que se sente mais ajustado ou feliz em outro tempo ou aquele deslocado que quer fugir para outros lugares. Guardando esse sentido, é legítimo constatar que Machado foi contemporâneo de ideias francesas, da estética italiana ou do mundo dos gregos sem ter, contudo, saído de seu Rio de Janeiro, a não ser para uma breve estada em Teresópolis. Em "Instinto de Nacionalidade", um Machado extremamente contemporâneo tomava posições estranhas à crítica e à literatura de seu tempo, mas, ao mesmo tempo nodais para o deslocamento de perspectivas que uma e outra iriam doravante adotar. Nas inapagáveis palavras dele,

> Não há dúvida que uma literatura, sobretudo uma literatura nascente, deve principalmente alimentar-se dos assuntos que lhe oferece a sua região; mas não estabeleçamos doutrinas tão absolutas que a empobreçam. O que se deve exigir do escritor, antes de tudo, é certo sentimento íntimo, que o torne homem do seu tempo e do seu país, ainda quando trate de assuntos remotos no tempo e no espaço. Um notável crítico da França, analisando há tempos um escritor escocês, Masson, com muito acerto dizia que do mesmo modo que se podia ser bretão sem falar sempre do tojo, assim Masson era bem escocês, sem dizer palavra do cardo, e explicava o dito acrescentando que havia nele um *scotticismo* interior, diverso e melhor do que se fora apenas superficial[4].

---

4. J. M. Machado de Assis, "Instinto de Nacionalidade", *Crítica*, em *Obras Completas*, 3 v., Rio de Janeiro, Nova Aguilar, 1992, pp. 801-802.

Quanto a Guimarães Rosa que foi diplomata no Brasil e no exterior, leitor e viajante contumaz, foi-lhe possível, pelo verbo criador, reconfigurar o sertão mineiro num cenário onde se pudesse reconhecer qualquer território referencial ou imaginário do universo. Em sua conhecida entrevista a Gunther Lorenz, Rosa declara que leva o sertão dentro de si e estabelece paradoxal parentesco extemporâneo e distópico entre si e escritores europeus – Goethe, Dostoievski, Unamuno e Balzac quando os declara tão sertanejos como ele próprio. Enfim, um modo paradoxal, embora na justa medida, de se agenciar a convergência de afinidades eletivas, estas sim modelarmente contemporâneas. O que, enfim, nos levará a reconhecer, com Agamben, que a contemporaneidade é "uma singular relação com o próprio tempo, que adere a este e, ao mesmo tempo, dele toma distâncias; mais precisamente, essa é a relação com o tempo que a este adere através de uma dissociação e um anacronismo"[5].

MARLI FANTINI

---

5. Giorgio Agamben, *O que É Contemporâneo? E Outros Ensaios,* trad. Vinícius Nicastro Honesko, Chapecó (SC), Argos, 2009, pp. 58-59.

MACHADO DE ASSIS: O FASCÍNIO POR NAPOLEÃO E ALENCAR

1.
ERA NO TEMPO DE NAPOLEÃO

SILVIANO SANTIAGO

> *O humorismo transcendente desconhece as limitações do mundo ético, está muito além do mal e do bem, pois cortou as amarras que o prendiam à solidariedade humana.*
>
> AUGUSTO MEYER, *Machado de Assis* (1935).

Ao narrar peripécias da infância, Brás Cubas dedica especial interesse às repercussões no Rio de Janeiro da primeira queda de Napoleão Bonaparte. A notícia é alvissareira para a maioria dos cortesãos e colonos, e o fato histórico ganha reverberações inesperadas por a família de Bragança ter-se provisoriamente instalado na capital da colônia desde 1808. Lemos no capítulo XII das *Memórias Póstumas de Brás Cubas* (1881), intitulado "Um Episódio de 1814": "A população, cordialmente alegre, não regateou demonstrações de afeto à real família; houve iluminações, salvas, *Te-Deum*, cortejo e aclamações". Sem qualquer alusão ao abalo causado pela derrota do intrépido Corso nos países europeus, o clima de festa – tanto na rua quanto na residência do herói – ocupa o capítulo nomeado e tem como epicentro o lauto jantar oferecido pelo pai. Ao banquetear em honra à derrota das tropas napoleônicas, a família Cubas esperava que "o ruído das aclamações chegasse aos ouvidos de Sua Alteza, ou quando menos, de seus ministros".

Uma pedra tinha sido atirada lá da França e ricocheteava nas águas tranquilas do distante lago brasileiro, repercutindo em círculos excêntricos. Há vida cosmopolita no Rio de Janeiro e, melhor, em romance escrito por brasileiro e publicado 59 anos depois da Independência do país.

Na Europa, o primeiro fracasso de Napoleão e o exílio na ilha de Elba foram tidos como catastróficos para o destino do Império. Profetizavam o retorno imediato dos Bourbon ao trono da França, dando início à Restauração, e prenunciavam o segundo exílio do ex-imperador, a acontecer na ilha de Santa Helena, onde morrerá em 1821. No Rio de Janeiro, então capital do Reino Unido de Portugal, Brasil e Algarves, a abdicação do Imperador europeu se anunciava no Paço Real como de bom tamanho para a Monarquia portuguesa, e, na calada da noite, talvez despertasse nos colonos revolucionários o desejo de retomar a luta pela independência do Brasil. *Liberdade, ainda que tardia*. O capítulo é omisso nesse particular. Não o será no tocante aos escravos africanos, como veremos.

O pai de Brás Cubas comporta-se como verdadeiro puxa-saco, já que nutre contra Napoleão "um ódio puramente mental", pois – como ainda observa o filho – "à força de persuadir os outros da nossa nobreza, acabara persuadindo-se a si próprio". Não era nobre, apresentava-se como tal. No terceiro capítulo do romance, intitulado "Genealogias", o leitor ficara sabendo que a família Cubas fora desde sempre movida pelo arrivismo, já que seu fundador na primeira metade do século XVIII, Damião, natural do Rio de Janeiro, era tanoeiro de ofício. E continua: "[...] teria morrido na penúria e na obscuridade, se somente exercesse a tanoaria. Mas não; fez-se lavrador, plantou, colheu, permutou o seu produto por boas e honradas patacas, até que morreu, deixando grosso cabedal a um filho, o licenciado Luís Cubas". A economia poupada na corte fora ao campo e, acumulada de dividendos, voltava ao centro urbano. Luís Cubas é o avô do menino Brás.

Afronta ao imperador deposto ou gesto de desagravo ao príncipe regente, o banquete na residência dos Cubas funcionaria como um passo a mais no caminho para a nobilitação do colono de descendência plebeia. Durante as festividades, ele se apresenta como fidalgo presuntivo. Eis a descrição dos preparativos:

> Veio abaixo toda a velha prataria, herdada do meu avô Luís Cubas; vieram as toalhas de Flandres, as grandes jarras da Índia; matou-se um capado, encomendaram-se às madres de Ajuda as compotas e marmeladas; lavaram-se, arearam-se, poliram-se as escadas, castiçais, arandelas, as vastas mangas de vidro, todos os aparelhos do luxo clássico.

Havia-se de colocar à vista da seleta sociedade de convidados os sinais ostensivos da riqueza familiar dos Cubas, já que a luta pelos títulos de nobreza tornara-se acirrada entre os nascidos na colônia brasileira.

Dois anos antes da queda de Napoleão, em 12 de julho de 1812, D. João VI agraciara Ana Francisca Maciel da Costa, viúva de Brás Carneiro Leão, com o título de Baronesa de São Salvador de Campos. Tratava-se do primeiro título concedido a brasileiro, ainda no período do Reino Unido de Portugal, Brasil e Algarves. Lembre-se que é a mesma senhora que dará início, em 1823, à nobreza propriamente brasileira. Foi feita por D. Pedro I Baronesa com Honras de Grandeza. Desvenda-se a trilha pela qual o velho Damião Cubas e seu descendente Luís, avô do privilegiado inventor do emplasto anti-hipocondríaco, estavam a caminhar. Mais evidente fica o desígnio secreto dos Cubas e de outros brasileiros de fortuna, se se levar em conta que a citada Baronesa se tornaria a primeira de uma gigantesca sequência de 986 titulares, que totalizarão 1 211 títulos concedidos nos 67 anos de Império.

Tudo teria passado segundo as exigências do nobre figurino em moda, se a brejeirice do menino Brás Cubas não pusesse a descoberto o arrebatamento passional do medido e lento Doutor Vilaça junto a Dona Eusébia, irmã do sargento-mor Domingues. Numa moita dos fundos da chácara, a diversão sexual dos apaixonados – descrita como mero "beijo" na linguagem pudica de Machado de Assis – acabou por perturbar as pompas do luxo provinciano, levando a família do banqueteador, os convivas e o leitor às gargalhadas. O próprio texto propicia uma leitura a contrapelo do magno episódio europeu. Portanto, são pelo menos dois os episódios que se passaram em 1814. A queda do Imperador é a rima rica para a *queda* de Dona Eusébia, acudida pelo Doutor Vilaça.

A convivência de assuntos diferentes e de dicções desencontradas opera significativo *desequilíbrio* na composição do capítulo "Um Episódio de 1814". Nos parágrafos de abertura, tem-se o tom nobre e altissonante, que serve para relatar as repercussões do acontecimento europeu junto ao seleto grupo de velhos e novos moradores da capital do Reino – os cortesãos, os senhores de boa situação financeira e os homens livres na ordem escravocrata. Na parte final do capítulo, tem-se o tom debochado e zombeteiro de fundo de chácara, que narra a sedução – ou a violação – de Dona Eusébia pelo Doutor Vilaça. À semelhança dos sistemas binários de computação e à imitação do narrador do romance, que levam a máquina textual a trabalhar com linguagem que avança na base de opostos e complementares, acrescente-se que o primeiro episódio e a dicção correspondente poderiam ter sido inspirados por romance de Stendhal[1], como *Le Rouge et le Noir* (1830), enquanto o segundo episódio e a dicção correspondente estariam bem próximos da "cena da pisadela e do beliscão", que abre em

---

1. O nome do autor francês aparece na primeira linha do texto romanesco. Ver a nota "Ao Leitor", assinada por Brás Cubas.

tom bandalho as *Memórias de um Sargento de Milícias* (1854-1855), de Manuel Antônio de Almeida[2].

Ao salientar referências literárias definidas por romances publicados além e aquém do oceano Atlântico, os dois episódios de 1814 apontam para um desequilíbrio maior na complexa escrita romanesca machadiana. Trata-se do abalroamento do acontecimento imprevisto da história *universal* (no sentido eurocêntrico que o adjetivo comportava então) contra a comédia de costumes local. As repercussões do acontecimento histórico irmanavam a todos na alegria da festa e conclamavam os presuntivos nobres brasileiros à "sede de nomeada" e ao exibicionismo nas festividades gastronômicas e etílicas. A comédia de costumes local se representa na verborragia dos letrados e nas camufladas fanfarronices sexuais dos militares e seus familiares na colônia, então em processo de *upgrade*. Como escreveu Manuel Antônio de Almeida, "Era no Tempo do Rei".

O desequilíbrio entre as partes do capítulo e as respectivas dicções tem como personagens intermediários tanto a figura do Doutor Vilaça, "glosador insigne que acrescentou aos pratos de casa o acepipe das musas", quanto o menino Brás Cubas, preterido no desejo de abocanhar certa compota de sua paixão pela enxurrada de glosas do poeta falastrão. Os antagonistas transitam entre os dois episódios de 1814. Ao fazer ecoar o fato histórico nas palavras poéticas, o Doutor Vilaça tromba no menino Brás Cubas. O mais velho não fecha a boca, enquanto o mais novo não pode abri-la. Acrescente-se que, ao desfiar todas as rimas de *tirano* e *usurpador*, o poeta Vilaça não perdera tempo e informara à seleta plateia que tinha sido comensal de Bocage no botequim do Nicola e discreteara com a Senhora Duquesa de Cadaval[3].

Diante do glosador do fato histórico, que abalroa o lauto banquete e leva Dona Eusébia à queda, a festa perde o primeiro plano da narrativa e relega ao segundo a gulodice do menino. Diante dos reclamos insisten-

---

2. O encontro de Leonardo, mascate em Lisboa, e Maria da Hortaliça, quitandeira das praças, se deu no navio que os levava ao Brasil. Lemos no primeiro capítulo do romance: "Ao sair do Tejo, estando a Maria encostada à borda do navio, o Leonardo fingiu que passava distraído por junto dela, e com o ferrado sapatão assentou-lhe uma valente pisadela no pé direito. A Maria, como se já esperasse por aquilo, sorriu-se como envergonhada do gracejo, e deu-lhe também em ar de disfarce um tremendo beliscão nas costas da mão esquerda". Nove meses depois, os efeitos da pisadela e do beliscão se tornariam evidentes, como, aliás, o *beijo* no romance machadiano.
3. Na filigrana do texto machadiano, pode-se aventar a hipótese de que a boa disposição sentimental de Dona Eusébia, irmã do sargento-mor, pudesse ter sido inspirada por interesse. O sedutor privava do salão da Duquesa. A Casa de Cadaval podia nomear os ouvidores, escrivães, inquiridores, contadores e outros cargos nas terras sob sua jurisdição.

tes deste ("bradei, berrei, bati com os pés"), o pai o expulsa do recinto, entregando-o aos cuidados duma escrava. Observa o menino, fornecendo a chave que irá ligar os dois episódios de 1814: "Não foi outro o delito do glosador: retardara a compota e dera causa à minha exclusão. Tanto bastou para que eu cogitasse uma vingança, qualquer que fosse, mas grande e exemplar, coisa que de alguma maneira o tornasse ridículo". Exclusão e vingança são velhas amigas no romance folhetinesco de Alexandre Dumas e estão na gênese jornalística do romance *O Vermelho e o Negro*, e aqui são responsáveis pelo troco em moeda de *brejeirice* que o menino dará aos destemperados machos e fêmeas da corte lusitana. Em duelo de capa e espada é que o adulto falastrão e o menino com água na boca transitam para a segunda cena do capítulo[4].

O desequilíbrio entre a dicção nobre e a dicção brejeira permanece na estrutura global do romance, mas com valor e peso invertidos, indiciando o tom a ser privilegiado pelo narrador, que é o do deboche. As comemorações fidalgas se perdem no próprio capítulo, ou seja, se esgotam na descrição do banquete e nas glosas poéticas do Doutor Vilaça, bem como no destaque dado ao espadim presenteado ao afilhado pelo tio militar. Já as consequências da *queda* de Dona Eusébia na moita da chácara perseguirão toda a primeira parte do romance. Repercutem inicialmente no capítulo XXV ("Na Tijuca"), para espocar nos capítulos XXX ("A Flor da Moita"), XXXII ("Coxa de Nascença") e XXXIII ("Bem-aventurados os que Não Descem"). Da pisadela e do beliscão, amorosamente trocados em 1814 na moita, nascerá Eugênia, a moça naturalmente coxa que, dezessete anos mais tarde, encantaria e decepcionaria os olhos de Brás Cubas, órfãos de mãe e já então europeizados.

Nada deveria impedir que a bela e meiga moça merecesse o beijo do moço Brás Cubas, a não ser que a sexualidade à flor da pele do rapaz fosse tolhida pela lembrança de outro e fértil "beijo", o dado por Vilaça em 1814. Diante da coxa Eugênia, observa Brás Cubas: "Tu, trêmula de comoção, com os braços nos meus ombros, a contemplar em mim o teu bem-vindo esposo, e eu com os olhos em 1814, na moita, no Vilaça, e a suspeitar que

---

4. Aliás, o menino é especialista em duelos movidos pela gulodice e pela vingança. Leia-se o segundo parágrafo do capítulo anterior, XI: "[...] um dia quebrei a cabeça de uma escrava, porque me negara uma colher de doce de coco que estava fazendo, e, não contente com o malefício, deitei um punhado de cinza ao tacho, e, não satisfeito da travessura, fui dizer à minha mãe que a escrava é que estragara o doce 'por pirraça' [...]". Nessa linha, havia-se de fazer leitura cuidadosa das relações de Brás Cubas com o moleque Prudêncio.

não podias mentir ao teu sangue, à tua origem". Seguindo de perto a trilha aberta, o leitor depara com nova reflexão do narrador, ainda inspirada pelo aleijão da jovem, e que bem se adequa ao desequilíbrio entre as partes nobre e popular do capítulo xii, redefinindo-o metaforicamente como a fatal instabilidade da vida em colônia: "Uns olhos tão lúcidos, uma boca tão fresca, uma compostura tão senhoril; e coxa! Esse contraste faria suspeitar que a natureza é às vezes um imenso escárnio. Por que bonita, se coxa? por que coxa, se bonita?"

Assim como a história escrita na Europa (por que universal, se colonial? por que colonial, se universal?), ou como o episódio de 1814 (por que nobre, se picaresco? por que picaresco, se nobre?), a flor da moita puxa a perna. Nas próprias palavras da moça: "sou coxa de nascença", e acrescenta o narrador – e também coxa de sangue e de origem. *A natureza é às vezes um imenso escárnio*. Em outras e nas mais ousadas palavras do romancista Machado de Assis: na história europeia no além-mar, tal como descrita no capítulo xii de *Memórias Póstumas*, os cortesãos lusitanos no Brasil e os colonos brasileiros não seríamos todos coxos de nascença?

A viajar em nossa direção, pode ser vislumbrada no horizonte oceânico do mesmo capítulo uma segunda pedra. Ela vem sendo irresponsavelmente jogada do continente africano no lago tranquilo das águas coloniais brasileiras, repercutindo em círculos excêntricos. Estes têm representado outra e mais feia e vergonhosa forma de instabilidade na vida social e econômica da colônia. Caso se puxe o desequilíbrio dramático do capítulo XII para a ponta ideológica do contexto colonial e se a envolva com a roupagem de célebre apólogo machadiano, o leitor percebe que a agulha napoleônica deixa de lado a linha fidalga luso-brasileira para puxar a linha do carretel angolano. Em concomitância com as festividades pela abdicação de Napoleão, anuncia-se a chegada ao porto do Rio de Janeiro de mais um grupo de cento e vinte exilados, no caso de escravos africanos. Também foram empurrados à vida em exílio no Brasil, só que antes tiveram as vidas negociadas por terceiros e viajarão acorrentados no porão dum navio negreiro. No momento escancaradamente debochado do capítulo, intervém certo sujeito ao pé do menino Brás Cubas. Ele passa a outro comensal

[...] notícia recente dos negros novos, que estavam a vir, segundo cartas que recebera de Luanda, uma carta em que o sobrinho lhe dizia ter já negociado cerca de quarenta cabeças, e outra carta em que... Trazia-as justamente na algibeira, mas não as podia ler naquela ocasião. O que afiançava é que podíamos contar, só nessa viagem, uns cento e vinte negros, pelo menos.

Caso a atenção do leitor abandone a escravidão africana e volte a atentar para o desequilíbrio dramático que camufla a busca de nobilitação dos brasileiros nascidos em berço de ouro, agiganta-se o fantasma *plebeu* do capítulo e de páginas anteriores do romance. Refiro-me à figura de Napoleão Bonaparte, o Corso, que, ao se tornar imperador, exigiu ser coroado pelo papa. No último minuto, retira-lhe das mãos a coroa e a coloca – ele próprio – na cabeça[5]. Tendo como pano de fundo essa imagem, pode-se levantar uma hipótese bem plausível em termos de Machado de Assis. Com o capítulo XII, o bruxo do Cosme Velho põe em marcha uma transformação histórica e social no mundo urbano da ex-colônia (*apud* Caio Prado Júnior), agora capital do Reino Unido de Portugal, Brasil e Algarves, e procura dar-lhe sentido.

A partir da segunda década do século XIX, os colonos *haut placés* na praça do Rio de Janeiro passam a admitir como inadiável a recompensa real pela ascensão financeira alcançada, de que é exemplo o banqueteador, pai de Brás Cubas – "à força de persuadir os outros da nossa nobreza, acabara persuadindo-se a si próprio". Na busca do título almejado, o filho de Luís Cubas, descendente de velho tanoeiro natural do Rio de Janeiro, estava em competição com os *afidalgados* senhores de engenho do Brasil rural, para usar o recurso estilístico de que se valeu André João Antonil em *Cultura e Opulência do Brasil* (1711) para adjetivá-los[6]. O novo Cubas e os concidadãos cariocas perderão desastrosamente a luta, já que são os fazendeiros que farão parte do segmento social mais agraciado pelos 1 211 títulos concedidos pelos dois imperadores brasileiros.

Em cópia dos novos e imperiais ditames europeus, mas em letra provinciana, a mobilidade social e financeira da gente carioca pode ser bem surpreendida, em letra metropolitana e na versão original, pelo percurso vitorioso do corso Napoleone Buonaparte a Imperator. Do lado carioca, o espadim do menino Brás Cubas; do lado francês, a espada de Napoleão. Como se sabe, graças a não surpreendente guinada conservadora, o regime imperial europeu instituiu seus símbolos e títulos de nobreza, em imitação do Antigo Regime. Em 1804, os velhos títulos principescos foram desencavados pelo regime imperial e trazidos de volta para os membros da família de Napoleão e, em 1808, é criada uma nobreza imperial, cujo princípio regulador é a "quali-

---

5. Não há como não ouvir em eco o conselho de D. João VI: "Põe a coroa sobre tua cabeça antes que algum aventureiro lance mão dela".
6. V. minha análise do tratado de Antonil na "Introdução" de *Intérpretes do Brasil*, Rio de Janeiro, Nova Aguilar, 2000.

ficação pela grandeza", e não pelo sangue azul. Recompensa-se esse ou aquele indivíduo – a título *ad personam*, insista-se – pelos grandes feitos alcançados. Não se trata, pois, de nobreza hereditária, já que o título recebido por um não é passível de ser transferido ao descendente – a não ser por ordem expressa do imperador, a quem deve ser dirigida a solicitação específica.

Completo os vazios do capítulo: o "ódio puramente mental" que o pai de Brás Cubas nutre por Napoleão camufla a mais doce e sincera admiração pelo Imperador de origem corsa e plebeia.

A busca camuflada de nobilitação por parte dos brasileiros aponta, pois, para a residência dos Cubas e acentua as controvérsias e as rusgas que a figura múltipla e mítica de Napoleão desperta entre os membros do clã. No tópico do arrivismo, dominante entre os descendentes do velho tanoeiro, não se surpreenda se o modelo stendhaliano de sucesso na sociedade burguesa se reafirme na escolha de profissão para o menino Brás Cubas. Os dois tios oscilam entre o alistamento nas duas corporações que eram oferecidas ao impulsivo Julien Sorel, personagem principal de *Le Rouge et le Noir*. O tio João aconselha a farda *vermelha* militar e o tio Ildefonso já lhe veste a sotaina *negra* do sacerdócio. Ainda no capítulo XII do romance, podem-se ler as reações incompatíveis do tio militar e do tio cônego ao corso, que se tornou general e depois Imperador:

> Era isso motivo de renhidas contendas em nossa casa, porque meu tio João, não sei se por espírito de classe e simpatia de ofício, perdoava no déspota o que admirava no general; meu tio padre era inflexível contra o corso, os outros parentes dividiam-se; daí as controvérsias e as rusgas.

Não é, pois, por coincidência que a apresentação dos tios e o primeiro tratamento psicológico das duas personalidades ascendentes tenham aparecido, de maneira indireta, já no segundo capítulo do romance, intitulado "O Emplasto". Ali, Brás Cubas acentua o valor e o sucesso do medicamento anti-hipocondríaco, e pela imagem da *medalha* traduz a ambivalência das futuras recompensas a serem auferidas pela produção e venda do produto farmacêutico. A medalha traz duas faces, "uma virada para o público, outra para mim". E continua: "De um lado, filantropia e lucro; do outro lado, sede de nomeada. Digamos: – amor da glória". É também dito no segundo capítulo que o tio militar e o tio cônego se dividem quanto ao invento mágico do sobrinho, tomando atitudes opostas, ditadas pela dicotomia clássica entre tempo e eternidade. O militar, oficial dos antigos terços de infantaria, afirma que o amor da glória é a coisa mais verdadeiramente humana que há no homem, e, consequentemente, a sua mais genuína feição. Já o cônego de prebenda julga que o amor da glória temporal é a perdição das almas, que só devem cobiçar a glória eterna.

No décimo capítulo, "Naquele Dia", o leitor é levado a conhecer as circunstâncias que cercam o nascimento do sobrinho Brás Cubas das mãos da Pascoela. É bom não esquecer que se trata de "insigne parteira minhota, que se gabava de ter aberto a porta do mundo a uma geração inteira de fidalgos". Não satisfeitos por terem abraçado as respectivas personalidades stendhalianas, o tio João e o tio Ildefonso resolvem projetá-las – à semelhança das pitonisas – sobre o recém-nascido. O antigo oficial de infantaria – anota o narrador defunto – "achava-me um certo olhar de Bonaparte, coisa que meu pai não pôde ouvir sem náuseas; meu tio Ildefonso, então simples padre, farejava-me cônego".

Os tios stendhalianos retornam no capítulo seguinte do romance, "O Menino É Pai do Homem", momento em que Brás Cubas narra os primeiros anos de sua educação, detendo-se primeiro no modelo dos pais para, em seguida, dedicar-se ao exemplo do tio militar e do tio cônego.

A preferência do menino recai sobre o tio militar, embora nada seja dito sobre sua atividade propriamente profissional. Silêncio total. O narrador prefere acentuar-lhe a língua solta, as anedotas abarrotadas de obscenidades e imundícies, o comportamento rebelde, galante e picaresco entre os familiares e entre as escravas que, no fundo da chácara, lavam a roupa da família. A admiração do menino pelo tio João se dá de forma progressiva e realça os valores da educação tradicional pelo avesso: "Não me respeitava a adolescência, como não respeitava a batina do irmão". Desconhece a diferença de idade entre mestre e pupilo. Trata a este como a qualquer adulto. Por isso, o menino primeiramente não entende o que ele diz; depois passa a entender e, finalmente, acha-lhe graça. Tanta graça, que quer privar a toda hora de sua companhia. Em troca, o tio oferece doces ao pupilo e o leva a passeios. Há um entendimento formacional entre ambos que passa por cima dos vezos da profissão, do bom senso e da razão, e se enraíza no gosto pela chacota e pelo riso. "Ah! brejeiro! Ah! brejeiro" – não é a interjeição que define o menino e encerra o capítulo XII?

Tudo leva a indicar que o narrador escamoteia a carreira profissional do tio militar para descrever o tio cônego apenas pela vida religiosa que leva e tal como a leva. No interior da congregação, as preferências espirituais do tio Ildefonso são completamente equivocadas. Ele não enxerga a parte substancial da Igreja, apenas o lado externo, ou seja, "a hierarquia, as preeminências, as sobrepelizes, as circunflexões". Se os valores que admite sustentar e ostentar são nobres – como a austeridade e a pureza, ou ainda a piedade, a severidade nos costumes e a minúcia na observância das regras – o resultado do investimento pessoal é pífio. Segundo o narrador defunto, os valores nobres "não realçavam um espírito superior, apenas compensavam um espírito medíocre". Em suma, o cônego "carecia absolutamente da força de incutir [as virtudes], de as impor aos outros". No clã e junto ao menino, o tio Ildefonso funciona como mero objeto de adorno. Em última instância, é fútil e de valor mínimo.

A exemplaridade dos tios stendhalianos é duplamente picaresca, ou, melhor, paródica. Por isso, o tom geral adotado para a escrita romanesca é coerente com o espírito escolhido por Machado para o romance. O narrador não toma ao pé da letra o espírito militar da farda a fim de tomar ao pé da letra o aparato externo e mundano da sotaina. Se, no caso do tio João, a aparência não justifica a opção de qualquer jovem pela carreira militar, a não ser por despertar nas pessoas as gargalhadas e no ambiente a festividade perpétua, já no caso do tio Ildefonso, a aparência não apreende o essencial da vida religiosa, a não ser pelo que nela pode conduzir à mediocridade e ao embuste. As aparências são duplamente enganosas, e falsidade por falsidade é preferível o engano que desperta o riso. O exemplo dos dois tios stendhalianos evita que Brás Cubas caia nas armadilhas da arma e da cruz. Nem herói nem santo. Bem ao jeito brasileiro, o menino aprende a viver com a nobreza convivendo com a paródia, ou seja, o picaresco é afinal a fidalguia do inventor do emplasto anti-hipocondríaco.

Da preferência pelo tio militar vem o espadim – naturalmente em grau diminutivo – que o menino recebe de presente do padrinho. Da arma de guerra é que vem a boa aparência da criança durante as festividades e a primeira comparação entre o faz-de-conta e a espada de Napoleão. Compare-se o espadim à espada, assim como se vem comparando a *queda* de Dona Eusébia na moita da chácara à trágica queda de Napoleão. É de comparação em comparação que qualquer colônia enche o papo. De uma forma ou de outra, de todas as formas, sempre se sai perdendo no confronto entre o acontecimento externo e a repercussão interna. No confronto, Brás Cubas acaba vencedor pelo jogo da reviravolta, às vezes amena e risonha, às vezes corrosiva e irônica. Na moita da chácara dos Cubas gerou-se uma flor belíssima, mas coxa! Ou, como no oximoro que serve de título ao livro do historiador Robert Slenes sobre a formação na família escrava – *Na Senzala uma Flor*.

Caso se tome o espadim como centro de convergência da múltipla e inesgotável personalidade do indivíduo, caminha-se direto para o narcisismo absoluto e se chega à conclusão definitiva do menino Brás Cubas: "interessava-me mais o espadim do que a queda de Bonaparte". Do mesmo modo, interessava-lhe mais certa compota encomendada às madres de Ajuda e prevista para a sobremesa do que as mil e uma glosas poéticas do Doutor Vilaça. De *parti pris* em *parti pris* vem a máxima expressa ao meio do capítulo: "Nunca deixei de pensar comigo que o nosso espadim é sempre maior do que a espada de Napoleão". O inusitado advérbio *nunca*, associado ao pronome em primeira pessoa (*comigo*), ricocheteava – como a pedra europeia e a pedra africana – no lago tranquilo do Segundo Reinado brasileiro, gerando outras e mais universais palavras. São as palavras de Pandora, ou a Natureza – mãe e inimiga. Não é ela quem diz: "Egoísmo, dizes tu? Sim, egoísmo, não tenho outra lei. Egoísmo, conservação. A onça mata o novilho porque o raciocínio da onça é que ela deve viver, e se o novilho é tenro tanto melhor: eis o estatuto universal".

2.
O OLHAR ASSOMBRADO DO MENINO HEINE PARA NAPOLEÃO: A FASCINAÇÃO DE MACHADO POR ALENCAR

ÂNGELA MARIA ROSSAS MOTA DE GUTIÉRREZ

Dois Meninos e Seus Destinos

No ano de 1839, no Rio de Janeiro, na mesma cidade da Corte onde um pequeno príncipe esperava, no Palácio de São Cristóvão, o momento de subir ao trono, nascia, em 21 de junho, no Morro do Livramento, um menino mulato que receberia o nome de Joaquim Maria, e os sobrenomes Machado, herdado da mãe, Maria Leopoldina, portuguesa dos Açores, e Assis, do pai, Francisco José, pintor e dourador. Talvez, ao levá-lo à pia batismal, sua madrinha, Dona Maria José de Mendonça Barroso, na quinta de quem o pai do menino fora agregado, tenha olhado com olhos piedosos a criança mestiça, de futuro pouco promissor. A genialidade do menino pôde mais e transformou-o, anos mais tarde, no escritor Machado de Assis, soberano da literatura brasileira do final do século XIX e início do século XX.

No mesmo ano de 1839 e na mesma cidade do Rio, na casa de seu pai, na rua do Conde, outro menino, nos seus dez anos, cumpridos no dia 1º de maio, lia romances para a mãe, d. Ana Josefina, e para outras senhoras da família que bordavam, em torno a uma mesa iluminada por lampião. O menino Cazuza, que chegara recentemente da província do Ceará, onde nascera, tinha o nome do pai, José Martiniano de Alencar, rebelde da Revolução de 1817 e da Confederação do Equador, em 1824, posteriormente, presidente da Província do Ceará e que reunia o grupo da Maioridade, tramando levar ao trono o menino Pedro de Alcântara, herdeiro do Império do Brasil, antes do prazo previsto. Enquanto o menino Cazuza lia, na mesma casa, os conspiradores tomavam chocolate e decisões políticas em outra sala. O futuro que seus pais esperavam para o menino concretiza-se: será bacharel em Direito, entrará na política, eleger-se-á deputado e chegará a Ministro do Segundo Império. Que se dedique à literatura, embora possivelmente não esteja nos planos da família, é aceitável em um clã de famosa rebeldia.

Encontro na Cena Literária e Jornalística: Presença de Alencar nos Textos de Machado

Os dois meninos, Cazuza e Quincas crescem e nos anos cinquenta do século XIX, quando reina Pedro II que fora o menino imperial, aparecem na cena jornalística e literária da Corte como José de Alencar e Machado de Assis. Serão respeitados como os melhores narradores do Brasil do Segundo Império e, especialmente, da cidade do Rio de Janeiro.

Dois homens que vivem na mesma cidade, de diferentes origens e igual vocação para as letras, encontram-se um dia: respeitam-se e se tratam com afeto. O mais novo, Machado, deslumbra-se com a figura do autor de *O Guarani*, como conta em discurso proferido na cerimônia do lançamento da pedra fundamental da estátua de Alencar:

> Quando entrei na adolescência, fulgiam os primeiros raios daquele grande engenho; vi-os depois com tanta cópia e com tal esplendor que eram já um sol, quando entrei na mocidade. Gonçalves Dias e os homens de seu tempo estavam feitos; Álvares de Azevedo, cujo livro era a *boa-nova* dos poetas, falecera antes de revelado ao mundo. Todos eles influíam profundamente no ânimo juvenil que apenas balbuciava alguma cousa; mas a ação crescente de Alencar dominava as outras. A sensação que recebi no primeiro encontro pessoal com ele foi extraordinária; creio ainda agora que não lhe disse nada, contentando-me de fitá-lo com olhos assombrados do menino Heine ao ver passar Napoleão. A fascinação não diminuiu com o trato do homem e do artista[1].

Ao escrever sobre a morte de Garnier, o famoso livreiro francês da Rua do Ouvidor, em 1893, Machado lembra que em sua livraria encontrava-se com Alencar: "ali travamos nossas relações literárias. Sentados os dous, em frente à rua, quantas vezes tratamos daqueles negócios de arte e poesia, de estilo e imaginação, que valem todas as canseiras deste mundo"[2].

---

1. Assis, "A Estátua de José de Alencar", *Páginas Recolhidas, Obras Completas*, vol. II, p. 624.
2. Assis, "Garnier", *Páginas Recolhidas, Obras Completas*, vol. II, p. 654. Como não lembrar aqui o precioso texto de Eneida Maria de Souza, "O Homem da Porta da Garnier", incluído em sua

Tendo acompanhado a enfermidade que levaria Alencar à morte, Machado conta, em prefácio ao romance *O Guarani*, no trigésimo ano de sua publicação (a obra não chegou ao último fascículo):

> Lembram-me ainda algumas manhãs, quando ia achá-lo nas alamedas solitárias do Passeio Público, andando e meditando, e punha-me a andar com ele, e a escutar-lhe a palavra doente, sem vibração de esperanças, nem já de saudades. Sentia o pior que pode sentir o orgulho de um grande engenho: a indiferença pública, depois da aclamação pública. Começara como Voltaire e acabara como Rousseau. E baste só um cotejo. A primeira de suas comédias, *Verso e Reverso*, obrazinha em dois atos, representada no antigo Ginásio, em 1857, excitou a curiosidade do Rio de Janeiro, a literária e a elegante; era uma simples estreia. Dezoito anos depois, em 1875, foram pedir-lhe um drama, escrito desde muito, e guardado inédito. Chamava-se *O Jesuíta*, e ajustava-se fortuitamente, pelo título, às preocupações maçônico-eclesiásticas da ocasião; nem creio que lho fossem pedir por outro motivo. Pois nem o nome do autor, se faltasse outra excitação, conseguiu encher o teatro, na primeira, e creio que única, representação da peça[3].

Recordando seus sentimentos no dia 12 de dezembro de 1877, diante do grande homem morto, escreve: "Daí o espanto da morte. Não podia crer que o autor de tanta vida estivesse ali, dentro de um féretro, mudo e inábil por todos os tempos dos tempos. Mas o mistério e a realidade impunham-se; não havia mais que enterrá-lo e ir conversá-lo em seus livros"[4].

Em 1887, em já mencionado prefácio ao romance *O Guarani*, Machado retoma a questão da indiferença e da morte sob outro ângulo, quando diz: "Um dia, respondendo a Alencar em carta pública, dizia-lhe eu, com referência a um tópico da sua – que ele tinha por si, contra a conspiração do silêncio, a conspiração da posteridade". E mais adiante: "Há dez anos apenas que ele morreu; ei-lo que renasce para as edições monumentais, com a primeira daquelas obras, tão fresca e tão nova, como quando viu a luz, há trinta anos [...]. É a conspiração que começa"[5].

As citações de Machado que aqui foram relembradas e que são apenas amostras das muitas vezes em que, ao longo da vida, escreve sobre Alencar,

---

coletânea *Traço Crítico*, Rio de Janeiro/Belo Horizonte, Editora UFRJ/Editora UFMG, 1993, pp. 125-133, em que, a partir do mesmo artigo de Machado, trata da importância da Livraria Garnier na vida literária do Rio e, especialmente, de Machado.
3. Assis, [José de Alencar: *O Guarani*], OC, vol. III, p. 924.
4. Assis, "A Estátua de José de Alencar", *Páginas Recolhidas*, OC, vol. II, p. 624.
5. Assis, [José de Alencar: *O Guarani*], OC, vol. III, p. 922.

falam por si mesmas, revelando, durante a vida de Alencar, o respeito pela obra e a afeição pelo homem, a quem acompanha nos momentos de glória e nos de desilusão; e morto Alencar, a preocupação com a perpetuidade do nome e da obra do escritor que, em suas palavras, "teve em mais alto grau a alma brasileira"[6].

Presença da Obra Alencariana nos Textos de Machado

O texto mais famoso de Machado sobre a obra de Alencar é a revista, como se chamava então a resenha, que escreve sobre *Iracema*, na "Semana Literária", seção do *Diário do Rio de Janeiro*, em 23 de janeiro de 1866. No entanto, é longa e variada a bibliografia machadiana sobre o autor cearense e Machado foi um dos mais assíduos críticos de Alencar, a quem sempre devotava respeito literário, analisando e, quase sempre, aplaudindo as peças teatrais e os romances de Alencar, no momento de suas encenações e lançamentos.

Em 1860, na estreia do drama *Mãe*, de Alencar (que o cearense encena sob pseudônimo), diz Machado na seção "Revista Dramática" do *Diário do Rio de Janeiro*:

> [...] desde que levantou o pano o público começou a ver que o espírito dramático, entre nós, podia ser uma verdade. E, quando a frase final caiu esplêndida no meio da plateia, ela sentiu que a arte nacional entrou em um período mais avantajado de gosto e de aperfeiçoamento.
> Esta peça intitula-se *Mãe*.
> Revela-se à primeira vista que o autor do novo drama conhece o caminho mais curto do triunfo: que, dando todo o desenvolvimento à fibra da sensibilidade, praticou as regras e as prescrições da arte sem dispensar as sutilezas da cor local [...] A noite foi de regozijo para aqueles que, amando a civilização pátria, estimam que se faça tão bom uso da língua que herdamos. Oxalá que o exemplo se espalhe[7].

Na seção "Semana Literária", em 9 de janeiro de 1866, comenta o lançamento da lenda do Ceará:

> *Iracema* foi lida, foi apreciada mas não encontrou o agasalho que uma obra daquelas merecia. Se alguma vez se falou na Imprensa a respeito dela, mais deti-

---

6. Assis, "A Estátua de José de Alencar", *Páginas Recolhidas*. OC, vol. II, p. 625.
7. Assis, "A Crítica Teatral", *José de Alencar: MÃE, Revista Dramática*, seção do DR, 29 mar. 1860, OC, vol. III, pp. 838 e 840.

damente, foi para deprimi-la; e isso na própria província que o poeta escolhe para teatro do seu romance. Houve, na Corte, quem se ocupasse igualmente com o livro, mas a apreciação do escritor, reduzida a uma opinião isolada, não foi suficiente para encaminhar a opinião e promover as palmas a que o autor tinha incontestável direito. Ora, se depois dessa prova, o Sr. Conselheiro José de Alencar atirasse a sua pena a um canto, e se limitasse a servir ao país no cargo público que ocupa, é triste dizê-lo, mas nós cremos que a sua abstenção estava justificada. Felizmente, o autor d'*O Guarani* é uma dessas organizações raras que acham no trabalho sua própria recompensa, e lutam menos pelo presente, do que pelo futuro, *Iracema*, como obra do futuro, há de viver, e temos fé de que será lida e apreciada, mesmo quando muitas das obras que estão hoje em voga, servirem apenas para a crônica bibliográfica de algum antiquário paciente[8].

Duas semanas depois, na mesma seção do *Diário do Rio de Janeiro*, publica a crítica consagradora à obra *Iracema*. Nela, o jovem Machado de Assis, depois de defender a "poesia americana"[9] – "é que se podia tirar dali criações originais, inspirações novas" – permite-se comparar uma cena de *Natchez* a outra de *Iracema* – a reação do personagem ao saber que será pai: "A cena é bela, decerto: é Chateaubriand que fala; mas a cena de *Iracema* aos nossos olhos é mais feliz"[10].

Não posso furtar-me a aqui trazer as palavras proféticas com que Machado saudou a publicação de *Iracema*, ao final de seu estudo crítico, embora já tantas vezes repetidas em mais de 140 anos desde que foram escritas: "poema lhe chamamos a este, sem curar de saber se é antes uma lenda, se um romance: o futuro chamar-lhe-á obra-prima"[11].

Pouco tempo depois, em março do mesmo ano, Machado dedica três artigos seguidos (dias 6, 13 e 27), ainda na seção "Semana Literária", ao teatro de José de Alencar:

> Dos recentes poetas dramáticos [...] é o Sr. José de Alencar um dos mais fecundos e laboriosos. Estreou em 1857, com uma comédia em dous atos, *Verso e Reverso*. [...] foi o prenúncio; não é decerto uma composição de longo fôlego; é uma simples miniatura, fina e elegante, uma coleção de episódios copiados da vida comum, ligados todos a uma verdadeira ideia de poeta [...] *Verso e Reverso* não era ainda a alta comédia, mas era a comédia elegante; era a sociedade polida que entrava no teatro, pela mão de um homem que reunia em si a fidalguia do talento e a fina cortesia do salão.

---

8. Assis, *Obras Completas*, vol. III, pp. 841-842.
9. No sentido de literatura inspirada na natureza e nos habitantes nativos da América.
10. Assis, "Semana Literária", *Obras Completas*, vol. III, pp. 848-852.
11. *Idem*, p. 852.

A alta comédia surgiu logo depois, com *Demônio Familiar*. Essa é uma comédia de maior alento; o autor abraça aí um quadro mais vasto[12].

E, mais adiante:

Não supomos que o Sr. Alencar dê às suas comédias um caráter de demonstração; outro é o destino da arte; mas a verdade é que as conclusões d'*O Demônio Familiar*, como as de *Mãe*, têm um caráter social que consolam a consciência; ambas as peças, sem saírem das condições da arte, mas pela própria pintura dos sentimentos e dos fatos, são um protesto contra a instituição do cativeiro[13].

Comenta, ainda, *As Asas de um Anjo*, em que esclarece suas discordâncias com alguns pontos da peça: "A nossa divergência é de ponto de vista; pode a verdade não estar da parte dele; mas qualquer que seja a maneira por que encaremos a arte, há de encarar o talento do autor"[14], registrando ser o reparo de ordem moral e não artística.

Analisando *O Que É o Casamento*, depois de alguns pequenos reparos quanto ao enredo, comenta:

[...] a peça do Sr. J. de Alencar é das mais dramáticas e das mais bem concebidas do nosso teatro. O talento do autor, valente de si, robustecido pelo estudo, conseguiu conservar o mesmo interesse, a mesma vida, no meio de uma situação sempre igual, de uma crise doméstica, abafada e oculta[15].

Muitos anos depois, em 1887, em prefácio ao romance *O Guarani*, já citado, Machado, mais uma vez, relembra a morte do escritor cearense e reafirma a permanência de sua obra:

A morte veio tomá-lo depressa. Jamais me esqueceu a impressão que recebi quando dei com o cadáver de Alencar no alto da essa, prestes a ser transferido para o cemitério. O homem estava ligado aos anos das minhas estreias. Tinha-lhe afeto, conhecia-o desde o tempo em que ele ria, não me podia acostumar à ideia de que a trivialidade da morte houvesse desfeito esse artista fadado para distribuir a vida. [...] A posteridade dará a este livro o lugar que definitivamente lhe competir. [...] O autor de *Iracema* e d'*O Guarani* pode esperar confiado. Há aqui mesmo uma inconsciente alegoria. Quando o Paraíba alaga tudo, Peri, para salvar Cecília, arranca uma palmeira, a poder de grandes esforços. Ninguém ainda esqueceu essa página magnífica.

---

12. *Idem*, 6 mar. 1866, p. 871.
13. *Idem*, 6 mar. 1866, p. 872.
14. *Idem*, 13 mar. 1866, p. 874.
15. *Idem*, 27 mar. 1866, p. 878.

A palmeira tomba. Cecília é depositada nela, Peri murmura ao ouvido da moça: Tu viverás e vão ambos por ali abaixo, entre água e céu, até que se somem no horizonte. Cecília é a alma do grande escritor, a árvore é a pátria que a leva na grande torrente dos tempos. Tu viverás[16].

A mesma metáfora da vida póstuma de Alencar, através de suas obras, está presente em texto já citado – seu discurso proferido na cerimônia de lançamento da primeira pedra da estátua de Alencar:

> Agora que os anos vão passando sobre o óbito do escritor, é justo perpetuá-lo, pela mão do nosso ilustre estatuário nacional. Concluindo o livro de Iracema, escreveu Alencar esta palavra melancólica: A jandaia cantava ainda no olho do coqueiro, mas não repetia já o mavioso nome de Iracema. Tudo passa sobre a terra, Senhores, a filosofia do livro podia ser outra, mas a posteridade é aquela jandaia que não deixa o coqueiro, e que ao contrário da que emudeceu na novela, repete e repetirá o nome da linda tabajara e do seu imortal autor. Nem tudo passa sobre a terra[17].

Mais de dez anos depois, em 1898, Machado, em carta a Mário de Alencar, filho do romancista, retorna à ideia de permanência de Alencar, também como modelo na vida: "A sua carta é ainda a voz de seu pai e foi bom citar-me o exemplo dele; é modelo que serve e fortifica"[18].

As citações aqui relembradas, que pecam, talvez, por abundantes e longas, mostram à saciedade que Machado mantém, da adolescência à velhice, atando as duas pontas da vida, sua fascinação por Alencar aliada à contrariedade com os caprichos da cena cultural do seu tempo que, depois de entronizar Alencar, promovendo o sucesso de seus romances, comédias e dramas, destrona-o, através da "conspiração do silêncio".

Se essas citações permitem dar por comprovado o sentimento de fascinação por Alencar que acompanha o escritor fluminense na vida pública e na intimidade, suscitam muitas outras questões aqui não-respondidas. Entre elas: como conciliar o traço de admiração a Alencar – o escritor de linguagem exuberante, cultor da natureza e do amor cortês, que melhor representa a ficção romântica no Brasil – ao perfil consolidado de Machado como o sutil demolidor do romantismo e das instituições morais e sociais que esse estilo representa?

---

16. Assis, [José de Alencar: *O Guarani*], *Obras Completas*, vol. III, pp. 925-926.
17. Assis, "A Estátua de José de Alencar", *Páginas Recolhidas*, *Obras Completas*, vol. II, p. 625.
18. Assis, *Obras Completas*, vol. III, p. 1043.

Mesmo considerando a pertinência dos desdobramentos dessa reflexão, ela já não cabe nos limites desta apresentação, que se quer apenas, nesse momento, como trama narrativa de esparsos textos machadianos que expõem a relação amistosa entre os dois expoentes da literatura brasileira do século dezenove, quase sempre colocados em confronto ou considerados como antípodas pelos estudiosos de suas obras.

~

REFERÊNCIAS BIBLIOGRÁFICAS:

Assis, Joaquim Machado de. *Obra Completa*. Org. Afrânio Coutinho. Rio de Janeiro, Aguilar, 1971, vol. 1.
_____. *Obra Completa*. Org. Afrânio Coutinho. Rio de Janeiro, Aguilar, 1974. vol. 2.
_____. *Obra Completa*. Org. Afrânio Coutinho. Rio de Janeiro, Aguilar, 1973. vol. 3.
Souza, Eneida Maria de. "O Homem da Porta da Garnier". *Traço Crítico*. Rio de Janeiro/Belo Horizonte, Editora UFRJ/Editora UFMG, 1993. pp. 125-133.

MELANCOLIA, TRAGÉDIA E TESTEMUNHO EM ROSA

3.
A MELANCOLIA EM
A TERCEIRA MARGEM DO RIO

JAIME GINZBURG

Este texto constitui parte de um trabalho mais longo a respeito da melancolia em Guimarães Rosa. Dentre os textos do autor, em pelo menos dois este elemento é central: o romance *Grande Sertão: Veredas* e o conto *A Terceira Margem do Rio*. Nestas páginas, tentaremos esboçar uma reflexão a respeito do tema, examinando o segundo caso, com base em concepções de melancolia encontradas na Antiguidade e na Idade Média. Uma etapa posterior envolverá, necessariamente, a consideração de ideias modernas, encontradas especialmente em escritores românticos e na psicanálise.

O ponto de partida de *A Terceira Margem do Rio* é uma decisão de um pai de fazer uma canoa onde coubesse apenas um remador. Ele resolve dizer adeus à família, sem deixar claras as razões pelas quais faz isso. A mãe do personagem-narrador, diante da situação, diz ao companheiro: "Cê vai, ocê fique, você nunca volte!". O filho pergunta a ele se pode ir junto, e este o abençoa, depois entra na canoa e vai embora.

E o pai, como se seguisse a determinação da mãe, não volta. De acordo com o narrador, "Só executava a invenção de se permanecer naqueles espaços do rio, de meio a meio, sempre dentro da canoa, para dela não saltar, nunca mais". Surgem hipóteses a respeito de motivos pelos quais ele teria agido assim, de loucura e doença a pagamento de promessa.

O filho resolve deixar mantimentos regularmente para o pai, em uma pedra de barranco, para garantir sua subsistência. A mãe tenta, de várias maneiras, reverter a situação, inclusive com a ajuda de um padre, mas não consegue. Diante disso, o narrador diz: "A gente teve de se acostumar com aquilo. Às penas que, com aquilo, a gente nunca se acostumou, em si, na verdade". O pai lá permanece, semanas, meses, anos. A sobrevivência do pai se torna cada vez mais improvável, mais inviável.

A família passa a silenciar o assunto, sem falar mais dele. Depois que a irmã do narrador tem um filho, ergue-o junto ao rio para mostrar ao pai, e este não aparece. Então, aos poucos, a família se desintegra. Os irmãos se vão, a mãe se vai, e o narrador permanece junto ao rio. E começa a envelhecer, percebe os "primeiros cabelos brancos".

Então, tem uma ideia. Tenta aproximar-se do pai, e anuncia que tem a vontade de tomar o lugar do pai, que "já fez o seu tanto". Então, o pai fica em pé, e movimenta-se na direção do filho. É o primeiro gesto do pai visto em anos. O narrador, diante da imagem, treme, e corre, "porquanto que ele me pareceu vir: da parte de além".

O conceito de melancolia surge com Hipócrates, na Grécia antiga, que a define como um estado de tristeza e medo (Pigeaud, 1988, p. 58). Ele se refere aos melancólicos afirmando que "seu estado mental é perturbado" (Tellenbach, 1979, p. 24). Tristeza e medo são centrais para este narrador. A afirmação mencionada, de que é preciso se acostumar com algo sem se acostumar nunca, une-se a outras, como "sou homem de tristes palavras" e "sofri o grave frio dos medos", para acentuar a expressão desses sentimentos. Ao longo da estória, a tristeza motivada pela ausência se desenvolve; no final, a visão do pai se movendo provoca medo intenso.

Sua vida era dedicada a um cuidado com o pai, cujo modo de existência não se explica pelo pensamento racional convencional. Sendo filho desse pai, partilha com ele a experiência do imponderável. Logo depois que o pai decidiu ir embora com a canoa, o narrador diz: "todos pensaram de nosso pai a razão em que não queriam falar: doideira". O conceito de louco é empregado geralmente de maneira distintiva, por oposição ao são, ao equilibrado. Para este narrador, reconhecer o pai como louco representaria lançar suas referências centrais no domínio do incorreto, do equivocado. Ao invés de fazê-lo, o narrador assume um elo de companheirismo com ele, mesmo quando não é mais possível falar dele em família. Diz o narrador: "Sou doido? Não. Na nossa casa, a palavra doido não se falava, nunca mais se falou, os anos todos, não se condenava ninguém de doido. Ninguém é doido. Ou, então, todos".

O narrador, ao colocar em questão a possibilidade de estar louco, desmonta o próprio conceito. Na passagem citada, vale-se de extremos: ou a noção não vale para ninguém, ou para todos. O imponderável, para o narrador, se torna universal humano. Ou ninguém está errado, ou todos estão. As distinções fundamentais que organizam nossa relação com o mundo se problematizam, e isto ameaça nossos hábitos cognitivos regrados. A experiência de *A Terceira Margem do Rio* subverte os limites perceptivos que distinguem o familiar do estranho, o real do alucinatório, o vivo do morto, e o racional do louco. O pensamento do narrador oscila entre os termos opostos desses pares. Essa oscilação é afim à perturbação indicada na noção hipocratiana de melancolia.

Um discípulo importante de Hipócrates foi o árabe Constantino el Africano, na Idade Média. Para ele,

> Os acidentes que a partir dela [da melancolia] sucedem na alma parecem ser o medo e a tristeza. Ambos são péssimos porque confundem a alma.
> Com efeito, a definição de tristeza é a perda do muito intensamente amado.
> O medo é a suspeita de que algo ocasionará dano (Constantino, 1992, p. 15).

A noção de *tristeza* em Constantino é desenvolvida como uma teoria da perda. Melancólicos são, entre outros, os "que perderam seus filhos e amigos mais queridos, ou algo precioso que não puderam restaurar" (*idem*, p. 21). Como se observa, o melancólico estaria numa espécie de ponto-chave tenso, a partir do qual vê com sofrimento o passado, em razão das perdas, e se perturba com o futuro, pelo medo de um possível dano.

O narrador de *A Terceira Margem do Rio* cultiva regular e meticulosamente a ausência do pai. Trata-se de uma situação ambígua, pois o culto se justifica pela ideia de que, mesmo ausente, o pai esteja lá, no rio, presente. Como poderia o pai sobreviver nesse tempo todo, questiona-se o narrador. Então, o mais provável seria que estivesse morto. Essa hipótese é enfatizada quando lemos que, na visão próxima do final, ele parecia vir "da parte de além". Porém, se estava morto, que sentido tiveram todos os anos de cuidado e interesse?

O conto constitui sua melancolia ambiguamente, a partir de uma experiência-limite, em que a perda é constitutiva do sujeito, e tão profunda que não é aceita. Os outros membros da família renunciam à esperança da volta, aceitam a irreversibilidade da perda, mas não o narrador. Ele está lá, quer estar lá, apesar de nunca se acostumar com aquilo, nunca deixar de estranhar. De acordo com Constantino, apoiado em Rufo de Éfeso, "os acidentes melancólicos são incompreensíveis" (*idem*, p. 32).

Aristóteles desenvolveu uma tese sobre a melancolia, defendendo que ela se associa ao pensamento contemplativo. O narrador, à beira do rio, anos e anos, voltado para o pai, vive de um modo em que a ação prática dá lugar à espera meditativa. Não sabemos dele em que trabalha, como sobrevive, o que sabemos a respeito de como ocupa as horas de seus dias é que se dedica ao pai. Sua atenção está voltada para ele, no rio, ao longe.

O filho dedica o tempo de sua vida ao pai, e ao mesmo tempo, diferentemente de seus demais familiares, renuncia a uma vida própria. No pensamento grego, existe uma associação entre o planeta Saturno, o deus Cronos e a condição melancólica. Cronos é responsável, de acordo com a mitologia, pela construção e destruição, pelo nascimento e pela morte. A dualidade de Cronos é apresentada no conto. O pai deu a vida ao filho, mas, diante da proposta, ao final, vindo do além, se oferece para lhe dar a morte.

Em *Grande Sertão: Veredas*, de Guimarães Rosa, Riobaldo, atingido pela perda de Diadorim, diz:

> E, o pobre de mim, minha tristeza me atrasava, consumido. Eu não tinha competência de querer viver, tão acabadiço, até o cumprimento de respirar me sacava. E Diadorim, às vezes conheci que a saudade dele não me desse repouso; nem o nele imaginar. Porque eu, em tanto viver de tempo, tinha negado em mim aquele amor, e a amizade desde agora estava amarga falseada; e o amor, e a pessoa dela, mesma, ela tinha me negado. Para que eu ia conseguir viver? (Rosa, *Grande Sertão: Veredas*, 1978, p. 458).

A melancolia de Riobaldo é um dos elementos constitutivos do ponto de vista da narração de sua trajetória. A tristeza pela ausência da pessoa amada é um dos elementos constitutivos de seu ponto de vista, para o qual muitas distinções convencionais se desfazem – "Tudo é e não é". A análise dessas e de outras obras de Rosa, tendo como enfoque a compreensão de seus elementos melancólicos, além de ajudar a refletir a respeito de problemas de interpretação que elas colocam, pode tornar visíveis afinidades eletivas, com referências às quais encontramos articulações e linhas de continuidade.

~

REFERÊNCIAS BIBLIOGRÁFICAS:

ARISTOTE. *L'homme de génie et la melancolie. Problème xxx, 1.* Paris, Rivages, 1988.
CONSTANTINO EL AFRICANO. *De Melancholia.* Buenos Aires, Fundación Acta, 1992.
KLIBANSKY, Raymond; PANOFSKY, Erwin & SAXL, Fritz. *Saturne et la mélancolie.* Paris, Gallimard, 1989.
ROSA, João Guimarães. *Grande Sertão: Veredas.* 12. ed. Rio de Janeiro, José Olympio, 1978.
_____. "A Terceira Margem do Rio". *Primeiras Estórias.* Rio de Janeiro, Nova Fronteira, 1985.
TELLENBACH, Hubertus. *La mélancolie.* Paris, PUF, 1979.

4.
GRANDE SERTÃO: VEREDAS COMO GESTO TESTEMUNHAL E CONFESSIONAL

MÁRCIO SELIGMANN-SILVA

Confissão e Testemunho como Dispositivos

Michel Foucault, nos anos 1970, insistiu muito no papel da confissão como uma técnica específica, poderíamos dizer como um dispositivo de construção da verdade e do indivíduo. "Desde a Idade Média, pelo menos" – ele escreveu no primeiro volume de sua *História da Sexualidade* – "as sociedades ocidentais colocaram a confissão entre os rituais mais importantes de que se espera a produção da verdade" (1988, p. 58). Com efeito, nossa sociedade está marcada pela confissão e isto, nota ainda Foucault, não apenas no âmbito religioso e jurídico, mas também "na medicina, na pedagogia, nas relações amorosas, na esfera mais cotidiana e nos ritos mais solenes; confessam-se os crimes, os pecados, os pensamentos e os desejos, confessam-se passado e sonhos, confessa-se a infância; confessam-se as próprias doenças e misérias; emprega-se a maior exatidão para dizer o mais difícil de ser dito; confessa-se em público, em particular, aos pais, aos educadores, aos médicos, àqueles a quem se ama; fazem-se a si próprios, no prazer e na dor, confissões impossíveis de confiar a outrem, com o que se produzem livros" (1988, p. 59). A confissão se tornou tão essencial dentro de nosso regime de construção da verdade que, quando ela não é espontânea, é arrancada pela tortura. Em um tom que não deixa de ser muito nietzschiano, Foucault sentenciou: "O homem no Ocidente tornou-se um animal confidente". O importante, no nosso contexto, é destacar que para este autor esta virada confessional do homem ocidental teve profundas consequências na literatura. Para ele, a partir de então passamos da tradição da narrativa que apresentava provas de bravura ou de santidade, para uma literatura que tem como fim a apresentação de verdades escondidas dentro dos indivíduos. A confissão tem um *efeito de verdade*.

A confissão foi introduzida pelo Concílio de Latrão em 1215. Ela está de certo modo na origem dos tribunais de Inquisição e, por outro lado, seu desenvolvimento como dispositivo de construção da verdade foi paralelo ao recuo de provações de culpa, como o duelo. De certo modo, este modelo de verdade – Foucault bem o sabia – não foi uma criação medieval, pois já pode ser encontrado nos primórdios do Ocidente. Mas foi a partir de então que a confissão tomou o lugar que de certa maneira mantém até hoje. No limite, Foucault faz da confissão cristã uma espécie de *Urphänomen*, proto-fenômeno, da psicanálise.

Mas existe também outro dispositivo, próximo ao de confissão mas distinto, o de *testemunho*, que Foucault não explora ou subsume àquele. Para entendermos a complexidade das manifestações simbólicas que se estruturam a partir da elocução do eu e nos aproximarmos do modelo de verdade calcado no *segredo* dos indivíduos, o conceito de testemunho é no mínimo tão importante quanto o de confissão. Na cena do tribunal – que de certa forma é o local paradigmático da confissão – ouvimos também os testemunhos daqueles que viram o ato que está sob a lupa do julgamento. Em resumo, o réu confessa, as testemunhas testemunham, assim como, no registro religioso, testemunhamos nossa fé e confessamos nossos pecados. Existe também uma relação de complementaridade entre um gesto e outro, como lemos na definição de confissão do Houaiss: "revelação, diante de testemunha(s) privada(s) ou pública(s), que alguém faz de um ato censurável que cometeu". Mas o testemunho deve ser entendido tanto como a apresentação do ponto de vista de um terceiro – *terstis* –, de onde deriva a noção latina de *testis*, testemunho jurídico que se quer objetivo, como também deve ser abordado como a tentativa de apresentar *uma experiência que resiste a esta apresentação*. O testemunho neste segundo sentido sofre um deslocamento da elocução da verdade para a própria pessoa que testemunha. Passa-se do testemunho pretensamente objetivo para a subjetividade da testemunha. Ela é, como notou Benveniste, *superstes*, testemunha sobrevivente (1995, p. 277; cf. Seligmann-Silva, 2005). Ela tenta apresentar o *real*, a saber, o que escapa ao simbólico, mas esta apresentação é sempre também apresentação da impossibilidade de se apresentar. O testemunho está submetido ao *double bind* de sua simultânea necessidade e impossibilidade. É verdade que, apesar de testemunho e confissão serem distintos, podemos dizer que no ato de confissão encontramos também testemunhos e não se pode descartar a possibilidade de em meio a um testemunho brotar uma confissão. E mais, ambos, como são lançados paradigmaticamente na cena do tribunal, têm a ver com culpa e culpabilização, ou com inocência. Deste modo, a ideia de *justiça* é a força motriz que está por trás tanto da confissão como do testemunho. Uma justiça que paira como uma possibilidade de redenção: dos males, das culpas, dos pecados, como uma purificação catártica, que leva o julgado a uma *nova vida*. Tanto o testemunho como a confissão visam o *veritatem facere* – trata-se de uma troca de apresentação da nudez, do pacto e do preço da nudez: colocamo-nos nus diante Dele para que Ele mostre a verdade nua. A nudez volta-se a uma outra nudez[1]. Para Santo Agostinho a confissão implica o desnudar-se diante de Deus. A verdade aqui é também a da cena do tribunal: a autoapresentação visa um testemunho, apresentar a vida para voltar à vida (*revixit*). "Acusa-te, glorifica-o", escreve Santo Agostinho. Nesta cena, o dentro volta-se para fora. Pois, como Derrida recorda a partir de Santo Agostinho, a confissão apresenta não apenas o que sabemos de nós, mas também aquilo que ignoramos (Santo Agostinho, 1987, p. 221). O escondido, o esquecido, vem à tona: *Unheimlich* (o estranho, sinistro). A palavra da confissão é sempre palavra de "conversão": de circonfissão, dirá Derrida; é palavra-ação, ato de *différance*, momento de crise, transbordamento, *metamorfose*, diríamos depois de Kafka.

Testemunha Ocular e Testemunho do Invisível

Neste espaço gostaria de apresentar a possibilidade de ler o romance *Grande Sertão: Veredas*, a partir de seus traços testemunhais e confessionais. É claro que a confissão e o testemunho são mais do que evidentes neste romance, mas gostaria de desdobrar os aspectos aporéticos destes atos e sobretudo ver como podem ser lidos neste livro, de um lado, o confessional como

---

1. Se na confissão existe um despimento metafórico que muitas vezes, simbolicamente, torna-se literal, na cena do testemunho frequentemente esta nudez é parte da estratégia de humilhação e de tortura na busca da "verdade". Espera-se extrair a verdade do indivíduo submetido à humilhação do desnudamento público. Este colocar a nu da testemunha visando à transparência da verdade é um desdobramento da visão judaico-cristã da vestimenta como encobrimento da culpa e do pecado. É como se a nudez fosse a condição da inocência, da fala direta dos indivíduos e de seus corpos antes da nossa autoconsciência e da capacidade de distinguir o bem e o mal. O torturador que humilha desnudando o torturado se coloca na posição de um pequeno deus que devolveria a inocência a um corpo que pecou. Mas trata-se, evidentemente, de um deus perverso.

ato de linguagem e simbólico e, de outro, o testemunhal enquanto *testis* e *superstes*. A ideia é *não* tratar confissão e testemunho como *gêneros tradicionais*, como tem sido feito na teoria literária, mas repensar estes conceitos, com ajuda da psicanálise e da filosofia. Trata-se também de ver este romance como uma *performance da memória e do ato de recordação*. Se atos literários testemunhais tiveram momento desde o século XVIII, foi no século XX que assistimos ao surgimento de uma literatura com forte teor testemunhal. Não diria que existe a partir de então um novo gênero, a literatura de testemunho, mas antes que neste século tanto se desenvolveu uma literatura com forte teor testemunhal, como também, por outro lado, aprendemos a ler nos documentos de cultura traços, marcas da barbárie[2]. O excesso de catástrofes impingidas pelas nossas próprias mãos – nesse século cerca de 140 milhões morreram por atos bárbaros em guerras, genocídios e perseguições – gerou uma necessidade de testemunho.

Guimarães Rosa conseguiu canalizar para seu romance de 1956 as fantásticas forças retóricas tanto da confissão como do testemunho[3]. Riobaldo narra suas memórias a um paciente senhor. O romance é o teatro de suas memórias e o fio que mantém toda a tensão da trama é o relacionamento amoroso e posto como condenável entre ele e Diadorim. O *segredo* é apenas revelado no final da narrativa-confissão-testemunho. O ponto de vista subjetivo, do narrador em primeira pessoa, que apresenta, por um lado, o que *viu* e, por outro, o que *viveu*, suas emoções e sofrimentos é apresentado de modo exemplar por Rosa na expressão de Riobaldo: "Coisas que vi, vi, vi – oi..." (1980, p. 54). Ver e viver fundem-se aqui. O romance contém tanto ele-

---

2. O conceito de "teor testemunhal" desenvolvi em outros textos (cf. Seligmann-Silva, 2003). Para tanto parti dos conceitos benjaminianos de "teor de verdade" (*Wahrheitsgehalt*) e de "teor coisal" (*Sachgehalt*), que ele desenvolveu em seu ensaio sobre *As Afinidades Eletivas de Goethe* e, por outro lado, da sua famosa frase segundo a qual "es ist niemals ein Dokument der Kultur, ohne zugleich ein solches der Barbarei zu sein" ("Nunca existiu um documento da cultura que não fosse ao mesmo tempo um [documento] da barbárie", 1974, p. 696). Considero mais produtivo estudar os traços característicos deste teor testemunhal, que pode ser encontrado em qualquer produção cultural, do que falar em um gênero "literatura de testemunho". Esta expressão, por outro lado, tem sido aplicada àquelas obras programaticamente nascidas para testemunhar catástrofes no século XX. Não considero errado falar em literatura de testemunho, mas creio que não devemos reduzir o estudo do teor testemunhal a esta produção específica.
3. Neste texto analiso os aspectos da *performance testemunhal e confessional* do romance de Rosa, sem levar em conta a relação do teor testemunhal desta obra com a sua vida e a sua época. Pesquisas neste sentido têm sido feitas com frutos muito interessantes por Jaime Ginzburg (2009). Outro autor muito propício para um estudo tanto desta performance como também da relação entre sua vida e o teor testemunhal é Graciliano Ramos.

mentos confessionais, como também o testemunho em suas duas faces: a de testemunho ocular, *testis*, e a de testemunho como tentativa de apresentação do inapresentável, *superstes*. O senhor a quem ele se dirige é uma construção complexa e essencial na situação testemunhal e confessional. Trata-se de um "outro" a quem ele se dirige. Este outro vai tornar-se testemunha secundária das histórias. Daí a expressão recorrente na pontuação do texto, quando o narrador se volta para este senhor e afirma: "Mire veja". Nós todos estamos mirando e vendo, traduzindo o teatro de palavras em imagens. Toda confissão deve voltar-se para uma outra pessoa. Também no caso do testemunho, este *outro-ouvinte* é absolutamente fundamental. A catarse testemunhal é *passagem* para o outro de um mal que o que testemunha carrega dentro de si. Para fazer o trabalho do trauma exige-se uma espécie de trabalho de luto da experiência sofrida: um enterro ritual do passado que muitas vezes inclui mortos, como é o caso da narrativa de Riobaldo, com sua longa vida de jagunço sendo desfiada diante do "senhor" e que também porta o luto pela morte de Diadorim.

Um Espaço Mnemônico Intenso

Mas este senhor a quem ele se dirige é também, como é evidente, o leitor. "Mas o senhor calado convenha", escreve Rosa não sem certa malícia (1980, p. 108). O leitor é fim, o *telos* da escrita, aquele a quem a "mensagem imperial" está direcionada. Este senhor é descrito como muito instruído, como alguém do sexo masculino (1980, p. 173) e paciente. A matéria do livro, a memória de Riobaldo, é apresentada a este ouvinte paciente de modo não-linear. Trata-se da apresentação e simultânea construção de um *espaço mnemônico intenso*, sem começo nem fim, com uma temporalidade apenas parcialmente cronológica e muito mais emocional. "No real da vida, as coisas acabam com menos formato, nem acabam", formula Riobaldo (1980, p. 67). E ainda, o *professor* Tatarana também diz (com Lacan): "Digo: o real não está na saída nem na chegada: ele se dispõe para a gente é no meio da travessia" (1980, p. 2). Os *cronotopoi* se entrecruzam, em curtos-circuitos espaciotemporais, como também costuma acontecer em narrativas de testemunho. Riobaldo *constrói* sua topografia emocional da memória, passando por *cronotopoi* que lhe marcaram a vida. Mas em Rosa, evidentemente, trata-se de uma construção literária e isto se dá de modo assumidamente artístico e autorreferente. As inúmeras intervenções metanarrativas, nas quais Riobaldo se volta para seu interlocutor, na verdade um ouvinte-leitor, estão cheias desta astúcia de um autor que, ao mesmo tempo em que constrói sua narrativa-fluxo-de-memória, campo espaciotemporal, também como que puxa o leitor para fora deste rizoma. Assim ele pode convencê-lo melhor de sua existência e potência. A nós só resta admirar a galáxia-mnemônica de Riobaldo em suas sístoles e diástoles – e nos emocionamos.

Riobaldo é o primeiro a afirmar que sua narrativa é fragmentada. Ela é saturada de emoções. Trata-se da *mise en scène* de uma memória traumática, marcada pela "literalidade", ou seja, por sua tendência ao fragmento, a ser caco do passado. A construção narrativa é o meio de articular estes fragmentos. Seu fio narrativo executa saltos, assim como o universo de nossa memória o faz, comandada tanto pelo princípio das afinidades eletivas como por exigências emocionais. Uma porta em um *hic et nunc* permite que se escorregue para outro lugar-tempo, como no túnel em que cai Alice e a leva ao país das maravilhas, ou nas portas de *Matrix*. A contiguidade é uma função qualitativa e não quantitativa. Assim lemos em uma das referidas passagens metanarrativas uma clara teoria do que se passa no próprio livro:

> A lembrança da gente se guarda em trechos diversos, cada um com seu signo e sentimento, uns com os outros acho que nem não misturam. Contar seguido, alinhavado, só mesmo sendo as coisas de rasa importância. De cada vivimento que eu real tive, de alegria forte ou pesar, cada vez daquela hoje vejo que eu era como se fosse diferente pessoa. Sucedido desgovernado. […] O senhor é bondoso de me ouvir. Tem horas antigas que ficaram muito mais perto da gente do que outras, de recente data. O senhor mesmo sabe. […] O que muito lhe agradeço é a sua fineza de atenção (1980, pp. 77 e ss.).

Este tempo qualitativo e submetido a esta lei emocional da proximidade é apresentado em doses diversas de detalhe. Às vezes Riobaldo apenas indica que aconteceu uma batalha, sem entrar em seus meandros. Noutras apresenta longamente diálogos e trocas de olhares com Diadorim.

A construção deste campo mnemônico é o *presente*, o agora da narrativa que ao se desdobrar traça este mesmo campo. Esta presentificação do passado, típica dos atos de confissão e de testemunho, é explicitada na frase: "Comigo, as coisas não têm hoje e ant'ontem amanhã: é sempre" (1980, p. 109). Note-se que ao tratar desta temporalidade na chave do "sempre" a narração é aproximada também da memória traumática: que se inscreve como um passado que não passa. Riobaldo diz que "lembro de tudo" e que fala demais de seu passado porque está velho (1980, p. 112). De fato, os traumatizados como que *sofrem de excesso de memória*: uma ótima definição para Riobaldo. Mas esta lembrança, que é apresentada como sendo a matéria do livro, é também um folhear a vida de trás pra frente, como os idosos costumam fazer. Daí a formulação surpreendente: "Eu me lembro das coisas, antes delas acontecerem..." (1980, p. 27). As coisas só se tornam "coisas" no próprio ato de recordação. É este ato que as funda como fatos. As lembranças assumem a tintura da nostalgia e da saudade, com sua ambígua tonalidade de alegria e melancolia. Mas seus nós são constituídos justamente por aquilo que é encenado como irrepresentável: seu amor por Diadorim, as mortes e violências, como o sofrimento da passagem do Liso do Sussuarão: este espaço atópico, espécie de dobra na banda de Moebius, deserto de onde acena o buraco negro do real. Descrevendo este martírio para o "senhor", o narrador diz: "o que não pode, para o senhor, é ter sido, vivido" (1980, p. 41). Já em outra ocasião Riobaldo nota que o que apresenta é pouco crível: o que dispara uma angústia na testemunha que quer contar com a benevolência do seu interlocutor: "O senhor mire e veja, o senhor: a verdade instantânea dum fato, a gente vai departir, e ninguém crê. Acham que é um falso narrar" (1980, p. 331). Este elemento inverossímil da passagem pela morte também é tópico nas narrativas de catástrofes do século XX. O inverossímil desconstrói a narrativa e seu decoro. Para a poética clássica, como é conhecido, o impossível que persuade é preferível ao que pode acontecer, mas não é persuasivo. O ter vivido o excepcional antes de abalar os modos de apresentação produz uma quebra no próprio eu, daí a afirmação que vimos de Riobaldo: "vejo que eu era como se fosse diferente pessoa". Noutra passagem ele formula: "Fui eu? Fui e não fui" (1980, p. 166). Nos testemunhos de catástrofes é frequente os sobreviventes se verem como um outro. O eu se desloca para um ele ou ela. A construção do testemunho tem justamente a função de aproximar os cacos deste outro-eu-narrado.

Mas o senhor-interlocutor é também alguém que está invadindo o segredo íntimo da testemunha e do confessor. Esta invasão, no entanto, é desejada, pois permite não só o ato testemunhal e a confissão, mas também, como o senhor é de fora e se vai após ouvir/ler a história, cria espaço igualmente para um paradoxal solilóquio a dois. Ou seja, o dispositivo de enunciação do eu é a oportunidade de construção de uma narrativa: de uma vereda por onde o mal pode fluir. O leitor – como a temporalidade – é o leito por onde o rio pode correr. O testemunho e a confissão visam uma paradoxal apresentação que é ao mesmo tempo memória e esquecimento. Só no branco do esquecimento é que a imagem da memória pode ser deitada. Além disto, a memória do trauma deve ser ao mesmo tempo apresentada e afastada. Embalada na nau da narração. Mas para isto acontecer necessita-se de um "tu". O senhor é caracterizado como "estranho" e é a este estranho que Riobaldo revela seu estranho – *Unheimlich* – eu.

Não devia de estar relembrando isto [ou seja, a paixão por Diadorim], contando assim o sombrio das coisas. Lenga-lenga! Não devia de. O senhor é de fora, meu amigo mas meu estranho. Mas talvez por isto mesmo. Falar com o estranho assim, que bem ouve e logo longe se vai embora, é um segundo proveito: faz do jeito que eu falasse mais mesmo comigo. Mire veja: o que é ruim, dentro da gente, a gente perverte sempre por arredar mais de si. Para isto é que o muito se fala? (1980, p. 33).

Riobaldo como Catador de Logoi. *Epopeia no Sertão*

Este "muito falar" nasce de uma necessidade, exatamente como o testemunho. Riobaldo mesmo pondera: "o tudo que eu conto, é porque acho que é sério preciso" (1980, p. 134). Mas este Riobaldo não é um jagunço típico, afinal ele não só domina muito bem o idioma, como até mesmo se gaba de sua suprema memória. Não nos esqueçamos de que ele é também professor, como na alcunha com a qual Zé Bebelo o trata. Este loquaz ex-jagunço narra para um estranho, doutor, homem de letras. E nós – *homens de letras* – lemos isto tudo da pena de um autor implícito, também ele doutor e homem de letras, mas um *estranho* ao mundo de Riobaldo. Percebemos, portanto, que a figura do "senhor" receptor da narrativa pode ser interpretada tanto como o *leitor* quanto como o próprio *autor implícito*. Este último, por sua vez, constrói-se como um coletor de *logoi* do sertão. Ele coleciona histórias, a *vox populi*. Ele é uma espécie de *Lumpensammler*. Ao invés da figura (aristocrática) do escritor que trabalha no gabinete, ele executa seu trabalho de escrita a partir de um arquivo resultado de seu trabalho como "catador". Benjamin, no seu "Paris do Segundo Império em Baudelaire", citou este poeta, autor não só do poema "O Vinho dos Trapeiros", mas também de uma descrição do trapeiro que aproxima esta figura urbana moderna do trabalho do próprio poeta. Podemos, *mutatis mutandis*, aproximar também esta figura de trapeiro à do autor implícito de *Grande Sertão: Veredas*:

Aqui temos um homem – ele tem de recolher na capital o lixo do dia que passou. Tudo o que a cidade grande jogou fora, tudo o que ela perdeu, tudo o que desprezou, tudo o que destruiu, é reunido e registrado por ele. Compila os anais da devassidão, o cafarnaum da escória; separa as coisas, faz uma seleção inteligente; procede como um avarento com seu tesouro e se detém no entulho que, entre as maxilas da deusa indústria, vai adotar a forma de objetos úteis ou agradáveis (1989, p. 78).

O interessante de ver nesta obra uma tal coleção do resto da civilização, ou seja, do que restava da vida não-urbana na cultura brasileira, é que novamente vislumbramos aqui algo que pode ser aproximado do registro da poética do testemunho. Nesta observamos a possibilidade de dar voz àqueles que não tinham lugar no universo simbólico e econômico. A perspectiva do testemunho é a da história dos vencidos. Na obra em questão tendemos a também *nos solidarizar* com este mundo em extinção, que como que acena, na pena de um autor que, ironicamente, mistura um regionalismo reinventado, com Dostoiévski, Joyce, e outros grandes autores da história da literatura e da filosofia[4].

Uma das características mais marcantes desta sofisticada construção narrativa é justamente esta mistura de referências. Por exemplo, na medida em que o texto se apresenta como uma longa narrativa das aventuras do protagonista Riobaldo, este se torna uma espécie de aedo: com o perdão do jogo de palavras evidente, ele se revela um *Rio-bardo*. A própria voz narrativa se torna, assim, a protagonista. Como no canto IX da *Odisseia*, quando Ulisses, em meio aos feaces, não só se emociona ao ouvir de um aedo as suas próprias aventuras, como ele mesmo narra outras passagens de sua história, transmutando-se os papéis de Homero com o de Ulisses. Em *Grande Sertão: Veredas*, não só a lei da força, a astúcia, a lei dos bravos que impera, também temos profetisas, amizades inabaláveis e grandes atos de hospitalidade e uma estrutura episódica, como em Homero. E ainda: o tempo e a morte são pensados em torno do conceito de glória, *kléos*, termo-chave na poética da epopeia homérica. O livro de Rosa faz inúmeras referências aos sucessos cantados das sagas dos bravos jagunços; como também ocorre na epopeia, sua musa é Mnemósine. Mesmo o outro polo dialético da epopeia, a vingança, motor das ações, está no coração do livro de Rosa. É dispensável dizer que toda esta estrutura narrativa épica não só é a base das narrativas literárias e históricas posteriores, mas também vai alimentar o próprio gesto testemunhal.

---

4. Mas vale notar também que, tanto no gesto do autor implícito de *Grande Sertão* como no do gestor de testemunhos, existe uma violência em jogo: uma hierarquia produzida por uma diferença de saberes e de domínio de códigos e também pelo lugar que o gestor e o colecionador de *logoi* ocupam na sociedade. Trata-se de uma "tradução" de um código oral para o da escrita e nesta trans-posição tudo é transformado. É importante não deixar escapar esta ambiguidade que marca a figura deste criativo e *estranho* colecionador de histórias: ele é compassivo e violento.

Para finalizar gostaria de tomar duas passagens como que episódicas, que permitem enfatizar esta relação do romance rosiano com a confissão e o testemunho. Refiro-me à passagem narrada por Jõe, o "caso de Maria Mutema e do Padre Ponte", e ao julgamento de Zé Bebelo. Estas duas passagens – das mais conhecidas do romance – têm, uma, a confissão auricular, a outra, o testemunho no seu centro.

Maria Mutema: Confissão como Castração e Phármakon

Jõe conta que Maria Mutema, "mulher em preceito sertanejo", de repente havia perdido seu marido. Em seguida, ela se tornou fervorosa religiosa e passou a frequentar assiduamente a igreja. Estas visitas tinham por objetivo maior as suas confissões com o Padre Ponte (pai de três crianças), que eram infindáveis e sempre pareciam escandalizar-lhe muito. Lemos no texto uma bela descrição do ato de linguagem confessional:

> Mas o que logo se soube, e disso se falou, era em duas partes: que a Maria Mutema tivesse tantos pecados para de três em três dias necessitar de penitência de coração e boca; e que o Padre Ponte visível tirasse desgosto de prestar a ela pai-ouvido naquele sacramento, que entre só dois se passa e tem de ser por ferro de tanto segredo resguardado (1980, p. 171).

Finalmente o padre adoeceu e morreu. Aparentemente, mas de modo incompreensível, ele morrera de excesso de confissão. Em seguida chegaram dois padres estrangeiros missionários no arraial e, uma feita, em uma missa, Mutema reaparece na igreja: imediatamente o padre, que mal concluía a sua reza, ordenou que ela se retirasse da igreja, pois guardava "maus segredos" e deveria depois fazer sua confissão diante do cemitério[5]. Mutema começou a confessar-se ali mesmo, diante de todos, a "verdade" rompeu o dique de seu silêncio: "E rompeu fala, por entre prantos, ali mesmo, a fim de perdão de todos também, se confessava" (1980, p. 172). Assim ela libertou de si seu terrível segredo: ela matara seu marido derramando chumbo em seu ouvido enquanto ele dormia e depois teria mentido ao Padre Ponte em suas confissões, dizendo que havia matado o marido por causa dele. Com isto teria levado o padre ao desgosto e

---

[5]. Este padre que de imediato reconhece quem é Mutema e já sabe de seus pecados é sem dúvida um duplo do padre de *O Processo* – uma das obras mais brilhantes sobre as aporias do direito e de suas instituições, como a própria confissão – que chama Josef K. pelo nome, quando este está só na igreja, e mostra saber toda sua história.

à morte. Mutema, presa, clamou por "perdão e castigo". E de fato, após passar por "culpa e júri", na cadeia de Arassuaí o povo afluiu para lhe perdoar. Ao fim concluíram que seu arrependimento humilde e sofrimento estavam-na convertendo em santa. – Nesta pequena história dentro da história, como no teatro dentro do teatro em *Hamlet*, assistimos não só a esta *mise en abyme* da narrativa mas também à cena de um assassinato de um marido, por parte de sua esposa e utilizando o mesmo e peculiar modo, chumbo derretido derramado no ouvido. Mas, se não temos na história de Mutema a utilização deste assassinato como meio de ascender ao poder, por outro lado, nas duas histórias vemos uma espécie de "estado de exceção" revelado por estes atos ignominiosos: em *Hamlet* o poder real é assaltado por este golpe, mostrando que a origem do poder soberano é a violência; em *Grande Sertão* o ato de Mutema é apenas mais uma exceção em um universo onde padres têm filhos. Sua ação é apresentada como uma espécie de prazer perverso em matar e ver morrer. Este gozo sintomaticamente passou nos dois assassinatos pelo canal auditivo. O primeiro homem foi assassinado pelo chumbo no ouvido e segundo pelo ferro e veneno de suas palavras. A confissão no fim da história – após gerar a morte do padre, mais confissão, sua condenação, o arrependimento e o perdão – acabou de fato purificando Mutema que se tornou uma espécie de santa.

A relação entre nosso canal auricular e os atos de fala confessionais e testemunhais é da maior importância. Como vimos, sem alguém para escutar, pronto a receber em seus ouvidos as palavras de dor ou de arrependimento, estes atos não se podem dar. Neste sentido, estes atos podem ser denominados como "otobiográficos", expressão utilizada por Derrida para qualificar de modo geral as autobiografias. Também os atos "otobiográficos" são onipresentes na vasta obra de Santo Agostinho, autor de *Confissões*. E isso decerto responde a uma intertextualidade com os textos bíblicos: lembremos da passagem bíblica de Deus perfurando a orelha de seus seguidores com uma sovela (Ex. 21, 6; cf. Deu. 15, 17); da descrição do sacrifício do novilho e do preceito que comanda que seu sangue deve ser posto na ponta da orelha direita de Arão e seus filhos (Ex. 29, 20); das palavras de Josué: "Ajuntai perante mim todos os anciãos das vossas tribos, e vossos oficiais, e aos vossos ouvidos falarei estas palavras, e contra eles por testemunhas tomarei os céus e a terra" (Deu. 31, 28); "Inclinai os ouvidos, ó céus, e falarei" (último cântico de Moisés; Deu. 32, 1); "Ouvindo-me algum ouvido, me tinha por bem-aventurado; vendo-me algum olho, dava testemunho de mim" (Jó 29, 11); "porque o ouvido prova as palavras, como o paladar prova a comida" (Jó 34, 3); "Dá ouvidos às minhas palavras, ó Senhor; atende à minha meditação" (Sal. 5, 1); "Têm veneno semelhante ao veneno da serpente; são como a víbora surda que tem tapado os seus ouvidos" (Sal. 58, 4) etc. Estabelece-se nestas passagens um vínculo entre a audição e a entrega às palavras "que iluminam", entre a fé e o canal auditivo que, por sua vez, é conjugado ao testemunho visual. O alimento (espiritual) vem da boca de Deus (que deve ser ruminado, diz Santo Agostinho) assim como – na aliança que une o fiel a ele – a boca daquele que confessa dirige-se aos ouvidos de Deus. A escuta transforma-se em manducação. Na história de Maria Mutema, a escuta transforma-se não tanto em manducação e ruminação, mas antes em indigestão. As palavras convertem-se em chumbo que penetram os ouvidos do Padre Ponte. Mas as metamorfoses não param aí. A palavra da confissão é sempre palavra de "conversão": de circonfissão, dirá Derrida. Mutema de fato se converte e re-converte: primeiro em "onça monstra, tinha matado o marido", "cobra, bicho imundo" (1980, p. 172), depois em santa. A ideia de aproximar confissão e circuncisão – formando circonfissão – pode ser derivada do fato de que no cristianismo tanto o testemunho como a confissão têm a ver com esta transformação do eu, com o evento de uma metamorfose que também sela um pacto, um anel que une o indivíduo com Deus. Citemos as palavras de Santo Agostinho:

> Se é verdade que na carne do homem circuncidado eu não posso encontrar o local onde repetir a circuncisão, pois o membro é único, ainda menos podemos encontrar o local em um coração onde se repetir o batismo de Cristo. É por causa disto que para vocês que querem duplicar o batismo, é absolutamente necessário que vocês procurem corações duplos (*Epist.* 23, 4, *apud* Chrétien, 2002, p. 238).

Mutema de certo modo mostrou uma iterabilidade deste gesto que para Santo Agostinho seria irrepetível. Ela busca uma suplementação fálica para construir sua aliança de carne com Deus. Ela encontrou de fato dois falos que ela como que sacrificou, castrou, para com eles conquistar suas alianças de carne e assinar o pacto de fé e sua confissão. Sua história mostra como a confissão é um *phármakon* amargo-doce que pode tanto matar como salvar.

Testemunho Falocêntrico: O "Falo" como Fala e Órgão Sexual

Esta relação entre falo como órgão genital masculino e o ato de fala apenas explicita o aspecto falocêntrico do testemunho e da confissão. O testemunho, sobretudo em seu sentido de testemunho de um terceiro, do testemunho jurídico, é falocêntrico. Nas sociedades tradicionais as mulheres são excluídas das cortes como testemunhas. Josephus afirma que nos tempos bíblicos isto ocorria, o mesmo valendo para a "mulher romana" (Margalit, 2002, p. 176). Daí Riobaldo se voltar em seu discurso testemunhal a um *senhor* e não a uma senhora. A lógica do testemunho é a do convencimento via apresentação espetacular, superocular, de provas. Prova-se um crime como se prova a masculinidade. A cena do testemunho falocêntrico tem sua representação mais acabada na *Eumênides* de Ésquilo, que apresenta o tribunal com o julgamento de Orestes, que é absolvido de seu ato de matricídio. Palas Atena vota no partido dos homens, de Zeus, Apolo e Orestes, contra a apelação das Fúrias, que, defendendo Clitemnestra, voltam-se para a mãe delas, a Noite. Em *Grande Sertão: Veredas* encontramos também uma Palas Atena que, como na tragédia de Ésquilo, é apresentada como alguém que não teve mãe: Diadorim. Este personagem, híbrido como a deusa grega, também vota no partido dos homens. Vale notar que, diferentemente de Clitemnestra, que foi morta pelo seu ato conjugicida, Mutema soube precaver-se com a astúcia da "dupla" confissão fálica.

Neste sentido é interessante destacar como no julgamento de Zé Bebelo existe uma espécie de espelhamento do próprio julgamento de Orestes. Ambos os réus são perdoados, absolvidos. Os dois tribunais representam de certo modo uma forma de transição entre a justiça tradicional, a lei do talião, feita com base em provações de culpa e puro exercício da força, e a lei do tribunal, com seus jurados e a tentativa de construção de uma justiça neutra: "cega". Os testemunhos neste tribunal oscilam entre estes dois modelos de justiça. Hermógenes, o primeiro a falar sua acusação, não apresenta provas, apenas condena o réu à morte. Sô Candelário – após sugerir um duelo com o réu, o que significaria uma contradição com a ideia de julgamento – defende Zé Bebelo, apelando para a lei da guerra: não seria crime guerrear. O *jus in bello* justifica – com um estado de exceção da guerra – os atos de violência. Ricardão, o terceiro a testemunhar, tem como argumento a necessidade da vingança, quando a justiça justamente pretende colocar-se acima deste patamar subjetivo. Riobaldo pondera, após estas três falas, que oscilava entre um ponto de vista e outro. Mas conclui que todo julgamento é defeituoso "porque o que a gente julga é o passado. [...] Quem julga já morreu" (1980, p. 205). Neste ponto a justiça é posta em questão devido a este fato cronológico insuperável: o julgado não é o criminoso, pois o crime está sempre no passado. O julgamento, em sua inevitável "posteridade", estará sempre em descompasso com o que é julgado. Os demais jagunços falam a favor de Zé Bebelo. Tião Passos recorda que na lei do sertanejo ou se mata no calor da hora, ou não. Como o próprio Ricardão havia falado: "Lei do jagunço é o momento" (1980, p. 204). Novamente vemos posta a incompatibilidade cronológica do julgamento com o ponto de vista jagunço. O próprio Riobaldo ao falar seu testemunho não apenas apela para seu profundo conhecimento do réu em uma chave bem visual – "Vi. Testemunhei" (1980, p. 208) – como também apela para a glória (*kléos*) daqueles homens ali reunidos após a batalha. Eles não a teriam se matassem alguém deste modo não-jagunço, covarde, após a pausa suspensiva de um julgamento. Sô Candelário concorda com este argumento em favor da "fama de glória" (1980, p. 209). Este julgamento circula constantemente entre a lei do talião e a do tribunal, apagando as fronteiras entre o "estado natural" e a civilização da cidade e da justiça positiva. O pressuposto pacto, que na teoria política clássica estaria na origem da vida civilizada, é revelado como sendo, antes, um pacto com a força bruta. No final do julgamento Joca Ramiro revela toda a arbitrariedade deste ritual ao decretar o seguinte, em sua condenação de Zé Bebelo ao desterro temporário: "O julgamento é meu, sentença que dou vale em todo este norte" (1980, p. 213). Como também se passa na *Eumênides*, a anomia que deveria ser barrada e contida pelo dispositivo do tribunal é, na verdade, aprofundada por ele: as Fúrias são incorporadas como parte do sistema jurídico. Este julgamento é também uma espécie de teatro dentro do teatro, figura da figura do romance. Ele põe em cena o testemunho como dispositivo de julgamento, de construção do indivíduo e, sobretudo, de poder. Nesta cena masculina, de bravos homens esgrimindo com palavras não vemos a saída do universo jagunço, mas antes a desconstrução da própria justiça, que é apresentada como política masculina da força e das amizades. Joca Ramiro em seu veredicto é tão arbitrário quanto Palas Atena.

Testemunho e Confissão como Ficções

Concluindo, gostaria apenas de lembrar que não existe a possibilidade de estabelecer uma fronteira entre a ficção e, por outro lado, a confissão e o testemunho. Do mesmo modo, testemunho e confissão também são assombrados pela possibilidade de mentira. Como vimos, Riobaldo mesmo já desconfiava de que seu interlocutor achava que o que narrava era falso. Derrida foi um dos pensadores que melhor formularam estas ideias: "uma confissão não tem nada a ver com a verdade" (1991, p. 103), "uma circonfissão é sempre simulada" (1991, p. 120), ele sentenciou. E ainda constatou:

"[O] testemunho tem sempre parte com a *possibilidade* ao menos da ficção, do perjúrio e da mentira. Eliminada essa possibilidade, nenhum testemunho será possível e, de todo modo, não terá mais o sentido do testemunho" (1998, p. 28). Caberia pensar se a encenação testemunhal e confessional de Tatarana também não estaria sombreada pela ficção (da ficção). Ou seja, podemo-nos perguntar se a *solução* de seu drama de consciência (revelar que Diadorim era uma mulher) não seria uma racionalização *a posteriori*. O desnudamento da verdade neste livro é o desnudamento do *corpus delicti*: Diadorim é mulher, a prova é a *falta*, a ausência do falo. O testemunho dá a ver o "nada", o vazio. Pensando-se esta ficção como um *jogo confessional e testemunhal*, podemos imaginar também que Diadorim na verdade, é claro, *na verdade da ficção*, era um homem. O *veritatem facere* é também uma *ficta confessio*. Ele e Riobaldo se amaram como dois bravos, como Aquiles e Pátroclo, só que, por assim dizer, fora do lugar: no tempo-espaço do sertão e não na Troia mítica. Daí a necessidade desta racionalização no ato confessional. A sobreposição de Troia com o sertão, ou o cruzamento das veredas de Ulisses com as de Riobaldo, engendraram um romance único no qual lemos uma trans--helenização do jagunço, que em seguida é quem sertaneja a Hélade. Este é apenas mais um dos aspectos que se pode desdobrar deste projeto de releitura de *Grande Sertão* como um ato confessional e de testemunho. Sabemos que para Riobaldo vale a regra: "Eu me lembro das coisas, antes delas acontecerem..." O que conta é a lembrança e sua performance e não algo que ela re-presentaria[6]. Mas a cena testemunhal do *Grande Sertão: Veredas* fecha-se de modo enfaticamente falocêntrico, destacando novamente o compromisso entre a apresentação do testemunho e o espetáculo da visualização do *grande falo*. Trata-se de um testemunho hiperbólico: é um sobre- ou supertestemunho. O *grande* de *Grande Sertão* é redito no parágrafo final do livro, como se fosse um mastro a demarcar a última cena do testemunho: "O Rio de São Francisco – que de tão grande se comparece – parece é um pau grosso, em pé,

---

6. Portanto, podemos apenas especular sobre estes não-ditos e desditos de Riobaldo testemunha e confessor. Evidentemente proponho um novo jogo de leitura, que leva em conta este elemento de *construção* do relato testemunhal e confessional. Não se trata de modo algum de dizer que Diadorim era "na verdade" um homem, pois de qualquer maneira toda verdade aqui é fictícia. Mas dentro desta ficção é possível colocar esta hipótese de leitura acerca do falso testemunho de Riobaldo. Pode-se inclusive pensar também que ele "de fato" possui esta memória do corpo revelado de Diadorim como um corpo feminino, *afálico*: esta memória pode ser uma alucinação, um delírio ou uma construção posterior, como uma memória encobridora da "verdade" do corpo de seu amado. Estas hipóteses podem ser sustentadas dentro desta poética que apresentei aqui, mas tudo fica em suspenso, pois trata-se de "verdades da ficção".

enorme..." (1980, p. 560). O Velho Chico – duplo do velho Riobaldo – aqui nesta passagem é tanto uma figura da torrente caudalosa da narrativa, como do falo. E o autor continua: "Amável o senhor me ouviu [...] O senhor é um homem soberano, circunspecto": nós fomos fecundados por esta fala e suas sementes. Nossos ouvidos senhoriais estão agora nos investindo de soberania sobre este testemunho. Este se dissemina então em infinitas leituras. As veredas, como o sertão na sua apenas aparente infertilidade[7], não têm fim.

REFERÊNCIAS BIBLIOGRÁFICAS:

BENJAMIN, W. *Gesammelte Schriften*. Frankfurt a.M., Suhrkamp, vol. I: *Abhandlungen*, 1974.

_____. *Obras Escolhidas*, vol. III. *Charles Baudelaire, Um Lírico no Auge do Capitalismo*. Trad. J.C.M. Barbosa e H. A. Baptista. São Paulo, Brasiliense, 1989.

BENVENISTE, É. *O Vocabulário das Instituições Indo-europeias*. Vol. II: *Poder, Direito, Religião*. Trad. D. Bottmann. Campinas, Unicamp, 1995.

CHRÉTIEN, J.-L. *Saint Augustin et les actes de parole*. Paris, PUF, 2002.

DERRIDA, J. "Circonfession". In: _____. & BENNINGTON, G. *Jacques Derrida*. Paris, Seuil, 1991.

DERRIDA, J. *Demeure. Maurice Blanchot*. Paris, Galilée, 1998.

FOUCAULT, M. *História da Sexualidade. 1. A Vontade de Saber*. 15. ed. Trad. M. T. da Costa Albuquerque e J.A. Guilhon Albuquerque. Rio de Janeiro, Graal, 1988.

GINZBURG, Jaime. "Guimarães Rosa e o Terror Total". In: CORNELSEN, Elcio Loureiro (org.). *Literatura e Guerra*. Belo Horizonte, FALE-UFMG, 2009. (No prelo.)

MARGALIT, A. *The Ethics of Memory*. London, Cambridge, Harvard University Press, 2002.

ROSA, G. *Grande Sertão: Veredas*. 14. ed. Rio de Janeiro, José Olympio Editora, 1980.

SANTO AGOSTINHO. *Confissões*. Trad. J. O. Santos e A. A. de Pina. Petrópolis, Vozes, 1987.

SELIGMANN-SILVA, M. (org.). *História, Memória, Literatura. O Testemunho na Era das Catástrofes*. Campinas, Unicamp, 2003.

_____. "Testemunho e a Política da Memória: O Tempo Depois das Catástrofes", *Projeto História*, Revista do Programa de Estudos Pós-Graduados em História e do Departamento de História da PUC-SP, nº 30, pp. 31-78, jun. 2005.

---

7. Nesta passagem introduzo um jogo entre a ideia de sobre- ou supertestemunhar e o conceito de infertilidade. Benjamin em seu *Rua de Mão Única* escreveu que *"Überzeugen ist unfruchtbar"*, ou seja: "convencer é infecundo", sendo que *Überzeugen* pode ser lido de modo analítico como uma palavra-valise significando supergerar, supercriar, superfecundar. *Zeugen* tem estes dois sentidos: testemunhar e fecundar (cf. Seligmann-Silva, 2005, p. 77).

5.
GUIMARÃES ROSA E O TESTEMUNHO

MARLI FANTINI (UFMG)[1]

Este trabalho pretende dimensionar a relevância dos relatos testemunhais ou de teor testemunhal para a recuperação de vozes e memórias machucadas em decorrência de situações-limite como guerras, massacres, catástrofes. Dentre os muitos relatos literários produzidos após a Segunda Guerra Mundial, fizemos um recorte do romance testemunhal *É Isto um Homem?*, de Primo Levi, com o propósito de elaborar reflexões sobre o gênero testemunhal. Com vista na premissa de que o romance *Grande Sertão: Veredas*, de Guimarães Rosa, apresenta a estrutura de um relato literário de teor testemunhal, enfocá-lo-emos de forma mais acentuada. Finalmente, procuraremos mostrar o vínculo estabelecido entre Rosa e os judeus, durante a Segunda Guerra.

Catástrofe e Representação na Modernidade

Reconhecendo com J. David Singer que 1914 inaugura a "era dos massacres", o historiador Eric Hobsbawm[2] identifica, justamente no período compreendido entre as duas grandes guerras mundiais (de 1914 a 1948), a "Era das catástrofes". Ao passo que a Primeira Guerra envolveu todas as grandes potências, a Segunda foi global, já que praticamente todos os Estados indepen-

---

1. Este trabalho foi produzido graças à Bolsa de Produtividade de Pesquisa, concedida pelo CNPq, bem como graças à Bolsa de Pesquisador Mineiro concedida pela Fapemig.
2. Eric Hobsbawm, *Era dos Extremos: O Breve Século XX*, trad. Marcos Santarrita, São Paulo, Companhia das Letras, 1998, p. 32.

dentes do mundo viram-se com ela comprometidos, o que, nesse sentido, faz dela "uma aula de geografia do mundo"[3]. Sobre a destrutividade da Primeira Guerra Mundial, estima-se que, nessa "máquina de massacres provavelmente sem precedentes na história da guerra [...] milhões de homens ficavam uns diante dos outros nos parapeitos das trincheiras barricadas com sacos de areia, sob as quais viviam como – e com – ratos e piolhos"[4]. Para se ter uma ideia dos massacres, somente numa dentre as incontáveis investidas dos alemães (em sua tentativa de "romper a barreira de Verdun", entre fevereiro a julho de 1916), dentre os dois milhões de homens em batalha, houve um milhão de baixas[5].

As experiências de expulsão e matança compulsórias em escala astronômica ainda na Primeira Guerra geraram a necessidade de inventar palavras como "apátrida" e "genocídio". Esta última designação não se aplica apenas à matança de cerca de 1,5 milhão de armênios pela Turquia, a figurar na história como "a primeira tentativa moderna de eliminar toda uma população". Numa escala bem mais ampla, esse cenário irá reproduzir-se, na Segunda Guerra, como outros agentes a "mais conhecida matança nazista de cerca de cinco milhões de judeus"[6]. Sobre o genocídio dos armênios pouco se divulgou e, ainda assim, uma ou outra denúncia pontual acaba abafada ou gerando riscos, a exemplo da que partiu de Orhan Pamuk, romancista turco e Prêmio Nobel 2006. Tendo sido um dos primeiros em seu país a falar abertamente do massacre dos armênios, ele começa a sofrer ameaças, vendo-se, em 2007, obrigado a abandonar Istambul e exilar-se nos Estados Unidos[7].

Diferentemente, o holocausto produzido pela máquina de dizimação nazista na Segunda Guerra Mundial encontrará várias formas de denúncia e difusão. Planejada "cientificamente" pelos nazistas, a "limpeza étnica" – que, além dos milhões de judeus, dizimará ciganos, homossexuais, esquerdistas, grupos com necessidades especiais – chega inicialmente ao conhecimento do mundo através de tribunais e julgamentos como o de Nuremberg, em 1945-1946. A partir de então, malgrado as feridas, o luto, a culpa e resíduos de pavor dos sobreviventes, estes logram restituir um sopro de voz, humanidade e um lugar na história para si próprios e para os milhões de vítimas do holocausto.

3. *Idem, ibidem.*
4. *Idem,* p. 33.
5. *Idem, ibidem.*
6. *Idem,* p. 57.
7. Ver segunda orelha em Orhan Pamuk, *Istambul: Memória e Cidade,* trad. Sergio Flaksman, São Paulo, Companhia das Letras, 2007.

Karl Adolf Eichmann, tenente-coronel da ss, grande responsável pela logística de extermínio durante o Holocausto, foi julgado e condenado à pena de morte, num processo ocorrido em Jerusalém, em 1961. A propósito desse julgamento, Hannah Arendt escreveu o livro *Eichmann em Jerusalém*, e nele cunhou o termo "banalidade do mal". A respeito da postura incrédula e cética dos juízes ao longo do julgamento (diante de diferentes, atordoados e nem sempre inteligíveis testemunhos de sobreviventes), Arendt afirma que chegam a rejeitar muitas das acusações, justificando explicitamente que sofrimentos em escala tão gigantesca estavam "acima da compreensão humana" e, dada sua proporção, não caberiam numa sala de tribunal. Tal dimensão só encontraria seu espaço na ficção, enquanto matéria para os "grandes escritores e poetas"[8].

Doravante, como se tal proselitismo encontrasse eco, livros de história e de ficção, filmes, fotografias, depoimentos, documentários farão circular testemunhos individuais e coletivos numa proporção anteriormente impensável. Ainda que muitas vezes permeados pelo pasmo ou pela incredulidade, os atestados de crueldade dos campos de concentração nazi-fascistas, os extermínios em massa, a tentativa dos carrascos de destruir todas as provas materiais de seus hediondos crimes – câmaras de gás, fornos crematórios, incluindo a queima de toneladas de arquivos, toda essa matéria, como um retorno do recalcado – tema tão bem tratado por Freud – começa a vir à tona.

A Era do Testemunho

Desde as últimas décadas do século xx, vimos avolumar-se – nas prateleiras das livrarias – biografias, autobiografias, reportagens, documentários. Aparentados desses modos literários, as várias modalidades de testemunhos, bem como das ficções de teor testemunhal representam um novo gênero que vem, com intensidade incomum, chamando a atenção daqueles leitores ainda comprometidos com a preservação da memória histórica. Desalentadamente, o historiador Eric Hobsbawm identifica, no apagamento desses momentos cruciais da história da humanidade, a destruição do passado, ou, melhor, a destruição dos mecanismos sociais que vinculam nossa experiência pessoal

---

8. Hannah Arendt, *Eichmann em Jerusalém: Um Relato sobre a Banalidade do Mal*, trad. José Rubens Siqueira, São Paulo, Companhia das Letras, 1999, p. 232.

à das gerações passadas – como "um dos fenômenos mais característicos e lúgubres do final do século xx"[9].

Todavia, a crescente predominância de testemunhos ou relatos de teor testemunhal nos meios acadêmicos e editoriais traduz, entre outras razões, o interesse que as grandes catástrofes da modernidade vêm despertando contemporaneamente em pesquisadores e leitores. Da Primeira à Segunda Guerra Mundiais, passando, dentre outras, por guerras coloniais, étnicas, religiosas, os testemunhos individuais e coletivos exerceram, com notável relevância, o papel de desocultar, traduzir e conferir materialidade àquilo que não foi registrado pela história oficial. Dessa forma, esse novo gênero tornou-se tão central e onipresente depois da Segunda Guerra, que o tempo atual poderia, nas palavras de Shoshana Feldman, ser definido, como a "era do testemunho"[10]. Por que a centralidade e a onipresença? Bem provavelmente porque o relato testemunhal é um gênero que oferece suporte à representação do reprimido, ocultado e mesmo irrepresentável, patenteando-se, em suma, como um discurso capaz de desencadear toda uma rede de solidariedade entre vítimas de opressão, violência e traumas. Assim sendo, o testemunho figura como um gênero narrativo por meio do qual se pode dizer o interdito, o horror, a dor de perdas irremediáveis. Embora de forma precária e insuficiente, faz virem à tona "fragmentos, ou cacos esmagados pela força de ocorrências" que, se "nunca chegam a se cristalizar em compreensão ou lembrança"[11], logram, em contrapartida, acender uma luz no fim da última trincheira. Trincheira a partir de cujo fogo cerrado, onde ainda se tenta sobreviver, oferecendo resistência às experiências de violência e ao horror.

Marcados por perdas irreparáveis, por feridas não-cicatrizadas, trancados em sua melancólica e atormentada interioridade, vítimas de atrocidades como as dos campos de concentração são muitas vezes acometidas pela perda de voz e consciência. Trata-se de indivíduos traumatizados, incapazes, portanto, de desprender-se das ocorrências-limite que lhes lesaram o corpo, a memória e o psiquismo. Caso despontem condições favoráveis, o despertar dessas consciências pode reativar a herança de um passado que, não obstante obliterado, continua enfrentando-as como questão, a exigir-lhes a atualização e a consequente elaboração de potencialidades irrealizadas. Problematizado por

---

9. Eric Hobsbawm, 1998, p. 13.
10. Shoshana Feldman, "Educação e Crise, ou as Vicissitudes do Ensinar", em A. Nestrovski e M. Seligmann-Silva (orgs.), *Catástrofe e Representação*, São Paulo, Escuta, 2000, p. 18.
11. A. Nestrovski e M. Seligmann-Silva (orgs.), *Catástrofe e Representação*, São Paulo, Escuta, 2000, p. 10.

Foucault como um "acontecimento", o processo de atualização tende a manifestar-se como uma "transgressão possível" e, sob esse influxo, a desencadear o fluxo de vozes silenciadas, sancionando, então, a abertura do pensamento. Ao agenciar a constituição do sujeito enquanto ser livre, o "acontecimento" foucaultiano, posto reavivar apenas parcial e fragmentariamente experiências de perda e sofrimento, constitui uma "ponta deslocada do presente", cuja astúcia reside na transformação algo paradoxal da ausência no "primeiro lugar do discurso"[12]. Justamente a transformação "indispensável para a constituição de nós mesmos como sujeitos autônomos"[13], com aptidão, portanto, para interferir na reconstituição e renovação de histórias individuais e mesmo coletivas. Embora incomum, semelhante intervenção assoma como um "acontecimento" de desterritorialização e transcendência em que a memória irrompe na consciência, trazendo à luz da presença – quase sempre por apenas um breve instante de fulguração – acontecimentos obliterados, opacos, arruinados. Ao irromper de sua fratura, tais acontecimentos, dado seu caráter rasurado e irresolvível, resistem à representação no presente e, a não ser de forma arruinada e lacunar, experiências traumáticas raramente chegam a se materializar na atualidade do discurso.

Dessa forma, ao pronunciar sua voz, quase sempre sob alguma forma de mediação, o sujeito da enunciação testemunhal poderá saltar do silêncio para o discurso, da insciência para a consciência. Para Benjamin, endossando Freud, esse salto marca a passagem da experiência para a vivência[14]; para Beatriz Sarlo, do real para o relato/testemunho[15]. Uma vez pronunciada, a voz enunciadora de relatos testemunhais pode driblar e até mesmo superar seus bloqueios, liberando o pensamento para o futuro.

O Relato Testemunhal

O gênero testemunhal diz respeito a situações-limite, como o holocausto, as ditaduras latino-americanas, as guerras coloniais, os massacres étnicos,

---

12. Michel Foucault, *O que É um Autor?*, trad. António F. Cascais, Lisboa, Nova Veja, 2006, p. 31.
13. François Ewald, "O Cuidado com a Verdade", entrevista com M. Foucault, *Le Magazine*, publicada em Carlos Henrique Escobar (org.), *Michel Foucault (1926-1984). O Dossie: Últimas Entrevistas*, Rio de Janeiro, Taurus Editora, 1984, pp. 72-75.
14. Walter Benjamin, "Sobre Alguns Temas em Baudelaire", *Charles Baudelaire: Um Lírico no Auge do Capitalismo*, trad. José C. M. Barbosa *et al.*, São Paulo, Brasiliense, 1998, p. 111.
15. Beatriz Sarlo, *Tempo Passado: Cultura da Memória e Guinada Subjetiva*, trad. Rosa Freire d'Aguiar, Belo Horizonte/São Paulo, Ed. UFMG/Companhia das Letras, 2007, pp. 24-25.

em suma, à relação entre literatura, violência e trauma. A literatura e os documentos testemunhais que, desde a década de 1970, vêm sendo paulatinamente pesquisados representam uma fecunda e criativa contribuição – de setores populares, indígenas, indivíduos ou grupos sociais oprimidos, vozes oriundas da tradição oral – à dinamização de história, cultura e literatura. Por esse curso de vozes inauditas, ouve-se o estranho ar do relato, o falar fraturado de setores marginais à metrópole e à modernidade: jagunços, escravos, prostitutas, imigrantes, exilados, vítimas de violação, sobreviventes de guerras, ditaduras, genocídios.

Uma obra testemunhal paradigmática na América Latina é *Me Llamo Rigoberta Menchú y Así me Nació la Conciencia*, autobiografia publicada (1982--1983), por Elizabeth Burgos, a partir do testemunho oral da autora. A Menchú, foi-lhe outorgado, em 1992, o Prêmio Nobel da Paz, em reconhecimento a sua luta pelos direitos humanos, especialmente a favor dos povos indígenas da Guatemala em particular e da América Latina em geral. Na voz testemunhal de Rigoberta Menchú, Alberto Moreiras surpreende "a zona intermediária em que o literário rompe-se em algo mais que não é tanto o real quanto sua possibilidade inesperada". Algo como o "próprio cerne da experiência testemunhal [que] é também sua reinvidicação política mais preeminente"[16]. Algo capaz, portanto, de produzir devires, espaços ainda desabitados, práticas nômades, a hibridez da zona fronteiriça ou a margem da travessia de que fala a literatura de Guimarães Rosa, mormente no romance *Grande Sertão: Veredas*.

Nesse romance, o narrador protagonista é um ex-chefe de jagunçagem cujas proezas atraem um "senhor" culto, que, desejando conhecê-lo e entrevistá-lo, vai a seu encontro, numa de suas fazendas localizadas no sertão mineiro. Espécie de "estrangeiro", dotado de "suma doutoração", o entrevistador, sobretudo em razão desses dois atributos, ganha a confiança de Riobaldo, o arredio entrevistado, sempre desconfiado dos que lhe estão próximos. Havia já alguns anos, Riobaldo vinha recorrendo, sem resultado, a rezas oriundas de várias religiões no afã de livrar-se do medo, do luto mal resolvido, da culpa pela morte da amada, do pacto com o diabo. Contando com a capacidade de seu interlocutor em ouvi-lo sem críticas ou julgamentos, atribui-lhe a potência de conferir-lhe a absolvição tão ansiada: "De grave, na lei do comum,

---

16. Alberto Moreiras, "A Aura do Testemunho", *A Exaustão da Diferença: A Política dos Estudos Culturais Latino-americanos*, trad. Eliana L. de Lima e Gláucia Renate, Belo Horizonte, Ed. UFMG, 2001, p. 254.

disse ao senhor quase tudo. Não crio receio. O senhor é homem de pensar o dos outros como sendo o seu, não é criatura de pôr denúncia"[17].

É possível que, se o relato pronunciado por vítimas de eventos traumáticos encontrar, como nessa passagem exemplar, uma mediação confiável, respeitosa e solidária, poderá, no extremo, chancelar o desvelamento de situações embaraçosas e inabordáveis, bem como o caminho para a cura de identidades feridas.

Identidades Machucadas

Com o foco direcionado para recentes contextos pós-ditatoriais, Beatriz Sarlo (2007) avalia os ruidosos efeitos que relatos testemunhais desencadearam no cenário judiciário de países latino-americanos[18]. No contexto decorrente do Holocausto, ela identifica o modelo testemunhal por excelência. Segundo ela, "quem sobrevive ao campo de concentração sobrevive para testemunhar e assume a primeira pessoa dos que seriam os primeiros testemunhos, os mortos, que, paradoxalmente, não podem testemunhar[19]. Outros teóricos do gênero testemunhal acreditam que, ao elaborar, nas condições descritas, o relato de uma experiência dolorosa, o indivíduo confere sentido ao vivido, afirma-se como sujeito e obtém a cura identitária.

Para equacionar o alcance desse processo, Sarlo salienta que Primo Levi, autor do romance testemunhal *É Isso um Homem?*, é recorrentemente citado "pelos que acreditam na força de cura da memória". Não obstante, o testemunho do ex-prisioneiro de Awschwitz é, segundo ela, "cautelosamente mediado por um ceticismo que impede toda teodiceia da memória como princípio de cicatrização de ferida"[20]. De fato, o escritor judeu, cujos livros são paradigmáticos do gênero testemunhal, relativiza a potência do testemunho enquanto remédio para a cura, mas não deixa de acreditar que a denúncia das atrocidades cometidas pelos nazistas nos campos precisa ganhar voz e difusão, desencadeando a "cura" da alienação e da reificação[21].

---

17. J. Guimarães Rosa, *Grande Sertão: Veredas,* 21. ed., Rio de Janeiro, Nova Fronteira, 1984, p. 91.
18. Sarlo, 2007, p. 35.
19. *Idem*, p. 35.
20. Primo Levi, *É Isto um Homem?*, trad. Luigi Del Re, Rio de Janeiro, Rocco, 1988, p. 36.
21. *Idem*, p. 39.

É a partir dessa premissa que Primo Levi testemunha em seus livros a experiência de privação, tortura, trabalhos forçados. Em razão de implacáveis sofrimentos para os quais não havia derivação nem fuga, ele entrega-se à tentação individualista de tão somente lutar pela sobrevivência, deixando-se, portanto, alienar em relação ao passado, aos desejos, ao mundo exterior, esquecidos do lado de fora das cercas de arame farpado de Auschwitz. Prestes, entretanto, a se consumir o último pavio a iluminar sua história de pertencimento familiar ou coletivo, Levi conhece um prisioneiro que o exortará a não perder a dignidade, a manter o cuidado de si e do outro, preservando, assim, a humanidade e a compaixão. Sacudido pela exortação, Levi toma para si a responsabilidade ética de levar adiante o sentido de tais palavras:

> Seu sentido, porém, que não esqueci nunca mais, era esse: justamente porque o Campo é uma grande engrenagem para nos transformar em animais, não devemos nos transformar em animais; até num lugar como este, pode-se sobreviver, para relatar a verdade, para dar nosso depoimento [...] para continuarmos a viver, para não começarmos a morrer[22].

O empenho em representar eventos catastróficos no sentido de denunciar para, entre outras razões, recuperar vozes e humanidades obliteradas pelo trauma é tema recorrente da Teoria da Literatura contemporânea que, juntamente com outras teorias – filosofia, psicanálise, sociologia, conhecimentos em geral – vem rearticulando suas posições de forma a se pronunciar (teórica, simbólica ou esteticamente) diante de eventos-limite, cujo modelo mais catastrófico é o holocausto judeu. Uma recorrente citação nesse sentido deriva da postulação de Adorno sobre a impossibilidade de criar poemas após Auschwitz: "A crítica cultural defronta-se com o último degrau da dialética entre cultura e barbárie: é barbárie escrever um poema depois de Auschwitz, e isso corrói o conhecimento que afirma por que hoje se tornou impossível escrever poemas"[23].

Passagens e Travessias

O processo que sanciona a passagem dos traumas inconscientes para a elaboração consciente[24] traduz-se em imagens privilegiadas de obras literárias,

---

22. Idem, ibidem.
23. T. W. Adorno, "Crítica Cultural e Sociedade", *Prismas*, trad. Augustin Wernet e Jorge Mattos Brito de Almeida, São Paulo, Ática, 1998.
24. A noção de trauma pode ser examinada em Freud, segundo o qual a repetição dos choques torna-se onipresente no dia a dia, e a interiorização desta experiência faz com que a realidade

que, malgrado empenhar-se na representação do real, nunca o farão com fidelidade. Ao longo do romance *Grande Sertão: Veredas*, de Guimarães Rosa, desenrola-se uma entrevista, cujo modo de configurar-se, como já foi comentado, caminha para a estrutura de um relato testemunhal. Provavelmente instado a explicar as razões por que nunca havia relatado suas infernais experiências, Riobaldo deixa entrever que, na sua infernal luta pela sobrevivência, em meio à brutalidade do "real", é um indivíduo inconsciente de si, sendo, portanto, incapaz de elaborar reflexões sobre o vivido. Somente quando passa a ter "folga", ou seja, quando deixa de enfrentar perigos ou dificuldades, ele se dota do distanciamento necessário para entender e superar seus traumas, ou seja, o medo, o perigo, o "diabo" pelos quais sempre se viu ameaçado. Em outras palavras: paralisado ante a irredutibilidade do real, cuja resistência a qualquer representação metafórica produzia-lhe as repetições e engasgos[25], é-lhe necessário negociar com tempo, feridas, culpa e melancolia até que possa, através do relato, dar o salto decisivo da experiência para a vivência, do real para o relato[26]:

> De primeiro, eu fazia e mexia, e pensar não pensava. Não possuía os prazos. Vivi puxando difícil de difícel, peixe vivo no moquém: quem mói no asp'ro, não fantasêia. Mas, agora, feita a folga que me vem, e sem pequenos desassossegos, estou de range rede. E me inventei neste gosto, de especular ideia. O diabo existe e não existe? Dou o dito Abrenúncio. Essas melancolias. [...] Viver é negócio muito perigoso...[27].

Experiência e Melancolia

A melancolia do filósofo alemão Walter Benjamin é, há muito, conhecida de seus leitores. Manifesto em muitos de seus escritos, esse estado de ânimo é tão evidente em Benjamin quanto em muitos outros judeus alemães que, como ele, foram vítimas da perseguição nazista e se tornaram estrangeiros em sua própria pátria. Além dessa razão, é ainda detectável a recusa de Benjamin diante das mudanças capitais da modernidade, entre as quais a perda da aura, a reprodução técnica, a crescente importância do romance em detrimento das

---

passe a ser vista como catástrofe, o que abala a concepção tradicional de uma representação capaz de dar "conta" do real. S. Freud, "Moisés e o Monoteísmo", *Edição Standard Brasileira das Obras Psicologicas Completas de Sigmund Freud*, Rio de Janeiro, Imago, 1970, vol. XXIII, p. 170.
25. Idelber Avelar, *Alegorias da Derrota: A Ficção Pós-ditatorial e o Trabalho do Luto na América Latina*, Belo Horizonte, Editora UFMG, 2003, p. 235.
26. *Idem, ibidem*.
27. João Guimarães Rosa, *Grande Sertão: Veredas*, Rio de Janeiro, Nova Fronteira, 1984, pp. 11-12.

narrativas arcaicas, de caráter oral, cuja exemplaridade ele enfoca no ensaio "O Narrador: Considerações sobre a Obra de Nikolai Leskov"[28].

O narrador oral eleito por Benjamin dota-se de sabedoria e sabe "dar conselhos". No entanto, sua maior capacidade está em conferir transmissibilidade à narrativa e, consequentemente, à experiência. Entretanto, sob a perspectiva melancólica e desencantada do filósofo alemão, as narrativas arcaicas por ele emblematizadas estariam em vias de extinção. A "faculdade de intercambiar experiências" estaria em baixa com todas as evidências de que continuaria caindo "até que seu valor desapareça de todo"[29]. Com o final da Primeira Guerra Mundial, Benjamin percebe a avassaladora e irreversível degradação da experiência enquanto valor, bem como as transformações negativas no mundo ético, nas quais ele não via perspectivas de mudança. Em síntese, finda a Primeira Guerra Mundial, vencidos por humilhação, cansaço e trauma, ex-combatentes emudeceram, recusando-se a comunicar suas experiências e a intercambiá-las. Dez anos depois da guerra, Benjamin vê proliferar e difundir-se uma enxurrada de livros sobre o assunto, os quais, no seu entendimento, nada tinham em comum com a experiência transmitida boca a boca. A relevância de que ainda hoje se dota o ensaio "O Narrador..." muito se deve a seu caráter embrionário: malgrado suas contradições, ele não somente intui a emergência de relatos testemunhais enquanto gênero, como também esboça, a partir do conceito de trauma, uma teoria sobre o processo de recusa e mudez do sujeito testemunhal.

Em meio às suas reflexões sobre o testemunho, Beatriz Sarlo postula que, contrariamente ao vaticínio benjaminiano, sobreviventes de guerras, ditaduras e outras ocorrências-limite dispõem-se cada vez mais a testemunhar suas experiências de violação e trauma, seja através de documentários, seja pela ficção ou pela mescla de ambos. Os anos 1970 e 1980, emblemáticos da "guinada linguística" que tomou de assalto os meios acadêmicos mais prestigiosos do mundo ocidental, começam a assistir a uma histórica e decisiva reviravolta. Trata-se da "guinada subjetiva", agenciadora de um quadro em que "a identidade dos sujeitos voltou a tomar o lugar ocupado, nos anos sessenta, pelas estruturas"[30]. Ao se tornar a grande protagonista das décadas em

---

28. Walter Benjamin, "O Narrador: Considerações sobre a Obra de Nikolai Leskov", *Magia e Técnica, Arte e Política*: Ensaios sobre Literatura e História da Cultura, São Paulo, Brasiliense, 1994, pp. 197-221.
29. *Idem*, p. 198.
30. *Idem, ibidem.*

que crimes hediondos foram cometidos por ditaduras latino-americanas, a "guinada subjetiva" desembocou na liberação de autobiografias, documentários, relatos que sancionam o fluxo de vozes silenciadas pela dor e pelo trauma. Sobretudo a partir do exílio, sujeitos testemunhais puderam denunciar e levar à condenação crimes e criminosos engendrados por ditadores e seus aparatos ideológicos. Assim sendo, as peças cabais de resgate do passado foram quase unicamente reconstituídas através de "atos de memória", testemunhados por sobreviventes de crimes. Não fossem eles, nenhuma condenação teria sido possível[31].

A Travessia do Real para o Relato em Grande Sertão: Veredas

Tendo essas reflexões em vista, retomemos o narrador protagonista de *Grande Sertão: Veredas*. Como muitos indivíduos empíricos, Riobaldo é um ser ficcional que sofre em razão de culpa, temores, lembranças traumáticas. Os fantasmas riobaldianos se patenteiam reiterada e recursivamente ao longo do romance sob este aforismo: "Viver é muito perigoso". Repetido, o aforismo traz o vertiginoso efeito do deslizamento significante, fazendo aflorar a consciência de que o perigo é incontornável, visto estar na esfera do "real", daquilo que ainda não se sabe. Ou seja, daquele enigma irrespondível que nos surpreende no meio da travessia. É justamente a aventura de enfrentar o desconhecido, atravessando, portanto, o perigo que ronda o "real", que irá ensinar-nos a viver, a refletir, a conhecer, enfim, a reconhecer o vivido enquanto tal. Paradoxal e temerariamente, aprende-se a viver a *posteriori*, ou, melhor, depois que já se passou pelo acontecimento, pelas vias e relações perigosas. Viver é muito perigoso porque se vive no fluxo imprevisto do vir-a-ser.

Riobaldo é o "Mestre é quem de repente aprende". No entanto, só aprende mesmo porque, não obstante o perigo e o risco de viver, arrisca-se a enfrentar "o diabo na rua no meio do redemoinho", a fazer pactos e cometer traições para cumprir sua missão heroica de acabar com "o mal da jagunçagem", uma evidente alegoria do sertão-mundo e mesmo da Segunda Guerra Mundial e dos massacres dos judeus, que o autor do livro conheceu de perto. No entanto, a maior façanha do herói sertanejo, no romance, é a descoberta, compartilhada com seu entrevistador, de que viver é muito perigoso, porque

---

31. Sarlo, 2007, p. 20.

ainda não se sabe. "Por que aprender-a-viver é que é o viver, mesmo" e, para tanto, "carece de ter coragem".

Ao trilharmos caminhos desconhecidos ou atravessarmos de uma para outra margem de um rio, estamos na ordem do real, à mercê do insondável. O tempo da travessia é o tempo da experiência, sobre o qual só teremos oportunidade de refletir depois que já atravessamos, ou seja, depois de termos corrido o risco de sermos confrontados pelo desconhecido e pelos perigos que ele encerra. Como Édipo, somos limitados pela cegueira e sempre ameaçados por nossas falhas trágicas:

> Eu atravesso as coisas – e no meio da travessia não vejo! – só estava era entretido na ideia dos lugares de saída e de chegada. Assaz o senhor sabe: a gente quer passar um rio a nado, e passa; mas vai dar na outra banda é num ponto muito mais embaixo, bem diverso do em primeiro se pensou. Viver nem não é muito perigoso?[32.]

Superar a dor, vencer o trauma, viver o luto, dizer o indizível, representar o irrepresentável é perigoso, mas, se não se enfrenta o perigo que encerra o viver, não se aprende a viver. Isso porque o tempo da travessia é o tempo da experiência, sobre o qual só teremos oportunidade de refletir depois que já atravessamos o perigo do viver. Lido o romance rosiano, não é difícil compreender que o tempo do vivido é o tempo da guerra, do trauma, do não-elaborado, do real em estado bruto, como bem o percebeu Riobaldo, com base nesta reflexão de suma sabedoria: "Digo: *o real* não está na saída nem na chegada: ele se dispõe para a gente é no meio da travessia"[33] (destaque nosso).

Bombas, Genocídio e Diplomacia

Em 1934, o poliglota Guimarães Rosa é aprovado em concurso no Itamaraty e troca a medicina pela diplomacia. Em 1938, é nomeado cônsul-adjunto em Hamburgo, onde conhece Aracy Moebius de Carvalho, que se tornaria sua segunda esposa. Confrontado, então, com a experiência do terror, ou, como no dizer dele, da "lógica bélica", em nome da qual crimes hediondos foram cometidos, ele se arrisca perigosamente, juntamente com a esposa, ao quebrar normas diplomáticas para arrebatar judeus das mãos da Gestapo, durante grande parte da Segunda Guerra Mundial. Quando o

---

32. Rosa, 1984, p. 33.
33. *Idem*, p. 60.

Brasil rompe relações diplomáticas com a Alemanha, é internado por três meses em Baden-Baden – de 28 de janeiro a 23 de maio de 1942. É libertado em troca de diplomatas alemães e retorna rapidamente ao Brasil. Durante o período da guerra, ele e Aracy Moebius por várias vezes escaparam da morte. Um dia, ao chegar ao consulado, Rosa depara com escombros, conforme registrado em seu Diário da Alemanha, em 15 de setembro de 1941: "Alarme, às 10 35' da noite... Tiros, tiraços, tirambaços. Bombas! Bombas e mais bombas. Balbúrdia de Warnungs e Entwarnungs. Gás?! Não, desarranjo de sirenes! Partidas as janelas do consulado"[34].

Conforme registrado no diário da Alemanha, Guimarães Rosa começa a notar uma política de recrudescimento contra os judeus: "Ontem [20. IX.941] começou a obrigação do distintivo na roupa dos judeus [com duas suásticas desenhadas, a segunda, um pouco maior com a palavra 'judeu' escrita dentro]". Nesse sentido, importa assinalar que Rosa vai paulatinamente se cientificando do cruel destino que a Gestapo reservará aos judeus, conforme se pode detectar neste registro histórico:

> Os judeus não teem o direito de comer todas as coisas que ainda estão ao alcance dos estômagos arianos. As "cartas-de-comida" dos semitas são sobrecarimbadas com um J rubro. Eles não recebem cartas para ovos, nem *Nahrmittel*; as distribuições de carne a mais eles também não ganham. Assim como Bezugschein para roupas (ou Punkle) eles não recebem, nem solas para sapatos. Não podem possuir aparelhos de rádio; não podem sair de casa depois das oito horas da noite. Teem de fazer as compras em certas casas fixadas, onde muitas vezes não há mais nada para se comprar... mas sempre há, caso o pobre diabo esteja disposto a pagar mais[35].

Numa entrevista de 1965, concedida em Gênova a Gunther Lorenz, Rosa é indagado acerca do estratagema por ele adotado na Segunda Guerra, enquanto cônsul-adjunto em Hamburgo: "Foi isto [ou seja, a desumanidade da política e dos políticos, sobre os quais Rosa anteriormente expressara sua aversão] que em Hamburgo levou você a se arriscar perigosamente, arrebatando judeus das mãos da Gestapo?"[36]. Em resposta, Rosa atesta sua porção revolucionária e mesmo beligerante, ainda que mediada (quiçá domada) pela diplomacia:

---

34. Rosa, "Anotações na p. 54 do Diário da Alemanha", *Guimarães Rosa Cadernos*, Acervo de Escritores Mineiros, Biblioteca Central/UFMG, p. 6.
35. *Idem, ibidem*.
36. Rosa, "Diálogo com Guimarães Rosa", *Guimarães Rosa: Ficção Completa*, 2 vols., Rio de Janeiro, Nova Aguilar, 1994. vol. 1, p. 41

Foi alguma coisa assim, mas havia também algo diferente: um diplomata é um sonhador e por isso pude exercer bem essa profissão. O diplomata acredita que pode remediar o que os políticos arruinaram. Por isso agi daquela forma e não de outra. E também por isso gosto muito de ser diplomata. E agora o que houve em Hamburgo é preciso acrescentar mais alguma coisa. Eu, o homem do sertão, não posso presenciar injustiças. No sertão, num caso desses imediatamente a gente saca o revólver, e lá isso não era possível. Precisamente por isso idealizei um estratagema diplomático, e não foi assim tão perigoso[37].

Em seus depoimentos pessoais, Rosa demonstra profundo conhecimento da guerra, da medicina, do psiquismo humano, dos perigos que rondam o viver, das artes da diplomacia e do testemunho. Entretanto, são sua refinada sensibilidade para as construções literárias, as elaborações simbólicas e filosóficas que irão apontar para os mais extraordinários alcances a que pode chegar um sujeito em construção. A travessia, uma das mais preciosas imagens da literatura rosiana, materializa o contínuo processo de passagem do real para o relato, ou seja, da insciência para a consciência, da desumanidade para a humanidade. Através do testemunho de Riobaldo, seu personagem principal, vislumbramos vários valores éticos e estéticos e, de troco, a sabedoria maior: no real, o mal e a culpa tenderão a repetir-se porque, sendo irreversível, o acontecimento vivido é irreparável. Assim sendo, não é no real mas na linguagem que se pode superar a culpa. É como o postula De Man – é somente na linguagem que a "culpa" se resolve[38]. Assim sendo, um dos saltos a que se lança o Mestre Riobaldo consiste justamente na aprendizagem de que a ausência é o lugar onde principia o relato, o resgate da humanidade ferida, sua travessia.

~

REFERÊNCIAS BIBLIOGRÁFICAS:

ADORNO, T. W. "Crítica Cultural e Sociedade". *Prismas*. Trad. Augustin Wernet e Jorge Mattos Brito de Almeida. São Paulo, Ática, 1998.
AGAMBEN, Giorgio. *Homo Sacer: O Poder Soberano e a Vida Nua*. Trad. Henrique Burigo. Belo Horizonte, Editora da UFMG, 2002.
_____. *O que Resta de Auschwitz: A Arquivo e a Testemunha*. Trad. Selvino J. Assmann. São Paulo, Boitempo, 2008.

---

37. *Idem*, pp. 41-42.
38. *Apud* Michel Foucault, *O que É um Autor?* Trad. António Fernando Cascais, Lisboa, Nova Vega, 2006, p. 16.

ARENDT, Hannah. *Eichmann em Jerusalém: Um Relato sobre a Banalidade do Mal*. Trad. José Rubens Siqueira. São Paulo, Companhia das Letras, 1999.

AVELAR, Idelber. *Alegorias da Derrota: A Ficção Pós-ditatorial e o Trabalho do Luto na América Latina*. Belo Horizonte, Editora UFMG, 2003.

BENJAMIN, Walter. "O Narrador: Considerações sobre a Obra de Nikolai Leskov". *Magia e Técnica, Arte e Política: Ensaios sobre Literatura e História da Cultura*. São Paulo, Brasiliense, 1994.

_____. "Sobre Alguns Temas em Baudelaire". *Charles Baudelaire: Um Lírico no Auge do Capitalismo*. Trad. José C. M. Barbosa *et al*. São Paulo, Brasiliense, 1998.

FELMAN, Shoshana. "Educação e Crise, ou as Vicissitudes do Ensino". In: NESTROVSKI, Arthur & SELIGMANN-SILVA, Márcio (orgs.). *Catástrofe e Representação*. São Paulo, Escuta, 2000.

FOUCAULT, Michel. *O que É um Autor?* Trad. António Fernando Cascais. Lisboa, Nova Veja, 2006.

FREUD, S. "Moisés e o Monoteísmo". *Edição Standard Brasileira das Obras Psicológicas Completas de Sigmund Freud*. Rio de Janeiro, Imago, 1970, vol. XXIII, p. 170.

_____. *Uma Neurose Infantil e Outros Trabalhos*. vol. XVII. *Edição Standard Brasileira das Obras Psicológicas Completas de Sigmund Freud*. Rio de Janeiro, Imago, 1970. vol. XXIII, pp. 277-281.

HOBSBAWM, Eric. *Era dos Extremos: O Breve Século XX (1914-1991)*. Trad. Marcos Santarrita. São Paulo, Companhia da Letras, 1998.

LEVI, Primo. *É Isto um Homem?* Trad. Luigi Del Re. Rio de Janeiro, Rocco, 1988.

MOREIRAS, Alberto. "A Aura do Testemunho". *A Exaustão da Diferença: A Política dos Estudos Culturais Latino-americanos*. Trad. Eliana L. de Lima e Gláucia Renate. Belo Horizonte, Ed. UFMG, 2001.

NESTROVSKI, Arthur & SELIGMANN-SILVA, Márcio (orgs.). *Catástrofe e Representação*. São Paulo, Escuta, 2000.

RICOEUR, Paul. *A Memória, a História, o Esquecimento*. Trad. Alain François *et al*. Campinas, Unicamp, 2007.

ROSA, João Guimarães. "Diálogo com Guimarães Rosa". *Guimarães Rosa: Ficção Completa*. 2 vols. Rio de Janeiro, Nova Aguilar, 1994. vol. 1.

_____. "Anotações na p. 54 do Diário". *Guimarães Rosa Cadernos*. Acervo de Escritores Mineiros, Biblioteca Central/UFMG.

_____. *Grande Sertão: Veredas*. Rio de Janeiro, Nova Fronteira, 1984.

SARLO, Beatriz. *Tempo Passado: Cultura da Memória e Guinada Subjetiva*. Trad. Rosa Freire d'Aguiar. São Paulo/Belo Horizonte, Companhia das Letras/Ed. UFMG, 2007.

SELIGMANN-SILVA, Márcio (org.). *História, Memória, Literatura: O Testemunho na Era das Catástrofes*. Campinas, Editora da Unicamp, 2003.

O LEGADO DE MACHADO E ROSA

6.
MACHADO E ROSA: UM OLHAR ALÉM DE SEU TEMPO

EDUARDO F. COUTINHO (UFRJ)

Tomando como base os estudos reveladores de Roberto Schwarz que puseram por terra, de uma vez por todas, a falácia ingênua de que Machado de Assis teria deixado de considerar em sua obra ficcional as questões sociais de seu tempo, John Gledson, em belo e minucioso ensaio, já consagrado, sobre o *Dom Casmurro*, intitulado *Machado de Assis: Impostura e Realismo*, defende a ideia de que o livro é, acima de tudo, um "romance realista na concepção e no detalhe, cujo objetivo é nos proporcionar um panorama da sociedade brasileira do século XIX" (Gledson, 1991, p. 7). Embora estejamos de pleno acordo no que concerne ao caráter realista do romance em questão, e compartilhemos a ideia, expressa pelo próprio Machado em seu famoso ensaio "Notícia da atual Literatura Brasileira – Instinto de Nacionalidade", de que o escritor pode ser "homem de seu tempo e do seu país, ainda quando trate de assuntos remotos no tempo e no espaço" (Machado, 1997, p. 804:), não vemos, ao contrário do ensaísta inglês, nenhuma discrepância entre essa postura e a capacidade do autor, observada por ele, de "antever muitos dos procedimentos literários do século XX, nos quais as perspectivas múltiplas, os narradores não-confiáveis e um profundo ceticismo quanto ao nosso acesso à verdade se tornaram, se não norma, bastante comuns" (Gledson, 1991, p. 8).

Como homem profundamente enraizado em seu tempo e lugar, conforme bem atestam suas crônicas e ensaios, Machado produziu uma obra que pode sem dúvida ser vista como um quadro crítico bastante completo da sociedade carioca do Segundo Reinado, e em seus maiores romances até o enredo e o retrato dos personagens são moldados, em primeiro lugar, por fatores de ordem social. Além disso, sua crítica, expressa por intermédio de um humor mordaz, que já deu motivo a amplas reflexões e indagações por parte de estudiosos das mais diversas procedências, abrange não só todos os aspectos da sociedade representada como também os sistemas de pensamento que dominavam naqueles contextos e as convenções que regiam a produção intelectual do momento. No primeiro caso, cite-se, a título de amostragem, a sátira desenvolvida pelo autor à filosofia, ou, melhor, às diversas doutrinas ou formas de pensamento que dominavam à sua época, em especial o Positivismo, e que ele reuniu sob o rótulo crítico de "humanitismo", e, no segundo caso, mencione-se a maneira contundente com que criticou as convenções do Realismo literário e estético, expressa, por exemplo, no ensaio "Eça de Queirós: *O Primo Basílio*", em que, ao mesmo tempo em que elogia o talento do autor desta obra, contesta o seu apego excessivo às normas estéticas do movimento realista, propagado, segundo ele, pelo autor de *L'Assomoir*.

No artigo em causa, Machado, após criticar a esterilidade dos protagonistas de *O Primo Basílio* e o excesso de descritivismo que domina a obra, afirma em bom tom "Voltemos os olhos para a realidade, mas excluamos o Realismo" (Machado, 1997, III: 913), deixando bem clara a sua consciência da diferença entre as duas posturas – a de representar, no sentido de Auerbach, a realidade à sua volta, e a de ater-se aos postulados do gosto de uma época. Machado, e nisso ele se faz acompanhar de outros grandes escritores da tradição ocidental, nunca se deixou capturar completamente pelas tendências de um momento, produzindo, ao contrário, uma obra que atravessou diversas escolas ou movimentos, assimilando e ao mesmo tempo criticando aspectos de cada uma delas. Sua crítica ao Positivismo, ou, melhor, à antropomorfização da ciência, para empregar a expressão de Luiz Costa Lima, que se disseminou em grande escala no Real-Naturalismo, é um dos exemplos talvez mais contundentes dessa atitude, mas ela se desdobra nos diversos planos da narrativa e está presente até em seus detalhes menos aparentes. É sabido que Flaubert, ao construir seu retrato de Ema Bovary, quis ferir a sociedade burguesa naquilo que lhe era mais caro – a célula familiar – criando um personagem feminino que, ao contrário dos anjos maniqueístas do Romantismo, era adúltera e negligente com relação à filha, e que Eça, ao dar forma à sua Luísa, quis revelar o produto do que ele considerava ser uma "educação frívola" e uma "vida ociosa". Mas, enquanto o primeiro constrói uma heroína quixotesca, faustiana, que sucumbe ao não conseguir adequar seu sonho à realidade, o segundo atém-se, conforme Machado, nessa obra ainda de início de carreira, excessivamente às convenções de sua época, construindo uma heroína pouco desenvolvida internamente e apegada em demasia às circunstâncias que a cercam.

Ao contrário dos dois anteriores, que escreveram um tipo de romance que se tornou amplamente explorado pelo Real-Naturalismo, o famoso "romance de adultério", crítico à sociedade patriarcal que excluía a mulher dos meios de produção, mas muitas vezes pouco satisfatório no que diz respeito à penetração na psicologia feminina, Machado realizou em *Dom Casmurro* um estudo do ciúme, que aborda o tema do adultério no plano da suposição, elidindo-se de qualquer referência explícita à questão e deixando de lado qualquer teorização de cunho cientificista que fez a alegria de muitos autores naturalistas. *Dom Casmurro* é um romance realista ao revelar a natureza da sociedade que está retratando, tanto em termos genéricos quanto em seus detalhes, tanto na forma quanto no conteúdo, mas não o é no sentido de nos apresentar diretamente os fatos sob forma facilmente assimilável. Ao contrário, é um romance difuso, construído na penumbra, com um narrador em primeira pessoa, altamente suspeito, porque profundamente envolvido nos fatos narrados, e cujo relato busca atrair o leitor para o seu ponto de vista, a respeito do qual ele mesmo, por vezes, deixa transparecer que não está totalmente convencido. A capacidade de enganar do romance é extraordinária, e nisso reside em grande parte a subversão de Machado aos padrões da época. Seu protagonista-narrador, incapaz de compreender os fatos que o perturbam, constrói deles uma versão calcada na verossimilhança – a suposta traição da esposa –, mas os argumentos que apresenta são todos ao mesmo tempo contestáveis, dando lugar a uma narrativa que é, acima de tudo, fundamentalmente ambígua.

Esse estatuto do narrador, que apresenta em si mesmo uma duplicidade – ele é o homem marcado pelo sofrimento de uma suspeita e ao mesmo tempo o analista que busca com o tempo entender os fatos que teriam ocasionado os supostos acontecimentos – confere ao romance um perspectivismo narrativo que o aproxima muito mais dos desenvolvimentos do gênero no século XX do que da narrativa corrente do Real-Naturalismo. O adultério é tematizado na narrativa sob a forma de uma suspeita, e esta suspeita envolveu os críticos de tal modo que estes redigiram muitas vezes ricos tratados em defesa ou acusação de Capitu, mas propugnar uma coisa ou outra significa no fundo embarcar no engodo que a narrativa oferece – o ato de compactuar com o processo jurídico proposto – deixando de lado o fundamental: a arquitetura literária do texto, toda ela construída sob o signo da ambiguidade e da indagação. Este jogo oscilante fascina sem dúvida o leitor, levando-o com frequência a desviar sua atenção para os trâmites do processo, mas o enigma não reside nem na paranoia de Bentinho nem na suposta traição de Capitu, pois o perspectivismo do texto determina a ambiguidade estrutural, desautorizando qualquer tentativa de interpretação unilateral do romance. No texto do *Dom Casmurro*, não se chega nunca a uma conclusão a respeito da trama dos protagonistas, pois no jogo da decifração cada sequência textual funciona, como afirma Ronaldes de Melo e Souza em estudo sobre a obra, "como um lance de xadrez" (Souza, 2006, p. 148). É esse movimento oscilatório, esse vaivém estrutural que rege a composição do texto, impedindo que se responda a uma pergunta baseada no raciocínio dicotômico, alternativo e excludente, do sim e do não. Em *Dom Casmurro*, ambas as possibilidades são viáveis, mas o que emerge do texto é uma indagação sem resposta.

A eliminação da figura do *deus ex machina*, tão frequente na tradição romanesca, máxime do período realista-naturalista, e sua substituição por uma estrutura toda ela calcada na dúvida, dá ao romance um caráter vanguardista, não no sentido do Modernismo anglo-saxão, que enfatiza, como bem o diz John Gledson, "o subjetivismo irredutível do espectador (ou do leitor)" (Gledson, 1999, pp. 14-15), mas de um relativismo, presente aliás em grande parte da obra de Machado, que acentua, como ele próprio deixa claro em um conto como "A Igreja do Diabo", a "eterna contradição humana". Em *Dom Casmurro*, tudo é contraditório, desde as próprias personagens – haja vista Capitu e Escobar – à elaboração de todo o enredo, e é nesse elemento contraditório que reside o interesse do relato. Sem uma voz narradora que dê um fecho aos fatos narrados, o leitor se vê em terreno pantanoso, e mergulha, como o narrador, nas contradições do relato, podendo tornar-se junto a ele um copartícipe de sua própria narrativa. As certezas tão comuns no romance do século XIX, calcadas em certa fé na razão e no desenvolvimento das ciências, cedem aqui lugar à indagação, ao questionamento de qualquer postura fixa, e marcam sem dúvida o livro com tintas pelo menos precursoras.

Assim como no caso de Machado, a obra de Guimarães Rosa, e em particular seu *Grande Sertão: Veredas*, também pode ser vista como uma produção à frente da época em que foi escrita, e foi isto que em parte ocasionou a reação da crítica no momento de sua publicação. Impressionada com as inovações linguísticas introduzidas pelo autor e afeita a um tipo de romance que se consagrou pelo seu veio de denúncia da situação social, econômica e política de uma determinada região – o romance da geração de 1930 ou "romance do Nordeste" – a crítica não percebeu de imediato o projeto estético-político de Rosa, segundo o qual para transmitir uma visão revolucionária de mundo era preciso começar por revolucionar os meios de expressão dessa visão, tampouco se deu conta de que o seu "regionalismo universalista", se assim podemos chamar, longe de desfigurar ou estilizar o elemento local, o que fez foi substituir a ênfase anterior sobre a paisagem por uma preocupação com o homem, que passou a constituir o pivô de seu universo ficcional. Tais posições já vêm sendo revistas desde a própria década de 1950 a partir dos ensaios pioneiros de Manuel Cavalcanti Proença, no que diz respeito à linguagem, e de Antonio Candido, no que tange ao aspecto social, e hoje parece já haver um certo consenso a esse respeito.

Não há dúvida de que a narrativa de *Grande Sertão: Veredas* tem como um de seus eixos no plano dos acontecimentos narrados a luta de resistência de estruturas arcaicas como o jaguncismo diante do processo de modernização no interior do Brasil, mas o jagunço aqui representado, bem como o espaço em que ele circula – o sertão –, longe de constituírem um mero tipo ou um cenário à maneira neonaturalista, como se observa na narrativa da geração anterior, transcendem em ambos os casos o elemento regional, projetando-se numa dimensão mais ampla. No primeiro caso, encontramos um jagunço que, embora porte consigo todos os traços próprios do tipo presente na tradição literária anterior, transcende sua tipicidade pela dimensão existencial de que é dotado, sem falar no seu lado letrado, que o torna um homem dividido entre um universo mítico-sacral e outro lógico-racional; e no segundo caso, vemo-nos diante de um sertão que é um espaço tridimensional: ao mesmo tempo físico-geográfico, existencial, e finalmente literário, um sertão construído na linguagem, no próprio ato da narração. É nesse território que se realiza o périplo do protagonista-narrador, a sua travessia, também ela tridimensional: a primeira, em busca da reunificação do mundo dos jagunços, cindido após a traição do Hermógenes com a morte de Joca Ramiro; a segunda, em busca de sua felicidade ou da realização pessoal; e a terceira, em busca de entender o que não pudera antes – na época em que havia vivido tais experiências – relatando-as a um interlocutor. A primeira busca de Riobaldo realiza-se na narrativa, ainda que à custa da segunda, sua realização afetiva, e a terceira, encenada na companhia do interlocutor-leitor ao largo da leitura, a quem o protagonista atribui a tarefa de ajudá-lo a decifrar os fatos narrados, termina como começara, com uma indagação sem resposta, representada pelo signo do infinito.

Riobaldo vivera em jovem, como jagunço, uma série de experiências que nunca pôde entender completamente e que continuam vivas no presente, sob a forma de indagações inquietadoras, dentre as quais um possível pacto com o diabo, com o fim de adquirir forças para reunificar o mundo dos jagunços e vingar a morte de Joca Ramiro, pai de Diadorim. Contudo, no episódio do pacto, nodal em termos da estrutura narrativa, o diabo não aparece como entidade concreta. Mesmo assim, Riobaldo sente sua presença e se modifica a partir de então, a ponto de seus companheiros perceberem a mudança. No desenrolar dos acontecimentos, a *vendetta* se realiza, bem como a reunificação dos jagunços, mas com um ônus extraordinário: a morte de Diadorim, o grande afeto do protagonista e que constituíra a mola propulsora para o seu envolvimento com o bando. Passados muitos anos, Riobaldo, agora velho fazendeiro, casado e estabelecido, continua-se indagando: "o diabo existe?", e busca interlocutores para responder a sua pergunta. Seu primeiro interlocutor é o compadre Quelemém, sertanejo, que não o satisfaz: é homem rude, afeito a crendices; e Riobaldo parte para outro, desta vez um cidadão urbano e culto, que viajava pelo sertão. O homem escuta e dá-lhe *feedback* com gestos e expressões faciais que ele mesmo interpreta, mas no final, após querer convencer-se da negativa, imediatamente reintroduz a dúvida.

Nesse universo, em que a ambiguidade constitui marca fundamental, desde a concepção geral da obra até cada pequeno detalhe da estrutura narrativa, deparamo-nos novamente com um narrador suspeito, porque profundamente envolvido com os fatos narrados, e culposo, mas ciente, ao menos no plano do enredo, do segredo que constituíra a base de seus tormentos – o verdadeiro sexo de Diadorim, sua grande paixão, que o iludira toda a vida com seu disfarce de guerreiro, fazendo-o mergulhar em profunda angústia identitária que a sua condição de jagunço não lhe permitiria aceitar. Riobaldo apaixona-se por Diadorim ao longo da narrativa e num dado momento dá-se conta desse fato, mas a sua repulsa em admiti-lo é tamanha que o cega, só descobrindo sua condição feminina tarde demais, quando avista seu corpo morto em combate. A questão homossexual que atormenta Riobaldo é um dado importante do enredo que não pode ser descartado, mas o problema central que ocupa o protagonista é o fato de ter dado ao verossímil o estatuto de real. Riobaldo se culpa o tempo todo de não haver percebido, no tempo em que convivera com Diadorim, a sua verdadeira identidade, e de ter, como vítima de falsa percepção, perdido a oportunidade de expressar-lhe o seu amor. Daí a pergunta, marcada por forte sentimento de culpa, repetida a todo instante, quase como uma espécie de *leitmotiv*: "como é que não tive um pressentimento?" Por isso resolve relatar, com grande distanciamento temporal, os fatos vividos àquela época a seu interlocutor urbano e culto, revelando-lhe, na sequência do relato, o segredo de Diadorim só no instante mesmo em que ele também o descobrira. Esse interlocutor, que por extensão é o leitor, é testado, e instado dessa forma a deixar sua posição de passividade, tornando-se copartícipe de um processo que não terá mais fim – daí a lemniscata, imagem do infinito, com que o livro se encerra.

A presença de elementos opostos e muitas vezes contraditórios está no eixo da obra rosiana e constitui a base filosófica deste livro, que pode ser visto como a súmula de toda a sua produção. Nessa obra, que se inicia com a pergunta seminal sobre a existência do diabo, e termina com nova indagação sobre a mesma questão, não tem uma face única, homogênea e claramente identificável, mas, ao contrário, tudo é difuso, esfumaçado e, sobretudo, plural, multifacetado, marcado pela coexistência conflituosa de opostos em tensão. Riobaldo é jagunço e ao mesmo tempo não o é, pela indagação que empreende a todo instante sobre sua própria condição existencial, o sertão é um espaço físico, reconhecível, e ao mesmo tempo não o é, e o mito é aceito pelo sertanejo Riobaldo e ao mesmo tempo refutado pelo letrado que frequentou a escola e mantém distanciamento diante da cultura local. Nesse universo, a lógica cartesiana, calcada na dicotomia excludente do ser ou não ser, e que chegou talvez a seu extremo na era positivista, de supervalorização da ciência, não mais se sustenta, cedendo lugar a outras possibilidades, dentre as quais a um tipo de lógica que vimos designando de "aditiva", em que os termos opostos, contraditórios, em vez de se excluírem mutuamente, tornam-se passíveis de convivência, ainda que em constante tensão. No *Grande Sertão: Veredas*, onde, para usar uma imagem do próprio Riobaldo, "a mandioca-doce pode de repente virar azangada" e a outra, a brava, "também é que às vezes pode ficar mansa, a esmo, de se comer sem nenhum mal" (Rosa, 1958, p. 12), o sertão é e não é, e o diabo "não há, havendo", tornando-se impossível qualquer resposta definida para a questão levantada no início.

Esse questionamento do caráter dicotômico da lógica alternativa cartesiana, em que a opção por um elemento exclui necessariamente o outro, e que está na base do universo narrativo de *Grande Sertão: Veredas*, encontra talvez sua maior expressão na imagem que dá título a um de seus contos mais conhecidos e de maior fortuna crítica: a da terceira margem do rio. E foi essa possibilidade, aventada ao longo de toda a obra do autor, que levou críticos, sobretudo do mundo euro-norte-americano, a considerar a obra rosiana como pós-moderna. Embora Guimarães Rosa seja normalmente situado pela historiografia literária brasileira na chamada "Terceira Geração Modernista", não só pelo dado cronológico, mas pela vasta pesquisa que empreendeu da linguagem e da técnica narrativa, é preciso reconhecer que nesse sentido o parentesco é inevitável com as obras tidas como pós-modernas no contexto mais amplo da literatura ocidental. Além de estender ao máximo o cunho indagador de sua obra, instituindo um processo de busca através da própria busca de uma nova expressão – o *Grande Sertão: Veredas*, por exemplo, se constrói inteiro como uma pergunta – Guimarães Rosa, como Machado a seu tempo, se não antecipa, a ponto de poder ser visto como um pós-modernista *avant la lettre*, como quiseram alguns, pelo menos se revela como uma espécie de precursor de uma época em que tais questões vão passar a ocupar um posto de relevo.

REFERÊNCIAS BIBLIOGRÁFICAS:

ASSIS, Joaquim Maria Machado de. *Obra Completa*. Org. Afrânio Coutinho. 3 vols. Rio de Janeiro, Nova Aguilar, 1992.

COUTINHO, Eduardo F. *The "Synthesis" Novel in Latin America: A Study on João Guimarães Rosa's Grande Sertão: Veredas*. Chapel Hill, N.C., NCSRLL, 1983.

_____. *Em Busca da Terceira Margem: Ensaios sobre o Grande Sertão: Veredas*. Salvador, Fundação Casa de Jorge Amado, 1993.

GLEDSON, John. *Machado de Assis: Impostura e Realismo*. Trad. Fernando Py. São Paulo, Companhia das Letras, 1991.

LIMA, Luiz Costa. *Dispersa Demanda: Ensaios sobre Literatura e Teoria*. Rio de Janeiro, Francisco Alves, 1981.

REGO, Enylton de Sá. *Machado de Assis: A Sátira Menipeia e a Tradição Luciânica*. Rio de Janeiro, Forense Universitária, 1989.

RIBEIRO, Luis Filipe. *Mulheres de Papel: Um Estudo do Imaginário em José de Alencar e Machado de Assis*. Niterói, Eduff, 1996.

SCHWARZ, Roberto. *Um Mestre na Periferia do Capitalismo: Machado de Assis*. São Paulo, Duas Cidades, 1990.

SOUZA, Ronaldes de Melo e. *O Romance Tragicômico de Machado de Assis*. Rio de Janeiro, Eduerj, 2006.

7.
O LEGADO DE MACHADO DE ASSIS

VERA LÚCIA FOLLAIN DE FIGUEIREDO

À Professora Dirce Côrtes Riedel
(in memoriam)

A dizer pelas inúmeras homenagens que lhe foram prestadas, por ocasião do centenário de sua morte, Machado de Assis, ao contrário de Brás Cubas, cujo emplasto morreu com ele, teria conseguido sobreviver através da obra que nos deixou: ideia reforçada pela Academia Brasileira de Letras ao dar o título de "Machado Vive" à exposição inaugurada em junho de 2008. No entanto, pode-se indagar quem se mantém vivo: seria Machado de Assis como escritor cujos textos, até hoje, dialogariam vivamente com o leitor, ou como personagem canonizado pela história da literatura brasileira? Tal indagação é estimulada pela própria ficção machadiana, na qual, além de a morte ser um tema recorrente, ironiza-se, em vários momentos, a pretensão do homem de ir além do próprio fim, transmitindo algo de importante às gerações futuras. O ensaio que se segue consiste, então, numa leitura da ficção do fim, em textos do autor, relacionando-a com este momento em que, a julgar pelas manifestações públicas de apreço ao seu talento literário, Machado estaria mais vivo do que nunca.

Sabe-se que o romance realista europeu, tributário do otimismo racionalista do século XIX, pressupunha a história como um processo que vai em direção a um fim ótimo. Ao encenar tal processo, utilizando um personagem-tipo como microcosmo, a ficção fazia aflorar o sentido da marcha histórica. Esse realismo implicava não só ver as coisas com clareza, mas também, a partir daí, oferecer as bases para a crença no progresso: envolvia uma concepção capaz de fundamentar as aptidões do homem para controlar o próprio destino e dar direção à história. O fio da continuidade histórica foi um recurso para a criação de concordâncias entre passado, presente e futuro, um fornecedor de significado à simples cronicidade: o caráter meramente consecutivo dos acontecimentos foi exorcizado pelo trabalho de uma consciência sintetizante. O método histórico – para os historiógrafos clássicos do século passado – consistia em "contar a estória" do que tinha acontecido. Se a estória fosse bem contada, o sentido do que tinha acontecido viria à superfície narrativa. É nesse contexto que a tradição autobiográfica se consolida nas letras europeias, beneficiada pelos progressos do individualismo, mas também pelas formas que este adotou ao se desenvolver na cultura cristã. Do gênero autobiográfico esperava-se, então, que seguisse uma ordem cronológica que fosse também uma ordem lógica, ao mesmo tempo retrospectiva e prospectiva, um caminhar da origem para o fim, em sequências ordenadas segundo relações causais inteligíveis.

Mais próxima da visão cíclica do tempo expressa no Eclesiastes[1] do que da visão teológica da história predominante no século XIX, a ficção machadiana não confere ao princípio e ao fim a mesma importância que apresentam quando se trabalha com o tempo retilíneo. Daí que, embora a morte pontue suas narrativas, seu lugar, na tessitura da intriga, não se confunde com o do fim que empresta sentido ao que passou.

Cabe lembrar, entretanto, a estreita relação que existe entre a consciência da morte e o ato de narrar. A própria disposição para escrever, para registrar as palavras no papel, pode ser vista como um desejo de sobreviver, como um antídoto contra a morte: escreve-se para não morrer, pois a permanência do texto desafiaria a ação do tempo. A morte, além de servir de motivação ou de tema para a narrativa, interviria tanto na concepção da trama quanto na opção pelo estilo. Pode servir de caução ao discurso, conferindo-lhe um caráter testamentário, caso em que o texto se apresenta como mensagem desinteressada dirigida às novas gerações. As palavras pronunciadas à beira da morte parecem mais verdadeiras: o argumento mais forte seria a própria iminência da morte. A morte pode ainda ser responsável pelo não-fechamento da narrativa, como em *Mil e Uma Noites*. Graças às interrupções, às suspensões, aos encadeamentos da trama, Scherazade coloca a morte em xeque, brincando de esconde-esconde com ela, adiando o seu próprio fim, ao adiar o fim das histórias.

---

1. São frequentes as alusões ao Eclesiastes feitas por Machado em sua ficção. A própria concepção do tempo que preside o episódio do Delírio, em *Memórias Póstumas de Brás Cubas*, coincide com a que se pode ler naquele trecho da Bíblia: "O que foi, isso é o que há de ser, e o que se fez, isso se tornará a fazer".

Quando se lê *Memórias Póstumas de Brás Cubas*, encontra-se também uma certa disposição para lutar ficcionalmente contra a morte. Afinal, para o narrador, a campa foi um outro berço, o que, aparentemente, corresponderia à superação do caráter finalizador da morte. Entretanto, não só a dedicatória aos vermes, mas o fato de o livro começar com as considerações de Brás Cubas sobre a possibilidade de iniciar a narrativa pelo princípio ou pelo fim da sua vida, abre espaço para uma outra leitura. Diz o personagem nas primeiras linhas do livro: "Algum tempo hesitei se devia abrir estas memórias pelo princípio ou pelo fim, isto é, se poria em primeiro lugar o meu nascimento ou a minha morte"[2].

Na cultura judaico-cristã, no entanto, não é indiferente começar uma narrativa pelo princípio ou pelo fim, e a Bíblia, livro modelo dessa tradição, começa pelo princípio e termina com a visão do fim: o Apocalipse resume todo o livro. Mais que isso, na Bíblia, o começo do livro é a respeito do Começo do mundo e o final do livro diz respeito ao Fim dos tempos. Assim, diz Auerbach, ao comparar a *Odisseia* com o Velho Testamento: "O Velho Testamento, porém, fornece história universal; começa com o princípio dos tempos, com a criação do mundo, e quer acabar com o fim dos tempos, com o cumprimento da promessa, com a qual o mundo deve encontrar o seu fim"[3].

Por isso, o defunto autor do romance machadiano observa que, ao optar por começar pelo fim, irá afastar-se do uso vulgar e não deixa de fazer referência ao Pentateuco[4], assinalando como grande diferença entre este texto e suas memórias as distintas ordens impressas às duas narrativas. Brás Cubas narra de imediato sua morte e, em seguida, passa para a narrativa de seu nascimento, destacando, no capítulo "Transição", a destreza com que vai de um polo a outro. Desmitifica, desse modo, tanto a importância da origem quanto do fim: os dois polos a partir dos quais busca-se imprimir sentido à trajetória humana. Princípio e fim perdem seus lugares privilegiados como doadores de sentido à vida, porque fica claro que tudo depende da maneira como se narra, da destreza com que encadeamos os acontecimentos. Salta

---

2. J. M. Machado de Assis, *Memórias Póstumas de Brás Cubas*, Rio de Janeiro, Garnier/Fundação Casa de Rui Barbosa, 1988, p. 25.
3. Erich Auerbach, *Mimesis: A Representação da Realidade na Literatura Ocidental*. São Paulo, Perspectiva, 1971, p. 13.
4. O Pentateuco, conjunto dos cinco primeiros livros da Bíblia – Gênesis, Êxodo, Levítico, Números e Deuteronômio – começa com a criação do mundo e termina com a morte de Moisés. Como a tradição religiosa atribuiu a autoria do Pentateuco a Moisés, este teria, então, relatado a própria morte.

do momento da morte para o do nascimento e Virgília é escolhida como elo de ligação entre os dois extremos, para não quebrar o fio narrativo. Chama atenção, assim, para a arbitrariedade com que ordena os fatos ao narrar, recusando a ideia confortável de um desenvolvimento unilinear, necessário e exterior ao relato, que lhe imprimisse uma direção.

Desse modo, Machado retoma ironicamente o paradigma da narrativa bíblica para dele se afastar, rejeitando as concordâncias fictícias entre origem e fim, que, como assinala Franz Kermode[5], os homens inventaram para dar significado à vida e aos poemas, sendo que o fim que imaginam vai refletir apenas as suas preocupações irremediavelmemte intermediárias. A morte do narrador é relatada, então, sem tragicidade, como fruto do acaso de uma banal corrente de ar que o surpreende justo num momento em que, ironicamente, pensava em perpetuar-se através da inscrição de seu nome na embalagem do emplasto: "um solteirão que expira aos sessenta e quatro anos, não parece que reúna em si todos os elementos de uma tragédia"[6], comenta o próprio Brás Cubas. Se a morte não é trágica, também não é romântica: desvia-se do padrão romântico da morte na juventude, já que não é consequência de um grande amor ou de gestos heroicos, deixando de causar grandes comoções, e, embora a natureza colaborasse com uma chuvinha fina, triste e constante no dia do enterro, o personagem morre metódica e tranquilamente.

Do mesmo modo, a origem do personagem não é grandiosa, como se vê no capítulo "Genealogia", que, aliás, sintomaticamente, está inserido em meio à narrativa dos episódios que reconstituem as condições da morte. Na origem, está a falsificação da própria origem, com a invenção de um antepassado que conferisse nobreza ao sobrenome da família, atendendo ao desejo de glória do pai de Brás Cubas. O mesmo desejo de glória que será a causa indireta da morte do narrador: no princípio e no fim, a sede da nomeada, ilustrando a vã existência da humanidade que repete sempre os mesmos erros, como o capítulo do "Delírio" demonstra.

Descartados o fim e a origem, Brás Cubas pode-se dedicar a narrar o que lhe interessa, isto é, o momento de vida entre esses dois polos. Afasta-se, assim, do modelo tradicional da narrativa memorialística e da tensão por ele gerado entre a necessidade de imprimir aos fatos uma ordem cronológica e o impulso para se deixar levar pelo movimento desordenado da

---

5. Franz Kermode. *A Sensibilidade Apocalíptica*. Lisboa, Século XXI, 1997, p. 25.
6. J. M. Machado De Assis, *Memórias Póstumas de Brás Cubas*, Rio de Janeiro, Garnier/Fundação Casa de Rui Barbosa, 1988, p. 26.

memória. Stendhal, citado por Machado de Assis no prefácio "Ao Leitor", já assinalava o problema insolúvel que era dar forma às recordações, como se pode ler no início de *La Vie de Henry Brulard*, história de sua juventude: "Deixo-me levar, me extravio, e serei ininteligível se não seguir a ordem dos tempos; mas, por outro lado, os acontecimentos não me vêm à memória com tanta facilidade"[7]. Se um dos móveis da autobiografia é pôr ordem na vida, o dilema de Stendhal decorria da necessidade de ultrapassar não só a simples sucessividade dos acontecimentos como também os extravios da memória. Portanto, para apreender seus princípios, nem sempre era possível contar a vida como se viveu ou como era recordada, e, nesse sentido, a narração lhe seria infiel.

As memórias ficcionais de Brás Cubas tensionam os limites dos relatos autobiográficos, ao partirem de um narrador defunto que teve a campa como outro berço, diluindo-se a polarização entre os dois extremos da vida. O fim da vida dá origem ao texto das memórias e com ele nasce o escritor. Machado contorna o problema enunciado por Stendhal, considerado um perito em autobiografias, inscrevendo-se na vertente da literatura moderna que privilegia o texto como instância que dá origem ao escritor e, a partir daí, todo o problema se resume na própria escrita, na tensão criada no ato de compor uma narrativa ordenada. Elimina-se, assim, a distância entre vida e narrativa, não havendo um tempo anterior, externo, que caberia à narrativa mimetizar. O narrador Brás Cubas nasce com a escrita de suas memórias, fazendo lembrar a afirmação de Certeau[8] de que é necessário morrer do corpo para que nasça a escrita, de que a escrita nasce a partir de uma falha da presença. Daí decorre que Brás Cubas não tenha pressa para chegar ao fim da narrativa, até porque depois dele não há mais nada. Valoriza, então, o que está no meio, as contingências, e não o princípio e o fim: narra saboreando, sem angústia, o meio de sua vida, entregando-se às digressões que remetem para o presente da enunciação e retardam a velocidade da flecha do tempo.

Em *Memórias Póstumas de Brás Cubas*, a opção pelo estilo ébrio é consequência da consciência do caráter inexorável da morte e do desprestígio do fim como doador de sentido. Por isso, o desejo de uma narrativa direta, fluente, por parte do leitor é visto pelo narrador como "pressa de envelhecer". A narrativa linear apenas acelera o tempo, nos encaminha mais rápido para o fim que não acrescenta nada: se acrescentasse, haveria o que legar para as

---

7. Stendhal, *Vie de Henry Brulard*, Paris, Gallimard, 2002, p. 44.
8. Michel de Certeau, *A Escrita da História*, Rio de Janeiro, Forense Universitária, 2000, p. 160.

próximas gerações. Se acrescentasse, o último capítulo do romance não se chamaria "Das Negativas".

A negatividade pontua também o conto "Segunda Vida", de *Histórias sem Data*[9], no qual o personagem, José Maria, tem a campa como outro berço, mas diferentemente do que ocorre em *Memórias Póstumas de Brás Cubas*, não relata o que viveu em sua primeira vida e sim o que ocorreu ao tentar corrigi-la numa segunda oportunidade. Se recordar é, de certa forma, reviver o que passou, para José Maria, ao contrário, a memória deveria ser o que lhe permitiria viver algo de inteiramente novo, evitando repetir o já vivido. No entanto, as lembranças o impedem de desfrutar a segunda vida, ficando preso ao passado pela determinação de não repeti-lo.

Em "Segunda Vida", José Maria, um homem que aparentava ter uns trinta e poucos anos, narra a um padre, monsenhor Caldas, como voltou a viver depois de ter morrido, aos sessenta e oito anos, e o que lhe aconteceu após o retorno. Sua alma subiu aos céus e foi recebida com muita festa pelas almas que já lá estavam, porque completava mais um milheiro de almas e, por uma lei eterna, cada alma que completava um milheiro era homenageada e convidada a cumprir uma nova vida. Tinha ainda o privilégio de escolher o veículo para a volta: podia nascer príncipe ou condutor de ônibus. O personagem tentou recusar o convite, mas, diante da impossibilidade de ser atendido, declarou que não lhe importava nascer rico ou mendigo, com a condição de que nascesse experiente, opção que provocou o riso das almas que o escutavam e que tentaram, sem sucesso, demovê-lo da ideia. A insistência em nascer experiente devia-se ao fato de lembrar-se de que sempre ouvira seu pai e outras pessoas mais velhas dizerem, quando viam algum rapaz: quem me dera ter aquela idade sabendo o que sei hoje.

Nove meses depois, José Maria renasceu para levar uma vida em que fugia de tudo, em função da lembrança das experiências passadas: em criança, custou a andar com medo de cair e não corria nem pulava com medo de contusão, na juventude evitou o amor para não sofrer. Desperdiçou a segunda vida com medo da dor, evitando os riscos e com eles também o prazer: a experiência dera-lhe o terror de ser empulhado, a desconfiança de tudo e de todos, que o paralisava. Ao contrário de Brás Cubas que, através da narrativa, percorre outra vez a vida que levara, sem tentar mudá-la, o

---

9. J. M. Machado de Assis, *Histórias sem Data*, Rio de Janeiro, Garnier/Fundação Casa de Rui Barbosa, 1989.

personagem narra o sofrimento que a prudência lhe causou ao tentar viver uma vida melhor.

Ironicamente, o grande erro de José Maria, no momento em que lhe foi concedida uma segunda chance, foi ter levado em conta o que ouvira dos mais velhos, isto é, ter acreditado na importância da experiência para ter uma vida melhor. Desconstrói-se, assim, a ideia de uma sabedoria adquirida com a idade e a validade dos conselhos. Da mesma forma, desmitifica-se a autoridade que, na tradição oral, a vizinhança da morte conferiria às palavras do narrador. "Segunda Vida" se inicia sob o signo do descrédito com que o relato é recebido pelo ouvinte, que, mesmo sendo um religioso, não hesitará em tomar, como sintoma de loucura, a referência do narrador ao que experimentou nos momentos seguintes à sua própria morte. O conto começa com a interrupção do relato de José Maria por monsenhor Caldas, que, desconfiando da sanidade do narrador, levanta-se e pede ao criado que chame a polícia.

A chance de uma segunda vida, portanto, de nada adiantaria, pois, de uma forma ou de outra, não evitaríamos a dor. Nesse sentido, cabe lembrar a observação do narrador de *Esaú e Jacó*, quando o conselheiro Aires afirma para os gêmeos Pedro e Paulo que guardará o segredo que estes lhe confiaram, que será discreto como um túmulo. Diz o narrador: "Aires sabia que os túmulos não são discretos. Se não dizem nada, é porque diriam sempre a mesma história; daí a fama de discrição. Não é virtude, é falta de novidade"[10]. Confirmando as palavras do narrador de *Esaú e Jacó*, o próprio Conselheiro, em *Memorial de Aires*, romance que começa com uma visita ao cemitério, dirá, ao comparar a vida com as composições imaginadas, que pediriam variedade:

> A vida, entretanto, é assim mesmo, uma repetição de atos e meneios como nas recepções, comidas, visitas e outros folgares; nos trabalhos é a mesma coisa. Os sucessos, por mais que o acaso os teça e devolva, saem muitas vezes iguais no tempo e nas circunstancias; assim a história, assim o resto[11].

Se tudo acaba por se repetir, a imortalidade, a impossibilidade de um fim, apenas perpetuaria o vagar pelo sem-sentido da vida. No conto "O Imortal", o personagem, que tomara um elixir que lhe garantira vida eterna, atravessa

---

10. J. M. Machado de Assis, *Esaú e Jacó*, Obra Completa, Rio de Janeiro, Aguilar, 1985, vol. I, p. 1091.
11. Idem, *Memorial de Aires*, Obra Completa, Rio de Janeiro, Aguilar, 1985, vol. I, p. 1155.

os séculos em diversos locais do mundo, mas sempre vivendo aventuras semelhantes até ser tomado por um profundo tédio: tinha provado tudo, esgotado tudo, vivia a monotonia sem esperanças, o que o levou a buscar a morte, antecipando a solução procurada por um outro imortal, aquele criado por Borges no conto de mesmo nome, no qual o narrador, num diapasão machadiano afirma: "Ser imortal é insignificante; com exceção do homem, todas as criaturas o são, pois ignoram a morte; o divino, o terrível, o incompreensível é saber-se imortal"[12].

Na ficção machadiana, a morte e os rituais que a acompanham e sucedem são uma constante, mas para retirar deles o caráter grave e solene, tratando-os como mais um momento dentre outros quaisquer, como ocorre com o uso pejorativo da expressão "obra de finado", no prefácio de *Memórias Póstumas de Brás Cubas*. A banalização dos fins pode ser vista também no capítulo "Rotação e Translação" do mesmo romance, em que, antes de narrar a morte de Lobo Neves, o narrador reporta-se à morte do jornal que criara, observando que a vida humana se nutre de outras vidas, mais ou menos efêmeras, como o corpo alimenta seus parasitas. Do fim do jornal passa para o de Lobo Neves, diluindo o impacto da morte do antigo rival, retirando-lhe o caráter de acontecimento único ao inseri-lo num ciclo em que tudo nasce e morre, inclusive os pequenos projetos pessoais, como o do jornal

Em *Memórias Póstumas*, todas as perspectivas de continuidade dos personagens além da morte são cortadas. O pai de Brás Cubas morre sem ver no filho o continuador das glórias da família. O próprio Brás Cubas chega a sonhar com a paternidade tanto com Virgília como através do casamento com d. Eulália, mas isto não se realiza. O emplasto que o eternizaria pelo "nome impresso" também não chega a ser realizado. Resta o livro, cuja estrutura em capítulos curtos talvez o aproxime mais dos epitáfios do que dos relatos de memória: os epitáfios, textos fragmentários, condensam os discursos biográficos de tal forma que são quase acrônicos. Nesse sentido, o capítulo CXXV de *Memórias Póstumas* se resume ao epitáfio de Eulália e, no seguinte, o narrador comenta: "O epitáfio diz tudo. Vale mais do que se lhes narrasse a moléstia de Nhá-loló, a morte, o desespero da família, o enterro"[13]. E no capítulo CLI, cujo título é "Filosofia dos Epitáfios", declara: "E aliás gosto muito dos epitáfios; eles são, entre a gente civilizada, uma expressão daquele pio

---

12. Jorge Luis Borges, *O Aleph*, Porto Alegre, Globo, 1972, p. 11.
13. J. M. Machado de Assis, *Memórias Póstumas de Brás Cubas*, Rio de Janeiro, Garnier/Fundação Casa de Rui Barbosa, 1988, p. 191.

e secreto egoísmo que induz o homem a arrancar à morte uns farrapos ao menos da sombra que passou"[14].

Não só os epitáfios, mas os testamentos também mereceram a atenção do autor. Pode-se dizer que toda a problemática do romance *Quincas Borba* gira em torno do testamento do filósofo, que legou seus bens e sua loucura para Rubião. Ao contrário da legitimidade que as palavras proferidas ou escritas à beira da morte ganhavam nas narrativas tradicionais, a última carta de Quincas Borba para o herdeiro lhe pareceu um atestado de insanidade e a lição que por acaso continha – a da eterna repetição da lei do humanitismo, isto é, do homem como devorador do homem na luta pela sobrevivência – não foi compreendida. O fim do romance não se constitui num fechamento, é a confirmação de um movimento cíclico do qual as novas gerações não escapam e, portanto, remete para a reiteração da ideia de eterno retorno do mesmo.

Em "Último Capítulo", conto cujo título reforça a sobreposição do narrar e do viver, recorrente na obra machadiana, o testamento vai motivar a escrita da autobiografia resumida do personagem. No primeiro parágrafo, o narrador, que em breve se suicidará, elogia o hábito dos suicidas de não deixar a vida sem dizer o motivo. Diz ele:

> Há entre os suicidas um excelente costume, que é não deixar a vida sem dizer o motivo e as circunstâncias que os armam contra ela. Os que se vão calados, raramente é por orgulho; na maior parte dos casos ou não têm tempo, ou não sabem escrever. Costume excelente: em primeiro lugar, é um ato de cortesia, não sendo este mundo um baile, de onde um homem possa esgueirar-se antes do cotilhão. Em segundo lugar, a imprensa recolhe e divulga os bilhetes póstumos, e o morto vive ainda um dia ou dois, às vezes uma semana mais[15].

Embora os textos possam garantir uma efêmera sobrevida ao morto, o suicida de "Último Capítulo" declara que pretendia deixar a vida calado, não fosse um incidente que lhe fez trocar de plano. A razão do suicídio do narrador é a má sorte que o acompanhou durante toda vida. Após contar todos os reveses por que passou, narra também o motivo que o fez escrever a carta que acompanha o testamento. Tendo concluído que não podia achar felicidade em parte nenhuma, acreditou que ela não existia na ter-

---

14. *Idem*, p. 214.
15. J. M. Machado de Assis, *Histórias sem Data*, Rio de Janeiro, Garnier/Fundação Casa de Rui Barbosa, 1989, p. 33.

ra. Momentos antes de mergulhar na eternidade, acendeu um charuto e debruçou-se à janela. Viu, então, passar um homem bem trajado, fitando amiúde os pés: "Conhecia-o de vista; era uma vítima de grandes reveses, mas ia risonho, e contemplava os sapatos. Estes eram novos, de verniz, muito bem talhados, e provavelmente cosidos a primor", diz o narrador. O homem ia alegre e se via no seu rosto a expressão da bem-aventurança: "Ia feliz e contemplava as botas". Tal fato leva o personagem a indagar: "A felicidade é um par de botas?" E acrescenta:

> Nada vale nada. Nenhuma preocupação deste século, nenhum problema social ou moral, nem as alegrias da geração que começa, nem a tristeza da que termina, miséria ou guerra de classes, crises da arte e da política, nada vale, para ele, um par de botas. [...] Sim, a felicidade é um par de botas[16].

A partir de uma casualidade – a visão do homem que passa na rua – decide, então, dispor em seu testamento que seus bens fossem vendidos e o dinheiro empregado em sapatos e botas novas distribuídos por um modo indicado. O incidente fortuito o leva a escrever a carta que fundamenta o insólito testamento, mas não demove o personagem da ideia de cometer o suicídio. Tem-se, então, neste conto, mais um caso em que a escrita é motivada pela morte, embora esta seja tratada sem gravidade e o suicídio como um gesto corriqueiro. Machado retoma em diapasão irônico a ficção do fim, para assinalar a gratuidade da vida e, consequentemente, a insignificância da morte.

Já o conto "Fulano" começa com o convite ao leitor para assistir à leitura do testamento de Fulano Beltrão. Diz o narrador: "Venha o leitor comigo assistir à abertura do testamento do meu amigo Fulano Beltrão. Conheceu--o?"[17] Inicia, então, a narrativa da vida do personagem, necessária para que o leitor se interesse pelo testamento. Entretanto, o testamento, apresentado ao final, não traz nenhuma surpresa, apenas serve de prova textual da vaidade que passou a nortear a vida de Fulano a partir de um elogio público que recebeu. A proximidade da morte em nada mudou o personagem, que buscou, através do testamento, prolongar um pouco mais além do fim sua fama de homem generoso. Por último, pode-se citar, ainda, "Verba Testamentária"[18], em que se repete a situação do conto "Fulano": é o testamento que servirá de

---

16. *Idem*, p. 40.
17. *Idem*, p. 115.
18. J. M. Machado de Assis, *Papéis Avulsos*, Rio de Janeiro, Garnier/Fundação Casa de Rui Barbosa, 1989.

motivação para a narrativa da vida e as últimas disposições do personagem revelam que a iminência da morte não abalou o sentimento de inveja que pautou sua existência.

Assim, na ficção machadiana a dessacralização da morte caminha passo a passo com rebaixamento do papel da origem e do fim na tessitura da intriga. O gênero memorialístico, que expressaria de uma forma ou de outra a vontade de transmitir algo de positivo para as novas gerações, é evocado para ser desconstruído. As memórias, narrativas escritas sob a égide da experiência vivenciada pelo autor e que aspiram ao estatuto de "verdade" em oposição à "ficção", podem ser vistas como reminiscências das narrativas orais partilhadas pela comunidade dos interlocutores. O romance *Memórias Póstumas de Brás Cubas*, entretanto, é escrito de modo a abalar a legitimidade concedida pela experiência às narrativas, porque é o texto que dá origem ao escritor, não havendo um antes nem um depois da escritura. Cabe lembrar, a frase do personagem do conto "Galeria Póstuma", diante do tio morto, após ler o diário que este deixara: "Já não era o homem, era o autor do manuscrito"[19].

O tratamento irônico dado pela ficção machadiana à relação da escrita com a morte, como decorrente da vã pretensão de sobreviver, leva, por extensão, a refletir sobre a sobrevivência do próprio Machado de Assis enquanto criador de textos deixados para a posteridade. Como observado no início deste ensaio, não há dúvida de que Machado de Assis continua vivo, como se comprova, paradoxalmente, pelas comemorações do centenário de sua morte, embora esse reconhecimento, por parte de um público mais amplo, não necessariamente seja baseado na leitura dos textos, podendo decorrer do lugar que ocupa como personagem da narrativa maior em que se constitui a história da literatura brasileira. Já para os escritores que o sucederam, Machado eternizou-se na condição de ponto mais alto de uma escala que serve de medida de valoração de suas obras. Assim, o personagem escritor do conto "Intestino Grosso", de Rubem Fonseca, ao responder à pergunta de uma jornalista sobre quanto tempo levou para que seus textos fossem publicados, responde: "Demorou. Eles queriam que eu escrevesse igual ao Machado de Assis, e eu não queria, e não sabia"[20]. Em outro conto também de Rubem Fonseca, "Artes e Ofícios"[21], o narrador, um homem muito rico, mas que

---

19. J. M. Machado de Assis, *Histórias sem Data*, Rio de Janeiro, Garnier/Fundação Casa de Rui Barbosa, 1989, p. 401.
20. Rubem Fonseca, *Feliz Ano Novo*, Rio de Janeiro, Artenova, 1975, p. 135.
21. Rubem Fonseca, *Buraco na Parede*, São Paulo, Companhia das Letras, 1995.

não chegou nem a completar o curso primário, para combater a fama de burro que ganhara por não ter diploma, resolve contratar uma *ghostwriter* para escrever um livro cuja autoria lhe seria atribuída. Encomenda, então, um romance de duzentas páginas no mínimo, escrito à maneira de Machado de Assis. A *ghostwriter* escreve um livro em que um falsário, a pedido de um editor desonesto, forja um livro de memórias como se fosse de Machado de Assis. O livro do falsário é tido como verídico, enlouquece os críticos e se torna *best-seller*, até o crime ser confessado.

Se nestes exemplos Rubem Fonseca, num diapasão também irônico, destaca a força da presença de Machado como personagem canônico da literatura, por outro lado, sabe-se que a ficção machadiana não ficou presa à ordem institucionalizada que a consagrou. Aproximando-se da visão cética da história que marcou uma vertente significativa do pensamento do século XVIII, recusando-se a desposar o otimismo histórico de sua época, Machado de Assis se distanciou do modelo narrativo que a visão teleológica da temporalidade engendrara, o que contribuiu, por caminhos indiretos, para o diálogo vivo que mantém com a contemporaneidade. Diálogo que leva a indagar a pertinência de buscar reconhecer quais seriam os seus herdeiros, assim como a perguntar o que constituiria o legado que deixou para as gerações futuras de escritores. O ceticismo? Os temas por ele trabalhados? O estilo da escrita? A dizer pelas antologias que convocam novos escritores para compor textos inspirados na ficção machadiana, não seriam esses pontos que permitiriam identificar um possível continuador de sua performance literária. Entretanto, talvez se possa afirmar que, se é difícil, hoje, pensar em herdeiros de Machado de Assis, em função, inclusive, da atualidade de sua ficção, esta não deixa de sugerir um caminho a ser seguido: o da apropriação irreverente, desviante, da tradição literária, para se contrapor às certezas dominantes em seu próprio tempo, e, pensando no quadro cultural do século XXI, para anunciar o que virá ocupar o lugar da literatura tal como concebida pela modernidade.

8.
O PERCURSO LITERÁRIO DE MACHADO DE ASSIS: AMPLIFICAÇÃO OU REDUÇÃO?

ANA MARIA CLARK PERES (UFMG)

Se nos detivermos na etimologia do termo "autor", a ideia de amplificação imediatamente se fará presente. Segundo dicionários latinos, *auctor* é aquele "que faz crescer". Como indica Antoine Compagnon em seu curso recente na Université Paris IV-Sorbonne (2002), intitulado "Qu'est-ce qu'un auteur?" ["O que É um Autor?"], título esse que retoma a célebre conferência pronunciada por Foucault em 1969[1], Conrad Hirsau, gramático do século XI, explica em seu *Accessus ad auctores*: "O *auctor* é assim chamado a partir do verbo *augendo* ('aumentando'), porque, com sua pena, ele amplifica os feitos ou ditos ou pensamentos dos antigos"[2].

A partir dessa acepção de *auctor* e do verbo *augere*, do qual *auctor* provém, este trabalho pretende abordar alguns pontos do percurso escritural de Machado de Assis tendo em vista a seguinte questão: o que marca essa trajetória, singularizando-a, são, de fato, processos diversificados de amplificação? Ou, diferentemente, trata-se de uma redução? Se assim for, redução de quê ou a quê?

Muito já foi dito sobre o percurso machadiano, na tentativa de dar conta do que acontece com seus escritos, dos iniciais aos últimos. No "Estudo Crítico" que introduz os romances, no volume I de sua *Obra Completa*, por exemplo, Afrânio Coutinho nos apresenta a ideia de crescimento, em geral, se se pensa na constante novidade dos escritos de Machado: "[...] sua obra

---

1. Cf. Foucault, "O que É um Autor?", 2006, pp. 29-87.
2. Compagnon, "Qu'est-ce qu'un auteur?", disponível em: http://www.fabula.org/compagnon/auteur4.php. Tradução minha.

não morre [...], mas se agiganta e cresce constantemente como monumento literário"[3]. Já sobre o processo de criação de nosso grande autor, ele afirma, entre outros pontos, que houve um "desabrochamento"[4] por parte do escritor (ora, lembremos que "desabrochar" é também "crescer"). O próprio Machado nos fornece elementos para essa leitura quando afirma em carta a José Veríssimo, datada de 15 de dezembro de 1898: "O que Você chama a minha segunda maneira naturalmente me é mais aceita e cabal que a anterior, mas é doce achar quem se lembre desta, que a penetre e desculpe, e que chegue a catar nela algumas raízes dos meus arbustos de hoje"[5]. Poderíamos afirmar, a partir daí, e na esteira de Coutinho, que esses supostos "arbustos" se tornaram árvores cada vez mais frondosas, num desabrochar, um amplificar sem fim?

Numa perspectiva distinta, procuro apontar no percurso machadiano um outro processo, qual seja, o de "redução", aproximando a experiência literária de Machado de Assis da experiência analítica. Essa abordagem, a de verificar o que haveria de "analítico" no percurso de um escritor ficcional, me foi provocada por Lacan, que em seu clássico texto "Lituraterra", de 1971, referindo-se a Joyce, articula-o, em alguma medida, ao que ocorre no término de uma análise, ao afirmar que ele conseguira ir "diretamente ao melhor do que se pode atingir da psicanálise em seu fim"[6]. Outros escritores (não muitos, creio eu), de maneira diferente da de Joyce, é bem verdade, não poderiam também atingir esse ponto?

Vejamos, pois, inicialmente, uma operação importante que ocorre num tratamento analítico, justamente a operação-redução. Em *O Osso de uma Análise*, seminário proferido em Salvador, Bahia, em 1998, por Jacques-Alain Miller, este explicita as várias operações de redução ocorridas numa análise, que poderiam ser assim resumidas: a repetição, em que "o mesmo vai emergir a partir da produção do diverso"[7], a convergência dos vários enunciados do sujeito a enunciado essencial em uma análise, isto é, "o significante mestre do destino do sujeito"[8], sendo ambas "redução do discurso do paciente [...] a formas simbólicas elementares"[9], e finalmente a "redução ao real". Tratando

---

3. Coutinho, "Estudo Crítico" em Assis, *Obra Completa*, vol. I, p. 24.
4. *Idem*, p. 26.
5. Assis, Epistolário [48], *Obra Completa*, vol. III, p. 1044.
6. Lacan, "Lituraterra", p. 11.
7. Miller, *O Osso de uma Análise*, p. 46.
8. *Idem*, p. 50.
9. *Idem*, p. 66.

do sintoma, ou, melhor, da identificação ao sintoma que ocorreria no final da análise, e contrariando posições de tantas terapias que visam a extirpá-lo a qualquer custo, Miller acrescenta: "o sintoma, temos que viver com ele [...], devemos, como se diz em francês, *faire avec* [...], devemos haver-nos com ele. Dizer que se chega a se identificar com o sintoma [como afirmou Lacan] significa que *eu sou tal como eu gozo*"[10].

Instigada por essas proposições de Miller, trabalhei, durante um bom tempo, a "operação-redução" na experiência literária de Machado de Assis, procurando detectar reduções de vários níveis, isto é, enxugamentos vários (dos mais simples aos mais complexos) e, sobretudo, a redução ao real ou, em outros termos, a orientação em direção ao real. Como ponto de partida, busquei "o mesmo emergindo da produção do diverso" e cheguei a recortar, entre vários, três "detalhes sintomáticos", ou seja, insistências que perpassam toda a sua obra: o apelo ao leitor, a busca de um casamento perfeito e o uso do adjetivo, do epíteto. Quanto ao leitor, procurei evidenciar a parceria que Machado mantém com ele via obra. Ou seja: a satisfação que o autor parece extrair de tal parceria, satisfação essa, aliás, de mão dupla, uma vez que também é experimentada intensamente por seus leitores de diferentes épocas[11]. Após a parceria com o leitor ter atingido seu clímax em *Dom Casmurro*, vemos esse leitor reduzido ao "papel" em *Memorial de Aires*: "Não diria isto a ninguém cara a cara, mas a ti, papel, a ti que me recebes com paciência, e alguma vez com satisfação, a ti, amigo velho, a ti digo e direi [...]". Com relação ao casamento perfeito, sublinhei que, em quase todos os seus romances, mesmo naqueles em que o escritor ultrapassou a fase dita "romântica", deparamo-nos com uma cena que irá repetir-se, incansavelmente, não sem variações: a do casal que se anseia perfeito, perfeição essa que aparenta ser atingida por breves, fulgurantes momentos (notadamente naqueles instantes em que um funde seu olhar no olhar do outro), mas que logo se desfaz. Dissolvido o casal, resta, então, um personagem masculino confrontado com a perda, vivenciada na solidão, na exclusão, na amargura, e que se torna espectador da suposta plenitude perdida (isso pode ser percebido em *Ressurreição*, com Félix; em *A Mão e a Luva*, com Estevão; em *Helena*, com Estácio; em *Memórias Póstumas de Brás Cubas*, com o próprio Brás Cubas; em *Quincas Borba*, com Rubião). Em *Dom Casmurro*, acontece, a meu ver, uma redução (ou desbaste) importante: justamente nesse romance, que deu a Machado uma

---

10. *Idem*, pp. 104-105.
11. Cf. Peres, "Machado de Assis e o Parceiro Leitor".

notoriedade incomum, proporcionando-lhe, desde então, um casamento indissolúvel com seus leitores, encontramos um "excluído" diferente. Por meio de longos meandros, cheguei ao ponto de identificá-lo ao próprio escritor[12], acreditando ser possível afirmar que Machado goza enquanto casmurro, solitário ("ímpar"), ensimesmado, obstinado, teimoso (haja vista as repetições que teimam em seus escritos), espectador de uma perfeição almejada – e impossível. Goza como um casmurro-escritor, *intratável*, não qualquer um, mas o que captura seu parceiro-leitor com a singularidade de seu estilo, acabando por lidar com uma solidão que ultrapassa o isolamento com relação aos semelhantes, talvez a "solidão essencial" tal qual a concebe Blanchot, em *O Espaço Literário*[13]. Quando chegamos a esse ponto de identificação, deparamos com uma exigência, uma cifragem de gozo. Vale ressaltar que, em *Memorial de Aires*, a busca do casamento perfeito via olhar prossegue, só que agora sem a marca da procura da perfeição, uma vez que o casal Aguiar/Carmo goza sua união, mas com uma "ferida", a de não ter tido filhos.

Considerando que as duas primeiras insistências (o apelo ao leitor e a busca do casamento perfeito) já foram destacadas por mim em outros ensaios, e apesar de as três se articularem, detenho-me aqui na terceira, a saber, o uso do adjetivo, do epíteto, entendendo "uso" numa acepção bastante ampla, como será visto. Note-se, inicialmente, que o adjetivo e o epíteto se equivalem em sua etimologia, já que o primeiro provém do grego *epítheton*, e o segundo do latim *adjectivum*, os dois significando "acrescido a": um *a mais*, portanto. Adeptos da Estilística tradicional indicam que o adjetivo forma com o substantivo "uma unidade indissolúvel"[14], *completando-o* e constituindo um importante recurso de expressividade.

Muito curiosa é a relação de Machado com os adjetivos. Em vários momentos de seu percurso de escritor, refere-se a eles criticando-os, ironizando seu emprego, sem, contudo, descartá-los facilmente. Já em 1862, aos 23 anos de idade, em plena fase dita "romântica", Machado se insurge contra o uso do adjetivo em interessante crônica publicada no dia 1º de abril desse ano, em "Comentários da Semana", no jornal *Diário do Rio de Janeiro*. Vejamos o comentário ferino do cronista: "O adjetivo foi introduzido nas línguas como uma imagem antecipada dos títulos honoríficos com que a civilização devia envergonhar os peitos nus e os nomes singelos dos heróis antigos". Mais

---

12. Cf. Peres, "Machado de Assis, Dom Casmurro".
13. Blanchot, *O Espaço Literário*, pp. 11-25.
14. Monteiro, *A Estilística*, p. 62.

adiante acrescenta que, apesar disso, os substantivos anseiam sempre por adjetivos: "É o mesmo que acontece às moças, que são substantivos, e andam à procura de maridos que são adjetivos"[15].

Dez anos após haver escrito essa crônica, Machado publica em 1982 *Ressurreição*, em que proliferam os adjetivos. Lívia, por exemplo, é "expansiva e discreta, enérgica e delicada, entusiasta e refletida". Nesse romance inaugural, teria havido, então, uma concessão do autor à estética romântica?

Retomando a forte implicação de Machado com o adjetivo, ainda que sob a forma de comentários sarcásticos quando ele se torna tema de seus escritos, deparamo-nos com o célebre conto "Teoria do Medalhão", incluído em *Papéis Avulsos*, obra publicada em 1882. Nele, um pai, ao ver seu filho entrar na maioridade, ironicamente lhe dá conselhos de como ascender socialmente: que este abrace o ofício de "medalhão", isto é, entre outros pontos, que se atenha à retórica vazia, ao puro ornamento.

Começa nesse dia a tua fase de ornamento indispensável, de figura obrigatória, de rótulo. Acabou-se a necessidade de farejar ocasiões, comissões, irmandades; elas virão ter contigo, com o seu ar pesadão e cru de substantivos desadjetivados, e tu serás o adjetivo dessas orações opacas, o *odorífico* das flores, o *anilado* dos céus, o *prestimoso* dos cidadãos, o *noticioso* e *suculento* dos relatórios. E ser isso é o principal, porque o adjetivo é a alma do idioma, a sua proporção idealista e metafísica. O substantivo é a realidade nua e crua, é o naturalismo do vocabulário[16].

Mas essa referência nos leva a acreditar que, de fato, Machado se incomoda muito com o adjetivo, numa posição coerente com a crônica escrita vinte anos antes da publicação de *Papéis Avulsos*. Mesmo criticando-o, entretanto, não cessa de usá-lo com frequência, inclusive em seus romances da fase dita "realista", como veremos mais adiante.

Girando ainda em torno do mesmo assunto, eis que em nova crônica, esta datada de 16 de maio de 1885 e publicada na seção "Balas de Estalo" do jornal *Gazeta de Notícias*, do Rio de Janeiro, Machado de Assis volta a se insurgir contra o adjetivo, numa luta sem trégua:

Eu, se fosse imperador [...] faria uma coisa singular, mas útil: suprimiria os adjetivos. [...] Vocês não calculam como os adjetivos corrompem tudo, ou quase tudo; e quando não corrompem, aborrecem a gente, pela repetição que fazemos

---

15. Assis, "1º de Abril de 1862", *Obras Completas de Machado de Assis*, vol. I, pp. 153-154.
16. Assis, "Teoria do Medalhão", *Obra Completa*, vol. II, p. 293.

da mais ínfima galanteria. Adjetivo que nos agrada está na boca do mundo. [...] abolindo por um decreto todos os adjetivos do Estado, [...] cumpria esta máxima, que é tudo o que tenho colhido da história e da política, e que aí dou por dois vinténs a todos os que governam este mundo: Os adjetivos passam, e os substantivos ficam[17].

Onze anos após essa crônica, é publicado seu livro de contos *Várias Histórias*, em 1896, que nos traz a instigante narrativa acerca de um cônego que procura as palavras certas para um sermão: "O Cônego ou a Metafísica do Estilo", que trata, em última instância, do desejo de um encontro amoroso entre um substantivo e um adjetivo. Se na crônica de 1862 as moças eram substantivos à cata de maridos adjetivos, no conto publicado 34 anos mais tarde, a situação se inverte: o substantivo é o homem (Sílvio), e o adjetivo, a mulher (Sílvia). A ideia do casal "perfeito" se repete, pois. Vejamos, por exemplo, o trecho em que o narrador acaba por alcançar a cabeça do cônego, levando consigo os leitores:

[...] Cá estamos. Olha bem que é a cabeça do cônego. Temos à escolha um ou outro dos hemisférios cerebrais; mas vamos por este, que é onde nascem os substantivos. Os adjetivos nascem no da esquerda. Descoberta minha, que, ainda assim, não é a principal, mas a base dela, como se vai ver. Sim, meu senhor, os adjetivos nascem de um lado, e os substantivos de outro, e toda sorte de vocábulos está assim dividida por motivo da diferença sexual...
– Sexual?
– Sim, minha senhora, sexual. As palavras têm sexo. Estou acabando a minha grande memória psicolexicológica, em que exponho e demonstro esta descoberta. Palavra tem sexo.
– Mas, então, amam-se umas às outras?
– Amam-se umas às outras. E casam-se. O casamento delas é o que chamamos estilo[18].

No final, o cônego, que antes ia escrevendo adjetivos e riscando-os, à procura do adjetivo "único", destinado "*ab eterno* para o consórcio", acaba por realizar o encontro entre Sílvio e Sílvia:

Procuram-se e acham-se. Enfim, Sílvio achou Sílvia. Viram-se, caíram nos braços um do outro, ofegantes de canseira [...] Nisto, o cônego estremece. O rosto ilumina-se-lhe. A pena, cheia de comoção e respeito, completa o substantivo com o

---

17. Assis, "Balas de Estalo [49]", *Obra Completa*, vol. iii, p. 456.
18. Assis, "O Cônego ou a Metafísica do Estilo", *Obra Completa*, vol. ii, pp. 570-571.

adjetivo. Sílvia caminhará agora ao pé de Sílvio, no sermão que o cônego vai pregar um dia destes, e irão juntinhos ao prelo [...]

Mas o narrador machadiano acrescenta: "[...] irão juntinhos ao prelo, se ele coligir os seus escritos, *o que não se sabe*"[19].

Retornemos aos romances. Se em *Ressurreição* os adjetivos proliferam, nos três romances seguintes (*A Mão e a Luva*, *Helena* e *Iaiá Garcia*, publicados respectivamente em 1874, 1876 e 1878), a adjetivação é menos exuberante, mas se mantém ternária, ao gosto romântico. Por exemplo, Guiomar tem "grandes olhos castanhos meio velados pelas longas, finas e bastas pestanas", de "uma beleza severa, casta e fria"; Helena, por sua vez, é "jovial, graciosa e travessa", "dócil, afável, cativante"; já Iaiá Garcia é "alta, delgada, travessa".

Em *Memórias Póstumas de Brás Cubas*, publicado em livro em 1881, é muito comum a adjetivação binária, mas encontramos ainda a ternária: "chuvinha miúda, triste e constante"; "flor amarela, solitária e mórbida". Em *Quincas Borba*, de 1891, deparamo-nos até com a adjetivação quaternária: o cãozinho de Sofia é "pequeno, delgado, leve, buliçoso".

Em *Dom Casmurro*, a tônica não é mais a adjetivação ternária e sim a binária, muito frequente, aliás. Não nos podemos esquecer de que a frase mais célebre de *Dom Casmurro* talvez seja a reiterada descrição de Capitu, pela via do epíteto e de adjetivos: a "dos olhos de ressaca, de cigana oblíqua e dissimulada". Percebemos, nesse ponto, um processo de redução, sem dúvida, mas é possível constatar também que os substantivos machadianos continuam, sem sucesso, à procura do adjetivo único, "destinado *ab eterno* para o consórcio", como desejava o cônego do conto de *Várias Histórias*, e sempre dois (ou até três) se oferecem.

Em *Esaú e Jacó*, prossegue a adjetivação binária (por exemplo: "olhos vivos e cálidos", "grandes e gloriosos" etc.), mas em *Memorial de Aires* há um enxugamento considerável no que concerne à adjetivação. Quando os adjetivos são usados, normalmente se trata de um só (e de valor intelectual e não afetivo, como prega a Estilística tradicional): "voz grossa", "caixão pesado", "adorno escuro", "cabelos pretos ou brancos", "casa velha", "laços antigos", "doença grave" etc. Sim, vez por outra escapam adjetivos de "valor afetivo" e quase sempre para qualificar Fidélia, que é "bonita e teimosa", "graciosa e séria", e tem a pele "macia e clara"; Carmo, por sua vez, é "afável, meiga, deliciosa".

19. *Idem*, p. 573.

O conselheiro Aires também reflete sobre o uso do adjetivo: "Eia, resumamos hoje o que ouvi ao desembargador em Petrópolis acerca do casal Aguiar. Não ponho os incidentes, nem as anedotas soltas, e até excluo os adjetivos que tinham mais interesse na boca dele do que lhes poderia dar a minha pena; vão só os precisos à compreensão de coisas e pessoas". Ou: "Uso o próprio adjetivo que ouvi ao Campos, conquanto me pareça enfático, e eu não amo a ênfase".

Esse enxugamento do adjetivo em *Memorial de Aires* teria a ver, sem dúvida, com um enxugamento da expressividade. E isso se dá a partir da construção de "Dom Casmurro", epíteto que, segundo a minha leitura, seria o nome de gozo de Machado, como assinalei. E é quando "Casmurro" se transmuta em "Aires", a ponto de nos oferecer um "memorial de gozo" reinventado, que Machado de Assis pode, finalmente, assinar sua obra, no último romance: *Memorial de Aires* (lembremos que era justamente dessa forma que o autor costumava assinar cartas a amigos e advertências aos leitores: *M. de A.*, como já destacaram vários críticos).

Mas resta esta questão: por que, no último romance, ele não prescinde mais efetivamente do adjetivo? Ainda que num registro distinto do da expressividade e até consideravelmente depurado dela, poderíamos sustentar que ele necessitaria sempre de um "a mais", de um excedente de gozo?

Concluindo, apresento um último questionamento: se Machado chega a uma redução (redução a um nome de gozo, como em *Dom Casmurro*, ou a uma forma diferente de gozar, ou ainda enxugamento da expressividade, como frisamos em *Memorial de Aires*), isso não implicaria, mobilizaria cada vez mais seu leitor, na medida em que sobraria mais espaço para este se instalar com seu próprio gozo? Em outros termos, isso não faria só amplificar a atração pela obra machadiana?

∼

REFERÊNCIAS BIBLIOGRÁFICAS:

Assis, Machado de. "Balas de Estalo [49]". *Obra Completa*. Rio de Janeiro, Nova Aguilar, 1997, vol. III, p. 456.

_____. "O Cônego ou a Metafísica do Estilo". *Obra Completa*. Rio de Janeiro, Nova Aguilar, 1997. vol. II, pp. 570-573.

_____. "Dom Casmurrro". *Obra Completa*. Rio de Janeiro, Nova Aguilar, 1997, vol. I, pp. 807-944.

_____. "Epistolário [48]". *Obra Completa*. Rio de Janeiro, Nova Aguilar, 1997, vol. III. p. 1044.

_____. "Esaú e Jacó". *Obra Completa*. Rio de Janeiro, Nova Aguilar, 1997, vol. I, pp. 945-1093.

_____. "Helena". *Obra Completa*. Rio de Janeiro, Nova Aguilar, 1997, vol. I, pp. 271--389.

_____. "Iaiá Garcia". *Obra Completa*. Rio de Janeiro, Nova Aguilar, 1997, vol. I, pp. 391-509.

_____. "A Mão e a Luva". *Obra Completa*. Rio de Janeiro, Nova Aguilar, 1997, vol. I, pp. 197-270; Rio de Janeiro, Nova Fronteira, 1997. vol. 1, pp. 511-639.

_____. "Memorial de Aires". *Obra Completa*. Rio de Janeiro, Nova Aguilar, 1997, vol. I, pp. 1095-1200.

_____. "Memórias Póstumas de Brás Cubas". *Obra Completa*. Rio de Janeiro, Nova Aguilar, 1997, vol. I, pp. 511-639.

_____. "Quincas Borba". *Obra Completa*. Rio de Janeiro, Nova Aguilar, 1997, vol. I, pp. 641-806.

_____. "Ressurreição". *Obra Completa*. Rio de Janeiro, Nova Aguilar, 1997, vol. I, pp. 115-195.

_____. "Teoria do Medalhão". *Obra Completa*. Rio de Janeiro, Nova Aguilar, 1997. vol. II, pp. 288-295.

_____. "1º de Abril de 1862". *Obras Completas de Machado de Assis*. Rio de Janeiro/São Paulo/Porto Alegre, W. M. Jackson Inc., 1955, vol. I, pp. 151-155.

BLANCHOT, Maurice. *O Espaço Literário*. Rio de Janeiro, Rocco, 1987.

COMPAGNON, Antoine. "Qu'est-ce qu'un auteur?" Disponível em: http://www.fabula.org/compagnon/auteur4.php. Acesso em: 3.2.2008.

COUTINHO, Afrânio. "Estudo Crítico". In: ASSIS, Machado de. *Obra Completa*. Rio de Janeiro, Nova Aguilar, 1997, vol. I. pp. 23-65.

FOUCAULT, Michel. "O que É um Autor?" *O que É um Autor?* 6. ed. Trad. António Fernando Cascais e Edmundo Cordeiro. Lisboa, Vega, 2006, pp. 29-87.

LACAN, Jacques. "Lituraterra". *Outros Escritos*. Trad. Vera Ribeiro. Rio de Janeiro, Jorge Zahar, 2003. pp. 11-25.

MONTEIRO, José Lemos. *A Estilística*. São Paulo, Ática, 1991.

MILLER, Jacques-Alain. *O Osso de uma Análise*. Salvador, Biblioteca Agente (EBP--BA), 1998.

PERES, Ana Maria Clark. "Machado de Assis e o Parceiro-leitor", *Suplemento Literário de Minas Gerais*, ed. esp, pp. 18-20, 2008.

_____. "Machado de Assis, Dom Casmurro". In: PERES, Ana Maria Clark; PEIXOTO, Sérgio Alves & OLIVEIRA, Silvana Maria Pessôa de. *O Estilo na Contemporaneidade*. Belo Horizonte, Faculdade de Letras da UFMG, 2001, pp. 81-96.

9.
METAMORFOSES DO NARRADOR NOS ROMANCES INICIAIS DE MACHADO DE ASSIS

MARCOS ROGÉRIO CORDEIRO (UFMG)

A obra de Machado de Assis é reconhecida por apresentar uma complexidade formal superior, a partir da qual nascem temas e problemas que configuram o mundo social e íntimo do homem e o mundo cultural da arte da linguagem. Sabe-se que Machado conseguiu alcançar um padrão elevado de construção, ajustando, no todo e no detalhe, a disciplina de escrita e a análise. Mas este valor é reconhecido quase exclusivamente nos assim chamados romances maduros do escritor, publicados depois da virada da década de 1880. Em contrapartida, os romances publicados na década anterior – *Ressurreição* (1872), *A Mão e a Luva* (1874), *Helena* (1876) e *Iaiá Garcia* (1878) – são tomados como um estágio de preparação no domínio completo da arte da composição. Neste sentido, esses romances apresentariam uma intriga mais rarefeita, ainda presa à convenção literária dominante e sem uma marca pessoal, fazendo uso de temas e meios acanhados e comuns. Seguindo essa linha de raciocínio, justifica-se a divisão da obra machadiana em duas fases distintas e desiguais, e se admite a falta de tração dos romances iniciais no âmbito da construção.

Este artigo parte da necessidade de uma revisão do axioma descrito acima e propõe uma hipótese a ser analisada: os narradores dos primeiros romances de Machado apresentam uma disposição mimética de narração próxima à dos narradores dos romances posteriores, embora não se assemelhem a eles. Existe, como se sabe, uma diferença básica entre um e outro conjunto: os romances iniciais apresentam narradores em terceira pessoa, enquanto os posteriores apresentam alternadamente narrativas em primeira e em terceira pessoa. Podemos inferir que o foco narrativo de um romance em primeira pessoa se desdobra e assume a perspectiva de uma narração em terceira pessoa, como parece acontecer com *Memórias Póstumas de Brás Cubas* em relação com *Quincas Borba*, e com *Memorial de Aires* em relação a *Esaú e Jacó*[1]. Mas o fato é que a distinção e o emparelhamento é algo irrefutável do ponto de vista estético, o que contrasta com a ideia de uniformidade dos romances da década de 1870. Uniformidade relativa, porque, embora os romances iniciais apresentem o mesmo foco narrativo, os recursos de composição empregados os diferem entre si. Esta é a segunda proposta de análise deste artigo: comparando esses romances, veremos que existe uma diversidade no plano da composição, especialmente no que diz respeito à construção e à ação de seus narradores.

Ressurreição

A ação do narrador no primeiro romance de Machado de Assis é mimética por excelência, não porque ele cria formas de representação do mundo, mas porque se compraz em representar ele mesmo as situações dramáticas dos eventos narrados, assumindo posturas diferentes como meio de tornar expressivos os momentos dessa representação. Trata-se de um narrador que subverte a função que lhe compete, recriando outras, confirmando, assim, a hipótese de que ele se distancia criticamente do narrador heterodiegético comum. Diferentemente do narrador impessoal, cujo distanciamento o coloca em posição elevada, o narrador de *Ressurreição* se posiciona de maneira ambígua, equilibrando-se no limite da representação dos eventos e de si mesmo.

Em uma passagem do livro, quando paira no ar a dúvida sobre a autoria de uma carta enviada anonimamente a Félix, o narrador estabelece um lugar para si na economia do texto e explicita a sua função: "Entendamo-nos, leitor; eu, que te estou contando esta história, posso afirmar-te que a carta era efetivamente de Luís Batista"[2]. Em outra passagem, ele faz o mesmo, mas, ao especificar sua função, percebemos uma mudança significativa: "Decidam lá os doutores da Escritura qual destes dous amores é melhor, se o que vem de golpe, se o que invade a passo lento o coração. Eu por mim não sei decidir..."[3].

---

1. Souza, *O Romance Tragicômico de Machado de Assis*; Maia Neto, *O Ceticismo na Obra de Machado de Assis*.
2. Assis, "Ressurreição", *Obra Completa*, p. 191.
3. *Idem*, p. 144.

Comparadas, as duas citações apresentam uma diferença formal importante: em uma delas o narrador afirma sua onisciência sobre os eventos narrados e na outra ele reconhece sua insciência diante dos mesmos. Não se trata de uma contradição que afete a eficiência do narrador ou frature a unidade da prosa, trata-se, sim, de uma ambiguidade que torna mais complexos o narrador e a narrativa. Essas proposições distintas e antagônicas – uma que insere o narrador na trama e explica a lógica de sua ação, outra que o afasta e apresenta uma justificativa lógica para sua atuação – constroem a base para a duplicidade do narrador e cria também a base poetológica da narrativa como tal. Mas, ao lado dessa diferença, encontramos uma semelhança (também de ordem formal) entre as duas citações: em ambas o narrador se empenha em refletir e analisar a narrativa, ou seja, refletir e analisar sobre a sua própria concepção de narração e de narrativa e também sobre a sua própria lógica de atuação como narrador. Essa operação é basicamente de caráter mimético: ele se desidentifica de si mesmo enquanto narrador para assumir o papel de analista da própria narrativa.

Tudo isso é de fundamental importância, porque expõe a lógica metamórfica do narrador do romance. No capítulo inicial, por exemplo (após a descrição do ambiente em que Félix se encontra), o narrador suspende o ato narrativo e inicia uma análise do protagonista em diálogo implícito com o leitor: "Teria esta última ideia entrado no espírito de Félix, ao contemplar a magnificência do céu e os esplendores da luz? Certo é que uma nuvem ligeira pareceu toldar-lhe a fronte"[4]. A mobilidade do narrador é extremamente dinâmica: em poucas linhas ele passa da descrição à narração, depois ao diálogo e à reflexão. Pode-se argumentar que tudo isso faz parte da lógica da narrativa onisciente, o que não esgota a questão, porque não esgota toda possibilidade de compreensão do método empregado. O que realmente interessa destacar aqui é que o narrador não permanece igual a si mesmo mais de meio capítulo, numa atitude de franca volubilidade[5].

O que concluir do que foi dito até aqui? Em primeiro lugar, que o narrador de *Ressurreição* se metamorfoseia continuamente; segundo, que à metamorfose do narrador corresponde uma modulação na linguagem (ora inquiridora, ora descritiva, dubitativa, narrativa, lírica, analítica, onisciente ou não etc.); terceiro, que a disposição metamórfica do narrador se revela

---

4. *Idem*, p. 117.
5. Schwarz, *Um Mestre na Periferia do Capitalismo: Machado de Assis*; Meyer, *Machado de Assis (1935-1958)*.

como a execução de uma concepção elaborada de arte narrativa. Em resumo, podemos dizer que a metamorfose garante ao narrador uma desenvoltura muito grande que, por sua vez, imprime na estrutura narrativa um tipo de complexidade, cuja melhor compreensão exige a comparação com as dos outros romances.

A Mão e a Luva

No segundo romance, Machado de Assis novamente coloca em ação o narrador metamórfico que observamos no anterior. Em uma passagem em que se descreve a imagem de Guiomar de roupão, mostra-se também o jovem Estevão completamente absorto pela visão, que penetra fundo em sua imaginação. Após descrição detalhada, o narrador se volta para Estevão e começa a refletir sobre os movimentos de sua percepção e sobre como vão-se formando as inquietações sentimentais que o caracterizam. Interessante notar que a narração não é feita por meio direto, mas analisando o modo como Estevão apreende o acontecido. O narrador é obrigado a torcer a linguagem para que se possa – ao mesmo tempo – descrever a cena, observar Estevão e analisar suas reações. É importante notar que toda a narração é feita de um modo que se mostra preciso diferenciar a perspectiva do personagem e a do narrador, ou seja, a narração emprega meios para que se possa identificar a distância que existe entre a consciência do personagem e a do narrador, colocando esse em uma posição onisciente privilegiada. Todo o processo é feito obedecendo à poetologia acima analisada: o narrador que narra os eventos, analisando a reação dos personagens, se desdobra no narrador que narra a narração, explicitando a diferença técnica entre o seu próprio campo de visão (e, logo, sua própria onisciência) e o campo de visão do personagem (realçando a limitação da consciência dele).

> Estevão, da distância e na posição em que se achava, não podia ver todas as minúcias que aqui lhes aponto, em desempenho deste meu dever de contador de histórias. O que ele viu, além do perfil, dos cabelos, e da tez branca, foi a estatura da moça, que era alta, talvez um pouco menos do que parecia com o vestido roçagante que levava. Pôde ver-lhe também um livrinho, aberto nas mãos, sobre o qual pousava os olhos, levantando-os de espaço a espaço, quando lhe era mister voltar a folha, e deixando-os cair outra vez para embeber-se na leitura[6].

---

6. Assis, "A Mão e a Luva", *Obra Completa*, p. 208.

Esse exemplo demonstra que não parece haver nenhuma diferença formal entre o narrador de *Ressurreição* e o de *A Mão e a Luva*, mas encontramos nesse um domínio maior no uso dos atributos que cultiva. Para dar um exemplo: se em *Ressurreição* o narrador se desembaraça de si e de sua função (narrar) com o fim de melhor analisar o caráter dos personagens, em *A Mão e a Luva* ele o faz com o fim de analisar as relações entre os personagens. Ou seja, se antes ele se empenha em deslindar os aspectos subjetivos ambíguos e contraditórios dos personagens, agora ele desvenda os aspectos ambíguos e contraditórios que nascem do contato direto dos personagens entre si. Vemos que a situação alcança um nível impalpável e inespecífico, complexificando a cena narrada e abrindo múltiplas possibilidades de entendimento. Modalizando a linguagem, plasmando, por meio dessa, a disposição da cena, o narrador desenvolve uma narrativa – ela mesma – ambígua e contraditória. Em um momento em que nos deparamos com uma conversa entre Guiomar e a Baronesa, sua madrinha, quando essa insiste para que a moça escolha um de seus pretendentes para casar, acompanhamos a situação vivida pela afilhada, que se vê constrangida a optar pelo rapaz que parece mais agradar à madrinha, mas por quem não nutre nenhum sentimento. Apertada nesta situação, Guiomar escolhe Jorge, aquele que a madrinha espera ser escolhido, mas, ao fazê-lo do modo como o fez, a moça acaba por incutir uma dúvida na madrinha. A sagacidade do narrador não está no fato de que ele percebe a manobra, mas na maneira como ele a compreende e explicita.

Vê o leitor que a palavra esperada, a palavra que a moça sentia vir-lhe do coração aos lábios e querer rompê-los, não foi ela quem a proferiu, foi a madrinha; e se leu atento o que precede verá que era isso mesmo o que ela desejava. Mas por que o nome de Jorge lhe roçou os lábios? A moça não queria iludir a baronesa, mas traduzir-lhe infielmente a voz de seu coração, para que a madrinha conferisse, por si mesma, a tradução com o original. Havia nisto um pouco de meio indireto, de tática, de afetação, estou a quase a dizer de hipocrisia, se não tomassem à má parte o vocábulo[7].

Como se pode ver, do início ao final o paradoxo perfaz a cena e a estrutura por dentro. Para além da observação e análise desse aspecto, cabe procurar saber a lógica mimética que o explica. Neste caso, voltamos à poetologia do romance machadiano e ao papel que nela desempenha o narrador: na citação acima, o narrador se mostra narrador dos dramas interiores dos personagens

7. *Idem*, p. 265.

e dos eventos que eles vivem, e, ao mesmo tempo, mostra-se o comentador e o analista da narração, conduzindo o leitor nos meandros da conversa, instruindo-o quanto ao método de ação dos personagens, suas intenções íntimas e seus objetivos ocultos. A lógica mimética do fragmento se justifica pela necessidade de criar uma narrativa autoconsciente e autorreflexiva, daí a duplicidade do narrador se constituir como um dispositivo formal.

Em síntese, podemos dizer que o Machado de Assis de *A Mão e a Luva* ajusta melhor a técnica de composição que já estava presente em *Ressurreição*, isto quer dizer que (*a*) ele continua explorando o caráter metamórfico do narrador, (*b*) continua dobrando a estrutura narrativa, fazendo-a voltar-se reflexivamente sobre si mesma. No entanto, é preciso reconhecer que ele o faz diversificando os recursos e os temas. Maior mudança na postura do narrador poderá ser encontrada nos romances seguintes.

Helena

No terceiro romance, o narrador perde a desenvoltura que vinha apresentando e se mostra menos reflexivo e, consequentemente, menos performático. Mas isso não acarreta um rebaixamento do nível poetológico do romance, pois a narrativa foi estruturada de modo a permitir que os elementos se articulem permutando entre si suas respectivas funções. Por exemplo, em *Helena*, o narrador diminui o alcance mimético da narrativa e quase não exerce sua prerrogativa de analista. Em seu lugar, os personagens assumem a função de narrar os eventos e refletir sobre eles. No capítulo vinte e quatro, presenciamos uma conversa entre o pajem Vicente e o padre Melchior, quando o primeiro vai revelar um segredo de Helena e explicar a natureza da relação da moça com um desconhecido, que mais tarde saberemos tratar-se do pai verdadeiro dela. A impressão não-confirmada de que alguém chegava e poderia surpreender a conversa faz com que Melchior interrompa a confissão do rapaz e marque um novo encontro para o dia seguinte. A partir daí, o narrador tece uma série de hipóteses sobre o proceder da moça, as razões do pajem e as dúvidas do padre, mas nenhuma delas se confirma, nenhuma se efetiva na trama. Pouco adiante, no mesmo capítulo, Melchior encontra Helena e assunta sobre como se deve conduzir a situação, revelando saber o segredo que ela carrega, porque – agora, sim, nós o sabemos – o pajem havia lhe contado tudo ainda na noite anterior. O que chama a atenção, neste caso, é que o narrador, além de levantar hipóteses que se mostrarão sem fundamentos, não narrou nada, mas o padre sim, o que nos leva a inferir que são os personagens que narram os eventos, e não o narrador.

Outra prova disso pode ser encontrada na passagem em que o mesmo Melchior e Estácio conversam sobre Helena. Estácio fala de suas angústias quanto ao destino da irmã, do sentimento nobre que o liga a ela etc., enquanto o padre o analisa cuidadosamente, penetrando fundo em seu espírito, descobrindo as forças intensas e ocultas guardadas pelo rapaz: "– Estácio, disse Melchior, pausadamente, tu amas tua irmã"[8], revela o padre ao protagonista do romance, para surpresa desse. Ou seja, o próprio personagem não sabe de si, enquanto outro o desvela. Novamente aqui chama a atenção o fato de que o narrador também parece ter sido surpreendido pela revelação, o que confirma a hipótese de que sua insciência é suprida pela ação ativa da consciência perscrutadora dos personagens.

Os exemplos podem ser colhidos a granel no livro, pois existem muitos. Prova cabal se encontra no capítulo vinte e cinco, em que se narra a história da origem de Helena. O narrador praticamente some no capítulo (sua ação não ultrapassa algumas poucas linhas no fim), mas, em contrapartida, Salvador, que possui uma posição periférica no enredo, afirma que a narração é sua[9].

A permuta de funções, na verdade, funciona como um compartilhamento, pois cada um dos personagens atua como que para auxiliar o narrador a narrar. Assim, a narrativa fica mais robusta e mais complexa, pois, em vez de um narrador que opera metamorfoses contínuas, encontramos, em *Helena*, metamorfoses contínuas da voz e da consciência narrativas, que o narrador intermedeia juntamente com os personagens. Portanto, a duplicidade narrativa aqui é alcançada por outros meios: não porque o narrador se desdobra e se volta sobre si mesmo, analisando a própria narração e sobrepondo uma linguagem (reflexiva) a outra (narrativa), mas porque é a narração ela mesma que alterna de narrador, ora desenvolvida por um e ora por outro personagem. E porque o narrador narra pouco, o resultado é que a narrativa adquire uma forma menos narrativa possível e mais dramática, na qual os eventos são conduzidos pelas ações e palavras dos personagens, com o mínimo de interferência do narrador. Esse dado formal, muito observado em *Helena* e pouco encontrado nos outros romances, distingue o terceiro livro de Machado de Assis e revela que a experimentação de técnicas e procedimentos poetológicos está em curso.

---

8. Assis, "Helena", *Obra Completa*, p. 364.
9. *Idem*, p. 375.

Iaiá Garcia

Em *Iaiá Garcia*, o narrador também se encolhe, permitindo que os personagens assumam as funções de narrar e analisar a narração. Tal como no romance anterior, os personagens narram a si mesmos, narram os eventos e refletem sobre uma e outra coisa, manifestando um tipo de consciência esclarecida sobre os seres, o mundo e a linguagem. Encontramos neste livro uma arquitetura narrativa que encaminha o compartilhamento da narração, na qual narrador e personagens alternam modos e conteúdos do narrar. Tudo isso resulta em uma estruturação fragmentada e orgânica ao mesmo tempo, desenhando uma polifonia narrativa entretecida por visões de mundo distintas e complexas em si mesmas. Mas o romance também traz novidades em relação ao romance anterior.

Em primeiro lugar, existe aqui o uso sistemático de um grau elevado desse compartilhamento narrativo: o narrador assume melhor a voz dos personagens, quer dizer, ao invés de encontrarmos uma autonomia maior da parte dos personagens em relação ao narrador (como em *Helena*), vemos que essa autonomia se relativiza, pois as impressões dos personagens passam pelo crivo do narrador. Tomemos um exemplo concreto. Seguindo o fio da história, acompanha-se o sentimento dúbio de Estela por Jorge, a pressão desse sobre ela, a pressão de d. Valéria sobre ambos, o afastamento brusco do casal, a fuga de Jorge, a solidão de Estela, o amadurecimento da menina Iaiá, a aproximação dela com Estela, o casamento dessa com o pai da moça, Luís Garcia, o retorno de Jorge, o reencontro do antigo casal, o enamoramento de Jorge e Iaiá etc. A partir deste ponto, capítulo treze, ocorre uma curva no romance: o amadurecimento de Iaiá e seu relacionamento com Jorge despertam em Estela um sentimento que ela supunha não possuir mais.

Longe da enteada, a madrasta deu inteira expansão aos sentimentos que a combaliam. Fechou-se no gabinete do marido; depois evocou o passado, como uma força contra o presente, porque era o presente que ameaçava tragá-la. Um instante abalada pela leitura da carta de 1867, buscou recobrar a antiga quietação, mas a interferência de Iaiá perturbou essa obra de sinceridade. O procedimento da enteada, a súbita conversão às atenções de Jorge, toda aquela intimidade visível e recente, acordara no coração de Estela um sentimento, que nem aos orgulhosos poupa. Ciúme ou não revolvera a cinza morna e achou lá dentro uma brasa. Suspeitou a rivalidade da outra, e não foi preciso mais para que o grito de rebelião fizesse estremecer aquela alma solitária e virgem[10].

---

10. Assis, "Iaiá Garcia", *Obra Completa*, p. 475.

É interessante notar que no decorrer da narrativa certos fatos permanecem ocultos (nem o narrador deixa claro o que se passa no íntimo dos personagens, nem esses, por sua vez, compreendem muito bem), mas vão-se revelando aos poucos, no ato das relações. No fim, sabemos que foi a suspeita de Iaiá sobre Estela e Jorge que despertou nela o amor que viria a sentir pelo rapaz, assim como foi o sentimento de Iaiá por Jorge que revelou a Estela seu ciúme (e seu amor) por ele. Quer dizer, a problematização dos pensamentos e dos afetos é representada por meio da interação dos personagens. O narrador narra somente aquilo que os personagens sabem sobre si, não mais o que diminui o alcance de sua onisciência e relativiza sua autoridade sobre os fatos narrados. Essa relativização é resultado da autonomia dos personagens diante da possibilidade de eles mesmos narrarem e se narrarem, embora, neste caso, a narração esteja a cargo do narrador. Isso nos leva à novidade do recurso analisado anteriormente: antes, narrador e personagens compartilhavam a função narrativa, agora o narrador utiliza os personagens como espelhos refletores para ele mesmo narrar, ou seja, a consciência dos personagens são refletores da consciência narrativa.

Outra novidade está na relativa autonomia do narrador quando se desdobra no comentador da própria narrativa: "Antes de irmos direto ao centro da ação, vejamos por que evolução do destino se operou o casamento de Estela"[11]. Trata-se aqui de um recurso sofisticado, usado com moderação, mas que será utilizado com veemência no livro seguinte, *Memórias Póstumas de Brás Cubas*: ao refletir sobre a própria narrativa, o narrador estabelece uma disjunção entre a narração e o narrado, colocando a primeira parcialmente fora do domínio do segundo.

Para finalizar, podemos dizer que a metamorfose do narrador de *Iaiá Garcia* se efetiva em um âmbito novo: utilizando a consciência dos personagens como refletores da sua própria ou deslocando e emparelhando o ato de narração e os fatos narrados, a forma do narrador mimetiza a forma da narrativa, que é múltipla e autorreflexiva, respectivamente.

Considerações Finais

Em sua análise sobre a técnica e a filosofia de composição da forma artística, Platão chama a atenção para o fato de que o narrador muitas vezes

---

11. *Idem*, p. 424.

ultrapassa a mera função de narrar: "Se o poeta não se ocultar em ocasião alguma, toda a sua poesia e narrativa seria criada sem a imitação"[12]. O poeta que "imita", no sentido mais preciso de mimese, não representa ações de outrem *como se fosse* o outro; ele deve *ser* o outro. Essa metamorfose do ser não se limita à noção ontológica, mas expressa em toda a sua amplitude a noção poetológica: o mímico é aquele "homem aparentemente capaz, devido à sua arte, de tomar todas as formas e imitar todas as coisas"[13].

A metamorfose do narrador machadiano se apresenta dentro desses termos: o narrador se desidentifica de si mesmo, assume outras personalidades, desempenha diferentes funções, mistura-se a outros personagens, revela-se através deles e explicita os meios pelos quais o faz. Essas qualidades, tão conhecidas nas obras consideradas maduras, encontram um tratamento cuidadoso e estudado nos romances iniciais. Foi o que se tentou mostrar.

REFERÊNCIAS BIBLIOGRÁFICAS:

Assis, Machado de. *Obra Completa*. 9. ed. Rio de Janeiro, Nova Aguilar, 1994.
Maia Neto, José Raimundo. *O Ceticismo na Obra de Machado de Assis*. São Paulo, Annablume, 2007.
Meyer, Augusto. *Machado de Assis (1935-1958)*. Rio de Janeiro, São José, 1958.
Platão. *A República*. 8. ed. Lisboa, Fundação Calouste Gulbekian, 1998.
Schwarz, Roberto. *Um Mestre na Periferia do Capitalismo: Machado de Assis*. São Paulo, Duas Cidades, 1990.
Souza, Ronaldes de Melo. *O Romance Tragicômico de Machado de Assis*. Rio de Janeiro, Eduerj, 2006.

---

12. Platão, *A República*, p. 117.
13. *Idem*, p. 125.

ROSA E MACHADO:
LEITORES LIDOS E RECORTADOS

10.
A HISTÓRIA NA ESTÓRIA

MARIA LUÍZA RAMOS (UFMG)

Mesmo não sendo esta a oportunidade para nos determos nas transformações que ligam o motivo mítico Pai/Filho às concretizações literárias – transformações consideradas de natureza ideológica, determinantes de regras relativas ao sistema de produção, ao sistema sociopolítico, à religião, à filosofia e à estética, trago aqui observações que me chamaram a atenção quanto a traços comuns entre obras muito distanciadas no tempo e no espaço, além de caracterizarem gêneros literários completamente distintos: "A Terceira Margem do Rio", conto do livro *Primeiras Estórias*, de Guimarães Rosa, de 1962, os "Salmos", do ano 5000 a.C. e a *Odisseia*, de Homero, de cerca de dez mil anos antes da era cristã.

A primeira delas, e em homenagem a Guimarães Rosa, cujo centenário de nascimento estamos comemorando, é o conto "A Terceira Margem do Rio", de *Primeiras Estórias*, livro publicado em 1962, reunindo narrativas já aparecidas em jornal, e seguindo-se a dois livros de contos: *Sagarana*, de 1946, e *Corpo de Baile,* de uma década mais tarde. Assim, essas *Primeiras Estórias* não foram cronologicamente as primeiras. Outras histórias se seguiram, inclusive as *Terceiras Histórias*, em 1967.

E as *Segundas Histórias*? Essas não houve. A vida, assim, seguia o caprichoso curso das memórias do escritor, na fala de seu personagem Riobaldo, o narrador de *Grande Sertão: Veredas*: "– Contar seguido, alinhavado, só mesmo sendo as coisas de rasa importância" (p. 99), o que ele repete mais à frente: "– Contar é muito dificultoso. Não pelos anos que se passaram. Mas pela astúcia que têm certas coisas passadas – de fazer balancê, de se remexerem dos lugares" (p. 183).

Vamos, pois, respeitar a disposição do escritor.

Apesar da imensa admiração que tenho pelo romance *Grande Sertão: Veredas*, o livro de minha predileção na obra de Guimarães Rosa é *Primeiras Estórias*. Uma, porque ele assim as denominou. E me lembro de Jacques Lacan, que, em seus Seminários de psicanálise, em Paris, recomendava aos discípulos que atentassem sempre para o princípio. E citando o Evangelho de São João, lembrava a passagem em que perguntaram a Jesus quem era ele, afinal, ao que ele respondeu: "Aquilo mesmo que desde o princípio eu vos disse".

Voltemos, pois, aos princípios.

Primeiras Estórias são 21 contos, que abrem e fecham o volume com as experiências do Menino em suas viagens de avião. As primeiras viagens, em que o "seu lugar era o da janelinha, para o móvel mundo".

Essa expressão, o "móvel mundo", elegi como paradigma da obra, quando, há mais de quarenta anos, eu já escrevia sobre ela. (Isso foi no jornal *O Estado de S. Paulo*, em edição comemorativa do décimo aniversário da morte do escritor.) Mas agora meu objetivo é outro:

Mesmo num rápido olhar pelas palavras mais frequentes ao longo de todas as histórias, vemos que elas se circunscrevem ao campo semântico em que o *surpreendente* é o denominador comum. Trata-se de situações em que não se fundem o horizonte das personagens e o horizonte daqueles que o mundo de repente lhes revela.

No conto "Famigerado" sucede um fato "insolitíssimo": "Quem pode esperar coisa tão sem pés nem cabeça?"

Pergunta semelhante se encontra no conto seguinte: "E foi o que não se podia prevenir: quem ia fazer siso naquilo?"

Em "O Espelho", o Narrador se reporta ao transcendente: "Tudo, aliás, é a ponta de um mistério".

Por vezes, diz o Narrador: "ninguém entende ninguém; e ninguém entenderá nada, jamais; esta é a prática verdade".

E o ponto culminante dessa situação está no conto "A Terceira Margem do Rio".

Quem não se lembra daquele Pai que se mete numa canoa ao sabor das águas para não ir a lugar nenhum? O Filho, que é também o Narrador da estória, não se afasta da margem, clamando pela sua volta, perplexo: "Ele não tinha ido a nenhuma parte. Só executava a invenção de se permanecer naqueles espaços do rio, de meio a meio, sempre dentro da canoa, para dela não saltar, nunca mais".

Para o senso comum o comportamento do pai é não-senso, tanto assim que, em todas as bocas, diz o Narrador, havia o medo de se pronunciar a palavra doido: "Ninguém é doido. Ou, então, todos".

A atitude do pai na sua Ilha vagante é de alienação, como também a do filho, cuja vida passa à marginalização social, jamais se arredando das margens do rio, chamando, clamando, esperando, sem entender a razão daquele gesto desatinado. "A estranheza dessa verdade deu para estarrecer de todo a gente. Aquilo que não havia, acontecia."

Mas aconteceu. Em tempos muito antigos e em lugares muito distantes, uma vez que as histórias sobre a relação Pai/Filho constituem motivos míticos, de que se alimenta a literatura universal.

É uma estranha viagem, a desse Pai ao sabor das águas do rio, sem destino e sem regresso. Mas o desamparo do Filho me fez lembrar outra viagem – que esse é também um motivo mítico – uma viagem de tempos também muito longínquos e de terras muito remotas. Lembro-me nada mais nada menos que da *Odisseia*, de cerca de dez séculos antes da era cristã. Esse poema, atribuído a Homero, é universalmente conhecido pelas viagens de Ulisses, que durante cerca de vinte anos errou pelos mares buscando regressar ao seu reino, à sua ilha de Ítaca. O que pouco se conhece, entretanto, é que o poema não narra a história de apenas uma viagem, mas de duas viagens.

Telêmaco, o Filho de Ulisses, sofre com a longa ausência do pai, enquanto os pretendentes à mão de Penélope desbaratam as riquezas do reino, na esperança de que a rainha concorde em desposar um deles. Telêmaco suplica pela volta do Pai, clamando, *daydreaming*, até que, sentindo-se desamparado, decide ir à sua procura.

Se a viagem de Ulisses se dá no universo imaginário de suas errâncias, buscando a sua ilha, o seu centro, a esposa, a mãe, as suas origens existenciais – a viagem de Telêmaco se dá no universo simbólico, saindo o jovem em busca do pai, na defesa de seus bens, de seus valores culturais. O objetivo dessa viagem são interesses econômicos e políticos, pois Penélope ilude os pretendentes com o famoso ardil do manto que tece durante o dia e desfaz de noite.

Mas, ainda que a viagem de Telêmaco não tivesse nada de espiritual, ao ver-se diante do pai, em presença, este se lhe afigura um deus, cuja visão o ofusca, pelo esplendor da transmutação por que a deusa Palas Atena o fizera passar, na chegada à ilha de Ítaca. No horizonte temporal da história é como se nesse final do poema a história não existisse, pois no contexto da mitologia helênica, para ter a aparência de um deus, Ulisses, mesmo depois de decorridos vinte anos desde a sua partida para a guerra, tinha de corresponder ao ideal de vigor e de beleza física.

O encontro de Pai e Filho se dá na famosa prova do arco, em que os pretendentes disputam a rainha. Telêmaco apresenta-se para concorrer à mão da sua própria mãe, no que é impedido por um gesto de Ulisses.

Já no conto de Rosa, a cada dia algum conhecido acha que ele se parece mais com o pai, até que chega a propor-lhe, gritando-lhe de longe: "Pai, o senhor está velho, já fez o seu tanto... Agora o senhor vem, não carece mais... O senhor vem e eu, agora mesmo, quando que seja, a ambas as vontades, eu tomo o seu lugar do senhor, na canoa!..."

Também esse Pai faz um gesto, mas é um gesto de assentimento, o que faz com que o Filho fuja, desatinado, vítima de pânico no momento de se defrontar com o pai em presença, pois este se lhe aparece transfigurado, se não como um deus, pelo menos como um espírito.

Estamos, pois, diante de dois textos que envolvem as mesmas personagens, em contextos históricos muito diferentes, mas em situações idênticas: o confronto de Pai e Filho no momento em que o Filho se propõe substituir o Pai. São dois gestos diferentes: o de Ulisses, impedindo a ação de Telêmaco, para que o Filho não venha a ocupar o seu lugar junto ao reino e à rainha, e o gesto de assentimento do Pai, para que o Filho lhe tome o lugar na canoa. O primeiro constitui a castração simbólica, que aproxima pai e filho e lhes garante a relação social. O segundo, conotando a ausência da castração, traduz o caos, o pânico: "Por pavor, arrepiados os cabelos, corri, fugi, me tirei de lá num procedimento desatinado. Porquanto ele me pareceu vir: da parte do além. E estou pedindo, pedindo, pedindo perdão".

Esse sentimento de desamparo encontra-se também em outro texto, nas súplicas dos Salmos, endereçadas ao Senhor, o Pai bíblico de cerca de cinco mil anos a.C.

> Não me desampares, Senhor, não te alongues de mim;
> Não escondas de mim a tua face;
> Por que escondes a tua face, e te esqueces da nossa miséria e da nossa opressão?
> Até quando, Senhor, de todo vos esquecereis de mim?
> Não vos furteis à minha súplica.

Em "A Terceira Margem do Rio" a identificação do Filho com o Pai ultrapassa os limites da vida, pois o Filho pede que "no artigo da morte" o depositem também numa "canoinha de nada, nessa água, que não para, de longas beiras: e eu, rio abaixo, rio a fora, rio a dentro – o rio".

O título do conto, que é um atentado à lógica, um desafio à imaginação, encontraria aí se não a sua justificação, pelo menos a sua inspiração?

Mas estamos diante de uma obra de Guimarães Rosa, e não nos podemos esquecer de que é imenso o leque de referências que se abre a partir do texto. A atitude do pai, por exemplo, renunciando ao mundo, abandonando a família, cortando "os laços da luxúria e do ódio", não para "meditar em bosques e montanhas", mas para entregar-se a um total abandono, corresponde também à filosofia oriental, ao *Grande Ensinamento Tântrico* definido como "a rendição":

[...] ceder teu controle e deixar que o Todo te arrebate para onde quer que deseje levar-te.
Não nades contra a corrente.
Deixa-te ir com o rio –
torna-te o rio, e o rio já está indo para o mar.
Esse é o Grande Ensinamento[1].

Por outro lado, o fato de ele praticar essa "viagem" no interior de uma canoa – ilha ao sabor das águas – não afasta, pelo contrário, intensifica o processo de *regressus ad uterum*, que é mais uma via por onde se iniciar uma nova leitura.

Pai e filho alienam-se da vida social, um no interior da canoa, outro às margens do rio, indiretamente participando da sua "viagem", conivente. E o pai em breve vira notícia – seja fornecida por pescadores, moradores das beiras, quer buscadas por repórteres de jornal que, não logrando entrevistá-lo, acabam por forjar novas estórias.

Assim como Ulisses, que na sua longa ausência do reino, faz com que Telêmaco viva suspenso de palavras do pai, esse pai, em Guimarães Rosa, passa de notícia a lenda, subsistindo na qualidade de verbo e tornando o filho pendente de sua palavra. A ambiguidade dessa expressão – "palavra do pai" – talvez seja o fundamento das cosmogonias, uma vez que o pai evolui da função de objeto da palavra para a função de seu sujeito.

Enquanto isso, a mulher, a esposa, na sua concretude de objeto, na sua privação de palavra e de razão, é o esteio da prática socioeconômica, que não deixa de se processar em razão de opções aventureiras ou metafísicas.

---

1. Bhagwan Shree Raj Neesh, *Tantra, A Suprema Compreensão*, p. 143.

11.

POR LINHAS TORTAS

BENJAMIN ABDALA JUNIOR (USP)

Em artigo publicado no *Jornal de Alagoas*, em 1915 e inserto como a terceira parte do capítulo "Linhas Tortas"[1], Graciliano Ramos – que assina com as abreviaturas R. O. (Ramos de Oliveira) – indigna-se com o apedrejamento da estátua de Eça de Queirós, de autoria de Teixeira Lopes, localizada no largo Barão de Quintela, em Lisboa. Inspirou-se o escultor na alegoria da verdade representada pelo corpo de uma mulher nua, enlaçada pelo escritor, que a observa com um olhar penetrante e, ao mesmo tempo, irônico, mas que se curva diante dela. Como uma espécie de legenda, abaixo, no pedestal, o subtítulo de um dos mais irreverentes romances de Eça de Queirós, *A Relíquia*: "Sobre a nudez forte da Verdade – o manto diáfano da fantasia". Mesclam-se, pois, as inclinações do escritor pelo compromisso com a "verdade", conforme os pressupostos científicos do realismo de seu tempo, e a fantasia necessária, para que se efetivem interações "nudez"/"manto", associadas ao modo de conhecimento da realidade que vem da literatura.

Esculpida em mármore, em 1903, a estátua havia sido apedrejada por "vândalos", qualificação de Graciliano, que os compara a fanáticos religiosos. Critica a intolerância, o ódio e a mesquinhez desses indivíduos "torpes" que, não obstante, adotam uma atitude "sacrílega", pois que ele situa o escritor português ironicamente num plano elevado, digno de ser objeto de veneração. E assim, numa atitude oposta a esses indivíduos ainda presos a uma religiosidade repressiva que marcou a história da Ibéria, outros, numa

---

1. G. Ramos, *Linhas Tortas*, 21. ed., Rio de Janeiro/São Paulo, Record, 2005, pp. 21-24.

inclinação oposta, reagem contra esse dogmatismo, aderindo aos registros zombeteiros de Eça, conforme aparecem em *A Relíquia*:

> Lá e aqui, movidos por um sentimento extraordinário, sentem-se todos os indivíduos que leem irresistivelmente fascinados por aquela figura simpática que, com seu eterno sorriso sarcástico nos lábios, parece zombar de tudo, perscrutando todos os ridículos dos homens com seu inseparável monóculo[2].

Observe-se a associação entre "figura simpática" e "sorriso sarcástico" que traz maior densidade e complexidade à representação tradicional que se faz do escritor enquanto *persona*, máscara oposta àquela que vem da sinceridade romântica. Em seguida, Graciliano exalta o fato de que as personagens de Eça – por oscilarem entre contradições entre ser e parecer – circulam entre nós. Em sua exaltação, o escritor brasileiro não deixa de reconhecer que ele próprio também possui seus defeitos, registrados igualmente com humor:

> Dizem que ele foi o mais estrangeiro de todos os escritores portugueses e o que mais prejuízo causou à língua, deturpando-a com galicismos, que nós imitamos pedantemente. Acusam-no de ter sido um mau psicólogo, que exagerava os tipos que imaginava[3].

Graciliano reconhece essas "censuras", mas, talvez em face das ambiguidades da vida e pelas linhas tortas de seu discurso crítico, eleva-se à condição de um escritor crítico "incomparável". Apropria-se de sua ironia para construir uma imagem contraposta àquela que poderia ser predicada aos "fanáticos". E, assim, afeita ao mesmo campo sêmico, imagina a possibilidade de "sacerdotes inteligentes" oficiarem um culto de veneração, conforme os ritos religiosos, só que dedicado "ao grande ímpio" (Eça). Uma atitude heterodoxa por oposição às possíveis motivações ideológicas ortodoxas dos vândalos. Sua crítica dirige-se não apenas a "inimigos" imbuídos de fanatismo religioso. Deslocando do contexto religioso para o profano, Graciliano também inclui entre eles os tipos sociais execráveis que aparecem em sua obra literária. Uma vingança, enfim, mais ampla, que considera "extemporânea", fora dos tempos modernos, e, para estigmatizá-la, reduz esses agressores a uma besta medieval, que salta do contexto religioso tradicional:

---

2. *Idem*, pp. 21-22.
3. *Idem*, p. 23.

Parece que agora essa gente quis desforrar de todos os vexames que o impiedoso herege lhes causou.

E vingou-se. [...] Mas vingou-se numa fúria de besta, resfolegou, empinou-se, soltou um guincho e atirou um coice à memória de Eça[4].

Dessa forma, entre as afirmações relativas à crítica social de Eça de Queirós, Graciliano constrói imagens literárias, em interações problemáticas que apontam para o que seria a "verdade" e o "manto diáfano da fantasia". Do pedestal da estátua ao olhar penetrante do escritor quando enlaça a figura da mulher "nua" – uma alegorização da "verdade", conforme já apontado. Um olhar correlato àquele de Eça, quando ele divisa, em suas narrativas, personagens que seus leitores – Graciliano, entre eles – consideram como sucedâneos de atores sociais, tipos marcantes, que não fazem parte apenas da vida portuguesa: "Que enorme quantidade de Raposos, de Zé Fernandes, de Dâmasos, de conselheiros Acácios e de Ramires não há neste mundo!"[5]

Outras Linhas, Tortas

Em 1939, após o período de prisão e já residindo no Rio de Janeiro, Graciliano passou a interagir mais diretamente com atores do campo intelectual brasileiro. Um de seus focos críticos foi o academicismo que encontrou na capital federal e que se manifestou em duas crônicas[6], que nos servem de referência. Por linhas tortas, procura desconfigurar a retilinearidade das imagens acadêmicas e suas formas de ritualização. Em certo sentido, inverte os olhares, quando se comparam esses textos, que têm como foco Machado de Assis, com o relativo à sua indignação diante da agressão à memória de Eça de Queirós. Volta-se, agora, da reação emocional à agressão da estátua do escritor português (o grande "ímpio"), para a discussão da construção simbólica de Machado de Assis.

Situa-o como um "velho mestre", pelos seus méritos literários, embora até trinta anos de sua morte tivesse relativamente poucos leitores, quando comparado com um José de Alencar, por exemplo. A popularidade deste último poderia ser aferida em sua circulação pelo interior do país (como Eça, até então) e na quantidade de pessoas chamadas Iracema e Moacir. Nesse

---

4. *Idem*, p. 24.
5. *Idem*, p. 22.
6. "Os Amigos de Machado de Assis" e "Machado de Assis" em *Linhas Tortas*, pp. 147-154.

momento, quando se procurava relevar repertórios literários nacionais, a figura de Machado reúne condições de se erigir, não em relação ao grande público. Mais do que homenageá-lo através de estátuas e placas de ruas, trata-se de erigi-lo como monumento simbólico. Para Graciliano, essa ação depende de "amigos sinceros", que "não vacilam nem discutem", onde o "escritor excelente infunde [...] mais do que admiração: começa a inspirar veneração, é quase objeto de culto"[7].

São leitores anônimos, de "espírito simples", diferentes de outros – leia-se, acadêmicos –, a quem o escritor alagoano refere-se ironicamente catalogando-os num "trio em lá menor". A referência ao conto de Machado de Assis, de *Várias Histórias*[8], leva à associação entre a conduta dos acadêmicos referidos e a problematização das faces positivas e negativas que envolvem as práticas das personagens dessa narrativa. Tais efeitos se intensificam se correlacionados com motivações inconfessáveis das ações pretensamente dignificantes da personagem central do conto "Causa Secreta":

O prazer que a "Causa Secreta" e "Trio em Lá Menor" despertam no sr. Augusto Meyer, na sra. Lúcia Miguel Pereira e no sr. Peregrino Júnior é diferente do entusiasmo que uma novela de aventuras produz no espírito simples de uma criatura normal. // Sem querer, dei a entender que o sr. Peregrino Júnior, a sra. Lúcia Miguel Pereira e o sr. Augusto Meyer são anormais, disparate que não me arrisco a sustentar. Talvez por haver falado em "Trio em Lá Menor", ocorreram-me esses três nomes de representantes ilustres dos atuais amigos de Machado de Assis[9].

Não obstante o registro irônico negativo dos três importantes críticos literários, intensificado pela pretensa desculpa, que é o que prevalece nessas associações discursivas, Graciliano não deixa de situá-los como "representantes ilustres dos atuais amigos de Machado de Assis". Por linhas tortas, assim, o escritor eleva os perfis acadêmicos dos críticos e os diminui pelas interações irônicas. Ambiguidades equivalentes não deixam de atingir todo o conjunto de amigos. Afinal, motivações secretas e indefinições, como nos contos referidos de Machado, estão em todo o lugar, inclusive no ato simbólico de erigir estátuas:

Nas homenagens que hoje tributam a Machado de Assis há com certeza, junto à admiração dos que o leram cuidadosamente, muito de respeito supersticio-

---

7. *Idem*, p. 150.
8. *Obra Completa*, vol. II, Rio de Janeiro, Nova Aguilar, 1992, pp. 519-525.
9. *Linhas Tortas*, pp. 149-150.

so, respeito devido às coisas ignoradas. Visto a distância, desumanizado, o velho mestre se torna um símbolo, uma espécie de mito nacional. Com estátuas e placas nas ruas, citado a torto e a direito, passará definitivamente à categoria dos santos e dos heróis[10].

De um lado, pois, o efetivo mérito literário do escritor; de outro, formas de apropriações de sua imagem, entre os atores vinculados às esferas do poder simbólico ou à opinião pública formada pelos jornais, que o situam num plano que oscila entre o mítico e o supersticioso. Planos que não deixam de ter interações, como no registro ambíguo, em linhas tortas, da *persona* Eça de Queirós. Discurso de solidariedade que vincula ironicamente o mítico e o profano, mas que não deixa de apontar insuficiências, colocadas, é verdade, à distância. Agora, residindo no Rio de Janeiro e convivendo com atores mais significativos da cultura brasileira, Graciliano não deixa de explicitar as manipulações da figura de Machado de Assis:

> Os seus amigos modernos formarão dentro em pouco, não apenas grupos, desses que surgem para desenterrar alguma figura histórica, espanar-lhe o arquivo, mexer em papéis inéditos, mas uma considerável multidão, multidão desatenta e apressada que ataca e elogia de acordo com as opiniões variáveis dos jornais[11].

Machado de Assis, segundo Graciliano, coloca-se para uns poucos como uma espécie de relíquia, que precisa ser desenterrada e espanada. Há uma multidão contraditória e desinformada, formada pelos jornais, que se divide em opiniões desencontradas, mas que passa a saber da existência do escritor. Diferente da popularidade de Eça de Queirós até então, Graciliano, que busca fundamentar implicitamente suas razões justamente em termos de mérito literário, não deixa de apontar que ele vem do afastamento do lugar-comum das formas convencionais que atraíam o grande público. Para o leitor que tem suas expectativas de gosto artístico situadas nas convenções, curiosamente qualificadas de "excessos literários", de meados do século XIX, a obra de Machado configura-se sem excessos, emergindo a figura de um

> homem frio, medido, explorador de consciências. Em geral não gostamos que nos explorem a consciência – e, ainda quando sabemos que a exploração é bem-feita, necessitamos algum esforço para nos habituarmos a ela[12].

---

10. *Idem*, p. 148.
11. *Idem*, pp. 148-149.
12. *Idem*, p. 149.

De escritor esquecido, Machado de Assis passa a ser paradigma para a crítica literária. Entronizado pela via nacionalista dos anos 1930, não obstante, ele acabou por ser parâmetro para um tipo de apreciação da crítica que perpetua hábitos coloniais, diríamos nós: a tendência a analisar uma obra literária não pelo que ela apresenta de criatividade, mas por se aproximar ou não de modelos externos canônicos. Sua obra, assim, como um receituário a ser imitado e não como um repertório a ser apropriado, um patrimônio coletivo que vem da experiência cultural. Ou, como aponta Graciliano na crônica "Machado de Assis". Ao ser entronizado como grande escritor, seu nome serve de modelo a ser referenciado mecanicamente, sem que o crítico de jornal leia efetivamente o livro que está resenhando:

> Tanto se repetiu o nome do velho Presidente da Academia, com a informação de que ele influía demais na produção de hoje, que o homem se tornou odioso. Se um sujeito admitia a concordância e não trocava o lugar das palavras, o jornal dizia: "Bem. Isto é Machado de Assis". Se o camarada evitava o chavão e não amarrava três adjetivos em cada substantivo, a explicação impunha-se: "Muito seco, duro. Esqueleto. Machado de Assis". Faltavam num livro cinquenta páginas de paisagem? "Claro, esse homem aprendeu isso com Machado de Assis. É a história da casa sem quintal"[13].

Graciliano Ramos refere-se a algumas críticas desse teor e chega a explicitar um nome que foi objeto desse tipo de ilações (Marques Rebelo), mas talvez ele próprio se insira nesse tipo de observação se relacionarmos a passagem acima com a possível leitura de *São Bernardo*. São inevitáveis as correlações entre esse romance e a "casa sem quintal", a que ele próprio se referiu. Como no conto "em lá menor", as coisas são misturadas e motivam indecisões. Graciliano Ramos exalta Machado Assis como exímio contista e bom romancista. Não suporta, entretanto, ritualizações de hábitos acadêmicos que se associam a formas afins das práticas burocráticas, que "empalhavam" mitos para melhor exercer sua hegemonia em termos de poder simbólico. Associa-se a uma outra imagem, de quem aceita a figura mítica de grande escritor sem o ter conhecido:

> Para as homenagens terem repercussão em todos os espíritos é indispensável despertar-se o interesse do mundo que, desconhecendo Machado de Assis, facilmente o louva, não por ele ter escrito bons romances e ótimos contos, mas porque em certas rodas se tornou uma relíquia[14].

---

13. *Idem*, p. 153.
14. *Idem*, p. 150.

Traços, Tortos

A imagem da relíquia e o ritual correlato à veneração religiosa levam o leitor ao romance homônimo de Eça de Queirós. Afinal, como havia apontado Graciliano, os Raposos estão em toda a parte. Na estátua de Eça de Queirós, o escritor herético observa a "verdade" de fora, com seu olhar irônico, penetrante, perscrutando incoerências e desmascarando os ritos sociais estabelecidos. Na nova estátua que se procura simbolicamente levantar, Graciliano vê Machado como alguém que não admite intimidades, bem ao contrário – poder-se-ia inferir – do Eça que abraça uma lindíssima mulher nua:

> O escritor excelente infunde, pois, mais do que admiração: começa a inspirar veneração, é quase objeto de culto. [...] O velho mestre do conto brasileiro não admite intimidades: é correto demais, vê longe e tem um sorrido franzido. Não buscou a popularidade – e o público está disposto a transformá-lo em ídolo[15].

De forma correlata aos processos de construção das personagens de Eça, Graciliano, por traços tortos, vê no escritor português, como já foi referido, uma "figura simpática", "com seu eterno sorriso sarcástico nos lábios". Já Machado, sufocado pelas formas rituais e pela burocracia, é "correto demais", mas "vê longe", com seu "sorriso franzido". O primeiro ironiza o próprio sentido da "verdade", que enlaça lubricamente; o segundo se fecha, contorce-se, justamente para ver mais longe. Os traços interiores da vida psicológica das personagens projetam-se em Machado para fora, abarcando natureza e ambiência social, como em *Dom Casmurro*. São linhas revoltas, não retilíneas, que lembram formas impressionistas, como projeções das ondas de ressaca dos olhos de Capitu[16].

Graciliano estabelece relações com a biografia do escritor, nessas crônicas. Pouco tempo depois, ele próprio estaria enredado na escrita de suas *Memórias do Cárcere*. Há cárceres explicitamente vividos como o sofrido por Graciliano e cadeias mais sutis que nos envolvem, através das formas rituais. Cadeias vêm de convenções sociais que enredam o sujeito, desde a linguagem com que organiza seu pensamento. Como diz Graciliano, logo de início em suas *Memórias*:

---

15. Idem, ibidem.
16. Ver, nesse sentido, B. Abdala Junior, "Debuxos, de Machado para Graciliano" em Marli Fantini (org.), *Crônicas da Antiga Corte: Literatura e Memória em Machado de Assis*, Belo Horizonte, Editora UFMG, 2008, pp. 233-249.

Liberdade completa ninguém desfruta: começamos oprimidos pela sintaxe e acabamos às voltas com a Delegacia de Ordem Política e Social, mas, nos estreitos limites a que nos coagem a gramática e a lei, ainda nos podemos mexer"[17].

Essa conhecidíssima citação é bastante ilustrativa e também operacional para o entendimento que Graciliano Ramos tinha de Machado de Assis, erigido como *persona*, entre traços de realidade e de fantasia que envolvem a refiguração memorialística. Ao recuperar linhas discursivas que vinham da história pessoal de Machado, Graciliano o biografa da seguinte maneira:

No serviço, Machado de Assis reduzido a seu Machado, provavelmente não viu homens: viu peças da máquina burocrática, formas animadas do protocolo, do livro de ponto, da informação, do parecer baseado em artigos e parágrafos. Cumpriu ardorosamente os seus deveres, os deveres que figuravam no regulamento – e, fechada a carteira, livre das maçadas necessárias, escreveu *Dom Casmurro, Brás Cubas, Quincas Borba, Várias Histórias,* para um diminuto número de indivíduos, os construtores da Academia e alguns outros, entre os quais ressaltam os seus ouvintes da livraria da rua do Ouvidor, onde o grande homem falava pouco e se encolhia, por ser gago e por não querer, prudente e modesto, apresentar-se em tamanho natural. Encurtando-se, poupando suscetibilidades, tentou igualar-se aos outros, que lhe perdoaram a inteligência[18].

Machado mostra-se, pois, submisso à alienação ao referente social, o que, para Graciliano, poderia ser uma das estratégias possíveis de sobrevivência do intelectual que depende de seu trabalho (*Memórias do Cárcere*). Machado assim encolhe-se com um "sorriso franzido", máscara que irá adotar em sua construção ficcional para perscrutar, "por dentro" das personagens, ambiguidades que apontam para a complexidade dos discursos sociais e dos possíveis registros que deles podemos ter. Liberta-se pela palavra, esta insubmissa, não afeita aos enredos circundantes, desde os discursos da moda à vida tida como verdadeira, as linhas pretensamente retas de atores sociais. Essa contenção que visualiza em Machado não apareceu no texto entusiasmado sobre Eça de Queirós, quando tinha 23 anos:

Eça é grande em tudo – na forma própria, única, estupendamente original, de dizer as coisas; na maneira de descrever a sociedade, estudando de preferência os seus lados grotescos, ridicularizando-a, caricaturando-a; na arte que nos sabe transportar do burlesco ao dramático, da amenidade de uma palestra entre íntimos às

---

17. Graciliano Ramos, *Memórias do Cárcere*, 6. ed. São Paulo, Martins, 1969, vol. 1, p. 4.
18. *Linhas Tortas*, pp. 147-148.

paisagens de Cintra, dos salões de Paris às serras de Tormes, das práticas devotas de uma velha casa cheia de padres à Jerusalém do tempo de Jesus[19].

Foi assim, diferente da focalização de Eça, escritor celebrado e com estátua levantada quando escreveu sua crônica, ainda no início de sua trajetória intelectual, que em sua maturidade e já reconhecido como escritor, Graciliano enfatiza que Machado teve de se contrair para ver mais intensamente. Contrair para crescer. Interessante, a se apontar ainda, é que esse crescimento se deveu à poupança (óptica do escritor das secas), que pode ser levada de questões referenciais como as apontadas para o plano do trabalho literário. Para Graciliano, um bom romance envolve encolhimento, cortes. É depois que ele se levanta. Seria essa a práxis que vê em Machado enquanto *persona*, a envolver o produtor e a matéria produzida?

Imagens, Tortas

Nessas correlações que envolvem a práxis, considerada em seus aspectos ontocriativos (ao construir os objetos, o sujeito se constrói), Graciliano resgata a *persona* Machado de Assis, pelo avesso das ritualizações canônicas, que acabam por empalhar a imagem do escritor. Diríamos hoje, numa reflexão que se efetiva pelas margens e a partir das possíveis carências de Machado, que ele se ergue como um monumento nacional, descartando-se aí possíveis ritualizações nacionalistas serôdias, execradas por Graciliano, afins da atmosfera de propagando do Estado Novo). Concretiza e problematiza aquilo que *falta*, do ponto de vista psicológico e também social, à sociedade fluminense de seu tempo e não só.

Novas homenagens agora se fazem, nas comemorações dos cem anos da morte de Machado de Assis. Eça de Queirós teve sua estátua substituída por uma réplica de bronze, em 2003. Enquanto isso o original aguarda restauro no Museu da Cidade, em Lisboa. Ficou a figura alegorizada da "verdade", sensual e aberta, porém no nível do solo. Não a verdade idealizada, colocada nas alturas. Ao curso dos anos, foram-lhe – e de forma irônica – sucessivamente cortados e logo recompostos braços, mãos e dedos. Nas recomposições, como nos possíveis sentidos da "verdade", poder-se-ia inferir reconfigurações associadas a diferentes contextos situacionais, por vias tortas, talvez. Para além dessa historicidade, os mitos podem indicar atitudes psicossociológicas mais

---

19. *Idem*, p. 23.

gerais, paradigmáticas. O problema que se coloca para Graciliano está nas venerações, inclinações que se deslocam do conceito sagrado para o profano, tanto em relação a Eça de Queirós, quando ironiza atitudes religiosas, quanto das venerações celebrativas de Machado. As linhas, pretensamente (socialmente) corretas, afiguram-se, contudo, tortas.

Não parecem acaso as associações feitas por Graciliano ao subtítulo do romance *A Relíquia*. Nem as relações de desenterrar e espanar relíquias. Há em tudo um claro-escuro ambíguo, problemático. Uma postura que mantém similaridade com aquela que Eça de Queirós mantém nesse seu romance, que traz as memórias de Teodorico Raposo, o Raposão – um "ímpio", que se auto-ironiza e zomba de sua própria performance. Mais contraída, essa personagem declara (a voz de Eça de Queirós por trás), no prólogo do romance, que decidiu compor as memórias de sua vida "neste século tão consumido pelas incertezas da Inteligência e tão angustiado pelos tormentos do Dinheiro"[20]. No final do romance, as "incertezas da Inteligências" acabam tendo desdobramentos, quando a personagem afirma, problematizando pressupostos positivistas do realismo, que o seu principal tormento veio de uma falta de decisão de afirmar, isto é: o "descarado heroísmo de afirmar, que, batendo na terra com pé forte, ou palidamente elevando os olhos ao Céu – cria, através da universal ilusão, ciências e religiões"[21].

Há cem anos que as imagens literárias de Machado de Assis se sobrepõem. Não foram erigidas como estátuas, colocadas ao "rés do chão", como em Eça de Queirós. Não coube, no contexto brasileiro, alegorizações, pois, para tanto, tivesse que ter a popularidade desfrutada por Eça de Queirós, cujo anticlericalismo sensibilizou leitores brasileiros da época, citadinos e mesmo do campo. Graciliano reclamou dessa falta de popularidade de Machado, por ser menos acessível ao leitor comum. Eça, ao contrário, sensibilizou um público mais largo, no Brasil, e toda uma geração de escritores nordestinos, além do próprio Graciliano Ramos, como Rachel de Queiroz, José Lins do Rego e Amando Fontes – escritores fundamentais para o entendimento do neorrealismo português dos anos de 1940/1950.

Eça de Queirós situa-se como um escritor programático, expressão de um projeto político mais amplo, que envolveu toda uma geração de intelectuais. Foi um dos porta-vozes dessa geração, onde figurou algumas das figuras mais notáveis do pensamento português, inclusive o primeiro presidente

---

20. *Obras de Eça de Queiroz*, Porto, Lello & Irmão, s.d., vol. 1, p. 1462.
21. *Op. cit.*, p. 1651.

da República de seu país. Não foi o caso de Machado, restrito ao mundo das letras e nem por isso menos profundo. Ou, ao contrário, mais profundo por não aceitar programaticamente a discursividade proveniente de outras áreas do conhecimento. Não tem sentido, contudo, polemizar graus ou campos de profundidade ou elaboração estética, dado o valor de ambos para as literaturas de língua portuguesa.

A construção simbólica da *persona* Machado de Assis, máscara que vem sendo construída com múltiplas mãos, ao curso dos cem anos de sua morte, em leituras que se sobrepõem, renova-se em cada leitura, descortinando novas facetas. São sobreposições que, sob o "manto diáfano da fantasia", enlaçam ao mesmo tempo que ironicamente interrogam a "verdade" que se descortina em formas colocadas ao nível dos passantes, que às vezes não perdoam essa visualidade do corpo e agridem braços, mãos e dedos. Mais distantes dessas mãos que apedrejam, entretanto, outros leitores – conforme afirmou Graciliano – precisaram de tempo para se habituarem à exploração de suas consciências. Isto é, a formação de um gosto artístico não afeito ao pitoresco. Machado traça linhas interiores quando se desvelam mantos que encobrem olhares. Um exercício que se efetiva a partir da ficcionalização de personagens que têm efetiva historicidade. Não há no escritor brasileiro um olhar aparelhado, como em Eça de Queirós, mas dilemáticas sobreposições discursivas, que se encolhem, potencializando o teor de significação que se concentra nessas personagens. Voltando a Graciliano Ramos, foi assim, encolhendo, com seu sorriso franzido e ao mesmo tempo inteligente, que Machado de Assis se erigiu e continua a se levantar como monumento literário. Uma estátua cuja legenda precisa ser sempre modificada, ao curso da leitura de seus romances.

REFERÊNCIAS BIBLIOGRÁFICAS:

ABDALA JUNIOR, B. "Debuxos, de Machado para Graciliano". In: FANTINI, Marli (org.). *Crônicas da Antiga Corte: Literatura e Memória em Machado de Assis*. Belo Horizonte, Editora UFMG, 2008
ASSIS, M. *Obra Completa*. Vol. II. Rio de Janeiro, Nova Aguilar, 1992.
QUEIRÓS, E. *A Relíquia. Obras de Eça de Queiroz*. Porto, Lello & Irmão, s. d., pp. 1465-1651.
RAMOS, G. *Linhas Tortas*. 21. ed. Rio de Janeiro; São Paulo, Record, 2005.
_____. *Memórias do Cárcere*. 6. ed. São Paulo, Martins, 1969.

12.

O HOMEM RECORTADO

MYRIAM ÁVILA (UFMG)

O Homem Encadernado é o título do estudo de Maria Helena Werneck sobre as biografias de Machado de Assis, no qual a autora examina a construção da imagem ou imagens do escritor em seu processo de canonização. Aqui se tratará de outro imortal, Guimarães Rosa, não como consciência autoral nem como protagonista de uma vida, mas como *homem recortado*. Não como o proprietário de um corpo, mas como o resultado de um *corpus*, pois meu ponto de partida é uma pasta de recortes.

A pasta de recortes vai-se prestar a diversas remontagens, ao ser recortada pela pesquisadora:
– que GR se pode apreender dos recortes?
– como se pode perceber aí a formação de uma fortuna crítica?
– o que a pasta nos diz sobre a crítica e a literatura brasileiras nesses 55 anos?
– quem é o arquivador dessa pasta; como e para que ele a monta?

A primeira e a última abordagens nos prometem mais alimento para a curiosidade, e isto porque se endereçam ambas a um mesmo tipo de silêncio: o do recortado e o do recortador, conspícuos por oposição à palrice dos textos arquivados. Esses dois fantasmas, ou manequins, vão sendo vestidos pelos recortes com participação ativa do leitor da pasta, o qual, inevitavelmente, também seleciona e remonta, já que não existe no arquivo em questão uma ordenação fixa, uma paginação. O pesquisador, a terceira pessoa a chegar ao simpósio que se instalou na coleção de recortes, passa a ser então o sujeito da ordenação, ou da citação, para usar o conceito que Antoine Compagnon identifica com o ato de cortar e colar.

A tendência desse terceiro sujeito, como já fora do segundo, é denegar seu comprometimento, diz Compagnon (p. 37). No entanto, quem, senão ele, escolhe na pilha de recortes aqueles que lhe parecem mais promissores para liderarem a sequência de sua leitura? Mesmo que posteriormente queira restaurar sua neutralidade ordenando-os pela cronologia, sua percepção do objeto está definitivamente contaminada pelo fato de já ter lido um texto de publicação posterior antes de chegar aos mais antigos. E sua leitura se afasta da do primeiro recolhedor dos artigos, o arquivador, por saber, desde os primeiros recortes, dali a quanto tempo Guimarães Rosa terá morrido e que livros virá a publicar antes do encerramento da pasta.

A defesa do pesquisador é o fato de que a ficção de escritor que constrói a partir desses traços não é menor – embora talvez mais carregada de intenção – do que a que cada reportagem ou artigo arquivado elabora ou a que o arquivador inevitavelmente emoldura em sua pasta. Sem poder, por formação profissional, alegar inocência, resta ao "terceiro homem" – ao *tertium* – assumir o papel de montador em toda a ludicidade que lhe é intrínseca. O quebra-cabeça de centenas de peças que tem em mãos é como o tangrama chinês, que permite formar figuras diversas. É por algumas dessas figuras que passearemos a seguir, adiando para momento de maior disponibilidade de espaço a reflexão detalhada a respeito.

É falso dizer que Guimarães Rosa permanece em silêncio, ou só fala por porta-vozes em toda a extensão do material da pasta. Há um recorte[1] datado de 17 de maio de 1953, do suplemento Letras e Artes de *A Manhã*, com uma contribuição intitulada "Do Diário em Paris", assinada por J. Guimarães Rosa. Nesta época Rosa era o autor de *Sagarana*, único livro seu publicado até então. Esse recorte é o mais antigo da pasta, o que mostra que ela foi inaugurada quando o futuro imortal só era conhecido por aquela primeira coletânea de contos. A próxima publicação lida pelo arquivador foi esse texto de jornal – e seu impulso imediato foi abrir uma pasta para o grande autor brasileiro que já reconhecia no escritor que poderia então ser denominado bissexto. O recorte de jornal, que também se apresenta como recorte de um diário, traz entradas de setembro e outubro de 1949, de sabor fortemente ficcional e poético. Não falta nem mesmo um ar de romance, na passagem misteriosa de uma ruiva de olhos "de um grande verde instantâneo, como quando se sonha caindo no nada", além de enigmática moça grega que atravessa quatro das entradas em diálogos carregados de se-

---

1. Segundo o dono da pasta, seriam dois, mas só um foi localizado. O segundo seria um texto sobre culinária.

dução. O texto montado em *flashes*, diálogos e citações em línguas estrangeiras, entremeado de pausas marcadas por asteriscos, faz pensar em um outro Guimarães Rosa possível, autor de novelas urbanas, de escrita fragmentária e ambientação cosmopolita. Pois se Rosa decide publicar essas folhas nesse momento de sua carreira literária, talvez tenha sido para testá-las em letra de forma de modo a obter o distanciamento necessário para avaliar a possibilidade de se tornar esse outro ficcionista. Que se trata apenas de páginas de diário íntimo negam-no suas próprias palavras nesse texto: "Redigir honestamente um diário seria como deixar de fumar um cigarro aceso, a fim de poder recolher-lhe inteira a cinza". (Nesse momento a pesquisadora para para imaginar o que teriam sido as outras ficções de um Rosa sem sertão e lamenta não ter podido conhecê-las.)

A leitura da pasta continua, se escolhermos a sequência cronológica, com a avalanche de artigos motivados pela publicação, em 1956, de *Corpo de Baile* e *Grande Sertão: Veredas*. A variedade de fontes e críticos é surpreendente: desde um improvável *Para Todos*, passando pelos suplementos de *O Estado de São Paulo, Correio da Manhã, Jornal do Brasil, O Jornal, Folha da Manhã, Diário de São Paulo, Tribuna da Imprensa, Diário Carioca* e outros menores, todos os jornais da época dedicam repetidamente espaços ao duplo acontecimento literário durante os anos de 1956 e 1957. Críticos como Sérgio Milliet, Franklin de Oliveira, Afonso Arinos de Melo Franco, Wilson Martins, Antonio Candido, Temístocles Linhares, Ricardo Ramos, Eduardo Portella, Afrânio Coutinho, Pedro Xisto, Maria Luiza Ramos, Raul Lima, Alcântara Silveira, Bernardo Gersen, Cruz Cordeiro, Joel Pontes, Euryalo Cannabrava, Waldemar Cavalcanti, Renato Jobim procuram nesse primeiro momento dar conta do fenômeno, muitas vezes tentando descobrir precursores que lhes permitam acercar-se da inusitada prosa rosiana. Entre esses são lembrados Mário de Andrade, com *Macunaíma*, Graciliano, com *Vidas Secas*[2], Euclides da Cunha e até mesmo José de Alencar, ora como aqueles que tentaram inventar uma língua brasileira, ora como os que primeiro deram formato a uma representação literária do sertão. Em 1960, Paulo Hecker Filho lembra-se de ombrear Guimarães Rosa e o escritor português Aquilino Ribeiro[3], provocando três anos depois uma réplica de Fernando Mendonça[4]. Esta busca pela origem do original é uma das vertentes constantes dos artigos

---

2. Já em 1964, Paulo Dantas faz uma detalhada comparação entre os personagens Fabiano e Riobaldo.
3. Fábio Lucas o teria feito anteriormente, mas disso a pasta não dá notícia. Há ali um artigo do crítico de 1962 aproximando GR a Jorge de Lima.
4. A polêmica teria, na verdade, sido provocada por crítica de Fábio Lucas, fato ocultado pela estrutura lacunar da pasta.

desse período. Outra é a enquete a escritores sobre *Grande Sertão: Veredas* e a escrita rosiana em geral. A coluna de Eneida no *Diário de Notícias* é uma das que colocam a questão a críticos e escritores. Entre esses, Brito Broca, Jaime Adour de Câmara[5] e José Condé declaram não gostar do livro[6]. Carlos Drummond de Andrade, ao contrário, é grande entusiasta. Eneida, que a princípio não conseguia ler Guimarães, recebe de Drummond o conselho de perseverar na leitura e, com o tempo, acaba-se rendendo ao encanto do seu texto denso, conforme depõe em um mea-culpa, em agosto de 1956.

Para o pesquisador que esquadrinha a pasta, esse corpo de recortes que vai de 1956 a 1960 traz o interesse adicional de exibir as marcas da mão do arquivista: em grande parte das críticas, um parágrafo é destacado com cuidadoso sublinhado a caneta, aquele que lhe pareceu melhor aquilatar o trabalho do texto de Guimarães. A súbita interpolação do segundo sujeito na leitura desvia a atenção do leitor para os propósitos da recolha dos recortes em arquivo, que já iam sendo esquecidos. Alguém recortou e sublinhou artigos sobre um escritor em vertiginosa ascensão no cânone brasileiro, para quê? Para melhor compreender sua obra, citá-los em artigos próprios, marcar sua concordância com as análises críticas? Certo é que o arquivista se apodera assim das palavras alheias, que sua escolha já retirara do conjunto da folha de jornal, de cuja antiga montagem somos lembrados pelo que sobrou no avesso do recorte. Algumas vezes também, quando a diagramação do avesso concorda com o artigo destacado, descobrem-se no lado preterido textos sobre outros escritores, entre os quais Clarice Lispector. O que terá levado o arquivador a guardá-lo na pasta Guimarães Rosa e não em outra dedicada a Clarice? Uma preferência literária, o interesse profissional do momento ou mesmo um certo bairrismo? (Aqui se revela o fato de se tratar de arquivo mineiro.)

Poderemos, a partir daí, continuar a passear nossa curiosidade pela pasta sem a consciência dessa presença do "dono", sem a sensação de invadirmos um território ocupado? A tentativa de continuar a seguir a linha do tempo no exame da pasta, verificar o teor dos artigos e reportagens em busca de uma imagem de escritor e de um percurso de sua fortuna crítica é dificultada ainda por elementos heteróclitos que se infiltraram tardiamente no mesmo invólucro: folhetos do Museu Casa Guimarães Rosa, convites para pré-estreia de filmes

---

5. Depois se desmente em setembro de 1956, em inquérito do *Jornal de Letras*.
6. Também Ferreira Gullar, no artigo "Escritores que Não Conseguem Ler *Grande Sertão: Veredas*", revista Leitura de outubro de 1958, confessa não ter podido ir adiante na leitura do que define como "uma história de cangaço contada para os linguistas".

e abertura de exposições sobre sua obra, e até mesmo para um lançamento de empreendimento imobiliário denominado Edifício Guimarães Rosa, oportunidade na qual "Manuelzão fará a doação oficial do seu berrante, usado pelo escritor em suas andanças pelo sertão, ao museu de Cordisburgo. Não perca". O mais intrigante desses guardados é uma pequena ficha branca, muito usada pelos pesquisadores há algumas décadas, com os seguintes dizeres em letra manuscrita diferente da do arquivador: "Florduardo Pinto Rosa / Sócio fundador da Ideal Mineira, companhia de seguros de vida – 10 ações no valor total de 500$000. / Minas Gerais, 26-1-1913, p. 14"[7]. A destoante nota econômica encontra eco em um dos recortes, um artigo intitulado "Cartas de um Escritor com Pressa de Ficar Rico", que publica a correspondência de Rosa com o industrial e médico Pedro Moreira Barbosa, correspondência essa que versa sobre ações, dividendos e especula, em certo momento, sobre a possibilidade de o Estado de Minas Gerais arcar com as despesas com seu fardão, que não sairá por menos de Cr$ 450 000,00[8]. Segundo o jornal, o escritor teria dito ao amigo, numa das cartas, que "meu alcorão é o dinheiro".

A década seguinte ao aparecimento de *Corpo de Baile* e *Grande Sertão* é representada por um fluxo regular e constante de ensaios sobre esses livros. Mas agora as revistas de grande circulação, como *Manchete* e *Realidade*, já se interessam em produzir reportagens sobre Guimarães Rosa. Como o escritor, fato já divulgado em 1956, não era dado a conceder entrevistas, usa-se o recurso de entrevistar amigos e parentes, sem excluir o porteiro do seu prédio em Copacabana. Amigos mais próximos chegam ao cúmulo de anotar suas conversas telefônicas com Guimarães para tentar publicá-las depois como entrevistas, só para incorrer na censura e mágoa do interlocutor traído. Para o leitor da pasta, que no século XXI lê os recortes, as páginas de revistas, interrompidas por anúncios de calçados Vulcabrás e outros itens de consumo da época (os anos 1960), além dos versos de páginas falando, por exemplo, da passagem de Jean-Paul Belmondo pelo Rio, situam o escritor numa ambiência temporal que seus livros recusam. Numa não-entrevista ao amigo urso Pedro Bloch, Guimarães Rosa explica que esta é a razão pela qual evita dar depoimentos: "Passado tempo ia ver o que tinha dito e não concordava mais comigo. Não diria mais aquilo, compreende? Não gosto do transitório, do provisório. Gosto do eterno"[9].

---

7. Tratar-se-ia, segundo informação oral, de anotação feita pelo pesquisador Hélio Gravata.
8. *Jornal do Brasil*, 28 de dezembro de 1977 (as cartas vão de 1954 a julho de 1967).
9. *Manchete*, 1º de junho de 1963.

A busca da grande imprensa pela presença do escritor, em contraste com a busca do deciframento do autor pela crítica nos suplementos literários, está fadada a durar pouco. A publicação do discurso de posse do novo imortal na Academia sai junto com a notícia de sua morte. Segue-se nova avalanche de artigos, homenagens e depoimentos de amigos. Ainda em novembro, uma semana depois da morte, o *Correio da Manhã* publica um suplemento dedicado a Rosa, com relato de Geraldo França de Lima, que ouviu, pouco antes da posse, a seguinte confissão do amigo já fardado: "Geraldo, não tenho segredo para você. Mas guarde reserva: eu não chego ao fim deste ano". A pasta nos diz que a notícia do falecimento saiu no primeiro caderno do jornal diário, junto com os acontecimentos políticos do Brasil e do mundo[10]. Mostra ainda repercussões do fato na imprensa especializada da Europa, uma delas em recorte do *Le Figaro Littéraire*. Entrementes, o arquivador não se intimida diante do fabuloso crescimento da pasta, que vai engordando na mesma medida da fortuna crítica do arquivado. Entra em campo agora todo um time de críticos de formação universitária, a maioria professores, que vêm aos poucos substituir os chamados críticos de rodapé[11]. Dirce Côrtes Riedel, Benedito Nunes, Luiz Costa Lima, Ernildo Stein e tantos outros trazem textos de teor mais marcadamente teórico. As surpresas, as revelações, as marcas da vida diminuem a partir daí, dando lugar a uma seriedade e compromisso de outra ordem. Os recortes, ao se aproximarem de seu leitor no tempo, afastam-no de um vislumbre do homem em sua material inteireza para se espraiarem na impalpável dimensão do autor.

Uma notícia sobre processo por lesões corporais de que estavam sendo réus Manuelzão e três filhos seus, em outubro de 1978, lembra-nos que é do caráter dessa pasta não se pautar por uma seleção do material. Não é uma pasta de críticas e ensaios somente, nem mesmo apenas de material jornalístico e periodístico. Ali se guardou tudo o que se pôde encontrar sob o rótulo do nome. É pelo nome que se recorta a pasta, de suas ressonâncias se faz a coleção de recortes. Sua reiteração constante corresponde à falta do referente que lhe dê substância e unidade. São traços, rastros que vão compondo um Guimarães Rosa à escolha do pesquisador, sempre assombrado pelo que não está lá, pela impossibilidade de concluir.

---

10. *O Globo*, 20 de novembro de 1967.
11. Eduardo Portella, que jogou em ambos os campos, dá interessante depoimento a respeito no caderno "Ideias" do *Jornal do Brasil* de 31 de janeiro de 2004 – artigo que não consta na pasta.

De modo análogo ao que Abel Barros Baptista chama "solicitação do livro" na ficção de Machado de Assis, a pasta contém uma "solicitação do escritor" – pois, se à obra corresponde o autor, ao livro corresponde o escritor: dois simulacros visíveis da literatura, duas esfinges multifalantes cuja essência permanece reticente, insuficiente, vicária. Como na temporalidade colonial de que fala Homi Bhabha, as duas contrapartes materiais da literatura precisam ser reiteradas *ad nauseam*, duplos da ideia de livro e da imagem de escritor cuja reverberação seus representantes factuais não conseguem fazer estancar. Cada recorte, na pasta, preenche uma lacuna e desse modo promete uma possibilidade de fechamento. Cada reiteração do nome é uma invocação do todo, o homem inteiro que, como no pacto de Riobaldo, comparece e não comparece ao encontro.

Dom Marcos Barbosa, em depoimento pessoal sobre o amigo escritor[12], lembra que Guimarães Rosa colecionava "cuidadosamente tudo que se escrevesse sobre ele, o que escandalizou certo crítico a quem mostrou todos os recortes" e atribui a necessidade do *clipping* à insegurança de Rosa, que "não só prezava, mas precisava, de demonstrações de carinho e admiração". Um outro tipo de insegurança terá guiado a mão desse outro arquivador: a da precariedade da memória e do acesso à informação, hoje tão barateada pelos mecanismos de busca da Internet[13].

Mas, se antes falamos do silêncio do recortador, enquanto o do recortado era quebrado pelo "Diário em Paris", eis que de repente, do meio dos recortes, ele também se pronuncia. Dois depoimentos dados por ocasião da morte do recém-imortal, publicados em artigo do jornal *O Estado de Minas*[14], permitem ao pesquisador ouvir a voz de quem, recortando o outro, se autorrecortou. O primeiro diz "O lugar deixado por Guimarães Rosa não se preencherá na literatura brasileira simplesmente com a eleição de outro nome para sua vaga na Academia. No século e meio de nossa autonomia nacional, só tivemos três romancistas grandes, maiores, pelo conjunto e significação de sua obra: José de Alencar, Machado de Assis e Guimarães Rosa. E não terá sido Guimarães Rosa o maior deles?" Na coluna seguinte, temos o segundo: "A notícia da morte de Guimarães Rosa foi um impacto tremen-

---

12. "Novembro de 1967", *Suplemento Literário do Minas Gerais*, 1º de fevereiro de 1969, p. 2.
13. Miguel Duarte faz uma analogia da necessidade de conservação material da informação, premente na era pré-Internet, com a materialidade que antes marcava as transações econômicas, dependentes antes de papéis (moeda e cheques) e hoje basicamente virtuais. (comunicação pessoal)
14. Sem data. São duas folhas do interior do caderno, que só trazia a data na primeira página.

do para mim, como para todos os seus admiradores, quero crer. Só posso mesmo pensar que esta vida é uma tutameia e que nem o fardão da Academia é armadura contra o surgimento de asas nas costas dos homens". Dois depoimentos correspondendo a dois arquivadores, pois, de fato, a pasta foi construída a quatro mãos por dois colegas de ofício do homem recortado. São eles Affonso Ávila, a quem agradeço o acesso ao material, e Laïs Corrêa de Araújo, a quem, com este texto, presto uma homenagem póstuma.

~

REFERÊNCIAS BIBLIOGRÁFICAS:

BAPTISTA, Abel Barros. *Autobibliografias*. Campinas, SP, Ed. Unicamp, 2003.
BHABHA, Homi. *O Local da Cultura*. Trad. Myriam Ávila e Eliana L. L. Reis. Belo Horizonte, Ed. UFMG, 1998.
COMPAGNON, Antoine. *O Trabalho da Citação*. Trad. Cleonice P. B. Mourão. Belo Horizonte, Ed. UFMG, 1996.

TRADUÇÃO E (NÃO) TRADUÇÃO EM MACHADO E ROSA

13.

JOÃO & HARRIET
(NOTAS SOBRE UM DIÁLOGO INTERCULTURAL)

SANDRA GUARDINI T. VASCONCELOS (USP)

> *A tradução é uma forma.*
> WALTER BENJAMIN,
> "The Task of the Translator".

As cartas servem, em princípio, para encurtar ou abolir distâncias. Entre dois desconhecidos, elas podem, ainda, funcionar como um exercício de sondagem e gradual descoberta do outro. Quando se estendem por um período de quase oito anos, como foi o caso da correspondência trocada entre João Guimarães Rosa e Harriet de Onís, sua tradutora para o inglês, elas não apenas contêm um viés pragmático, derivado da necessidade imperiosa da norte-americana de resolver dificuldades e problemas de tradução, mas constituem, sobretudo, um interessante e rico exemplo de diálogo intercultural, por meio do qual o trabalho de orientação e de esclarecimento do escritor à sua tradutora acaba por revelar, por um lado, um impasse e uma impossibilidade e, por outro, o esboço de uma poética, que Guimarães Rosa delineou ao longo do próprio processo de explicitação de aspectos de sua obra. O impasse e a impossibilidade decorrem da natureza mesma da tarefa e do risco envolvido na empreitada de verter para o inglês as ousadias linguísticas do escritor mineiro por alguém com conhecimento limitado da língua portuguesa; a poética, por sua vez, emerge da necessidade de Rosa de oferecer explicações, alternativas e soluções para as dúvidas de Mrs. de Onís, assim como do esforço de desafiá-la a experimentar mais e a buscar o incomum e o inesperado.

Contemporâneas da correspondência do brasileiro com Curt Meyer-Clason e com Edoardo Bizzarri, respectivamente seus tradutores para o alemão e para o italiano[1], as cartas de Rosa e de Onís, por comparação, expõem de ime-

---

1. A correspondência com Meyer-Clason cobriu o período de janeiro de 1958 a agosto de 1967; a com Bizzarri, de outubro de 1959 a outubro de 1967.

diato algumas diferenças substanciais, que merecem comentário. No caso das cartas de Rosa tanto para Meyer-Clason quanto para Bizzarri, o registro formal que se apreende no início da correspondência logo evolui para formas de tratamento e para um tipo de linguagem que encarnam manifestações de afeto e simpatia e se tornam, com o passar dos anos, sinais cada vez mais evidentes de uma amizade entre iguais. Sem cair no engodo da transparência, pois estamos lidando, de um lado, com expressões convencionais de cordialidade e, de outro, com o visível sentimento de vaidade e satisfação do escritor que deseja viabilizar a publicação de sua obra no exterior, ainda assim, fica patente e parece sincera a afeição que vai-se estabelecendo entre Rosa e esses seus correspondentes.

Quanto a Mrs. de Onís, embora encontremos semelhantes demonstrações de simpatia e apreço e o clima de afabilidade abra espaço até mesmo para termos de afeto como "Amiga" e "Madrinha"[2] e para assuntos da vida privada, como, por exemplo, a saúde, a família e as férias, o conjunto de 123 cartas que formam a correspondência iniciada em novembro de 1958 e encerrada em outubro de 1966 mantém um certo tom convencional que não chega a se transformar, de fato, em uma troca, em uma conversa entre espíritos afins. Talvez porque dos três ela pareça ter sido a mais desarmada para o empreendimento[3], uma vez que carecia dos diversos saberes (linguísticos, históricos, culturais, psicológicos) de que o tradutor necessita para enfrentar o desafio de transpor um texto de uma língua para outra. Foi, por essa razão, a que mais exigiu de Rosa e a que menos se aproximou do ideal de tradução tal como Benjamin o propôs e os outros dois tradutores parecem ter sido capazes de realizar.

A invocação a Benjamin é adequada e oportuna, se levarmos em conta o que o crítico alemão postula como tarefa do tradutor[4]. Descontados os ecos messiânicos contidos na noção de uma "língua pura", de uma *prima lingua*, o ensaio de Benjamin não se apresenta como uma "suposta lamentação sobre a perda da língua originária única"[5]. Ele pode, ao contrário,

---

2. Depois de alguns anos, Rosa e Onís passam a assinar as cartas "Burrinho Pedrês" e "A Burrinha Pedrês", respectivamente.
3. Enquanto Mrs. de Onís confessava ter conhecimentos limitados de português, tanto Bizzarri quanto Meyer-Clason não apenas sabiam a língua como tinham vivência da cultura brasileira. Enquanto Bizzarri viveu na cidade de São Paulo e atuou como diretor do Instituto Cultural Ítalo-Brasileiro, Meyer-Clason morou no Brasil de 1937 a 1954 e foi diretor do Instituto Goethe, em Lisboa, de 1969 a 1977.
4. Walter Benjamin, "The Task of the Translator", *Illuminations*, ed. Hannah Arendt, Great Britain, Fontana/Collins, 1982, pp. 69-82. [Em alemão, *Die Aufgabe des Übersetzers*.]
5. Jeanne Marie Gagnebin, "Prefácio", em Susana Kampff Lages, *Walter Benjamin: Tradução e Melancolia*, São Paulo, Edusp, 2002, p. 16. Gagnebin sublinha que não se trata aqui de uma língua

ser lido como o reconhecimento ou a aceitação da impossibilidade de compreender a tradução como recuperação plena de significados, o que atribui ao tradutor, dessa maneira, antes a responsabilidade de transpor, transformar, ou recriar a criação, do que a de ser fiel ao original. Daí a preocupação do crítico menos com o conceito de tradução do que com o de *traduzibilidade*, que, conforme observa Susana Kampff Lages,

> [...] pressupõe, por um lado, a aceitação de uma distância, de uma separação de um fundo textual reconhecido como anterior, por definição, inapreensível em sua anterioridade; por outro, [que] implica uma destruição voluntária desse texto anterior e sua reconstituição, em outro tempo, outra língua, outra cultura, enfim, em uma situação de alteridade ou outridade radical[6].

Para Benjamin, "a tradução é uma forma"[7], e é a lei dessa forma que reside no original que o tradutor necessita buscar, no seu trabalho de leitura, crítica e interpretação. Como, ainda segundo Benjamin, em todo texto resta algo que não pode ser comunicado, cabe ao tradutor, explorando o jogo de proximidade e distância, de perda e ganho, unir literalidade e liberdade na produção de uma versão interlinear, para a qual a ideia de passagem, diferença, intervalo e quebra é crucial. Em certa medida, diz Benjamin, "todo grande texto contém sua tradução potencial nas entrelinhas"[8]. Assim, longe de se constituir em uma busca de semelhança com o original, a estratégia literal de tradução prevê uma recomposição do teor da obra e encontra, na introdução do elemento estrangeiro no interior da própria língua do tradutor, um meio de promover a ampliação dessa língua e de aproximar a tradução de uma versão interlinear. Dessa perspectiva, e Bizzarri e Meyer-Clason parecem ter compreendido muito bem qual deveria ser seu papel, a língua do tradutor "deve-se transformar numa língua alheia a si mesma para dizer [a] alteridade sem sufocá-la"[9].

---

adâmica original, que ao tradutor caberia resgatar; ao contrário, trata-se de uma linguagem cuja "origem divina serve apenas para nos lembrar de nossa própria sujeição a ela, à linguagem – essa mesma linguagem que define nossa humanidade e nos escapa essencialmente, da qual não somos senhores, como bem demonstrou a psicanálise". Ver *op. cit.*, p. 196.

6. Susana Kampff Lages, *Walter Benjamin: Tradução e Melancolia*, São Paulo, Edusp, 2002, p. 204.
7. Walter Benjamin, "The Task of the Translator", *Illuminations*, *op. cit.*, p. 70. [Nessa edição, a frase de WB "Die Übersetzung ist eine Form" foi traduzida como "Translation is a mode", ao passo que em português ela se aproxima mais do original ("A tradução é uma forma"), tal como aparece à página 203 do livro de Susana Kampff Lages.]
8. *Idem*, p. 82.
9. Jeanne Marie Gagnebin, citada por Susana Kampff Lages, *op. cit.*, p. 197.

Embora Rosa se refira de passagem a Walter Benjamin em uma entrevista concedida a Fernando Camacho, em 1966, não há indicações de que tenha lido ou tido conhecimento desse ensaio[10]; contudo, surpreendentemente, a expectativa do escritor em relação à atividade de seus tradutores guarda semelhanças com algumas das ideias do crítico alemão, principalmente no que diz respeito à necessidade de repoetização dos textos na língua estrangeira; como comenta com Bizzarri, Rosa conta com a ousadia do tradutor de "tomar liberdades, sem se submeter com exatíssimo rigor ao corpo, às palavras do texto original"[11] e demonstra grande satisfação com os resultados obtidos pelo italiano, que "recria, reinsufla, remagnetiza, reimanta" *Corpo de Baile*[12]. Há uma espécie de sintonia – e o vocábulo aqui é índice das afinidades – entre Rosa e um Bizzarri que se declara capaz de ouvir a "sinfonia da noite no mato"[13], referindo-se ao trecho sobre o Chefe Zequiel, em *Buriti*; ou entre Rosa e um Meyer-Clason que, desde logo, almeja "uma fala fluida, musical e rica, isto é, um equivalente mais aproximado possível do texto original"[14], o que o anima a tentar "superar o insuperável impondo a estrutura linguística interna do original"[15] ao idioma alemão, uma vez que sua "versão também é poesia, ou melhor, pretende ser poesia"[16].

Por outro lado, enquanto a correspondência entre Rosa e esses dois tradutores se configura como um espaço de reflexão sobre o literário, o poético, e sobre o próprio processo de tradução, as cartas de Mrs. de Onís ao escritor, sempre curtas, sempre escritas em inglês e muitas vezes acompanhadas de longos anexos e listas, cheios de dúvidas e questões, têm um caráter mais prático e exigem de Rosa não somente a explicação e a elucidação de vocábulos, frases e do sentido geral de trechos de seus textos, como ainda o auxílio e a colaboração com sugestões de tradução para a língua inglesa, idioma no qual o autor, não raro, admite não ter fluência. A certa altura, com agudeza, Rosa define essa troca como "um tateio de mãos, de olhos fechados e bocas mudas, como se no diálogo de duas Helen Keller"[17]. Sorte nossa, poderíamos dizer,

---

10. Ver Fernando Camacho, Entrevista com João Guimarães Rosa, *Revista Humboldt*, Rio de Janeiro, abril de 1966, p. 52.
11. Edoardo Bizzarri, *J. Guimarães Rosa. Correspondência com o Tradutor Italiano*, São Paulo, Instituto Cultural Ítalo-Brasileiro, s. d., p. 95 [Carta de 3 de janeiro de 1964].
12. *Idem*, p. 129 [Carta de 16 de dezembro de 1964].
13. *Idem*, p. 73 [Carta de 30 de novembro de 1963].
14. Curt Meyer-Clason, *João Guimarães Rosa. Correspondência com seu Tradutor Alemão*, Rio de Janeiro/Belo Horizonte, Nova Fronteira/Editora UFMG, 2003, p. 82 [Carta de 22, 24 de agosto de 1959].
15. *Idem*, p. 148 [Carta de 22 de janeiro de 1964].
16. *Idem*, p. 154.
17. Carta de João Guimarães Rosa a Harriet de Onís, 8 de abril de 1959.

pois os glossários e as respostas às consultas constituem um precioso instrumento, mesmo para os leitores brasileiros, de esclarecimento de significados e de elucidação de intenções.

As cartas expõem, ainda, sua poética, com o propósito de instigar Mrs. de Onís, por exemplo, a fugir do banal e do vulgar, a eliminar as expressões triviais e a buscar a música e o ritmo, "as formas mais rápidas, mais enérgicas, mais incisivas, mais sugestivas"[18]. Na tentativa de orientar e propor soluções à tradutora norte-americana, Rosa recheia o diálogo com comentários longos e detalhados a respeito de sua própria prática literária, destacando aspectos sobre os quais a crítica iria debruçar-se posteriormente. A procura do novo e do "antilugar-comum" é a preocupação constante de quem escreveu "os contos [de *Sagarana*] como quem escrevesse poesia"[19] e de quem, mesmo ciente das dificuldades postas por seu "português-brasileiro-mineiro-guimarãesroseano"[20], pede a Mrs. de Onís a "vis, a energia poética", pois, segundo nosso autor,

[...] o mais importante, sempre, é fugirmos das formas estáticas, cediças, inertes, estereotipadas, lugares-comuns etc. Meus livros são feitos, ou querem ser pelo menos, à base de uma dinâmica ousada, que, se não for atendida, o resultado será pobre e eficaz. Não procuro uma linguagem transparente. Ao contrário, o leitor tem de ser chocado, despertado de sua inércia mental, da preguiça e dos hábitos. Tem de tomar consciência viva do escrito a todo momento. Tem quase de aprender novas maneiras de sentir e de pensar. Não o disciplinado – mas a força elementar, selvagem. Não a clareza – mas a poesia, a obscuridade do mistério, que é o mundo. E é nos detalhes, aparentemente sem importância, que estes efeitos se obtêm. A maneira-de-dizer tem de funcionar, a mais, por si. O ritmo, a rima, as aliterações ou assonâncias, a música "subjacente" ao sentido – valem para maior expressividade[21].

Para isso, sugere à tradutora recorrer a "formas rebarbativas ou absurdas, e mesmo impossíveis, macaqueando, numa espécie de *caricatura* do inglês, coisas de fazer arrepiar os cabelos aos sabedores do idioma"[22]; ou, ainda, estimula-a a preferir "frases em *worse English*, mas a bem do poder expressivo e sugestivo, à maneira de Joyce!"[23] Assim, o escritor não se esquece de recomendar em um *post scriptum*:

---

18. *Idem*, 2 de maio de 1959.
19. *Idem*, 22 de maio de 1959.
20. *Idem*, 8 de abril de 1959.
21. *Idem*, 4 de novembro de 1964.
22. *Idem*, 8 de abril de 1959.
23. *Idem*, 21 de maio de 1959.

Como disse, penso também que os maiores esforços devem concentrar-se no "O Burrinho Pedrês". Agora, livre das dificuldades analíticas com as palavras a serem vertidas, a Senhora poderá retrabalhar certas passagens, preocupando-se só com o texto inglês em si, sua música, ritmo, força expressiva. Creio que não devemos temer um pouco de ousadia, de impregnação do texto inglês pelas esquisitices do texto português. No original, não há, praticamente, lugares-comuns. Tudo é atrevimento, estranhez, liberdade, colorido revolucionário. Todo automatismo de inércia, da escrita convencional, é rigorosamente evitado. Tudo pela poesia e por caminhos novos! Acabarão aceitando[24].

A insistência na "nota chocante, não-natural, imprevista, eficaz" advém de um projeto literário que tem como um de seus propósitos a força encantatória, que resulta do ritmo, das aliterações, das assonâncias, da "substância plástica" que desautomatiza a leitura, produz o choque e surpreende o leitor. A esse propósito, Rosa escreve à sua correspondente:

Deve ter notado que, em meus livros, eu faço, ou procuro fazer isso, permanentemente, constantemente, com o português: chocar, "estranhar" o leitor, não deixar que ele repouse na bengala dos lugares-comuns, das expressões domesticadas e acostumadas; obrigá-lo a sentir a frase meio exótica, uma "novidade" nas palavras, na sintaxe. Pode parecer crazzy [sic] de minha parte, mas quero que o leitor tenha de enfrentar um pouco o texto, como a um animal bravo e vivo. O que eu gostaria era de falar tanto ao inconsciente quanto à mente consciente do leitor. Mas, me perdoe[25].

Rosa tem plena consciência da inevitabilidade da perda inerente ao processo tradutório, mas frisa que Mrs. de Onís deve escolher, "sempre que possível, a expressão mais rara, original, e a mais enérgica, forte, crispada e violenta". Durante os oito longos anos das trocas de cartas, pede reiteradamente o mesmo – música, plasticidade, choque, estranheza, energia, crispação. Seu programa estético vai ficando registrado nas extensas e detalhadas notas que anexa às cartas, na tentativa de empurrar a tradutora, de fazê-la melhorar o que o autor declara já estar bom. Publicados *Grande Sertão: Veredas* na Alemanha e *Corpo de Baile* na Itália, Rosa cita-os como modelos, exemplos e patamares a serem atingidos pela tradução de *Sagarana*, a fim de justificar a revisão de "Minha Gente" ("Mine Own People"). Incansável, Rosa explica, elucida, sugere, ilustra, busca soluções, corrige. Quando de Onís manifesta a preocupação de lhe estarem escapando o "tom" e a "nuance", Rosa responde:

---

24. *Idem*, 3 de abril de 1964.
25. *Idem*, 2 de maio de 1959.

[Como a Sra. fala em "tom" e "nuance", estive pensando.] Sei que o absoluto horror ao lugar-comum, à frase feita, ao geral e amorfamente usado, querem-se como características de *Sagarana*. A Sra. terá notado que, no livro todo, raríssimas são as fórmulas usuais. A meu ver, o texto literário precisa de ter gosto, sabor próprio – como na boa poesia. O leitor deve receber sempre uma pequena sensação de surpresa – isto é, de vida[26].

O estímulo e o entusiasmo que, com frequência, expressa a Mrs. de Onís, entretanto, contrasta com os desabafos que deixa escapar na correspondência com os outros dois tradutores. A Bizzarri confidencia, a certa altura:

E, pois bem, ao chegar aqui, fui "engolido" por uma montanha de tarefas. Entre elas, as incessantes consultas (quase palavra por palavra) da minha amiga e tradutora do *Sagarana* para o inglês. Ela é admirável pessoa, adorando meus livros; mas, *ohimé*, não é Bizzarri...[27]

Com a consciência de que Mrs. de Onís, "infelizmente"[28], não é uma tradutora do calibre de Meyer-Clason ou Bizzarri, Rosa queixa-se da tradução de *Grande Sertão: Veredas* para o inglês, iniciada por Onís, terminada por James Taylor e revisada por ela; com Meyer-Clason, comenta que, embora reconheça que é necessário fazer sacrifícios, os americanos, "[n]ão raro, mesmo, chegam a desfigurar o que o autor quis dizer, tirando-lhe a energia dialética, o sopro de sua *Weltanschauung* [...]" e conclui, "Tudo virou água rala, mingau"[29].

Ao pinçar exemplos, ao acaso, verifica que "[o] livro americano está cheio de falhas, e ainda mais fundas alterações, enfraquecimentos, omissões, cortes. Basta compará-lo com o original, em qualquer página". Ao final, quase que se pode ouvir um suspiro de resignação, quando Rosa constata: "Com tudo isso, porém, reconheço que os tradutores merecem meu aplauso e gratidão, pelos enormes esforços com que operaram, dando ao mundo O GRANDE SERTÃO em inglês, abrindo para ele um grande caminho, se Deus quiser"[30].

A crítica de primeira hora nos Estados Unidos, todavia, deu tanto a *The Devil to Pay in the Backlands* (1963) quanto a *Sagarana, a Cycle of Stories* (1966), ambos resultado da descoberta de Mrs. de Onís e de seu empenho em

---

26. *Idem*, 11 de fevereiro de 1964.
27. Edoardo Bizzarri, *op.cit.*, p. 135 [Carta de 7 de março de 1965].
28. Curt Meyer-Clason, *op.cit.*, p. 236 [Carta de 9 de fevereiro de 1965].
29. *Idem*, pp. 113-114 [Carta de 17 de junho de 1963].
30. *Idem*, pp. 115-116 [Carta de 17 de junho de 1963].

torná-los disponíveis para o público norte-americano, uma recepção ambivalente. Na esteira de sua publicação, as resenhas não tardaram a surgir e a se multiplicar. Só para citar alguns exemplos, *The Devil to Pay* foi lido como um "Western brasileiro"[31], foi comparado às histórias do oeste em que figuravam Billy the Kid e seu bando[32], a uma espécie de "*Western*, com disputas de revólver e de faca"[33], e tido como "uma história de aventuras a que falta variedade e [...] e um romance de ideias que não consegue ir além do óbvio"[34]; algumas resenhas consideraram a tradução "soberba"[35] ou "excelente", enquanto outros, como Claude L. Hulet, lamentaram a perda da força poética do romance, já que, segundo sua avaliação, "o traço mais notável desse livro recente (1956) infelizmente transparece apenas de modo vago para o leitor de língua inglesa"[36]; por seu turno, os nove contos de *Sagarana* vertidos para o inglês são apresentados como "encantadores", "líricos", uma "diversão", enquanto resenhistas ora julgam que a tradução é "impecável", ora opinam que ela não lhes fez justiça.

De modo geral, porém, o tom predominante nos recortes de jornal zelosamente colecionados e guardados por Rosa é bastante elogioso e ressalta tanto a qualidade épica, quanto a ousadia, o estilo e o poder de efabulação do escritor, o que nos autoriza a concluir que, afinal de contas, Mrs. de Onís cumpriu seu objetivo de tornar a obra de Rosa disponível para o leitor dos Estados Unidos. Todo o tempo, conforme demonstram a correspondência, o cuidado e a atenção de Rosa às demandas de seus tradutores, ele esteve consciente das dificuldades. Ainda em carta a Meyer-Clason, embora creia que seu tradutor para o alemão "poderá realizar tradução muitíssimo melhor, mais bela em si e mais fiel às sutilezas do texto", Guimarães Rosa reconhece que "muita coisa, naturalmente, terá de perder-se, evaporar-se, por intraduzível. Mas", exorta, "que não sejam as coisas vivas, importantes. Nem coisas válidas *para o leitor alemão*". Ou, poderíamos acrescentar, para qualquer leitor.

---

31. Betty Adler, *The Baltimore Sun*, 16 de abril de 1963 [Fundo João Guimarães Rosa, MP 3/JGR – Cx 15, 2, ENV 14/50 (1)].
32. Ted Holmberg, *The Providence*, 5 de maio de 1963 [Fundo João Guimarães Rosa, MP 3/JGR – Cx 15, 2, ENV 21/50 (2)].
33. William Grossman, *The New York Review of Books*, 21 de abril de 1963 [Fundo João Guimarães Rosa, MP 3/JGR – Cx 15, 2, ENV 16/50 (1)].
34. Theodore M. O'Leary, *The Kansas City Star*, 12 de maio de 1963 [Fundo João Guimarães Rosa, MP 3/JGR – Cx 15, 2, ENV 25/50 (1)].
35. Orville Prescott, *The New York Times*, 17 abril de 1963 [Fundo João Guimarães Rosa, MP 3/JGR – Cx 15, 2, ENV 15/50 (1)].
36. Claude L. Hulet, *Los Angeles Times Calendar*, 28 de abril de 1963 [Fundo João Guimarães Rosa, MP 3/JGR – Cx 15, 2, ENV 18/50 (1)].

Seria justo, diante dessa constatação da inevitabilidade da perda, falar em malogro, no caso de Mrs. de Onís? Walter Benjamin, para se referir ao trabalho do tradutor, escolheu a palavra *Aufgabe*, cujo significado engloba os sentidos de tarefa, exercício, missão, mas também de desistência e renúncia. Esse é o impasse que a tradução da obra de Rosa para a língua inglesa expõe com nitidez. Talvez porque tenham-se sentido obrigados a simplificar e esclarecer o texto, os tradutores norte-americanos, ao assumir a tarefa, optaram por um estilo convencional[37], pela facilitação, pela legibilidade, renunciando, assim, a ousar, a arriscar uma aventura que fizesse jus ao programa estético do nosso autor.

~
REFERÊNCIAS BIBLIOGRÁFICAS:

BIZZARRI, Edoardo. *J. Guimarães Rosa. Correspondência com o Tradutor Italiano*. São Paulo, Instituto Cultural Ítalo-Brasileiro, s.d.
LAGES, Susana Kampff. *Walter Benjamin: Tradução e Melancolia*. São Paulo, Edusp, 2002.
MEYER-CLASON. *João Guimarães Rosa. Correspondência com seu Tradutor Alemão*. Edição, organização e notas de Maria Apparecida Faria Marcondes Bussolotti. Rio de Janeiro/Belo Horizonte, Nova Fronteira/Editora UFMG, 2003.
VERLANGIERI, Iná Valéria Rodrigues. *João Guimarães Rosa. Correspondência Inédita com a Tradutora Norte-americana Harriet de Onís*. Dissertação (Mestrado). Araraquara, Unesp, 1993.

---

37. Resenha de Harvey L. Johnson: "James L. Taylor and Harriet de Onís here use a conventional style, which reads well but fails to preserve the tone of the original language with its colorful imagery, although, admittedly, it would be an almost superhuman task to render the exact flavor of the idiomatic expressions, proverbs, archaisms, and words coined by the author". [Fundo João Guimarães Rosa, MP 3/JGR – Cx 15, 2, ENV 12/50 (2), sem dados].

14.
UMA VOCAÇÃO EM BUSCA DE LÍNGUAS: NOTAS SOBRE AS (NÃO) TRADUÇÕES DE MACHADO DE ASSIS[1]

HÉLIO DE SEIXAS GUIMARÃES (USP)

> *Parece que há duas sortes de vocação, as que têm língua e as que a não têm. As primeiras realizam-se; as últimas representam uma luta constante e estéril entre o impulso interior e a ausência de um modo de comunicação com os homens.*
>
> "Cantiga de Esponsais", 1883.

Machado de Assis viveu num tempo e num lugar em que a produção editorial e literária se tornava cada vez mais internacionalizada, com o crescente intercâmbio de textos entre periódicos dos dois hemisférios e das diferentes latitudes. Ele mesmo colaborou na primeira publicação em português a sair nos Estados Unidos, o jornal ilustrado *O Novo Mundo*, publicado em Nova York durante toda a década de 1870, para o qual escreveu em 1873 o famoso ensaio "Notícia da Atual Literatura Brasileira – Instinto de Nacionalidade". Foi também colaborador assíduo de *A Estação*, jornal de modas transnacional, de origem alemã, que juntava às gravuras e ilustrações apátridas conteúdos locais, como as dezenas de contos que o próprio Machado de Assis publicou ali entre 1879 e 1898, além do *Quincas Borba*, que saiu em pedaços a partir de 1886, antes de ser publicado em volume em 1891[2].

Frequentador dos rodapés de jornais em que obras de sua autoria alternavam com autores superinternacionais, como Paul de Kock, Enrique Perez Escrich e Xavier de Montépin, o autor de *Helena* desde cedo parece ter com-

---

1. Este artigo é uma versão modificada da comunicação apresentada no Simpósio "Machado de Assis tradutor traduzido", realizado na Universidade Federal de Santa Catarina em 2005.
2. Sobre a publicação de *Quincas Borba* e *A Estação*, ver *Quincas Borba: Folhetim e Livro*, tese de doutorado defendida por Ana Cláudia Suriani da Silva no Wolfson College, Oxford, em 2007.

preendido os novos modos de produção e circulação da produção literária, mostrando-se sensível a essa questão, tanto na vida como na ficção.

O autor de *Quincas Borba* foi leitor assíduo da *Revue des Deux Mondes* (1829-), periódico a certa altura lido pela provinciana Sofia Palha, que o consumia como índice de sua ascensão social; assim como o jovem goiano Camilo Seabra do conto "A Parasita Azul" se deliciava com as velhas páginas do *Le Figaro*, estabelecendo uma linha direta e inusitada entre Goiás e Paris.

O indício mais claro dessa sensibilidade à internacionalização do campo literário talvez esteja no empenho do escritor em ter sua obra lida fora do Brasil, fosse por meio da circulação em Portugal, que tentou em vários momentos, fosse por meio de traduções, nas quais se empenhou pessoalmente.

É relativamente conhecida a tentativa de tradução da obra de Machado de Assis para o alemão, possibilidade que não se concretizou no tempo de vida do escritor. Numa carta de 10 de junho de 1899, Machado escreveu ao editor F. H. Garnier, pedindo-lhe autorização para ter suas obras – ele não especifica quais – vertidas para o alemão. O trabalho seria feito por Alexandrina Highland, senhora de nome muito pouco alemão, diga-se de passagem – Highländer, talvez? –, e de quem não consegui obter nenhuma outra referência além daquelas que constam da carta do próprio Machado de Assis: ela então era residente em São Paulo, onde permaneceria mais oito meses antes de retornar à Alemanha.

Os motivos alegados por Machado em favor da tradução, na carta escrita em francês e endereçada a Garnier, eram estes: "Para mim, senhor, eu não lhe exigiria nenhum benefício, considerando-se ser uma vantagem me fazer conhecer numa língua estrangeira, que tem seu mercado [*marché* é a palavra empregada por Machado] tão diferente e tão afastado do nosso. Penso que isso também é vantajoso para o senhor. Se também pensa assim, envie-me a devida autorização, isenta de qualquer condição pecuniária"[3].

A resposta do editor veio de Paris, menos de um mês depois. Nela, François Hippolite Garnier negava o pedido da cessão de direitos sem compensação monetária e argumentava: "Vós não ignorais, senhor, que um autor, por mais bem traduzido que seja, sempre perde sua originalidade numa língua que não seja a sua; os admiradores de um escritor preferem lê-lo na língua mater-

---

3. No original: "Pour moir, Monsieur, je ne lui exigerait aucun benefice, trouvant que c'est déjà un avantage de me faire connaitre dans une langue étrangère, qui a son marché si different et si eloigné du notre. Je pense que c'est aussi un avantage pour vous. Si vous le pensez aussi, envoyez-moi une autorisation en due forme, sans aucune condition pecuniaire." Cf. *Exposição Machado de Assis: Centenário do Nascimento de Machado de Assis: 1839-1939*, introdução de Augusto Meyer, Rio de Janeiro, Ministério da Educação e Saúde, 1939, p. 199.

na. Não teríeis nada a ganhar ao ser traduzido para o alemão. Também tenho o desgosto de não poder conceder gratuitamente o direito de tradução solicitado – Os alemães, de sua parte, sabem muito bem se fazer pagar"[4].

Embora seja o caso mais conhecido, também porque melhor documentado, não foi essa a única tentativa de Machado de fazer circular sua obra fora do Brasil e ser lido em língua estrangeira. O escritor empenhou-se pessoalmente em pelo menos outras duas tentativas de tradução, ambas igualmente frustradas.

Bem antes do episódio de 1899, Machado entrara em tratativas e sondagens para ver seu trabalho circulando em outros países e outras línguas. É o que se depreende de uma longa – longa não pelo número de cartas, mas por ter-se estendido por quase vinte anos – e pouca conhecida correspondência que manteve com seu cunhado, Miguel de Novais, irmão de Faustino Xavier de Novais e de Carolina. Parte dessa correspondência foi reunida por Pérola de Carvalho e publicada em 1964 no "Suplemento Literário" do jornal *O Estado de S. Paulo*, que reproduziu 24 cartas de Miguel para Machado[5].

Na grande maioria delas, o irmão de Carolina faz referência a alguma carta anteriormente enviada do Brasil pelo cunhado escritor, o que é indicativo da reciprocidade e da constância na correspondência. Mas nenhuma das cartas escritas por Machado, até onde sei, sobreviveu ao muito provável desbaste realizado por Machado e seus herdeiros sobre os papéis mais íntimos do escritor. Apesar disso, pelas referências feitas por Miguel de Novais, é possível reconstituir, em negativo, alguns dos assuntos tratados pelo famoso cunhado brasileiro nessa correspondência. Nela, chama a atenção o modo como Machado teria lidado com questões relativas à recepção de sua obra.

Sempre tão discreto ao tocar nesses assuntos, ao contrário de seus antecessores e sucessores ilustres, como Alencar e Aluísio Azevedo, que sempre se queixaram da indiferença do público para com suas obras – e lamentaram-no abertamente –, Machado de Assis, a partir de certa altura de sua carreira, parece ter operado um deslocamento na discussão sobre as condições difíceis da produção, circulação e recepção da literatura. Essas

---

4. A carta original, datada de "Paris, le 8 Juillet 1899", diz o seguinte: "Vous n'ignorez pas, monsieur, qu'un auteur quelque bien traduit qu'il soit, – perd toujours de son originalité dans une langue autre que la sienne; les admirateurs d'un écrivain aiment mieux le lire dans sa langue mère. Vous n'avez rien à gagner à être traduit en allemand. / Aussi ai-je le regret de ne pas pouvoir accorder gratuitement le droit de traduction demandé – Les allemand savent fort bien se faire payer de leur coté". Cf. *Exposição Machado de Assis, op. cit.*, p. 199.
5. O Arquivo da Academia Brasileira de Letras guarda os originais dessa correspondência, com um total de 32 cartas.

questões, recorrentes entre escritores e críticos do século XIX, e das quais o próprio Machado tratou com frequência na década de 1860, principalmente nos textos críticos e nos escritos sobre teatro, a certa altura deixaram de ocupar o campo das manifestações críticas e pessoais do escritor para integrar o núcleo da sua obra ficcional[6].

Essas preocupações, comuns entre os escritores do século XIX e inscritas na ficção machadiana, teriam sido explicitadas por Machado de Assis na correspondência com Miguel de Novais. Seria para ele que Machado de Assis teria manifestado a vontade de "quebrar a pena", diante da pouca repercussão e interesse despertados pelas *Memórias Póstumas de Brás Cubas*, que de fato foram recebidas com perplexidade e enorme silêncio, em tudo desproporcionais à estridência do romance e ao esforço artístico ali empenhado. Silêncio só quebrado quase dez anos depois, por ocasião do lançamento de *Quincas Borba*, quando a crítica de fato se manifestou, percebendo no romance de 1891 a confirmação de que as estranhezas do romance de 1880/1881 não eram acidentes nem desvios de percurso.

A carta em que Miguel de Novais comenta o desânimo de Machado foi escrita em 21 de julho de 1882; portanto, ano e meio depois do lançamento de *Brás Cubas*. Tratava-se de resposta à correspondência em que Machado incluíra um exemplar de "Tu Só, Tu, Puro Amor", atendendo a um pedido do irmão de Carolina. O teor da carta do cunhado sugere que Machado tenha esmorecido logo depois da publicação de *Brás Cubas*:

---

6. Nos romances, principalmente a partir de *Brás Cubas*, as dificuldades e a precariedade da comunicação literária aparecem ficcionalizadas de maneiras variadas: na construção de um autor-narrador-defunto que escreve para os cinquenta, vinte, dez, talvez cinco leitores previstos para o relato de Brás Cubas; na armação ficcional de um narrador que escreve um livro, *Dom Casmurro*, para o leitor de um outro livro, a *História dos Subúrbios*, preterido até a última linha, quando o narrador de fato convoca o leitor para o livro dissimuladamente apresentado como o principal, mas ainda não-escrito; ou então na formulação final do diário íntimo, em que o leitor e a recepção aparecem ficcionalizados como acidentes, que só se vão configurar se algo der errado e os cadernos do Conselheiro Aires não forem destruídos a tempo de constituírem o *Memorial* ou *Esaú e Jacó*. No conjunto dos contos, sobretudo naqueles escritos em torno de e a partir do final da década de 1870, também repontam aqui e ali comentários sobre as condições e possibilidades da circulação, da recepção e da comunicação da arte em geral, e da literatura em particular. Vale lembrar de "Chinela Turca", "O Segredo do Bonzo", "Cantiga de Esponsais" e "Habilidoso", entre vários outros. Em todas essas narrativas, leitores, espectadores e público aparecem como problemas fundamentais para a ficção. Sobre isso, ver Hélio de Seixas Guimarães, *Os Leitores de Machado de Assis: O Romance Machadiano e o Público de Literatura no Século XIX*, São Paulo, Nankin/Edusp, 2004; do mesmo autor, "Pobres-diabos num Beco – Personagens-artistas no Conto de Machado de Assis", *Teresa – Revista de Literatura Brasileira*, São Paulo, nº 6-7, 2006.

Parece-me não ter razão para desanimar e bom é que continue a escrever sempre. Que importa que a maioria do público lhe não compreendesse o seu último livro? – há livros que são para todos e outros que são só para alguns – o seu último livro está no segundo caso e sei que foi muito apreciado por quem o compreendeu – não são, o amigo sabe-o bem, os livros de mais voga os que têm mais mérito. Não pense nem se ocupe da opinião pública quando escrever – A justiça mais tarde ou mais cedo se lhe fará, esteja certo disso[7].

Na resposta a essa carta de encorajamento, Machado conta-lhe que o *Brás Cubas* estava sendo traduzido para o alemão – isso em 1882, dezessete anos, portanto, antes daquela tentativa frustrada pelo editor Garnier. Depreende-se a informação da resposta de Miguel de Novais: "Estimei saber que o seu Brás Cubas estava sendo traduzido para o alemão – são poucas as composições em língua portuguesa que recebem essa honra – Será o tradutor homem capaz de sair-se bem da empresa? essa é uma questão importante".

Além dessa menção de Miguel de Novais, nada mais se sabe sobre essa primeira possibilidade de tradução de uma obra de Machado para língua estrangeira. Da mesma forma, não se conhece o destino de outra possível tradução do *Brás Cubas* para o alemão, que seria realizada em 1888 por Curt Busch von Besa, de quem também não obtive ainda nenhuma outra informação nos catálogos das bibliotecas alemãs. Desta, temos apenas o registro manuscrito da autorização concedida por Machado ao tradutor, datada de 10 de setembro de 1888.

Em resumo, as três tentativas de tradução da obra de Machado de Assis para uma língua estrangeira – nas quais o escritor parece ter-se empenhado direta e ativamente – foram três tentativas frustradas de versões para o alemão: uma em 1882, outra em 1888 e a terceira em 1899. Por iniciativa de Machado, ou por interesse espontâneo dos tradutores, é digno de nota que se tenha cogitado traduzir as *Memórias Póstumas* para o alemão – e não para o inglês, por exemplo, língua à qual o romance teria filiação mais imediata, óbvia e perceptível pelos leitores contemporâneos, que desde cedo reiteraram as ligações do livro com Sterne e com um certo humorismo de fonte inglesa. Ou então, ainda muito mais provável, para o francês, pelas afinidades e proximidades culturais e editoriais entre as línguas e os países.

---

7. Carta de Miguel de Novais a Machado de Assis datada de 21.7.1882. O original está no arquivo da Academia Brasileira de Letras, e seu texto foi reproduzido no "Suplemento Literário" de *O Estado de S. Paulo*, 20.6.1964, p. 2. A carta de Machado que deu ensejo a essa resposta infelizmente está perdida.

Para o francês, há registro de uma tentativa, em março de 1901, quando Machado escreveu carta a Figueiredo Pimentel, tradutor de contos dos irmãos Grimm do alemão, esclarecendo que só o sr. Garnier, de Paris, proprietário de suas obras, poderia autorizar o sr. Philéas Lebesgue[8] a traduzir seus livros para o francês. Até onde se sabe, esse projeto também não vingou, e Machado permaneceu inédito em língua francesa até 1910, quando saiu em Paris a coletânea de contos *Quelques contes*, com tradução de Adrien Delpech[9], o mesmo que no ano seguinte publicaria a tradução das *Memórias Póstumas de Brás Cubas*, também publicado pelos irmãos Garnier.

Os dois únicos romances de Machado traduzidos e publicados em seu tempo de vida foram *Brás Cubas* e *Esaú e Jacó*, ambos para o espanhol. O primeiro romance teve tradução de Julio Piquet e foi publicado em Montevidéu em 1902[10]. Machado demonstrou simpatia e apreço pelo trabalho: "A tradução só agora a pude ler completamente, e digo-lhe que a achei tão fiel como elegante" – foram as palavras que escreveu em carta ao amigo Luís Guimarães Filho, que teria feito a intermediação com o tradutor[11].

No final de 1905, foi a vez do jornal *La Nación*, da Argentina, publicar *Esaú e Jacó*, em espanhol, como brinde aos seus leitores. Interessante que o romance havia saído no Brasil apenas um ano antes, em 1904, e valeria a pena pesquisar mais sobre a história dessa tradução, da qual não consta nem mesmo o nome do tradutor.

Nos escritos que chegaram até nós, também não se pronunciou sobre essa tradução. Será que a essa altura teria já arrefecido o entusiasmo que o escritor manifestara nas décadas de 1880 e 1890 ante a possibilidade de ver sua obra traduzida e publicada no exterior? Entusiasmo quebrado pelo contra do Garnier ou pela rebeldia dos fatos da vida cultural, literária e editorial brasileira, desde então muito eficiente em quebrar as ilusões dos artistas habilidosos, mas sem talento, como o João Maria do conto "Habilidoso", ou

---

8. Philéas Lebesgue traduziu para o francês *Iracema: Lenda do Ceará* (1865), de José de Alencar. Essa tradução foi publicada em 1907, em folhetim, no jornal parisiense *L'Action Républicaine*. Lebesgue foi um dos maiores divulgadores da literatura brasileira na França nessa época.
9. Adrien Delpech chegou ao Brasil em 1892, aos 25 anos, e aqui se estabeleceu definitivamente. Conheceu bem a produção literária de Machado de Assis antes de traduzir para o francês todos os contos de *Várias Histórias*, publicado na França em 1910 com o título *Quelques contes*.
10. Uma tradução de *Memórias Póstumas de Brás Cubas* para o espanhol (seria a mesma feita por Julio Piquet?) foi publicada pela Biblioteca La Nación, na Argentina, segundo informa a pesquisadora argentina Patricia Wilson em trabalho citado por Gustavo Sorá, *Traducir el Brasil – Una Antropología de la Circulación Internacional de Ideas*, Buenos Aires, Libros de Zorzal, 2003, pp. 72-73.
11. Carta datada de 10 de julho de 1902.

dos artistas de muito talento, como o Joaquim Maria, que buscava em outras terras e em outras línguas outros modos de comunicação com os homens?

Ainda no capítulo das frustrações, e ainda em relação à correspondência com Miguel de Novais, há um registro interessante, que não trata exatamente da versão para uma língua estrangeira, mas da publicação dos seus livros em outro "mercado". Trata-se do mercado português, este, sim, em acirrada concorrência com o mercado brasileiro de livros, como demonstram as tensas relações entre escritores, críticos e livreiros de ambos os países, que durante o século XIX trocavam acusações de avanços indevidos em direção ao público ou mesmo ao espaço ficcional de um ou outro país[12].

Sabemos como foi acidentada e irregular a circulação das obras de Machado em Portugal. A despeito da precocidade da circulação de seus escritos em terras portuguesas – já em meados da década de 1860, quando o escritor tinha vinte e poucos anos, alguns poemas saem em periódicos portugueses, como os "Versos a Corina" – e do prestígio que o escritor gozou entre seus pares de além-mar, Machado foi muito mais conhecido em Portugal como homem de teatro, crítico e poeta do que como prosador. A pouca circulação de sua prosa entre os portugueses parece ser consenso entre os pesquisadores e críticos que trataram da circulação e da recepção da obra machadiana em Portugal. Todos eles relatam a dificuldade de encontrar obras de Machado de Assis nas bibliotecas públicas e catálogos portugueses[13].

De fato, foram poucas as obras brasileiras que circularam comercialmente em Portugal, onde não houve publicação de qualquer livro de Machado durante seu tempo de vida. Mesmo as edições da Garnier, impressas em Paris, tiveram pouquíssima circulação em Portugal. Batalha Reis declarou em 1904, talvez com algum exagero, que o editor Garnier não conseguia vender em Portugal nem mesmo dez cópias de cada um dos livros de

---

12. Vale lembrar as reclamações de críticos brasileiros contra os escritores portugueses que ambientavam suas histórias no Rio de Janeiro, atitude vista como uma espécie de invasão do espaço geográfico e literário nacional. Isso se deu com Camilo Castelo Branco, que em 1876 teve seu livro *O Cego de Landim* recebido com hostilidade pela crítica fluminense. Entre outras coisas, a má-vontade devia-se ao fato de o romance ser ambientado no Rio de Janeiro. Cf. artigo publicado em rodapé do jornal *A Reforma*, do Rio de Janeiro, de 19.10.1876, provavelmente escrito por Joaquim Serra.
13. Sobre a circulação e recepção da obra em Portugal, consultar "Machado de Assis no Portugal do Século XIX", em Raymond Sayers, *Onze Estudos de Literatura Brasileira*, Rio de Janeiro/Brasília, Civilização Brasileira/Instituto Nacional do Livro, 1983, pp. 123-142; Pedro Calheiros, "A Recepção de Machado de Assis em Portugal", *Travessia*, Florianópolis, nº 27, 1993; e Arnaldo Saraiva, "Machado de Assis in Portugal", em João Cezar de Castro Rocha (ed.), *The Author as Plagiarist: The Case of Machado de Assis*, Dartmouth, University of Massachusetts Dartmouth, 2006, pp. 649-660.

Machado de Assis[14]. Aparentemente a circulação das obras em Portugal se deveu muito mais à diligência dos amigos e conhecidos do que por qualquer outro motivo.

Pela correspondência com Miguel de Novais, sabemos que Machado enviou para Portugal alguns exemplares das *Memórias Póstumas de Brás Cubas*, de *Papéis Avulsos* e de *Histórias sem Data*, que o cunhado ajudou a circular entre amigos e admiradores, como Gomes d'Amorim. Ainda mereceria investigação mais detalhada o porquê de *Memórias Póstumas de Brás Cubas* ter tido sua publicação suspensa depois de saírem 28 capítulos no periódico *A Folha Nova*. Segundo relata Raymond Sayers, o romance começou a sair em folhetim a 13 de outubro de 1882, por indicação de António Moutinho de Sousa, e teve sua publicação interrompida, sem justificativa expressa, trezes meses depois, em 22 de novembro de 1883[15].

Embora tenha havido várias publicações esparsas de poemas e contos em periódicos portugueses, de que Machado tinha notícias pelos amigos portugueses que moravam no Rio e também por intermédio do cunhado, a única tentativa positiva de ser publicado em Portugal se deu em 1887. Em carta de 11 de junho, Machado teria consultado o cunhado sobre a possibilidade de fazer seus livros circularem em Portugal, ao que Miguel de Novaes respondeu com uma impressionante série de negativas e "dificuldades insuperáveis".

Dizia que os livros impressos no Brasil não poderiam vender-se em Portugal por causa do preço excessivo que custariam lá, daí os editores de Machado, segundo Novais, não tentarem mandar para Portugal "nenhuns exemplares". Aventava a possibilidade de imprimir os livros em Portugal e enviar ao Brasil, mas alegava que nenhum editor português daria a Machado quantia idêntica à oferecida por um editor no Brasil. Ponderava que, embora Machado fosse um nome conhecido em Portugal, as pessoas ali não conheciam seus livros. Argumentava que o mercado era realmente mesquinho para que um editor arriscasse grandes somas em tal empresa. Finalmente, dizia que ele mesmo – e Miguel de Novais era um homem rico, casado em segundas núpcias com uma mulher de posses – editaria com muito gosto um livro seu, mas que havia a maior de todas as dificuldades até então listadas: a

---

14. Cf. Arnaldo Saraiva, "Machado de Assis in Portugal", *op. cit.*, p. 654.
15. Sobre a relação de Machado com António Moutinho de Sousa, cf. Jean-Michel Massa, "Un Ami Portugais de Machado de Assis: António Moutinho de Sousa" (separata), Lisboa, Universidade de Lisboa, 1971.

revisão das provas. A partir daí, o irmão de Carolina faz uma série de considerações muito pouco convincentes, para dizer que um eventual processo de revisão demoraria anos, inviabilizando completamente o projeto – como se vários dos livros de Machado não tivessem sido editados em Paris, e posteriormente enviados ao Brasil, onde eram comercializados. Miguel de Novais concluía a carta da seguinte forma: "Não há remédio senão esperar para mais tarde, quando o amigo Machado vier aqui com manuscrito debaixo do braço, resolvido a permanecer um ano cá por estas terras; então sei que terá tempo para assistir à publicação e cuidar da revisão das provas. Espero que ainda se resolva a fazê-lo"[16].

Segue-se daí um longo silêncio de Machado de Assis, que aparentemente só será quebrado quatro anos mais tarde, em meados de 1891, quando Miguel de Novais acusa recebimento de correspondência de Machado e Carolina. Coincidência ou não, o fato é que, a partir dos pedidos negados em 1887, os intervalos entre as cartas tornam-se cada vez mais largos, e não são poucas as queixas do cunhado português sobre o laconismo das poucas cartas enviadas do Brasil.

Sabemos que Machado não foi a Portugal e nem a parte alguma fora do Brasil, a não ser por meio das traduções de seus livros para o espanhol. Todos esses fatos sugerem, no entanto, que Machado tenha-se empenhado ativamente, principalmente nas décadas de 1880 e 1890, em buscar terras e línguas estrangeiras para fazer circular sua obra. E fico pensando que esses esforços do escritor – de ser traduzido, de ver sua obra circular num outro país – tenham a ver com a busca de um modo de comunicação com os homens, com a procura de uma saída para o beco em que Machado meteu vários dos seus personagens ficcionais. Um beco no qual ele próprio, acredito, teve a consciência de estar irremediavelmente metido.

---

16. Trecho da carta de Miguel Novaes a Machado de Assis datada de 19.8.1887. Publicada no "Suplemento Literário" de *O Estado de S. Paulo*, 20.6.1964, p. 3.

15.
ROSA E MACHADO: PROBLEMAS DE TRADUÇÃO

ELIANA AMARANTE DE MENDONÇA MENDES (UFMG)

Sempre me incomodou constatar como, a cada nova edição em língua portuguesa, nossas grandes obras vêm passando por metamorfoses, intencionais ou não – colaborações literárias dos editores, negligência ou inépcia? Há omissões, pequenos acréscimos e outras intervenções feitas às vezes pelos tipógrafos, às vezes por digitadores e por revisores. Há também os casos de adaptações a públicos específicos, mais resumidas, e de adaptações motivadas por razões ideológicas – o caso da censura – ou mesmo por interesse financeiro de editoras, resumir para produzir algo mais barato.

Em resumo, alteram, recompõem palavras, mudam a disposição delas, muitas vezes comprometendo o conjunto de significação construído pelos autores e, consequentemente, privando o leitor de dialogar com o texto autêntico e, assim, descaracterizando nossa memória cultural literária. No meu entender, e na esteira do pensamento de Chartier (2001, p. 99), "resguardar o texto, assim como foi consagrado pelo autor, através dos dispositivos editoriais, bem como os seus elementos textuais, é orientar o leitor a uma construção de significação através do ato de leitura". Ainda, com Chartier (2001, p. 99), preservar a obra como o autor a concebeu e quis que fosse publicada é conservar um tesouro que descreve uma época com seus estereótipos; é preservar para a posteridade um patrimônio cultural, o que muitas vezes permite a reconstrução da história extraoficial ou oferece novas possibilidades de leitura da história oficial.

Como estudiosa da tradução, sempre me interessou saber também como os meus autores brasileiros prediletos, Machado de Assis e Guimarães Rosa, vêm sendo traduzidos para outras línguas e vêm sendo recebidos por outras culturas. Se nas reedições, na língua do original, já ocorrem tantas inadequações, o que acontecerá nas traduções interlinguais?

Para buscar resposta para essa minha inquietação tenho-me dedicado a rastrear nas traduções de Machado de Assis e de Guimarães Rosa para diversas línguas problemas de tradução.

Adoto uma postura tradicional, sem excessos, em relação à tradução. Separo o que é do autor e o que é do tradutor, distingo original e tradução; não acho que o autor de um texto é antes o seu primeiro tradutor e não realmente o seu autor. Em resumo, a minha postura perante a tradução é essencialmente uma postura descritivo-comparativista e avaliativa: primeiro descrever comparando, depois avaliar. E o parâmetro para a avaliação é o respeito ao original, a manutenção POSSÍVEL do original na língua de chegada, a manutenção criativa e inteligente do original. O tradutor, no meu entender, tem de ser o leitor-modelo de Eco, que nasce com o texto e é o sustentáculo de sua estratégia de interpretação, que, aprisionado no texto, desfruta apenas da liberdade que o texto lhe concede. Nada mais do que isso.

Neste trabalho, faço o cotejo de alguns fragmentos de obras de Machado e Rosa com suas traduções e busco mostrar que, embora Rosa seja muito mais difícil de traduzir, pois coloca ao tradutor o desafio de recriar a linguagem rosiana, a tradução de Machado, apesar de sua obra ser vazada num português clássico, numa linguagem concisa, correta, sóbria, também apresenta dificuldades.

Comecemos com Guimarães Rosa:

Falar da obra de Guimarães Rosa é muito, sem dúvida, falar de sua linguagem. Lendo a obra de Rosa, qualquer leitor sente o impacto da novidade e da agressividade de seu estilo, sente o desafio de sua forma linguística. Vamos aqui nos limitar a tratar de *Grande Sertão: Veredas*, que, como disse o próprio Rosa, em correspondência com a sua tradutora americana Harriet de Onís, "É um livro terrível, não é à toa que o Diabo é o seu personagem. Sua tradução será muito mais árdua que a de qualquer conto do *Sagarana* – mais cheia de dúvidas, de peculiaridades, de ciladas e remoínhos"[1].

De fato, a despeito do atrativo, do interesse que a narrativa do *Grande Sertão* desperta no leitor, pelo menos dois de seus três grandes temas não são originais – fazem parte da herança cultural universal: o tema do "pacto com o diabo" foi evidentemente tomado ao *Volksbuch* alemão e o tema "Diadorim-mulher/homem, guerreira travestida", veio, segundo Paul Teyssier, do romanceiro peninsular:

---

1. Rosa, em correspondência a Harriet de Onis em 4/11/64. Arquivo Guimarães Rosa, IEB/USP.

[...] não é invenção de Guimarães Rosa. Encontramo-lo em uma grande quantidade de contos pertencentes às tradições mais variadas, na Espanha, em Portugal, na Itália, na França e até mesmo na China. É a história da moça vestida de homem para guerrear. Ela aparece no romanceiro peninsular, seja em espanhol, seja em português[2].

Para Teyssier, seu terceiro grande tema seria a guerra dos jagunços, que constitui a ação do romance e que também não apresenta grande originalidade.

A grande originalidade é, portanto, realmente, a linguagem. Vejamos o que nos diz o próprio Rosa sobre sua linguagem.

Seu ideal literário é a liberdade total para criar, o que se pode constatar no seguinte trecho de sua carta a João Condé:

> Rezei, de verdade, para que pudesse esquecer-me, por completo, de que algum dia já tivessem existido septos, limitações, tabiques, preconceitos, a respeito de normas, modas, tendências, escolas literárias, doutrinas, conceitos, atualidades e tradições – no tempo e no espaço –. Isso, porque: na panela do pobre tudo é tempero: um rio sem margens é o ideal do peixe (Vilma Rosa, 1983, p. 331).

Continuando, diz-nos Rosa: "Primeiro, há meu método que implica a utilização de cada palavra como se ela tivesse acabado de nascer, para limpá-la das impurezas da linguagem cotidiana e reduzi-la a seu sentido original". Mais à frente, mostra a importância que dá ao léxico quando diz:

> Hoje, um dicionário é ao mesmo tempo a melhor antologia lírica. Cada palavra é, segundo sua essência, um poema. Pense só em sua gênese. No dia em que completar cem anos, publicarei um livro, meu romance mais importante: um dicionário. Talvez um pouco antes. E este fará as vezes de minha autobiografia (G. W. Lorenz, 1973, pp. 3- 4).

E ainda:

> Não procuro uma linguagem transparente. Ao contrário, o leitor tem de ser chocado, despertado de sua inércia mental, da preguiça e dos hábitos. Tem de tomar consciência viva do escrito, a todo momento. Tem quase de aprender novas maneiras de sentir e de pensar. Não o disciplinado – mas a força elementar, selvagem. Não a

---

2. "[...] n'est pas de l'invention de Guimarães Rosa. On la trouve dans une multitude de contes appartenant aux traditions les plus variées, en Espagne, au Portugal, en Italie, en France et jusqu'en Chine. C'est l'histoire de 'la fille habillée en garçon pour faire la guerre'. Elle apparaît dans le romancero péninsulaire, soit en espagnol, soit en Portugais" (Teyssier, 1990, p. 137).

clareza – mas a poesia, a obscuridade do mistério que é o mundo[3] (Rosa, *Grande Sertão: Veredas*, 1964).

No meu entender, a tradução de uma obra como a de Guimarães Rosa, única, *sui generis*, e que deve sua singularidade especialmente à linguagem, deve exigir do tradutor um grande compromisso com essa linguagem, o que significa:

– utilizar cada palavra como se ela tivesse acabado de nascer;
– usar na língua de chegada particularidades dialetais não-desgastadas;
– usar regionalismos, usar formas arcaicas, recriar neologismos;
– buscar palavras e inspiração em línguas estrangeiras;
– reconhecer e imitar os tantos recursos de que Rosa se utilizou.

– Traduzir Rosa deve ser, ainda, privilegiar, dentro da língua, a palavra, e na palavra, o significante. Não é suficiente encontrar o sentido, a forma é muito importante.

– A clareza não deve ser buscada, mas a poesia, a obscuridade: Rosa não pretendeu ser claro.

– O tradutor não deve almejar o entendimento de todo leitor: a obra de Rosa não é para todos.

– Deve, a exemplo de Rosa, dedicar muito tempo e trabalho à obra: "E também choco meus livros. Uma palavra, uma única palavra ou frase podem me manter ocupado durante horas ou dias" (G. W. Lorenz, 1973, p. 336).

É ainda conselho de Rosa ao tradutor Meyer-Clason, em carta de 9.2.1965:

> Sei que o amigo agora vai reler tudo, frase por frase, como eu faço. Comparar com o original. Meditar cada frase. Cortar todo lugar-comum, impiedosamente. [...] A gente não pode ceder, nem um minuto, à inércia. "Deus está no detalhe", um crítico disse, não sei mais quem foi. [...] Para tanto o confronto com o original terá de ser feito linha por linha, palavra por palavra, vírgula por vírgula, pensamento por pensamento.

Traduzir Guimarães Rosa é, pois, sem dúvida uma tarefa árdua e uma enorme responsabilidade: a recriação do estilo rosiano é o maior desafio.

Analisei exaustivamente as traduções de *Grande Sertão: Veredas* de João Guimarães Rosa para o inglês, o francês e o alemão e italiano[4] e encontrei,

---

3. Rosa em carta a Harriet de Onis de 4/11/64 – Arquivo Guimarães Rosa IEB/USP.
4. A análise da tradução para o italiano foi feita, sob minha orientação, por Patrizzia Bastianetto, em sua dissertação de mestrado defendida no POSLIN, UFMG.

naturalmente, muitos tipos de problemas: a tradução de neologismos, de regionalismos e de arcaísmos é, principalmente, muito complexa e gerou muitos problemas tradutórios, apesar de os tradutores terem contado com a ajuda do próprio Rosa. Há um infinidade de outros problemas. Por limitação de tempo, vou-me ater aqui ao problema da neologia e ao problema da omissão, da não-tradução, que considero um problema grave.

Vejamos alguns fragmentos das traduções de *Grande Sertão: Veredas* para o alemão, por Curt Meyer-Clason, para o francês (a primeira tradução publicada), por Jean-Jacques Villard, para o francês (a segunda tradução publicada), por Maryvonne Lapouge-Pettorelli, para o inglês, por James Taylor e para o italiano, por Edoardo Bizzarri. Focalizaremos as traduções de alguns neologismos. Em itálico, estão os neologismos em português e suas traduções; em negrito itálico, as recriações neológicas nas línguas de chegada.

Trecho 1

[...] *manhãzando*, ali estava re-cheio em instância de pássaros (p. 133).
[...] *im beginnenden Morgen*, wimmelte er von Vögeln (p. 135).
Y avait là un tas d'oiseaux, ... (p. 108) (omissão).
[...] *là dans le matin qui se levait...* (p. 159).
[...] *as it was early morning*, the place was crowded with birds (p. 120).
[...] *mattinando*, lí era ripieno di urgere di uccelli (p. 120).

Trecho 2

Igual gostava de Nhorinhá – a sem mesquinhice, para todos formosa, de saia cor-de-limão, *prostitutriz* (p. 352).
Ich mochte aber auch Nhorinhá, *die Dirne*, die schön war für alle in ihrem zitronenfarbenen Rock und nicht geizte mit ihrer Gunst, ... (p. 347).
J'aimais aussi Nhorinhá, sans lésine, belle pour tous, *se prostituant*, avec sa jupe couleur de citron (p. 272).
J'aimais pareillement Norinha – la sans bassesse, pour tous enchanterresse, en jupe couleur d'été, *prostituée* (p. 394).
I was also fond of Nhorinhá, *the whore*, who did not know the meaning of pettiness, beautiful for all, in her lemon-yellow skirt (p. 309).
Ma mi piaceva anche Gnorigná – la senza meschinerie, formosa per tutti, dala veste color de limone, *prostitutrice* (p. 311).

Trecho 3

Dá, deu: bala *beija-florou* (p. 550).
Und dann geschahs: Kugelsausen *wie Kolibrisummen* (p. 534).
Et puis c'est venu. Une balle *a zinziné* (p. 425).
Puis, ça reprit: des balles *oiseaux-mouches* (p. 604).
Then it happened: bullets *flying about like hummingbirds* (p. 477).
Ed ecco, che riprese: la pallottole *colibrarono* (p. 479).

Trecho 4

Não faz *vivalei* em mim não, ... (p. 72).
Mach bitte nicht mit mir: „*Es lebe das Gesetz!*" (p. 75).
Ne *vivelaloisez* pas,..." (p. 61).
Ne fais pas *vivelaloi* sur moi, s'ieu Zebebel, par pitié... (p. 94).
[...] don't inflict the '*Long-live-the-law*' on me! (p. 63).
Non faccia *vivalalegge* in me... (p. 67).

Trecho 5

[...] – ah, a papeagem no buritizal, que *lequelequêia* (p. 44).
[...] ach, und das Geplapper und *Fächergeraschel* im Palmengehölz (p. 47).
Ah, ça jacassait ferme dans la buritaie *qui agitait ses éventails* (p. 39).
[...] ah un papotage dans les buritis, une *effervescence* (p. 62).
[...] – ah, the chattering in the palms, *their fronds like fans* (p. 37).
[...] ah, il cinguettare nel palmeto dei buritís, *il risventagliare* (p. 42).

Como se pode ver na pequena amostra apresentada, não houve por parte da maioria dos tradutores um esforço no sentido de recriar nas línguas de chegada os neologismos rosianos. À exceção de Edoardo Bizzarri, os tradutores se pautaram na maioria das vezes, quando muito pelo significado dos termos, descuidando do significante e usando léxico comum, dicionarizado. Dos cinco neologismos analisados nos cinco fragmentos, Bizzarri recriou 5, Meyer-Clason 0, Lapouge Pettorelli 2, Villard 1, Taylor 1. Embora tenhamos aqui somente uma amostra, em pesquisa realizada por mim, o padrão encontrado no todo da obra é esse mesmo.

Vejamos agora alguns exemplos de omissões, um problema recorrente nessas traduções. Além das infindas omissões de palavras, muitas das vezes inevitáveis, há várias omissões de trechos. Constatei, na versão inglesa de James Taylor, 35 ocorrências de omissão de trechos de extensão variada, inclusive de longos trechos. Na versão francesa de Jean-Jacques Villard, igualmente encontrei 16 omissões de trechos de extensão variada. Em alguns casos, pareceu-me que as omissões se deveram à grande dificuldade de alguns trechos da obra de Guimarães Rosa; para outros casos não encontrei explicação plausível, o que me levou a crer tratar-se de pouco empenho ou mesmo incompetência dos tradutores.

Vejamos um exemplo. Em itálico, o trecho do original omitido na tradução de Villard, substituído por *Y a des fleurs de tous côtés*.

Trecho 6

Fazenda Boi-Preto, dum Eleutério Lopes – mais antes do Campo-Azulado, rumo a rumo com o Queimadão. Aí foi em fevereiro ou janeiro, no tempo do pendão do milho. *Tresmente: que com o capitão-do-campo de prateadas pontas, viçoso no cerrado; o anis enfeitando suas moitas; e com florzinhas as dejaniras. Aquele capim-marmelada é muito restível, redobra logo na brotação, tão verde-mar, filho do menor chuvisco.* De qualquer pano de mato, de de-entre quase cada encostar de duas folhas, saíam em giro as todas as cores de borboletas.

Y a la Fazenda do Boi–Preto, du Boeuf-Noir, à certain Eleutério Lopes, en avant du Campo-Azulado, au ras du Queimadão. J'y était en janvier février, quand les maïs a leur panache. *Y a des fleurs de tous côtés,* et les papillons jaissent partout des feuilles et des buissons (trad. de Jean-Jacques Villard, p. 26).

Essa omissão na tradução de Jean-Jacques Villard, embora de um trecho não muito longo, representa, no meu entender, um desrespeito ao original e empobreceu a tradução. Como se pode ver abaixo, a tradução de Maryvonne Lapouge-Pettorelli, apesar da relativa dificuldade do fragmento, encontrou uma opção tradutória muito melhor:

J'ai trois souvenirs: le sorgho aux pointes argentées, qui pousse dru dans la savane, l'anis que égaye; et les *dejaniras* avec leurs petites fleurs. Ces gramineés sont très résistantes, elles se multiplient à mesure qu'elles poussent, vert outremer, filles de la plus petite bruine (trad. de Maryvonne Lapouge-Pettorelli, p. 42).

Passamos agora a examinar as traduções de um trecho muito curioso de *Grande Sertão: Veredas*, onde Rosa expressa o nome do diabo, a grande metáfora do mal, de 23 modos diferentes.

Trecho 7

E as ideias instruídas do senhor me fornecem paz. Principalmente a confirmação, que me deu, de que *o Tal* não existe; pois é não? *O Arrenegado, o Cão, o Cramulhão, o Indivíduo, o Galhardo, o Pé-de-Pato, o Sujo, o Homem, o Tisnado, o Coxo, o Temba, o Azarape, o Coisa-Ruim, o Mafarro, o Pé-Preto, o Canho, o Dubá-Dubá, o Rapaz, o Tristonho, o Não-sei-que-diga, O-que-nunca-se-ri, o Sem-Gracejos...* Pois, não existe! E se não existe, como é que se pode se contratar pacto com ele? (*Grande Sertão: Veredas*, 19. ed., Rio de Janeiro, Nova Fronteira, 1985, p. 37).

Und Ihr gelerntes Wissen, Senhor, das gibt mir Frieden. Zumal die Bestätigung, die Sie mir gaben, dass *der Betreffende* nicht existiert, so ists doch? *Der Abtrünnige, der Hund, der Gehörnte, das Individuum, die Spottgeburt, der Pferdefuss, der Schmutzfink, der Hinderer, der Linkser, der Oger, der Lügenbold, der Herr Dicis-et-non-Facis, Der-nie-lacht, Der-nie-scherzt...* Also der existiert nicht? Und wenn er nicht existiert, wie kann man dann einen Pakt mit ihm abschliessen? (*Grande Sertão*, trad. de Curt Meyer-Clason, pp. 40-41).

E le idee istruite di vossignoria mi donano pace. Principalmente la conferma, che mi ha dato, che *il Tale* non esiste; Non è cosí? *Il Rinnegato, il Cane, il Cramuglione, l'Individuo, il Gagliardo, il Pié-d'Anatra, il Sozzo, l'Uomo, l'Affumicato, lo Sciancato, il Temba, lo Scalognone, il Cosa-Trista, il Mafarro, il Pié-Nero, il Mancino, il Bafometto, il Giovanotto, il Tetro, il Non-so-se-dir-lo, Quello-che –non-se-ride mai, lo Sgraziato...* Ebbene, non esiste! E, se non esiste, com'è che si può stipulare un patto con lui? (*Grande Sertão*, trad. de Edoardo Bizzarri, pp. 35-36).

And your thoughtful ideas give me peace. Principally the assurance that the *So-and So* doesn't exist, isn't that true? *The Renagade, the Hound, the Goshawk, the Duck-Foot, the Dirty One, the Sooty One, the Gimpy One, the No-Good, the Black-Foot, the Left-Handed One, the Young Fellow, the Messire, the Doleful-One, the What-You-May –Call-Him, the One-Who-Never-Laughs ...* So he does not exist! and, if he does not exist, how can one make a pact with him? (*The Devil to Pay in the Backlands*, trad. de James Taylor, p. 31).

Et puis les opinions élevées de Monsieur me tranquillisent. D'abord sa confirmation que *le Diable* existe pas, hein? *Le Déchu, le Rénegat, le Damné, le Chien-Noir, le Pédauque, le Teigneux, le Satan, le Boiteux, le Malin, le Pied-de Bouc, le Belzébu...* Il existe donc pas! Et s'il existe pas, comment peut on faire un pacte avec lui? (*Diadorim*, trad. de Jean-Jacques Villard, p. 34).

Et les idées instruites que vous'avez m'apportent la paix. Principalement la confirmation que vous m'avez donnée, que *le Dit* n'existe pas; non, n'est ce pas? *Le*

Renégat, le Chien, le Cramulhon, l'Individu, le Gaillard, le Pied-de-Bouc, l'Affreux, l'Homme, le Roussi, le Boiteux, le Fume-Bouche, le Brudemort, le Belzébuth, le Fourchu, le Gaucher, le Tentateur, le Grappin, le Tristounet, le Baphomet, le Vert-Bouc, Celui-qui-ne-rit-jamais, le Malgracieux... Donc, il n'existe pas. Et s'il n'existe pas, comment est-ce qu'on peut contracter pacte avec lui? (*Diadorim*, trad. de Maryvonne Lapouge-Pettorelli, pp. 49-50).

Como se pode ver, dos 23 diabos do original a versão alemã omitiu oito, a inglesa, sete, a francesa de Villard, onze, a francesa de Lapouge-Pettorelli, um. A única versão que não omitiu nenhum dos nomes foi a italiana.

No meu entender, omissões são problemas graves. Mostram falta de empenho, incompetência, desrespeito ao original.

Passemos então ao grande Machado de Assis. Como disse a tradutora Daphne Patai,

Todo mundo que lê Machado entende por que ele é um escritor bastante difícil. Não é que ele use um vocabulário muito difícil, acho que não, mas a ironia e a sutileza com que ele escreve fazem com que qualquer tradução seja bastante difícil. É difícil, realmente, captar o tom e as nuances de Machado numa outra língua. E coisas que ele faz, com apenas uma ou duas palavras em português, dificilmente se traduzem para o inglês. Muitas vezes, o tradutor tem que não tanto traduzir, mas explicar o que Machado está dizendo (D. Patai, 2008).

Comparada com a obra de Rosa, no entanto, eu diria que a obra de Machado é fácil de traduzir. Mas não sem problemas, naturalmente. A obra de Machado exige sensibilidade e sutileza para ser bem traduzida, em alguns trechos mais que em outros.

Vejamos, por exemplo, o fragmento abaixo, de *Quincas Borba*, em que muito raramente registram-se desvios em relação ao original, nem nas duas traduções para o inglês, nem na tradução francesa.

Trecho 8

Meu caro senhor e amigo.
Você há de ter estranhado o meu silêncio. Não lhe tenho escrito por certos motivos particulares etc. Voltarei breve; mas quero comunicar-lhe desde já um negócio reservado, reservadíssimo. Quem sou eu, Rubião? Sou Santo Agostinho. Sei que há de sorrir, porque você é um ignaro, Rubião; a nossa intimidade permitia-me dizer palavra mais crua, mas faço-lhe esta concessão, que é a última. Ignaro! Ouça, ignaro. Sou Santo Agostinho; descobri isto anteontem, ouça e cale-se.

My dear friend,
You have probably wondered at my silence. I haven't written you for certain particular reasons. I'll come back soon, but right now I wish to communicate to you a secret, very secret matter.
Who am I, Rubião? I am Saint Augustine. I know that you'll smile, because you're an ignoramus, Rubião. Our intimacy would permit me to use a cruder word, but I'll make this concession, which is the last. Ignoramus!
Listen, ignoramus. I am Saint Augustine. I found it out day before yesterday. Listen and say nothing (*Philosopher or Dog?*, trad. de Clotilde Wilson, p. 16).

My dear friend,
You must be puzzled by my silence. I have not written you because of some very special reasons etc. I shall return soon, but I wish to pass on to you right now a private matter, most private.
Who am I, Rubião? Saint Augustine. I know that you will smile at that because you're an ignoramus, Rubião. Our intimacy allows me to use a crueler word, but I make you this concession, which is the last. Ignoramus!
Listen, ignoramus! I'm Saint Augustine. I discovered that the day before yesterday. Listen and be quiet (*Quincas Borba*, trad. de Gregory Rabassa, p. 18).

Cher ami,
Tu as dû t'étonner de mon silence. Si je ne t'ai pas écrit, c'est pour certaines raisons personnelles etc. Je reviandrait sous peu, mais je veux aborder avec toi dès maintenant un sujet confidentiel, hautement confidentiel.
Qui suis-je, Rubião? Je suis Saint Augustin. Je sais que tu vas te moquer, mais c'est parce que tu es ignare, Rubião; notre intimité me permettrait d'user d'un mot plus cru, mais je fais encore cette concession – la dernière. Ignare!
Écoute donc, ignare! Je suis Saint Augustin. Je m'en suis avisé avant-hier: écoute et tais-toi (*Le philosophe ou le chien*, trad. de Jean-Paul Bruyas, pp. 21-22).

Esse trecho exemplifica bem a relativa facilidade tradutória da obra de Machado de Assis.

Vejamos agora um trecho de *Missa do Galo*, em duas traduções para o espanhol:

Trecho 9

Vivia tranquilo, naquela *casa assobradada* da *Rua do Senado*, com os meus livros, poucas relações, alguns passeios. A família era pequena, o escrivão, a mulher, a sogra e duas escravas. *Costumes velhos*. Às dez horas da noite toda a gente estava nos quartos; às dez e meia a casa dormia. Nunca tinha ido ao teatro, e mais de uma vez, ouvindo dizer ao Meneses que ia ao teatro, pedi-lhe que me levasse consigo. Nessas ocasiões, a sogra fazia uma *careta*, e as escravas riam à socapa; ele não respondia, vestia-se, saía e só tornava na manhã seguinte. Mais tarde é que eu soube que o teatro *era um eufemismo em ação*. Meneses trazia amores com uma senhora, separada do marido, e dormia fora de casa uma vez por semana.

Vivía tranquilo en aquella *casa soleada* de la *Rua do Senado* con mis libros, unas pocas relaciones, algunos paseos. La familia era pequeña, el notario, la mujer, la suegra y dos esclavas. *Eran de viejas costumbres*.
A las diez de la noche toda la gente se recogía en los cuartos; a las diez y media la casa dormía. Nunca había ido al teatro, y más de una ocasión, escuchando a Meneses decir que iba, le pedí que me llevase con él. Esas veces la suegra *gesticulaba* y las esclavas reían *a sus espaldas*; él no respondía, se vestía, salía y solamente regresaba a la mañana siguiente. Después supe que el teatro era un eufemismo. Meneses tenía amoríos con una señora separada del esposo y dormía fuera de casa una vez por semana (trad. de Gabriela Hernández).

Vivía tranquilo, en aquella *casa de dos plantas* de la *Calle del Senado*, con mis libros, pocas relaciones, algunos paseos. La familia era pequeña: el escribano, la mujer, la suegra y dos esclavas. *Costumbres a la antigua*. A las diez de la noche todos estaban en sus aposentos; a las diez y media la casa dormía. Yo nunca había ido al teatro, y más de una vez, oyendo decir a Menezes que se iba al teatro, le pedí que me llevase con él. En tales ocasiones la suegra hacía *una mueca*, y las esclavas se *reían con disimulo*; él no respondía, salía y sólo volvía a la mañana siguiente. Más tarde supe que el teatro era un eufemismo en acción.
Menezes tenía amores con una señora, separada del marido, y dormía fuera de casa una vez por semana' (trad. de Elkin Obregón).

Nas traduções desse trecho já se identificam alguns problemas que ilustram bem o tipo de sensibilidade e sutileza que a tradução de Machado exige.

Na tradução de Gabriela Hernández ela substitui "Costumes velhos" por "Eran de viejas costumbres" e introduz um parágrafo depois. Com a inserção do verbo "eran" e a introdução do parágrafo desaparece uma ambiguidade, possivelmente intencionada por Machado, já que, creio eu, Machado não era explícito quanto à sua posição em relação à escravatura. Parece-me que no original "Costumes velhos" refere-se tanto ao fato de se ter escravas quanto ao horário de recolher da família e agregados. Com as mudanças feitas, "costumes velhos" passa a se referir só às escravas, acabando com a ambiguidade. Não se pode saber se no caso da introdução de um parágrafo inexistente no original se se trata de um problema de edição ou de responsabilidade do tradutor.

Registram-se também, nesse trecho, traduções não muito fiéis de alguns termos: "assobradado" (tipo de casa de dois pavimentos, rica) se transforma em "casa soleada"; as "caretas" da sogra, em "gesticulación", e as escravas que "riam à socapa", isso é, dissimuladamente, por a escravas que "reían a sus espaldas", às costas do patrão.

Em Elkin Obregón as adaptações são outras. O "assobradado", traduzido por "casa de dos plantas" perde a ideia de riqueza. "Rua do Senado" é traduzida por "Calle del Senado", que revela uma tendência naturalizante de tradução, no dizer de Venutti. Um outro problema detectado é a inserção equivocada de um parágrafo após "eufemismo en acción". Com isso, o trecho "Menezes tenía amores con una señora", que é a justificativa para o uso do termo "eufemismo", passa para o parágrafo seguinte, comprometendo o sentido do texto. Também aqui pode tratar-se de problema de edição ou de intervenção do próprio tradutor.

Vejamos um outro trecho do conto *Missa do Galo*:

Trecho 10

Conceição entrou na sala, arrastando *as chinelinhas da alcova*. Vestia um roupão branco, mal apanhado na cintura. Sendo magra, tinha um ar de visão romântica, não disparatada com o meu livro de aventuras. Fechei o livro; ela foi sentar-se na cadeira que ficava defronte de mim, perto do canapé. Como eu lhe perguntasse se a havia acordado, sem querer, fazendo barulho, respondeu com presteza:
– Não! qual! Acordei por acordar.

Concepción entró en la sala, *arrastraba las chinelas*. Traía puesta una bata blanca, mal ceñida a la cintura. Era delgada, tenía un aire de visión romántica, como salida de mi novela de aventuras. Cerré el libro; ella fue a sentarse en la silla que quedaba frente a mí, cerca de la otomana. Le pregunté si la había despertado sin querer, haciendo ruido, ella respondió enseguida:
– ¡No! ¡Cómo cree! Me desperté yo sola (trad. de Gabriela Hernández).

Concepción entró en la sala, *arrastrando sus chinelas*. Vestía una levantadora blanca, mal anudada en la cintura. Siendo delgada, tenía un aire de imagen romántica que no desentonaba con mi libro de aventuras. Cerré el libro; ella se sentó en la silla que estaba frente a la mía, cerca del canapé. Como yo le preguntase si la había despertado, sin querer, haciendo ruido, me respondió con rapidez:
– No, de ningún modo; desperté porque sí (trad. de Elkin Obregón).

Grave nesse trecho, no meu entender, foi a tradução de "as chinelinhas da alcova" por "las chinelas", nas duas traduções. Um pequeno desvio, aparentemente. Mas esse pequeno desvio quebra todo o clima sensual da cena, toda a insinuação de erotismo, o quase-chegar às vias de fato, sugeridos pela cena criada pelo narrador, a possibilidade de amor, a iminência do desfecho. São sutilezas como essa, características de Machado, que dificultam a tradução de sua obra.

Vejamos agora um trecho de *O Alienista*. Em destaque, o trecho do original omitido na tradução de Grossman e Caldwell.

Trecho 11

Ninguém acreditou; devia ser invenção de algum gaiato. E não era: era a verdade pura. D. Evarista fora recolhida às duas horas da noite. *O Padre Lopes correu ao alienista e interrogou-o discretamente acerca do fato.* – Já há algum tempo que eu desconfiava, disse gravemente o marido. *A modéstia com que ela vivera em ambos os matrimônios não podia conciliar-se com o furor das sedas, veludos, rendas e pedras preciosas que manifestou logo que voltou do Rio de Janeiro. Desde então comecei a observá-la. Suas conversas eram todas sobre esses objetos; se eu lhe falava das antigas cortes, inquiria logo da forma dos vestidos das damas; se uma senhora a visitava na minha ausência, antes de me dizer o objeto da visita, descrevia-me o trajo, aprovando umas coisas e censurando outras. Um dia, creio que Vossa Reverendíssima há de lembrar-se, propôs-se a fazer anualmente um vestido para a imagem de Nossa Senhora da matriz. Tudo isto eram sintomas graves:* esta noite, porém, declarou-se a total demência."

At first everyone though it was a gag of some sort. But it was the absolute truth. Dona Evarista had been committed at two o'clock in the morning. [...] 'I had long suspected that she was a sick woman,' said the psychiatrist in response to a question from Father Lopes... [...] Tonight, however, the full gravity of her illness became manifest" (trad. de William L. Grossman e Helen Caldwell, pp. 33-34).

Na tradução de Lapouge-Pettorelli, no entanto, todo o trecho é adequadamente traduzido, sem omissões:

Personne ne voulut y croire. Ce ne pouvait être qu'invention due a quelque mauvais plaisant. Ce ne l'était pas; c'était pure vérité. Dona Evarista avait été emmenée vers les deux heures du matin. Le Père Lopes se précipitait chez Simon Bacamarte et l'interrogea discrètement au sujet de l'affaire. – Cela ait dèjá un moment que je m'en doutais, répondit gravement le mari de Dona Evarista. La réserve qui a été la sienne au cours de ses deux vies conjugales ne pouvait se concilier avec le fol engouement pour les soies, les velours, les dentelles et les pierres précieuses qu'elle avait manifesté à son retour de Rio de Janeiro. Je me suis mis dès lors à l'observer. Toute sa conversation se limitait à ses seuls objets; si par exemple je lui parlais des cours d'autrefois, il lui fallait tout de suite savoir quelle forme avaient les robes des femmes; si, en mon absence, elle recevait la visite de une dame, avant même de me dire le raison de cette visite, c'est la tenue de la visiteuse, appréciant certains détails, en critiquant d'autres qu'elle me décrivait. N'est-elle pas allé imaginer – Votre Révérence s'en souvient certainement – de faire exécuter chaque année une nouvelle robe pour la statue de la Sainte Vierge dans notre église? Autant des faits qui constituaient déjà de cette nuit sérieux symptômes; mais c'est cette nuit que c'est déclarée la démence (trad. de Maryvonne Lapouge-Pettorelli, pp. 78-79).

Como se pôde ver, assim como nas traduções de Rosa, também nas de Machado registram-se longas omissões de trechos. No meu entender, tais omissões são injustificáveis: agridem a obra de Machado e são uma falha grosseira. Mais grave, porém, é o que tem sido chamado de "a tradução amputada de *Dom Casmurro*", publicada na Inglaterra por Peter Owen Publishers, e realizada por Scott-Buccleuch, que recebeu a medalha Machado de Assis por suas traduções de obras brasileiras. Nessa tradução, faltam nada menos que nove capítulos do original, a saber: LII, LV, LVI, LVII, LVIII, LVIX, LX, LXIII, e LXIV. No meu entender, é um abuso injustificável. Ademais tal "projeto tradutório" não é nem ao menos anunciado ou justificado no prefácio ou em notas.

Um outro aspecto tradutório a ser considerado diz respeito ao que Lawrence Venutti chama de naturalização ou estrangeirização das traduções. Na opinião de Torres (2008), as traduções de *Dom Casmurro*, por Francis de Miomandre, em 1956, e Anne-Marie Quint, em 1983, revelam posturas tradutórias diversas: Miomandre mantém o caráter estrangeiro dos antropônimos e dos topônimos, além de inserir algumas criações neológicas. Com isso pretende mostrar um pouco da cultura brasileira. Já a tradução de Quint afrancesa os nomes dos personagens e os topônimos, fazendo uma naturalização, uma aculturação (francesa) de sua tradução, buscando a invisibilidade da tradução e apresentando uma postura etnocêntrica. Torres exemplifica com o seguinte fragmento, em que Machado reproduz a linguagem dos escravos: – *Sinhazinha qué cocada hoje?* A tradução de Miomondre ignora o tipo de registro usado nesse diálogo e o traduz por *Ma petite demoiselle, vous voulez des gâteaux de coco aujourd'hui?* Este diálogo perde sua oralidade e informalidade e se transforma em linguagem escrita, formal, vinculando a tradução à cultura e à literatura francesas, ao chamado "bon usage" francês. Quando, no original, o leitor é chamado de "tu", o tradutor escolhe traduzir por "vous". Os personagens machadianos não alfabetizados – os escravos, os serviçais – passam nas traduções a falar um francês castiço, formal, sem erros.

Em conclusão, respondendo a minha indagação inicial sobre as traduções de Rosa e Machado, concluo que esses autores são algumas vezes muito mal traduzidos, o que pode eventualmente comprometer a recepção das obras no exterior. No entanto, o problema da recepção literária é muito controverso. Há quem entenda que o tradutor não tem o direito de ser tão original quanto o autor. Se ele escrever de uma forma tão anticonvencional quanto Guimarães Rosa, por exemplo, muitos considerarão que ele fez uma má tradução, que não entendeu o original. Na poesia, aceita-se mais o que não é convencional. Mas na prosa os leitores normalmente exigem que a tradução apresente um texto claro e fluente. Se este for fora do normal, os leitores tendem a pensar que o tradutor é incompetente e a obra, em decorrência, não será bem recebida.

É como disse Guimarães Rosa:

O livro pode valer pelo muito que nele não deveu caber.

REFERÊNCIAS BIBLIOGRÁFICAS:

Assis, J. M. Machado de. *Papéis Avulsos*. Rio de Janeiro, Lombaerts & C, 1882.
_____. *Dom Casmurro*. São Paulo, Egéria, 1979.
_____. *Dom Casmurro*. Trad. John Gledson. New York/Oxford; The Oxford University Press, 1997.
_____. *Dom Casmurro*. Trad. Francis de Miomandre. Paris, Albin Michel, 1956
_____. *Dom Casmurro*. Trad. Anne Marie Quint. Paris, Ed. Métailié, 1983.
_____. *Quincas Borba*. Trad. Gregory Rabassa. New York/Oxford, Oxford University Press, 1998.
_____. *Lord Taciturn*. Trad. R.L. Scott-Buccleuch. London, Peter Owen Publishers, 1992.
_____. *L'Aliéniste*. Trad. de Maryvonne Lapouge-Pettorelli. Paris, Éditions A.M. Métailié, 1955.
_____. *Misa de Gallo y Otros Contos*. Trad. Elkin Obregon. Bogotá, Libro al viento, 2008.
_____. *Misa de Gallo*. Trad. Gabriela Hernández Fernández, Portal Galego de Tradução. www.traduvigo.com. Acessado em 2.2.2008.
_____. *Papéis Avulsos*. São Paulo, W. M. Jackson Inc., 1937.
_____. *Philosopher or Dog?* Trad. Clotilde Wilson. New York, The Noonday Press, 1954.
_____. *Quincas Borba*. São Paulo, Egéria, 1979.
_____. *Quincas Borba*. Trad. Gregory Rabassa. New York, Oxford University Press, 1999.

___. *The Psychiatrist and Other Stories*. Trad. William L. Grossman e Helen Caldwell. Berkeley, University of California Press, 1966, pp. 33-34.

___. *Le Philosophe ou le Chien – Quincas Borba*. Trad. Jean-Paul Bruyas, Paris, Métailié, 1977.

CHARTIER, Roger. "Do Livro à Leitura". In: ___. (org.). *Práticas da Leitura*. Trad. Cristiane Nascimento. Introd. Alcir Pécora. 2. ed. São Paulo, Estação Liberdade, 2001, pp. 77-105.

LORENZ, Günter W. *Diálogo com a América Latina. – Panorama de uma Literatura do Futuro*. São Paulo, EPU, 1973.

PATAI, Daphne. *Machado de Assis: Depoimentos*. Portal da ABL. http://www.academia.org/abl – Acessado em 15.8.2008.

ROSA, J. G. *Grande Sertão: Veredas*. 19. ed. Rio de Janeiro, Nova Fronteira, 1984.

___. *Diadorim*. Trad. Jean-Jacques Villard. Paris, Albin-Michel, 1966

___. *Grande Sertão*. 3. ed. Köln/Berlin, Kiepenheuer & Witsch, 1965.

___. *The Devil to Pay in the Backlands*. Trad. James Taylor. New York, Knopf, 1963.

___. *Grande Sertão*. 4. ed. Trad. Edoardo Bizzarri. Milano, Feltrinelli, 1990.

___. *Diadorim*. Trad. Maryvonne Lapouge-Pettorelli. Paris, Albin Michel, 1991.

ROSA, Wilma G. *Relembramentos: Guimarães Rosa – Meu Pai*. Rio de Janeiro, Nova Fronteira, 1983.

TEYSSIER, Paul. "Le Brésil primitif et magique de Guimarães Rosa". *Études de litterature et de linguistique*. Paris, Fondation Calouste Gulbenkian, 1990.

TORRES, C., Marie Hélène. "O Bruxo em Bom Francês", *Diário Catarinense Online*. http://www.clicrbs/diariocatarinense. Acessado em 15.8.2008.

VENUTI, Lawrence. *The Translator's Invisibility: A History of Translation*, Philadelphia, Templo (1995).

OLHARES E ESPELHOS

16.
SIMPLICIDADE DO OLHAR[1]

HELOÍSA VILHENA DE ARAÚJO

> *Não vi nada. Só o campo, liso, às vácuas, aberto como o sol, água limpíssima, à dispersão da luz, tapadamente tudo.*
>
> GUIMARÃES ROSA, *Primeiras Estórias*, 1964, p. 76.

I

O tema desta mesa – "Mito e Desmistificação" – poderia levar a pensar que deveríamos encontrar em Guimarães Rosa, por meio de um trabalho de hermenêutica, a realidade concreta, objetiva, histórica, psicológica e sociológica, debaixo das imagens que encontramos em suas obras. Marx e Freud, por exemplo, fizeram um trabalho finíssimo de interpretação, que viu, nas instituições sociais e nas produções culturais, seu substrato fundador, material, do sistema de produção, no caso do primeiro, e, no caso do segundo, as exigências concretas da libido. A realidade escondida por trás das instituições sociais e das produções culturais seria, portanto, o sistema de produção e as formações da libido. Certamente, como diz Pierre Hadot em seu *Plotin ou la simplicité du regard*, sem dúvida "ignorar nosso condicionamento material, psicológico ou sociológico é mistificarmo-nos a nós mesmos. Mas existe uma mistificação igualmente trágica, se bem que mais sutil, que é imaginar que a vida humana se reduza a aspectos analisáveis, matematizáveis, quantificáveis ou exprimíveis"[2].

No caso da obra de Guimarães Rosa, parece-me que este trabalho de interpretação deve dirigir-se, assim, não aos seus condicionamentos psicológicos e sociais, certamente importantes, mas na direção que o autor

---

1. Esse título é alusão ao título do livro de Pierre Hadot, *Plotin ou la simplicité du regard*, Gallimard, Paris, 1997.
2. Hadot, 1997, p. 192.

mesmo nos dá em seu conto *O Espelho*[3]. Nesse conto o narrador abandona os condicionamentos de sua história pessoal, sua imagem física, psíquica e social, isto é, abandona as imagens de si mesmo, seu "mim", para encontrar outro tipo de realidade: "o eu por detrás de mim". É neste sentido que tentarei mostrar a "desmistificação" que o narrador de Guimarães Rosa leva a cabo, em relação a si mesmo, nas imagens de *O Espelho*. Esta é portanto um tipo de desmistificação, de interpretação, que o próprio Guimarães Rosa parece-nos indicar. Mas o mito é ambíguo: pode ser estímulo à interpretação, quando tomado como metáfora, e, se tomado literalmente, pode converter-se em superstição. Como diz o narrador, "Via de regra, sabe-o o senhor, é a superstição fecundo ponto de partida para a pesquisa. A alma do espelho – anote-a – esplêndida metáfora" (Rosa, 1964, p. 73). Que o digam Freud, que partiu do mito de Édipo para revelar a formação fundamental da libido, e Marx, que teve diante de si o mito da Idade de Ouro, da sociedade sem classes, para levar a cabo sua pesquisa sobre o capital.

E o narrador de *O Espelho* tem, por sua vez, diante de si, a identificação da alma com o espelho – "esplêndida metáfora" –, isto é, o mito de Narciso. Com efeito, o narrador menciona Narciso: "Tirésias, contudo, já havia predito ao belo Narciso que ele viveria apenas enquanto a si mesmo não se visse... Sim, são para se ter medo, os espelhos" (Rosa, 1964, p. 72)[4].

II

No início de seu *Corpo de Baile*, como se recorda, Guimarães Rosa colocou, como epígrafes, trechos das *Enéadas* de Plotino, filósofo neoplatônico do século III (205-270 a.d.), nascido provavelmente no Egito e que ensinou em Roma.

Num círculo, o centro é naturalmente imóvel; mas se a circunferência também o fosse, não seria ela senão um centro imenso (*Enéadas*, II, ii, 1).

O melhor, sem dúvida, é escutar Platão: é preciso – diz ele – que haja no universo um sólido que seja resistente; é por isso que a terra está situada no meio, como uma ponte sobre o abismo; ela oferece um solo firme a quem sobre ela caminha, os animais que estão em sua superfície dela tiram necessariamente uma solidez semelhante à sua (*Enéadas*, II, i, 7).

---

3. Guimarães Rosa, *Primeiras Estórias*, 1964.
4. Para uma reabilitação do mito × razão, ver Hans-Georg Gadamer e outros em Kurt Mueller--Vollmer (ed.), *The Hermeneutics Reader*, New York, Continuum, 1994, pp. 257-267.

Porque, em todas as circunstâncias da vida real, não é a alma dentro de nós, mas sua sombra, o homem exterior, que geme, se lamenta e desempenha todos os papéis, neste teatro de palcos múltiplos, que é a terra inteira (*Enéadas*, III, ii, 15).

Seu ato é, pois, um ato de artista, comparável ao movimento do dançador; o dançador é a imagem desta vida, que procede com arte; a arte da dança dirige seus movimentos; a vida age semelhantemente com o vivente (*Enéadas*, III, ii, 16).

O sistema filosófico de Plotino – considerado o fundador do Neoplatonismo –, se é que se pode falar em um sistema acabado, nos dá a formação do universo como emanação do Um. O Um, para ele, está, como a ideia do Bem para Platão, "além do ser" e, portanto, não pode ser pensado, nem dito. Na verdade, como é que algo que é pura simplicidade poderia ser dito? O Um é pura presença que só pode ser experimentada em momentos excepcionais de união mística. A primeira emanação do Um, na sua doutrina, é o Intelecto. O Intelecto, ao emanar do Um, é ainda algo informe. Vira-se, então, para contemplar o Um e, desta contemplação, recebe sua forma: é intelecto, é pensamento. Do mesmo modo, o Intelecto, ao exercer sua atividade própria, dá origem à Alma que, igualmente, vira-se para contemplar o Intelecto e adquire sua forma de alma: a razão discursiva, a consciência, o "eu". Nessa processão descendente, a capacidade dos entes de gerar e contemplar vai diminuindo, quando chegamos à matéria, que, para Plotino, não contempla e é um não-ser. Como bem diz Maria Luiza Gatti, em seu *Plotinus: The Platonic Tradition and the Foundation of Neoplatonism*[5], a teoria da contemplação vem a ser "a peça-chave e a síntese de todo seu sistema, enquanto 'contemplação criadora', uma característica que acomoda todas as hipóstases e todos os seres, e uma chave para a leitura da processão e do retorno ao Um, de acordo com os três valores, extremamente ricos e estritamente correlatos, que apresentamos. As hipóstases e os seres nascem da contemplação infinita e, por meio da contemplação, o homem torna-se, em particular, apto a voltar-se para o infinito, para o Absoluto". A alma, portanto – ou o "eu" –, deve afastar-se da matéria e voltar à contemplação do Um, origem de tudo, para existir verdadeira e plenamente na sua contemplação. Pierre Hadot diz:

> A consciência – e nosso eu – situa-se, portanto, como um meio ou um centro intermediário, entre duas zonas de sombras, que se estendem acima e abaixo dela: a vida silenciosa e inconsciente de nosso eu em Deus, a vida silenciosa e inconsciente do corpo[6].

---

5. Em Lloyd P. Gerson (ed.), *The Cambridge Companion to Plotinus*, Cambridge, Cambridge University Press, 1996, pp. 33-34.
6. Hadot, 1997, p. 34.

Plotino convida, pois, a uma conversão da atenção para alcançar essa área de superconsciência (vi, ix, 11), mais do que propriamente inconsciente, essa área acima da consciência: "outra maneira de ver" (v, iv, 1), uma simplificação. "É preciso cessar de olhar; é necessário, fechando os olhos, trocar esta maneira de ver por uma outra e despertar esta faculdade que todo o mundo possui, mas da qual poucos fazem uso"[7].

Temos, portanto, de abandonar nossa maneira costumeira de ver, que é a maneira do homem exterior, e converter-nos para o interior. Esse homem exterior é visto pelo filósofo sob a imagem do dançador, como já o encontramos numa das citações do filósofo, encontradas em *Corpo de Baile*: "Porque, em todas as circunstâncias da vida real, não é a alma dentro de nós, mas sua sombra, o homem exterior, que geme, se lamenta e desempenha todos os papéis, neste teatro de palcos múltiplos, que é a terra inteira"[8].

Esta conversão do olhar para o interior seria tanto mais simples, na medida em que, para Plotino, "a consciência é, afinal, uma espécie de espelho, que basta purificar e voltar para certa direção, para que reflita os objetos que se lhe apresentam"[9]:

> Pareceria que a consciência existe e se realiza quando a atividade do Espírito [Intelecto] se reflete e, também, quando a atividade de pensamento que se exerce no nível da vida própria da alma [razão discursiva], se reflete, de algum modo, como acontece sobre a superfície polida e brilhante de um espelho, se esta encontra-se em repouso. Assim, em todos os casos de reflexão, se o espelho está presente, a imagem se produz, mas se o espelho não está presente ou se não está no estado adequado para refletir, nem por isso o ente, do qual teria podido haver uma imagem, deixa de estar presente em ato; da mesma forma, na alma, se o que está em nós é análogo ao espelho (a consciência), se este espelho, em que aparecem os reflexos da razão e do Espírito, não está turvo, estes reflexos podem ser vistos e são conhecidos, por uma espécie de percepção, sabendo-se de antemão que se trata da atividade da razão discursiva e do Espírito[10].

Guimarães Rosa parece ter assimilado a doutrina de Plotino, além do que algumas simples citações em epígrafe poderiam sugerir. Estas citações de

---

7. Plotino, *Enéadas*, I, 6, 8, 24.
8. *Idem*, III, ii, 15.
9. Hadot, 1997, p. 35.
10. As traduções dos textos de Plotino para o português são minhas, a partir, na maior parte, do texto em francês das *Enéadas*, estabelecido por Emile Bréhier, Paris, Les Belles Lettres, 1960. Algumas poucas são tiradas do texto em inglês, mencionado por autores de ensaios em Lloyd P. Gerson (ed.), *The Cambridge Companion to Plotinus, op. cit.*

Corpo de Baile são importantes na medida em que nos orientam para o "eu" de Guimarães Rosa, para além do "homem exterior", o "dançador", o artista, que, como o próprio autor, "desempenha todos os papéis, neste teatro de palcos múltiplos, que é a terra inteira" (*Enéadas*, III, ii, 15). Guimarães Rosa, como Plotino, por intermédio do narrador do conto *O Espelho*, procura seu "eu verdadeiro", "o eu por detrás de mim", na superfície de um espelho, pois, como diz Plotino, "todo homem é duplo, um deles é uma espécie de ser composto e o outro é ele próprio" (II, iii, 9). E este espelho parece ser, como para Plotino, a sua consciência, sua alma. Tanto que o narrador antecipa objeções a este respeito que poderiam ser feitas por seu interlocutor silencioso, homem aparentemente sensato e razoável: "Mesmo que tudo fosse verdade, não seria mais que reles obsessão autossugestiva, e o despropósito de pretender que psiquismo ou alma se retratassem em espelho..." (Rosa, 1964, p. 77). Mas é justamente isso que o narrador pretende e esforça-se para limpar seu espelho, sua alma, e converter seu olhar para o Um. Para tanto, tem de obter um olhar simples, livre de tudo que possa vir refletir-se no espelho. Tem de adquirir, como diz Pierre Hadot, uma "simplicidade do olhar". Pierre Hadot considera que o retrato espiritual de Plotino é justamente este trabalho de purificação "por meio do qual o eu, separando-se de tudo o que não é verdadeiramente, abandonando o corpo, a consciência sensível, os prazeres, as dores, os desejos, os medos, as experiências, os sofrimentos, todas as particularidades individuais e contingentes, sobe àquilo que, nele, é mais ele do que ele próprio"[11].

Plotino, no tratado em que descreve a beleza inteligível (V, viii, 2), fala do homem exterior que, como Narciso, deixa-se encantar por sua imagem física no espelho das águas e transforma-se em flor – a flor do narciso:

[...] mas nós, que não estamos habituados e ver o interior das coisas, que não o conhecemos, procuramos o exterior e ignoramos que é o interior que nos comove; como um homem que, com o olhar dirigido a sua própria imagem, procurasse alcançá-la sem saber de onde ela vem.

Lembro que, como dito acima, o narrador de *O Espelho* menciona Narciso: "Tirésias, contudo, já havia predito ao belo Narciso que ele viveria apenas enquanto a si mesmo não se visse... Sim, são para se ter medo, os espelhos" (Rosa, 1964, p. 72). Mas, como diz Plotino, nosso ser verdadeiro não está em nossa imagem exterior.

---

11. Hadot, 1997, p. 21.

Nossa pátria é o lugar de onde viemos e lá está nosso pai. Que são, então, esta viagem e esta fuga? Não a devemos empreender com nossos pés, porque nossos passos nos levam sempre de uma terra a outra; não devemos, igualmente, preparar uma carruagem nem um navio, mas devemos cessar de olhar e, fechando os olhos, trocar esta maneira de ver por uma outra e despertar esta faculdade que todo o mundo possui, mas de que poucos fazem uso[12].

Assim, o narrador de *O Espelho* vai apagando de seu espelho a forma do corpo – a forma animal, da onça –, seus sentimentos, "o que se deveria ao contágio das paixões, manifestadas ou latentes, o que ressaltava das desordenadas pressões psicológicas transitórias. E, ainda, o que, em nossas caras, materializa ideias e sugestões de outrem; e os efêmeros interesses, sem sequência nem antecedência, sem conexões nem fundura" (Rosa, 1964, p. 76). Explica que sua atitude não é puramente fruto de sua imaginação, mas que ele persegue "uma realidade experimental, não uma hipótese imaginária" (*idem*, p. 75). Ele quer desmistificar as imagens no espelho. Quer experimentar o "transcendente" (*idem*, p. 71), o real – não algo imaginado ou pensado, mas experimentado em sua presença real e viva. Ao querer experimentar o transcendente, quer eliminar o tempo: "Ah, o tempo é o mágico de todas as traições..." (*idem*, p. 72). Nesse trabalho, chega, finalmente ao espelho vazio de imagens: "Não vi nada. Só o campo, liso, às vácuas, aberto como o sol, água limpíssima, à dispersão da luz, tapadamente tudo" (*idem*, p. 76).

O narrador não vê nada, isto é, vê, finalmente, no espelho, a luz – "à dispersão da luz" – e a transparência – "o campo liso, às vácuas, aberto como o sol, água limpíssima". Vê essa luz estranha quando já não procurava mais no espelho. Que luz e que transparência são essas? "Eu era – o transparente contemplador?" (Rosa, 1964, p. 76). Plotino diz:

> Então, abandonando todo conhecimento obtido por raciocínios, conduzidos até ao belo e nele residindo, estendemos nosso pensamento até a quem somos; e, levados pela onda da inteligência, elevados até o cimo pela água entumescida, "vemos de repente", sem saber como; e a vista, ao aproximar-se da luz, não se limita a apresentar aos olhos um objeto diferente dela; o objeto que vemos é a própria luz [...] uma luz simples que engendra a inteligência e não se apaga ao engendrá-la, mas permanece em seu ser próprio e engendra pelo simples fato de ser: pois, se ela não permanecesse em seu ser, seu produto não existiria mais[13].

12. Plotino, *Enéadas*, I, vi, 8.
13. *Idem*, VI, vii, 36.

Para Plotino, é como luz que a presença pura surge. O que o espírito vê é:

> [...] uma luz que aparece de um só golpe, ela mesma em si mesma, só, pura, por si mesma, de sorte que o Espírito se pergunta de onde ela veio, de fora ou do interior e, quando desaparece, ele diz: "Era realmente no interior e, entretanto, não era no interior". Mas não devemos procurar de onde esta luz apareceu. Porque lá não há lugar de origem. Pois ela não vem de parte alguma e não vai a parte alguma, mas aparece ou não aparece. É por isso que não a devemos perseguir, mas esperar, em paz, que apareça, preparando-nos para contemplá-la, como o olho espera o levantar do sol: aquele que, surgindo acima do horizonte ("do Oceano", dizem os poetas) oferece-se a nosso olhar para ser contemplado... Mas Ele não veio como esperávamos, mas veio como não vindo. Pois ele não foi visto como tendo vindo, mas como presente antes de todas as coisas, antes mesmo que viesse o Espírito... Eis, certamente, uma grande maravilha! Como é possível que esteja presente sem ter vindo? Como é possível que, não estando em lugar algum, não exista lugar em que não esteja? Sim, podemo-nos surpreender num primeiro momento, mas aquele que o conheceu surpreender-se-ia do contrário; ou, melhor, não é possível que este contrário exista e que alguém possa surpreender-se[14].

O narrador não vê nada, pois a luz, "enchendo os olhos, não fazia com que se visse algo diferente por meio dessa luz, mas a própria luz era objeto da visão" (Plotino, v, vii, 36, 17). A luz é transparente a si mesma:

> Pois, neste objeto de visão, não havia, de um lado, aquilo que se vê, e, de outro, sua luz; não havia um sujeito pensante e um objeto pensado, mas somente uma claridade resplandecente que engendrou essas coisas num momento ulterior... Assim, o Bem é puramente luz[15].

Não estamos mais na área da razão, do raciocínio discursivo, do "ser composto" (Plotino, II, iii, 9), pois não há mais separação entre sujeito e objeto, entre aquele que vê e aquilo que é visto. Os dois são um. Convertemo-nos da área da alma para a área do Intelecto que contempla o Bem, o Um: "Se, em primeiro lugar, separamos do homem o corpo e, depois, a alma que o informa e, inteiramente, a percepção sensível, desejos e paixões... o que permanece da alma é aquilo que dissemos ser uma imagem do Intelecto..." (*idem*, v, iii, 9).

E nessa área, temos um contato súbito com o Bem, com o Um, que é presença pura. Esta é outra maneira de olhar. É a simplicidade do olhar: "Feche os olhos e adote e desperte outra maneira de ver, que todo o mundo

---

14. *Idem*, v, v, 8.
15. *Idem*, VI, vii, 3, 17.

possui mas de que poucos fazem uso" (I, vi, 8, 7-9). Assim, o narrador, como Plotino, ao ver a luz, "vê" o Um, o Bem. O Bem que "engendrou estas coisas num momento ulterior", que engendrou estas coisas posteriormente. Nesse momento, as coisas ainda não aparecem, estão tapadas: "tapadamente tudo" (Rosa, 1964, p. 76). Assim, como estamos além da relação sujeito/objeto, a alma que contempla se vê. Ela é, ela mesma, seu próprio objeto. Não há mais "mim". O "mim" tornou-se transparente. Ela vê seu "eu por detrás de mim" – o Bem, o Deus:

Devemos admitir que a alma O vê quando, subitamente, acha-se cheia de luz. Pois esta luz vem Dele e é Ele. E, então, devemos admitir que Ele está presente, quando, como um outro deus que convidamos a nossa casa, Ele vem e nos ilumina. Se Ele não tivesse vindo, não nos teria iluminado. Se não é iluminada por Ele, a alma acha-se privada de Deus. Mas, se é iluminada, possui o que procurava. E este é o seu verdadeiro fim: tocar esta luz, ver esta luz por meio dessa luz, não a luz de um outro, mas a luz graças à qual, precisamente, ela vê. O que a alma deve ver é a luz pela qual é iluminada. Pois também o sol não é visto por meio da luz de um outro. Como se realiza isto? Elimine todas as coisas[16].

Para ver essa luz – o "eu por detrás de mim" –, o conselho de Plotino é "Elimine todas as coisas": "tapadamente tudo". "Mas a inteligência é todas as coisas" (Plotino, v, i, 4).

Assim, devemos elevar-nos outra vez ao Bem, que toda alma deseja. Aquele que o viu sabe o que quero dizer quando digo que é belo. É desejado enquanto bom, e o desejo é dirigido ao bem; alcançá-lo é para aqueles que se elevam ao mundo superior, são convertidos e eliminam o que adquirimos na nossa descida – da mesma forma como, para aqueles que se dirigem às celebrações de ritos sagrados, existem purificações e a retirada das vestes que usavam antes, subindo nus; até que, ultrapassando, na subida, tudo o que é estranho ao Deus, vemos, sós, conosco, Aquele solitário, simples, único e puro do qual tudo depende e para o qual todos olham e pelo qual são, vivem e pensam; pois ele é a causa da vida e da mente e do ser[17].

Depois de algum tempo, o narrador de O Espelho volta a olhar-se no espelho e, desta vez, vê

[...] o tênue começo de um quanto como uma luz, que se nublava, aos poucos tentanto-se em débil cintilação, radiância. Seu mínimo ondear comovia-me, ou já

---

16. *Idem*, v, iii, 17, 28.
17. *Idem*, I, vii, 1-12.

estaria contido em minha emoção? Que luzinha, aquela, que de mim se emitia, para deter-se acolá, refletida, surpresa? Se quiser, infira o senhor mesmo[18].

Esta já é uma luz diferente da primeira. É uma luzinha que se emite do narrador, uma luzinha refletida, uma emoção, um ondear – uma luz diferente, no âmbito da alma que contempla o Bem, que contempla a Luz.

A luzinha é um ondear, um movimento de vida, uma emoção. Na verdade, como diz Plotino, esta é uma sensação semelhante àquela que experimentam os amantes. Enquanto essa sensação se detém na forma sensível, a pessoa "ainda não experimenta o amor":

> Mas, quando, a partir desta forma sensível, ele mesmo produz em si mesmo uma forma não-sensível, na parte indivisível de sua alma, então nasce o amor [...] Pois, o que ele sentira, desde o início, era, a partir de uma claridade fraca, o amor desta imensa luz[19].

Ao despojar-se das imagens sensíveis – físicas e psíquicas –, que apareciam no espelho, o narrador havia ascendido a uma forma não-sensível, que é, segundo Plotino, a Beleza – o mundo das Formas, do Intelecto, do Espírito. E, ainda, segundo ele, se amamos é porque algo de indefinível se acrescenta à beleza: "um movimento, uma vida, um brilho que tornam desejável e sem os quais a beleza permanece fria e inerte" (Hadot, 1997, p. 75).

Se permanece no âmbito do Espírito, a alma vê, sem dúvida, objetos de contemplação belos e veneráveis, mas não possui ainda inteiramente o que procura. É, com efeito, como se ela se aproximasse de um rosto belo, sem dúvida, mas ainda incapaz de encantar os olhares porque nele não resplendece a graça refletindo sobre a beleza[20].

A alma experimenta amor quando "algo mais" se junta à beleza para animá-la, dar-lhe vida. E este "algo mais" é a graça. O Bem surge como dom gratuito, como graça infinita. E o amor que é dom do Bem é amor do Bem. No amor, atinge-se, de alguma maneira, o Bem, além das formas do Intelecto, além do ser. Estamos diante de uma presença pura. O narrador, portanto, nos assinala este amor do Bem, este encontro com o Bem, com uma Presença, ao descrever a "débil cintilação, radiância", que vê no espelho – sua

---

18. Rosa, 1964, p. 77.
19. Plotino, VI, vii, 33.
20. *Idem*, VI, vii, 22.

resposta amorosa à Presença do Bem. Como diz Kevin Corrigan, em seu *Essence and Existence in the Enneads* (em Gerson, 1996, p. 118), de acordo com essas imagens "de luz, graça e amor, a existência é um presente do Um que não só torna possíveis determinadas essências, mas que também continua a fornecer-lhes a beleza, bem como a própria independência enquanto seres". E enfatiza a ligação metafórica entre "existência, vida, amor e graça" (*idem*, em Gerson, 1996, p. 119). O narrador, no encontro com o Bem, havia recebido, com efeito, existência, vida, amor e graça: "É por meio do Um que todos os seres existem" (Plotino, VI, ix, 1). Com o surgimento da luzinha, na verdade, o narrador menciona um pormenor de suma importância: "Por aí, perdoe-me o detalhe, eu já amava – já aprendendo, isto seja, a conformidade e a alegria" (Rosa, 1964, p. 78). No amor, o narrador recebe vida original, existência renovada – renasce:

> Sim, vi, a mim mesmo, de novo, meu rosto, um rosto; não este que o senhor razoavelmente me atribui. Mas o ainda-nem-rosto – quase delineado, apenas – mal emergindo, qual uma flor pelágica, de nascimento abissal... E era não mais que: rostinho de menino, de menos-que-menino, só. Será que o senhor nunca comprenderá?[21]

O narrador renasce, a partir do dom do Bem – do Um –, para uma existência e uma vida originais, "qual uma flor pelágica, de nascimento abissal..." (Rosa, 1964, p. 78). A flor em que se transformava Narciso era flor do narciso, cujo nome deriva de *narke*, que indica suas propriedades narcóticas. O narciso entorpece e Narciso torna-se uma existência puramente vegetal. Entorpecido, perde sua humanidade. A flor pelágica, ao contrário, parece conferir humanidade – o menino.

Se sim, a "vida" consiste em experiência extrema e séria; sua técnica – ou pelo menos parte – exigindo o consciente alijamento, o despojamento, de tudo o que obstrui o crescer da alma, o que a atulha e soterra? Depois, o *salto mortale*... – digo-o, do jeito, não porque os acrobatas italianos o aviventaram, mas por precisarem de toque e timbre novos as comuns expressões, amortecidas... E o julgamento-problema, podendo sobrevir com a simples pergunta: – "*Você chegou a existir?*"[22].

Esta pergunta, dirigida pelo narrador a seu interlocutor silencioso, parece derivar da afirmação de Plotino de que "É por meio do Um que todos os seres possuem a existência" (Plotino, VI, ix, 1). A verdadeira existência

---

21. Rosa, 1964, p. 78.
22. *Idem*, p. 78.

deriva da volta ao Um, à fonte do existir. Deriva do contato místico, descrito por Plotino, além do ser e do pensamento. O contato, como diz o filósofo, com o Deus. Até aí vai Plotino. Mas o narrador de *O Espelho* parece ir além do contato, em meio à luz do Intelecto que contempla o Bem. Ele vê a luz e, além disso, vê o rostinho de menino, que surge "qual uma flor pelágica, de nascimento abissal".

III

Parece que, para além das *Enéadas*, Guimarães Rosa encontrou, em autores cristãos profundamente influenciados pelo Neoplatonismo, uma indicação de que o Deus cristão seria esse Deus que Plotino descreve por negações, pois, para o filósofo, esse Deus é inefável e não admite afirmações. A preocupação de Plotino é a de não atribuir a Deus o que ele não é. Esta posição é o que se chamará, no pensamento medieval, de *via negativa* em direção à união com Deus. As *Enéadas* foram traduzidas do grego para o latim por Erígena, no século IX, o que reforçou uma veia de pensamento cristão, influenciado pelo Neoplatonismo, que já vinha dos Padres da Igreja, sobretudo dos capadócios, Basílio o Grande, Gregório de Nazianza, Gregório de Nissa. Em sua homilia justamente sobre o Natal de Cristo, Basílio (330-379 A.D.) escreve:

A potência divina, de fato, manifestava-se como luz que resplandece através do vidro e ilumina aqueles que purificaram os olhos do coração. Que possamos estar com eles, quando olhamos, como num espelho, com o rosto descoberto, a glória do Senhor, a fim de que nós também sejamos transformados de glória em glória pela graça e pelo amor do Nosso Senhor Jesus Cristo, ao qual é a glória e a potência nos séculos dos séculos[23].

Assim, já em Basílio encontramos a menção à purificação do espelho, vinda do Neoplatonismo.

Santo Agostinho (354-430 A.D.), por sua vez, conhecia alguns tratados das *Enéadas* e, em Milão, conviveu com pensadores que conheciam a obra de Plotino. Como diz John Rist, em seu *Plotinus and Christian Philosophy* (em Gerson, 1996, pp. 402-403), Milão, "nas última décadas do século quarto, pa-

---

23. São Basílio, em Comunità di Bose (org.), *Maria, Testi Teologici e Spirituali dal I al XX Secolo*, Milano, Arnaldo Mondadori Editore, 2000, p. 93.

rece ter sido o lugar do primeiro 'círculo' cristão de substância, dedicado ao trabalho de Plotino. O centro intelectual do grupo era Simpliciano, sacerdote culto, que não só conheceu e influenciou Vitorino, mas também batizou Ambrósio e Agostinho e, mais tarde, sucedeu a Ambrósio como bispo". Mas, Rist continua, "se Cristandade é vista como *neoplatônica* ou se o Neoplatonismo é visto como uma ferramenta essencial na sua (da Cristandade) explicação, isto se deve ao fato de ter Agostinho sido o primeiro a ver que assim era ou que fez com que assim fosse" (Rist, 1996, p. 404).

A influência de Santo Agostinho no pensamento cristão medieval e mesmo além não precisa ser enfatizada. O que é curioso, no nosso caso, é o fato de a imagem do espelho como figuração da mente ter sido repetida em vários pensadores influentes dessa linha, marcada pelo Neoplatonismo. É claro que a imagem do espelho, nos pensadores cristãos está também estreitamente ligada à I Epístola de São Paulo aos Coríntios, 13:12): "Hoje vemos como por um espelho, confusamente; mas então veremos face a face". Santo Agostinho, em seu *De Trinitate*, livro 15, capítulos 23 e 24, diz:

> Mas aqueles que veem através deste espelho e neste enigma, como é permitido que se veja nesta vida, não são aqueles que veem em sua mente o que explicamos e recomendamos, mas aqueles que veem suas mentes como imagem, e assim são capazes, de alguma maneira, de referir o que veem a Ele, cuja imagem ela é, e também de ver ao conjecturar aquilo que agora veem por meio da imagem, já que não podem ainda ver face a face. Pois o Apóstolo não disse que vemos agora um espelho, mas que "vemos agora através de um espelho" (I Coríntios, 13:12).
>
> Portanto, aqueles que agora veem sua mente, como pode ser vista, e, nela, aquela Trindade, que expliquei de todas as maneiras que me foram possíveis, e ainda não acreditam ou não entendem que ela é uma imagem de Deus, veem, certamente, um espelho, mas veem tão pouco Dele através de um espelho, maneira em que deve ser visto agora, que nem reconhecem o espelho, que agora veem, como um espelho, isto é, como uma imagem. Se soubessem disto e tivessem purificado seus corações por meio de uma fé sincera (cf. I Timóteo, 1:5), perceberiam, talvez, que Ele, de quem a mente é este espelho, deve ser procurado por seu intermédio, e, no meio tempo, ser visto através dela de qualquer maneira que Ele possa ser visto, para que Ele, que agora é visto através de um espelho, possa ser visto face a face[24].

Também Guillaume de Saint-Thierry (†1148), no século XII, no seu *Speculum fidei*[25], fala da trindade constituída pelas virtudes teologais – fé, esperança

---

24. *On the Trinity*, Cambridge, Cambridge University Press, 2002, p. 214.
25. *Miroir de la foi*, Paris, Editions du Cerf, 1982, p. 61. As traduções dos textos dos autores medievais citados são minhas.

e caridade –, que a Trindade Santa dispôs "na alma fiel, a sua imagem e semelhança". Na introdução à edição citada, Jean Déchanet enfatiza a influência que o conhecimento provável de tratados de Plotino por Guillaume de Saint-Thierry teria tido na composição do *Miroir de la foi* (1982, pp. 51-56).

Por sua vez, Richard de Saint-Victor (†1173), filósofo, teólogo e místico, ainda no século XII, usa a imagem do espelho, de maneira que lembra mais de perto as imagens de Plotino. Já olha, igualmente, com olhar cristão para o nascimento de Cristo na alma. No capítulo LXXII, do seu *Benjamin minor (Les douze Patriarches)*, diz:

> [...] não podemos encontrar espelho mais apto a dar-nos uma visão de sua (de Deus) imagem, se assim posso dizer, do que o espírito de razão. Que aquele que aspira a ver seu Deus limpe seu espelho, purifique seu espírito [...] Mas neste espelho, uma vez limpo e longamente olhado com atenção, uma certa claridade luminosa e divina começa a brilhar intermitentemente e um certo raio sem limites aparece a nossos olhos, numa visão insólita. Foram os raios desta luz que golpearam os olhos daquele que dizia: *A luz de teu rosto elevou-se sobre nós, Senhor; enchestes meu coração de júbilo*. Diante da visão desta luz que vê em si e que o cumula de admiração, o espírito se inflama de maneira surpreendente; ei-lo animado do desejo de ver a luz que está acima dele. Diante desta visão, concebe um desejo ardente de ver Deus e adquire confiança. O espírito que já arde com o desejo desta visão deve saber, então, que, se espera o que deseja, é porque já concebeu Benjamin [figura da contemplação]. É ao esperar, com efeito, que ele concebe, desejando dar à luz e, quanto mais intensamente cresce seu desejo, mais o momento do nascimento se aproxima[26].

Já no século XIII, encontramos a imagem do espelho, sempre ligada a São Paulo, no *Itinerarium mentis in Deum* de São Boaventura (1221-1274), teólogo místico eminente na linha do espiritualismo franciscano[27]. No Prólogo e no capítulo III, em que a alma volta-se para si a fim de contemplar Deus, está dito:

> Proponho a seguinte consideração, sugerindo que o espelho apresentado pelo mundo exterior é de pouco valor a não ser que o espelho de nossa alma tenha sido limpo e polido. [...]
> É aqui, no terceiro estágio, que entramos em nós mesmos; e, como se tivéssemos abandonado o pátio externo, devemos procurar ver Deus através de um espelho no santuário, que é a área dianteira do tabernáculo. Aqui, a luz da verdade, como a partir

---

26. Richard Saint-Victor, *Les douze Patriarches*, Paris, Editions du Cerf, 1997, p. 299.
27. Obra de São Boaventura constava da biblioteca de Guimarães Rosa (Suzi Frankl Sperber, *Caos e Cosmos, Leituras de Guimarães Rosa*, São Paulo, Duas Cidades, 1976, p.195).

de um candelabro, brilha sobre a face de nossa mente, na qual a imagem da Santíssima Trindade resplandece[28].

Finalmente, Jan van Ruysbroeck (1293-1381), místico brabanção, cuja obra Guimarães Rosa possuía[29], diz, no capítulo ix do seu *Le livre des douze Béguines*:

> Se desejais ter a experiência da vida contemplativa, deveis, ornados de todas as virtudes de que falei, recolher-vos acima da vida dos sentidos, na parte mais elevada de vosso interior, e dirigir-se a Deus em ação de graças, em louvor, em respeito eterno; deveis manter vosso pensamento despojado de toda imagem sensível; o entendimento aberto e elevado com desejo em direção à verdade eterna; o espírito descoberto diante de Deus como um espelho vivo para receber a semelhança eterna com ele. Vede, lá se mostra uma luz intelectual que nem os sentidos, nem a razão, nem a natureza, nem consideração penetrante podem compreender. Esta luz nos dá liberdade e confiança diante de Deus. É mais elevada e mais nobre do que tudo o que Deus criou na natureza; pois é a perfeição da natureza, acima da natureza, e um intermediário entre nós e Deus. O pensamento vazio de imagens é o espelho vivo no qual brilha esta luz. E esta luz invoca nossa semelhança e unidade com Deus no espelho vivo de nosso pensamento inteiramente despojado: assim Deus vive em nós pela graça e nós vivemos nele por meio das virtudes e das boas obras. Neste espelho vivo, somos semelhantes à nossa imagem eterna que é Deus; pois vivemos de acordo com a eterna previdência de Deus[30].

Ao lado do trecho "o espírito descoberto diante de Deus como um espelho vivo", Guimarães Rosa escreveu, na margem do seu exemplar do livro: "o espelho vivo".

Notamos, portanto, que o Neoplatonismo, transmitido ao pensamento filosófico e teológico medieval por Santo Agostinho – e pelo Pseudo Dionísio, que viveu no século vi e enfatizou a *via negativa* –, surge, principalmente, em autores de uma linha de pensamento místico. Com a citação de Ruysbroeck sobre o "espelho" vivo, fazemos, pois, a ligação de *O Espelho* com *Corpo de Baile*, que, além das epígrafes de Plotino, traz também epígrafes do místico brabanção. Está, portanto, nitidamente acentuada a tendência mística de ambas as obras.

Localizamos, portanto, as prováveis fontes de inspiração de Guimarães Rosa ao escrever *O Espelho* (e outras de suas obras), isto é, Plotino e Ruysbroeck. Entretanto, para além da inspiração colhida nessas obras, há que pensar que

---

28. Em *Bonaventure*, New York, Paulist Press, 1978, pp. 56 e 79.
29. A obra de Ruysbroeck constava da biblioteca de Guimarães Rosa (Sperber, 1976, p. 194).
30. Ruysbroeck, *Le livres des douze Béguines*, Bruxelles, Vromant & Cº, 1938, p. 25.

o conto possa estar refletindo uma experiência vivida e que não pode, assim, reduzir-se a uma questão de mera dependência literária mecânica.

Com efeito, em entrevista a Günter Lorenz, publicada em *Guimarães Rosa*, de Eduardo de Faria Coutinho, diz Guimarães Rosa:

> Sou místico, pelo menos acho que sou. Que seja também um pensador, noto-o constantemente durante meu trabalho, e não sei se devo lamentar ou me alegrar com o fato. Posso permanecer imóvel durante longo tempo, pensando em algum problema e esperar. Nós sertanejos somos muito diferentes da gente temperamental do Rio ou Bahia, que não pode ficar quieta nem um minuto. Somos tipos especulativos, a quem o simples fato de meditar causa prazer. Gostaríamos de tornar a explicar diariamente todos os segredos do mundo[31].

IV

Pareceria, portanto, que deveríamos procurar, no pensamento filosófico e teológico medieval, especialmente em sua linha mística, a origem das imagens que surgem no espelho do narrador após o contato puramente espiritual com a luz do Um, sem imagens, descrito por Plotino – "tapadamente tudo". Plotino não vai além do toque, da presença do Um. Mas o narrador continua e surgem novas imagens no espelho. Que imagens são essas?

Em primeiro lugar, temos de notar duas afirmações do narrador que antecedem imediatamente, o surgimento da luzinha e o nascimento de uma nova imagem no espelho: a primeira, aquela que diz que o narrador deparou "o tênue começo de um quanto como uma luz, que se nublava, aos poucos tentando-se em débil cintilação, radiância", "ao fim de uma ocasião de sofrimentos grandes" (Rosa, 1964, p. 77), e a segunda, a confissão do amor – "eu já amava" (Rosa, 1964, p. 78). Os sofrimentos, ao que tudo indica, parece terem ajudado o narrador a limpar seu espelho, a abandonar as imagens do homem exterior que impediam o surgimento da luz, pois esse abandono, é difícil, duro e doído. A ascensão de volta ao Um é árdua e sofrida. E o amor? O amor, certamente, é o amor de Deus, que surge tão logo o espelho está limpo, como diz Plotino: "Pois, o que percebeu desde o início era, a partir de uma fraca claridade, o amor desta imensa luz" (VI, VII, 33). Temos, pois, uma luzinha nova, proveniente do narrador, que, ao tornar-se, assim, luz, pode, encontrar-se com a luz divina, pois é, também, luz. E encontramos o

---

31. Eduardo de Faria Coutinho, *Guimarães Rosa*, Rio de Janeiro, Civilização Brasileira, 1986, p. 79.

amor que o levara, sem esmorecimento, por tão longo e árduo caminho do sofrimento até o toque místico:

A luz de teu rosto elevou-se sobre nós, Senhor; enchestes meu coração de júbilo. Diante da visão desta luz que vê em si e que o cumula de admiração, o espírito se inflama de maneira surpreendente; ei-lo animado do desejo de ver a luz que está acima dele. Diante desta visão, concebe um desejo ardente de ver Deus e adquire confiança[32].

A partir daí, encontramos, outra vez, imagens: o surgimento de um rostinho de menino, "de menos-que-menino", um rosto "mal emergindo, qual uma flor pelágica, de nascimento abissal" (Rosa, 1964, p. 78). O narrador vê um nascimento, o nascimento de um menino. O narrador vê, na verdade, se levarmos em conta o caminho percorrido pelo Neoplatonismo no pensamento medieval, a encarnação de Cristo, do Menino – o Natal – que acontece nele mesmo narrador – na sua alma, figurada pelo espelho. Como, no encontro com a luz divina, ele se tornara luz, o menino é o Cristo e é também o narrador ele mesmo. Ele está em Deus e Deus nele. Ao contrário do narciso, a flor pelágica do espelho é, ao que tudo indica, "a flor", isto é, "o filho da Virgem" (*Flos utque filius Virginae*), o Cristo[33]. Esta flor leva o narrador a seu ser humano renovado, a uma nova existência enquanto ser humano: renasce, juntamente com a flor de Cristo, para uma nova vida, não mais como onça – como homem exterior –, mas como menino em sua humanidade. Se levamos em conta que sob o narrador do conto está o autor, a flor que representa o rostinho de menino, a par de ser aquela de Cristo, "o lírio dos vales" (Cântico dos Cânticos, II, 1), é também a rosa do nome de João Guimarães Rosa[34]. Em São Bernardo, com efeito, a rosa vermelha (*rubicunda*) é símbolo da paixão de Cristo: *rosa passionis*[35] símbolo de renovação, de redenção. Numa só imagem temos, portanto, a Encarnação e a Redenção. O narrador está, assim, em Deus – na Trindade – e a Trindade, nele. As imagens da luz que surge do abismo, do amor e do menino são imagens da Trindade: o Pai (a luz), o Espírito Santo (o amor)

---

32. Saint-Victor, 1997, p. 299.
33. Bernard de Clairvaux, *De adventu Domini sermo*, II, 4, citado em Erich Auerbach, *Studi su Dante*, Milano, Feltrinelli, 1999, p. 295.
34. A respeito, noto que Dante, no canto XXIII do *Paradiso* (vv. 73-74), vê a Virgem como uma rosa "in che 'l verbo divino / carne si fece" [em que o verbo divino se fez carne].
35. Auerbach, 1999, p. 295, nota 45.

e o Cristo (a flor, o menino)[36]. O narrador nasce para uma vida nova com Cristo. É redimido. Ressuscita. Tem uma nova existência: "Você chegou a existir?" (Rosa, 1964, p. 78).

Como São João disse a Nicodemos: "Em verdade, em verdade te digo: quem não nascer de novo não poderá ver o Reino de Deus" (São João, 3:3). O narrador nasce de novo, como lhe mostra a imagem do Menino no espelho. E ao nascer com Cristo, "mal emergindo como uma flor pelágica, de nascimento abissal", assume o Cristo: "Na realidade, pela fé eu morri para a lei, a fim de viver para Deus. Estou pregado à cruz de Cristo. Eu vivo, mas já não sou eu; é Cristo que vive em mim", como diz São Paulo aos Gálatas (2:19-20). E é ainda São Paulo que diz na II Epístola aos Coríntios (5:17): "Todo aquele que está em Cristo é uma nova criatura. Passou o que era velho; eis que tudo se fez novo!" O velho "mim" passou, morreu, com o *salto mortale* do narrador, e o "eu" se fez novo. Na paulatina limpeza do espelho, "vos revestistes do novo, que se vai restaurando constantemente à imagem daquele que o criou, até atingir o perfeito conhecimento. Aí não haverá mais grego, nem judeu, nem bárbaro, nem cita, nem escravo, nem livre, mas somente Cristo, que será tudo em todos" (Colossenses, 3:9-11).

Parece que é este renascimento que o narrador reconhece ao reconhecer-se servo do Senhor: "Solicito os reparos que se digne a dar-me, a mim, servo do senhor, recente amigo, mas companheiro no amor da ciência, de seus transviados acertos e de seus esbarros titubeados. Sim?"

Se prestamos atenção a tudo que precede na narração do conto, vemos que a expressão "servo do senhor" não estaria dirigida ao interlocutor silencioso do narrador, mas sim a Deus – refere-se ao novo "eu" do narrador, seu "eu por detrás de mim": "servo do Senhor"[37]. Assim como Maria respondeu à anunciação do anjo com as palavras: "Eis aqui a serva do Senhor. Faça-se em mim segundo a tua palavra" (São Lucas, 1:38), o narrador reconhece-se servo do Senhor. Como Maria, o narrador dá à luz o Cristo em sua alma[38]. O Natal acontece em sua alma. Com efeito, Santo Ambrósio (339-397 A.D.), em sua *Exposição sobre o Evangelho de Lucas, 2:26-27*, diz:

---

36. Lembro, a respeito, que Santo Tomás de Aquino menciona Deus como um pélago de substância: *pelagus substantiae infinitum* (Ia, q. 13, a. 11, resp., citado em Alain Dierkens e Benoît Beyer de Ryke (eds.), *Maître Eckhart et Jan van Ruusbroec*, Etudes sur la mystique "rhéno-flamande" [XIIIe-XIVe siècle], Editions de l'Université de Bruxelles, Bruxelles, 2004, p. 70). A flor pelágica nasce do oceano de existência que é Deus.
37. Guimarães Rosa, 1964, p. 78.
38. Em Comunità di Bose (org.), 2000, pp. 174-175.

Mas felizes também vocês, que escutaram e creram; de fato, toda alma que crê concebe e gera a Palavra de Deus e reconhece suas obras. Que a alma de Maria esteja em todos para magnificar o Senhor, esteja em todos o espírito de Maria para exultar em Deus; se, de acordo com a carne, uma só é Mãe de Deus, segundo a fé Cristo é fruto de todas as almas. De fato, cada uma acolhe a Palavra de Deus se, mantendo-se sem mancha e livre de vícios, conserva com destemido pudor a castidade.

São Jerônimo (347-419 A.D.), na sua *Carta 22, 38*, diz igualmente: "Também tu podes ser mãe do Senhor"[39].

Aqui, na imagem final no espelho, *O Espelho* encontra, mais uma vez, *Corpo de Baile*, como se disse. Com efeito, naquela obra, como anotado acima, Guimarães Rosa, além das epígrafes de Plotino, colocou epígrafes de Ruysbroeck. Nessas citações, o místico fala de Cristo como a pedra brilhante, no capítulo IV – "Sobre a pequena pedra brilhante e sobre o novo nome do qual fala o livro dos Mistérios de Deus" –, de sua obra *A Pedra Brilhante*:

Vede, eis a pedra brilhante dada ao contemplativo; ela traz um nome novo, que ninguém conhece, a não ser aquele que a recebe.
A pedra preciosa de que falo é inteiramente redonda e igualmente plana em todas as suas partes.
A pedrinha é designada pelo nome de calculus, por causa de sua pequenez, e porque se pode calcar aos pés sem disso sentir-se dor alguma. Ela é de um lustro brilhante, rubra como uma flama ardente, pequena e redonda, toda plana, e muito leve[40].

Para Ruysbroeck, a vida espiritual assemelha-se à trajetória do sol pelo zodíaco. Cristo, o nosso Sol, afasta-se no inverno, quando a alma está longe de sua vida espiritual, aproximando-se, outra vez, no verão da alma, quando esta arde e queima no amor de Deus. E a leva ao outono, momento de amadurecimento e morte, quando a alma morre para o mundo e renasce para Deus.

Os laços entre *O Espelho* – e *Primeiras estórias* – e *Corpo de Baile* são, assim, muito estreitos. Ambas as obras são tentativas de contemplar a Trindade. "O homem deve dedicar tudo o que nele é vida a lembrar, a ver e a amar esta altíssima Trindade, a fim de que possa lembrá-la, contemplá-la e deleitar-se nela"[41].

---

39. Em Comunità di Bose, 2000, pp. 189-190.
40. *La Pierre Brillante*, Vromant & Cº, Imprimeurs-Editeurs, Bruxelles, 1928, pp. 237-239.
41. Augustine, 2002, p. 210.

V

Nessas circunstâncias, podemos perguntar o que teria levado Guimarães Rosa, no século XX, a se inspirar em Plotino (século III) e em Ruysbroeck (século XIV) e quais seriam os condicionamentos de sua história pessoal – infância em sociedade do interior de Minas, relações familiares, lendas, religiosidade e costumes do interior, educação, contato com a Europa e as obras-primas da cultura ocidental, experiências afetivas etc. – que o teriam levado a uma perspectiva místico-religiosa do mundo, que se espelha não só em O Espelho, mas, pelo que vimos, em outras de suas obras? Ao fazer esta indagação, estaríamos tentando "desmistificar", como fizeram Marx e Freud, em seus campos de investigação próprios, esta perspectiva místico-religiosa que informa sua obra.

Mas será que a obra de arte admite uma "desmistificação" desse tipo? E qual seria o interesse de uma tal "desmistificação"? Teria, certamente, um interesse para a sociologia, para a psicologia, para a história das ideias, mas, acredito, perderíamos, nesse processo, a especifidade da obra enquanto obra de arte. Penso, ao contrário, que deveríamos preservar seu ser específico de obra de arte, e não dissolvê-la em representações sociológicas, psicológicas ou históricas (válidas e importantes em si, nos seus campos de interesse), fazendo com que perca seu ser específico. Os conceitos provenientes das ciências humanas explicam a obra, mas não a compreendem. Na verdade, a obra de arte enquanto tal, enquanto objeto de arte, separa-se dos condicionamentos da vida do autor e adquire uma individualidade – uma existência – própria, independente. Com efeito, pode ser apreciada e apropriada, em várias épocas, de várias maneiras, por pessoas que ignoram tudo da vida do autor. As obras de arte têm significados diversos, para pessoas diversas, em diversas épocas da história. Assim, a crítica literária, para cumprir seu papel de interpretação da obra, teria de tomá-la precisamente como obra de arte, isto é, como independente dos condicionamentos da vida do autor, acima mencionados. É claro, como se disse, que a obra não é independente da vida do autor, mas isto vale somente para a explicação científica (sociológica, psicológica, histórica), e não para a compreensão estética. Como, nessas circunstâncias, deveria a obra ser tomada?

Kant, em sua Crítica da Faculdade de Julgar[42], fala dessa especificidade da obra de arte, por intermédio do que chamou do gênio. A denominação de

---

42. Critique de la faculté de juger, Paris, Librairie Philosophique Vrin, 1968. As traduções das citações de Kant, a partir da tradução francesa, são minhas.

gênio só seria aplicável a uma pessoa no campo das belas-artes. No âmbito das ciências, o denominação seria outra – a de *cérebro*. As características do gênio seriam, segundo ele:

> Vemos, assim, que o gênio: 1º é um *talento*, que consiste em produzir algo para o qual não se pode fornecer uma regra determinada; não se trata de uma aptidão para algo que pode ser aprendido de acordo com alguma regra; daí decorre que a *originalidade* deve ser sua primeira propriedade; 2º tendo em conta que o absurdo pode ser também original, os produtos do gênio devem ser, ao mesmo tempo, modelos, isto é, *exemplares*, e, portanto, sem terem sido eles próprios engendrados por imitação, devem, entretanto, servir aos outros de medida ou de regra de julgamento; 3º ele é incapaz de descrever ou de expor cientificamente como realiza seu produto e, ao contrário, é enquanto *natureza*, que fornece a regra; é por isso que o criador de um produto que deve a seu gênio não sabe, ele próprio, como se encontram nele as ideias que se relacionam com a sua criação e é incapaz de conceber tais ideias voluntariamente ou de acordo com um plano, nem de as comunicar a outros por meio de preceitos, que os tornaria capazes de realizar produtos semelhantes. (É por isso, também, que a palavra gênio deriva, com verossimilhança, de *genius*, o espírito particular dado a cada homem ao nascer, para o proteger e orientar, e que é a fonte de inspiração da qual procedem estas ideias originais); 4º a natureza do gênio não prescreve regras à ciência, mas à arte; e não é o caso, a não ser que sejam as belas-artes[43].

O gênio é, pois, um talento natural com que se nasce. Poderíamos dizer, é um dom. Portanto, não é uma aptidão que se possa aprender segundo regras. Assim sendo, seus produtos são originais e exemplares, isto é, estabelecem regras para outros. Sendo um talento natural, um dom, o gênio, ele próprio, "enquanto natureza que dá a regra", não sabe como realiza suas produções e não pode fornecer a outros explicações e regras para que realizem produções semelhantes. A natureza do gênio, entretanto, não prescreve regras à ciência, mas somente à arte.

Assim, segundo Kant, o gênio pode ser reconhecido, pois suas obras têm o que se chama alma. Há muitas obras belas e corretas, mas que não têm alma. A alma, que vivifica a obra, é a "faculdade da apresentação de *Ideias Estéticas* [...] esta representação da imaginação, que dá muito o que pensar, sem que qualquer pensamento determinado, isto é, sem que o *conceito*, possa lhe ser adequado e, portanto, que nenhum deles pode exprimir completamente e tornar inteligíveis" (Kant, 1968, pp. 143-144). Pareceria que a "alma"

---

43. Kant, 1968, pp. 138-139.

de que fala Kant é o que Plotino chama de "graça", princípio vivificador, animador, iluminador, que desperta o amor.

Apesar de, de acordo com Kant, as ideias estéticas – a imaginação – não poderem ser completamente expressas por um conceito, elas não estão completamente livres do entendimento:

> Quando colocamos sob um conceito uma representação da imaginação, que pertence à sua apresentação, mas que dá muito mais o que pensar que aquilo que pode ser compreendido num conceito determinado, e que, consequentemente, alarga o próprio conceito esteticamente de maneira ilimitada, esta imaginação é, então, criadora e põe em movimento a faculdade das Ideias intelectuais (a razão), a fim de pensar, quando de uma representação, muito mais (o que é próprio, é verdade, do conceito do objeto), do que aquilo que pode ser alcançado nela e concebido claramente[44].

Resumindo,

> Numa palavra: a Ideia estética é uma representação da imaginação associada a um conceito dado e que se encontra ligada a uma tal diversidade de representações parciais, no livre uso destas últimas, que nenhuma expressão, designando um conceito determinado, pode ser encontrada para ela, e que dá a pensar, além do conceito, muitas coisas indizíveis, cujo sentimento anima a faculdade de conhecimento e que inspira à letra da palavra um espírito.
> Estas faculdades da alma, portanto, cuja união (numa certa relação) constitui o *gênio*, são a imaginação e o entendimento[45].

Esta relação entre a imaginação e o entendimento (a razão), que origina a obra de arte, supõe, segundo Kant, "uma proporção e uma disposição dessas faculdades, que nenhuma observação das regras da ciência ou a imitação mecânica poderiam produzir e que somente a natureza do sujeito pode engendrar" (Kant, 1968, p. 147). Essa relação está expressa na obra de arte e é assim universalmente comunicável a outros. Com efeito, esta relação, isto é, a "alma", a imaginação criadora, exprime e torna universalmente comunicável "aquilo que é indizível no estado de alma do sujeito, quando de uma representação, seja ela realizada por meio da linguagem, da pintura ou da arte plástica" (Kant, 1968, p. 147).

Assim, a obra de arte (do gênio), enquanto tal, a obra que tem "alma" e que expressa esta "alma", deve ser compreendida ao se tentar pensar bem mais do

---

44. *Idem*, p. 144.
45. *Idem*, p. 146.

que poderia ser colocado sob um conceito, seja ele sociológico, psicológico ou histórico, isto é, ao se tentar captar, "em sua marcha rápida, o jogo da imaginação e de unificar num conceito, que possa ser comunicado sem o constrangimento de regras (e este conceito que é, por este motivo, original libera, ao mesmo tempo, uma nova regra que não poderia ter sido deduzida de qualquer dos princípios e exemplos anteriores)" (Kant, 1968, p. 147). O conceito científico que propõe regras desfigura, assim, a obra de arte enquanto tal.

Por outro lado, o conceito que pode ser comunicado sem a limitação de regras, como diz Kant, é a intuição da unidade da obra, isto é, da "alma" da obra. É a intuição da riqueza da imaginação no seu livre jogo criador, que anima o entendimento (a razão), que o vivifica e que o leva a pensar mais do que aquilo que é captado sob um conceito determinado. É a graça.

O espelho, para o narrador de *O Espelho*, é, assim, sua alma – "a ideia de que o reflexo de uma pessoa fosse a alma" (Rosa, 1964, p. 73) –, sua imaginação criadora, que é transmitida ao leitor, sem a limitação de regras, e que diz mais do que é dito explicitamente, isto é, que diz o não-dito e, também, que diz, paradoxalmente, o indizível – que diz Plotino e filósofos e místicos medievais (o não-dito), por exemplo, e que diz o transcendente, a Trindade (o indizível): "Reporto-me ao transcendente" (Rosa, 1964, p. 71). O narrador de *O Espelho*, como quer Plotino, abandona "tudo o que obstrui o crescer da alma, o que a atulha e soterra" (Rosa, 1964, p. 78), buscando elevar-se ao âmbito do Intelecto, iluminado pelo Um. Recebe, subitamente, seu toque e diz o indizível, o inefável: a Palavra.

Em sua entrevista a Günter Lorenz, Guimarães Rosa alude ao início do Evangelho de São João: "A língua é o espelho da existência, mas também da alma. [...] Somente renovando a língua é que se pode renovar o mundo. Devemos conservar o sentido da vida, devolver-lhe esse sentido, vivendo com a língua. Deus era a palavra e a palavra estava com Deus" (Coutinho, 1983, p. 88).

O narrador de *O Espelho* nos indica, assim, o caminho para interpretar a obra de arte. O conto, na verdade, figura o trabalho de interpretação, de desmistificação. *O Espelho* é esse trabalho.

REFERÊNCIAS BIBLIOGRÁFICAS:

AUGUSTINE. *On the Trinity*, Cambridge, Cambridge University Press, 2002.
AUERBACH, Erich. *Studi su Dante*, Milano, Feltrinelli, 1999.

BONAVENTURE, Saint. *Bonaventure*, New York, Paulist Press, 1978.
COMUNITÀ DI BOSE (ed.). *Maria. Testi teologici e spirituali dal I al XX secolo*. Milano, Arnoldo Mondadori Editore, 2000.
COUTINHO, Eduardo de Faria (org.). *Guimarães Rosa*. Rio de Janeiro, Civilização Brasileira, 1983.
DIERKENS, Alain et BEYER DE RYKE, Benoît. *Maître Eckhart et Jan van Ruusbroeck. Etudes sur la mystique "rhéno-flamande" [XIIIe-XIVe siècle]*. Bruxelles, Editions de l'Université de Bruxelles, 2004.
GERSON, Lloyd P. (ed.). *The Cambridge Companion to Plotinus*, Cambridge, Cambridge University Press, 1996.
HADOT, Pierre. *La simplicité du regard*, Paris, Gallimard, 1997.
KANT, Emmanuel. *Critique de la faculté de juger*, Paris, Vrin, 1968.
MUELLER-VOLLMER, Kurt (ed.). *The Hermeneutics Reader*. New York, Continuum, 1994.
PLOTINO. *Ennéades*, Paris, Les Belles Lettres, 1960.
ROSA, João Guimarães. *Primeiras Estórias*, Rio de Janeiro, José Olympio, 1964.
_____. *Corpo de Baile*, Rio de Janeiro, José Olympio, 1956.
RUYSBROECK, Jan van. *Le livre des douze Béguines*, Bruxelles, Vromant & Co, 1938.
_____. *La pierre brillante*, Bruxelles, Vromant & Co, 1928.
SAINT-THIERRY, Guillaume de. *Miroir de la foi*, Paris, Cerf, 1982.
SAINT-VICTOR, Richard. *Les douze Patriarches (Benjamin Minor)*, Paris, Cerf, 1997.
SPERBER, Suzi Frankl. *Caos e Cosmos. Leituras de Guimarães Rosa*. São Paulo, Duas Cidades, 1976.

17.
OBLÍQUOS REFLEXOS: GUIMARÃES ROSA, LEITOR DE MACHADO DE ASSIS

SUSANA KAMPFF LAGES (UFF)

O crítico literário americano Harold Bloom (1991) construiu, em um conjunto de obras muito provocativas, uma singular teoria da literatura, baseada na ideia de que todo poeta ou escritor *forte*, isto é, todo escritor cuja obra adquire a força de inscrever sua marca na tradição, realiza uma leitura "equivocada" de um ou mais precursores, isto é, ele o(s) "deslê" [*misreads*]. Essa operação é designada por ele de *misreading* [desleitura] ou, de um ponto de vista marcado por sua própria interpretação (equivocada) de Freud, de *anxiety of influence* [angústia da influência]. Nessa teoria, tem muito mais importância aquilo que o escritor "influenciado" cala, oculta em termos de suas influências do que as pistas explícitas que deixa para que o leitor o relacione com determinado antecessor. Uma teoria sem dúvida alguma tributária, em seu veio irônico, da paradoxal teoria de Jorge Luis Borges, apresentada no conhecido ensaio "Kafka e seus Precursores", segundo a qual, do ponto de vista do leitor, a direção da influência deve ser alterada, de modo que a obra de um autor passe a ser vista como "criadora" de seus próprios precursores.

Se levarmos a sério a igualmente irônica teoria bloomiana, teremos de partir de um ângulo diferente do usual para abordar a relação entre Machado de Assis e Guimarães Rosa. Teremos de procurar encontrar em Rosa marcas, não tanto da presença de Machado em seu texto, quanto de sua poderosa e ocultada ausência, naquilo que em ambos é conflitual e divergente, para só depois encontrarmos as marcas que os tornam afins em sua modernidade e mesmo contemporaneidade.

Para isso é indispensável partir do pressuposto de que a ironia não é uma característica deste ou daquele autor em particular, mas que, enquanto singular modo de discurso[1], no qual a contradição entre aquilo que é dito explicitamente e o que se quer dizer é intrínseca, senão a toda e qualquer manifestação literária, pelo menos a toda e qualquer literatura que tem uma consciência de seu caráter duplo, de singular desdobramento de linguagem. A própria literatura entendida como processo mimético é já um produto dessa virtualidade reduplicadora da linguagem. A palavra diz o mundo e, ao fazê-lo, o reinstitui como efeito diferido e vicário de si mesmo. Esse movimento de reiteração do mundo e da linguagem, que também é um movimento de dissociação, de disrupção, encontra-se materializado, no contexto da literatura ocidental, na tradição do duplo ou, mais particularmente, da identidade desdobrada ou reduplicada, na qual figuram como personagens centrais as figuras do sósia, do duplo e outras que lhe são afins[2].

* * *

Divisor de águas de um rio muito menos caudaloso que aquele do *Grande Sertão: Veredas,* mas igualmente cheio de meandros[3], o conto "O Espelho" mostra, já desde o título, que se quer diverso do conto-teoria[4] de Machado de Assis, denominado "O Espelho. Esboço de uma Teoria sobre a Alma Humana". Sucinto no título, ele será muito mais prolixo na especulação metafísica, que na verdade esconde a especulação metaliterária. E aqui já estamos diante do procedimento adotado por Rosa diante do seu evidente, nada escondido precursor – um princípio de inversão ou de contradição (título longo – título breve; narrador prolixo – narrador lacônico; ausência de endereçamento ao leitor – endereçamento ao leitor). Embora o conto machadiano, publicado no volume *Papéis Avulsos* (de 1882), seja contemporâneo da obra romanesca da assim chamada "segunda fase" (e, do ponto de vista da tradição do duplo, talvez não seja casual o fato de a obra de Machado poder

---

1. Sobre a problemática da ironia como tratada aqui, remeto ao fundamental artigo de Beda Allemann, "De l'ironie em tant que prince littéraire", *Poétique. Revue de Théorie et d'analyse littéraires.*
2. Para um estudo mais acurado sobre a tradição do duplo, remeto ao excelente livro de Massimo Fusillo, *L'altro e lo stesso, Teoria e storia del doppio.*
3. Todos os comentaristas desse conto rosiano inevitavelmente se referem à sua posição central no conjunto maior dos contos de *Primeiras Estórias,* por ser o décimo primeiro de um conjunto de vinte e um contos.
4. Essa denominação dos contos machadianos aparentados ao gênero do conto filosófico da tradição dos moralistas franceses é de Alfredo Bosi, *Machado de Assis: O Enigma do Olhar,* p. 83.

ser claramente separada em duas partes bem distintas), ele não apresenta uma característica marcante de muitos outros textos do mesmo período e presente de modo ostensivo numa obra que lhe é imediatamente anterior e que justamente inaugura a obra do "segundo" Machado, *Memórias Póstumas de Brás Cubas*, de 1881: o endereçamento explícito do narrador ao leitor. A esse ponto, é interessante relembrar algumas particularidades desse conto machadiano, em especial no que toca ao ponto de vista assumido. Nesse conto, há dois narradores e, com isso, temos dois pontos de vista diferentes: o primeiro narrador é um narrador onisciente que conta a história de uma reunião de amigos no Rio de Janeiro, centrada na narrativa de um singular acontecimento pessoal, narrado por um deles, Jacobina (um nome no qual ressoam várias ambiguidades, entre as quais a de gênero, num conto muito abertamente misógino...); o segundo narrador é um narrador-personagem, ou seja, é o próprio Jacobina, contando os assombrosos fatos que lhe teriam ocorrido num passado remoto e num sítio fora da cidade, com o intuito de provar determinada teoria sobre a "alma" humana: a teoria de uma alma interna que é sempre sufocada por uma outra alma, externa, vinculada ao mundo exterior naquilo que o constitui como mundo das aparências e das exterioridades enquanto figuras no teatro das relações sociais. A origem pascalina dessa teoria da duplicidade humana já foi apontada pelos estudiosos e está reiteradamente presente em outros textos de Machado (nos contos "Viagem ao Redor de Mim Mesmo", "Teoria do Medalhão", e em *Memórias Póstumas*, entre outros), como apontou também, mais recentemente, Sergio Paulo Rouanet (2007, pp. 11-33).

Em Machado todos os temas e figuras são sujeitos a desdobramentos, reduplicações: por exemplo, no conto "O Espelho", que aqui tomamos como objeto, o tema da identidade pessoal se desdobra, alegoricamente, como já mostrou John Gledson (2006, pp. 70-90), no tema da identidade nacional, a partir da descrição do objeto espelho como peça de época, historicamente determinada. Entretanto, essa leitura segunda depende essencialmente do ato de leitura para se consubstanciar, uma vez que os sinais textuais que apontam para o segundo plano podem ou não ser decifrados pelo leitor, a depender de seu foco. O discurso irônico de Machado não renuncia aos sinais de ironia da linguagem corrente, os gestos – num movimento que poderia ser caracterizado como ironia da ironia e que ao mesmo tempo sublinha e contradiz a afirmação de Allemann (1978, p. 390), segundo a qual a ironia escrita "renuncia de início aos sinais de ironia que têm um importante papel na linguagem corrente e que são de natureza gestual: um modo de *cligner* imperceptivelmente os olhos, de *retrousser* os lábios, ou algo semelhante". Ora, no conto "Teoria do Medalhão", outro conto-teoria contido no volume *Papéis Avulsos,* vemos de modo concentrado o *modus operandi* da (auto)ironia machadiana:

    – Somente não deves empregar a ironia, esse movimento ao canto da boca, cheio de mistérios, inventado por algum grego da decadência, contraído por Luciano, transmitido a Swift e Voltaire, feição própria dos céticos e desabusados. Não (Assis, 2008, p. 275).

    Como nos moralistas franceses, em Pascal, em Voltaire, em Descartes, em Swift e em Sterne, também em Machado – e sobretudo no Machado dos assim chamados contos-teoria – a questão das genealogias e das heranças, sejam elas literárias, familiares ou filogenéticas (nosso parentesco com os animais) aparece como componente fundamental de um discurso irônico, pós-romântico, que se entende como "um meio de a arte se autorrepresentar" (Allemann, 1978, p. 387) que, mais do que refletir uma atitude irônica do autor, *a priori,* a constrói através da linguagem. Essa dialética artística típica dos primeiros românticos alemães é levada ao paroxismo pela habilidade machadiana em ocupar uma "posição intermediária e hesitante, exatamente à maneira de um equilibrista". Esse lugar hesitante (*eine schwebend-unentschiedene Zwischenlage* – Allemann [1978, p. 391]), ocupado muitas vezes pelo narrador machadiano, é o que desde logo permite que o discurso irônico possa estabelecer seu jogo, seja enquanto desmascaramento satírico (dimensão de crítica social) seja enquanto impulso autoirônico (dimensão autorreflexiva). Para a identificação do discurso irônico é fundamental que nele estejam implicados dois elementos essenciais: reflexão e contexto, e que, sobretudo, o leitor seja capaz de relacionar o texto irônico com o fundo de significação sobre o qual este se dobra. Se ao texto irônico é inerente a duplicidade da reflexão, sua profunda dependência de relações contextuais (aí devendo-se entender tanto o contexto intratextual quanto extratextual) faz com que ele se abra a um espaço de múltiplos desdobramentos, que ultrapassam a mera oposição dualística estanque, criando o que Allemann (1978, p. 396) denomina de *campo de tensão* (*Spannungsfeld*) ou *espaço de jogo* (*Spielraum*).

    E nesse espaço tenso que podem posteriormente operar os leitores, em especial, os seus leitores "fortes", isto é, os escritores brasileiros de gerações posteriores, interpretando, reelaborando, dialogando com a obra machadiana. No presente contexto, gostaria de chamar a atenção para a forma com que Guimarães Rosa reelabora o conto machadiano, dotando-o de um tom completamente diverso. Para isso, e tendo em vista nossa limitação de tempo, gostaria de comparar os títulos e os parágrafos de abertura dos dois contos, lembrando também que, na tradição do conto breve, os elementos referidos na abertura devem necessariamente apontar para o efeito final (o famoso "efeito singular e único", nas palavras de E. A. Poe).

Em alguns momentos, o conto de Rosa estabelece uma relação com o de seu precursor em termos de subtração: G. Rosa elimina o subtítulo ironicamente pretensioso de Machado ("O Espelho. *Esboço de uma Nova Teoria da Alma Humana*"), o qual indica, de modo até certo ponto enganoso, uma pretensão reflexiva em detrimento da intenção narrativa. Mas, se em Machado a "nova teoria" não aparece tão nova assim e o texto tenha uma *démarche* muito mais efabuladora do que teorizante, o conto de Guimarães Rosa, denominado sucintamente de "O Espelho", acaba por desdobrar a teoria do sujeito machadiana, uma teoria segundo a qual a identidade individual se subordina à sua identidade social, simultaneamente volátil e presa de injunções de classe. Ao deslocar o foco para a identidade individual enquanto construção psíquica e existencial de um sujeito, o conto rosiano, desde o início, responde muito melhor ao anúncio de uma teoria do que o próprio conto de Machado, no qual a teoria se subordina às necessidades narrativas:

> Se quer seguir-me, narro-lhe; não uma aventura, mas experiência, a que me induziram, alternadamente, séries de raciocínios e intuições. Tomou-me tempo, desânimos, esforços. Dela me prezo, sem vangloriar-me. Surpreendo-me, porém, um tanto à-parte de todos, penetrando conhecimento que os outros ainda ignoram. O senhor por exemplo, que sabe e estuda, suponho nem tenha ideia do que seja na verdade – um espelho? Demais, decerto, das noções de física, com que se familiarizou, as leis da óptica. Reporto-me ao transcendente. Tudo, aliás, é a ponta de um mistério. Inclusive, os fatos. Ou a ausência deles. Duvida? Quando nada acontece, há um milagre que não estamos vendo (Rosa, s. d., p. 65).

Nessa abertura é impossível não escutar a voz do narrador em primeira pessoa de *Grande Sertão: Veredas*, ainda que o conteúdo do discurso não seja o do jagunço aposentado, mas, sim, o de um homem culto, conhecedor de teorias científicas e filosóficas. O eu do narrador rosiano se constrói, aqui como em *Grande Sertão: Veredas*, na situação de diálogo com um interlocutor, "o senhor", com quem o leitor da obra imediatamente se identifica. A figura do leitor, tantas vezes convocada por Machado, para indicar uma dimensão reflexiva ou mesmo autorreflexiva da narrativa, não aparece explicitamente no conto de *Papéis Avulsos*.

Graças à sua estrutura dupla, de história dentro da história, no conto machadiano, há *dois* narradores, o narrador onisciente e seu duplo, o narrador-personagem Jacobina, que relata uma vivência (uma aventura?) pessoal, envolvendo a contemplação de sua imagem no espelho a um grupo de amigos:

> Quatro ou cinco cavalheiros debatiam, uma noite, várias questões de alta transcendência, sem que a disparidade dos votos trouxesse a menor alteração aos espíritos. A casa ficava no morro de Santa Tereza, a sala era pequena, alumiada a velas, cuja luz fundia-se misteriosamente com o luar que vinha de fora. Entre a cidade, com as suas agitações e aventuras, e o céu, em que as estrelas pestanejavam através de uma atmosfera límpida e sossegada, estavam os nossos quatro ou cinco investigadores de cousas metafísicas, resolvendo amigavelmente os mais árduos problemas do universo (Assis, II, p. 345).

Guimarães Rosa retoma em outra chave as questões transcendentes e a atmosfera misteriosa da fusão da luz de velas com a luz do luar, evidentes alusões paródicas a certa literatura romântica, por um lado, e, por outro, remete à conhecida fala de Hamlet ("Há mais coisas entre o céu e a terra do que supõe nossa vã filosofia"), essa outra melancólica figura da hesitação, como tantos personagens da galeria machadiana, inclusive o próprio Jacobina. Guimarães Rosa converte o mistério, a transcendência e o impulso investigativo dos personagens, anunciados de modo irônico por Machado, em uma "experiência" de investigação[5] conduzida pelo narrador a respeito de sua própria identidade enquanto construção psíquica. Através do diálogo com um interlocutor, que é o próprio leitor, a distanciadora moldura narrativa machadiana transforma-se, no conto de Rosa, numa interpelação direta ao leitor, e os quatro ou cinco investigadores se reduzem a um só narrador. As ironicamente debatidas questões de alta transcendência convertem-se em expressão da credulidade do narrador ("Reporto-me ao transcendente"), o mistério ironizado por Machado converte-se em frase sentenciosa ("Tudo, aliás, é a ponta de um mistério"). E a "megera cartesiana" entra em cena na forma de uma interrogação: "Duvida?" O tom cético e debochado de Machado, sempre distanciado, transforma-se no conto de Rosa numa aparente tentativa de incluir o leitor nos vários passos da "experiência". No conto ma-

---

5. Kathrin Rosenfield mostra como a proposta de investigação do eu, realizada pelo narrador rosiano, ironiza o positivismo científico, e como incorpora elementos afins às ideias expostas por Goethe em seus escritos sobre as ciências da natureza. Cf. K. H. Rosenfield, "Rosa no 'Espelho' de Machado: Os Legados Alemão, Russo e Francês na Narrativa Rosiana", *Desenveredando Rosa. A Obra de J. G. Rosa e Outros Ensaios Rosianos*, pp. 119-138.

chadiano a estrutura reduplicada sublinha a circularidade da narrativa, tendo como efeito final o emudecimento dos loquazes amigos pelo inicialmente lacônico narrador Jacobina. No conto rosiano, por sua vez, o desdobramento se dá entre o narrador e o narratário, que figura o leitor, sob a forma de dúvidas sistematicamente lançadas e não-resolvidas. Ao incorporar a figura de um interlocutor a quem a narração é dirigida, a narrativa rosiana explicita o elemento metalinguístico, presente no conto machadiano de modo mais velado, imbricado na dupla narrativa, dentro da qual a relação narrador-leitor é precedida da relação narrador-ouvinte. Se em Machado a referência metalinguística concentra-se na denominação final de Jacobina como "o narrador", tendo aparecido discretamente na cena em que o personagem contempla sua imagem no espelho, o qual deveria ter reproduzido sua imagem "textualmente" (p. 326), no conto rosiano as marcas metalinguísticas se sucedem, pontuando todo o relato, graças à estrutura dialógica escolhida. Na *segunda* cena de contemplação no espelho (em Rosa há *três*!), o narrador rosiano nega o caráter ficcional de seu relato: "Desculpe-me, não viso a efeitos de ficcionista, inflectido de propósito, em agudo, as situações" (Rosa, p. 70). O narrador desculpa-se aqui, de antemão, pela cena final diante do espelho. Seu surpreendente efeito de inacabamento, plasmado no vislumbrar do rosto de menino, bebê, embrião?, indica o desejo de se afastar do texto machadiano, no qual a problemática da identidade cindida se resolve com fácil expediente (vestir a farda de alferes, símbolo de posição social).

Ao desdobrar a cena machadiana em três cenas diferentes, dentre as quais apenas a cena central, a segunda, remete à cena presente no texto do precursor, Rosa ao mesmo tempo afirma e nega a centralidade do conto machadiano em seu próprio conto. E é nesse jogo entre ausência e presença do precursor que a sutil ironia rosiana captura para si as simpatias do leitor, tornando-o companheiro e cúmplice da experiência do narrador.

~

REFERÊNCIAS BIBLIOGRÁFICAS:

ALLEMANN, Beda. "De l'ironie em tant que príncipe littéraire", *Poétique. Revue de Théorie et d'analyse littéraires*, n. 36, 1978, pp. 385-398.
ASSIS, Machado. "Teoria do Medalhão". *Obra Completa*. Vol. II: *Contos*. Org. Aluisio Leite Neto, Ana Lima Cecílio, Heloisa Jahn. ed. Rio de Janeiro, Nova Aguilar, 2008, pp. 270-275.

———. "O Espelho. Esboço de uma Nova Teoria da Alma Humana". *Obra Completa*. Vol. II: *Contos*. Org. Aluisio Leite Neto, Ana Lima Cecílio, Heloisa Jahn. 2. ed. Rio de Janeiro, Nova Aguilar, 2008, pp. 322-328.

BLOOM, Harold. *A Angústia da Influência: Uma Teoria da Poesia*. Rio de Janeiro, Imago, 1991.

BOSI, Alfredo. "A Máscara e a Fenda". *Machado de Assis: O Enigma do Olhar*. São Paulo, Ática, 1999. pp. 73-126.

FUSILLO, Massimo. *L'altro e lo Stesso. Teoria e Storia del Doppio*. Firenze, La Nuova Italia, 1998.

GLEDSON, John. "A História do Brasil em *Papéis Avulsos*". *Por um Novo Machado de Assis*. São Paulo, Companhia das Letras, 2006, pp. 70-90.

ROSA, João Guimarães. "O Espelho". *Primeiras Estórias*. 5. ed. Rio de Janeiro, 1969, pp. 70-78.

ROSENFIELD, Kathrin. "Rosa no 'Espelho' de Machado: Os Legados Alemão, Russo e Francês na Narrativa Rosiana". *Desenveredando Rosa. A Obra de João Guimarães Rosa e Outros Ensaios Rosianos*. Rio de Janeiro, Topbooks, 2006, pp. 119-138.

ROUANET, Sergio Paulo. "A Forma Shandiana". *Riso e Melancolia. A Forma Shandiana em Sterne Diderot, Xavier de Maistre, Almeida Garrett e Machado de Assis*. São Paulo, Companhia das Letras, 2007, pp. 11-33.

18.
OLHARES FOTOGRÁFICOS CRUZANDO-SE N'O *ESPELHO*: MACHADO DE ASSIS E GUIMARÃES ROSA

THOMAS STRÄTER (HEIDELBERG)

Machado de Assis nasceu em 1839, no mesmo ano em que a fotografia foi inventada por Louis Jacques Mandé Daguerre, em Paris. O maior escritor brasileiro do século XIX era consciente disso, como demonstra claramente numa crônica de 1864[1]. Esta nova técnica-arte sensacional, capaz de reproduzir a realidade com um aparelho através de um flagrante, congelando o momento, exerce papel crucial (embora até hoje quase completamente despercebido pelos críticos) na obra do grande retratista da "vida íntima do nosso tempo"[2]. A fotografia aparece tanto como temática explícita como também no romance de uma suposta traição, *Dom Casmurro*, ou como elemento estrutural-estético de uma redução literária ao essencial nos contos "O Empréstimo" e "Uns Braços", ou como metáfora no seu penúltimo romance sobre um par de gêmeos, *Esaú e Jacó*. Em toda a obra de Machado, desde *Brás Cubas*, é grande a digressão sobre o fenômeno perturbador de aparências e semelhanças, sobre o original e a cópia – sobre a identidade, enfim (ver Sträter, 2006 e 2009). Por trás disso se esconde uma teoria filosófico-literária de uma percepção da reprodutibilidade. Quando na retina se revela "uma fotografia do invisível", como no *Memorial de Aires*, dá-se a transfigu-

---

1. Todas as citações das obras de Machado de Assis referem-se aos três volumes da edição da *Obra Completa* da editora Aguilar (Assis, 1986); depois do número do volume em algarismos romanos segue o número da página: (vol., página). A exceção constitui a crônica do *Diário de Rio de Janeiro* (1864-1867), que foi publicada no segundo volume da obra cronística (4 vols.) na edição da editora Jackson, até hoje a mais completa (Assis, 1955).
2. V. meu ensaio "Fotografia do Invisível: A Invenção de Daguerre na Obra de Machado de Assis" (Sträter, 2006).

ração mágico-científica da realidade na arte de Machado, e vice-versa. Um dos contos mais famosos de Machado, "O Espelho", teve ressonância literária num conto homônimo de João Guimarães Rosa. Ambos os textos – o último, obviamente, oscilando entre homenagem e distanciamento – se referem diretamente ao problema da representação da realidade. É que a fotografia foi não raro metaforizada como o espelho argênteo que guarda todos os reflexos para sempre.

Ao contrário do Machado urbano, Guimarães Rosa concentrou seus contos e ciclos narrativos, sabe-se, no sertão brasileiro, alcançando reconhecimento unânime e tornando-se o maior épico e renovador linguístico da literatura brasileira no século XX. Os dois autores, antagônicos entre si, marcam o vasto panorama em que a literatura brasileira se apresenta desde então em seus polos metrópole e campo, vanguarda e tradição.

O ano de 2008 reuniu, caso raro, esses opostos numa comemoração jubilar, no "Congresso Internacional Centenário dos Imortais: Machado de Assis e Guimares Rosa", na UFMG, em Belo Horizonte[3].

Em 1864, no dia 7 de agosto, numa crônica do *Diário do Rio de Janeiro*, Machado relata uma das suas visitas regulares de "semana em semana" à casa de Joaquim Insley Pacheco. Este mestre na arte do retrato oficial no Brasil, que instalou seu estúdio no Rio de Janeiro nos anos 1950, tornou-se em pouco tempo o mais requisitado e brilhante retratista de seu tempo. Machado de Assis e sua mulher Dona Carolina também não fugiram à moda de se deixarem fotografar, e em diferentes estágios de sua vida procuraram o estabelecimento deste típico fotógrafo-*entrepreneur* para serem retratados[4]. O

---

3. No ano das comemorações da morte e do nascimento dos dois monstros sagrados da literatura brasileira, posso constatar a presença desses autores no mercado editorial da Alemanha. De Machado, são quatro romances traduzidos: *Memórias Póstumas de Brás Cubas, Quincas Borba, Dom Casmurro* e, recentemente, *Memorial de Aires*, conjuntamente com uma coletânea dos melhores contos. Temos até o privilégio, no caso das *Memórias* e do *Casmurro*, de possuir diferentes traduções em alemão, editadas pela editora suíça-alemã Manesse, como também na antiga Alemanha Oriental pela editora Rütten & Loening. No caso de Guimarães Rosa, podemos orgulhar-nos de ter à disposição quase a obra completa traduzida para o alemão por Curt Meyer-Clason, trabalho iniciado ainda nos anos 1960. No entanto, tal fato editorial não corresponde à atual situação: a obra rosiana encontra-se há anos esgotada e fora do catálogo da editora que originalmente o publicou, a Kiepenheuer & Witsch, de Colônia, que devolveu todos os direitos das traduções a uma agência que negocia com direitos autorais. Em uma palavra: na Alemanha, seus livros só se encontram, com alguma sorte, em sebos.

4. Os grandes fotógrafos ao mesmo tempo empreendedores e homens do mundo ocuparam nesta época frequentemente as colunas dos jornais. Enquanto a maioria dos artigos se dedicava a mostrar o artista trabalhando, outros também ilustraram aspectos mais específicos, como o industrial e o financeiro (cf. Bajac, 2001, pp. 134-137).

primeiro retrato foi tirado por volta de 1864, quando Machado contava vinte e cinco anos, época de atividade imensa, em que publicava diariamente trabalhos jornalísticos como cronista, produzia várias peças de teatro e estreava na poesia com um volume de versos, *Crisálidas*. Mostra o contato bastante íntimo com o Nadar carioca o fato de que Insley Pacheco foi um dos atores amadores da comédia em um ato *Quase Ministro*, de Machado, representada num sarau literário e artístico em 1862.

O estudio do Pacheco parece ao nosso entusiasmado cronista como o "mais luxuoso templo de Delos da nossa capital", um tipo de galeria de arte naquele tempo, onde ele, profundamente impressionado, convida os leitores a "admirar-se a perfeição crescente dos trabalhos fotográficos e de miniatura". Continua sua ronda o curioso repórter: "E veem-se reunidos no mesmo salão ou no mesmo álbum, os rostos mais belos do Rio de Janeiro, – falo dos rostos femininos. [...]. É a casa do Pacheco primeira do gênero que existe na capital, onde há cerca de trinta oficinas" (Assis, 1955, p. 77).

Em seguida, o jovem cronista descreve como chegou há vinte e quatro anos na terra brasiliense a primeira máquina fotográfica, chama-a "o milagroso aparelho", referindo-se como fonte explicitamente às "gazetas do tempo", tempo em que ele era um bebê de poucos meses de idade. No mais tardar enquanto estava escrevendo aquilo, Machado deveria estar consciente de ser tão jovem quanto a técnica. Em seguida, sublinha a tarefa principal destes estabelecimentos, que é a da reprodução das feições. "Desde então para cá, isto é, no espaço de vinte e quatro anos, a máquina do padre Combes produziu as trinta casas que hoje se contam na capital, destinadas a reproduzir as feições de todos quantos quiserem passar à posteridade... num bilhete de visita" (Assis, 1955, p. 78)[5]. Depois de examinar umas miniaturas pintadas a óleo, o nosso repórter volta à fotografia, apresentando aos leitores a máquina mais nova, que promete retratos em papel de formato maior que os cartões de visita, pressentindo seu crescente desenvolvimento e sucesso no futuro.

A outra novidade que fui ver à casa do Pacheco foi um aparelho fotográfico, chegado ultimamente, destinado a reproduzir em ponto grande as fotografias de cartão. Não vi ainda trabalhar esse novo aparelho, mas dizem que produz os melhores resultados. Até onde chegará o aperfeiçoamento do invento de Daguerre? (Assis, 1955, p. 80).

5. Obtive esta informação no *site* de Machado de Assis da Academia Brasileira de Letras na internet.

Além do valor documental de que a invenção de Daguerre não passou despercebida ao nosso jovem escritor e mesmo excitou sua maior admiração, este folhetim comprova que Machado estava consciente de compartilhar com o invento a mesma idade. Separam a data desta sua referência dupla na mesma página (na versão do texto impresso em livro) o espaço de vinte e quatro anos desde a chegada quase mitológica da corveta "L'Orientale" – que quase exemplificou o dito latim *ex oriente lux* – com a máquina fabulosa a bordo e que foi responsável pelos trinta estabelecimentos fotográficos do Rio, cerca de seis semanas depois de seu vigésimo quinto aniversário, no dia 21 de junho (ver Wood, 1994)[6].

Desde o momento em que a fotografia apareceu, ela inspirou sonhos e fantasias. Alguns entusiastas da técnica-arte deram ênfase à natureza mágica do ato fotográfico, enquanto outros especularam sobre sua capacidade de capturar fenômenos imaginários, como a – atual – capacidade de fixar o invisível aos homens, num "daguerreótipo mental". Muitas destas fantasias foram exploradas nos anos 1960 e depois na fotografia dita espírita (ver Stiegler, 1996 e 2006).

No já mencionado romance *Esaú e Jacó*, aparece uma frase figurativa, que toma o olho humano como analogia do aparelho fotográfico: "O olho do homem serve de fotografia ao invisível, como o ouvido serve de eco ao silêncio" (I, p. 998). Assim, repete-se na fórmula "fotografia do invisível" a figura fenomenológica da incompatibilidade de conceitos opostos, representativa de sua época, e a tentativa de sua harmonização.

A frase é oriunda do capítulo XLI, onde o "Caso do Burro" lembra de longe o colapso nervoso de Friedrich Nietzsche em Turim, condoído por um cavalo maltratado, o que pode ser visto como a erupção de sua loucura. Também Roland Barthes se refere a este episódio no seu livro *La Chambre claire* – metáfora nova para o aparelho fotográfico – no capítulo onde fala da relação entre sandice/loucura e compaixão, comentando involuntariamente *O Alienista*: "Acreditei compreender que existia uma forma de laço (nó) entre a Fotografia, a Loucura e qualquer outra coisa para a qual não sei o nome. Comecei a chamá-la o sofrimento do amor" ["Je crus comprendre qu'il y avait une sorte de lien (de nœud) entre la Photographie, la Folie et quelque chose dont je ne savais pas bien le nom. Je commençais par l'appeler: souffrance d'amour"] (Barthes, 1980, pp. 178-179)[7]. No romance sobre os

---

6. Ver o texto original fac-símile sobre a chegada na Corte da primeira máquina fotográfica, no dia 17 de janeiro de 1840, publicado no *Jornal do Commercio* (em Ermakoff, 2004, p. 109), ao qual Machado se refere em todos os pormenores.
7. Se não houver outra indicação, todas as traduções são minhas.

gêmeos cariocas Castor e Pollux, a situação é a seguinte: uma carroça estava parada numa rua impedindo a passagem de uma carruagem. O carroceiro, irritado, batia no burro, sem conseguir, entretanto, que a carroça saísse do lugar. A situação durou cinco ou seis minutos e foi observada pelo conselheiro Aires, que viu nos olhos redondos do animal uma expressão profunda de ironia e paciência. O gesto largo do animal pareceu-lhe a expressão de um espírito invencível. Leu em seus olhos um monólogo, despertando sua compaixão fraternal com um animal.

Este minúsculo parágrafo do romance *Esaú e Jacó*, que até hoje não tem o reconhecimento que merece pelas suas qualidades filosófico-literárias, parece um *fait divers* mais apto para uma crônica do que parte integral de uma prosa extensa, revelando o Machado no clímax de sua mestria de romancista, entrando no jogo com toda a sua ambivalência. O que o conselheiro vê é o resultado da sua própria imaginação, uma projeção de seus pensamentos. Eis aqui, nestas três palavras "fotografia do invisível", uma teoria literária formulada por Machado *in nuce*: o olho, o olhar não como mero meio retratista do real, mas com o objetivo de penetrar a superfície, chegando ao íntimo-subcutâneo, o invisível do caráter de uma pessoa, as razões ocultas de suas motivações e ações. O que anos mais tarde conseguiu a radiografia com o corpo humano, revelando o invisível do interior, além da pele protetora e ocultadora, a carne, as artérias, os órgãos e o esqueleto, a "fotografia literária" já focalizara antes: retratar a alma das pessoas ou, como se diz a partir das expedições ao inconsciente de Sigmund Freud, em Viena, a análise da psique. O olho humano ganha a forma de uma metáfora e transforma-se numa máquina fotográfica capaz de produzir uma imagem instantânea. Embora se trate aqui, na literatura machadiana, de uma fotografia com qualidades que vão além do mundo visível: retratar o escondido, os sentimentos, os afetos, as motivações dos homens. O olho humano desde sempre teve a função de uma interface entre o fora e o dentro, entre imaginação e percepção. Pela sua construção anatômica, sempre foi um modelo equivalente à câmara obscura e vice-versa. O petrarquismo já metaforizou o olho como o espelho da alma, mas na prosa machadiana o olho se transforma numa máquina fotográfica que reproduz imagens enigmáticas a serem decifradas e interpretadas por um observador. No momento em que o olho é capaz de fotografar, a percepção é necessariamente determinada pela fotografia. Assim nasce através da invenção de Daguerre na literatura um novo olhar, um olhar fotográfico, o qual prova toda a obra madura de Machado.

No começo do romance *Dom Casmurro* o narrador descreve dois retratos, um de seu pai e um de sua mãe. Conclui suas meditações numa comparação das pinturas a óleo com a nova técnica de retratar, a fotografia, salientando a sua característica excepcional de representar num flagrante um estado de espírito passageiro: "Depois da morte dele [do pai], lembra-me que ela chorou muito; mas aqui estão os retratos de ambos, sem que o encardido do tempo lhes tirasse a primeira expressão. São como fotografias instantâneas da felicidade" (I, p. 817). Esta é a primeira vez, um prelúdio, que aparece a palavra "fotografia", mas não a última. No decorrer da ação de *Dom Casmurro* uma fotografia vai ter a função crucial de ser para Bentinho a última e decisiva prova da (suposta) traição de sua mulher, Capitu, com o amigo Escobar. Machado descreve uma típica fotografia como era comum de fazer em qualquer dos estúdios fotográficos nestes anos: um retrato de frente, a pessoa inteira de pé, vestida a rigor, a postura um pouco artificial, com dedicatória.

Mais uma vez a fotografia como testemunho indestrutível da traição do amigo entra em cena quando Bentinho desesperadamente decide suicidar-se com veneno.

A tentativa, um pouco ridícula, porque é uma "imitação" do exemplo do romano Catão, fracassa necessariamente quando o narrador quer tomar o café com a droga no instante em que o filho entra. Numa inspiração diabólica, oferece a Ezequiel a sua xícara com a dose mortal. No último momento, recua.

Considerando a consciência profunda do processo artístico controlado por Machado, a todo momento, seria difícil tomar como mera coincidência que o capítulo curtíssimo "A Fotografia" aluda, em sua númeração romana CXXXIX, ao ano do nascimento do autor como o da nova técnica de reprodução, ao qual se referiu na crônica já mencionada ("há vinte quatro anos"). Num momento em que o pequeno filho Ezequiel entra no quarto, a semelhança (para não dizer que eram idênticos) dele com o retrato do amigo Escobar fica evidente. Os olhares do casal, de Capitu e Bentinho, fixam-se primeiro na fotografia, cruzam-se depois no menino, para voltar de novo à fotografia. Ninguém fala nada. A comparação entre a imagem do retratado e a realidade viva é fatal: a identidade do filho com o amigo parece ser evidente, este era aquele:

> Palavra que tive a pique de crer que era vítima de uma grande ilusão, uma fantasmagoria de alucinado; mas a entrada repentina de Ezequiel, gritando: – "Mamãe! Mamãe! É hora da missa!" restituiu-me à consciência da realidade. Capitu e eu, involuntariamente, olhamos para a fotografia de Escobar, e depois para o outro. Desta vez a confusão dela fez-se confissão pura. Este era aquele; havia por força alguma fotografia de Escobar pequeno que seria o nosso pequeno Ezequiel (I, p. 938).

Talvez o conto mais célebre de Machado – Bosi usa o termo "conto-teoria" (Bosi, 1999, pp. 83 e ss.) –, uma crítica à ideia romântica do desdobramento da personalidade e da identidade perdida, seja o "O Espelho: Esboço de uma Nova Teoria da Alma Humana", como ressalta o subtítulo de via larga nada modesto, mas irônico. O narrador, que também é o protagonista, explica sua teoria da "alma exterior", uma segunda alma existente, que todo homem possui junto com sua "alma interior", sem a qual não pode viver, mas que resulta ser invisível. Ainda jovem nomeado alferes da Guarda Nacional, é convidado por sua tia a passar uns dias em sua fazenda. Orgulhosa do posto atingido por seu sobrinho na hierarquia militar, simbolizada pela farda vistosa, não para de chamá-lo com certo gozo pelo título de "Senhor Alferes", assim chamado também pelos escravos, de tal modo confirmando ostensivamente a posição social que se transforma numa segunda personalidade dupla, a "alma exterior". Um grande espelho, presente da tia a refletir a imagem do vaidoso alferes vestido em sua farda imponente, reforça essa ideia:

> Se lhes disser que o entusiasmo da tia Marcolina chegou ao ponto de mandar pôr no meu quarto um grande espelho, obra rica e magnífica, que destoava do resto da casa, cuja mobília era modesta e simples... Era um espelho que lhe dera a madrinha, e que esta herdara da mãe, que o comprara a uma das fidalgas vindas em 1808 com a corte de D. João VI. Não sei o que havia nisso de verdade; era a tradição. O espelho estava naturalmente muito velho; mas via-se-lhe ainda o ouro, comido em parte pelo tempo (II, pp. 347-348).

Só no momento em que a tia tem de viajar, deixando o sobrinho sozinho na casa-grande, acarretando com isso a falta de vigilância e a fuga de escravos, só aí é que a veneração e o respeito encontram o seu fim. Bastam poucos dias para que o alferes, sem a idolatria gozada até então, viva prostrado em estado de progressivo desequilíbrio mental. Seu Eu, somente existente em função de seu *status* social, representado pela farda (ou seja, a ausência de sua alma interior, invisível), leva-o a uma crise nervosa e ao desespero existencial. A única saída temporária que sua solidão angustiante lhe oferece é escapar nos sonhos em que se imagina ainda o bem querido e lisonjeado alferes. O espelho, presença cada vez mais impertinente, tornou-se agora o testemunho da destruição do seu Eu: "No fim de oito dias, deu-me na veneta olhar para o espelho com o fim justamente de achar-me dois. Olhei e recuei. O próprio vidro parecia conjurado com o resto do universo; não me estampou a figura nítida e inteira, mas vaga, esfumada, difusa, sombra de sombra" (II, p. 350).

Na literatura europeia, estaria no final deste processo de decomposição do eu normalmente a morte, o suicídio à espera. Não no Brasil. Como se o conto de Machado fosse entendido aqui como um comentário polêmico contra "as fardas europeias", i.é, a suntuosa fatiota cultural que legitimaria o Brasil como nação perante o mundo. O detalhe de que o grande espelho, já velho e carcomido, seja uma herança europeia da corte é bastante elucidativo. Mas o alferes, perspicaz e astuto, escapa do perigo iminente com remédio salvador. O que se resume nas palavras do provérbio: "A roupa faz o homem".

Lembrou-me vestir a farda de alferes. Vesti-a, aprontei-me de todo; e, como estava defronte do espelho, levantei os olhos, e... não lhes digo nada; o vidro reproduziu então a figura integral; nenhuma linha de menos, nenhum contorno diverso; era eu mesmo, o alferes, que achava, enfim, a alma exterior. Essa alma ausente com a dona do sítio, dispersa e fugida com os escravos, ei-la recolhida no espelho. Imaginai um homem que, pouco a pouco, emerge de um letargo, abre os olhos sem ver, depois começa a ver, distingue as pessoas dos objetos, mas não conhece individualmente uns nem outros; enfim, sabe que este é Fulano, aquele é Sicrano; aqui está uma cadeira, ali um sofá. Tudo volta ao que era antes do sono. Assim foi comigo.
Olhava para o espelho, ia de um lado para outro, recuava, gesticulava, sorria e o vidro exprimia tudo. Não era mais um autômato, era um ente animado. Daí em diante, fui outro. Cada dia, a uma certa hora, vestia-me de alferes, e sentava-me diante do espelho, lendo, olhando, meditando; no fim de duas, três horas, despia-me outra vez. Com este regime pude atravessar mais seis dias de solidão sem os sentir... (II, pp. 351-352).

O espelho funciona aqui como uma fotografia, na sua qualidade de retratar o *status* social num certo momento da vida como forma de documento, como evidência, como atestado de uma preexistência da coisa fotografada, como afirmação da posição atingida na sociedade, pela qual o homem moderno se define. Lembremos que as camadas prateadas dos antigos daguerreótipos davam-nos essa aparência de espelho. "A Machado, mulato que não gostava de se dizer mulato, o tema da relação assimétrica entre aparência e essência é central" (Piza, 2006, p. 226).

Em certo sentido, também a fotografia funciona como um espelho perfeito, sendo ela "um espelho que guarda todos os reflexos", como escreve Jules Janin, num dos primeiros testemunhos teóricos do daguerreótipo, em 1839 (cf. Stiegler, 2006, p. 201). Esta metáfora, que se repetirá *ad nauseam* no futuro, se explica pelo fato de que o fenômeno do daguerreótipo se assemelha em sua superfície prateada à de um espelho polarizante, como dito acima. Para se poder ver a imagem nele retratada, é necessário que o observador vire a chapa prateada de cobre – caso contrário, só enxergará a própria imagem refletida pelo daguerreótipo. Dependendo do ângulo de visão, somente por trás da reflexão da própria imagem os objetos retratados ganham seu perfil; como numa ilusão de óptica, num quadro-enigma, num espelho mágico. "Espelho" esse que agora nos oferecia uma outra faculdade, distinta das até então conhecidas superfícies refletoras. O autor de contos de fadas – não só para crianças, diga-se –, o dinamarquês Hans Christian Andersen, grande admirador dos primeiros daguerreótipos, aventou em carta a uma amiga a genial invenção: "todos os objetos são captados e fixados". É assim que os daguerreótipos e as fotografias tornam-se os "espelhos com memória" – outra metáfora bastante difundida no século XIX. Mesmo depois da evolução fotográfica no século XX, a metáfora do espelho sobrevive em extensão. Tristan Tzara, o dadaísta, num texto sobre Man Ray, por exemplo, se refere à antiga comparação. Na fotografia contemporânea, a câmera, o aparelho fotográfico, transforma-se "num espelho, que escreve". Este "espelho" mostra sempre mais do que o fotógrafo viu no momento da captação, juntando o incontrolável do universo interior às casualidades do mundo exterior. Desde os iconoclásticos anos vinte do século passado, a fotografia se distancia cada vez mais da pintura realista para se acercar a uma *écriture automatique surrealiste* (ver Stiegler, 2006, pp. 201 e ss.).

Ao contrário da pintura, é o rosto do homem que resulta ser o objeto mais propício entre todos a tornar-se uma obra-prima fotográfica. Na imagem das primeiras fotografias, como nos espelhos, o que se mostra não é apenas o aspecto físico da pessoa, mas o seu caráter, o inconsciente invisível, tudo aquilo que escapa ao âmbito do consciente. Por isso, o confronto com os retratos ou as imagens refletidas causa, não raro, espanto, confusão e mesmo horror. Um retrato só dá resultado satisfatório àquele que o encomendou, quando nele se reconhece como a pessoa que almejava ser e fazendo-se representar para a posteridade.

Não foi por acaso que este conto de Machado sobre o visível e o invisível ganhou eco literário no conto homônimo de Guimarães Rosa, incluído em sua coletânea *Primeiras Estórias*, de 1962 (ver Rosa, 2007). Nesses contos a composição dos textos já funciona também como espelho. "O Espelho" (Rosa, 2007, pp. 113-120), o conto, fica situado exatamente no meio entre todos os outros textos, no centro das onze histórias: são cinco antes e cinco depois. Quer dizer: as primeiras cinco ficções encontram suas "imagens" refletidas nas últimas cinco do livro (e vice-versa). Ambos os textos, o de Machado e o de Rosa se referem diretamente ao problema da representação da realidade, da realidade escondida da psique humana, o "inconsciente" de Freud – termo desconhecido por Machado, que ainda havia de contentar-se com o conceito teológico-filosófico de "alma", dando o subtitulo conhecido ao conto: "o esboço de uma nova teoria da alma humana":

> O espelho, são muitos, captando-lhe as feições; todos refletem-lhe o rosto, e o senhor crê-se com aspecto próprio e praticamente imudado, do qual lhe dão imagem fiel. Mas – que espelho? Há-os "bons" e os "maus", os que favorecem e os que detraem; e os que são apenas honestos, pois não. E onde situar o nível e ponto dessa honestidade ou fidedignidade? Como é que o senhor, eu, os restantes próximos, somos, no visível? O senhor dirá: as fotografias o comprovam. Respondo: [...] Ainda que tirados de imediato um após outro, os retratos sempre serão entre si muito diferentes (Rosa, 2007, p. 113).

Em ambos os textos pode-se trocar a palavra "espelho" – que, no caso de Rosa, aparece quase trinta vezes em apenas oito páginas – por "fotografia", e com toda a razão podendo ser lido como uma digressão condensada, uma teoria antiteórica em forma de uma confissão ficcional, sobre a fotografia.

Temos em Machado como em Guimarães um narrador, na primeira pessoa, que relata a sua experiência, de uma alienação ou "desimaginação" do seu ego. Em ambos os casos, o espelho funciona como meio de análise. Embora para Rosa fique óbvia a rejeição do princípio de um inconsciente ou, digamos, um princípio espiritual do homem, concebido como separável do corpo e imortal: "Mesmo que tudo fosse verdade, não seria mais que reles obsessão autossugestiva, e o despropósito de pretender que psiquismo ou alma se retratassem em espelho..." (Rosa, 2007, p. 119).

Rosa também, nesta história aparentemente antissertaneja, mostra-se fiel ao seu "sertão", aquela paisagem menos real do que mítica e fictícia, a qual, em suas próprias palavras, tem caráter universal: "O sertão encontra-se por toda a parte". Também, paralela ao seu famoso conto "Meu Tio o Jauaretê", aqui o menino "personagente" encontra na reflexão de seu rosto o recôndito animal selvagem: "Parecer-se cada um de nós com determinado bicho, relembrar seu facies, é fato. [...]. Meu sósia inferior na escala era, porém – a onça. Confirmei-me disso. E, então, eu teria que, após dissociá-los meticulosamente, aprender a não ver, no espelho, os traços que em mim recordavam o grande felino" (Rosa, 2007, p. 117).

Machado, como autor realista do século xix (ainda que se confessasse um declarado não-adepto do naturalismo), mostra-se contraditoriamente preocupado com questões sociológicas (a "personagente" machadiana, o alferes, também um jovem, pertence à classe ascendente de militares, cuja tia é uma fazendeira dona de escravos, o espelho de uma herança da corte portuguesa, i. é., um símbolo da ex-colônia etc.) e psicológicas, com os seus ditos "espaços vastos" – para usar as palavras de Paulo Rónai, variando Arthur Schnitzler – da alma humana. Guimarães Rosa, ao contrário, chegou a rejeitar tais questões ligadas a um realismo ultrapassado, vinculado com a sociedade e o individuo burguês (segundo a sua visão estético-filosófica) e pretendeu explorar diretamente a *conditio* humana através da linguagem, independente de suas circunstâncias, fossem estas de caráter social ou cultural. Aliás, ambos os escritores encontraram suas soluções próprias num "olhar fotográfico" que se dirige, no caso de Machado, à vida social da classe dominante e sobretudo ao invisível da vida íntima de um de seus representantes, tentando "fotografar" o invisível da psique humana. A invisibilidade da existência nua em Guimarães Rosa vai mais além do caso individual, focalizando a existência do ser humano. "Nos contos inicial e final [e também no do meio, acrescento eu] realiza-se *gageure* de fazer desfilar pela sensibilidade de um menino, com o pensamentozinho 'ainda na fase hieroglífica', os grandes problemas existenciais do bem e do mal, e através da sua decifração, é transmitida uma mensagem de otimismo e de fé" (Rónai, 2005, p. 27). Poderíamos apor um subtítulo, embora inexistente, para o conto rosiano "O Espelho", imaginado como uma reverência ao romancista de Cosme Velho: "Esboço de uma teoria do 'ser tão' humano", do "mundo concreto do Ser-Tão" ["konkrete[n] Welt des So-sehr-seins"], como dirá Flusser (1992, p. 142), que Rosa traduziria simplesmente por Sertão.

~

REFERÊNCIAS BIBLIOGRÁFICAS:

ACADEMIA BRASILEIRA DE LETRAS. http://www.academia.org.br, site de Machado de Assis.
ASSIS, Joaquim Machado de. *Crônicas*. 2º vol. *1864-1867*. Rio de Janeiro, W. M. Jackson, 1955.
_____. (1986). *Obra Completa*, 3 vols. Rio de Janeiro, Nova Aguilar, 1959.
BAJAC, Quentin. *The Invention of Photography: The First Fifty Years*. Transl. from the French by Ruth Taylor. London/New York, Thames and Hudson, 2002.
BARTHES, Roland. *La chambre claire: note sur la photographie*. Paris, Gallimard, 1980.
BOSI, Alfredo. *Machado de Assis: O Enigma do Olhar*. São Paulo, Ática, 1999.
ENCICLOPEDIA ARTES VISUAIS, http://www.itaucultural.org.br

ERMAKOFF, George. *O Negro na Fotografia Brasileira do Século 19*. Rio de Janeiro, Casa Editorial, 2004.
FLUSSER, Vilém. *Bodenlos: eine philosophische Autobiographie*. Mit e. Nachwort v. M. Vargas u. edit. Notizen v. E. Flusser u. St. Bollmann. Düsseldorf/Bensheim, Bollmann, 1992.
KOPPEN, Erwin. *Literatur und Photographie: über Geschichte und Thematik einer Medienentdeckung*. Stuttgart, Metzler, 1987.
PLATTHAUS, Andreas. "Schau mir in die Augen, großer Meister: aus dem Leben eines Lortzing – Sachsens Daguerreotypien geben ihre Geheimnisse preis", *Frankfurter Allgemeine Zeitung*, 6. April 2005, S. N3 (Geisteswissenschaften), 2005.
RÓNAI, Paulo (2005). "Os Vastos Espaços [1966]". In: ROSA, Guimarães. *Primeiras Estórias*. Apresentação de A. da Costa e Silva e com um ensaio de P. Rónai. Rio de Janeiro, Nova Fronteira, 1. ed. especial [1962/1969].
ROSA, João Guimarães (2007). *Primeiras Estórias*. Apresentação de A. da Costa e Silva e com um ensaio de P. Rónai. Rio de Janeiro, Nova Fronteira, 1. ed. Especial [1962/1969].
STIEGLER, Bernd. *Philologie des Auges: die photographische Entdeckung der Welt im 19. Jahrhundert*. München, Fink, 2001.
──────. *Bilder der Photographie: ein Album photographischer Metaphern*. Frankfurt/Main, Suhrkamp, 2006.
STRÄTER, Thomas. "Fotografia do Invisível: A Invenção de Daguerre na Obra de Machado de Assis". 1º Concurso Internacional Machado de Assis. In: *Ensaios Premiados: A Obra de Machado de Assis*. Brasilia, 2006, MRE, pp. 179-215.
──────. (2008a). "Rio und Sertão: zwei Dichter-Jubiläen in Brasilien", *Neue Zürcher Zeitung*, 7. April 2008.
──────. (2008b). "Ein Land für alte Sagen: Sertão ist überall – zum 100. Geburtstag des brasilianischen Schriftstellers João Guimarães Rosa", *Neue Zürcher Zeitung* (Literatur und Kunst), 22/23. Juni 2008.
──────. (2008c). "Die Fotografie des Unsichtbaren: Vor hundert Jahren starb Machado de Assis, einer der Gründerväter der brasilianischen Literatur", *Neue Zürcher Zeitung*, 29. Sept. 2008.
──────. (2009). "Retratos, Espelhos e Reproduções: O Olhar Fotográfico de Machado de Assis". [Conferência no] Simpósio Internacional Caminhos Cruzados: Machado de Assis pela Crítica Mundial, Unesp, 25 a 29 de agosto 2008 [artigo a ser publicado em breve nas atas do simpósio).
TÁTI, Miécio (1991). *O Mundo de Machado de Assis* [Original: *O Rio de Janeiro na Obra de Machado de Assis*]. Rio de Janeiro, Secretaria Municipal de Cultura, Turismo e Esportes (Biblioteca Carioca), 1961.
WOOD, Robert Derek (1994). "A Viagem do Capitão Lucas e do Daguerreótipo a Sidney". Trad. do inglês na internet. Publicado originalmente no NZ *Journal of Photography*, 16; pp. 3-7; agosto 1994; republicado no *Journal de la Societé des Océanistes*, 102, Paris, pp. 113-118; e, com breve revisão, em *The Daguerreian Annual*, 1995, pp. 51-57.

19.
PRESENÇA INQUIETANTE: ESPELHO DE MACHADO

EDUARDO STERZI

"Presença por vezes incômoda e irritante – como a da consciência..." Assim aparecia Machado de Assis para Lúcia Miguel Pereira, ao final dos anos 1930[1]. Com essa frase, ela se referia, antes de tudo o mais, ao peso com que a figura de Machado se impunha sobre a sua "geração", geração que se sentia julgada e censurada, em seus "exageros" e "fraquezas", por aquele predecessor. No entanto, se levarmos em consideração o que mais de um século de recepção crítica de Machado nos ensinou sobre sua relação com a literatura anterior e posterior, assim como com o quadro histórico de sua época, podemos ler a frase com uma conotação mais abrangente: Machado seria uma "presença por vezes incômoda e irritante" na medida em que desempenha, com sua obra, a função de "consciência" não só da literatura brasileira, mas também da história do Brasil – para não dizer também: da literatura e da história universais tais como incidem sobre a literatura e a história locais e se deixam filtrar e reinventar (e sobretudo se *deslocar*) por estas. Ou talvez fosse mais preciso dizer – e isto poderia tornar mais compreensíveis o incômodo e a irritação que a "presença" de Machado porventura provoca – que ele desempenha simultaneamente as funções de *consciência* e de *inconsciente*, em acepção psicanalítica, de nossa literatura e de nossa história. *Consciência*, ao passo que "recebe ao mesmo tempo as informações do mundo exterior e as provenientes do interior", isto é, enquanto, por um lado, absorve as sensações decorrentes do contato perceptual com objetos externos e, por outro, enquanto serve de lugar para a emergência

---

1. Lúcia Miguel Pereira, "Machado de Assis e Nós" (1939), *A Leitora e seus Personagens*, pesq., sel. e notas Luciana Viégas, Rio de Janeiro, Graphia, 1992, p. 290.

ou retorno da memória[2]. *Inconsciente*, por sua vez, à proporção que armazena "conteúdos recalcados", isto é, enquanto preserva imagens e palavras aos quais se recusa a permanência no estrato consciente do aparelho psíquico[3] – ou, aqui, digamos assim, do *aparelho histórico-literário*. O lugar próprio da ficção de Machado – sobretudo da grande ficção machadiana, aquela cuja estação se abre, no romance, com *Memórias Póstumas de Brás Cubas* e, no conto, com *Papéis Avulsos* – não é, isoladamente, nem o lugar da consciência, nem o do inconsciente, mas, sim, o intervalo tenso entre ambos. Em sua obra, Machado dramatiza os processos por assim dizer histórico-psíquicos pelos quais se configura um inconsciente histórico e literário e pelos quais as imagens e palavras aí recolhidas acabam vindo, de um modo ou de outro, seja no próprio texto ou na sua interpretação pelo leitor, à consciência: os recalques, as repressões, as censuras, as negações, as recusas, as regressões, as incorporações, introjeções e identificações, as projeções, as elaborações, as fantasias, as racionalizações, as ambivalências, as condensações, os deslocamentos, as sobredeterminações, as deformações, os retornos do recalcado, as compulsões à repetição, as formações de compromisso, as formações substitutivas, as reorganizações e reinscrições *a posteriori*, os trabalhos do luto... Melhor que falar de "presença [...] incômoda e irritante", talvez devêssemos, portanto, falar de *presença inquietante*. Com essa expressão, aludo, é claro, ao conceito freudiano de *unheimlich* e à sua tradução francesa por Marie Bonaparte como "inquietante estranheza" (*inquiétante étrangeté*). Freud recorda que, embora *unheimlich* (adjetivo com que se nomeia uma categoria estética próxima ao aterrorizante e que podemos traduzir por *estranho*) pareça à primeira vista antônimo de *heimlich* (familiar, doméstico), essa oposição não é integral, já que *heimlich*, além de designar aquilo com que estamos habituados, também qualifica o que se mantém fora de vista. Schelling, numa formulação que Freud encontrou citada num dicionário e que reproduz em seu ensaio, diz que *unheimlich* é o que deveria permanecer oculto mas veio à luz. Pode-se inferir, portanto, que, na categoria do *unheimlich*, o elemento inquietante é algo recalcado que retorna[4]. Acredito que

---

2. Jean Laplanche e J.-B. Pontalis, *Vocabulário da Psicanálise*, trad. Pedro Tamen, São Paulo, Martins Fontes, 1999, p. 93.
3. *Idem*, p. 235.
4. Sigmund Freud, "O 'estranho'" em *História de uma Neurose Infantil e Outros Trabalhos*, trad. Eudoro Augusto Macieira de Souza, Rio de Janeiro, Imago, 1988, p. 258. (Uso o termo *recalque* para traduzir *Verdrängung*; a edição brasileira, realizada a partir da versão inglesa, prefere o termo *repressão*, que melhor verte *Unterdrückung*.) Luís Augusto Fischer recorre à categoria do *unheimlich* ao especular sobre como o romance de Machado seria recebido por um leitor europeu de sua época: provavelmente, observa Fischer, seria percebido como "desconfortável" por ser a um

seja um processo semelhante a este que se encontra na obra de Machado em sua relação com a história da literatura[5] e – o que, no momento, nos interessa – com a história do Brasil.

Para que possamos ver como se dá esse processo de constituição de um inconsciente histórico e sua passagem a uma consciência histórica dentro da obra de Machado (passagem que, friso, não se completa e não se extingue jamais), proponho que lancemos mão de um procedimento sugerido por Georges Didi-Huberman num de seus livros, intitulado *Ninfa Moderna*[6]. Este procedimento, que se baseia em Aby Warburg e Walter Benjamin, consiste em destacar algumas *imagens* das obras e montá-las numa sequência significativa, como se estivéssemos preparando um filme. É o que Didi-Huberman, teoricamente, chama de *conhecimento por montagem*. Dada a nossa limitação de espaço, só vou poder montar um curta-metragem – ou menos que isso... Vou destacar basicamente duas imagens extraídas de dois contos. Mas haveria uma série bastante grande de outras imagens que poderiam aí ser encadeadas.

A primeira imagem – o primeiro fotograma de nosso mínimo filme – vem de um dos mais fascinantes contos de Machado: "O Espelho", que está recolhido em *Papéis Avulsos*, livro de 1882.

Para compreendermos o fascínio – a estranheza, a inquietação, a "vertigem"[7] – deste conto e deste livro, podemos lembrar que, como diz John Gledson, o "projeto" por trás de toda a ficção de Machado consistiu no "estudo de uma determinada sociedade em uma determinada conjuntura histórica e ao longo

---

só tempo "distante demais para ser apenas familiar" e "próximo demais para ser apenas estranho" ("Poe, Machado e Borges, Não nessa Ordem", *Machado e Borges. E Outros Ensaios sobre Machado de Assis*, Porto Alegre, Arquipélago, 2008, p. 127).

5. No que toca à presença inquietante de Machado em relação à história da literatura brasileira, apenas noto, por ora, que é o próprio estatuto convencional do clássico – e Machado é nosso clássico supremo – que é posto assim em questão, desde dentro da estrutura canônica e canonizadora. O clássico não é o texto que confirma a percepção habitual da tradição, mas, sim, o texto que, a cada releitura, exige que reconfiguremos essa percepção. (O presente artigo apresenta uma primeira versão de trechos de um ensaio mais amplo a ser publicado futuramente, com o título de "Machado de Assis através do espelho. Paisagens negativas, imagens dialéticas"; no ensaio completo, desenvolvo este ponto com mais vagar.)

6. Georges Didi-Huberman, *Ninfa Moderna. Essai sur le drapé tombé*, Paris, Gallimard, 2002.

7. John Gledson, "O Machete e o Violoncelo. Introdução a uma Antologia dos Contos de Machado de Assis", trad. Fernando Py, em *Por um Novo Machado de Assis. Ensaios*, São Paulo, Companhia das Letras, 2006, pp. 46 e 49. O realce da "vertigem" na ficção machadiana já havia sido feito por Augusto Meyer, "Machado de Assis" (1935), em *Machado de Assis 1935-1958*, Rio de Janeiro, Livraria São José, 1958, pp. 31 e 55. E mais recentemente foi reproposto por Luís Augusto Fischer, "Machado e Borges, clássicos e formativos", em *Machado e Borges, op. cit.*, pp. 60-61.

de um período histórico"[8] e que, aqui, em *Papéis Avulsos*, este projeto se realiza de maneira complexa, com a circunscrição histórica sendo fortemente abalada. Como nota o mesmo Gledson, *Papéis Avulsos* é "a mais original e radical" coletânea de contos de Machado[9]. Esta originalidade e esta radicalidade estariam na encarnação de "uma espécie de força mítica", que aproximaria o livro de autores como Dostoiévski, Stevenson e Kafka, entre outros[10]. O que temos neste livro são "possíveis alegorias" situadas num "tempo e espaço semimíticos, ironicamente vagos"[11]. Gledson não consegue esconder o desapontamento com o fato de que, em *Papéis Avulsos*, "Machado não parece tomar cuidados especiais para definir o enquadramento histórico dos seus contos"[12]. Diz-se, em "O Alienista", que os acontecimentos transcorreram "em tempos remotos"[13]. Em "O Espelho", a parte decisiva do enredo se desenrola, nas palavras de Gledson, no "interior brasileiro eternamente adormecido"[14] – ou, nas palavras de Machado, "num sítio escuso e solitário", localizado "a muitas léguas da vila", por sua vez (depreende-se) distante de qualquer cidade maior[15]. Trata-se, contudo, ainda aí, de construir, por meio de detalhes, "uma espécie de história nacional bastante cética e original"[16]. Uma história irônica e alegórica, sobretudo; uma história que coloca em questão o próprio estatuto da história e de sua representação.

Augusto Meyer chama a atenção para o "penumbrismo inquietante" do início de "O Espelho", que se passa numa casa do morro de Santa Teresa, no Rio de Janeiro[17]. De fato, as páginas de abertura do conto – ao ressaltar que a luz de velas do interior da pequena sala "fundia-se *misteriosamente* com o

---

8. John Gledson, "Introdução", *Por um Novo Machado de Assis*, op. cit., p. 17.
9. Idem, "O Machete e o Violoncelo. Introdução a uma Antologia dos Contos de Machado de Assis", op. cit., p. 45.
10. Idem, ibidem.
11. Idem, p. 55.
12. Idem, "A História do Brasil em *Papéis Avulsos*, de Machado de Assis", *Por um Novo Machado de Assis*, op. cit., p. 71.
13. Machado de Assis, "O Alienista", *Papéis Avulsos* (1882), *Obra Completa em Quatro Volumes*, org. Aluizio Leite, Ana Lima Cecilio e Heloisa Jahn, Rio de Janeiro, Nova Aguilar, 2008, vol. 2, p. 237.
14. John Gledson, "A História do Brasil em *Papéis Avulsos*, de Machado de Assis", op. cit., p. 72.
15. Machado de Assis, "O Espelho. Esboço de uma Nova Teoria da Alma Humana", *Papéis Avulsos*, op. cit., p. 324.
16. John Gledson, "O Machete e o Violoncelo. Introdução a uma Antologia dos Contos de Machado de Assis", op. cit., p. 48.
17. Augusto Meyer, "Machado de Assis", op. cit., p. 66. Meyer acrescenta: "São da mesma família secreta o 'Trio em Lá Menor', o fecho de 'Dona Benedita', a parte melhor de 'Um Homem Célebre', todas as cismas de Flora em *Esaú e Jacó*, e o fascinante, o prodigioso conto 'Uns Braços'" (idem, p. 67). Anteriormente, constelara os mesmos contos como "amostra fiel" da machadiana "arte do 'chiaroscuro' subjetivo" (idem, p. 40).

luar que vinha de fora"[18] – parecem sugerir, com sutileza, que alguma forma de ameaça secreta e impalpável ronda a cena convivial ali apresentada e dão a impressão de que o que interessa de fato ficará de fora do relato, ou aparecerá cifrado. "Quatro ou cinco cavalheiros debatiam, uma noite, várias questões de alta transcendência, sem que a disparidade dos votos trouxesse a menor alteração aos espíritos", registra o narrador, que logo esclarece o motivo da numeração dubitativa: "Por que quatro ou cinco? Rigorosamente eram quatro os que falavam; mas, além deles, havia na sala um quinto personagem, calado, pensando, cochilando, cuja espórtula no debate não passava de um ou outro resmungo de aprovação"[19]. A posição à parte na qual este personagem – que será o protagonista – entra no campo de visão do leitor não é acidental. Afinal, ele será, para os amigos, o mensageiro de verdades desconfortantes – verdades que, estranhamente, não admitem contestação. "Esse homem", anota o narrador, "tinha a mesma idade dos companheiros, entre quarenta e cinquenta anos, era provinciano, capitalista, inteligente, não sem instrução, e, ao que parece, astuto e cáustico. Não discutia nunca: e defendia-se da abstenção com um paradoxo, dizendo que a discussão é a forma polida do instinto batalhador, que jaz no homem, como uma herança bestial; e acrescentava que os serafins e os querubins não controvertiam nada, e, aliás, eram a perfeição espiritual e eterna"[20]. Note-se aí a dupla companhia – elevada e problemática – em que o personagem se coloca e que o autoriza a não entrar em discussões (ou seja, a não contestar e não ser contestado): a companhia dos anjos e a companhia dos de sua classe socioeconômica, explicitamente demarcada numa série de adjetivos em que mesmo os qualificativos mais individuais parecem antes traçar um perfil coletivo. Aos olhos do próprio personagem, o seu torrão social e o céu se confundem numa única esfera angélico-capitalista[21]. Confusão que, em sua implícita ironia, indica astúcia e causticidade, além de provincianismo (para ficarmos nos termos do próprio Machado).

É, em alguma medida, uma tal confusão que está na base da singular teoria da alma que o personagem aceita expor aos amigos, que concordaram em permanecer calados, sem possibilidades de réplica. Segundo Jacobina (este é

---

18. Machado de Assis, "O Espelho. Esboço de uma Nova Teoria da Alma Humana", *op. cit.*, p. 322. Grifo meu.
19. *Idem, ibidem.*
20. *Idem, ibidem.*
21. Cf. Giorgio Agamben, "Angelologia e Burocrazia", *Il Regno e la Gloria. Per una Genealogia Teologica dell'Economia e del Governo*, Vicenza, Neri Pozza, 2007, pp. 161-185. Agamben investiga o percurso por meio do qual o anjo constituiu-se como "a figura por excelência do governo do mundo" (*idem*, p. 183), isto é, como a figura fundamental da *oikonomia*.

o nome do personagem) "não há uma só alma, há duas..."[22]. A primeira alma "olha de dentro para fora", a segunda "olha de fora para dentro". E frise-se aí o fato de que a ação própria da alma, tal como definida nesta teoria, é *olhar* – o que não é uma notação insignificante, quando se trata justamente de um conto intitulado "O Espelho". Quanto à primeira alma, a alma interior, a teoria não traz novidades. Interessa, sim, o modo como a segunda alma é descrita:

> A alma exterior pode ser um espírito, um fluido, um homem, muitos homens, um objeto, uma operação. Há casos, por exemplo, em que um simples botão de camisa é a alma exterior de uma pessoa; – e assim também a polca, o voltarete, um livro, uma máquina, um par de botas, uma cavatina, um tambor etc. [...] e casos há, não raros, em que a perda da alma exterior implica a da existência inteira[23].

Jacobina acrescenta a esta proposição inicial a observação de que "a alma exterior não é sempre a mesma": ao longo da vida, ela "muda de natureza e de estado". Os exemplos com que Jacobina ilustra essa observação são engraçados. Porém, e aí está o gênio de Machado, quando o registro cômico parecia impor-se, temos uma virada que, de certo modo, justifica o suspense que o "penumbrismo" do início do conto administrava. Jacobina começa a contar um episódio de sua juventude que também elucida sua teoria sobre as duas almas. Um episódio com um quê de terror, e, se examinarmos com vagar, com um tanto de trágico, embora se trate de uma modalidade de trágico que tem de ser especificada criticamente.

Jacobina relata que tinha vinte e cinco anos, "era pobre", e fora nomeado alferes da guarda nacional. A mãe e toda a parentela se encheram de contentamento e orgulho. Os amigos ficaram tão satisfeitos que lhe pagaram a farda. É então que uma tia de Jacobina convida-o a visitá-la no "sítio escuso e solitário" em que morava, pedindo-lhe que trouxesse a farda. A tia, como a mãe, passa a chamá-lo de "meu alferes", cobrindo-o de elogios, e logo o convocando a passar no mínimo um mês inteiro com ela. "E sempre alferes", lembra Jacobina, "era alferes para cá, alferes para lá, alferes a toda hora"[24]. Não só a tia, mas todos no sítio chamam-no somente de "senhor alferes". Inclusive os escravos, que logo desempenharão papel crucial no conto. Antes disso, a tia, entusiasmada com o seu alferes, põe no quarto de Jacobina "um grande espelho". Na descrição de Jacobina: "Era um espelho que lhe dera a

---

22. Machado de Assis, "O Espelho. Esboço de uma Nova Teoria da Alma Humana", *op. cit.*, p. 323.
23. *Idem, ibidem*.
24. *Idem*, p. 324.

madrinha, e que esta herdara da mãe, que o comprara a uma das fidalgas vindas em 1808 com a corte de Dom João VI"[25].

John Gledson chama a atenção para o fato de que o espelho que é dado pela tia a Jacobina e que logo passará a ser o objeto fundamental da narrativa não é um espelho qualquer, mas, pela caracterização precisa de sua procedência (ainda que logo posta em dúvida pelo próprio Jacobina), tem de ser lido como uma alegoria da história do Brasil. Para Gledson, "O Espelho" é "o caso mais óbvio" de uma abordagem das "questões de identidade *nacional*" por meio de uma "identidade *pessoal*" – abordagem que seria frequente em *Papéis Avulsos*[26]. Que o espelho tenha vindo para o Brasil com a corte, em 1808, é interpretado por Gledson como uma referência ao primeiro momento em que o Brasil olhou-se no espelho e não se encontrou como "identidade nacional", por ainda estarmos mergulhados na condição colonial. Esta é uma leitura correta, mas, em alguma medida, inespecífica.

Vejamos o que acontece no prosseguimento do conto. Jacobina relembra que todos os "carinhos, atenções, obséquios" devidos à conquista do posto foram transformando-o em algo diverso do que era. Na sua formulação sintética: "O alferes eliminou o homem"[27]. Do ângulo da teoria das duas almas, a subtração de sua humanidade assim se explica: "Aconteceu então que a alma exterior, que era dantes o sol, o ar, o campo, os olhos das moças, mudou de natureza, e passou a ser a cortesia e os rapapés da casa, tudo o que me falava do posto, nada do que me falava do homem"[28]. É com Jacobina imerso neste quadro que se dá a situação determinante do conto. A tia, tendo recebido a notícia de que uma das filhas, que morava distante cinco léguas do sítio, "estava mal e à morte", decide ir para junto daquela. Pede a Jacobina que fique cuidando do sítio enquanto estiver fora. Ele ali fica "só, com os poucos escravos da casa". "Confesso-lhes", diz Jacobina aos amigos, no presente da narração, "que desde logo senti uma grande opressão, alguma coisa semelhante ao efeito de quatro paredes de um cárcere, subitamente levantadas em torno de mim. Era a alma exterior que se reduzia; estava agora limitada a alguns espíritos boçais"[29]. Na ausência da tia, os escravos passam a encher-lhe de mimos e exaltações (outra vez, o registro é marcadamente cômico): "Nhô alferes, de minuto a minuto.

---

25. Idem, ibidem.
26. John Gledson, "A História do Brasil em *Papéis Avulsos*, de Machado de Assis", op. cit., p. 73.
27. Machado de Assis, "O Espelho. Esboço de uma Nova Teoria da Alma Humana", op. cit., p. 325.
28. Idem, ibidem.
29. Idem, ibidem.

Nhô alferes é muito bonito; nhô alferes há de ser coronel; nhô alferes há de casar com moça bonita, filha de general [...]"³⁰. A proliferação de reverências só pioraria a reação de Jacobina, quando, ao acordar na manhã seguinte, descobriu-se absolutamente sozinho no sítio: os escravos ("malvados" e "velhacos", no dizer de Jacobina) haviam fugido no meio da noite.

Achei-me só, sem mais ninguém, entre quatro paredes, diante do terreiro deserto e da roça abandonada. Nenhum fôlego humano. Corri a casa toda, a senzala, tudo, nada, ninguém, um molequinho que fosse. Galos e galinhas tão somente, um par de mulas, que filosofavam a vida, sacudindo as moscas, e três bois. Os mesmos cães foram levados pelos escravos. Nenhum ente humano³¹.

Vale notar que esta última frase deve ser entendida em sua total literalidade, já que o próprio Jacobina dissera há pouco que o alferes eliminara o homem e que lhe ficou apenas "uma parte mínima de humanidade"³². Ou seja, nem mesmo Jacobina era mais humano, em sentido próprio, naquele sítio. A sensação que tomara conta de si era, segundo diz, "pior" que a de "ter morrido"³³. Passa-se uma semana sem que ninguém apareça. Aos amigos que riem, supondo que ele tivesse medo, e o medo justificasse o que sentia, Jacobina responde que, se "pudesse ter medo", "viveria". É de dentro do mundo dos mortos que Jacobina reage ao deserto em que se transformara o sítio: "Tinha uma sensação inexplicável. Era como um defunto andando, um sonâmbulo, um boneco mecânico"³⁴. (Não por acaso, diga-se de passagem, Machado, neste momento do conto, está recorrendo a uma imagem da tradição literária europeia que ele decerto conhecia, se não diretamente, mediatamente: o momento em que o cavalheiro Perceval, também ao despertar, descobre-se absolutamente sozinho no castelo do Graal. Uma das interpretações mais frequentes para esta súbita deserção diz que o castelo do Graal seria uma figuração do reino dos mortos. Infelizmente não vou poder, nestas páginas, entrar em detalhes de uma leitura comparada entre o texto de Machado e o de Chrétien de Troyes ou de seus continuadores³⁵.)

30. *Idem, ibidem.*
31. *Idem,* p. 326.
32. *Idem.,* p. 325.
33. *Idem.,* p. 326.
34. *Idem, ibidem.*
35. Examino o texto de Chrétien de Troyes e as repercussões que ele teve na literatura posterior, incluindo-se a moderna e a contemporânea, num estudo ainda em desenvolvimento (para o qual conto com bolsa de pós-doutorado da Fapesp), *Terra Devastada. Poesia Moderna e Paisagem Negativa.*

Chegamos, aqui, à grande invenção de Machado neste conto. O objeto que fora apresentado com tanto pormenor, e ficara de lado até agora, volta com força. Jacobina diz que, "desde que ficara só, não olhara uma só vez para o espelho"[36]. Tinha medo de ver-se dividido em dois; mas enfim decide olhar para o espelho justamente para ver-se desdobrado – mas é diversa a imagem que depara: "Olhei e recuei. O próprio vidro parecia conjurado com o resto do universo; não me estampou a figura nítida e inteira, mas vaga, esfumada, difusa, sombra de sombra"[37].

Jacobina, apavorado, temendo a loucura, decide ir embora. Ao erguer o braço, num gesto em que se misturavam "mau humor" e "decisão", repara que "o gesto lá estava", no espelho, "mas disperso, esgarçado, mutilado...". Enquanto se vestia, de vez em quando olhava de esguelha para o espelho, e "a imagem era a mesma difusão de linhas, a mesma decomposição de contornos..."[38]. O conto prossegue, com Jacobina lembrando-se, enfim, de vestir a farda de alferes, para que o espelho voltasse – como voltou – a reproduzir-lhe "a figura integral": "nenhuma linha de menos, nenhum contorno diverso"[39].

Mas fiquemos com as "feições derramadas e inacabadas", com a "nuvem de linhas soltas, informes", que o espelho devolvia pouco antes a Jacobina[40]. Acredito que, para alcançar o sentido mais fundo dessa imagem (que é também, em alguma medida, o mais superficial), não devemos nos deixar restringir pela interpretação que o próprio Jacobina lhe dá, segundo sua teoria das duas almas; não é tampouco apenas uma imagem da "identidade nacional" percebida como ainda inexistente (pelo menos não numa formulação assim tão genérica); o que parece estar em questão aí, conforme acredito, só emerge se ressaltarmos a relação direta que esta imagem tem com a fuga dos escravos, ou seja, com o acontecimento que a determina e que se encontra em direta contiguidade com ela. A imagem informe que o espelho devolve é também – entre outras coisas, e esta pluralidade é intrínseca à configuração literária – a imagem possível da escravidão, ou da sociedade cindida pela escravidão, no momento de escrita do conto, antes ainda da Abolição: uma imagem que não decalca o real, mas que toma a forma de um *sintoma*[41]. O *reflexo informe* que o espelho devolve é

---

36. Machado de Assis, "O Espelho. Esboço de uma Nova Teoria da Alma Humana", op. cit., p. 327.
37. Idem, ibidem.
38. Idem, ibidem.
39. Idem, p. 328.
40. Idem, p. 327.
41. Para esta noção de *sintoma*, cf. Georges Didi-Huberman, *Devant l'image. Question posée aux fins d'une histoire de l'art*, Paris, Minuit, 1990, pp. 169-269 (correspondendo ao capítulo "L'image

uma imagem que *testemunha* na sua *dessemelhança* mesma. Quando Jacobina fica verdadeiramente só, sem nem mesmo os escravos, é como se deixasse ele também de existir – e este é o paradoxo do Brasil da época em sua relação com os escravos, e não com os *outros* em geral: ou seja, temos aqui um deslocamento em relação à teoria das duas almas. Em vez da supressão da *alma exterior*, o que temos é algo como a supressão de uma alma mais interior que a alma interior. E que esta alma mais interior seja constituída pelos escravos diz muito sobre a estrutura da subjetividade numa situação como aquela: a estrutura da subjetividade e a estrutura da sociedade coincidem no terror[42]. O que temos aí, no reflexo informe, é a imagem do resíduo entre *sociedade* e *nação*, a sociedade incluindo proprietários e escravos e a nação excluindo os segundos. O reflexo informe é um *testemunho figurativo* – ou, mais propriamente *desfigurativo* – daquele momento histórico, com todas as dificuldades que ele impõe à representação[43]. Um testemunho talvez mais inconsciente que consciente – e lembremos que Adorno falava da arte como "historiografia inconsciente"[44]. Aqui, neste conto de Machado, a inconsciência da historiografia artística se justifica pelo próprio caráter fundamentalmente problemático – e decerto pessoalmente traumático para quem, como Machado, tinha escravos entre seus antepassados[45] – daquilo que se trata de representar. E aí, acredito,

---

comme déchirure et la mort du dieu incarné") e pp. 306-314 (correspondendo à seção "Le symptôme: le gisement de sens" do apêndice "Question de détail, question de pan"); *idem, Devant le temps. Histoire de l'art et anachronisme des images*, Paris, Minuit, 2000, pp. 39-49, 190-221, e esparsamente por todo o livro.

42. Cf. Luiz Meyer, "Identidade e Originalidade da Produção Psicanalítica: Uma Visão a Partir de São Paulo" (1991-2004), *Rumor na Escuta. Ensaios de Psicanálise*, org. Belinda Mandelbaum, São Paulo, Ed. 34, 2008, pp. 198-199.

43. Cf. Luís Augusto Fischer, *Machado e Borges, op. cit.*, pp. 22-30, 60-61, 155-178. Vale lembrar que, em vários pontos de sua obra, Machado chegou a figuras informes como soluções provisórias para os impasses da representação. A mais célebre talvez seja o delírio de Brás Cubas. Mas há uma imagem especial em *Esaú e Jacó* (1904), quando Aires, confrontado por Flora, trata de esclarecer o que quis dizer ao chamá-la "inexplicável". Aires, falando por Machado, ou Machado escrevendo por Aires, diz assim: "Inexplicável é o nome que podemos dar aos artistas que pintam sem acabar de pintar. Botam tinta, mais tinta, outra tinta, muita tinta, pouca tinta, nova tinta, e nunca lhes parece que a árvore é árvore, nem a choupana, choupana. Se se trata então de gente, adeus. Por mais que os olhos da figura falem, sempre esses pintores cuidam que eles não dizem nada. E retocam com tanta paciência que alguns morrem entre dois olhos, outros matam-se de desespero" (*Obra Completa em Quatro Volumes, op. cit.*, vol. 1, p. 1118). Há aqui, me parece, uma alusão direta a *A Obra-prima Desconhecida* (*Le chef-d'œuvre inconnu*) de Balzac. Contudo, para além da referência literária, o que mais interessa aqui é a formulação expressiva da crise da representação subjacente à arte de seu tempo.

44. Theodor W. Adorno, *Teoria Estética* (1970), trad. Artur Morão, Lisboa, Edições 70, 1993, p. 217.

45. Cf. *Machado de Assis Afro-descendente. Escritos de Caramujo (antologia)*, seleção, notas e estudo crítico Eduardo de Assis Duarte, Rio de Janeiro/Belo Horizonte, Pallas/Crisálida, 2007.

está o trágico machadiano – na impossibilidade ou dificuldade de representar que se encontra com a obrigação ética de representar. Tragédia que Machado trata de transformar em *dialética*, e mais precisamente em alguma forma de *dialética em suspensão* ou *imobilização*[46]. Porque Machado não se detém aí, no reflexo informe, no irrepresentável. Conforme eu já disse, o lugar ocupado pela ficção de Machado não seria o lugar do inconsciente, mas, sim, o intervalo tenso entre inconsciente e consciência. Para terminar, eu lembraria, então, uma segunda imagem, que no nosso filme mínimo deveria ser colocada em contraposição direta ao reflexo informe de "O Espelho", como um momento de consciência que se seguisse ao de inconsciente; uma imagem *unheimlich*, em alguma medida, por trazer à tona o que deveria talvez, no quadro da época em que o conto foi publicado, permanecer esquecido, escondido: uma imagem, em suma, *inquietante*. Trata-se de uma imagem do conto "Pai contra Mãe", provavelmente o texto em que Machado abordou mais diretamente a escravidão e a profundidade do fosso que ela cavou na sociedade brasileira. Há uma grande diferença histórica entre os momentos de produção dos dois contos: "O Espelho" foi escrito antes da Abolição; "Pai contra Mãe", depois. Se antes havia uma condição histórica que como que exigia o informe, o qual devia dar a medida da inquietude, agora é a forma bem definida que mais perturba. A imagem que quero destacar em "Pai contra Mãe" é aquela "vinheta" que, conforme Machado relembra, por vezes acompanhava os anúncios publicados em jornais por meio dos quais se oferecia recompensa pela recaptura de escravos fugidos. Uma imagem cujo terror também está no fato de que se tratava de um clichê, de uma imagem reprodutível mecanicamente, sem nenhum nexo direto com os episódios de violência que ela anunciava. Uma imagem fria: "Muita vez o anúncio trazia em cima ou ao lado uma vinheta, figura de preto, descalço, correndo, vara ao ombro, e na ponta uma trouxa"[47].

Não há nada de informe nesta imagem. A abreviatura que ela comporta – a redução do terror a uma série de traços simples – só reforça a definição,

---

46. *Dialektik im Stillstand*, como se sabe, é um conceito de Walter Benjamin. Mas devemos lembrar que Astrojildo Pereira já havia frisado a presença da dialética em Machado de Assis; cf. "Pensamento Dialético e Materialista", *Machado de Assis. Ensaios e Apontamentos Avulsos* (1959), Belo Horizonte, Oficina de Livros, 1991, pp. 123-151. Especificamente sobre "O Espelho", diz Astrojildo que o conto "possui algo de simbólico ou de mágico em sua expressão de essência dialética. Nele o contraste dominante é o do olhar que vê simultaneamente de fora para dentro e de dentro para fora, buscando a unidade da antinomia numa nova imagem real do personagem que se desdobra em face do espelho" (*idem*, p. 142).
47. Machado de Assis, "Pai contra Mãe", *Relíquias de Casa Velha* (1906), *Obra Completa em Quatro Volumes*, vol. 2, p. 632.

o delineamento mais claro da forma. Mas certamente também nesta imagem um hipotético Jacobina envelhecido, passados tanto os anos de juventude quanto aqueles da conversa no alto do morro de Santa Teresa, também não se reconheceria, ou não gostaria de se reconhecer, depois da Abolição.

A combinação ou fusão dessas duas imagens – o reflexo informe e a vinheta – constitui uma imagem outra, uma *imagem dialética*, já que imagem *dialética* é o nome que, desde Walter Benjamin, damos para a conjugação imagética de inconsciente e consciência, para a articulação do sonho e do despertar que é a forma mais reveladora de apreensão da história. "O sonho espera secretamente pelo despertar", escreveu Benjamin, entre suas anotações para o *Trabalho das Passagens*[48]. Parte da grandeza da obra de Machado está justamente em explorar a tensão entre as imagens do pesadelo (do pesadelo da história de que falaria o Stephen Dedalus de Joyce), que são ainda parte do sono, por mais inquieto, e as imagens do seu despertar.

Machado, em contos como "O Espelho" e "Pai contra Mãe", impunha-se a tarefa de construir uma memória da escravidão, sem anular os traumas e as dificuldades que esta memória comportava – antes, pelo contrário, encontrando figuras também para esses traumas e essas dificuldades. É a necessidade histórica desta construção da memória que parece estar tematizada, com ironia terrível, nos primeiros parágrafos de "Pai contra Mãe", desde a frase inicial, que mostra como o terror que, então, só se começava a superar era naturalizado, apaziguado e isolado como parte de um passado fechado: "A escravidão levou consigo ofícios e aparelhos, como terá sucedido a outras instituições sociais"[49]. O convite ao esquecimento era corrente. Basta lembrar o *Hino da Proclamação da República*, que, composto em 1889, um ano depois da Abolição, cantava: "Nós nem cremos que escravos outrora tenha havido em tão nobre país"[50].

---

48. Walter Benjamin, *Passagens*, trad. Irene Aron (alemão) e Cleonice Paes Barreto Mourão (francês), org. e posf. Willi Bolle e Olgária Chain Féres Matos, Belo Horizonte/São Paulo, Editora UFMG/Imprensa Oficial, 2006, p. 435 (K 1a, 2). Cf., entre outras, pp. 433-434 (K1,1-1,4), 505--506 (N,3a,3), 506 (N4,4).
49. Machado de Assis, "Pai contra Mãe", *op. cit.*, p. 631.
50. Como lembra Lilia Moritz Schwarcz, "Imaginar é Difícil (Porém Necessário)", apresentação a Benedict Anderson, *Comunidades Imaginadas. Reflexões sobre a Origem e a Difusão do Nacionalismo*, trad. Denise Bottman, São Paulo, Companhia das Letras, 2008, p. 16.

20.
O OLHAR PLÁSTICO DE GUIMARÃES ROSA

ODALICE DE CASTRO SILVA[*]

Estudos aplicados de Literatura Comparada têm constatado o desejo de criadores de estabelecer pontes entre as artes, como uma tentativa de reintegração, de realizações diferentes na Unidade da Arte, dentro da concepção de que esta recria de diferentes modos e meios a pluralidade possível de reinventar a vida.

O estabelecimento dessas realizações não é unânime nem tácito; há dissensões ao alcance pleno desse projeto, justificadas através de tendências na História do homem, ao destacar esta ou aquela realização.

Para um esteta como Octavio Paz, leitor das formas com que o homem construiu linguagens para se conhecer, para encontrar os modos de perguntar quem sou e o que faço entre os elementos criados antes de mim,

> Há um momento em que a linguagem deixa de deslizar e, por assim dizer, levanta-se e move-se sobre o vazio; há outro em que cessa de fluir e transforma-se em um sólido transparente – cubo, esfera, obelisco – plantado no centro da página. Os significados congelam-se ou dispersam-se; de uma forma ou de outra, negam-se (Paz, 1994, p. 6).

Para o poeta mexicano, o leitor/espectador vê e ouve a materialização do que o signo é capaz de evocar.

Na expressão "por assim dizer" vemos a metáfora: desde a concepção da imagem de inter-relacionamento de formas, a visão é metafórica e em

---

[*] Professora Associado I na Universidade Federal do Ceará e coordena o Grupo de Pesquisa "Espaços de Leitura: Cânones e Bibliotecas".

movimento centrífugo – uma reação dispersiva, se não negativa, assoma diante da intenção de troca de instrumentos e de natureza no fazer artístico, enquanto o significante metamorfoseia as imagens mentais que ganham diferentes figurações.

Para Pierre Francastel, teórico de Arte, a questão é mais complexa: "Uma imagem figurativa e uma imagem verbal não coincidem jamais inteiramente uma com a outra" (Francastel, 1993, p. 69).

Não interpretamos a metamorfose mental das imagens como uma simples coincidência, mas como uma virtualidade.

Para Francastel, corremos o risco de concluir que: "a arte apenas realiza transferências, expressando de outra maneira aquilo que pode ser concebido e expresso sob outras formas" (*idem*, p. 69), o que não aconteceria ao leitor/espectador atento aos diferentes objetos que fazem o propósito do criador.

Na opinião deste teórico, desde a concepção da imagem, a formalização exige uma necessária adequação entre a natureza e a objetivação de determinada realização artística, através do material que lhe é concernente, deixando bem claro que as "transferências são totalmente inconcebíveis". As transferências também se adequam aos diferentes materiais/matérias necessários(as) à concretização da ideia.

Já Marcel Proust, em *O Tempo Redescoberto*, põe em evidência a angústia do criador dividido entre a imagem e a forma, ao atribuir à Arte, também, "Captar nossa vida; e também a do outros; pois o estilo para o escritor como para o pintor é um problema não de técnica, mas de visão" (Proust, 1989, p. 172). O olho capta a protoforma que busca entre os recursos técnicos do artista aqueles que serão necessários à realização da escolha.

Neste diálogo entre criadores, estetas e teóricos, para uma teoria da arte figurativa haveria impossibilidade de entrançamento (artístico) por questões de natureza e técnica peculiares a cada fazer artístico; para a criação há uma questão de visão: o momento da metáfora.

Enquanto o diálogo aviva ou arrefece a questão, não obstante uma consciência (não de todo arbitrária) da impossibilidade de transubstanciação ou transfiguração em Arte – isto é, realizar, por exemplo, através de signos da escrita poética a figuração de texturas e formas próprias à pintura ou à escultura, realizações como "Retábulo de São Nunca", de Guimarães Rosa (inserto em *Estas Estórias*), *A Harpa e a Sombra*, de Alejo Carpentier, ou "Retábulo de Santa Joana Carolina" (em *Nove, Novena*), de Osman Lins, procuram atestar tal experiência com a Unidade da Arte. E lançamos a questão da formalização do objeto artístico através da relação palavra-

-imagem, na diferença entre figuração e figurativa. A Língua Portuguesa comporta uma diferença sensível de significado e de significação entre as duas palavras, em que a primeira presta-se à dinâmica mental entre significante e construção mental de formas, enquanto a última será usada para designar e conceituar, explicitamente, a composição plástica através de linhas, traços, cores sobre uma superfície, dentro de uma concepção mais naturalista do desenho e da pintura.

Separamos "Retábulo de São Nunca" (Rosa, 1985, p. 245) para tentar apreender e interpretar o desejo de seu autor, no que para nós guarda uma intencionalidade de metaforizar imagens verbais em imagens picturais ou escultóricas, ao evocar a sonoridade vetusta das palavras e as sombras da pintura envelhecida.

A escrita, refazendo a hesitação do artista, interpreta a visão plástica que inundou a retina do criador ao conceder este Retábulo verbal. O conto é uma interpretação de si mesmo enquanto imagem, hesitando em busca das formas de uma história: "Políptico, excentrado em transparência, do estado de instante de um assombrado amor" (idem, p. 245), em dupla enunciação; uma, a da linguagem que prepara o leitor, a outra, a da interpretação dos panos do Retábulo, a que reconta, em manchas esmaecidas, a tristeza e o desgosto do desencontro.

A interpretação interna que é o próprio Retábulo em construção ergue aos poucos uma tematização banal: um casamento longamente esperado por todo um povoado de repente se desfaz com o surgimento de um personagem misterioso e desconhecido que assume lugar, no imaginário do vilarejo, do desde sempre pretendido e escolhido noivo; tematização de histórias que tiram as pessoas de uma vida sem novidades e ajudam a inventar imagens de sonhos e devaneios, as quais passam a colorir de nuances mais vivas as cores sombrias de vidas sem emoção.

A escrita das texturas que se entretecem parece conservar a independência de volumes no espaço, seja no dinamismo de gestos dos personagens, seja na captação do tempo (e pelo tempo – a igreja em ruínas), na planura de superfície da figuração pictórica, ao expor os personagens (em painéis) na fixidez de traços denunciadores de um fugidio momento de vida: algo semelhante ao que acontece em "Trois Tableaux", de Virginia Woolf, quando o casal alegre, o marinheiro e sua mulher, atravessa o povoado, respirando a certeza de que seriam felizes um para o outro.

O narrador do "Retábulo", ainda na soleira do texto, anuncia, do pórtico da composição: "do estado de instante de um assombrado amor" (idem, p.

245) – a um tema de amor coberto de sombras, através do destaque para o radical evocador de indefinição, de uma figura encoberta, mal divisada.

Acontece que o Políptico é aberto com a seguinte indicação: "Painel Primeiro – À fonte". Na independência e liberdade de forma escultórica, a fonte teve grande fortuna na conjunção das artes que preparavam o que viria a se chamar Maneirismo, um espaço amplo de cenário para a movimentação do que acontece diante do público que circula, que se dirige à igreja, que entra e sai do lugarejo. Um cenário onde os que vêm de fora se dão a ver e despertam a curiosidade dos lugares em que todos se conhecem. A fonte é como um cenário do drama, da ação dos que circulam aquele símbolo de movimento.

O "Painel Primeiro", ao instalar "À fonte" "como um marco arquitetônico", como centro de irradiação de acontecimentos, como uma nutriz e matriz das coisas, de imediato lança o leitor numa outra dimensão: tira-o da vertigem da luz e do espaço e lança-o numa verticalidade de enigma. O leitor estava sendo preparado para enfrentar as sombras de uma história de amor cheia de lamentos.

O que era o "Painel Primeiro – À fonte" esfuma-se. A questão que é lançada parece ser: por que a moça vai casar-se com quem não ama? Mas "ia casar-se, no sério comum, unir-se desentregadamente" (*idem*, p. 245).

Na configuração inserida e desenhada no "Retábulo de São Nunca", o meio para obter possíveis respostas para formulações enigmáticas como esta parece estar oferecido aqui: "Trasquanto, entre o prólogo e o coro, por um nímio de obscuridades da narrativa, haveria que se estudar para trás, descobrir em os episódios não portentosos, ir ver o fundo humano, reler nas estrelas" (*idem*, p. 245). A evocação patente do drama acontece nas funções resgatadas do discurso teatral, a fala de abertura e a voz do povo, a primeira anunciando a sugestão de que o conhecimento do passado abriria o entendimento das pessoas aos acontecimentos comentados pelo ajuizamento de quantos acompanharam com interesse aquela história que parecia a todos já escrita, ou seja, de que o casamento dos apaixonados era uma certeza acalentada, através da qual os habitantes do lugar, em transferência, realizariam sonhos guardados entre sombras da memória.

O espaço guarda o tempo em que as coisas acontecem. O passado lepidamente circulante em memorialistas que tropeçam em signos, como nós tropeçamos nas imagens que insistimos em sufocar. Mas, se as formas em sua independência instalam a vitória do espaço, as verdades, na sua possível justeza, acontecem no tempo. Desde o convite do narrador para ler "entre o prólogo e o coro" começa a inquieta temporalidade da narrativa: em tempo nenhum ou qualquer tempo, busca o encontro de uma atmosfera que se anuncia trágica, em desfecho sugerido pelas pessoas do discurso.

Ao convidar-nos para "reler na estrelas", o narrador aponta uma profunda coerência entre o pensamento desta instância da narrativa e o de seu autor: "Cada palavra é, segundo sua essência, um poema. Pense só em sua gênese", ensinamento ao leitor, para que, ao tropeçar nas palavras, considere-as em suas histórias.

Etimologicamente, "reler nas estrelas" é considerar, entrar em esfera profunda, sideral. Ora, a "leitura em retábulo" comporta uma dupla "consideração": uma interpretação de duas dimensões, pelo menos, – ou o que se diz de alguma coisa que já é, por sua vez, representação – interpretação, numa percepção do poeta para ler em palavra e em figura.

A primeira sugere uma escrita ideal ou perfeita guardada no mundo das ideias, como imagem premonitória dos fatos:

> Antes, porém, da real estória, feita e dita, sua simples fórmula já não preexistiria, no plano exato das causas, infindamente mais sutil que este nosso mundo apenas dos efeitos, consoante os sábios creem: que "casamento e mortalha no Céu se talham? (*idem*, p. 247).

O efeito dos sintagmas lapidares herdados e guardados pelas comunidades arcaicas manifesta-se na linguagem com que as pessoas cristalizam a sabedoria popular, através de adágios, provérbios e ditos.

Na segunda "consideração" já existe uma visão puramente artística (desde a origem) e é nesta visão que vamos "descobrir em os episódios"; não enquanto descreve ou narra, mas enquanto o narrador obliquamente comenta. Não enquanto mostra ou nos entretém com a estória (insinuada), mas enquanto comenta e considera como vai expressando, expondo e delineando uma estória não acontecida, que ainda só existe no talvez, no mundo das palavras em imagem, em efígie.

A consideração poética da possível estória de Ricardina Rolandina convida-nos a "ver o fundo humano" nas dobras dos painéis, através da voz do narrador, como se nos lembrasse que: "A verdade não está na coisa considerada, mas no que dela se diz, no processo de interiorização e exteriorização discursiva, que só a mediação da linguagem assegura" (Bras, 1990, p. 33). O desdobrar das significações sugere as dimensões espaciais e íntimas das histórias como metáforas dos desencontros da vida.

O "Painel Primeiro – À Fonte" mostra-se na disposição das ruas do arraial, com sua igreja em ruínas, não numa sucessividade de acontecimentos, mas abrindo a estória de Ricardina Rolandina em suas linhas essenciais. Em sua atroz infelicidade, cumpre um desígnio misterioso, que, para o leitor, ainda se apresenta cheio de sombras: "da parte da providente agência do destino" (*idem*, p. 249), na acepção de verdade de cada um, aquela que se define previamente e para a eternidade efêmera da existência humana, tanto no que ela tem de duração na medida lógica (convencional) do tempo, quanto na duração da alma de cada um (psicológica), as convicções, os desejos, os sonhos e os motivos para viver.

Além do "Painel Primeiro – À Fonte", especificado pelo narrador, deduzimos os demais prováveis painéis em número de três. Abrem-se estes painéis aos três duplos da narrativa "em retábulo" – os dois padres (Peralto e Roque), os dois homens (Reisaugusto e Revigildo), as duas moças (Ricardina Rolandina e Rudimira).

As dobradiças rangem do P ao R, forçando as dobraduras emperradas e ressecadas, para expor, no centro, aquele que não estava na estória: o Dr. Soande. O "Retábulo de São Nunca" é a estória triste do amor de Reisaugusto e Ricarda Rolandina.

A escritura "em retábulo" (lógica em sua espaçometria) retira "À fonte" de sua estrutura geométrica e a transporta a uma espécie de fundo ou cenário, esfumado, cobrindo toda a extensão dos desdobráveis painéis, destacando, no movimento de recuo, em profundidade, as figuras não-frontais, como nos primórdios da arte do Retábulo. Aqui, elas estão de costas uma para a outra, faces do mesmo, como desdobramento: o esquerdo e o direito de um mesmo corpo.

A atitude frontal trai uma auto-objetivação do sujeito que se mostra: as faces justapostas, coladas, abrem-se para o quê? Elas negam-se aos olhos que as perscrutam.

Chegado ao centro do enigma, o narrador entrega-nos o fio (as figuras) de que precisamos, não mais o que construímos só das palavras, mas do que em concreto se apresenta como o desenho do enigma:

> Daí levado, porquanto, para na matriz do arraial depositar-se, um quadro, em madeira, de quatro panos, dobráveis, representando se, num destes, o único não de todo escalavrado no a pagamento, alguma ação da vida do que ninguém sabia qual fosse – que Santo figurava (*idem*, p. 252).

O Retábulo, para "na matriz do arraial depositar-se", porquanto exponha em suas folhas a história do desencontro dos narradores, ganha, no local em que passará a instalar-se, a aura das hagiografias, das narrativas dos que se sacrificaram em defesa da fé.

Uma enigmática paródia, evidentemente. No mesmo movimento de desfolhar a narrativa, vão-se desdobrando os panos do quadro, abrigando em suas partes os quatro jogos de duplos. Os duplos mostram-se mas não se deixam ver. Os olhos não se expõem à luz dos olhos de nenhum observador. As faces são esquivas, fugidias (só o canto do olho – aprimoramento do desenho, ao longo do tempo – do Cubismo de Picasso) como as possíveis "revelações" das escrituras que escondem seu mistério em oculto, no plano da composição.

Entre o espanto de todos e a incredulidade dos padres, pelo desenlace sem razão da dolorida estória de amor de Reisaugusto e Ricardina Rolandina, apresentam-se o nunca e o sempre: o tempo síntese em que as coisas se amalgamam. É a imaginação do leitor esse lugar-tempo, do sempre e do nunca, um jogo de leitura entre a realidade do desejo e a atmosfera criada pela ficção do Retábulo.

Os personagens do "Retábulo" de Guimarães Rosa estão enredados pelo fluxo misterioso que emana da figura envolta em sombras. Assim, o narrador envolve o leitor, arrastando-o para o centro de irradiação (e ao mesmo tempo de negação) da narrativa em retábulo. Os intervalos da enunciação alertam para a dualidade que cobre a narração, lançando o leitor nos folhos encobertos de uma escritura que desafia o intérprete mais astuto, a ver, na ambígua neutralidade (não-destituída de todo de certa ansiedade) da figura do "Santo" que olha para os lados, numa expectativa também dual (de quê?), os sinais dos mistérios que rondam as coisas da vida, no que ela tem de inefável.

Uma atmosfera algo pesada ressuma do fio de luz sobre as cores patinadas de sombras (salvo o encarnado cardinalício), consonante com a estranheza dos proclamas iniciais de uma união incompreensível ao povoado. Como ler o absurdo anúncio? Como ler num olhar que se nega a deixar-se ver/ler? A narrativa expõe-se como uma pintura em cores e encanecida pelo tempo, velando a nitidez do que as pessoas querem descobrir ou esquecer.

Aquela composição que se fizera estúrdia e algo alegórica, em alternados amarelos com roxo e feioso marrom, tirante o vermelho das roupas das figuras. Dos dois velhos homens, de pé, de costas um para o outro – mas vendo-se que seriam um mesmo e único homem – desdobrado, contemplando, fixo indo a absorto, apenas o escorrer da luz, que vibrava da parte de cima e dividida descia para os lados; um parado entre esdrúxulo e simplório, absurdoso, a luz de tom frio (*idem*, p. 257).

As emanações do centro do Retábulo, ao contrário das vibrações pelo desfecho inconcebível, contribuem para que o leitor/espectador leia e veja a duplicidade da natureza humana através de um espectro sombrio e perverso, destituído da alegria enunciada algo pelo aguardado casamento.

A verticalidade da figura ensombrada, multiplicando-se em três outros painéis, funciona aos nossos olhos como uma espécie de ilusão de ótica. Esta foi uma técnica cultivada ainda nos primeiros momentos da arte cristã medieval: um momento significativo é sequenciado a partir de uma mesma figura, com o mesmo emolduramento, repetindo a mesma figura em cada instante da ação, até que o efeito atingido seja o sequenciamento, a continuidade, com cenas análogas. A narrativa em retábulo inunda nossa retina, fixando as figuras em sua triste estória.

A homenagem de Guimarães Rosa a um momento da Arte do passado não deixa também de ser dual. Sem dúvida, ao conceber um Retábulo enquanto técnica de arte medieval e utilizando-a, na escrita, como uma síntese de várias artes, há um gesto de admiração que honra uma arte pretérita. Mas, ao mesmo tempo, no gesto laudatório está a irreverência paródica. Ao opor as faces das figuras há uma transgressão à frontalidade, à auto-objetivação.

Embora próximo da representação teatral através da gestualidade malcontida dos personagens, o texto não pode negar a proximidade maior com o jogo das cenas simultâneas, recurso advindo da arte cubista que invadiu o cinema e proporcionou dimensionalidades para a face humana em miríades de poses e perfis, cujos ângulos ensejam outros tantos rostos.

"Retábulo de São Nunca" conserva intacta a subjetividade de seu criador, seja na forma explícita com que apenas se disfarçava na pseudoneutralidade de que recorta cenas da vida, seja na forma oblíqua com que essa subjetividade insinua-se nas dobras dos quadros, painéis, retábulos, fragmentando, para o olhar do leitor o que nunca foi uno ou inteiriço.

Guimarães Rosa quase nos desconcerta por "aparentemente" esvaziar o objetivo formal da composição e, por extensão, seu sujeito organizador. Os olhos em "Retábulo de São Nunca" esquivam-se, mas têm a força de arrastar o leitor para o centro de um processo: ecos, lembranças perdidas de formas a que tão só a memória da pintura e da palavra dão algum alento.

E essas confusas formas empalidecem, voltando às "nuances" esmaecidas do passado? Teriam perdido sua essencial conformação e se tornado espíritos de uma técnica morta? Ou só agora, neste estado, seriam Arte, verdadeiramente, experimentadas pela palavra, saídas da expectativa realista e artificializadas pela Arte?

Se a essência realiza-se na forma e a forma faz-se eco, o que resta? O eco de uma forma não é a fronteira entre a reverência e a liberdade? Reescrever as histórias de amor com os finais possíveis para o século XX exige atenção redobrada para os desvãos da psicologia humana, que escapa dos padrões e esquemas confortáveis das narrativas ao gosto estereotipado do leitor ensinado a esperar e realizar finais felizes.

A atitude de Guimarães Rosa em sua irreverência formal não revelaria uma reflexão do romântico Schiller, quando este afirma, na Carta II, que "a arte é filha da liberdade e quer ser legislada pela necessidade do espírito?" (Schiller, 1990, p. 25). Tudo conforme as constrições e coerções do século marcado por conflitos capazes de instaurarem, de uma vez por todas, a desconfiança e o medo?

A História da Arte vela cuidadosamente as linhas dominantes de cada época, mas "a substância nós ignoramos", segundo o cineasta Manoel de Oliveira (1995, p. 1), para sugerir que uma composição retabular pode ser reescrita no século XX, por exemplo; no entanto, reescrita como lembrança de formas que circulam no tempo, para nos fazer relembrar as técnicas já conquistadas e nos levar a guardar a aparência do que as teias de Cronos encobriram. De sorte que tais formas estão entranhadas nas linhas, nos volumes, nas cores. Nunca saberemos sobre a relação estreita e íntima entre forma e conteúdo.

Na leitura do "Retábulo" de Guimarães Rosa reside uma escolha da forma, o Retábulo, uma essencialização de um conceito de Arte e, na atitude paródica, uma libertação que faz com que a forma se desprenda de convenções temporais e se insinue no presente do leitor. Este momento é o dos anos 60 do século XX, no Brasil, quando um criador e esteta desenclausurou o que era uma conquista, não de uma época feita história, mas da criação artística, lançando-a numa fase em que os olhos já não são glaucos, como na era clássica da antiguidade grega (remetendo para dentro, enxergando para dentro de si), nem assustados, como no pós-impressionismo, mas desfocados, olhando de lado (ou de costas), não para nós, mas para a própria dimensão da Arte enquanto produto da História.

Continuando a perguntar, agora a Guimarães Rosa, a Alejo Carpentier, a Osman Lins, evocadores de Retábulos, todos inegavelmente belos e inquietadores, arriscamos algumas considerações. Tendo em vista a hipótese de que todos eles procuram uma forma inusitada para a narrativa ficcional, seja através da metaforização de quadros, retratos, esboços, painéis, retábulos, é possível afirmar que os três escritores estão conduzindo os eixos da narrativa a uma superação de seus limites; não como respostas ao momento em que criaram na História e na Arte, mas como parte da tarefa de Sísifo que é a vocação do artista.

Desafiando os limites da construção ficcional, estes artistas conduzem a palavra a um nível de autorreflexividade e consciência do fazer artístico, inscritos nos intervalos e dobraduras, dramatizando duplamente essa "substância" para sempre perdida: o sentido do Retábulo em "seu" tempo. Pela palavra, essa substância é buscada, enquanto as figuras se fazem ação e interpretação.

Guimarães Rosa promove, ao recolocar o Retábulo em circulação, o infinito renascer de sua Forma, desafiando teóricos e críticos, entrançando cada vez mais as diferentes naturezas da Arte. Uma narrativa incompleta, não autorizada, não suficientemente reescrita, na ânsia da forma perfeita entre poesia e pintura?

Como basta um tom, segundo Jorge Luis Borges, para que o leitor pratique o saudável exercício da *"mise-en-perspective"*, o Retábulo de Guimarães Rosa, bem como outras formações retabulares evocadoras de histórias que encantam e ensinam o mistério das coisas da vida, impede que os olhos percam o brilho, que a desconfiança e a ironia prevaleçam, por tanto quando ele escreveu, quanto nós, leitores, descobrimos sua história, vivemos tempos sombrios, embora os enigmas da Arte estejam vivos para desafiar a resistência e a defesa da alegria e da fé, da vida como milagre.

Descortinadas as dimensões interpretativas da dramatização do Retábulo de palavras e linhas, frases e cores, cumpre-nos ensinar a ler o que foi escrito e inscrito em forma retabular, para os que estão ávidos de compartilhar a ponte entre a ficção e a vida: os nossos alunos.

REFERÊNCIAS BIBLIOGRÁFICAS:

BRAS, Gérard. *Hegel e a Arte*. Trad. Maria Luiza X. de A. Borges. Rio de Janeiro, Jorge Zahar, 1990.

FRANCASTEL, Pierre. *A Realidade Figurativa*. Trad. Mary Amazonas Leite de Barros. São Paulo, Perspectiva, 1993.

OLIVEIRA, Manoel de. *Folha de S. Paulo*, Caderno Ilustrada, 27. Outubro. 1995, p. 1.

PAZ, Octavio. *A Dupla Chama*. Trad. Wladir Dupont. São Paulo, Siciliano, 1994.

PROUST, Marcel. *O Tempo Redescoberto*. Trad. Lúcia Miguel-Pereira. São Paulo, Globo, 1989.

ROSA, João Guimarães. "Retábulo de São Nunca". *Estas Estórias*. 3. ed. Rio de Janeiro, Nova Fronteira, 1985.

_____. Entrevista a Günter Lorenz em janeiro de 1965.

SCHILLER, Friedrich. *A Educação Estética do Homem*. Trad. Roberto Schwarz e Márcio Suzuki. São Paulo, Iluminuras, 1990.

ESPAÇO E COR LOCAL

21.

MACHADO DE ASSIS E A COR LOCAL

josé luís jobim (uerj-uff)

O século XIX na América do Sul foi o século das independências. Não admira, portanto, que tenha sido também o século em que emergiram projetos literários de criação e consolidação de identidade nacional, algumas vezes a partir de fórmulas bem definidas. A ideia de fazer literatura com o que seria mais específico da cada país, de fato, não foi um projeto vigente apenas dentro de uma ou outra fronteira nacional, nem foi criação apenas sul-americana[1]. Na época, proliferaram a escolha de assuntos locais, a inclusão programática da paisagem, da toponímia, da botânica, dos animais, dos personagens vistos como nacionalmente típicos, entre outras coisas. Nesta apresentação, vamos recordar como Machado de Assis atua nesta questão e apontá-lo como enunciador de posições que no século seguinte serão defendidas por ninguém menos do que Jorge Luis Borges.

No Brasil, embora esta perspectiva tenha sido adotada por muitos escritores daquele século, Machado de Assis, já em 1858, não acreditava em mudanças imediatas para a literatura, derivadas apenas da independência:

> O país emancipou-se. [...] Mas após o *Fiat* político, devia vir o *Fiat* literário, a emancipação do mundo intelectual, vacilante sob a ação influente de uma literatu-

---

[1]. "O nacionalismo no mundo colonial tomou empréstimos do nacionalismo europeu mesmo quando tentava liberar-se do discurso nacionalista dos colonizadores. Sem se libertarem completamente da estrutura de poder do imperialismo, os nacionalistas, porém, adaptam o discurso aos seus próprios requisitos, usando eventualmente mesmo o nacionalismo como uma nova forma de ideologia do Estado" (G. Fely e R. G. Suny, "Introduction: From the Moment of Social History to the Work of Cultural Representation", *Becoming National,* Oxford, Oxford University Press, 1996, p. 29 – tradução minha).

ra ultramarina. Mas como? É mais fácil regenerar uma nação, que uma literatura. Para esta não há gritos de Ipiranga; as modificações operam-se vagarosamente; e não se chega em um só momento a um resultado[2].

A referência ao "grito de Ipiranga"[3], evento político de forte conotação simbólica, não é gratuita. Para Machado, não adiantariam brados de independência literária, nem haveria resultados imediatos, decorrentes da independência, para a literatura. De fato, ele também não acreditava na exclusividade da chamada *cor local* – expressão de origem francesa usada pelos literatos oitocentistas no Brasil para designar um projeto de criação de referências nacionais para a literatura – como agenda única. Então, embora Machado escreva ainda num período em que um certo nacionalismo estrutura a percepção, serve de base para ideias e experiências, fundamenta ações individuais ou coletivas e justifica decisões políticas, ele já se distancia da opinião que considera "errônea": aquela que só "reconhece espírito nacional nas obras que tratam de assunto local, doutrina que, a ser exata, limitaria muito os cabedais de nossa literatura"[4]. Assim, em ensaio de 1873, significativamente intitulado "Notícia da Atual Literatura Brasileira – Instinto de Nacionalidade", e publicado originalmente nos EUA, Machado argumenta que autores brasileiros como Gonçalves Dias teriam parte de suas obras desconsideradas, caso aquela opinião fosse levada ao pé da letra. E acrescenta:

> Mas, pois que isto vai ser impresso em terra americana e inglesa, perguntarei simplesmente se o autor do *Song of Hiawatha* não é o mesmo autor da *Golden Legend*, que nada tem com a terra que o viu nascer, e cujo cantor admirável é; e perguntarei mais se o *Hamlet*, o *Otelo*, o *Júlio César*, a *Julieta e Romeu* têm alguma coisa com a história inglesa nem com o território britânico, e se, entretanto, Shakespeare não é, além de um gênio universal, um poeta essencialmente inglês[5].

---

2. Machado de Assis, "O Passado, o Presente e o Futuro da Literatura", [1858], *Obra Completa*, Rio de Janeiro, Nova Aguilar, 1979, vol. III, pp. 785-789. A citação aparece às pp. 786-787. O mesmo argumento será retomado em 1873: "Esta outra independência não tem Sete de Setembro nem campo de Ipiranga, não se fará num dia, mas pausadamente, para sair mais duradoura; não será obra de uma geração nem duas; muitas trabalharão para ela até perfazê-la de todo" ("Notícia da Atual Literatura Brasileira – Instinto de Nacionalidade, *op. cit.*, pp. 801-809. A citação está na p. 801.
3. Episódio em que o príncipe português Dom Pedro, em 7 de setembro de 1822, teria declarado o Brasil independente de Portugal, ao bradar "Independência ou morte!" às margens do rio Ipiranga.
4. Machado de Assis, "Notícia da Atual Literatura Brasileira – Instinto de Nacionalidade, *op. cit.*, p. 803.
5. *Idem*, p. 804.

Para Machado de Assis, não haveria dúvida de que uma literatura, sobretudo uma "literatura nascente" (como a brasileira), deve principalmente alimentar-se dos assuntos que lhe oferece a sua região, mas não se deve fazer disto uma doutrina absoluta, sob o risco de empobrecê-la: "O que se deve exigir do escritor antes de tudo, é certo sentimento íntimo, que o torne homem do seu tempo e do seu país, ainda quando trate de assuntos remotos no tempo e no espaço"[6].

Muitas décadas depois, em Buenos Aires, Jorge Luis Borges publica "O Escritor Argentino e a Tradição", parecendo ecoar as palavras de Machado de Assis. Neste ensaio, Borges critica a ideia de que a poesia argentina deva ser rica em traços diferenciais argentinos e em cor local argentina. Argumenta que, mesmo nos sonetos de *La Urna*, de Enrique Banchs, onde faltam a paisagem, a topografia, a botânica e a zoologia argentinas, haveria outras "condições argentinas". Se Banchs fala de telhados e rouxinóis, e nos subúrbios de Buenos Aires não há telhados (e sim terraços), e se "o rouxinol é menos um pássaro da realidade que da literatura, da tradição grega e germânica", Borges acredita que, no uso dessas imagens convencionais, nesses telhados e nesses rouxinóis anômalos, não estarão a arquitetura nem a ornitologia argentinas, mas, sim, o pudor argentino, a reticência argentina. Se Banchs, ao falar da mulher que o deixara e deixara o mundo vazio para ele, recorre a imagens estrangeiras e convencionais, como os telhados e os rouxinóis, esta circunstância é significativa: "significativa do pudor, da desconfiança, das reticências argentinas; da dificuldade que temos para as confidências, para a intimidade"[7].

Borges assinala que a ideia de que uma literatura deva definir-se pelos traços diferenciais do país que a produz seria relativamente nova, como também seria nova e arbitrária a ideia de que os escritores devam buscar temas de seus países. Para ele, Racine nem sequer teria entendido uma pessoa que lhe houvesse negado o direito de ser chamado de poeta francês, só porque buscou temas gregos e latinos. E acrescenta:

> Creio que Shakespeare se teria assombrado se tivessem pretendido limitá-lo a temas ingleses, e se lhe tivessem dito que, como inglês, não tinha o direito de escrever *Hamlet*, de tema escandinavo, ou *Macbeth*, de tema escocês. O culto argentino da cor local é um recente culto europeu que os nacionalistas deveriam rejeitar por ser estrangeiro[8].

---

6. *Idem*, p. 804.
7. Jorge Luis Borges, "O Escritor Argentino e a Tradição" [1930], *Discussão*, São Paulo, Companhia das Letras, 2008. pp. 147-158. A citação aparece às pp. 150-151.
8. *Idem*, p. 152.

Assim como Machado de Assis achava que se poderia empobrecer a literatura brasileira, caso ela somente pudesse tratar de temas "nacionais", e que era possível ser um autor genuinamente *brasileiro* sem seguir o chavão da *cor local*, Borges também acreditava que, para ser considerado um autor *argentino*, isto também não era necessário. Afinal, o fato de não povoar seus livros com personagens, animais e paisagens típicas não significaria ser menos *argentino*, pois, sendo o Alcorão um livro árabe por excelência, ninguém o considerava menos árabe por não mencionar camelos:

[...] creio que, se houvesse alguma dúvida sobre a autenticidade do Alcorão, bastaria essa ausência de camelos para provar que ele é árabe. Foi escrito por Maomé, e Maomé, como árabe, não tinha como saber que os camelos eram especialmente árabes; para ele, eram parte da realidade, não tinha por que distingui-los; em compensação, a primeira coisa que um falsário, um turista, um nacionalista árabe teriam feito seria povoar de camelos, de caravanas de camelos, cada página; mas Maomé, como árabe, estava tranquilo: sabia que podia ser árabe sem camelos. Creio que nós, argentinos, podemos nos parecer a Maomé, podemos acreditar na possibilidade de ser argentinos sem profusão de cor local[9].

De fato, a chamada "cor local" fez parte do processo de elaboração da nacionalidade, na América do Sul e em outros lugares, reforçando uma dimensão espacial (associada a um território) e uma dimensão política (associada ao Estado-nação). Construía-se um sentido pós-colonial congruente com os territórios e os Estados-nação emergentes; elaboravam-se redes públicas de sentido, para formar subjetividades nacionais; constituíam-se interpretações públicas simbolicamente mediadas sobre o sentido do Estado-nação pós--colonial e sobre o que significava estar inserido nele; elaborava-se o sistema de referências da nacionalidade – incluindo determinado universo de temas, interesses, termos etc. –, tanto estabelecendo um limite dentro do qual o campo de enunciação literário se circunscrevia quanto recriando o passado sob uma nova óptica. Mas mesmo neste movimento supostamente endógeno, pretensamente autocentrado, havia elementos externos compartilhados, interseções maiores ou menores com instâncias exteriores ao nacional.

De fato, a ideia de uma identidade absoluta, reclusa em si, não poderia ser mais do que um sonho impossível, pois às vezes até mesmo o que parece ser mais tipicamente *nacional* remete para além das fronteiras. O famoso "chá das cinco", por exemplo, tido como verdadeira instituição britânica, tem

9. *Idem*, p. 152.

como ingrediente principal uma erva tradicionalmente cultivada na Índia, China e Japão. Neste sentido, tanto Machado quanto Borges, ao criticarem a retórica da "cor local", talvez estejam mais próximos de posições mais atuais sobre a complexidade das trocas e transferências culturais do que os seus contemporâneos que ainda acreditavam naquela retórica.

REFERÊNCIAS BIBLIOGRÁFICAS:

Assis, Joaquim Machado de. "O Passado, o Presente e o Futuro da Literatura". [1858] *Obra Completa*. Rio de Janeiro, Nova Aguilar, 1979, vol. III, pp. 785-789.
_____. "Notícia da Atual Literatura Brasileira – Instinto de Nacionalidade". *Obra Completa*. Rio de Janeiro, Nova Aguilar, 1979, vol. III, pp. 801-809.
Borges, Jorge Luis. "O Escritor Argentino e a Tradição". [1930] *Discussão*. São Paulo, Companhia das Letras, 2008, pp. 147-158.
Jobim, José Luís. "Nacionalismo e Globalização. *Formas da Teoria*. 2. ed. Rio de Janeiro, Caetés, 2003.
Fely, G. & Suny, R. G. "Introduction: From the Moment of Social History to the Work of Cultural Representation". *Becoming National*. Oxford, Oxford University Press, 1996.

22.
SERTÃO-LUGAR, SERTÃO-ESPAÇO: INTERFACE POÉTICA

CLEONICE PAES BARRETO MOURÃO

Tempo e espaço constituíram, ao longo da história da crítica literária, diretivas eficazes para a análise de textos literários. O estudo do tempo nas obras – poesia e prosa – ocupou lugar de destaque no conjunto da fortuna crítica de obras de ficção por um longo período, e ainda se faz valer nos dias de hoje. Ao lado do tempo, erigiu-se o espaço como um foco rico de interpretações. Para melhor circunscrevê-lo, determinar sua função, extrair dele as significações que se inserem no texto devido a seu recorte interpretativo, foi preciso distingui-lo de outro conceito próximo: o lugar. Lugar e espaço são matéria de reflexão para os teóricos da literatura, entre os quais destacamos Bertrand Westphal, cuja obra *La Géocritique: réel, fiction, espace*, de 2007[1], recolhe em obras da literatura mundial exemplos de como esses dois conceitos interferem no texto ficcional, qual a dimensão de cada um, o modo como um e outro agem na escritura.

É no sentido de entender como atuam no texto *Grande Sertão: Veredas*, de Guimarães Rosa, o registro do lugar e o registro do espaço que empreendemos nossa leitura. Gostaríamos de destacar, mais uma vez, a significação do espaço nessa obra, constituindo, a nosso ver, a chave mestra de seu lugar de excelência na literatura brasileira.

Lugar e espaço não se contradizem, não se opõem, são paralelas que não se rejeitam, que só existem na mútua relação que estabelecem entre si. O lugar estava ali há muito, dito de várias maneiras, por disciplinas diversas, mas o espaço estava a ser dito, um espaço que comportasse tudo o que ainda não

---

1. Bertrand Westphal, *La Géocritique, réel, fiction, espace*, Paris, Minuit, 2007.

fora dito sobre o sertão, não fora dito *pelo* sertão. Porque é a voz do sertão o murmúrio que subjaz à fala do narrador.

O sertão-lugar é o suporte concreto, onde as ações se realizam e onde os personagens circulam. Ele se liga mais diretamente ao referente real. É a ele que se referem disciplinas como geografia, sociologia, botânica. O sertão-lugar determina a economia narrativa do texto: os grupos rivais, as vinganças, os amores, os costumes. Segundo Yi-Fun Tuan, "Comparado ao espaço, o lugar é um centro calmo de valores estabelecidos"[2].

Quanto ao sertão-espaço, ele é um resultado, uma construção da escritura. Não se trata de um espaço extratextual, mas daquele elaborado pela linguagem. E no caso de *Grande Sertão: Veredas*, uma linguagem ao sabor da memória do narrador Riobaldo. Levando-se em conta essa origem produtiva – a memória –, compreende-se que o espaço na referida obra não seja descritivo, ou, melhor, não descritivo no sentido naturalista do termo. As passagens em que a natureza do sertão surge como cenário podem ser consideradas cenário para além da natureza, tanto é presente nelas o desvio subjetivo aí inserido, o que torna único o suposto cenário. Tem-se assim um espaço textual no qual a exuberância da linguagem expressa a ausência de respostas definitivas às inquietações do personagem narrador, porque aí não há ponto fixo, referência exata a partir da qual ele pudesse orientar-se numa ou noutra direção, por exemplo, deus ou diabo, Diadorim ou Otacília.

Se o sertão-lugar determina a economia narrativa, o sertão-espaço resulta da narração. O referente real exerce um peso considerável sobre a narrativa e leva a considerações de ordem histórica, social, política. Sem esvaziar o conteúdo do referente real – signo pleno, compacto – Guimarães Rosa torna-o poroso e nele abre vias que conduzem a um outro sertão: sem limites geográficos, mítico, poético, emparelhando-se com outros espaços da literatura: a Paris de Balzac, a Califórnia de Faulkner, a New York dos beatniks, a Tokio de Mishima, dentre outros. Enquanto espaço, o sertão tem suas redes histórica e sociológica afrouxadas, para conter uma nova dimensão, preservando, contudo, a substância de um determinado sertão brasileiro, num determinado tempo histórico.

Para a elaboração do espaço do sertão, não basta vê-lo, é preciso também ouvi-lo, e dessa escuta extrair a fala do sertanejo Riobaldo. Do dito do sertão-lugar Guimarães Rosa faz surgir o dizível e com ele banha um sertão que an-

---

2. *Apud* Westphal, "Yi-Fu Tuan", *Space and Place. The Perspective of Experience* [1977], Minneapolis. London, University of Minnesota Press, 2002, p. 54.

tes não existia, e que só existe por essa conjugação do dito e do dizível, do que pede para ser dito. Do signo pleno que é culturalmente o sertão, o autor cria um signo fissurado onde ideias-carne encontram *espaço* para se tornarem vivas e atuantes. Ideias-carne porque originadas das experiências concretas de um personagem que vive no sertão, que vive o sertão com seu gosto de luta, amores, sangue, odores, afeições, ódios – tudo aquilo que não é dito no sertão geográfico, científico. A experiência de vida no sertão, tal como se expressa em *Grande Sertão: Veredas,* é ponto de chegada, não de partida; é ponto de chegada, fim (sempre inacabado) de uma determinada experiência de linguagem, criação artística, invenção de um sertão-espaço.

A experiência de vida, rememorada por Riobaldo, tem sua expressão na experiência de uma linguagem que habita o mundo, as coisas, ao invés de passar por sua superfície descritiva. Experiência que é também experiência do real, ou seja, experiência do mundo focalizado na obra e sua correspondente representação discursiva. Westphal, ao tratar do real e sua representação, afirma: "é preciso não se esquecer de que o espaço humano não existe senão nas modalidades dessa experiência que, tornada discursiva, é criadora de mundo ('geopoético')"[3].

O fazer linguageiro de Guimarães Rosa é necessário para expressar aquilo que já foi expresso em excesso – o sertão brasileiro. Uma nova verbalização acontece e transporta tudo o que já foi dito para um novo dizer que se faz pela transgressão da língua usual. O leitor é apanhado nessa rede, emaranhado pelas palavras inusitadas e de tal modo arrancado de seu mundo cotidiano e urbano que não há como não ser lançado no "redemunho" desse sertão único e infinito, como está designado no sinal que cessa o texto sem fechá-lo.

As modulações poéticas, o arranjo labiríntico da narrativa dão acesso a um universo que, partindo do real – o sertão-lugar – dele se distanciam pelas veredas inesgotáveis da imaginação. O conhecimento *a priori* que tem o leitor a respeito do sertão se esgarça para comportar uma sertão-espaço, aquele que se abre a uma série de predicativos como tentativa não de uma definição, mas de uma adequação entre a subjetividade do narrador e a realidade geográfica na qual está inserido:

O sertão está em toda parte.
O sertão é do tamanho do mundo.
Sertão: é dentro da gente.

---

3. Westphal, *op. cit.*, p. 142.

O sertão é sem lugar.
O sertão é quando menos se espera.
Sertão é o sozinho.
Meu sertão, meu regozijo!

Assim, no prolongamento do sertão real desenvolve-se o ficcional, aquele que comporta múltiplas predicações. O substrato aqui é da ordem do subjetivo, o percebido tendo passado pelo crivo da memória do narrador Riobaldo e por suas experiências no universo chamado sertão.

[...] a ideia de sertão se converte numa imagem interiorizada e ganha em subjetividade dimensões ilimitadas. Por isso, a utilização de um processo de natureza racional, a lógica dos referentes, não pode conduzir a nenhuma solução de caráter geral, porque se limitará sempre aos aspectos inteligíveis, deixando de lado os apenas sensíveis. Ora, a imagem do espaço geográfico em que decorrem as ações e as experiências do narrador se eleva em interiorização e particularização, porque imagem construída, sobretudo, pela afeição[4].

Para o sertão-espaço, pouco importa a localização e o percurso do rio Urucuia, ele é o rio das lágrimas; assim como é secundária a formação geológica do Liso do Suçuarão, ele é a prova do desafio para os homens que o enfrentam. Uma vez que a prosa poética não se faz como expressão de um raciocínio, mas como procura de expressão verbal das experiências subjetivas múltiplas, ela nunca encontra um porto definitivo, deslizando sempre de um significante a outro: perpétua busca do escritor de ficção. Esta a teia da interface: "A interface entre o real e a ficção está nas palavras, numa certa maneira de dispô-las ao longo do eixo do verdadeiro, da verossimilhança, da mentira, distante de qualquer veleidade mimética também, de qualquer axiologia"[5]. É essa interface que distingue o sertão rosiano do sertão euclidiano.

Para além da percepção visual e da experiência guerreira no solo do sertão, há um chamado atuante, e com força criativa: as vozes do sertão, vozes que se conjugam à voz do narrador: a linguagem silenciosa da natureza desperta no narrador uma dimensão que supera o simples narrar e se espraia em questionamentos de ordem existencial, filosófica, religiosa.

O sertão, na escritura de Rosa, é um espaço cosmogônico onde tudo vai ser criado pela *poiesis*; nas veredas inaugurais da linguagem vão surgindo

---

4. José Carlos Garbuglio, *Rosa em Dois Tempos*, São Paulo, Nankin, 2005, p. 69.
5. Westphal, *op. cit.*, p. 129.

os nomes: nomeação primeira de criação de mundo, de um sertão-espaço único. As vozes dos personagens, as vozes dos fuzis são explícitas, imediatas, objetivas; as vozes silenciosas da natureza – flores, rios, chapadas, veredas – são as fontes da voz do narrador na sua criação ficcional. Inesgotáveis em suas infinitas formas de expressão são elas que permitem ao narrador as orações nas quais o sujeito do verbo é o sujeito anímico à procura de si mesmo. Daí que a voz do narrador não seja apenas narrativa ou descritiva, mas a expressão de uma subjetividade diante de um mundo rico de possibilidades múltiplas de expressões verbais – a criação da linguagem literária. *Grande Sertão: Veredas* é o resultado da conjunção entre o dizível silencioso do sertão e o dito que o expressa, que o traz à palavra viva.

À resposta absoluta da narrativa – a eficácia da guerra, a identidade de Reinaldo – contrapõe-se a não-resposta da narração que se faz assim perpétuo fluxo verbal sustentado pelo gozo na dor de dúvidas que não se desfazem, inclusive a dúvida do próprio narrar. O gozo do relato de Riobaldo se alimenta do engano e da dúvida. No momento final da narrativa, quando a dúvida mais dolorosa se desfaz – Diadorim é Deodorina – o gozo se estanca e com ele o relato que fecha seu círculo, e o espaço volta a ser apenas um lugar – as margens do São Francisco, onde o narrador se instala e de onde rememora sua vida a um interlocutor mudo.

O sertão enquanto espaço guarda essa mobilidade constante, o adiamento infindável da resposta definitiva, a própria substância da arte. O sertão-lugar geográfico, signo pleno demais – de história, de cultura – não se deixa facilmente abrir a outras significações. É preciso entrar nele pelas trilhas do poético, da linguagem que diz mais do que aquilo que é expresso claramente, trilhas que desprezam as significações banhadas de certezas, para privilegiar as que levam aos recônditos mais sombrios – porém mais reveladores – de uma nova realidade que ultrapassa o referente real pela criação de um sertão ficcional.

A linguagem rosiana que nos apresenta o sertão não tem a transparência da liguagem científica, e na beleza de sua opacidade poética constrói-se um espaço privilegiado de inúmeras entradas, de "veredas" proliferantes que abrem caminho numa narrativa labiríntica contaminada por uma narração póetica.

23.
A RUA DO OUVIDOR E O BECO NA ESCRITA MACHADIANA

IVETE WALTY (PUC-MINAS)

A Rua do Ouvidor atravessa a narrativa machadiana, tanto nas crônicas de *A Semana*, como em diversas narrativas, situadas em *Outros Contos* e nos romances. As primeiras discutem, por exemplo, a possível mudança da capital, como a de 22 de janeiro de 1893:

> Entre nós, a questão é mais simples. Trata-se de mudar a capital do Rio de Janeiro para outra cidade que não fique sendo um prolongamento da Rua do Ouvidor. Convém que o Estado não viva sujeito ao botão de Diderot, que matava um homem na China.
> [...]
> Petrópolis também quer ser a capital, e parece invocar algumas razões de elegância e de beleza; mas tem contra si não estar muito mais longe da Rua do Ouvidor, e até mais perto, por dois caminhos (1959, vol. III, p. 591).

A força da rua é aí prenunciada em seu poder, seja positivo, seja negativo. O mesmo ocorre na crônica do dia 7 de junho, quando se discutem as vantagens e desvantagens do cosmopolitismo representado pelo Rio de Janeiro, "a nossa Nova York". E continua o autor:

> Não é pouco; nem todas as cidades podem ser uma grande metrópole comercial. Não levarão daqui a nossa vasta baía, as nossas grandezas naturais e industriais, a nossa Rua do Ouvidor, com o seu autômato jogador de damas, nem as próprias damas (1959, vol. III, p. 730).

Por isso mesmo a rua, na luta contra seu possível alargamento, merece uma abordagem especial do mestre, datada de 13 de agosto de 1893:

Vamos à Rua do Ouvidor; é um passo. Desta rua ao *Diário de Notícias* é ainda menos. Ora, foi no *Diário de Notícias* que eu li uma defesa do alargamento da dita rua do Ouvidor – coisa que eu combateria aqui, se tivesse tempo e espaço.

Vós, que tendes a cargo o aformoseamento da cidade, alargai outras ruas, todas as ruas, mas deixai a do Ouvidor assim mesmo – uma viela, como lhe chama o *Diário* –, um canudo, como lhe chama Pedro Luís.

Há nela, assim estreitinha, um aspecto e uma sensação de intimidade. É a rua própria do boato. Vá lá correr um boato por avenidas amplas e lavadas de ar.

O boato precisa de aconchego, da contiguidade, o do ouvido à boca para murmurar depressa e baixinho, sem saltar de um lado para outro.

[...]

Depois, é mister contar com a nossa indolência. Se a rua ficar assaz larga para dar passagem a carros, ninguém irá de uma calçada a outra para ver a senhora que passa – nem a cor dos seus olhos, nem o bico dos seus sapatos, e onde ficará em tal caso "o culto do belo sexo", se lhe escassearem os sacerdotes? (http://portal.mec.gov.br/machado/arquivos/pdf/cronica – consultado em 26.9.2008).

A crônica "Garnier", de *Páginas Recolhidas*, datada de outubro de 1893, ao falar da morte do livreiro francês radicado no Brasil, acrescenta à rua elementos que a evidenciam como centro nervoso das letras brasileiras, em determinado momento. É como se o livreiro relutasse a mudar da Rua do Ouvidor para o cemitério de S. João Batista:

Não, murmurou ele dentro do caixão mortuário, quando percebeu para onde o iam conduzindo, não é este o meu lugar; o meu lugar é na Rua do Ouvidor 71, ao pé de uma carteira de trabalho, ao fundo, à esquerda: é ali que estão os meus livros, a minha correspondência, as minhas notas, toda minha escrituração (1959, vol. II, p. 631).

O sujeito dessa enunciação marcada pelos pronomes possessivos na primeira pessoa é, no entanto, substituído por outro, o próprio autor:

Essa livraria é uma das últimas casas da Rua do Ouvidor; falo de uma rua anterior e acabada. Não cito os nomes das que se foram, porque não as conheceríeis, vós que sois mais rapazes do que eu, e abristes os olhos em uma rua animada e populosa onde se vendem, ao par de belas joias, excelentes queijos (1959, vol. II, p. 631).

A crônica de despedida do amigo livreiro traz, ao lado do registro de suas qualidades, a lista de seus interlocutores, representantes dos escritores e críticos literários que compunham o catálogo daquela casa; quase todos mortos à época, entre eles Macedo, Joaquim Norberto, José de Alencar. A característica principal da livraria é também a da rua que acolhe: "um ponto de conversação e de encontro" (p. 632).

Centro comercial, ponto de encontro de escritores, e mais ainda espaço político a abrigar deputados, senadores, desembargadores e outros curiosos e interessados no assunto. Nesse sentido, o conto "Tempo de Crise", de *Outros Contos*, é particularmente revelador, por isso vou-me deter em sua leitura.

Configuram-se, logo de início, dois espaços bem delimitados: "a Praia dos Mineiros" e a Rua do Ouvidor, representando o provincianismo e o cosmopolitismo. O narrador, mineiro, relata ao leitor, a quem chama de "meu rico irmão", a notícia que ouvira mal chegara ao Rio, onde foi recebido pelo companheiro C.: "Caiu o ministério" (1959, vol. II, p. 756). Na descrição dos fatos que se sucedem, circunscreve-se a Rua, capital do país, marcada como centro de informações preciosas. Não por acaso, o hotel em que vai-se hospedar o visitante se chama "da Europa" e fica na Rua do Ouvidor. Ao perguntar ao companheiro onde iriam saber notícias sobre a crise no ministério, ouve dele não apenas a informação de que ali mesmo na Rua do Ouvidor, como também, se não estou enganada, uma das maiores descrições machadianas desse espaço, visto como metonímia da cidade do Rio de Janeiro. Entremeado de referências literárias e bíblicas – Shakespeare, Virgílio, Dante, Noé – o discurso de C. evidencia como a citada rua, além de ser o "rosto da cidade fluminense", faz-se ela própria alegoria da escrita machadiana. Senão vejamos através de algumas frases do diálogo travado entre o mineiro e o carioca:

Pois vá ouvindo, meu Dante? Queres ver a *elegância* fluminense? Aqui acharás a flor da sociedade, [...] (p. 757).
Queres saber de *política*? Aqui saberás das notícias mais frescas, das evoluções próximas, dos acontecimentos prováveis [...] (p. 757).
Vês aquele sujeito? É um homem de *letras*" (p. 757).
Queres saber do estado do *câmbio*? Vai ali ao *Jornal do Comércio*, que é o *Times* de cá" (p. 757).
Muita vez encontrará um *coupé* à porta de uma loja de *modas*: é uma *Ninon* fluminense" (p. 757) (itálicos acrescentados)

Configura-se, pois, a rua como espaço público burguês[1], por excelência, como percebido por Habermas (2003), quando evidencia que o espaço público se cria em um momento em que a troca de mercadorias faz-se acom-

---

1. A referência é usada a despeito da restrição que pode ser feita sobre a formação da burguesia no país naquele momento.

panhar pela troca de informações. Vale lembrar ainda que tal espaço público é constituído de homens letrados, o que se confirma nesse texto. Curioso observar, no entanto, que C., presumindo uma pergunta do amigo mineiro, e por que não?, do leitor, esclarece:

> Dirás que eu só menciono a sociedade mais ou menos elegante? Não; o operário para aqui também para ter o prazer de contemplar durante minutos uma destas vidraças rutilantes de riqueza, – porquanto, meu caro amigo, a riqueza tem isto de bom consigo, – é que a simples vista consola (p. 757).

A ironia machadiana aponta para a ordem social excludente, o que se confirma mais adiante, quando se revela que permanecer na Rua do Ouvidor por volta das cinco horas "era de mau gosto" (p. 763). Ora, pode-se presumir que tal regra fora ditada pelo fato de que justamente nesse horário a rua se fazia frequentada pelos operários que saíam do trabalho. Os elegantes deveriam então recolher-se para não partilhar o espaço com os menos afortunados, voltando à noite quando a rua pertencia "exclusivamente ao mundo *fashion*" (p. 763). Interessante observar ainda que o conto se constitui basicamente de discurso direto, com todos discutindo a queda do ministério e os prováveis nomes dos substitutos. Nessas conversas, o que interessava era mostrar familiaridade com os poderosos, manifestando conhecimento dos bastidores, como "aqueles que lambiam os vidros por dentro" (p. 762). Não há como deixar de associar essa metáfora com as vitrines olhadas pelos operários do lado de fora, configurando o dentro e o fora das relações de poder.

Nesse sentido, vale recorrer a Benjamin (2006) em seus estudos sobre as passagens, as galerias de vidro, a expor mercadorias "rutilantes", sem deixar de perceber seus excessos e suas sombras. Assim define Benjamin, referindo-se ao guia ilustrado de Paris do ano de 1852, as passagens que desembocam nos *boulevards* internos:

> Estas passagens, uma recente invenção do luxo industrial, são galerias cobertas de vidro com paredes revestidas de mármore, que atravessam quarteirões inteiros, cujos proprietários se uniram para esse tipo de especulação. Em ambos os lados dessas galerias, que recebem sua luz do alto, alinham-se as lojas mais elegantes de modo que uma tal passagem é uma cidade, um mundo em miniatura (2006, pp. 77-78).

Observe-se a coincidência do jogo metonímico entre o texto teórico e o ficcional: vitrines, ruas/galerias, cidades, mundo. E eu diria: literatura e escrita. Isso porque o texto machadiano faz-se vitrine a provocar diálogos e olhares espantados: "Como na vida. É a sociedade humana em ponto pequeno" (p. 757).

O cosmopolitismo da Rua do Ouvidor, com suas instituições modernas, sua pluralidade linguística e cultural, indiciada pelas palavras e frases, sobretudo francesas, destacadas em itálico, exclui do diálogo aquele que apenas olha, do lado de fora. Nesse sentido, vale apontar um conto do mesmo livro que se contrapõe a este, ao mesmo tempo em que o confirma. Trata-se do conto intitulado "O Habilidoso", que assim se inicia:

> Paremos neste beco. Há aqui uma loja de trastes velhos, e duas dúzias de casa pequenas, formando tudo uma espécie de mundo insulado. Choveu de noite, e o sol ainda não acabou de secar a lama da rua, nem o par de calças que ali pende de uma janela, ensaboado de fresco (p. 1015).

Diante dessa cena de abertura do conto, situam-se o narrador e o leitor: "Pouco adiante das calças, vê-se chegar à rótula a cabeça de uma mocinha, que acabou agora mesmo o penteado, e vem mostrá-lo cá fora; mas cá fora estamos apenas o leitor eu, mais um menino a cavalo no peitoril de outra janela [...]" (p. 1015).

A cena enunciativa do conto inclui o narratário/observador, que partilha as condições de produção do texto, marcado pelos dêiticos "aqui", "cá", e "agora mesmo", indiciando o espaço e o tempo da enunciação. A história que se segue diz respeito a João Maria, o dono da loja, que, também pintor, copia quadros, sobretudo os da Virgem Santíssima. Essa personagem, sem nenhuma formação especial, quer exibir seu trabalho e, por isso, procura uma loja na Rua do Ouvidor para mostrá-lo, logrando êxito em sua empreitada. Isso porque o dono de uma "casa de espelhos e gravuras" acabou concordando em expor o quadro durante três dias. João Maria acompanhou, ansioso, a reação das pessoas diante do quadro, mas, no fim do período, nada de venda. Curioso observar que o pintor atribuía a não--atenção dos passantes a seu quadro ao tamanho das letras do rótulo ou à posição do quadro em relação à porta. A questão é, então, atrair o olhar do outro. Depois da primeira recusa, ele insiste ainda em outras lojas, sempre com o mesmo resultado.

O narrador fala, então, do estreitamento do círculo das ambições de João Maria, basicamente familiar, espaço em que ouvia das pessoas "que era um moço muito habilidoso" (p. 1018). A ideia de restrição e estreitamento acentua-se, até que, na cena final, dá-se "o último e derradeiro horizonte das suas ambições; um beco e quatro meninos" (p. 1019).

Ora, a cena em questão incorpora elementos do cenário artístico brasileiro, em que a discussão sobre cópia e modelo ganha relevo. Aí estão o criador, o espectador, o mercado, a publicidade, condições de produção e recepção da arte. O beco e a Rua do Ouvidor se contrapõem, iluminando-se respectivamente, em um movimento de tensão que repete aquele do cenário cultural da época, mediando entre o local e o universal, o provincianismo e o cosmopolitismo, entre a periferia e o centro.

Nesse sentido, vale o registro de que Machado se refere a diferentes fases da Rua do Ouvidor, deixando entrever o momento em que esta não havia ainda passado pelas transformações higienistas e modernizantes, como mostramos rapidamente na crônica sobre o livreiro Garnier. Se recorrermos à história dessa rua contada por Joaquim Manoel de Macedo, podemos acompanhar a trajetória de suas reconstruções, passando de um beco a uma vitrine:

> O primeiro dado curioso diz respeito à sua origem esquerda:
> Eis o berço da bonita, vaidosa e pimpona atual *Rua do Ouvidor*! Fica, pois, historiado que *ela nasceu de um desvio, e desvio da Rua Direita*, ou do *caminho direito*, o que, a falar a verdade, não era de bom agouro.
> [...]
> *O Desvio* teve por primeiros moradores *gente pobre*, no trabalho, porém ativa; peões que exercem misteres, operários, e um cirurgião que era barbeiro dos nobres (Macedo, 1952, p. 20; grifos do autor).

O "historiador", ironicamente, continua:

> Até aqui o pouco que deixo relatado é seriamente tradicional quanto ao *Desvio*, e em tudo mais positivamente histórico; quero, porém, em honra e glória da *Rua do Ouvidor* dar a todo transe, em falta de origem aristocrática impossível, origem romanesca a denominação de *Aleixo Manoel* que ela teve no outro tempo (p. 21).

Segue a história de Aleixo Manoel, a ser analisada em outro momento. Por enquanto o que interessa é registrar o movimento de expansão que se dá na evolução da rua, no momento com o nome Padre Homem da Costa, que tem a vala de um cruzamento com a Rua da Vala, fétida e cheia de lama, coberta por "grossos lajedos".

Para explicar os melhoramentos da rua, Macedo relata histórias ali acontecidas, principalmente de amor, evidenciando a influência de gente importante. E aproveita para referir-se à rua do Ouvidor no presente, evidenciando sua função de passeio público, lugar de exibição a outros olhares: "Naquele tempo, as jovens da Rua de *Aleixo Manoel* iam pescar para se mostrar; e hoje frequenta a *Rua do Ouvidor* certo bando de pescadoras que andam se mostrando para pescar" (p. 56).

É então que se registra como os melhoramentos da rua, em seu processo de higienização, implicavam exclusão de seus moradores:

> A Rua do *Padre Homem da Costa* desde 1749 não teve mais prolongamento a aspirar; ainda, porém, era cedo para as glórias que a esperavam com outro nome.
> De 1770 a 1791 a cidade de S. Sebastião do Rio de Janeiro se transformou como por metamorfose rápida. Era feia lagarta, e o Vice-Rei Marquês de Lavradio fez sair do casulo a *borboleta*, asseando, calçando as ruas e praças, abrindo novas ruas, banindo as rudes peneiras das portas e janelas, e removendo para longe dos centros urbanos a aglomeração pestífera dos míseros negros trazidos da África para imundos recintos de mercado de escravos (pp. 93-94).

Os verbos utilizados nessa passagem são reveladores: transformar, assear, calçar, abrir, ao lado de banir e remover. Consagrada então a rua com o nome que lhe dá glória, Rua do Ouvidor (1780), continua passando por transformações, aí incluindo aquelas que a fazem centro de modas com a presença marcante da França, ou, como quer o autor de sua história, das francesas. Voltemos, pois, a Machado que já a encontra com esse nome, embora continue acompanhando sua evolução, não sem antes mostrar a relação entre moda e política já feita por Macedo: "Eu tenho para mim que foi na contemplação e no estudo físico e moral das vidraças da Rua do Ouvidor que os nossos estadistas organizadores de gabinetes ministeriais aprenderam a arte de expor programas de ministérios novos" (p. 184).

O verbo que marca então a Rua do Ouvidor no conto é o ver, olhar, como bem mostra Machado em sua vitrine/escrita. Ressalte-se que, no entanto, ao lado desses verbos estão ainda o ouvir (onze vezes) e o saber (36 vezes), seja em histórias de amores ocultos, seja em casos de funções políticas, como se percebe no caso do sujeito envolvido em mistério, que encontram em um dos pontos "telegráficos" daquela rua, ou nos diálogos sobre a queda do ministério. Não é pois por acaso que o conto termina relatando a impossibilidade de a escrita conter todos os diálogos, todas as versões ou os comentários justamente com os verbos ouvir e contemplar: "Ouvem-se, contemplam-se; não se escrevem" (p. 764).

Não é também sem razão que o narrador alerta o leitor: "Houve outra trégua na conversa política. E não te admires. Nada mais natural do que entremear aqui uma discussão sobre crise política com as sedas de uma dama do tom" (1959, vol. II, p. 761).

Ora o verbo entremear define bem o tom da escrita machadiana, que, entre o ocultar e mostrar, o calar e o falar, constitui-se em um jogo de sedução complexo como o da vitrine e seus bastidores. Dessa forma, não deixa o espectador aproximar-se demais, mantendo-o a uma distância prudente, de modo que ele possa entrever tanto aqueles que lambem os vidros por dentro como os que apenas os contemplam, mesmo que em sua ausência. O espaço dessa escrita configura-se, pois, como o espaço público por excelência, já que, como instituição que é, a literatura se estabelece entre o poder do Estado e o povo; no entremeio, portanto.

A rua contém em si o beco, pois como bem mostra Machado na citada crônica que lhe recebe o nome, em manifestação contrária a seu alargamento: "O boato precisa de aconchego, da contiguidade, o do ouvido à boca para murmurar depressa e baixinho, sem saltar de um lado para outro" (13 de agosto de 1893).

Ocorre que, na escrita machadiana, isso a que se dá o nome de boato faz-se relato, um relato de espaço como o denominaria De Certeau, embora sua concepção de boato difira da de Machado:

> Pelos processos de disseminação que abrem, os relatos se opõem aos boatos, porque o boato é sempre injuntivo, instaurador e consequência de um nivelamento do espaço, criado de movimentos comuns que reforçam uma ordem acrescentando um fazer-crer ao fazer-fazer. Os relatos diversificam, os boatos totalizam (1999, p. 188).

Mais do que isso, eu diria que o relato acolhe o boato que, na percepção de Machado, é móvel, entremeado de falas e de olhares. É nessa escrita, rua e beco, que se instalam os vazios que impedem o congelamento, as cristalizações de sentidos e verdades, na medida em que lidamos com deslocamentos, desdobramentos, entremeios.

~

REFERÊNCIAS BIBLIOGRÁFICAS:

ASSIS, Joaquim Machado de. *Obra Completa*. Org. Afrânio Coutinho. Rio de Janeiro, José Aguilar, 1959. Vols. I, II e III.

BENJAMIN, Walter. *Passagens*. Org. Willy Bolle. Trad. Irene Aron *et al*. Belo Horizonte/São Paulo, Editora da UFMG/Imprensa Oficial do Estado de São Paulo, 2006.

CERTEAU, Michel de. *A Invenção do Cotidiano*. Vol. 1: *Artes de Fazer*. Trad. Ephraim Ferreira Alves. Petrópolis, Vozes, 1999.

HABERMAS, Jürgen. *Mudança Estrutural da Esfera Pública*. Trad. Flavio Kothe. Rio de Janeiro, Tempo Brasileiro, 2003.

MACEDO, Joaquim Manoel. *Memórias da Rua do Ouvidor*. São Paulo, Companhia Editora Nacional, 1952. Ou: www.biblio.com.br – consulta em 27.11.2008.

BIBLIOTECA, MITOLOGIA, OBJETOS DO DESEJO, CONTATO E DESVIO EM MACHADO DE ASSIS

24.

MACHADO DE ASSIS, ESCRITOR DO RIO DA PRATA: DUAS HIPÓTESES CONTRADITÓRIAS

PABLO ROCCA (UNIVERSIDAD DE LA REPÚBLICA)

Entre os livros da biblioteca pessoal de Machado de Assis, ou, melhor ainda, entre os que sobreviveram, Jean Massa afirma e se pergunta: "o domínio espanhol, europeu e americano tem a pobreza de um albergue castelhano. Por quê?" (Massa, 2001, p. 30). Em agosto deste ano, o bibliotecário-chefe da Biblioteca da Academia Brasileira de Letras, sr. Luiz Antônio de Souza, teve a gentileza de me disponibilizar uma lista de quase 170 livros do acervo bibliográfico particular de Machado que ele e a pesquisadora Glória Vianna acharam e catalogaram no decurso dos últimos tempos, lista que se encontra em vias de publicação e que virá enriquecer o trabalho de Jean Massa. Mas, novamente, chama a atenção que dentre estas peças não se encontrem livros de qualquer hispano-americano. Embora exista um livro de 58 páginas – que não está na Biblioteca Nacional do Rio – escrito por Elysio de Carvalho sobre Rubén Darío, surpreendentemente publicado em 1906, por ocasião da Conferência Pan-americana do Rio, em evidente homenagem a Darío, que viajou à então capital brasileira como secretário do ministro de Relações Exteriores da Nicarágua. Há transcrição de muitos poemas de diferentes fases da obra do nicaraguense nesse livro, que fora enviado por Elysio de Carvalho para Machado com dedicatória ao "*mestre de nós todos*" (Carvalho, 1906). O livro não evidencia rascunhos ou marcas de uma leitura do seu antigo proprietário. No mesmo sentido, no arquivo de Machado, da própria Academia Brasileira de Letras, restou só um documento epistolar com alguém do Rio da Prata: uma peça administrativa que daqui a pouco será examinada.

Mas existe um fato extraordinário, o que poderíamos chamar de uma *primeira surpresa*: dois livros de Machado foram traduzidos muito cedo, ainda em vida, no Rio da Prata: *Memórias Póstumas de Brás Cubas* e *Esaú e Jacó*. Este título entrou no projeto da Biblioteca de *La Nación*, um empreendimento editorial de incrível força, ou só crível a partir das particularidades de uma sociedade com a energia dos anos de expansão. O notável do assunto é que foi publicado apenas seis meses após a edição original, de 1904, que, em verdade, teve uma reimpressão no mesmo ano. *Segunda surpresa*: quando esperávamos uma tradução ligeira ou imprecisa, deparamo-nos com um trabalho sério e competente, além de certas dificuldades e das numerosas erratas, sobretudo nos nomes próprios.

Seria possível dizer que a Biblioteca de *La Nación* foi o primeiro passo para uma profissionalização do tradutor na Argentina e uma experiência de conquista de um público que avidamente reclamava leituras. Os preços destes volumes, sob a responsabilidade do prestigioso escritor Roberto J. Payró, eram muito acessíveis: uma edição em brochura a um preço de 40 centavos para assinantes e 50 no comércio em geral, e uma edição encadernada a um peso m/n. Deve-se levar em conta que no início do século XX, em Buenos Aires, um jornal era vendido a sete centavos. O livro era, portanto, acessível ao bolso do público popular. Claro que essa idade de ouro para a leitura – como a chamou Martín Lyons (1998)–, esse apogeu do livro popular no Rio da Prata, que promovia textos e autores com frequência de primeira ordem, acabou a partir de fins da segunda década do século. Como demonstra Beatriz Sarlo, a concorrência dos romances em folhetim – ainda muito mais baratos – e a crescente presença do cinema nos bairros disputariam o mesmo público da Biblioteca de *La Nación*, desafios e ameaças para este projeto do conservador jornal argentino, que acabaram por derrubá-lo, criando não só outra orientação econômica senão outras linhas estéticas (Sarlo, 2000, pp. 66-71; Merbilháa, 2006, p. 35; Rocca, 2007).

A versão oficial do jornal é que a editora foi formada para ocupar o tempo ocioso de novas maquinarias, mantendo o trabalho dos operários das antigas tipografias. Outra mirada, não necessariamente contraditória com a anterior, mas menos idílica da política dos proprietários, indica que o projeto editorial foi um bom negócio, porque nos seus três primeiros anos de vida, entre 1901 e 1904, a Biblioteca de *La Nación* ultrapassou a tiragem de um *milhão* de exemplares. A coleção foi publicada com uma frequência de quatro vezes por mês, sem pausas desde novembro de 1901 até janeiro de 1920. Nessa época completou a espantosa cifra de 872 volumes, os quais ainda não foram catalogados (Severino, 1996). Conhecemos alguns autores, dos quais apenas o nome fala da combinação de critérios, entre a satisfação da demanda de um público nascente do ensino até a cobertura das apetências de um leitor moderno de aventuras: desde Shakespeare até Goethe, desde Fenimore Cooper a Arthur Conan Doyle, desde Tolstói até Maupassant. Seja como for, o fato é que a editora foi precisando de títulos para tão grande empenho e daí a incorporação, até onde sabemos, dos romances brasileiros cujos títulos citarei segundo a versão castelhana: *Inocencia,* de Visconde de Taunay (vol. 13), *El Mulato,* de Aluísio Azevedo (vol. 145), os dois traduzidos por Arturo Costa Álvarez; *Esaú y Jacob* em dois volumes, 186 e 187, nos quais não consta o nome do tradutor, e *La Esfinge,* de Afrânio Peixoto (vol. 520), "traducida del portugués por Mario" e publicada em 1912. No exemplar deste romance que se encontra na Biblioteca Nacional do Rio de Janeiro, alguém anotou a lápis que o pseudônimo "Mario" corresponde a Julio Piquet. Não é casualidade. *Esaú y Jacob* foi dividido em dois pequenos tomos de 192 e 208 páginas cada um, publicados pela Imprenta y estereotipia de La Nación em 1905. Curiosamente, e de certa forma quebrando uma regra, não se registra prólogo, nem sequer uma nota do editor nem a menor informação sobre o autor do romance, o que, por exemplo, acontece com Aluísio Azevedo no romance *El Mulato,* no qual apresenta uma introdução de várias páginas assinada pelo tradutor Costa Álvarez (Azevedo, 1904, pp. 3-8).

Mas, antes de entrar nesta obra, é preciso registrar que o primeiro acontecimento editorial machadiano no mundo hispânico aconteceu na outra margem do rio. É que em Montevidéu se publicou *Memórias Póstumas de Brás Cubas,* em 1902, primeiramente no folhetim do jornal *La Razón,* a partir de 21 de janeiro de 1902, e em seguida em livro. Depois de muitos anos de procura, por indicação da Lic. Victoria Herrera, achei um exemplar em uma das bibliotecas do Museu Histórico Nacional, em Montevidéu. Para minha infelicidade, em agosto passado verifiquei que também há outro exemplar do livro na Biblioteca da Academia Brasileira de Letras, exposto numa caixa de vidro... Este módico livro, impresso em duas colunas aproveitando a composição do jornal, soma 102 páginas. A versão castelhana do texto foi assinada pelo jornalista e escritor uruguaio Julio Piquet (Minas, Uruguay, 1861-Buenos Aires, 1944), que morou um tempinho no Brasil e que foi secretário de Emilio Mitre, filho do general Mitre. Até chegou a ser diretor interino de *La Nación* de Buenos Aires nas várias estadas europeias da família fundadora (e dona) do jornal (Piquet, 1955)[1]. O livro

1. A obra jornalística de Julio Piquet é imensa e continua esparsa. O crítico hispano-uruguaio reuniu em livro o seu primeiro opúsculo e juntou vários artigos em 1955 (Piquet, 1955). No Arquivo Literário da Biblioteca Nacional (Montevidéu), entre a Coleção José Pereira Rodríguez, achamos a seguinte resenha do autor, provavelmente feita para um livro que dera conta da nomenclatura da cidade de Montevidéu: "Piquet (Julio). Periodista uruguayo. N. en Minas (Departamento de Lavalleja) y m. en Buenos Aires (1861-1944). Comenzó su labor periodística en *La Razón* de

foi feito pela Imprenta y Litografía de La Razón, Calle Cámaras, 94, isto é, nas prensas do mencionado jornal *La Razón*, de Montevidéu, onde Piquet começou como jornalista, antes de radicar-se em Buenos Aires até o fim da sua vida.

Piquet é agora um escritor completamente esquecido. Muito falta pesquisar sobre ele, de quem, por exemplo, só conheço uma fotografia publicada justamente na época da sua tradução no *Álbum Biográfico Ilustrado y Descripción Histórico-Geográfica de la República Oriental del Uruguay, 1904* (Buenos Aires, Talleres Heliográficos de Ortega y Radaelli, 1903). Seu arquivo, até onde tenho conhecimento, sumiu. A única coletânea da sua abundante e esparsa obra – artigos, notas, narrações de um estilo ágil e moderno – data de 1955, graças ao esforço do atento crítico hispano-uruguaio José Pereira Rodríguez. Mas no início do século xx era um dos jornalistas literários – por assim dizer – mais valorizados do Rio da Prata. Grande admirador e bom amigo de Rubén Darío, também o foi de Olavo Bilac. Tanto que, quando soube que o poeta nicaraguense se achava no Rio, exaltou-se numa carta a Darío, porque "[la] suerte ha querido reunir, en el ambiente más digno de los poetas, a los tres espíritus áticos que han producido estas tierras: Darío, Bilac y Blixen" (*apud* Ghiraldo, 1943, p. 289). A confraria letrada se organiza homogeneamente, porque o último dos mencionados por Piquet é o escritor e jornalista uruguaio Samuel Blixen (1867-1909), que tinha sido, anos atrás, o primeiro tradutor para o espanhol de alguns contos e artigos de um discípulo de Machado: Carlos Magalhães de Azeredo, nos dois anos em que este esteve trabalhando no consulado brasileiro em Montevidéu (1895-1896)[2]. Certamente: Magalhães de Azeredo escrevia até ficar sem fôlego cartas ao seu "querido mestre", como o chamava invariavelmente no cabeçalho. Nestas páginas, que estão no acervo da Academia Brasileira de Letras, Magalhães

---

Montevideo, que redactaban Daniel Muñoz y Carlos María Ramírez. A los 24 años se trasladó a Buenos Aires e ingresó a la redacción de *El Censor* de Sarmiento. Pasó, luego, a *La Nación* de la que (sic) fue corresponsal en Europa, redactor y, varias veces, Director. Fue confidente de Sarmiento y secretario del general Mitre. Ocupó la jefatura de la Biblioteca del Museo Mitre. Escritor de amplia cultura, nunca quiso ser más que periodista y, como tal, es considerado un maestro de su generación. Remy de Gourmount lo llamó «filósofo sudamericano». Además de su copiosa labor periodística, en la que hizo popular su seudónimo Jotapé, publicó "El asno de Buridán" y "Los toros de punta en Kioto", relatos de ambiente, y *Tiros al aire. cosas pensadas, sentidas, vistas, oídas y soñadas*". (Col. José Pereira Rodríguez, Originales Manuscritos. Carpeta 3ª, D. 6482. Debo a la Sra. Virginia Friedman, responsable do Arquivo, a localização deste documento).

2. Cartas de Carlos Magalhães de Azeredo datadas em Montevideo, 6 de octubre de 1895 e na mesma cidade, 23 de dezembro de 1895. Nessa ultima escreve: "[O jornal] *La Razón* proporcionou-me muitas vezes campo largo para o exercício das ideias; o redactor-chefe Carlos María Ramírez, é um espírito eminente, e o seu auxiliar, Samuel Blixen, tradutor dos meus artigos, tem um posto dos mais elevados na literatura uruguaya [sic]" (arquivo Machado de Assis, Academia Brasileira de Letras).

relatava ao mestre suas desventuras numa cidade pequena demais e, portanto, insatisfatória para suas aspirações existenciais e literárias, mas onde também obteve alguns lauréis reconfortantes. A irrefreável paixão por si mesmo impediu-lhe ver a necessidade de divulgar os textos de Machado entre os intelectuais montevideanos, com os quais tinha ótimas relações. Magalhães de Azeredo perdeu, assim, a oportunidade de ser lembrado como o primeiro divulgador em espanhol do seu "querido mestre".

Acontece que, às vezes, há uma segunda oportunidade. Seis anos mais tarde, outro diplomata a serviço em Montevidéu, outro discípulo de Machado, e aliás muito próximo a Julio Piquet, o escritor Luís Guimarães Filho, em 12 de maio de 1902, escreve a Machado da capital uruguaia. Esta carta mostra, inequivocamente, que o escritor-funcionário foi o intermediário para que se fizesse a tradução de *Memórias Póstumas de Brás Cubas*:

> Montevídéo (*sic*), 12/5/1902
>
> Meu illustre Amigo:
> As *Memórias Posthumas de Braz Cubas* estão publicadas em volume aqui em Montevidéo (*sic*).
> Depois de sahirem em folhetim no jornal *La Razón*, o tradutor resolveu dá las á publicidade naquella fórma, para satisfazer o interesse despertado nos numerosos leitores do referido jornal.
> Envio-lhe por este correio um exemplar que Julio Piquet me offereceu, e pergunto-lhe se deseja mais alguma cousa d'este seu mto. amigo e sincero admirador,
>
> Luis Guimarães
> [Arquivo Machado de Assis, Academia Brasileira de Letras, 222, c. 92]

Não se conservou uma epístola anterior falando do assunto, mas na resposta de Machado, de 10 de julho desse ano, se confirma que Guimarães foi o mediador com Piquet, e que houve uma conversa no Rio de Janeiro certo tempo antes, na qual Guimarães fez a proposta – ou comunicou a iniciativa do Piquet – de publicar o romance no jornal de Montevidéu. O documento é conhecido porque está no volume III das *Obras Completas* de Machado:

> [...] Recebi a sua cartinha com as notícias que me dá, e o exemplar da tradução das *Memórias Póstumas de Brás Cubas*. Agradeço-lhe muito a diligência, e a lembrança que me teve ainda de longe. Quando aqui falamos da publicação de Montevidéu, já aqui tinha o número de 2 de janeiro (ambas as edições) [...] A tradução só agora a pude ler completamente, e digo-lhe que a achei tão fiel como elegante, merecendo Júlio Piquet ainda mais por isso os meus agradecimentos. [...] (Machado de Assis, 1962, p. 1060).

O livro começou a ser publicado em folhetim em 21 de janeiro de 1902 no número 3640 de *La Razón, Edición de la Tarde*, e finalizou em 6 de março (nº 3677), totalizando trinta e oito entregas ininterruptas. Mas na edição de 16 até 20 de janeiro na coluna 8 da primeira página do jornal, aparece um pequeno e bonito aviso que informa: "Folletín de *La Razón (Edición de la tarde)* / Próximamente aparecerá *Blás Cubas* obra maestra del escritor brasileño Machado de Assis. Expresamente traducida para este diario".

Várias questões engloba este aviso. Em primeiro lugar, o jornal publicava, como era usual na época, uma edição matutina e outra vespertina. O jornal da manhã saiu entre 13 de outubro de 1878 e 1902. Entre 17 de dezembro de 1888 e 23 de março de 1929 circulou a edição vespertina (Scarone, 1940, pp. 251-252; Rodríguez y Ruiz, 1990, p. 67). Na exata época em que foi divulgado o romance machadiano, na edição da manhã dominavam os temas doutrinários e políticos, sendo que na época havia uma orientação política liberal e profundamente contrária a toda forma de religiosidade, ao tempo em que se afastava das brigas dos dois partidos chamados tradicionais (colorados e brancos). A edição da tarde era, por assim dizer, mais *light*, evidentemente mais aberta a um público feminino, que começava a crescer e, portanto, a demandar romances para consumo diário. Daí que fosse normal que o romance machadiano tivesse sido lançado na tarde. Não obstante, nada normal seria uma tradução especial para o folhetim cotidiano. Ninguém fez ainda um levantamento adequado ou um trabalho sério sobre estes romances na imprensa uruguaia; mas uma rápida olhada permite apreciar que a maioria deles foi reproduzida, sem autorização, de livros ou de outros periódicos estrangeiros. Isso fica demonstrado no fato de que *La Razón*, assim que terminou de publicar *Memórias Póstumas*..., no dia 7 de março de 1902, começou a publicação de *Ana Karenina*, claro que sem mencionar o seu tradutor.

Por outra parte, nesse jornal de apenas oito páginas, formato lençol, a crítica literária era muito rara, e mesmo que não fossem publicadas cartas dos leitores, pelo tipo de literatura divulgada, que oscilava entre o romantismo e o realismo mais canônico, é possível adivinhar sem muito esforço o leitor-alvo. Dito de outra forma, é pouco provável que os leitores – ou, melhor, as leitoras – estivessem acostumadas a uma narrativa tão instigante e renovadora como a de Machado. E muito menos ao tipo de livro que foi escolhido pelo tradutor. O mais provável, então, é que apenas o "princípio do prazer" de Julio Piquet e de mais algum redator do jornal tenha sido a razão fundamental, senão a única, da publicação do romance em folhetim. Mas a mesma condição diferencial – por assim dizer – de *Memórias Póstumas...* permitiria que o tradutor sentisse a necessidade de preservá-lo em forma de livro. O resgate do texto não se fez, é claro, "para satisfazer o interesse despertado nos numerosos leitores do referido jornal", argumento que invocara Luís Guimarães Filho. Bem pelo contrário, o desejo do tradutor poderia concentrar-se no objetivo de recuperar seu trabalho e transformar, através desta narrativa, uma literatura uruguaia ancorada em formas convencionais. De fato, tanto no jornal quanto na capa do livro pode-se achar esta brevíssima apresentação, entre cordial e admirativa, que muito fala da importância que dá a esta peça:

> Si esta traducción llegara á adolecer de más defectos que los tolerables, sería injusto atribuirlo á incuria, pues la acomete con el mayor deseo de que corresponda á la belleza del original, no solamente por lo mucho que éste vale, sino porque el propósito que principalmente tengo al emprender este modesto trabajo es expresar mi gratitud por las muchas atenciones que debo á mis colegas y amigos del Brasil (Julio Piquet em Assis, 1902)[3].

No entanto, o livro perde o único comentário sobre a estratégia do tradutor, incluído na primeira entrega do folhetim, pelo qual Piquet se afasta de todo intento de padronização castelhana da língua de Machado. Um comentário que, talvez sem abusar, parece próximo da ideia radical de Benjamin no seu artigo "A Tarefa do Tradutor", de 1921, no sentido de que Piquet recusa a operação tautológica, reivindicando as proximidades, a pesquisa das íntimas relações entre as línguas, apesar de cair numa definição equívoca sobre a "cor local", assunto que teve muito desprestígio mais tarde nas traduções dos textos regionais. O que, como sabemos, não é o caso:

> Por razones de forma tipográfica publicamos aquí la dedicatoria y el prólogo, que encabezan *Las Memorias Póstumas de Blas Cubas*, que empezamos hoy a publicar en folletín.
> En la dedicatoria que va en seguida hemos conservado el adjetivo "saudoso" por considerarlo intraducible como la voz de que se deriva. Otro tanto hemos hecho en el texto de la obra, dejando además como en el original algunos brasileñismos conocidísimos entre nosotros y cuyo reemplazo perjudicaría al color local del libro (16.1.1902).

Com efeito, Piquet foi um bom conhecedor da literatura brasileira, como fica claro neste trecho que recorto de seu artigo "Las Glorias del Imperio y el Triunfo de la República", publicado originalmente em *La Nación*:

---

3. Este texto foi reproduzido na bibliografia machadiana de Galante de Souza, não o que citamos a continuação dele.

[...] esas escenas [vividas en mi infancia] ya me daban el pregusto de las páginas maestras sobre los mismos temas que leería mucho más tarde en las novelas de Alencar, Escragnolle, Taunay, Machado de Assis, Aluízio Azevedo, Da. Julia López de Almeida, y, por último, Afrânio Peixoto, cuya admirable *Fruta do Mato*, que estoy leyendo ahora, refresca precisamente el recuerdo de aquellas abominaciones a que daba lugar la esclavatura (Piquet, 1955, pp. 60-61).

O mais interessante é que estes acordos entre Machado e seus editores, via Guimarães Filho ou quem quer que fosse, se fizeram fora dos firmes controles da casa Garnier (pai e filho). Este editor tinha comprado os direitos da obra completa de Machado e, em 1888 e 1899, havia bloqueado similares pretensões de tradutores para o alemão e o francês, como já foi demonstrado por Galante de Souza, e mais tarde por Marisa Lajolo e Regina Zilberman. Daí que, em consequência, a de Piquet é a primeira (e também meio pirata) tradução mundial de qualquer texto de Machado de Assis a qualquer língua. Ainda podemos pensar que seu trabalho tenha sido desinteressado. Não poderíamos dizer o mesmo de Luís Guimarães, que a pouco da sua intermediação para publicar *Memórias Póstumas...*, em carta de 25 de março de 1903 solicitou que Machado intercedesse junto ao Barão de Rio Branco a fim de ser "transferido o mais breve possível, porque Montevideo é uma linda mas banalíssima cidade, onde meu espíritu morre". E acrescenta que o Barão "não deixará de satisfazer um desejo do Mestre da Literatura Brasileira". De fato, Luís Guimarães foi transferido quase de imediato. E nada menos que para Londres.

A segunda tradução mundial, como já foi dito, trata-se de *Esaú y Jacob*, na prolífica Biblioteca de *La Nación* de Buenos Aires. Diferentemente da uruguaia, não há registro de tradutor e, como no caso vizinho, também o livro se fez sem serem pagos os direitos a Garnier nem a Machado. No arquivo do escritor na Academia Brasileira de Letras, achamos uma insólita carta de Luis Mitre, administrador do jornal e da editora, escrita quase um ano depois da publicação do livro, que comunica ao "distinguido señor" Machado de Assis:

> Aprovechando la oportunidad del viaje á esa capital de D. Ignacio Orzali, a quien *La Nación* envía como corresponsal especial en ocasión de celebrarse el congreso panamericano, me es muy grato [...] remitirle por su intermedio un ejemplar especial de su obra *Esaú y Jacob* que hicimos traducir para nuestra Biblioteca [...].

O penúltimo parágrafo da carta conclui: "Nos permitimos enviar a Ud., também, veinte ejemplares de la edición popular de su obra, para que haga de ellos el uso que estime oportuno". Nada diz sobre exemplares vendidos nem, obviamente, do pagamento por direitos autorais. Nada esclarece sobre a identidade do tradutor. Seja como for, não seria errado pensar, no caso em que o correspondente argentino tinha chegado em hora, que Machado obsequiasse com um desses livros a um leitor privilegiado e não muito bem familiarizado com o português: Rubén Darío, que, como já se diz, então estava no Rio. Nenhum exemplar há, agora, no seu acervo.

Num artigo sobre as traduções na Biblioteca de La Nación, se bem não menciona este livro de Machado Assis, a pesquisadora Patricia Willson observa que, em termos gerais, a variedade do espanhol nesta vasta coleção são:

> [...] reconociblemente españolas, y otras más neutras; esto se condice con el hecho de que varios de los traductores son españoles, como Tomás Orts-Ramos, J. Zamacois y F. Cabañas Ventura, y que hay también traductores argentinos que, o bien tradujeron *ad hoc* para la colección [...] o bien habían traducido el texto para la colección "La Biblioteca Popular de Buenos Aires", dirigida por Miguel Navarro Viola a fines del siglo xix (Willson, 2004, p. 671).

Comparando os dois romances, pode-se inferir que o tradutor de *Esaú y Jacob* seja o mesmo: Julio Piquet. Foi impossível encontrar algum documento que certificasse esta autoria, mas as duas traduções se afastam da literalidade – primeira recomendação enérgica que Borges faria em 1975 (Borges, 1999, p. 322); as duas demonstram um bom conhecimento do português – embora com alguns erros por causa dos perigosos *faux amis*; as duas procedem da mesma maneira adaptando giros coloquiais, mas com muita moderação. Exemplo desse aspecto: em *Esaú y Jacob*, em que Machado escreve: "Tinham fé, mas também vexame da opinião" (cap. I, p. 946), o tradutor coloca: "Tenían fe; pero también tenían vergüenza del qué dirán". E o mais destacável: nas duas traduções há um nítido timbre da língua e do campo semântico do Rio da Prata, porque as duas se evadem, com toda a deliberação, das imposições acadêmicas e a cadência verbal típica do espanhol peninsular, sempre sem inclinar-se pela opção antípoda do localismo extremo.

Machado, Magalhães de Azeredo, Blixen, Ramírez, Darío, Bilac, Piquet, Guimarães Filho; sua escrita; os jornais de um lado e outro. Eles, seus meios materiais e esse maleável e quase sempre indefinível sujeito: o público. Como se vê, a congregação dos leitores/escritores/tradutores tece os caminhos que se bifurcam, e voltam a reunir-se. O que fica nos escritos públicos e o que se pode achar através da imagem das cartas cruzadas são elementos para obter informação sobre histórias de vida e da criação.

O estudo desta trama de casos vem mostrar, salvo engano, que a norma é o contrabando mais do que a teoria da tradução como importação – segundo a tese de Blaise Wilfert, – tanto nas revistas quanto no micromundo editorial. Como tentei mostrar em ensaio anterior, isto significa que, além do processo de recuperação dos textos do mundo "central", existiu a confiança na sua reprodutibilidade – no sentido benjaminiano do vocábulo – com a percepção e as respostas plausíveis da vizinhança latino-americana. E, sabe-se, para os brasileiros do século xix, e não só para eles, Buenos Aires era uma respeitada e idealizada caixa de ressonância. Essa era a forma que tiveram estes escritores e tradutores/amadores para divulgar seus textos além das próprias fronteiras da sua língua e do seu Estado-nação. Sem reparar no enfraquecimento dos seus direitos autorais. Havia outra coisa que podia compensar a mais: o futuro.

Poder-se-ia dizer que a presença de dois romances machadianos e, previsivelmente, de uma certa repercussão no campo letrado do Rio da Prata permite pensar num papel fundamental que coube a essa literatura para uma progressiva aceitação da literatura brasileira no Sul da América. Ou, ainda melhor, que esta obra foi instigante para os seus tradutores-contrabandistas, que aos poucos abriram espaços para os tradutores-importadores, e que pela atuação, sobretudo destes últimos, a literatura brasileira foi-se naturalizando no Sul. E, por último, pela capacidade de difusão comercial da indústria editorial argentina, esta literatura foi difundida no resto da América hispânica.

Daí deduzir que a ficção machadiana foi traduzida porque haveria algum tipo de afinidade com a literatura do Rio da Prata, que permitiria adotá-la, segundo a teoria da importação, é muito difícil. Claro que o cosmopolitismo portenho permitia absorver esse discurso, mas, apesar da lucidez dos textos de Lucio V. Mansilla, de Eduardo Wilde ou de alguns contos de Roberto J. Payró, desconheço haver uma narrativa da potência e modernidade de um Machado de Assis. Nem sequer num escritor virtuoso, mas que segue um estilo próprio do século xix, como foi o caso do uruguaio Eduardo Acevedo Díaz. Os parceiros de Machado, como se sabe, chegaram nos arredores da década de 1920: certa porção da obra de Horacio Quiroga, de Macedonio Fernández, de Santiago Dabove, de Jorge Luis Borges, enfim, mas não em primeiro lugar, como se costuma dizer.

Como já argumentamos em outra ocasião, Machado de Assis nunca pisou o Rio da Prata, mas seus textos gozaram de um pequeno círculo de admiradores fiéis. Pelo menos imaginariamente, na mesma época em que começou a ser conhecido no Rio da Prata, Machado esteve em Montevidéu. A primeira parte de um dos seus últimos contos, "Um Incêndio", de 1906, acontece num sobrado bem próximo do porto de Montevidéu, cidade que – como quase sempre em Machado – não é descrita, cidade que de fato é um mero pretexto para desenvolver outra história, a do marinheiro que quebra a perna por um ato de coragem inútil ao tentar socorrer uma mulher presa nesse sobrado em chamas que, em último termo, é um manequim (Machado de Assis, 1998). Talvez pudéssemos pensar que essa história ficcional que vai do porto de Montevidéu ao porto do Rio de Janeiro é, metaforicamente, a viagem de sua literatura e a dos seus tradutores. Revigorar esta história das primeiras traduções de Machado têm alguma coisa de navegação, de exercício ficcional. Mas, como diz o singular narrador de *Esaú e Jacó*: "Há, nos mais graves acontecimentos, muitos pormenores que se perdem, outros que a imaginação inventa para suprir os perdidos, e nem por isso a história morre".

REFERÊNCIAS BIBLIOGRÁFICAS:

Fontes, Arquivos e Repertórios

Biblioteca do Museo Histórico Nacional, Montevideo. Museo Romántico. (Exemplar consultado de *Memorias póstumas de Blas Cubas*, 1902. Acervo de José María Montero.)
Biblioteca e Arquivo de Machado de Assis. Academia Brasileira de Letras, Rio de Janeiro.
Biblioteca Nacional. Archivo Literario. Colección José Pereira Rodríguez.
Biblioteca Nacional, Rio de Janeiro.
Biblioteca Arredondo, Facultad de Humanidades y Ciencias de la Educación, Universidad de la República, Montevideo.
La Razón, Montevideo, 1901 (Consulta da coleção efetuada na Hemeroteca da Biblioteca Nacional, Montevideo).
GALANTE DE SOUZA, José. *Bibliografia de Machado de Assis*. Rio de Janeiro, Ministério de Educação e Cultura/Instituto Nacional do Livro, 1956.
RODRÍGUEZ, Mercedes & RUIZ, Ana María. *Bibliografía de la Prensa Periódica de Montevideo, 1906-1930*. Montevideo, El Galeón, 1990.
SCARONE, Arturo. "La Prensa Periódica del Uruguay de los Años 1866 a 1880", *Revista Nacional*, Montevideo, Tomo 10, nº 29, pp. 232-261.

Corpus

ASSIS, J. M. Machado de. *Memorias Póstumas de Blas Cubas*. Versión de Julio Piquet. Montevideo, Imprenta de *La Razón*, 1902.

_____. "Um Incêndio". *Contos/Uma Antologia*. Ed., prólogo e notas de John Gledson. Rio de Janeiro, Companhia das Letras, 1998, vol. II. [1906].

_____. *Esaú y Jacob*. Buenos Aires, Biblioteca de *La Nación*, 1905, vols. 186/187. (Sem indicação de tradutor).

_____. *Obra Completa*. Org. Afrânio Coutinho. Rio de Janeiro, José Aguilar, 1962. 3 vols.

AZEVEDO, Aluizio. *El Mulato*. Traducción e prólogo de Arturo Costa Álvarez. Buenos Aires, Biblioteca de *La Nación*, 1904, vol. 185.

CARVALHO, Elysio de. *Rubén Darío*. Rio de Janeiro, Imprensa Nacional, 1906.

DARÍO, Rubén. "A Machado d'Assis". *Poesías Completas*. 10ª ed. Edición, introd. y notas de Alfonso Méndez Plancarte. Aumentada con nuevas poesías y otras adiciones por Antonio Oliver Belmás. Madrid, Aguilar, 1967. p. 1015.

GHIRALDO, Alberto. *El Archivo Rubén Darío*. Buenos Aires, Losada, 1943.

PIQUET, Julio. "Las Glorias del Imperio y el Triunfo de la República". *Páginas Escogidas*. Selección y notas de José Pereira Rodríguez. Prólogo de Remy de Gourmont. Montevideo, Florensa & Lafón, 1955, pp. 59-67.

História, Teoria e Crítica

BENJAMIN, Walter. "La Tarea del Traductor". *Ensayos Escogidos*. Traducción de H. A. Murena. Buenos Aires, Sur, 1961.

BORGES, Jorge Luis. "Problemas de la Traducción. El Oficio de Traducir". *Borges en Sur*. Buenos Aires, Emecé, 1999, pp. 321-325.

LAJOLO, Marisa & Zilberman, Regina. *A Formação da Leitura no Brasil*. São Paulo, Ática, 2003. [1996].

LYONS, Martín. "Los Nuevos Lectores del Siglo XIX: Mujeres, Niños, Obreros". In: CAVALLO, Guglielmo y CHARTIER, Roger (coord.). *Historia de la lectura en el mundo occidental*. Madrid, Taurus, 1998. pp. 473-517. [1997].

MASSA, Jean-Michel. "A Biblioteca de Machado de Assis". In: JOBIM, José Luis (ed.) *A Biblioteca de Machado de Assis*. Rio de Janeiro, Academia Brasileira de Letras/ Topbooks, 2001, pp. 21-90.

MERBILHÁA, Margarita. "1900-1919. La Época de Organización del Espacio Editorial". In: DIEGO, José Luis de (coord.) *Editores y Políticas Editoriales en Argentina, 1880-2000*. Buenos Aires, Fondo de Cultura Económica, 2006, pp. 29-58.

RIVERA, Jorge B. *El Escritor y la Industria Cultural*. Buenos Aires, Atuel, 1997.

ROCCA, Pablo. "No 'Brasil de Fuego' (Encontros e Desencontros: Rubén Darío e Machado de Assis)" Tradução de Gênese Andrade. *Teresa. Revista de Literatura Brasileira*, Nº 6-7, São Paulo, USP, 2006, pp. 470-475.

_____. *Horacio Quiroga, el Escritor y el Mito (Revisiones)*. Montevideo, Ediciones de la Banda Oriental, 2007.

_____. "Os Contrabandistas. Tensões e Fundamentos da Primeira Circulação do Machado de Assis no Rio da Prata". In: JOBIM, José Luís, & BASTOS, Dau (orgs.). *Machado de Assis: Novas Perspectivas sobre a Obra e o Autor no Centenário da sua Morte*. Rio de Janeiro, UERJ/UFF/UFRJ, 2008 (no prelo).

SARLO, Beatriz. *El Imperio de los Sentimientos (Narraciones de Circulación Periódica en la Argentina, 1917-1927)*. Buenos Aires, Norma, 2000. [1985].

SEVERINO, Jorge Enrique. "Biblioteca de *La Nación* (1901-1920) (Los Anaqueles del Pueblo)", *Boletín de la Sociedad de Estudios Bibliográficos Argentinos*, Buenos Aires. Nº 1, abril de 1996, pp. 57-94.

SORÁ, Gustavo. *Traducir el Brasil. Una Antropología de la Circulación Internacional de Ideas*. Buenos Aires, Libros del Zorzal, 2003.

WILLSON, Patricia. *La Constelación del sur. Traductores y Traducciones en la Literatura Argentina del Siglo XX*. Buenos Aires, Siglo XXI, 2004.

_____. "Traducción entre Siglos: Un Proyecto Nacional". In: RUBIONE, Alfredo (director del volumen) e JITRIK, Noé (director general). *Historia Crítica de la Literatura Argentina*. Vol. V: *La Crisis de las Formas*. Buenos Aires, Emecé, 2006, pp. 661-678.

25.
PEQUENO DICIONÁRIO DE SEDUÇÃO: O LUGAR DOS OBJETOS NA VIVÊNCIA DO AMOR

FERNANDA COUTINHO[*]

Quem é que não foi ferido por Vênus?[1]

É sabido que existem inúmeras maneiras de contar histórias de amor, de paixões. Que o digam os confidentes, guardiães dos segredos de êxtases e dores de muitas vivências do arrebatamento erótico.

Existe mesmo a possibilidade de o apaixonado tomar a si próprio como confidente e, através da memória, ir recapitulando as várias etapas de seu(s) encontro(s) com o(s) par(es) amoroso(s), mesmo que, por vezes, a neblina do tempo faça os eventos abandonarem a nitidez da linha reta, reaparecendo na tortuosidade do ziguezague.

De uma ou de outra maneira, o resgate desses episódios dificilmente poderá prescindir da presença dos objetos que guardam, em sua materialidade, o cabedal de lembranças de ocasiões que marcaram as vidas dos amantes. Para cada história, para cada tempo, um patrimônio diferente, mas, se a época do idílio tiver sido o século XIX, como não pensar nas cartas de amor – mesmo ridículas –, a concordar com Álvaro de Campos, nas flores[2], nos livros manchados pela cor ferruginosa das pétalas ressecadas das rosas,

---

[*] Professora de Teoria da Literatura da UFC. Coordenadora do Grupo de Pesquisa Infância e Interculturalidade.

[1]. Pergunta-desafio corrente entre os antigos, denotando a impossibilidade de fugir à força da paixão, uma vez que a deusa do amor repudia a misoginia.

[2]. As flores espalham-se em abundância e variedade no *Em Busca do Tempo Perdido* relacionando-se com as trocas afetivas entre os amantes. Uma delas, a orquídea, especificamente a *Cattleya*, um de seus gêneros mais comuns, serve inclusive de mote ao diálogo íntimo de Charles Swann e Odette de Crécy: "Vamos fazer catleia?" Sobre os "Princípios de Botânica Proustiana", ver Claude Meunier, *O Jardim de Inverno da Sra. Swann: Proust e as Flores*, trad. Heloísa Jahn e Maria de Macedo Soares, São Paulo, Mandarim, 1977.

nas joias, nos lenços, nos leques entremostrando o furtivo de um olhar, nos olhares, nos toques? Tudo isso, sem falar nas cores, odores e sons, o cortejo sinestésico do amor.

Parte-se, assim, do princípio de que a materialidade das coisas funciona como suporte da memória, que se aviva em função do peso afetivo dos objetos em trânsito constante do passado para o tempo presente.

Peter Stallybrass, em estimulante e comovente ensaio, *O Casaco de Marx: Roupas, Memória, Dor*, alerta para a importância da vida social das coisas e, reportando-se particularmente às roupas, informa que os puimentos do cotovelo recebem o nome de "memória", no jargão técnico da costura, o que vem assinalar que a proximidade das vestimentas com o corpo vai além do contato físico deixando impressões que se fixam de forma indelével, ainda mais quando está em jogo a paixão amorosa (1999, p. 13).

Todos esses aspectos relacionam a Literatura com os estudos acerca da Cultura Material, que, de acordo com Jacques Le Goff, "só se exprime no concreto, nos e pelos objetos. Em suma, é essa a relação entre os homens e os objetos (sendo, aliás, o próprio homem em seu corpo físico, um objeto material), pois o homem não pode estar ausente quando se trata de cultura" (1998, p. 181).

A esse propósito, ao falar do corpo e sua imagística, Jean-Jacques Wunemberger menciona os "mediadores sensoriais (os cinco sentidos) e os motores (gesto, voz), todos eles responsáveis pela formação das representações sensíveis e concretas"[3].

Nas *Memórias Póstumas de Brás Cubas* (1881) estão presentes as histórias das paixões do defunto-autor que podem ser encenadas, do ponto de vista dos objetos, através da indumentária, roupas e adornos, usados pelas figuras femininas alvo da conquista amorosa. Admitindo-se, juntamente com Le Goff, ser o próprio corpo físico um objeto material, abre-se espaço para a inclusão de práticas culturais como a dança, sendo, então, a forma mais comum a valsa, que enchia os salões do período, espalhando elegância e deixando à mostra os códigos da arte de cortejar. Importa assinalar ser a valsa uma demonstração de um ritual de intimidade, exibindo, portanto, uma sensualidade particular, sendo, talvez, a primeira situação em que os pares se enlaçam, em público, diferentemente do caráter de distanciamento do minueto, típicos de séculos anteriores.

---

3. "[...] médiateurs sensoriels (les cinq sens) et moteurs (geste, voix), qui participent à la formation des représentations sensibles et concrètes".

Esses elementos, revistos pelo protagonista, através da janela da recordação, permitem ao leitor refazer a travessia desses amores, por meio da presença dos objetos como símbolo do poder de encantamento feminino ao longo do tempo. Nesse tocante, é pertinente endossar a afirmação de Gilda Mello e Souza: "a vestimenta é uma linguagem simbólica, um estratagema de que o homem sempre se serviu para tornar inteligíveis uma série de ideias como o estado emocional, a ocupação ou o nível do portador" (1987, p. 125).

O conteúdo dos verbetes a serem aqui dispostos, resultado de uma pesquisa em fase embrionária, levará em conta, portanto, em primeiro lugar, a assinatura de Machado de Assis, na composição de um percurso da história das coisas, causa e testemunha de emoções fugazes ou densas, das quais se irradiam feixes de sentidos para uma discussão acerca da experiência amorosa do ontem à nossa contemporaneidade. Partindo das significações por ele conferidas aos objetos em causa, pretende-se situá-los numa história dos costumes tomando por base para tanto algumas lições da mitologia greco-latina e ainda elementos do próprio acervo da literatura e dos mitos que dela nascem.

O narrador destas memórias cruza a cidade do Rio de Janeiro, um Rio de Janeiro oitocentista, que experimentava o sabor da independência política, enquanto se rendia aos encantos parisienses na forma de se comportar. Pergunta-se, então: a que lugares é passível de chegar, por meio desses ires-e--vires, o leitor que se compraz em tomá-lo como guia? Um desses pousos poderia ser algo como um sítio de tombamento, que guardasse um inventário dos objetos que dariam notícia acerca das práticas amorosas de um mundo urbano em processo de construção.

Pode-se dizer, então, que o protagonista deixa-nos um legado comportando-se, portanto, à semelhança da figura do *De cujus*, denominação conferida aos autores de uma herança, nos termos de um inventário. O eufemismo *De cujus*, utilizado para designar a figura do morto, é uma abreviação da expressão latina, *de cujus sucessione agitur* – de cuja sucessão se trata – ou seja, ao falecido sucederão os herdeiros por meio da posse de seus bens materiais.

Antes porém de proceder ao inventário dos objetos mediadores das relações amorosas em questão, é interessante delinear o perfil do protagonista, que se enredará nas armadilhas da sedução. A autodescrição, remetendo a uma imagem corrosiva, seria a forma de apresentação de Brás Cubas, ainda mais que ao "defunto-autor", não mais o constrangem as peias da opinião pública: "Talvez espante ao leitor a franqueza com que exponho a minha mediocridade; advirta que a franqueza é a primeira virtude de um defunto" (1986, pp. 545-546).

É um Brás Cubas janota, grande cultor do ócio, ócio apenas interrompido pelas guerras de gabinete suscitadas pelo trânsito no mundo da política, que se renderá a um influxo de paixões, que, como é sabido, obedece a um esquema ternário: Marcela, Eugênia, Virgília.

Os objetos-referência dos jogos de afeição de Brás Cubas ligam-se, de maneira geral, à noção de luxo, e de exteriorização de bens, guardando, ainda, íntima relação com um vezo dissimulatório, que é a própria essência destas memórias póstumas, pois, tendo elas como narrador um defunto, chamam de princípio a atenção do leitor para a própria teatralização dos esquemas narrativos.

A recorrência à dissimulação atinge o próprio corpo textual, como na passagem seguinte em que o narrador opera estratégias de composição reveladoras do embuste, através do apelo à preterição. "Não direi as traças que urdi, nem as peitas, nem as alternâncias de confiança e de temor, nem as esperanças baldadas, nem nenhuma outra dessas cousas preliminares" (1986, p. 534).

Quanto aos romances de Brás, quem não os conhece como capítulos rematados das artes de enganar, começando pela paixão da juventude, a "gentil espanhola", que fingia desagrado ao receber mimos caros, símbolo de rendição do jovem mancebo à sedução bem-sucedida:

– Em verdade, dizia-me Marcela, quando eu lhe levava alguma seda, alguma joia: em verdade, você quer brincar comigo... Pois isso é coisa que se faça... um presente tão caro.

E, se era joia, dizia isto a contemplá-la entre os dedos, a procurar a melhor luz, a ensaiá-la em si, e a rir, e a beijar-me com uma reincidência impetuosa e sincera; mas protestando, derramava-se-lhe a felicidade dos olhos, e eu sentia-me feliz com vê-la assim (pp. 534-535).

Diante de cena tão plástica não há como duvidar da capacidade de Machado de Assis em mesclar teatro e literatura e, mais do que isso, verificar a distância entre intenção e ato, tão típica do ser humano, matéria de constante sondagem do autor em foco.

Esse seria um exemplo dentre inúmeros e, quer com a pena da galhofa, quer com a tinta da melancolia, vemos retratos talhados em que os riscos da ironia saltam à tela, deixando vislumbrar a um só tempo risos e esgares, feições que remetem ao mundo da máscara, espaço por excelência da tensão entre essência e aparência.

Mesmo Eugênia, que vai ser definida por um discurso na clave do não no que se refere ao fausto, procurando explicitamente exibir uma fala genuína – "Não, senhor, sou coxa de nascença" –, mesmo ela não escapa à prática do engodo, ao recobrar prontamente a naturalidade diante da mãe que por pouco não a flagra na circunstância de receber o seu primeiro beijo.

> D. Eusébia entrou inesperadamente, mas não tão súbita, que nos apanhasse ao pé um do outro. Eu fui até à janela; Eugênia sentou-se a concertar uma das tranças. Que dissimulação graciosa! Que arte infinita e delicada! Que tartufice profunda! e tudo isso natural, vivo, não estudado, natural como o apetite, natural como o sono[4] (p. 554).

Nesta passagem, fica evidente o interesse de Machado de Assis em realçar a ocorrência do determinismo genético, uma vez que é bastante conhecida a circunstância de origem de Eugênia, a "flor da moita".

Em Virgília, o terceiro dos amores, são as mensagens secretas, como também objetos refinados que definem a atmosfera do proibido, aparecendo ainda elementos que valem como índices de prestígio social, assim os títulos de nobreza que remetem a ambições aristocráticas:

> Uma semana depois, Virgília perguntou ao Lobo Neves, a sorrir, quando seria ele ministro.
> – Pela minha vontade, já; pela dos outros, daqui a um ano.
> Virgília replicou:
> – Promete que algum dia me fará baronesa?
> – Marquesa, porque serei marquês.

"– Marquesa, porque serei marquês" ecoa a voz de Lobo Neves acendendo na "volúvel dama" (1986, p. 561) o interesse em permanecer junto dele em prejuízo de Brás. A desregrada cobiça é traduzida por uma metáfora animal dando conta do duelo entre a águia (Lobo Neves), e o pavão (Brás Cubas), sendo o último deixado de lado por Virgília, permanecendo ele apenas "com o seu espanto, o seu despeito, e três ou quatro beijos que lhe dera" (1986, p. 561).

Philippe Artières (1998) fala da existência humana como um constante exercício de arquivamento de dados do próprio viver, o que também é conatural à vida da imaginação de onde emana uma gama de registros enfeixados na escrita do "eu". Também de Artières é a observação de que:

---

4. Em *Dom Casmurro* (1900), Machado de Assis vai retomar uma cena semelhante de ludíbrio, ao fazer Capitu recompor-se com absoluta serenidade, após a chegada de sua mãe, enquanto um Bentinho afobado quase denuncia a ambos pela troca do primeiro beijo.

Numa autobiografia, a prática mais acabada desse arquivamento, não só escolhemos alguns acontecimentos, como os ordenamos numa narrativa; a escolha e a classificação dos acontecimentos determinam o sentido que desejamos dar às nossas vidas (1998, p. 11).

Pela leitura do depoimento pessoal de Brás Cubas, vê-se que sua intenção de absoluto desnudamento encontra nos objetos com que contracena um apoio decisivo no reconhecimento de sua imagem e também na do retrato da época em que lhe coube viver. Se ao capítulo final dessas memórias de além-túmulo são reservadas tantas negativas, cabe à significação particular dos objetos em sua vida e à maneira como foram manipulados no contexto das vivências amorosas boa parte da explicação da série de nãos: súmula da existência do narrador.

Inventariar esses objetos, muitos em desuso na atualidade, pode ser uma maneira de tentar compreender um tempo que vai longe de nós, na escala numérica, mas que ainda repercute no hoje pelas marcas de sensibilidade impressas no trançado que liga incansavelmente as pessoas e as coisas.

Inventário

Álbum de amores

Brás Cubas

Marcela – "Era boa moça, lépida, sem escrúpulos, um pouco tolhida pela austeridade do tempo, que não lhe permitia arrastar pelas ruas os seus estouvamentos e berlindas; luxuosa, impaciente, amiga de dinheiro de rapazes. Naquele ano morria de amores por um certo Xavier, sujeito abastado e tísico, – uma pérola" (cap. xiv, "O Primeiro Beijo", *Brás Cubas*, 1986, p. 533).

Eugênia – "O pior é que era coxa. Uns olhos tão lúcidos, uma boca tão fresca, uma compostura tão senhoril e coxa!" (cap. xxxiii, "Bem-aventurados os que Não Descem", p. 554).

Virgília – "Era isto Virgília, e era clara, muito clara, faceira, ignorante, pueril, cheia de uns ímpetos misteriosos: muita preguiça e alguma devoção, – devoção, ou talvez medo, creio que medo" (cap. xxvii, "Virgília?", p. 549).

Amores de per si

Brás Cubas no tempo de Marcela – a "linda Marcela, como lhe chamavam os rapazes do tempo"

"Tinha dezessete anos; pungia-me um buçozinho que eu forcejava por trazer a bigode. Os olhos, vivos e resolutos, eram a minha feição verdadeiramente máscula. Como ostentasse certa arrogância, não se distinguia bem se era uma criança, com fumos de homem, se um homem com ares de menino" (cap. XIV, "O Primeiro Beijo", pp. 532-533).

Brás Cubas frente a Marcela

Conquista – objetos mediadores: joia, colar, pente de marfim com diamantes
"Marcela teve primeiro um silêncio indignado; depois fez um gesto magnífico: tentou atirar o colar à rua. Eu retive-lhe o braço; pedi-lhe muito que não me fizesse tal desfeita, que ficasse com a joia. Sorriu e ficou [...].
Comprei a melhor joia da cidade, três diamantes grandes encastoados num pente de marfim [...] E mostrei-lhe o pente com os diamantes... Marcela teve um leve sobressalto[5], ergueu metade do corpo, e, apoiada num cotovelo, olhou para o pente durante alguns instantes curtos; depois retirou os olhos; tinha-se dominado. [...] Depois tirou o pente admirou muito a matéria e o lavor, olhando a espaços para mim e abanando a cabeça, com um ar de repreensão: [...]
– Doudo! Foi a sua primeira resposta" (cap. XVII, "Do Trapézio e Outras Cousas", p. 538).

Joia – Do francês *joie*, substantivo do verbo *jouir* (fruir), tendo ainda na mesma cadeia semântica, outro substantivo, *jouissance* (fruição), remetendo ao latim, *jocalis*, o que dá prazer.
De acordo com Chevalier e Gheerbrandt (1982, p. 123), no conhecimento secreto tanto as gemas de ouro como os metais, principalmente o ouro inalterável, de matéria mais madura, no sentido alquímico do termo, significa a energia primordial, saída do ventre da terra, da região ctoniana, o que, em outros termos, evoca a subida da libido.
Joias e pedras preciosas associam-se às pessoas que lhes fazem o comércio e ainda a elementos do bestiário mítico como a serpente e o dragão.

Joalheiros – "Bons joalheiros, que seria do amor se não fossem os vossos dixes e fiados?" (cap. XVI, "Uma Reflexão Imoral", p. 536).

Serpente – Dentre outros estudiosos, Couffignal associa-a aos "traços eternos do enganador", descrevendo-a como "falante e bem falante, que usa e abusa da palavra, desvirtuando-a, eloquente retórico que domina a arte da *captatio benevolentiae* (Brunel, 1997, p. 302).

---

5. Na edição em folhetim, publicada na *Revista Brasileira*, no Rio de Janeiro, em 1880, e na 1ª edição em livro, de 1881, da Typographia Nacional, também do Rio de Janeiro, o trecho aparece com a redação que se segue: "sobressalto; a pupila rutilou como a de um gavião faminto: ela ergueu", o que denota o sentido de cobiça da espanhola, combinado com a reiteração do campo vocabular do brilho, enquanto ressalta o realismo do autor pela adoção do zoomorfismo.

Eva – "Nosso desejo – esse desejo que nos faz perfeitamente humanos – inclui a celebração e o regozijo. [...] O legado de Eva para nós é o imperativo do desejo" (Harrison, 1995, p. 15).

Eva, segundo Saint-Pol-Roux (simbolista francês, 1861-1940) – "essa mulher que atrai pelo mel de seus grandes olhos, espalha o 'veneno de seu sangue turvo'" (Brunel, 1997, p. 302).

Dragão – Distinguem-se entre as várias representações do dragão a de guardião severo de tesouros escondidos, tais como na mitologia ocidental o Tosão de Ouro e o Jardim das Hespérides. É visto, ainda, como símbolo do mal e de tendências demoníacas, aspecto em que se identifica com a serpente.

"Cosas de Espāna" – fórmula encontrada por Brás Cubas para definir as astúcias de Marcela. Remete ao mito literário do Burlador, que tem no seu interior o tema da sedução, associando-se mais remotamente a Don Juan e mais proximamente a Carmem.

Brás Cubas ao tempo de Eugênia, a "flor da moita"

Brás Cubas face a Eugênia
"Enlevado é uma maneira de realçar o estilo; não havia enlevo, mas gosto, uma certa satisfação física e moral. Queria-lhe, é verdade; ao pé dessa criatura tão singela, filha espúria e coxa, feita de amor e desprezo, ao pé dela sentia-me bem, e ela creio que ainda se sentia melhor ao pé de mim" (cap. XXXIII, "Bem-aventurados os que Não Descem", p. 554).

Conquista – objetos mediadores: joias, vestido, sob o signo da desafetação
"Eugênia desataviou-se nesse dia por minha causa. Creio que foi por minha causa, – se é que não andava muita vez assim. Nem as bichas de ouro, que trazia na véspera, lhe pendiam agora nas orelhas, duas orelhas finamente recortadas numa cabeça de ninfa. Um simples vestido branco, de cassa, sem enfeites, tendo ao colo, em vez de broche, um botão de madrepérola, e outro botão nos punhos, fechando as mangas, e nem sombra de pulseira" (cap. XXXII, "Coxa de Nascença", p. 553).

Discurso do despojamento – enunciação baseada na reiteração da simplicidade, na abolição dos excessos: des(ataviar-se), nem, simples, sem, nem sombra de pulseira.

Bichas – brincos que se usam sobre o lobo da orelha e ornado de um *só* brilhante.

Ninfa – divindades secundárias femininas representantes da força que povoam de graça e juventude os campos, os bosques e as águas. São descritas como jovens vestidas com vestidos leves, quase transparentes, tendo os cabelos prateados, compridos e soltos ou penteados em tranças.

Botão de madrepérola – adorno simples como substitutivo ao esplendor da joia.
"Palavra que o olhar de Eugênia não era coxo, mas direito, perfeitamente são; vinha de uns olhos pretos e tranquilos. Creio que duas ou três vezes baixaram estes, um pouco turvados; mas duas ou três vezes somente; em geral, fitavam-me com franqueza, sem temeridades, nem *biocos*" (cap. xxxii, "Coxa de Nascença", pp. 553-554).

Biocos – palavra que guarda reminiscências do vocabulário da indumentária, ao significar capuz, mantilha, recobrindo-se com o véu da metáfora quando passa a exprimir afetação, dissimulação.

Tartufice, Tartufo (relacionados com a impostura do episódio do beijo)
"Enfim, é fácil destruir seu escrúpulo: posso garantir-lhe um segredo absoluto; o mal está apenas no escândalo que se faz; este é que faz o mal e não é pecar fazê-lo em silêncio." Fala de Tartufo a Elmire (*O Tartufo*, iv, 5, 1986, p. 110).

Brás Cubas ao tempo de Virgília, "um diabrete, [...] um diabrete angélico"
"Lembra-vos ainda a minha teoria das edições humanas? Pois sabei que, naquele tempo, estava eu na quarta edição, revista e emendada, mas ainda inçada de descuidos e barbarismos; defeito que, aliás, achava alguma compensação no tipo, que era elegante, e na encadernação que era luxuosa" (cap. xxxviii "A Quarta Edição", p. 557).

Brás Cubas face a Virgília
"Virgília era o travesseiro do meu espírito, um travesseiro mole, tépido, aromático enfronhado em cambraia e bruxelas" (cap. lxii "O Travesseiro", p. 575).

Conquista – objetos mediadores: carta, bilhete, valsa

Carta, bilhete, como veículo do impublicável – arquivo do segredo como gerador de tensões – "Não houve nada, mas ele suspeita alguma cousa; está muito sério e não fala; agora saiu. Sorriu uma vez somente, para Nhonhô, depois de o fitar muito tempo carrancudo. Não me tratou mal nem bem. Não sei o que vai acontecer; Deus queira que isto passe. Muita cautela, por ora, muita cautela" (cap. cvii, "Bilhete", p. 609).
Todo o capítulo é ocupado pela mensagem, o que demonstra o paroxismo da apreensão.

Carta como arquivo de emoções – "Leitor ignaro, se não guardas as cartas da juventude, não conhecerás um dia a filosofia das folhas velhas, não gostarás o prazer de vê-te, ao longe, na penumbra, com um chapéu de três bicos, botas de sete léguas e longas barbas assírias, a bailar ao som de uma gaita anacreôntica. Guarda as tuas cartas da juventude!" (cap. cxvi, "Filosofia das Folhas Velhas", 1986, p. 614).

Valsa – "A valsa é uma deliciosa cousa. Um livro perdeu Francesca, cá foi a valsa que nos perdeu" (cap. l, "Virgília Casada", p. 566).

Reprodução do entendimento presente na *Divina Comédia* do amor adúltero como queda, o que por extensão faz agregar a Virgília a tópica da serpente, da figura de Eva, como transgressora. Nesse sentido, é revelador o título do capítulo.

~

REFERÊNCIAS BIBLIOGRÁFICAS:

ARTIÈRES, Philippe. "Arquivar a Própria Vida...". *Estudos Históricos – Arquivos Pessoais*. Rio de Janeiro, CPDOC, vol. 11, nº 21, 1998.
ASSIS, Machado de. *Memórias Póstumas de Brás Cubas. Obra Completa*. Rio de Janeiro, Nova Aguilar, 1986. vol. 3.
BÜCHMANN, Christina & SPIEGEL, Celina (orgs.). *Fora do Jardim: Mulheres Escrevem sobre a Bíblia*. Trad. Tânia Penido. Rio de Janeiro, Imago, 1995.
BRUNEL, Pierre (org.). *Dicionário de Mitos Literários*. Trad. Carlos Sussekind. Rio de Janeiro, José Olympio, 1997.
CHEVALIER, Jean & GHEERBRANT, Alain. *Dictionnaire des symboles*. Paris, Robert Laffont/Jupiter, 1982.
LE GOFF, Jacques. (dir.) *A Nova História*. Trad. Eduardo Brandão. São Paulo, Martins, 1998.
MOLIÈRE. *O Tartufo; Escola de Mulheres; O Burguês Fidalgo*. Trad. Jacy Monteiro *et al*. São Paulo, Abril Cultural, 1980.
SOUZA, Gilda de Mello e. *O Espírito das Roupas: A Moda no Século Dezenove*. São Paulo, Companhia das Letras, 1987.
STALLYBRASS, Peter. *O Casaco de Marx: Roupas, Memória, Dor*. Trad. Tomaz Tadeu da Silva. Belo Horizonte, Autêntica, 1999.
WUNEMBERGER, Jean-Jacques. *Philosophie des images*. Paris, Presses Universitaires de France, 1997.

26.
ELOGIO DAS AMBIGUIDADES: PARA UMA MITOLOGIA MACHADIANA NA AMÉRICA LATINA

BIAGIO D'ANGELO (PUC)

> *Uma obra está concluída não quando o é, mas quando aquele que nela trabalha do lado de dentro pode igualmente terminá-la do lado de fora, já não é retido interiormente pela obra.*
>
> MAURICE BLANCHOT,
> O Espaço Literário.

Pode-se falar de Capitu, Dom Casmurro, Brás Cubas (e outras inesquecíveis figuras machadianas) como um conjunto de *topoi* mitológicos da contemporaneidade? E de que tipo de mitologia se estará falando? Que "arquitetura" se propõe Machado de Assis com uma literatura transgressora e inovadora, contracorrente pela produção estético-cultural daqueles anos? Machado opera sempre com a intenção de desconstruir os modelos precedentes e, especialmente, as "mitologias" da e sobre a literatura. O resultado é muito atual, pois Machado reconfigura os personagens como sujeitos de uma mitologia apórica, que se articula em dois eixos: a resistência e, ao mesmo tempo, a impossibilidade do mito ao interior do processo literário, um *antes* e *depois* que se invertem e/ou dialogam: Machado "resiste" ao mitológico, porque a mitologia é percebida, *no presente*, como ato impensável.

1.

Na produção literária das últimas décadas do século XX, os mecanismos do mito não se limitam a repropor um saber antigo, mas reescrevem as histórias culturais de povos e imaginários. Esses mecanismos continuam dialogando entre passado e presente, abarcando, nesse continente, mitos das mais diversas proveniências: mitos indianos e caribenhos, mitos da oralidade, de origem africana, e da cultura de massa. Pesquisar a hermenêutica do mito significa entrar em contato com um sistema rico de fábulas e imaginários que, apesar do espaço outorgado à história e ao passado, manifesta um movimento contraditório e insolúvel para com a tradição.

Roland Barthes, como é notório, dedicou um amplo debate sobre a natureza das mitologias no século XX. Porém, é verdade, como escreve Jean Galard, que "a grande atualidade de *Mitologias* de Barthes é a de nos dar, muito claramente, a imagem de um mundo que se inverteu" (Revista *Cult*, março 2006, p. 51).

O mito interessa menos que a História, certamente. Contudo, os conflitos mitológicos, vistos com o olhar da atualidade, se tornaram a obsessão do incerto e do ambíguo, da qual também a História, infelizmente, é chamada a participar.

À distância de um século da escrita machadiana, o mito, literariamente, apresenta-se, hoje, como representação da desaparição e da morte de todos os valores prefixados. A função linguística, política e cultural do mito não constitui mais a tentativa de "resposta" ao humano, que perdurou desde os primórdios.

Trata-se de uma "despedida", também, de todas as formas "binárias" da razão iluminista-ocidental. Se, por um tempo, todos os dispositivos da cultura visaram sempre e exclusivamente a tentar representar ou propor uma "vitória" sobre a morte, a partir da produção trágica clássica, hoje o mito não pode mais atender à literatura, enquanto depósito ou arquivo de hipóteses afirmativas. Os processos de destruição do sujeito, de fato, tornaram-se superiores e alheios aos poderes da palavra escrita.

Os mitos levantam hoje suas próprias contradições e suas axiologias opositivas, revelando-se indefinidos e vazios.

Compreender *realmente* a realidade é um ofício que se perdeu nos itinerários labirínticos do mito. Ler o mito hoje significa repensar na inconsistência ou na atualidade dos processos epistemológicos. É por isso que reler Machado à luz da reinterpretação e desconstrução dos modelos hermenêuticos sobre o mito demonstra a recuperação trágico-irônica do mito no discurso cultural.

A literatura latino-americana fez sempre apelo a um conjunto de histórias, mitos, experiências individuais e coletivas. Hoje esse conjunto não é mais representativo de uma memória como lembrança romântica, sinteticamente convergente. Machado de Assis já tinha intuído as falhas, os processos lacunosos, os *blank spaces* que essa memória perturbada põe em evidência.

Nessa hesitação, a memória se vincula agora a um "arquivo" textual, a um depósito de "mitos de mitos" que, como afirma Roberto González Echevarría, opera uma mediação antropológica com a literatura para buscar uma chave de leitura da mitologia latino-americana.

As ficções do Arquivo são míticas porque tratam da origem de uma maneira temática e, se podemos dizer assim, semiótica. [...] Estas origens temáticas são importantes na constituição mítica das ficções do Arquivo, mas o são ainda mais no que chamo de "semióticos". *Refiro-me às funções do Arquivo que aparecem como tropos nestes romances, como os buracos nos manuscritos, os textos flutuantes, a função de depósito, enriquecimento e acumulação de documentos.* [...] As ficções do Arquivo também são míticas porque, em última instância, elas conferem à figura do Arquivo um poder arcano que é claramente originário e impossível de expressar, um segredo alojado na própria expressão do Arquivo, não separado dele e, por isso, impossível de volver-se totalmente discursivo. Por isso as ficções do Arquivo incorporam a morte como um tropo dos limites, pois com a morte uma linguagem de caráter sagrado e não discursivo se faz predominante (González Echevarría, 2000, pp. 239-240. Tradução nossa. Grifo nosso).

O mito e o arquivo atuam hoje para enfatizar, como já dissemos, o impasse das respostas certeiras. Esses resquícios míticos na literatura são, portanto, dispositivos estratégicos para declarar a incoerência do homem e para pensar que, em outros tempos, o desejo da resposta às questões existenciais e a responsabilidade do homem eram possibilidades de verdades e certezas mais intensas, que logo desvaneceriam, inexoravelmente, no tecido "mortífero" da escritura.

Embora destituído de sua componente sagrada, além de ser reduzido à cotidianidade, e ter perdido sua dimensão originária, o mito não cessa de questionar a realidade e suas transformações. O mito tornou-se, com uma intensidade sempre maior, *desmitificado*, e, na atualidade, é utilizado apenas como ferramenta retórica ou discursiva, para exaltar a fecundidade produzida pela liberdade da narração. Ninguém se interessa mais em saber se *Kafka à Beira-mar*, de Haruki Murakami (2008), está reescrevendo pós-modernamente o mito de Édipo, ou se n'*As Benévolas* de Jonathan Littell (2007) persistem as imagens míticas das Fúrias da mitologia grega.

Falar de mito literário na América Latina equivale ao questionamento se a realidade e o universo ilusório das formas precisam ainda da narratividade dos mitos. A essa questão não se pode responder senão afirmativamente. O arquétipo religioso e antropológico do mito faz reemergir o paradigma de "arquivos" de mitos, que funcionam apenas como dispositivos da "narrabilidade" do real. O mito continua presente, mas já está arquivado e deposto da sua significação múltipla. Machado de Assis intui que a literatura esconde uma faceta mitológica, que se resume a um questionamento fundado na ambiguidade. A própria vida se reduz a um mito distante e indecifrável, um mito que desenha um círculo sem solução, em que narração, vida e escrita se misturam prodigiosamente. Assim sublinha o eu narrador de *Brás Cubas*: "Narrar é conceber a vida do texto, ainda que morto o autor; viver é compor, a cada estação da vida, uma edição que corrige a anterior, e que será corrigida também, até a edição definitiva, que o editor dá de graça aos vermes" (Assis, 2002, pp. 70-71).

2.

Se a "mitologia" machadiana pudesse ter uma cor, então ela seria representável por meio de um caleidoscópio de tintas ou marcas aleatórias, evanescências, indeterminações, ambiguidades. A mitologia machadiana se apresenta, de fato, sob o aspecto de um vestido irônico que o autor coloca em suas personagens e suas ficções. A mitologia machadiana elogia a ambiguidade como a capacidade de relatar ficcionalmente a incerteza e a impossibilidade de resposta, tão atuais e dramáticas.

Capitu já faz parte dessa mitologia que a música, o cinema e a literatura souberam recuperar, insistindo nela como a quintessência da ambiguidade. Mas é Bento Santiago que, a nosso ver, constitui o paradigma decisivo do arcabouço mitológico da incerteza montado por Machado. É, de fato, um arcabouço ambíguo e, ao mesmo tempo, mítico, pois nele convivem o objetivo real (a própria realidade) e o objetivo censurado (o porquê das coisas), aquele que a escrita encobre, mas que, ao mesmo tempo, divulga.

A ambiguidade da mitologia machadiana procede do jogo ficcional entre autor e leitor que já Cervantes tinha situado como elemento essencial da atividade estética, livrando-o daquele espaço fronteiriço que a velha retórica excluía por causa de uma suposta inutilidade. A ambiguidade, assim exposta em primeira linha, diante do leitor, se reforça na tensão entre os duplos papéis do autor e do leitor, ficcional e empírico. A ambiguidade toca o seu apogeu na personagem de Bento Santiago, porque a tarefa de "atar as duas pontas da vida" – que Machado descreve com a linguagem metafórica, típica do mito

– não se realiza: "falto eu mesmo, e esta lacuna é tudo" (Assis, 2000, p. 14). Bentinho oscila, ora medrosamente, ora violentamente, à suspeita de ato de infidelidade de Capitu; ele não se deixa perceber, pelo leitor, com uma postura de lúcida segurança; melhor, a sua falta de convicção sobre o adultério parece ser tangencial a uma forma singular de loucura, que não é senão alienação. Bentinho é um autêntico "casmurro". A de Bentinho é uma disjuntiva mítica: ele se obstina em ver na realidade uma inimiga, uma alternativa divisória, um intervalo de sombra que não permite alcançar uma verdade irrevogável. Nem o leitor pode ajudar nessa tarefa ficcional: a multiplicação de dúvidas se soma com as incoerências vividas pelo narrador e por quem está ao seu redor; além disso, a necessidade de narrar se torna quase masoquista, porque ele relata não um "acontecimento", mas uma suposição triste, grotesca de um "acontecimento" que nunca saberemos se aconteceu ou não.

Talvez, a "semitragédia", ridícula e patética, que vive Bentinho, como um novo moderno Dom Quixote, sem horizontes, nem ideais, acrescenta o grau de mitologia trágica e ambígua: "Situando-se como vítima de uma situação trágica, Dom Casmurro transfere à sua narrativa os componentes da tragédia: o antagonismo de forças opostas, os prenúncios da catástrofe, a lenta transposição do estado de ignorância para o do saber" (Saraiva, 1993, pp. 135-136).

A sobreposição de tragédia, mito e ambiguidade – em um conjunto de algo nunca claramente explicitado – acaba por ser o "vértice da ironia, onde se instala, que o narrador institui *nova forma de transgressão*: a dos dogmas religiosos, filosóficos e científicos" (*idem*, p. 83).

Modernos *mitos* de loucura e transgressão quixotesca se tornam, em Machado, a ambiguidade do olhar de Dom Casmurro, a misteriosidade de Capitu, a precariedade existencial de Brás Cubas, a ausência de vida em Brás Cubas.

O narrador compartilha essa ironia ambígua diretamente com Sterne e Gógol, ou seja, aqueles autores com os quais a mitologia da ambiguidade se consolida como forma dialógica e intertextual:

> Nariz, consciência sem remorsos, tu me valeste muito na vida... Já meditaste alguma vez no destino do nariz, amado leitor? A explicação do Doutor Pangloss é que o nariz foi criado para uso dos óculos, – e tal explicação confesso que até certo tempo me pareceu definitiva; mas veio um dia, em que, estando a ruminar esse e outros pontos obscuros de filosofia, atinei com a única, verdadeira e definitiva explicação.
>
> Com efeito, bastou-me atentar no costume do faquir. Sabe o leitor que o faquir gasta longas horas a olhar para a ponta do nariz, com o fim único de ver a luz celeste.

Quando ele finca os olhos na ponta do nariz, perde o sentimento das coisas externas, embeleza-se no invisível, apreende o impalpável, desvincula-se da terra, dissolve-se, eteriza-se. Essa sublimação do ser pela ponta do nariz é o fenômeno mais excelso do espírito, e a faculdade de a obter não pertence ao faquir somente: é universal. Cada homem tem necessidade e poder de contemplar o seu próprio nariz, para o fim de ver a luz celeste, e tal contemplação, cujo efeito é a subordinação do universo a um nariz somente, constitui o equilíbrio das sociedades. Se os narizes se contemplassem exclusivamente uns aos outros, o gênero humano não chegaria a durar dois séculos: extinguia-se com as primeiras tribos.

Ouço daqui uma objeção do leitor: – Como pode ser assim, diz ele, se nunca jamais ninguém não viu estarem os homens a contemplar o seu próprio nariz? Leitor obtuso, isso prova que nunca entraste no cérebro de um chapeleiro. Um chapeleiro passa por uma loja de chapéus; é a loja de um rival, que a abriu há dois anos; tinha então duas portas, hoje tem quatro; promete ter seis e oito. Nas vidraças ostentam-se os chapéus do rival; pelas portas entram os fregueses do rival; o chapeleiro compara aquela loja com a sua, que é mais antiga e tem só duas portas, e aqueles chapéus com os seus, menos buscados, ainda que de igual preço. Mortifica-se naturalmente; mas vai andando, concentrado, com os olhos para baixo ou para a frente, a indagar as causas da prosperidade do outro e do seu próprio atraso, quando ele chapeleiro é muito melhor chapeleiro do que o outro chapeleiro... Nesse instante é que os olhos se fixam na ponta do nariz. A conclusão, portanto, é que há duas forças capitais: o amor, que multiplica a espécie, e o nariz, que a subordina ao indivíduo. Procriação, equilíbrio (Assis, 2002, cap. XLIX, pp. 79-80).

Uma verdadeira mitologia do nariz. A escrita irônica machadiana torna-se, assim, "possibilidade mitológica", isto é, um discurso que transgride a linha de demarcação entre pergunta e resposta, inquietude e satisfação, significante e significado. A literatura, porém, apresenta-se "mortífera", pois a representação desse discurso mitológico invade um território interdito às palavras. Os mitos, como relatos emblemáticos da busca da completude, silenciam-se. Emboca aí o procedimento irônico para sustentar um mundo mitológico originário que se está desfazendo e deteriorando.

Trata-se de uma ironia duplamente ambígua, porque, ao refletir os questionamentos sobre a realidade (fidelidade, certezas, amores etc.), detecta os desastres do mito, sobretudo, a sua impossibilidade de responder da existência e sua resistência ao fazer dele um aparato literário. Assim, a mitologia proposta por Machado "decepciona", porque não é mais capaz de irradiar o sentido e o conhecimento no mundo, a não ser de detectar, nas pregas mais invisíveis e sórdidas, os silêncios da realidade. Milan Kúndera mitifica a "ironia ambígua" com grande competência teórica:

Entramos aquí en el ámbito de otra comicidad, más refinada e infinitamente valiosa. No nos reímos porque alguien queda en ridículo, porque es motivo de burla o es incluso humillado, sino porque se descubre, súbitamente, una realidad en toda su ambigüedad, las cosas pierden su significado aparente, el hombre que está frente a nosotros no es lo que cree ser. [...] El humor no es una chispa efímera que salta cuando una situación tiene un desenlace cómico o cuando un relato quiere hacernos reír. Su luz discreta abarca todo el entero paisaje de la vida (Kúndera, 2005, p. 134).

Concluindo: na literatura latino-americana, o mito funciona como um anel de conjunção entre o passado e a atualidade, permitindo, assim, não apenas uma continuidade e uma ruptura extraordinárias, mas também a criação de "personagens-mitos". Machado de Assis parece ter escolhido Capitu, Brás Cubas, Bentinho, Quincas Borba, Aires, para formar uma literatura desestabilizadora e instável por meio da invenção de mitos "irônicos" e "ambíguos".

Machado de Assis funda uma mitologia *sui generis* na América Latina, uma mitologia em que os espaços e as figuras da narratividade manifestam a incompreensão e o ceticismo diante dos fatos da realidade. Capitu, Brás Cubas, Bentinho, Quincas Borba, Aires são *personae* "de" e "em" crise. Talvez somente Cortázar soube criar personagem de uma melancolia mitológica em *Rayuela* (*O Jogo de Amarelinha*), se pensarmos em Horácio, a Maga, Rocamadour.

O mito é, com efeito, uma aporia que nunca se conclui. Maurice Blanchot, que citamos na epígrafe, lembra do trabalho incessante que é o *obrar* literário. Em outras palavras, o mito é um discurso de crise, aliás, ele é um discurso *sempre* em crise. O mito sobrevive graças a essa crise *permanente* que, longe de obstacularizar o processo de formação de conhecimento, permite, pelo contrário, perceber o fenômeno literário como uma dinâmica viva e significativa. Machado soube ver a crise e relatá-la.

REFERÊNCIAS BIBLIOGRÁFICAS:

Assis, J. M. Machado de. *Dom Casmurro*. São Paulo, Ática, 2000.
_____. *Memórias Póstumas de Brás Cubas*. São Paulo, Ática, 2002.
Galard, Jean. "Atualidade das *Mitologias*?", *Revista Cult*, ano 9, n. 100, março 2006, São Paulo, pp. 50-51.

González Echevarría, Roberto. *Mito y Archivo. Una Teoría de la Narrativa Latinoamericana*. México-Buenos Aires, Fondo de Cultura Económica, 2000.
Kúndera, Milan. *El Telón. Ensayo en Siete Partes*. Buenos Aires, Tusquets, 2005.
Saraiva, Juracy. *O Circuito das Memórias em Machado de Assis*. São Paulo/São Leopoldo, Edusp/Unisinos, 1993.

27.
COMO FAZER ORIGINAL O QUE É COMUM, E NOVO O QUE MORRE DE VELHO OU SINGULAR OCORRÊNCIA: PONTO DE CONTATO E PONTO DE DESVIO DE CERTA FICÇÃO MACHADIANA

RENATO CORDEIRO GOMES[*]

Diante da imensa diversidade de temas e de procedimentos narrativos, os estudos da produção de Machado de Assis contista (cerca de 300 contos) têm proposto inúmeras tipologias, cujos critérios vão dos temas aos formatos, às estratégias discursivas. Mas, de certa forma, ressaltam-se os contos-teoria, ao lado do conto-exemplo, e os anedóticos, sublinhando esta última rubrica em função da produção do autor para a imprensa (jornais e revistas) que teve desenvolvimento expressivo durante o Segundo Império e os primeiros anos da República, que permitem contextualizar os escritos de Machado. A passagem do periódico ao livro, mudança de suporte material, acarreta um outro tipo de contiguidade que interfere na construção de sentido(s) autorizado(s) pela narrativa no jogo enunciação-enunciado. Tal procedimento demonstra que os papéis não são tão avulsos assim (como o próprio Machado já sabia, ao afirmar, na "Advertência" do volume *Papéis Avulsos*, que reunia ali apenas papéis avulsos; "mas a verdade é essa, sem ser bem essa": os contos têm certo parentesco entre si – acrescenta), e que as histórias nem sempre são sem data, ainda que o autor suponha que "o meu fim é definir estas páginas como tratando, em substância, de coisas que não são especialmente do dia, ou de certo dia", como escreve em outra "Advertência", a da 1ª edição de *Histórias sem Data*, insinuando que os contos aí reunidos vão além do caráter de crô-

---

[*] Professor associado do Departamento de Comunicação Social da PUC-Rio, e do Programa de Pós-Graduação em Letras, da PUC-Rio; pesquisador do CNPQ. Autor de *Todas as Cidades, a Cidade* (Rocco, 2. ed., 2008), *João do Rio por Renato Cordeiro Gomes* (Agir, 2006), coorg. *Espécies de Espaço: Territorialidades, Literatura, Mídia* (Ed. UFMG, 2008); *O Papel do Intelectual Hoje* (Ed. UFMG, 2005).

nica que se submete à tirania do calendário, ao mesmo tempo em que, pela escrita, salva o efêmero do dia. (Mas já estou desviando do meu assunto. Retomemos o fio da meada.)

Gostaria de eleger como ponto de reflexão um conto, em princípio anedótico, em forma de diálogo, que, para além do episódio que narra, adota uma enunciação que se enuncia para condicionar maneiras de estruturação e de recepção. As relações intratextuais podem ser lidas como modo de articulação do conto anedótico com o conto-teoria (aqui implícita), resultando uma espécie de matriz (ou modelo) que pode ser estendida a outros textos do autor. O princípio de construção atrela-se ao princípio de interpretação, relacionado, assim, com o âmbito da recepção literária. Refiro-me ao conto "Singular Ocorrência", aqui tomado também enquanto lugar teórico como uma possibilidade de leitura de outras narrativas machadianas; uma possível matriz da própria ficção, dissimulada e oblíqua maneira de tematizar a própria ficção que dramatiza ocorrências do cotidiano urbano. É a própria performatividade da enunciação que constrói a singularidade de um fato corriqueiro, destacando-o de uma massa de fotos de que se faz a vida de todos os dias.

Publicado na *Gazeta de Notícias*, em 30.5.1883, e recolhido no livro *Histórias sem Data*, de 1884, o conto "Singular Ocorrência" apresenta, antes da narração de uma anedota enquanto coisa inédita ou não-divulgada, a história de uma narração, de alguém contando uma história. Aqui em forma de diálogo entre um narrador, mais velho e experiente, e um jovem ingênuo. No presente, a cena inicial desperta a curiosidade desse interlocutor e aponta para o mistério da personagem que ambos veem entrar na igreja. Mistério que é o segredo que irá manter a linha do enredo, ao mesmo tempo em que condiciona a (i)legibilidade do texto. A fala primeira desencadeia a narrativa e serve de moldura que, retomada ao final, enquadra o conto. Assim é a frase inicial que, segundo as teorias do conto, a partir de Edgar Allan Poe, deve laçar o leitor; é a isca inicial, que abre a possibilidade de evitar a "desvitalização do enredo", como diz Julio Cortázar, ao enfatizar a "alquimia secreta" que explica a profunda ressonância de um grande conto no leitor. "Um conto é uma verdadeira máquina literária de criar interesse" – acrescenta Cortázar (1974, p. 124). Eis a isca lançada ao leitor: "Há ocorrências bem singulares. Está vendo aquela dama que vai entrando na Igreja da Cruz? Parou agora no adro para dar uma esmola" (p. 71). Está lançado o mote ao jovem interlocutor e uma isca para o leitor, condição de sustentabilidade da (i)legibilidade. Ambos motivados a saber a singularidade da ocorrência que envolve aquela misteriosa dama de preto. No desfecho, a fala do rapaz ante a indagação do narrador – "Que lhe parece tudo isso?" – fecha a moldura que encerra o caso narrado: "Realmente, há ocorrências bem singulares, se o senhor não abusou da minha ingenuidade de rapaz para imaginar um romance...".

A frase inicial cria o interesse do interlocutor, com quem se pode identificar um tipo de leitor virtual que também se inscreve no texto. O fecho, fala interpretativa do interlocutor, sugere, de certa forma, a leitura ingênua de feição romântica que o próprio Machado praticou nos primeiros contos e romances; elemento facilitador, em primeira instância, da narrativa que se moldava ao gosto de um público feminino das revistas e jornais a que se destinavam, como o *Jornal das Famílias*. Entretanto, tais práticas que realocam as convenções sociais e literárias serão submetidas à desconstrução, denunciando-as como lugares-comuns, afeitos ao senso comum – o que faz da narrativa "uma singular ocorrência", que permite ultrapassar o teor convencional da narrativa. A fala do rapaz insinua a desconfiança da veracidade dos fatos narrados que bem poderiam constituir um "romance", ou seja, o rapaz encarnando um tipo de leitor julga fantasioso demais o ocorrido, jogando-o para a categoria de ficção.

Revela-se também com esse artifício literário um dos modos pelo qual Machado de Assis negocia a alta cultura com a já cultura de massa, apelando para expedientes narrativos do folhetim e do melodrama já incorporados ao repertório do leitor médio de seu tempo (os que liam num país de analfabetos). De um lado facilita a leitura, de outro a desconstrói muitas vezes pelo tom irônico que imprime à narrativa, complexificando-a e abrindo espaço a um outro tipo de leitura. Machado, assim, pratica uma narrativa híbrida, no comércio entre a narrativa direta, causal, que aguça a curiosidade do leitor, com seus lances folhetinescos, com os enigmas do próprio enredo, e o ato de enunciação que em outra instância o põe em questão (exemplo típico, neste sentido, é o capítulo "O Senão do Livro", de *Memórias Póstumas de Brás Cubas*).

Retomemos mais uma vez o fio da meada.

A singular ocorrência que está sendo narrada traz a marca do acaso, do concurso de circunstâncias de acontecimento inusitado, diferente, que causa surpresa, como um signo particular que aparece como caso individual, qualidade do que não é usual e, por isso, surpreende. Instala-se um certo enigma. A singularidade, no nível do enredo, recai no caso daquela dama que, dez anos atrás (o passado do narrado), traiu o amante que a amava e mantinha (era teúda e manteúda), entregando-se a um anônimo que encontrara ao acaso na rua. Esse anônimo, na verdade "um sujeito reles e vadio", acaba revelando ao amante os detalhes da aventura erótica e inusitada. Mediante certa quantia, concorda em reconhecer a dama-da-noite. Seguem-se as previsíveis reações do casal e sua reconciliação. Nada se explicou e "nenhum deles tornou ao assunto: livres de um naufrágio, não quiseram saber nada da tempestade que os meteu a pique" (p. 82).

A singular ocorrência pode estar ainda no desfecho, não da anedota em si, mas no ato da narração explicitada na retomada da moldura, já no nível da interpretação, inscrita do texto. O narrador, sujeito da enunciação, relata o ocorrido, ou seja, sua ação discursiva implica que o acontecido seja trazido outra vez (re+lato = re, outra vez, *latum*, trazido, do verbo *fero, fers, tuli, latum, fere* = trazer); trazido outra vez por alguém que foi testemunha (cf. Gotlib, 1985, p. 12). Nesta posição e deste ponto de vista, conta a história que testemunhou e justifica a narração, não apenas com o fato de ter presenciado o que acontecera, mas com a capacidade de interpretá-lo, "como se tudo, ou quase tudo fosse esse suplemento interpretativo, porque nele funda a competência para a transmitir e a razão da transmissão", como afirma o crítico Abel Barros Baptista. Ao retrucar o caráter de imaginação que circunscreve a dúvida do interlocutor, o narrador declara: "Não inventei nada; é a pura realidade", ou seja, a realidade que o ato de narrar constrói, ao relatar, ao trazer de novo o acontecido. E mais, a realidade do próprio ato de narrar, que transforma o acontecido. E rejeita a interpretação do rapaz que acha "curioso" o acontecimento daquela natureza "no meio de uma paixão tão ardente, tão sincera" (daí a singularidade), julgando-o como "nostalgia da lama". O rapaz aciona o seu repertório, citando a metáfora de teatro romântico que ilustra a moral burguesa do senso comum [Machado cita, aqui, o clichê da peça de Émile Augier, *Le mariage d'Olympe*, traduzida para o português em 1857, proibida pela censura naquela época, mas representada no Rio de Janeiro com certo sucesso, em 1880. A peça mostra a maldade da heroína, ex-cortesã que se casa com o Conde de Puygiron, mas por tédio (ou por "nostalgia da lama"), acaba voltando a seus antigos hábitos – informa John Gledson (2007, p. 209). Tal interpretação mediada pela peça romântica, cujo enredo entra na intertextualidade do conto, e com que o interlocutor pretendia "explicar a aventura" é neutralizada pela fala final do narrador, que generaliza um caso particular, ao tentar interpretar a descida moral daquela noite com um homem socialmente desclassificado: "Era um homem que ela supunha separado, por um abismo, de todas as relações pessoais; daí a confiança. Mas o acaso, que é um deus e um diabo ao mesmo tempo… Enfim, coisas!" (p. 83) – palavras finais do conto.

Com esse lance, esvazia a função que o relato traria de "esperança de decifração de um segredo". A frase final aponta para dentro da escrita, para "ver melhor a natureza da sentenciosidade no interior da narrativa". Desvia o interlocutor e o leitor do desejo de encontrar a solução de um enigma e apresentando-lhes, em troca, uma teia de possibilidades de leitura" (Baptista, p. 502). "O acesso à legibilidade de um texto pode deixar intacta a ilegibilidade do segredo", como formula Abel Barros Baptista (2003, p. 498), sublinhando um procedimento narrativo recorrente em Machado (cf. *Dom Casmurro*).

A narrativa de "Singular Ocorrência" que não abre mão dos lances folhetinescos e melodramáticos (ver o jogo intertextual com as peças *A Dama das Camélias*, de Alexandre Dumas Filho, e a já citada *Le mariage d'Olympe*, ambas encenadas no Rio, respectivamente em 1856 e 1880), condicionadores do leitor ingênuo, modelo encarnado do rapaz interlocutor, são desconstruídos. Prefere o ambíguo, o inexplicável, o indecidível, que se atrela à exploração do acaso, na tentativa de fixar o instante, que flexibiliza os padrões morais. Entre um deus e um diabo, a ficção machadiana se faz enquanto singular ocorrência. "Enfim, coisas!" O vago, enigmático, que é indecidível. O fato e a ficção, ambos vistos enquanto singulares ocorrências. Um mistério indecifrável, como a citação que abre "A Cartomante", de 1884: "Hamlet observa a Horácio que há mais coisas no céu e na terra do que sonha a nossa filosofia".

Talvez não fosse exagero dizer que Machado explora em sua ficção singulares ocorrências, tanto no nível do enredo, como no da narração e seus modos. A exemplo dos contos anedóticos, que marcam uma necessidade da produção para a imprensa, como o citado "A Cartomante" (de *Várias Histórias*, 1896), ou "Noite de Almirante" (de *Histórias sem Data*, 1884) em que a singular ocorrência não é especificamente casos de traição, mas a maneira como são narrados e interpretados na própria narrativa. Cria-se um efeito de ilusão "como se entre ambos não houvesse mais que uma narração de episódio" (a frase é de "Noite de Almirante"). Mas há, além disso, "coisas" que desafiam o narrador e o leitor. Assim, a singular ocorrência pode estar na história ambígua, insinuada, como o diálogo encenado pela mulher madura e o adolescente ingênuo de "Missa do Galo" (de *Páginas Recolhidas*, 1899), aquela conversa que o narrador adulto tenta voluntariamente recuperar, para entendê-la: "Nunca pude entender a conversação que tive com uma senhora, há muitos anos, contava eu dezessete, ela trinta", início do relato, que, ao fim, não é totalmente desvendado, nos seus recônditos segredos e intenções (cf. Gotlib, p. 77), ou no sonho-realidade de "Uns Braços" (de *Várias Histórias*), mas também no modo de narrar esses episódios e de deixá-los ambíguos, "entre um deus e um diabo, enfim coisas" deixadas em suspenso, como claro enigma. Ou ainda nos contos que expõem uma teoria, como "O Espelho" (de *Papéis Avulsos*, 1882), em que a singular ocorrência está na narração de um caso ("O alferes eliminou o homem"), como na história de uma narração que prova a teoria, "Esboço de uma Nova Teoria da Alma Humana". A estratégia narrativa adota a dupla narração, uma em terceira pessoa, que cria uma moldura (a conversa ente os rapazes em Santa Teresa) e a narrativa do Jacobina em primeira pessoa, que se torna um conto-exemplo dentro do conto. Quem conta a história tem consciência do que lhe acontecera. "Enquanto narrador reflexivo de seu destino, Jacobina é pessoa, ser de autoconsciência e relação, sem os quais a memória e o ato de narrar não teriam sequer condições de articular-se e exprimir-se" (Bosi, p. 161). Nisso está sua astúcia enquanto personagem que se deu bem (é capitalista) e enquanto narrador que tem autoconsciência que lhe possibilita narrar uma experiência singularizada: narra um conto-exemplo que prova/ilustra um conto-teoria). A dupla história são, portanto, singulares ocorrências. Revelam ambas as astúcias do personagem "medalhão" (cf. "Teoria do Medalhão", de *Papéis Avulsos*) essa "metáfora-programa, que se concretiza no comportamento da maioria dos personagens machadianos que alcançam prestígio social, levantando-se 'acima da obscuridade comum e firmando-se como ornamento indispensável' da sociedade", como formula Dirce Riedel, em *Metáfora, Espelho de Machado de Assis* (1974, p. 95). De um lado, o *status* do prestígio social dado pela aparência, a alma exterior, a máscara necessária e prazerosa para a vida social burguesa, daquele que aufere os lucros (sociais, financeiros, morais, e de prazer e gozo), que vêm do logro, estratégias do medalhão, esse personagem astucioso. Por outro lado, a astúcia da própria narrativa, que logrou a mais-valia do ato de narrar.

O auxílio filológico talvez ajude a esclarecer melhor. Logro (< do latim, *lucrum*), ato ou efeito de lograr; engano proposto contra alguém; artifício ou manobra ardilosa para iludir; burla, fraude, trapaça; gozo, fruição. Lograr (< *lucrare*): ganhar, gozar, desfrutar; tirar lucro; aproveitar; conseguir, alcançar; enganar com astúcia; produzir resultado que se esperava. Nessas acepções dadas pelos dicionários está embutida a ideia de lucro (social, moral, financeiro, econômico, de prazer), que vem de determinado resultado que se busca com astúcia. Por tal viés percebe-se que o medalhão é um personagem astucioso que, ao singularizar uma experiência vivida, aufere também lucros narrativos, que advêm das estratégias discursivas.

Nesse diapasão, a singular ocorrência na sua singularidade radical, que vai além da narração de um episódio, acaba tornando-se o próprio texto se fazendo, com a interpelação do próprio livro: as memórias póstumas que Brás Cubas escreve como defunto autor; o livro que D. Casmurro escreve para juntar as duas pontas da vida, o caderno intitulado "Último", que constitui o *Esaú e Jacó*, assinado pelo Conselheiro Aires, também autor do diário que escreve, o *Memorial de Aires* (cf. Abel Barros Baptista, 2003b)

    A singular ocorrência poderia ser a tensão entre o "ponto de contato" e "o ponto de desvio", como anota o Aires em seu *Memorial*. E acrescenta: "Não há como a paixão do amor para fazer original o que é comum, e novo o que morre de velho. [...] Aquele drama de amor, que parece haver nascido da perfídia da serpente e da desobediência do homem, ainda não deixou de dar enchentes a este mundo. Uma vez ou outra algum poeta empresta-lhe a sua língua, entre as lágrimas dos espectadores; só isso. O drama é de todos os dias e de todas as formas, e novo como o sol, que também é velho" (Assis, 1962, p. 245). Narrar o drama é negociar as lágrimas dos leitores, usando os lugares-comuns dos gêneros de massa, como o melodrama e o folhetim, com a língua poética que os desclicheriza; é intercambiar o velho e o novo, praticando o comércio discursivo e cultural entre as convenções e as inovações, entre a tradição e a ruptura; é tornar original o que é comum, ordinário, corriqueiro; é, enfim, pôr em cena a singularidade de uma experiência, fazendo a narrativa abrir-se às significações possíveis, para além dos processos convencionais (cf. Baptista, 2003a, p. 131), transformando a narrativa num acontecimento singularizado, o que implica singularizar a destinação da própria narrativa. Narrar o drama ficcionalizando-o, e mais ainda escrevendo-o e fazendo da escrita seu ponto de contato e seu ponto de desvio da literatura de seu tempo, num país periférico, é a singular ocorrência, que alimenta a ficção machadiana, ela própria uma singular ocorrência na literatura brasileira.

~

REFERÊNCIAS BIBLIOGRÁFICAS:

ASSIS, Machado de. *Histórias sem Data. Obras Completas de Machado de Assis*. Rio de Janeiro/São Paulo/Porto Alegre/Recife, Jackson, 1962.
_____. *Memorial de Aires. Obras Completas de Machado de Assis*. Rio de Janeiro/São Paulo/Porto Alegre/Recife, Jackson, 1962.
_____. *Páginas Recolhidas. Obras Completas de Machado de Assis*. Rio de Janeiro/São Paulo/Porto Alegre/Recife, Jackson, 1962.
_____. *Papéis Avulsos. Obras Completas de Machado de Assis*. Rio de Janeiro/São Paulo/Porto Alegre/Recife, Jackson, 1962.

_____. *Várias Histórias. Obras Completas de Machado de Assis*. Rio de Janeiro/São Paulo/Porto Alegre/Recife, Jackson, 1962.

BAPTISTA, Abel Barros. *A Formação do Nome: Duas Interpretações sobre Machado de Assis*. Campinas, SP, Ed. Unicamp, 2003a.

_____. *Autobibliografias: Solicitação do Livro na Ficção de Machado de Assis*. Campinas, SP, Ed. Unicamp, 2003b.

BOSI, Alfredo. "O Fenda e a Máscara". *Machado de Assis: O Enigma do Olhar*. São Paulo, Ática, 1999.

CORTÁZAR, Julio. "Alguns Aspectos do Conto. Do Conto Breve e seus Arredores. Poe: O Poeta, o Narrador e o Crítico". *Valise de Cronópios*. Trad. Davi Arrigucci Júnior. São Paulo, Perspectiva, 1974.

GLEDSON, John (sel., intr. e notas). In: ASSIS, Machado de. *50 Contos*. São Paulo, Companhia das Letras, 2007.

GOTLIB, Nádia Batella. *Teoria do Conto*. São Paulo, Ática, 1985.

RIEDEL, Dirce Côrtes. *Metáfora, Espelho de Machado de Assis*. Rio de Janeiro, Francisco Alves, 1974.

TENSÕES ESPACIAIS NA MODERNIDADE
DE MACHADO E ROSA

28.
AS CIDADES (IN)VISÍVEIS DE MACHADO DE ASSIS E GUIMARÃES ROSA. DUAS VARIAÇÕES SOBRE O TEMA DA TRAGÉDIA MODERNA

ROBERTO MULINACCI (UNIVERSITÀ DI BOLOGNA)

1.

Há alguns anos venho-me ocupando das representações literárias da paisagem brasileira, com particular atenção àquele lugar fundador do país que é o sertão, relido sobretudo na óptica contrastiva que dele nos é proporcionada por Euclides da Cunha e Guimarães Rosa[1]. Uma óptica que, porém, nos dois autores, apesar das diferenças estéticas e ideológicas que a sustentam, compartilhava pelo menos o mesmo objeto de análise, quer dizer, justamente aquele interior do Brasil cujo retrato assumia, na passagem de *Os Sertões* para *Grande Sertão*, a feição inclusive de uma autêntica reescrita textual. Agora, pelo contrário, ao tentar uma comparação crítica dessa dupla de "monstros sagrados" que aqui se celebra – Machado de Assis e Guimarães Rosa – parece faltar, no princípio, exatamente o móbil paisagístico: aliás, como seria possível justificar por esse viés espacial a aproximação entre um escritor da cidade (nomeadamente, o Rio de Janeiro) e o seu homólogo do campo (nomeadamente, o sertão)? Ainda pior, então, há de se revelar – conforme o que agora se sugere – a hipótese de sub--rogar aquela ausência de um cenário narrativo comum por uma presença aparentemente incoerente como a da realidade urbana: óbvia em um caso, incompreensível no outro. Se, de fato, é quase natural admitirmos que a cidade não sempre cabe dentro dos esquemas topográficos da obra

---

1. Ver Mulinacci, "La frontiera scomparsa o del sertão come paesaggio letterario", pp. 45-67.

rosiana[2], ninguém ao invés aceitaria a ideia da sua exclusão do universo de Machado, onde ela constitui o palco eletivo da ação romanesca. Só que, na esteira do homônimo romance de Italo Calvino – de que esse ensaio toma emprestado o título –, não pretendo falar na ausência das cidades pelo que diz respeito ao tecido figural dos textos em apreço, mas, sim, na invisibilidade das cidades, ou seja, em cidades que estão escondidas à vista ou que simplesmente deixaram de ser olhadas, digamos assim, de frente. Cidades invisíveis, portanto, porque desaparecidas nas dobras de uma narrativa de que constituem o implícito contraponto, mas, ao mesmo tempo (e paradoxalmente), cidades invisíveis também por serem demasiado visíveis, por estarem demasiado ao alcance da mão e do olhar, por serem, afinal, "apenas" o produto de uma visão. Ressoa aqui, talvez indevidamente parafraseada, a pergunta de Merleau-Ponty: a visão que vê o sujeito é a visão dele ou é uma imagem do mundo? Seja como for, em ambos os casos, a penúria de signos ou, às avessas, o excesso deles acabam redundando no mesmo impasse da ilegibilidade simbólica do espaço urbano. Assim, esmagada sob o peso metafísico das veredas sertanejas, de um lado, ou centrifugada no labirinto da toponímia carioca, de outro, a cidade corre o risco de passar quase despercebida no horizonte da exegese machadiana e rosiana, tornando-se – para usar as palavras de Paul Virilio em relação à metrópole moderna – uma verdadeira "paisagem fantasmática"[3], não só enquanto invisível, como também, e sobretudo (em uma acepção psicanalítica do termo), enquanto paisagem construída pela fantasia, cenarizando dessa forma a realização de um desejo, consciente ou inconsciente, do sujeito. Portanto, em vez de se entregar tranquilamente à sua natureza significante de discurso inscrito em um texto e já disponível para a leitura, a dimensão urbana, na escrita romanesca de Machado e Guimarães Rosa, furta-se à imediata decifração, oscilando entre – respectivamente – a função de hipertexto e a de hipotexto, ou seja, de um texto que subjaz a outro ou que é pelo outro gerado em um processo de significação virtualmente aberto. Neste sentido, mais do que limitar-se a distinguir entre visibilidade e invisibilidade daquelas cidades de papel e tinta, seria preciso, antes, perguntar-se: quais são os modos que tornam narrativamente significativa a invisibilidade delas nas obras dos dois autores de que estamos falando?

---

2. Apesar de esse lugar-comum crítico se ter prestado a inteligentes contraleituras, como aquela proposta por Bolle "'Grande Sertão': Cidades", p. 1065, que considera *Grande Sertão* "também um romance urbano".
3. Cf. Virilio, *O Espaço Crítico*.

2.

Talvez a mediação de Calvino nos possa ajudar a responder a essa pergunta. Por exemplo, lembrando-nos que "jamais se deve confundir uma cidade com o discurso que a descreve", conquanto exista "uma ligação entre eles"[4]. Essa é uma afirmação, a meu ver, fundamental e que poderia ser bem aplicada, aliás, à imagem do Rio do Segundo Reinado construída por Machado nos seus romances. De fato, ao passo que aquela imagem acaba "se consolidando como a identidade da cidade nesse período" – conforme o parecer de Luciano Trigo[5] – ela cristaliza a sua densidade semiótica numa linguagem ilusoriamente unívoca, contribuindo para a identificação abusiva entre representação e realidade. Ou seja, o Rio descrito na *comédie humaine* machadiana acaba coincidindo, mais ou menos, no imaginário do leitor comum, com o Rio histórico em que o escritor viveu. Pois bem, não quero negar, claro, que haja um efetivo valor documental naqueles textos, mas, ao mesmo tempo, é aconselhável, eu penso, pormo-nos de sobreaviso para os equívocos descendentes de uma fácil sobreposição entre a cidade real e os signos que lhe dão forma na página escrita. Porque, longe de qualquer cratilismo, os signos – Calvino *docet* – não equivalem aos referentes que designam e a literatura é somente uma modalidade de conhecimento e aproximação desse mundo fora, para o qual ela tende indefinidamente sem nunca o atingir. Dito de outra maneira: não só a cidade real é sempre destinada a permanecer invisível, como também a sua visualização no plano da escrita não garante a sua imediata legibilidade, podendo até mesmo acontecer, tal como à Tamara calviniana, que, debaixo daquele emaranhado de signos, a imagem dela se dilua em um vórtice frustrante de semeiose ilimitada, onde "os olhos não veem coisas, mas figuras de coisas que significam outras coisas". Então, afinal de contas, não se trata tanto de sublinhar o *décalage* foucaultiano entre as palavras e as coisas, quanto, antes, de realçar a natureza ambígua da representação literária, sendo, na verdade, uma espécie de faca de dois gumes: isto é, um espelho em que se reflete a visão de quem olha (o autor) e simultaneamente também um filtro que oculta o que o olhar (do leitor) não vê. Se, porém, – retomando uma advertência de Barthes –, agora o problema é principalmente o de fazermos sair a "linguagem da cidade"[6] desse impasse

---

4. Calvino, *Cidades Invisíveis*, p. 59.
5. Trigo, *O Viajante Imóvel. Machado de Assis e o Rio de Janeiro de seu Tempo*, p. 297.
6. Barthes, "Semiologia e Urbanistica", p. 53.

metafórico em que eu também me detive até agora, acho que a cidade machadiana pode oferecer uma base de dados estimulante para pôr à prova, em concreto, o funcionamento da dialética visível/invisível.

Todos nós sabemos que o ângulo de vista de Machado abrange só parcialmente o Rio, concentrando-se em geral no Centro e na Zona Sul e ficando, assim, quase previamente excluídos da sua ficção, exceto algumas vagas alusões, aqueles subúrbios tão caros, pelo contrário, a Lima Barreto. Essa constatação óbvia implica, porém, desde já, o reconhecimento de um reverso oculto na representação da cidade, um reverso que aliás não se limita a rasurar do texto uma parte dela, mas permite também dar conta da construção daquela cartografia, cujos *patterns* espaciais procurarei agora fazer emergir. Se, com efeito, o Félix de *Ressurreição* pode afirmar nunca ter passado os dois polos do seu universo urbano entre Laranjeiras e a Tijuca[7], apesar de a primeira metade do romance consistir em um vaivém do personagem de e para a casa de Lívia em Catumbi, isso acontece porque para Félix a cidade quase não existe, senão como extensão de seu desejo amoroso. Em outras palavras, as andanças do protagonista não conseguem integrar o Rio dentro de seu perímetro visual, traçando, pelo contrário, tão só os contornos de um bairro, ou, melhor, de uma classe e deixando no fundo aquele genérico "além" em que desaparece progressivamente – também em termos descritivos – o resto da cidade, reduzida a mero apêndice desse sistema binário tendo o centro em Laranjeiras.

Mas, ainda mais do que a geografia, é justamente a sociologia que nela se espelha a ser vitimada por essa exclusão, a qual, na tentativa de tornar legível a complexidade urbana, a simplifica, restringindo-a àquela trama de relações "assimétricas" de origem patriarcal, que tinham nos seus extremos o dependente/protegido e o proprietário/protetor[8]. Se, de fato, em uma sociedade baseada em relações pessoais, a ausência de vinculação senhorial significava praticamente situar-se fora da ordem estabelecida, era então compreensível que tudo quanto fugia à essa polarização social tivesse de sair da cena também do mapa carioca, como aquela gente pobre e livre condenada

---

7. Ver Assis, *Ressurreição*, p. 77.
8. Talvez não seja por acaso que esse dualismo encontra uma sua ideal metaforização, nos primeiros romances machadianos, nos espaços privados dos protagonistas, como a chácara de Félix em Laranjeiras que, por ser "semiurbana e semissilvestre" – conforme a descrição do narrador –, se presta para uma leitura em chave sociológica, enquanto microcosmos suspenso entre o mundo bem visível dos "cidadãos", detentores dos direitos de cidadania, e o submundo dos outros, que lutam desesperadamente por obterem uma visibilidade civil.

justamente pela sua ilocabilidade a respeito dos "lugares" certos do agregado e do escravo. Talvez não seja por acaso que, apesar de a itinerância estar normalmente associada à vadiagem (enquanto consequência de uma gama de ocupações irregulares), Machado constrói a sua "mitologia" do Rio através dos roteiros urbanos das personagens das classes altas, cujos interesses econômicos e laços sentimentais as levam para diferentes zonas da cidade, embora estas sejam quase sempre as mesmas zonas, os mesmos locais e as mesmas ruas, contribuindo dessa forma para a identificação entre os espaços topográficos e os espaços sociais. Não admira, portanto, que, no capítulo CXLIII das *Memórias Póstumas*, Brás Cubas recuse o pedido secreto de Virgília de ir visitar a doente d. Plácida, exatamente por ela morar no anônimo beco das Escadinhas, quer dizer, em um sítio desconhecido pelo protagonista epônimo e cujo nome o faz logo imaginar "algum recanto estreito e escuro da cidade"[9], por onde – entende-se implicitamente – um senhor não precisa de se aventurar[10]. De resto, ficando o beco das Escadinhas perto do Morro do Livramento, tão familiar ao jovem Machado, essa amnésia ficcional do "defunto autor" em relação à geografia carioca – uma amnésia evidentemente significativa em si, pelo olhar classista que ela revela – também se parece muito com um fenômeno de recalque, como se o escritor real quisesse esquecer-se de suas origens pelo esquecimento de parte da cidade em que elas estavam enraizadas.

Seja como for, será mesmo na transição da primeira para a segunda fase dos romances machadianos, conforme a brilhante leitura de Roberto Schwarz[11], que a passagem do testemunho narrativo para os representantes da elite oligárquica (sejam eles Brás Cubas ou Dom Casmurro) vai arrastar consigo uma imagem da cidade cada vez mais desdobrada. Não é apenas questão de contrapor os imaginários ligados ao espaço urbano – à maneira de Raymundo Faoro, que, no seu *A Pirâmide e o Trapézio*, fala, a tal propósito, em "divórcio entre a cidade interesse e a cidade sentimento"[12] –, como

---

9. Assis, *Memórias Póstumas*, p. 216.
10. Uma situação análoga acontece em Assis, *Memórias Póstumas*, p. 62: "Saí desatinado; gastei duas mortais horas em vaguear pelos bairros mais excêntricos e desertos, onde fosse difícil dar comigo". Em outros termos, quando se ultrapassam os limites que garantem sua coerência textual, o Rio machadiano ou se dispersa na radical indistinção de bairros "excêntricos e desertos" ou simplesmente some à vista.
11. Veja-se, em particular, a sua "lição" sobre as *Memórias Póstumas de Brás Cubas* publicada, sob o título de "La Capriola di Machado", em Franco Moretti (org.), *Il Romanzo*, vol. v: *Lezioni*, Torino, Einaudi, 2003, pp. 286-307.
12. Faoro, *Machado de Assis: A Pirâmide e o Trapézio*, p. 201.

também de justapor à experiência social da cidade, que se pretendia aos moldes burgueses, a "experiência histórica do latifúndio e da escravidão"[13]. Se, de fato, projetados sobre a tela da paisagem fluminense, "havia Paris e a fazenda"[14] – como nos diz mais uma vez o próprio Faoro, resumindo nessa divaricação *topológica* dos modelos as aporias da formação brasileira, onde coexiste uma pluralidade de "lugares ideais" (os *tópoi*) –, a focalização homodiegética que se instala, com poucas variantes, a partir das *Memórias Póstumas* permite enxergar, por detrás da máscara do progresso à moda europeia, a face aviltante do atraso colonial em que estava assente o Rio do século XIX. Ou seja, é paradoxalmente a camuflagem burguesa da "boa sociedade" carioca, com as suas práticas de comportamento ainda paternalistas e escravocratas, que termina por desvendar o caráter postiço dessa vivência urbana, onde a macaqueação parisiense do hotel Pharoux não consegue apagar a vergonha de Valongo nem fazer esquecer aquelas cidades de província, Cantagalo, Itaguaí, Vassouras, que o Rio trazia inscritas nas suas entranhas.

Contudo, em vez de se esgotar na reprodução das estruturas de domínio de uma sociedade periférica, o retrato parcial da cidade machadiana constrói-se também no descompasso de temporalidades distintas que a superfície discursiva encena sob a forma de uma verdadeira diplopia. Não se trata, com efeito, de uma espécie de sobreposição de imagens, como a de Rubião no *incipit* do *Quincas Borba*, fitando a enseada de Botafogo mas divisando ainda, na contraluz, a sua Barbacena, nem de uma simples evocação nostálgica, contrapondo a cidade do passado à do presente. O que se passa ali, pelo contrário, se parece muito mais com uma tentativa de tornar de novo presente e visível, à custa da cidade real, aquele Rio lenta mas inexoravelmente submergido pela maré da história, onde a ascensão da burguesia e o fim do Império tinham vindo alterar de vez a sua paisagem social. Se, de fato, para usar as palavras de Renato Cordeiro Gomes, escrever uma cidade "é superpô-la a outras cidades sígnicas"[15] diferentes, apesar de elas serem iguais no nome e no destino, esse olhar do Machado que pretende resgatar da sua progressiva ilegibilidade o Rio do Segundo Reinado não vê apenas o passado no presente, mas – segundo observa Izabel Margato na esteira de Walter Benjamin – "dá a ver o que desse passado ainda existe como presença"[16].

---

13. Gil, "Experiência Urbana e Romance Brasileiro", p. 70.
14. Faoro, *Machado de Assis: A Pirâmide e o Trapézio*, p. 201.
15. Gomes, *Todas as Cidades, a Cidade*, p. 38.
16. Margato, "A Primeira Vista É para os Cegos", p. 48.

Dito de outro modo: conquanto, como demonstra o *Dom Casmurro*, tal resgate dessa cidade da memória se revele impossível, a ideia do protagonista de reproduzir no Engenho Novo a desaparecida casa da rua de Matacavalos indica, além da intenção dele de "atar as duas pontas da vida, e restaurar na velhice a adolescência", a ilusão também de devolver consistência e legitimidade a um universo de valores e princípios que tinha sido aos poucos desmantelado (pense-se, aliás, na metafórica demolição da casa de Matacavalos) e cuja emblemática *mise en abyme* servia pois sobretudo para escamotear o triste visual daquele panorama de escombros. Nesse sentido, mais do que alegorizar espacialmente a coeva marginalização econômica da aristocracia rural no âmbito do processo de modernização capitalista do Brasil, essa deslocalização da rua de Matacavalos para o subúrbio do Engenho Novo parece quase sugerir, ao mesmo tempo, um efeito anamórfico, isto é, permitindo a leitura do novo quadro político-social só de esguelha, através da perspectiva estranhada dessa consolativa reescrita da cartografia urbana. Vem à mente aquela página de Lewis Mumford, no livro *A Cidade na História*, a propósito do subúrbio como "um refúgio para a preservação das ilusões"[17].

Considerada por esse ângulo, a diplopia machadiana foge à aparente contradição da invisibilidade: não só porque a cidade que se mostra é a outra face da que se oculta, mas também porque aquilo que se vê é apenas o resultado das rasuras e vazios dessa representação. Ou, melhor: o discurso que dá a ver o urbano carioca nos romances da segunda fase de Machado não duplica a visão dele como num espelho, mas, antes, a desdobra no cruzamento de olhares que a produz, insinuando em cada imagem a presença do negativo. Assim, o que vemos, afinal, acaba sendo sempre mais (ou menos) do que a cidade revela ou esconde, contendo já em si os signos da sua transfiguração interpretativa, exatamente do mesmo modo que, para citar Dom Casmurro, "a Capitu da praia da Glória estava dentro da de Matacavalos". No entanto, se é decerto verdade – conforme nos lembra Franco Moretti – que "se queremos 'mostrar' a cidade é mesmo inútil descrevê-la, sendo preciso, ao invés, *contar* o que nela acontece (porque é só na sucessão do tempo que a cidade manifesta o seu 'significado')"[18], os claros e escuros do Rio machadiano refletem, apesar das descontinuidades dos significantes espaciais, a impossibilidade de resolver por completo o sentido daquele *conto* em um trajeto temporal. De fato, ao passo

---

17. Mumford, *La città nella storia*, vol. 3: *Dalla corte alla città invisibile*, p. 761. A tradução é minha.
18. Moretti, "Homo Palpitans. Come il Romanzo ha Plasmato la Personalità Urbana", p. 152. A tradução é minha.

que Benjamin descreve a vida urbana como "sucessão de choques e colisões"[19], Machado exorciza esse fenômeno da fronteira – cuja experiência originária, segundo o pensador alemão, se dá justamente naquele meio ambiente – não apenas transformando a contiguidade no espaço em contiguidade no tempo, mas também tirando àquela perspectiva cronológica a função de um anticampo semântico capaz de polarizar narrativamente as suas antinomias históricas e sociais. Ao mito moderno do tempo como desenvolvimento e progresso a cidade carioca contada por Machado opõe então o mito antimoderno do tempo como repetição e ciclo, em que a finalidade coincide com o seu fim, suspendendo no impasse do presente as tensões dialéticas de uma paisagem em transição. Se, porém, dessa forma, a tragédia da colisão com a modernidade é neutralizada, diluindo-a antitragicamente na sequência dos pequenos e grandes choques da mobilidade social, o olhar machadiano não se limita a recompor uma fisionomia do Rio perdido, mas engloba nela também o fantasma da sua decomposição, que se apresenta sob as roupagens de uma revolução histórica disfarçada de revolução urbanística. Nomes de velhas ruas e palácios, reminiscências de casas desaparecidas, imagens e vozes esquecidas são, pois, o extremo ato de resistência (e, simultaneamente, de despedida) de uma cidade que não existe mais e cuja reescrita "se vai levantando – como diz Astrojildo Pereira – em meio aos destroços do mundo antigo arrasado"[20].

Pouco importa que a cidade do passado não seja, no fundo, melhor do que a do presente, naquela afundando as raízes a ruína desta ou que, portanto, a possibilidade da escolha seja inviabilizada justamente pelo teor das opções em jogo, isto é, por elas serem afinal, para o escritor, excessivamente semelhantes, em vez de rigidamente inconciliáveis. De resto, Machado sabe que o Rio imortalizado nos seus romances (e nas crônicas, claro) é acima de tudo a elaboração de um luto, mas nem por isso renuncia a entregar à melancolia da memória o seu efêmero domínio sobre o real, mesmo sabendo que, apesar de tudo, aquela recuperação não vai passar de uma ilusão de óptica. Com efeito, longe de presentificar de novo a Corte que pretende ressuscitar, essa representação memorial termina, paradoxalmente, por dissolvê-la, porque não consegue visualizar o espaço urbano carioca – no sentido de rede de relações sociais, mais do que lugar físico – como tempo capaz de se inscrever na cidade do futuro. Assim, aquele microcosmo arcaico, irredimível no seu congênito imobilismo, condena-se inevitavelmente à modernidade ou ao de-

---

19. Benjamin, "Baudelaire e Parigi", p. 110.
20. Pereira, "Romancista do Segundo Reinado", p. 21.

saparecimento, embora o conflito das antíteses redunde aqui na contradição de cada uma das duas alternativas implicando a sua convergência para a outra. Desse ponto de vista, além da despedida de um mundo e da resignação que ela provoca no seu demiurgo *blasé* – despedida e resignação, aliás, consideradas, por Goethe e Schopenauer respectivamente, como motivos fundamentais da situação trágica –, a verdadeira tragédia da cidade machadiana talvez resida então não só na consciência do caráter destrutivo, e até mesmo "infernal" do moderno, como também na destruição dela enquanto cumprimento do seu próprio destino.

3.

Se, todavia, o tratamento estético dado ao Rio na ficção machadiana é, entre outras coisas, também a demonstração de um paradoxo da literatura – o paradoxo consistindo, na esteira de Calvino, justamente na invisibilidade a que se entrega a cidade real pelo olhar de quem a vê –, será depois Guimarães Rosa, quarenta anos mais tarde, que vai testemunhar o significativo deslize semântico dessa verdade paradoxal. O fato é que, agora, o olhar do escritor mineiro nem precisa de pousar sobre a cidade para ser posto em xeque, porque no novo *habitat* epistemológico do século XX a realidade não se lê mais, ou não mais somente, na superfície, como se fosse uma tela realista (apesar das dinâmicas de opacificação a que também os textos congêneres – vimo-lo em Machado – estão sujeitos), mas tem de ser desvendada nas profundezas vertiginosas de uma linguagem irredutível à sua função referencial. Ou seja, perante a complexidade de um extratexto que se tornou demasiado labiríntico e ilegível, as figurações da cidade em Guimarães Rosa não correspondem tanto às exigências antropológicas de redução dessa complexidade[21], quanto, antes, participam dela, inscrevendo-se sorrateiramente, com função de antífrase, dentro dos novos territórios que a modernidade se tinha anexado.

Com efeito, diferentemente do exemplo machadiano, onde a cidade tradicional que se esvai em metrópole invoca a mediação de um paradigma visivo capaz de compreender a sua imagem em formação, fixando-a num texto, a obra rosiana dispensa em geral a visualização de imagens urbanas, não só por se debruçar principalmente sobre um espaço que parece incompatível com a cidade (penso, evidentemente, no sertão), como também pelo fato de ela ter interiori-

---

21. Ver Calabrese, www.letteratura.global. *Il romanzo dopo il postmoderno*, p. 17.

zado a cidade enquanto realidade moderna por excelência, tornando-a, afinal das contas, olhar, forma de estar no mundo ou, até mesmo – para citar Robert Park, um dos grandes sociólogos urbanos – "estado de alma"[22]. Não me estou referindo, claro, às evanescentes evocações citadinas – por exemplo, o Rio de Janeiro de Lalino Salãthiel, a Brasília em construção das *Primeiras Estórias*, o Montes Claros de *Dão-Lalalão* etc. – disseminadas nos interstícios de uma geografia sertaneja inapreensível na sua monstruosa hiperlocalização, nem àquela autêntica fantasmagoria de cunho freudiano que é a cidade sem nome do conto *Páramo*, manifesta projeção psíquica do narrador, segundo confirma aliás a própria definição de "hipótese imaginária"[23] dada por ele a esse misterioso lugar. O que eu gostaria aqui de salientar é, ao contrário, a introjeção, na escrita rosiana, de uma ideia de cidade que se revela indissociável da do mundo rural a que se contrapõe, contribuindo inclusive para lhe dar forma, enquanto reverso invisível daquela representação. Será, então, justamente esse imaginário citadino – no sentido de imaginário da e sobre a cidade – que acaba convergindo para a identidade diferencial do espaço sertanejo como alternativa à civilização urbana, não só no sentido de uma patente alteridade paisagística, mas sobretudo pelo que diz respeito a um sistema de valores ("as regalias da vida", conforme são chamadas na novela *Buriti*) que é comparativamente incomensurável: de um lado, a pureza, a "simplicidade nos usos", a tranquilizante imutabilidade de ritmos arcaicos; do outro, o artifício, a corrupção, a vorticosa instabilidade do moderno. De resto, é mesmo do ponto de vista da ineluctabilidade da paisagem urbana como traço definidor do processo de modernização, também *sub specie* brasileira, que vai tomar novo alento e significado aquela nostalgia do campo, da qual, por exemplo – com referência à carta de Guimarães Rosa a João Condé –, teria surgido o livro de estreia de *Sagarana*.

Em outras palavras, longe de obliterar a cidade do horizonte narrativo do sertão, Guimarães Rosa a incorpora no movimento dialético que havia levado historicamente à crise do mundo rural, convertendo assim aquele campo de forças quase em uma réplica do célebre espelho stendhaliano, ora permitindo que o sertão se refletisse nos olhos da cidade, ora obrigando a cidade a se espelhar mais uma vez no sertão, a seguir à primeira epifania euclidiana d'*Os Sertões*. Com efeito, é exatamente essa dupla perspectiva, dando a ver – para retomar a metáfora de *O Vermelho e o Negro*[24] – "o azul dos céus" e "a

---

22. Park, Burgess & Mckenzie, *La città*, p. 5.
23. Rosa, *Páramo*, p. 179.
24. Ver Stendhal, *O Vermelho e o Negro*: "Senhores, um romance é um espelho que é levado por uma grande estrada. Umas vezes reflete aos vossos olhos o azul dos céus, e outras a lama da estrada.

lama", que explica o entrecruzar-se daqueles olhares do sertão para a cidade e vice-versa, isto é, não se limitando a projetar contrastivamente as suas visões sobre o espaço alheio, mas retirando delas, ao mesmo tempo, a consciência da contiguidade de experiências históricas supostamente inconciliáveis. Pode-se dizer, portanto, parafraseando Eduardo Lourenço, que "o Brasil do Rio e de São Paulo, que tinha ascendido, numa progressão vertiginosa, aos padrões de dinamismo dos princípios do século passado, segundo os modelos de Chicago ou até de Londres"[25], descortinava naquele interior remoto do país, além de outra imagem de si (o Brasil como sertão), também o reflexo defasado daquela modernidade urbana que ia celebrar, com a construção da nova Capital Federal, a sua vitória definitiva sobre a presumida barbárie do alhures (o sertão virando, enfim, Brasil).

Não passará decerto despercebido, aliás, que, ao anunciar a mudança dos Gerais através da perspectivação de Brasília – segundo observa Costa Lima[26] –, Guimarães Rosa fazia na realidade muito mais do que simplesmente incorporar ao imaginário sertanejo o paradigma urbano moderno, substituindo, por exemplo, a *urbs* monstruosa de Canudos, cujas ruínas ainda se entreveem ao longe, pela *polis* racional e modernista, que realizaria, depois de sessenta anos, o sonho brasileiro de ocupação do território nacional em direção ao seu centro. Se, efetivamente, a grande ironia da história é que a "Troia de taipa dos jagunços" descrita por Euclides é destruída no próprio ano da fundação de Belo Horizonte (1897)[27], sendo a capital mineira uma espécie de protótipo da cidade racional em que se inspiraria Brasília, então nessa ideal passagem de testemunho entre espectros urbanos do passado e do futuro vira-se às avessas também o signo com que a cidade inscreve o sertão dentro de seu olhar, transformando-o de espaço ameaçador em espaço ameaçado. É esse o pano de fundo sobre o qual se constrói, de resto, a catedral romanesca de *Grande Sertão*, a partir justamente da hipótese de que ela seja uma reescrita d'*Os Sertões*[28], conquanto desta vez não se trate de instalar simbolicamente Brasília no lugar de Canu-

---

E ao homem que carrega o espelho nas costas vós acusareis de imoral! O espelho reflete a lama e vós acusais o espelho! Acusai antes a estrada em que está o lodaçal, e mais ainda o inspetor das estradas que deixa a água estagnar-se e formar-se o charco".
25. Lourenço, "Guimarães Rosa ou o Terceiro Sertão", p. 206.
26. Ver Lima, "O Mundo em Perspectiva", pp. 500-501.
27. Sérgio da Mata, citado por Garcia, *O Sertão e a Cidade. O Sertão de Guimarães Rosa 50 Anos Depois*, p. 20.
28. Ver Bolle, "grandesertão.br ou A Invenção do Brasil", pp. 13-99.

dos, mas, sim, de situar o sertão rosiano, nas suas balizas históricas e geográficas, como dimensão intersticial que se abre entre estes dois modelos de cidade, isto é, o "humílimo vilarejo" primitivo, de cujos escombros esse universo sertanejo veio – mesmo literariamente – ressurgindo e a resplandecente metrópole pós-moderna, debaixo de cujos alicerces ele iria – não só metaforicamente – desaparecer.

Seria, contudo, redutivo – acho eu – considerarmos a cidade apenas uma premissa, ainda que significativa, da gênese de *Grande Sertão*. De fato, ao invés de se configurar à laia de uma mera moldura do quadro sertanejo, o elemento urbano faz parte integrante daquela paisagem, penetrando fundo nas suas raízes, infiltrando-se nos seus "crespos", insinuando-se na sua linguagem. Muito mais do que uma questão de genealogia narrativa, então, a presença da cidade em *Grande Sertão* assume as feições de uma estrutura, de uma axiologia, de um destino. Pense-se, a tal propósito, na situação dialógica do interlocutor citadino a quem se dirige o narrador rural, segundo uma estratégia comunicativa que se repete, ao longo da produção rosiana, em vários textos (de *O Meu Tio o Iauaretê* a *Com o Vaqueiro Mariano* de *Estas Estórias*, embora, nesse último caso, a conversa com o camponês epônimo seja frequentemente relatada pelo narrador urbano): pois bem, o diálogo oculto com a cidade, de que o "senhor com toda leitura e soma doutoração" é uma hipóstase transparente, prefigurando, ao mesmo tempo, o futuro leitor, na verdade abafa, sim, mas não apaga aquela voz de fora, portadora de uma visão outra, que se vai enovelando entre as palavras espúrias do jagunço-letrado. Eu diria, pelo contrário, que é a própria cidade que garante esse implícito pacto de leitura, não tanto decretando a veridicidade da história de Riobaldo, quanto passando-a pelo crivo de um confronto dialético que desempenha uma função de provocação, de estímulo, de validação necessária ao contínuo desdobramento do fluxo oral. Ou seja, se, de um lado, é a fala de Riobaldo que – como nos diz Davi Arrigucci – traz "para o presente e para o mundo urbano as peculiaridades de uma região em princípio atrasada"[29], do outro, é a cultura citadina que se faz, de certo modo, depositária do saber sertanejo, dando consistência através da escrita à inconsistência daquela voz sempre prestes a desvanecer, tal como a realidade que representa. Será, então, paradoxalmente, a cidade, sob a forma indireta dessa ficção dialogal encenando uma reflexão mais ampla acerca das relações entre literatura e realidade, que vai tornar visível o sertão, obrigando-o a transfigurar-se na reconstrução imaginativa de um tempo que já se foi e de que resta agora ape-

---

29. Arrigucci Jr., "O Mundo Misturado: Romance e Experiência em Guimarães Rosa", p. 464.

nas um lugar vazio a ser preenchido. Cabe, pois, ao relato de Riobaldo, a quem Guimarães Rosa atribui a tarefa do Marco Polo de Calvino, devolver solidez e persistência àquele mundo que, como o império de Kublai Kan, se ia desmoronando e sobre o qual a cidade já havia levado vantagem[30].

Desse ponto de vista, Guimarães Rosa e Machado parecem encontrar uma convergência possível justamente no esforço de ler a modernidade através da atualização da sua pré-história, deixando assim o passado irromper como um estilhaço no presente. Só que, enquanto a cidade machadiana se encontra no limiar histórico da modernidade brasileira, as marcas do urbano que se espalham sub-repticiamente pelas veredas rosianas são, ao contrário, indícios dessa modernidade recalcada, configurando o sertão como espaço de transição entre dois estágios civilizacionais (o mundo arcaico-rural e o mundo urbano) simultaneamente presentes. Assim, a reconstrução da realidade sertaneja em oposição à citadina, longe de se cristalizar nas pulsões regressivas de um processo mitificador, converte-se, antes, em uma espécie de *locus resistentiae* dentro do palimpsesto da modernização brasileira, isto é, dentro daquela visão estratificada das várias temporalidades históricas, onde a interferência dos códigos terminou por redundar em uma diabólica (é mesmo o caso de dizer...) *coincidentia oppositorum*. Talvez esteja aqui, nessa fratura semiótica em que o sertão e a cidade se tocam, o sentido trágico do espaço rosiano: vale dizer, o sentido de um espaço parado em uma dialética impossível e condenado a existir apenas sob a forma de uma aporia insolúvel: "Ah tempo de jagunço tinha mesmo de acabar, cidade acaba com o sertão. Acaba?".

REFERÊNCIAS BIBLIOGRÁFICAS:

ARRIGUCCI JR., Davi. "O Mundo Misturado: Romance e Experiência em Guimarães Rosa". In: PIZARRO, Ana (org.). *América Latina: Palavra, Literatura e Cultura*. vol. 3: *Vanguarda e Modernidade*. São Paulo, Memorial da América Latina, 1995.

ASSIS, Machado de. *Ressurreição. Romances/1*. Rio de Janeiro/Belo Horizonte, Garnier, 1993.

BARTHES Roland. "Semiologia e Urbanistica". *L'avventura semiologica*. Torino, Einaudi, 1991, pp. 49-59.

30. "Mas o senhor sério tenciona devassar a raso este mar de territórios, para sortimento de conferir o que existe? Tem seus motivos. Agora – digo por mim – o senhor vem, veio tarde. Tempos foram, os costumes demudaram."

BENJAMIN, Walter. "Baudelaire e Parigi". *Angelus Novus. Saggi e Frammenti*. Torino, Einaudi, 1982, pp. 87-160.
BOLLE, Willi. "'Grande Sertão': Cidades". *Literatura e Diferença*. IV Congresso Abralic – Anais. São Paulo, Abralic, 1995, pp. 1065-1080
———. "grandesertão.br ou A Invenção do Brasil". In: LANCIANI, Giulia (org.). *Il che delle cose*. Roma, Bulzoni Editore, 2000, pp. 13-99.
CALABRESE, Stefano. www.letteratura.global. *Il romanzo dopo il postmoderno*. Torino, Einaudi, 2005.
CALVINO, Italo. *Cidades Invisíveis*. São Paulo, Companhia das Letras, 1990.
FAORO, Raymundo. *Machado de Assis: A Pirâmide e o Trapézio*. 3. ed. Rio de Janeiro, Globo, 1988.
GARCIA, Álvaro Andrade. *O Sertão e a Cidade. O Sertão de Guimarães Rosa 50 Anos Depois*. São Paulo, Peirópolis, 2007.
GIL, Fernando Cerisara. "Experiência Urbana e Romance Brasileiro", *Revista Letras*, Curitiba, UFPR, n. 64 (set./dez. 2004), pp. 67-76.
LIMA, Luiz Costa. "O Mundo em Perspectiva". In: COUTINHO, Eduardo F. (org.). *Guimarães Rosa*. Rio de Janeiro, Civilização Brasileira, 1991.
GOMES, Renato Cordeiro. *Todas as Cidades, a Cidade*. Rio de Janeiro, Rocco, 1994.
LOURENÇO, Eduardo. "Guimarães Rosa ou o Terceiro Sertão". *A Nau de Ícaro Seguido de Imagem e Miragem da Lusofonia*. 2 ed. Lisboa, Gradiva, 1999, pp. 203-214.
MARGATO, Izabel. "A Primeira Vista é para os Cegos", *Semear*: Revista da Cátedra Padre António Vieira de Estudos Portugueses, Rio de Janeiro, n. 3, 1999, pp. 37-52.
MORETTI, Franco. "Homo Palpitans. Come il Romanzo ha Plasmato la Personalità Urbana". *Segni e Stili del Moderno*. Torino, Einaudi, 1987, pp. 138-163.
MULINACCI, Roberto. "La Frontiera Scomparsa o del Sertão come Paesaggio Letterario". In: ARSILLO, Vincenzo e FIORANI, Flavio (orgs.), *Sertão∞Pampa. Topografie dell'Immaginario Sudamericano*. Venezia, Cafoscarina, 2007, pp. 45-67.
MUMFORD, Lewis. *La Città nella Storia*, vol. 3: *Dalla Corte alla Città invisibile*. Milano, Bompiani, 1977.
PARK Robert; BURGESS, Edward & MCKENZIE, Roderick. *La Città*. Torino, Edizioni di Comunità, 1999.
PEREIRA, Astrojildo. "Romancista do Segundo Reinado". *Machado de Assis. Ensaios e Apontamentos Avulsos*. 2 ed. Belo Horizonte, Oficina de Livros, 1991, pp. 11-36.
ROSA, João Guimarães. "Páramo". *Estas Estórias*. Rio de Janeiro, Nova Fronteira, 1969.
SCHWARZ, Roberto. "La Capriola di Machado". In: MORETTI, Franco (org.). *Il Romanzo*, vol. V: *Lezioni*. Torino, Einaudi, 2003, pp. 287-307.
TRIGO, Luciano. *O Viajante Imóvel. Machado de Assis e o Rio de Janeiro de seu Tempo*. Rio de Janeiro, Record, 2001.
VIRILIO, Paul. *O Espaço Crítico*. Rio de Janeiro, Ed. 34, 1993.

29.
A *POLIS* COMO EXCEÇÃO: AMBIGUIDADES E TENSÕES TRÁGICAS EM MACHADO E ROSA

ROBERTO VECCHI (UNIVERSITÀ DI BOLOGNA)

> Lá, e por estes meios de caminho, tem nenhum ninguém ciente, não tem o legítimo – o livro que aprende as palavras... É gente pra informação torta, por se fingirem de menos ignorância...
> ROSA, 1994, p. 395.

A oportunidade da comemoração do duplo centenário de Machado de Assis e Guimarães Rosa permite tentar esboçar uma leitura parcial, mas de certo modo combinada, das duas obras, sem uma opção de campo definida. Uma interface, em suma.

O meu objetivo, aliás bem modesto, é de pensar uma morfologia do conto para dois autores que foram certamente os grandes mestres desse gênero virtuosístico. Uma morfologia do conto não de tipo narratológico, mas tentando isolar e analisar um possível eixo comum que permita conjugar as duas monumentais literaturas breves: a presença daquela que definiria uma "morfologia política" com margens comuns que em certos momentos as duas obras parecem compartilhar. E é essa morfologia que remete, a meu ver, na escrita breve dos dois autores, para os elementos constitutivos de uma vertente trágica.

As conexões entre Machado e Rosa são inúmeras, também no território dos contos. Bastaria pensar em estórias de Rosa de tom inteiramente machadiano, como – só para oferecer um exemplo – a do secretário das finanças públicas trepando na palmeira em "Darandina", em *Primeiras Estórias*. No entanto, não se trata só de elos de ordem narrativa ou intertextual que evidenciam a fertilidade de uma conexão entre os dois escritores. Seria pouco, considerando o manancial machadiano de influências sobre toda a modernidade escrita.

No entanto, o que favorece uma conjugação das duas obras a um nível de orientação dos significados, portanto em uma dimensão mais ampla do que a textual, é um aspecto que do ponto de vista crítico hoje pode parecer assente, mas que é de fato o resultado de um amplo percurso de exegese. Poder-se-ia sintetizar este horizonte comum na preocupação dos dois escritores com os problemas da formação do Brasil. Curioso é notar que para ambos a apreensão desta atitude que permeia e torna legível de outro modo a escrita não foi imediata e aliás demorou para ser descortinada. No caso de Machado, em primeiro lugar com Antonio Candido, com o apogeu da *Formação* e o seminal "Esquema Machado de Assis", depois com a renovação crítica que surge na década de 1970 com Schwarz e Gledson – só para dar nomes a um conjunto de leituras bem mais amplo – mostram algo de assente para nós, hoje, ou seja, o apego de Machado aos problemas que lhe eram contemporâneos, de maneira geral poderíamos dizer, o Brasil como "problema". Assim como para Rosa depois de um ensaio pioneiro de Walnice em 1972, *As Formas do Falso: Um Estudo sobre a Ambiguidade em Grande Sertão*, é mais recentemente, na década de 1990, que, com as contribuições de Heloísa Starling, Willi Bolle, Ettore Finazzi Agrò, Luís Roncari, surge uma leitura política predominantemente concentrada sobre o *opus magnum* do romance que se torna assim "o" romance da formação do Brasil, congruente com a tradição dos retratos do Brasil que marcam o aprofundamento da consciência crítica modernista (Bolle, 2004, pp. 20-21).

Dentro destas linhas, as duas obras, sobretudo romanescas, coagulariam uma reflexão representativa dos modos como se deram os impasses da modernização, como que projetos concorrentes da modernidade ficassem tragicamente em aberto, ou em um puro plano de esboço e intenções, em particular na formação do estado e da nação, de como mecanismos de exclusão, aparentemente recalcados no plano declamatório, na verdade continuariam a funcionar de maneira bem mais sofisticada, trocando raça, gênero e classe, na reconfiguração hegemônica dos poderes oligárquicos ou patrimonialistas e nas suas permanências arcaicas. Não romances de tese ou ideológicos, mas escritas que encontram na *forma* seu posicionamento histórico.

É por essas razões que no plano da narrativa breve, o eixo importante é a preocupação com a forma do conto que cria preocupações comuns. É verdade que sempre o conto como forma produz preocupações pela forma do conto. No entanto, há uma *economia* da forma breve que motiva, a meu ver, a leitura combinada de Machado e Rosa contistas, mostrando uma matriz política compartilhável, dentro da irredutibilidade estética e histórica das duas personalidades narrativas.

O primeiro elemento por salientar é a importância da forma breve dentro da obra dos dois "imortais". Se para Machado as duas centenas de contos representam uma via paralela que não sofre rupturas e que registra também as principais viradas literárias do autor, para Rosa a opção pela forma breve é clara tanto de tornar um "acidente", uma exceção, inclusive pela sua macroscópica excentricidade em relação à forma breve, o *Grande Sertão*.

Os dois escritores escrevem muito, mas dentro de uma forma que se destaca pela exiguidade, pela contenção, pela concisão. No caso de Rosa, a progressiva subtração, sempre mais evidente, de dimensões dos contos, de *Sagarana* a *Tutameia* confirma – e codifica – a lucidez sobre a importância do que o texto não diz, o silêncio como matéria compositiva.

Tal providência sobre a contenção da forma do conto é explícita, basta pensar nas notas introdutórias dos livros de contos de Machado como em *Várias Histórias,* onde aponta que a qualidade deles é serem curtos (o que alivia o sofrimento do leitor caso sejam medíocres) ou, por exemplo, no conto muito conhecido "O Empréstimo", onde esta opção é codificada na não menos conhecida "emenda a Sêneca" das *Cartas ao Lucílio*, onde "Tudo isso que se passou em trinta anos, pode algum Balzac metê-lo em trezentas páginas; por que não há de a vida que foi a mestra de Balzac, apertá-lo em trinta ou sessenta minutos?" (Assis, 1992, p. 334).

De modo análogo, em outro exemplo conhecidíssimo, Rosa, no primeiro dos quatro prefácios de *Tutameia*, encerrando a série das "operações subtrativas", exibindo o não-senso dos sentidos extremos, paradoxais, torna exemplar o minimalismo das "terceiras estórias", sancionando em tese que "o livro pode valer pelo muito que nele não deveu caber" (Rosa, 1994, p. 526). Ou seja, contenção significa sobretudo controle do "território" do texto, porque é o exercício deste controle que produz o sentido não em termos extensivos, de ocupação de espaço, mas a partir de uma condição trágica paradigmática, a não-coincidência literal entre a escrita e a vida. Uso o termo território referindo-me à superfície textual porque é, para Foucault, uma metáfora espacial que mostra uma relação com o poder, sendo uma categoria espacial jurídico--política (Foucault, 1977, p. 152), porque me parece adequado para mostrar que a latência-ilatência do jogo de produção semântica do conto acaba de fato por funcionar como um correlativo do paradigma político.

Numa bela leitura justamente de "O Empréstimo" como acesso lateral à compreensão do conto machadiano como um todo, Abel Barros Baptista observa que a teoria da forma breve "requer o narrador autoritário, que afirme, sem réplica possível, o princípio que delimite a forma" (Baptista, 2007,

p. 293). Mais do que autoritário, acrescentaria que o narrador exerce uma função de poder soberano que, pelo uso da relação de exceção ou de bando, para ficar no jargão teológico-politico do paradigma soberano de Schmitt e Agamben, aciona para incluir ou excluir, no território textual, as possibilidades de apreensão do conto. Isso então tornaria a economia da narração um limiar de indistinção entre dentro e fora, entre compreensão e ambiguidade, de disputa de *locus* (Agamben, 2003, p. 34) como ocorre em termos políticos com a exceção, isto é, de modo mais complexo em relação à simples exclusão.

Assim, o leitor do conto sempre se encontrará numa condição de "abandono", não só pela correlação entre as duas relações, a de exceção e a de bando (Agamben, 1995, p. 34) ou porque a lei do abandono é o outro da lei que paradoxalmente a institui, como a define Jean-Luc Nancy (Nancy, 1995, p. 19), mas também pela ambiguidade de fundo da condição do abandono, ao mesmo tempo dentro e fora, vinculada e livre, preso e banido. Sintonizado ou confuso, sacou ou não sacou?, diríamos.

O recurso à exceção narrativa sobre a qual se fundaria uma instância soberana permite questionar outro aspecto constitutivo da forma do conto. Na tradição se detecta uma descendência da forma breve dos *exempla* clássicos cuja modernização funda uma das matrizes do conto "de proveito e exemplo". A exemplaridade do conto moderno, do conto de Machado e de Rosa, repõe a questão de qual é o *exemplum* para que remetem, em um momento em que a experiência não transmite mais exemplaridade nenhuma. Se o exemplo é a particularidade representativa de uma regra, a exceção é o caso extremo ou extraordinário da regra, o que mostra substancialmente como tanto o exemplo quanto a exceção, de posições diferentes, sempre remetem ao funcionamento ou à disfunção da norma. Sempre Agamben, de fato, coloca os dois lugares numa posição simétrica mais do que opositiva, funcionando como um quiasmo: a exceção como exclusão inclusiva (incluindo o que se encontra posto por fora) e o exemplo como inclusão exclusiva (ou seja, exibindo o que se encontra por dentro). O esquema, no entanto, não é rígido mas muito mais dinâmico, não excluindo pontos de contato, uma basculação entre exceção e exemplo que pode chegar a superposições.

Será então por isso que nos contos, onde percebemos, diríamos com Candido (1993, p. 152) a "diferença Brasil", o rasto do País, dos desajustes da sua formação, a exceção se torne ou ressoe como tão *exemplar* dos mecanismos mais profundos com que se articula o ritmo social do País? Como se as epistemologias falhassem e os paradoxos se tornassem teoria ou paradigma, o que é de certo modo uma síntese do conto machadiano, do *Alienista* à *Teoria do Medalhão*, que encena as aporias trágicas da cultura nas restrições, excepcionais e exemplares em simultâneo, da modernidade periférica.

Tanto Machado quanto Rosa, apesar de tornar cada experiência de conto um lugar crítico de reflexão sobre a forma do conto que permanece sempre em jogo, elaboram posturas curiosamente solidárias quanto ao funcionamento desse território textual de eleição. A narrativa breve como diagrama literário de um estado de exceção encontra em ambos os casos um correlativo comum. Sempre de olho no conto de *Papéis Avulsos*, nas linhas exordiais: "Vou divulgar uma anedota, mas uma anedota no genuíno sentido do vocábulo, que o vulgo ampliou às historietas de pura invenção. Esta é verdadeira; podia citar algumas pessoas que a sabem tão bem como eu" (Machado, 1992, p. 333). Assim, em "Aletria e Hermenêutica", observa-se, nos primeiros palpites definitórios da estória sempre como exceção:

> A estória, às vezes, quer-se um pouco parecida à anedota. A anedota pela etimologia e para a finalidade, requer fechado ineditismo. Uma anedota é como um fósforo: riscado, deflagrada, foi-se a serventia. Mas sirva talvez ainda outro emprego [...] Nem será sem razão que a palavra "graça" guarde os sentidos de *gracejo*, de *dom sobrenatural*, e de *atrativo*. [...] Não é o chiste rasa coisa ordinária; tanto seja porque escancha os planos da lógica, propondo-nos realidade superior e dimensões para mágicos novos sistemas de pensamento (Rosa, 1994, p. 519).

O conto que encontra na anedota o seu correlativo de qualquer modo é o aspecto relevante por salientar; diz respeito, como se infere pelas próprias citações, não tanto – ou não só – a uma quantidade textual, a dimensões portanto exíguas, sendo a anedota uma forma evidentemente breve, mas, bem mais, a uma qualidade dos seus mecanismos de funcionamento. A anedota, enquanto "narrativa breve de um fato engraçado" ou "particularidade curiosa ou jocosa que acontece à margem dos eventos mais importantes" (do Houaiss), se relaciona diretamente com a área semântica dos "jogos de espírito", como o chiste definido por Rosa em *Tutameia*, com uma extensão que abrange também o conto machadiano. Tal chave crítica que, mesmo metanarrativamente, inscreve o conto no campo do *Witz*, do jogo de espírito, proporciona uma ferramenta adequada para interpretarmos linhas de força comuns entre as duas escritas breves. É sempre bom lembrar que o *Witz* remete diretamente para o campo do conhecimento (pelo elo etimológico de *wissen*, saber) e que, como apontam Lacoue-Labarthe e Jean-Luc Nancy, não é um gênero literário novo ou próprio, mas uma "qualidade" que atravessa todos os gêneros e decerto os "ilimita", sendo um "saber-ver imediato, absoluto" (Prado Coelho, 1997, pp. 25-26).

Não interessa aqui uma leitura freudiana (o famoso ensaio) ou lacaniana (o seminário 5) do *Witz* como modo para acessar as formações do inconsciente, mas, muito mais, uma leitura "política" das argúcias ou jogos verbais. Recentemente, de fato, Paolo Virno, numa bela leitura do *Witz* a partir de bases sobretudo da filosofia política, assumiu o jogo de espírito como um território privilegiado para aprofundar as relações entre o plano – formal – da gramática (as regras do jogo) e o plano empírico da práxis humana (os fatos aos quais as regras se devem aplicar), derivando que os primeiros funcionam como um diagrama dos segundos, ou seja, no sentido do ícone peirciano, reproduzindo a estrutura e as relações internas, em miniatura, de um fenômeno social em uma determinada situação crítica. A suspensão de uma regra no limiar entre práxis e gramática inscreve o jogo de espírito naquele labirinto caótico, jurídico-político, que é o *estado de exceção*. É nesse sentido que o jogo verbal, praticando um desvio da direção argumentativa linear prescrita pela norma, no caso particular, exibe essencialmente, de acordo com Virno, que toda a aplicação das regras sempre guarda em si um fragmento de estado de exceção que não se dissolve: a argúcia é a forma discursiva que expõe, que põe em luz, este fragmento (Virno, 2005, p. 11).

Isso num quadro de exiguidade dos "materiais" comunicativos. Já Freud, com efeito, observa que a argúcia diz o que tem de dizer não sempre com poucas, mas com palavras insuficientes em relação aos normais padrões de pensamento ou fala (*idem*, p. 32). A brevidade, o discurso lacunoso, agem sobre o não-dito, sobre o silêncio, compartilhando assim o envolvimento do interlocutor na apreensão do discurso. O jogo linguístico, a anedota, se inscreve, de fato, na complexidade de certo modo trágica de como aplicar uma regra a um caso particular. Há também um outro aspecto fundamental do jogo linguístico: para garantir o seu efeito de que também Freud assinala que é a presença da terceira pessoa. (Eu escreveria esta frase assim: Há ainda um outro aspecto fundamental do jogo linguístico: para garantir o seu efeito é indispensável a presença da terceira pessoa.) Ou seja, além do autor e da vítima do *Witz*, a primeira e a segunda pessoa, para que ele funcione é preciso que haja outras pessoas, ou seja, um público: não se concebe um jogo de espírito no espaço privado, mas ele faz sentido, na alternativa entre senso e não-senso, somente na esfera pública; por isso, "fazer algo cuja realidade depende integralmente da presença de outros é, no sentido pleno e forte, uma *ação pública*" (*idem*, p. 20).

A adesão a esse mecanismo constitutivo e implícito do *Witz*, do jogo discursivo de espírito, da anedota em suma, tanto por parte de Machado como por parte de Rosa, na sua narrativa justamente *breve*, torna assim mais compreensível o funcionamento do conto ou da estória como narrativas onde sempre um fragmento de exceção, na aplicação da regra ao caso específico, permanece exposto.

Os desvios que se podem repertoriar, no limiar de norma e paradoxo, nesse sentido são múltiplos. Faz parte de uma estratégia do conto machadiano dar conta de uma situação "normal" imediatamente truncando o fluxo circular da experiência com um desvio – que pode ser até ligeiro, de sentido, com uma troca oximórica do real constante: a inocência pela ferocidade, o elevado pelo rebaixado – que no entanto remete para a capacidade de apreensão da terceira pessoa, isto é de quem se depara com a narrativa, portanto no espaço público. O movimento de adequação revela a função/desfunção da norma exibindo o resto de exceção que não se dilui.

Rosa, nessa perspectiva, não só enxuga e subtrai texto, por exemplo no trânsito das *Primeiras Estórias* para *Tutameia*, tornando-as tão concisas a ponto de prejudicar a possibilidade de apreensão imediata de um enredo verdadeiro. Na codificação dos prefácios do volume de estórias de 1967, conjugando a proliferação de ensaios que marca uma obra projetada como um engenhoso dispositivo, o estado de exceção desde logo se coloca como um elemento distintivo da estória na sua relação contundente com a História. Mas é no plano da forma, da *anedota de abstração*, do *Witz* portanto, que se evidencia a colisão com o não-senso de que o primeiro prefácio, na verdade, é um repertório onde pela lâmina do paradoxo, do não-senso evidencia como a linguagem, na sua não-coincidência plena com o sentido, produz o efeito de "dizer" o nada pela argúcia: "O nada é uma faca sem lâmina, da qual se tirou o cabo..." (Rosa, 1994, p. 521). Assim como uma exceção residuária capta-se nos neologismos do segundo prefácio, confirmando como a própria linguagem, como forma soberana do poder, encontra-se em permanente estado de exceção. E a exceção continua nos outros prefácios, pelos paradoxos do bêbado ou do vaqueiro. Na circularidade da exceção que se desloca do semântico para o sintático e vice-versa, o que se ressalta no resgate do conto pela forma da anedota é, no fundo, a não-coincidência entre frase e discurso, entre a própria semiótica e a semântica do conto, cujos efeitos de sentido se multiplicam e ecoam a partir do desvio produzidos pelos não-sentidos. Um recurso decisivo, portanto.

A exceção, em suma, é implicada pelo próprio conto, é imanente à própria forma do texto. No entanto, para ele produzir os efeitos comparáveis à ação inovadora, ao êxodo de uma situação de crise, – o duplo senso, o contrassenso, o não-senso que mostram os paradoxos na relação entre a regra e sua aplicação – muito depende não só da habilidade do contista, mas também e especialmente do espaço público.

Mas qual espaço público, que é em si já um espaço heterogêneo, quando contextualizarmos a *pólis* no Brasil, machadiano e rosiano, ainda que em duas épocas marcadas por diferenças profundas? Os problemas da formação, da constituição incompleta de um espaço público a partir de bases em boa substância desintegradas, aqui surgem e agem diretamente na forma com as possibilidades de apreensão dos contos, com a característica de ser a narração, na ambiguidade de senso e não-senso, uma "ação pública".

Fora da lógica moderna, a esfera privada representa o lado encoberto e obscuro do espaço público (Arendt, 2006, p. 47). Trata-se de uma situação que encontramos na formação do Brasil moderno onde esfera privada e espaço público não são alternativos ou concorrentes mas se encontram misturados, coexistentes, nem por isso em disputa, no mesmo espaço. De fato, é particular a relação que no processo formativo se institui entre as duas categorias fundamentais da *Política* de Aristóteles, a *oikonomia* como administração da *oikia*, da casa, e a da *pólis*, como governo da cidade, diríamos, a esfera privada e a esfera pública. Elas encontram, dentro das relações "cordiais", uma sobreposição variável, aproximando assim às vezes, até quase uma coincidência, o estado de exceção e a norma. A *oikonomia* de fato é o espaço de relações heterogêneas onde estão incluídos os elos despóticos (patrões e escravo), paternos (pais e filhos) e gâmicos (marido e mulher) Aliás, como recentemente Agamben mostrou, a partir do sexto-sétimo século, no âmbito do direito cânonico bizantino, o termo *oikonomia* assume o sentido de exceção, que seria justamente uma decisão que não aplica estritamente a lei mas usa a economia para se efetivar (Agamben, 2007, pp. 63-64).

Em um quadro assim configurado, a *pólis* e a *oikonomia*, norma e exceção entretêm mútuas e múltiplas relações, a própria *pólis* assim se inscreve na permanência do estado de exceção. É por isso que ao texto da *pólis* se combina sempre um subtexto da exceção, de uma esfera privada que reluta em se dissolver, inclusive dentro das condições aparentemente desvantajosas (para ela) da modernidade: o que funda assim uma forma própria do moderno "brasileiro" dramatizada pela literatura de Machado e também de Rosa.

Poder-se-ia pensar que tal contexto ambivalente, que a própria exceção duplica, inelutavelmente não poderia deixar de produzir a tal forma polivalente, de coincidência arcaico-moderna. No entanto, há um plano mais complexo que mostra a não-reflexividade, nos dois autores, do contexto pelo texto, mas justamente o conflito aberto e sem síntese para a representação que os dois planos instauram.

Também a tragédia clássica de fato se funda não a partir de uma homogeneidade do contexto ou da língua, mas, como evidenciou Jean-Pierre Vernant num ensaio justamente famoso ("Tensões e Ambiguidades na Tragédia Grega"), há sempre pelo menos um contrassenso – ou um duplo senso – no senso do trágico. Ao lado das tensões mais evidentes que demarcam o horizonte do trágico, de fato – a dualidade entre o herói e o coro, entre o passado e o presente, entre o universo do mito e o da *pólis* (Vernant, 1994, pp. 35-36) há uma dualidade mais formal constituída pela língua da tragédia que se estrutura como uma multiplicidade de níveis e de distâncias linguísticas no seu âmago. Por isso, as linguagens trágicas são distantes do debate jurídico: apesar da proliferação de termos jurídicos, eles não possuem na tragédia um sentido unívoco, mas o seu uso se baseia nas oscilações, nas bifurcações, nos deslizes de significado. É suficiente pensar num dos casos mais conhecido, o da *Antígona* sofocliana onde o termo *nómos* possui, como é sabido, um sentido ancípite que remete para as concepções irredutíveis de Antígona e Creonte, proporcionando aliás o núcleo essencial da tragédia. A ambiguidade trágica se inscreve no fato de que na tragédia o que é posto em causa é a própria *pólis* que se mostra em choque, dilacerada, como um todo problemático (*idem*, p. 43). Ela tem como contrapartida figural a ironia trágica de acordo com a qual não só o herói pode ser levado a sério literalmente, o que proporciona a experiência negativa do sentido que ele não reconhecia, mas o coro oscila entre o sentido e o outro ou formulando um significado obscuro e inapreensível com um "jogo de palavras", uma "expressão de duplo sentido" (*idem*, p. 44).

No entanto, não é só a condição ambígua que a tragédia compartilha com o *Witz* – e com as nossas estórias. Assim assumida, a tragédia funciona de fato como uma ação pública, ou política, como o senso do trágico pode ser captado pelo espectador, portanto no espaço público, da *pólis* onde a ambiguidade se pode tornar transparente. Mas também o trágico, confirmando a problematicidade da aplicação de uma regra univocamente, exibe sempre um resíduo de estado de exceção que não se deixa suprimir: o estado de exceção do trágico, da linguagem da tragédia. Talvez seja isso que torne complexo, contraditório, às vezes "trágico" o próprio debate sobre a definição do trágico em particular nas suas declinações modernas.

O que importa desta reconstrução é como, no contexto brasileiro de indeterminação de *oikonomia* e *pólis*, as possibilidades admitidas pela situação, pela ação de termos duais, torne a ambiguidade – ou a ironia – trágica um traço constitutivo da forma da narrativa breve, como se em jogo na própria escrita sempre a formação estivesse em cena, fosse dramatizada, o que possibilitaria na leitura contrastiva, entre Machado e Rosa, uma radiografia muito pormenorizada dos impasses das modernizações cujos projetos ocupavam a cena (ruinosamente) nas duas épocas.

Em um plano menos abstrato, é oportuno apreciar a função de anedota do conto ou da estória como lugar textual onde, dir-se-ia, uma história como exceção é questionada pelo estado de exceção implicado pela forma breve. O exercício torna-se evidente em contos que podemos definir "filológicos", onde a aparente atenção metanarrativa na verdade expõe – e a exposição é uma forma de exceção, pelo menos no plano semântico – o papel que a ambiguidade produzida por um duplo *nómos*, uma dupla norma remetendo para ordens contraditórias e coexistentes, desempenha funcionando não só no plano do conteúdo da representação mas do modo, do como a representação se articula, a partir portanto de uma forma. O que inscreve o conto no âmbito de uma ação crítica e inovadora que investe o espaço público e pela medida "errada" ou "abusada" do exemplo deixam entrever um modo alternativo de aplicação da regra do jogo, como se a argúcia tal como o conto fosse "o domingo da vida", o "intervalo carnavalesco", mas sobretudo um mapa, em um formato reduzido mostrando, muito além do seu conteúdo, as técnicas pelas quais se modifica uma forma de vida (Virno, 2005, pp. 93-94).

Neste quadro de práxis e exceção, portanto, um conto machadiano como "O Dicionário" (de *Páginas Recolhidas*) e uma estória rosiana como "Famigerado" (*Primeiras Estórias*), famosos inclusive como exemplos "filológicos" das narrativas breves, exibem claramente como o plano linguístico e o plano empírico são intercambiáveis, uma comutação que alimenta a ambivalência no horizonte da apreensão que caracteriza a língua do trágico, onde estar à margem ou por dentro do círculo da *pólis* semantiza o *nómos* em questão, tornando transparente ou opaca a mesma narrativa. Não é só a razão da *brevitas* que, assimilando a narrativa ao jogo de espírito, pelo menos como dispositivo, motiva uma justaposição dos dois contos. A contenção é aqui um traço fundamental, apelando-se para a cooperação do leitor, de quem frui da narrativa, para marcar um ou mais sentidos.

Nos dois contos, há um movimento comum dentro de uma relação que poderíamos ver como um quiasmo. Encenam de fato o desajuste entre exceção e norma, nos dois casos linguísticos, como a norma que decorre não dissolve a exceção que a produz.

No caso do conto de Machado, a exceção é também constitutiva do poder soberano do tanoeiro e poeta sem um olho, Bernardino/Bernardão, cujo poder absoluto não é suficiente para lhe garantir a vitória no certame poético que tem como prêmio a bela Estrelada. Por isso funda uma língua bárbara, um dicionário de Babel sem apego na comunidade, que lhe deveria valer a gloria poética e a felicidade sentimental, mas, surpreendentemente e contra qualquer "lógica" – da narração ou do poder – perde. Ou seja, a exceção se normaliza no contrassenso, apesar da intenção soberana que a queria manter obscura e a narrativa lacunosa se deposita em várias camadas com um desfecho poético – uma citação aparente, outra "exceção" – de Garção remetendo em positivo para "as misturas elegantes" (Machado, 1992, p. 584), o que refrange as interpretações unívocas, abrindo o conto breve para uma leitura que pode ser poética, satírica, crítica, sempre apoiando numa matriz política, implicada pela própria forma. A exceção, portanto, vai para uma norma imposta e abstrata que pelo paradoxo se estabiliza como exceção retorcendo-se contra seu autor, ou seja, o soberano.

Baseado no jogo de sentido duplo, em coerência com a ambiguidade do trágico, a estória-*Witz* "Famigerado" (a que Ana Paula Pacheco dedicou recentemente uma bela leitura da estória como chiste) se bifurca na dicotomia entre etimologia e sentido comum: se a exceção é o jagunço Damázio, que vem de longe para interrogar o narrador, com as " grandezas machas da pessoa instruída" (Rosa, 1994, p. 396), numa inversão irônica, sobre o sentido da palavra, pelo escrúpulo semântico, à procura de uma norma que é excetuada pelo narrador que opta por um dos dois sentidos. Aqui a norma – o sentido corriqueiro derivado do uso – deixa o espaço à exceção (etimológica) mostrando como contribui para fundar, a partir de uma falta, uma contranorma aparente que articula as relações sociais do poder pelo uso da força, sancionada pelas três testemunhas, uma esfera privada que ainda não se diluiu no espaço público. Práxis e língua, regra privada e pública, não poderiam estar mais em contato, tornando-se reciprocamente visíveis, no caso do estado de exceção da estória cujos planos deslizam irremediavelmente em cima do outro, evidenciando a matriz política que subjaz à "economia" da narrativa. *Nómos* político e *nómos* econômico produzem a anfibologia do termo e, portanto, do conto que mostra a complexidade na aplicação de uma regra simples, o significado de um termo, a banalidade equivocável das origens detectáveis e plausíveis da violência privada/pública.

É por essas razões que há uma conexão densa entre as duas narrativas. A forma enxuta e soberana que decide da exceção funciona com a parcimônia semanticamente projetiva do jogo de espírito. Mas, se, por um lado, como no *Witz* e na reflexão filosófica (de Aristóteles e Wittgenstein) sobre a aplicação da norma a uma situação contingente, emerge, no plano da narrativa, a fratura lógica entre uma regra e a sua realização, há uma espécie de suplemento que se acrescenta que se relaciona com a especificidade do espaço público brasileiro: qual norma, se há uma proliferação nômica que pode parecer às vezes anomia? Porque a norma, sempre dupla ou múltipla remetendo para a heterogeneidade formativa da esfera pública, evoca a anfibologia política do trágico. A forma da exceção expõe e põe ainda mais em relevo a exceção do contexto: o que confere ao conto e à estória, separados de quase oitenta anos, a função de representar e/ou mostrar uma *diferença* que chamamos Brasil, do Brasil como "intermediário" (Candido, 1993) que ainda solicita uma reflexão, não temática, mas sobretudo de forma literária, em torno da formação.

Espelho contra espelho, para usar uma imagem de Eduardo Gomes, exceção contra exceção, estória contra História, o conto assim configurado, com seus modos misturados e seu fragmentarismo justamente trágico, dá consistência, dá permanência a outras leituras do Brasil.

Lugares vazios e fantasmáticos de significantes políticos, diria Žižek, (1989, p. 133), cujo traço relevante tem de ser encontrado não já na ação inovadora dessa representação mas na performatividade que se enxerga na constelação Machado-Rosa, no elo quiásmico dos dois contos: quanto mais esses significantes forem "ditos", mais "agirão": é essa a "força da citação" (Butler, 1996, p. 161), a força da "outra" exceção. O que é a garantia, essa, de uma potencial ação política contra-hegemônica. Talvez ainda por fazer.

Mas que há bastante tempo, como vimos, está sendo – tragicamente – pensada.

~

REFERÊNCIAS BIBLIOGRÁFICAS:

AGAMBEN, Giorgio. *Homo Sacer. Il Potere Sovrano e la Nuda Vita.* Torino, Einaudi, 1995.
_____. *Stato di Eccezione. Homo Sacer 2.1.* Torino, Bollati Boringhieri, 2003.
_____. *Il Regno e la Gloria: Per una Genealogia Teologica dell'Economia e del Governo. Homo sacer 2.2.* Treviso, Neri Pozza, 2007.
ARENDT, Hannah. *Vita Activa. La Condizione Umana* [1958]. Milano, Bompiani, 2006.

ASSIS, Machado de. *Obra Completa*. Org. Afrânio Coutinho. vol. II: *Conto e Teatro*. Rio de Janeiro, Nova Aguilar, 1992.
BAPTISTA, Abel Barros de. "Posfácio. A Emenda de Séneca – Machado de Assis e a Forma do Conto". In: ASSIS, Machado de. *O Homem Célebre*. Lisboa, Cotovia, 2007.
BOLLE, Willie. *grandesertão.br*. São Paulo, Duas Cidades/Editora 34, 2004.
BUTLER, Judith. *Corpi che Contano. I Limiti Discorsivi del Sesso*. Milano, Feltrinelli (ed. or. 1997), 1996.
CANDIDO, Antonio. "De Cortiço a Cortiço". *O Discurso e a Cidade*. São Paulo, Duas Cidades, 1993, pp. 123-152.
FOUCAULT, Michel. "Domande a Michel Foucault sulla Geografia". In: FONTANA, Alessandro, & PASQUINO, Pasquale (orgs.). *Microfisica del Potere. Interventi Politici*. Torino, Einaudi, (ed. or. 1976), 1977, pp. 147-161.
NANCY, Jean-Luc. *L'essere abbandonato*. Macerata, Quodlibet, 1995.
PRADO COELHO, Eduardo. *O Cálculo das Sombras*, Porto, Asa, 1997.
ROSA, João Guimarães. *Ficção Completa*. Rio de Janeiro, Nova Aguilar, vol. II, 1994.
VERNANT, Jean-Pierre. "Tensioni e Ambiguità nella Tragedia Greca". In: VERNANT, Jean-Pierre & VIDAL-NAQUET, Pierre. *Saggi su Mito e Tragedia*. Torino, Einaudi (ed. or. 1972), 1994.
VIRNO, Paolo. *Motto di Spirito e Azione Innovativa. Per una Logica del Cambiamento*. Torino, Bollati Boringhieri, 2005.
ŽIŽEK, Slavoj. *The Sublime Object of Ideology*. London/New York, Verso, 1989.

30.
ESCRITAS DO ESPAÇO:
MACHADO DE ASSIS E GUIMARÃES ROSA

LUÍS ALBERTO BRANDÃO (UFMG)

Este texto investiga especulativamente algumas premissas crítico-teóricas de possíveis abordagens que, tendo como referência as obras de Machado de Assis e Guimarães Rosa, pretendessem colocar em primeiro plano elementos tidos como espaciais, tanto em termos histórico-empíricos quanto em termos metafórico-linguageiros. Dois campos de hipóteses se abrem. No primeiro, a obra de Machado de Assis é associada à consolidação da espacialidade urbana no Brasil, com a passagem do modelo de descrição naturalista, típico do viajante, ao do cronista e, por fim, ao do ficcionista. No segundo campo de hipóteses, a obra de Guimarães Rosa é pensada como a revelação, ou construção, de um espaço vazio, um sertão mítico em que se manifestam as contradições entre moderno e arcaico, centro e margem do processo civilizatório.

Machado de Assis: Do Espaço Natural à Ordem Urbana e sua Crítica

O primeiro campo de hipóteses retoma um pressuposto, bastante difundido, de que a obra de Machado de Assis representa uma espécie de culminância dos vários desdobramentos do Romantismo brasileiro, o qual estaria associado ao projeto de estabelecimento de uma espacialidade *qualificada*, isto é, subordinada a índices valorativos, tanto em termos afirmativos quanto em termos críticos, índices concernentes sobretudo à questão da identidade coletiva e da nacionalidade. Dito de outra forma, nesse projeto buscava-se reconhecer – ou postular – a existência de um espaço denominado Brasil.

Tal reconhecimento acarreta que se conceba o espaço não mais como sinônimo de natureza, ou sob o domínio do estado natural, mas como forma de ordenação. Passa-se a pensar o espaço em estado de civilização, ainda que incipiente e precária. É claro que se pode supor que os dois estados ostentam, além de evidentes diferenças, um nível significativo de continuidade. Na base da caracterização de ambas as espacialidades está o mesmo gesto de levantamento e exploração dos "dados" espaciais, ou seja, a elaboração de inventários: no primeiro caso, de elementos da paisagem natural; no segundo, de aspectos da paisagem humana, por meio da crônica ou do que se pode chamar de "literatura de costumes".

A passagem de um estado a outro – a qual, deve-se enfatizar, abarca movimentos de ruptura e de continuidade – se expressa, em termos de produção escrita, na transformação do modelo do viajante no do cronista, transformação que também pressupõe uma mudança de ênfase: do universo selvagem, indômito, para o universo urbano, com seus sistemas de regulação. O cronista ocupa uma posição intermediária entre o viajante naturalista, com sua obsessão descritivista (só que lançada sobre cenas típicas da cidade, motivos urbanos recorrentes), e o romancista, aquele que assume explicitamente a tarefa de ficcionalização, a qual prevê um grau maior de complexidade na forma como são elaboradas as percepções do entorno, da "paisagem" em que aspectos humanos e físicos estão indissoluvelmente ligados.

Se é interessante considerar que a consolidação da crônica como gênero no Brasil, ao longo do século XIX, é correlata, justamente, da consolidação do espaço urbano, deve-se lembrar, porém, que a correlação implica a ultrapassagem do modelo da crônica, quando deixa de haver a premência de descrever a cidade. À medida que o urbano passa a ser irrecusavelmente percebido como espaço prioritário, definidor da identidade coletiva e dos anseios civilizatórios, o cronista pode desvincular-se, lenta e progressivamente, de seu lastro descritivista, segundo o qual o senso de observação é colocado a serviço dos objetos observados. Pode então concentrar-se nos observadores, ou seja, nos sujeitos e nos modos como estes configuram a operação observatória. Pode, sobretudo, colocar em foco as próprias formas que a escrita adota em tal operação. Nessa mudança de ênfase o cronista se torna ficcionista.

Assim, há uma série que vai do viajante ao cronista e ao ficcionista, a qual corresponde à preponderância, na definição de espaço, de outra série, que vai dos aspectos físicos aos físico-humanos aos físico-humano-escriturais, lembrando-se que o caráter englobador que define a sequência deixa claro que os aspectos tendem a ser percebidos como indissociáveis. Se se pensa em termos da relação entre espaço e juízo de valor, pode-se supor que o espaço do viajante é o da inexistência de valores, já que a natureza selvagem é concebida como território refratário aos códigos humanos. O espaço do cronista é o dos valores em conformação, da cidade que se ordena e depara com os obstáculos à ordenação, de um mundo que tenta estabelecer-se e reconhecer-se. O espaço do ficcionista é aquele em que se indaga o modo de atribuir sentido ao espaço: a cidade, consolidada, tenta interpretar-se; os valores do espaço, com a estabilidade conferida pela circunscrição urbana, se questionam; a escrita se percebe em seu movimento de elaborar o espaço.

A tese da culminância representada por Machado de Assis baseia-se, em especial, na defesa de que ele traduz a conquista de um projeto ficcional consistente. Isso significa, simultaneamente, que se considera que em sua obra os sistemas ordenadores da espacialidade urbana brasileira são colocados em foco de modo notavelmente crítico, inclusive quanto à própria ordenação constituída pelo ambiente intelectual da época e pelos regimes de escrita então vigentes. Além da validade da referida tese, caberia analisar, segundo o quadro especulativo aqui esboçado, em que medida também estão presentes, na obra machadiana, os outros dois modelos, mesmo que tal presença se dê como um horizonte difuso, no caso do modelo do cronista, ou como um horizonte negativo, no caso do modelo do viajante.

Guimarães Rosa: Do Espaço Vazio

A noção de vazio é fundamental na história dos diversos significados atribuídos ao termo espaço, chegando a ser tomada, em alguns casos, como sinônima deste termo. Na concepção aristotélica, por exemplo, que define espaço a partir da posição de um corpo entre outros corpos, só pode haver espaço se houver objeto material, raciocínio que implica na inexistência do vazio. Contudo, espaço também pode ser associado ao recipiente que contém os objetos, o qual pode ser uma extensão incorpórea e, no caso da física newtoniana, infinita, espécie de fundo total e imóvel, o espaço absoluto. A noção de vazio é, nessa perspectiva, muito importante, pois equivale a qualquer extensão sem corpo.

Também é possível adotar uma concepção radicalmente relacional de espaço, na qual ele é apenas o resultado de um conjunto de relações entre quaisquer objetos, ou o modo como se organizam, sem que seja relevante a natureza – material ou não – destes. Nessa terceira concepção, pode-se falar de vazio, mas seu estatuto é puramente conceitual; é a decorrência, num sentido estritamente lógico, do arranjo entre objetos, ainda que tal decorrência possa, por um efeito reversivo, se passar por origem ou condição do próprio arranjo, o que explica que o vazio se defina como um estado de potencialidade, aquilo que torna viável a existência de um objeto ou a ocorrência de um evento.

Este conjunto de significados – o vazio impossível, o vazio absoluto, o vazio puramente relacional –, em si mesmo altamente sugestivo, pode ser ativado em sua vocação metafórica e projetado em outros campos semânticos e de conhecimento. É viável especular, por exemplo, se ao terceiro sentido não corresponde determinada concepção de história, tipicamente contemporânea. Pode-se também conjecturar se, a partir da primeira acepção, não cabe desenvolver todo um debate sobre as diversas vertentes do pensamento materialista. Além disso, é possível questionar se o segundo significado, aquele que postula um espaço absoluto, não desemboca necessariamente em algum tipo de misticismo ou de metafísica. Enfim, a partir desses muitos vetores que compõem a noção de vazio, pode-se armar uma equação conceitual que tem história, materialismo e metafísica como variáveis.

É bastante tentador sugerir que a equação descreve – de modo produtivo, isto é, enfatizando a riqueza de suas tensões – o universo espacial de Guimarães Rosa no que tange à sua propensão mítica. Com certeza seria necessário, primeiramente, explorar a própria vinculação entre as noções de vazio e de espaço mítico. Na equação aqui proposta, que equipara vazio a mito, ocorre a refutação recíproca entre as três variáveis, o que não significa que elas se anulem, ou que não convivam em arranjos conflituosos e instáveis. Assim, deve-se lembrar que o mito repele a história, ainda que esteja imerso nela, ainda que possa ser descrito sob o prisma desta. O mito repele o materialismo, ainda que dele se alimente ao tomar a matéria como base para a formulação de arquétipos, ou seja, ao elevar a um nível de abstração ou de idealidade – no que concerne a supostas "disposições anímicas" irrecusáveis e universais – o que em princípio se define por sua concretude e estrita contingência física. O mito, contudo, não repele as perspectivas metafísica e mística; pelo contrário, trata-se do mesmo solo, estendido sob o horizonte do absoluto.

Dessa maneira, o que é mais revelador, quando se associam mito e vazio, talvez seja o fato de que o primeiro termo explicita a tendência absolutizante subsumida no segundo. Tal explicitação conduz ao entendimento da noção de vazio segundo um parâmetro que é, sem dúvida, determinante, mesmo que usualmente tomado como princípio contrastivo ou mesmo oposto: o parâmetro da plenitude. Em outras palavras, espaço vazio, conforme a perspectiva mítica, equivale a espaço pleno. Aqui vale a pena lembrar uma das definições mais concisas e eficazes de mito, elaborada por Fernando Pessoa, no livro *Mensagem*: o mito é o nada que é tudo.

É importante enfatizar, além disso, que a correlação de *vazio* e *nada* remete também ao fato de que à noção de *nada* se dedica uma antiga polêmica entre correntes filosóficas, a qual pode ser resumida, por um lado, na defesa da negatividade do nada (o nada é negação de um ser determinado, é a alteridade do ser) e, por outro lado, no pressuposto da autonomia, ou mesmo da positividade, inapreensível do nada (o nada é o não-ser absoluto).

Em toda a literatura moderna se pode constatar, embora com diferentes intensidades e combinações, a ambivalência na qual se alternam ou coexistem as duas tendências. Conforme a primeira, o nada se apresenta como resultado do esvaziamento dos espaços tidos como plenos, esvaziamento que viabiliza a criação de campos de possíveis nos quais os mais diversos tipos de conexões, sistemas narrativos, modos de imaginação são exercitados. De acordo com a segunda tendência, o nada é um vazio aparente, na verdade uma plenitude inquestionável, uma totalidade prévia e sempiterna a que só cabe pretender desvelar.

Nessas duas tendências podem ser observados o caráter radicalmente irônico bem como a feição utopicamente épica da literatura moderna, ou, de modo mais específico, da literatura pertencente ao "alto modernismo", sobretudo o romance. No caso da obra de Guimarães Rosa, o vazio do sertão pode ser lido como a cultura urbana em negativo. Todavia, também pode ser lido como gesto, cujo atributo é francamente mítico, de fundação de uma espacialidade arquetípica e metafísica. No vazio rosiano se constatam tanto a vocação crítica e autocrítica da ficção – cuja força, paradoxalmente, só pode se alimentar de sua precariedade – quanto o flerte com a afirmatividade do mito, comprometido com o projeto de explicitar (ou, talvez, forjar) um solo arquetípico no qual todas as sínteses sejam possíveis: entre o acidental e o perene, entre o "causo" e a verdade; e, em especial, entre o particular e o universal (síntese romântica por excelência).

Do Vazio à Cidade, da Cidade ao Vazio

Pode ser proveitoso explorar o cruzamento dos dois campos de hipóteses acima esboçados, com a finalidade de sugerir um movimento geral dos regimes espaciais na literatura brasileira. Esse movimento seria composto de dois polos: o vazio e a cidade. Cada um deles desempenha função específica. No caso de Machado de Assis, o vazio atua como horizonte negativo: o vetor que leva à obra machadiana nega o espaço vazio – natural, refratário à ordenação –, a partir da afirmação do espaço urbano, humano, submetido à ordem. No caso de Guimarães Rosa, há o movimento contrário: o que atua como horizonte negativo é a cidade; o universo ficcional se erige e desenvolve por intermédio da afirmação do vazio, em sua acepção tendencialmente mítica.

Do vazio à cidade em Machado; da cidade ao vazio em Rosa – tal sistema simétrico e reversivo é, sem dúvida, excessivamente elementar, e exigiria inúmeros reparos e adaptações. No caso de Machado de Assis, seria preciso levar em conta, como se viu, o papel fundamental desempenhado pela crítica à cidade e a seu modelo de civilização. Assim, o gesto machadiano revela-se, por excelência, irônico, prioritariamente marcado pela negatividade. Pensando de maneira paradoxal, porém, o estabelecimento da negatividade como típica da cultura urbana moderna pode também ser compreendido como gesto afirmativo. No caso de Guimarães Rosa, há uma ambivalência no modo como a negatividade irônica se emparelha à afirmatividade mítica. O gesto afirmativo, com sua dimensão nitidamente épica, só pode-se realizar a partir da constatação do quanto é inviável. Pensando-se paradoxalmente, a afirmatividade épica rosiana, nutrida no solo do vazio, só pode gerar os frutos negativos que reconduzem à ironia caracteristicamente urbana.

O sistema interpretativo básico aqui delineado – do vazio à cidade em Machado de Assis; da cidade ao vazio em Guimarães Rosa – apresenta, apesar de todas as limitações, uma concisão tão impressionante e sugestiva que talvez valha a pena tomá-lo como base para outras especulações que vinculem espaço e literatura, como referência para a proposição de uma cartografia literária da cultura brasileira.

INTERLOCUÇÕES: MACHADO E ROSA

31.
A LOUCURA PADECENTE DE MINAS GERAIS NAS OBRAS DE MACHADO DE ASSIS E GUIMARÃES ROSA

FÁBIO LUCAS

Doenças mentais, herdadas ou adquiridas, povoam as investigações genéticas e estilísticas do fenômeno literário que constitui a obra de Machado de Assis. Seu conjunto polimorfo equivale a uma tempestade nos trópicos.

Doente, frágil e temeroso a vida inteira, o ficcionista exprimiu, entretanto, com denodo e constância, o tédio e o protesto socioexistencial, para além da moldura periférica, dentro da qual se formou e teve de operar.

A sociedade atônita procurou, de todos os modos, aprisioná-lo às convenções. Mais ainda, ao convencionalismo e ao deserto infindo dos lugares-comuns.

A Ciência Ocidental caiu-lhe em cima, no afã de interpretar seu espírito exclusivo. Ela vinha curvada sob um saco de ferramentas enferrujadas: determinismo, evolucionismo mecânico, esquemas redutores do Realismo, gramaticalidade normativa, sem contar as evidências estruturalistas, biunívocas, dos modelos retóricos, até as fumaças pós-modernas, tudo ante as bombardas de efeito explosivo e efêmero. A cegueira da leitura preconceituosa bateu no escritor pela omissão dos escravos e da agitação republicana, inteiramente despercebida do seu texto exaustivamente corrosivo e devastadoramente avaliativo.

A Assustadora Viagem a Barbacena

A convite de Ernesto Cybrão e Antônio Martins Marinhas, diretores da Companhia Pastoril Mineira, o casal Carolina e Machado de Assis foi visitar as fazendas da Companhia em Santa Cruz do Rio Verde, Sítio (hoje Antônio Carlos), Benfica, Três Corações e outras localidades.

A primeira parada foi em Barbacena. Data da viagem: 17 de janeiro de 1890, uma terça-feira, a partir da estação D. Pedro II, rumo a Juiz de Fora. A chegada se deu a 18 de manhã, seguindo-se para Benfica à tarde. Segundo conta Francisca de Basto Cordeiro:

> Depois do descanso e do lauto almoço, refeito o grupo, galgáramos as ruas íngremes e pedregosas, para visitar a Igreja onde, ao que se dizia, havia preciosas obras de arte. O dia estava lindo. Ensolarado. Sem nuvens. A súbitas, armou-se no céu tremenda tempestade com trovões e coriscos. Apavorado com as descargas elétricas, Machado de Assis recolheu-se imediatamente ao quarto donde nem para o jantar saiu. D. Carolina desculpou-o, dizendo: As tempestades fazem-lhe mal aos nervos. Mete-se na cama e cobre a cabeça com as cobertas. Acho que vamos volver d'aqui. E assim o fizeram, enquanto o resto da caravana prosseguia viagem (cf. *Machado de Assis que Eu Vi*, Rio de Janeiro, Livraria S. José, 1961, pp. 40-41).

Ubiratan Machado ratifica a informação em alguns pontos. Baseado em pesquisa do jornalista Dormevilly Nóbrega, de Juiz de Fora, informa: "Na noite de 17 de janeiro de 1890, uma terça-feira, na Estação D. Pedro II, Machado embarcou no noturno mineiro, chegando a Juiz de Fora na manhã do dia seguinte. Ali permaneceu algumas hora, seguindo à tarde para Benfica, por trem".

A narrativa de Francisca de Basto Cordeiro diz que os excursionistas seguiram direto para Barbacena, "cidade velha e feiíssima, enladeirada e com péssimo calçamento de pedras irregulares". Ou a sua memória falhou ou, o mais provável, Machado fez um roteiro diferente dos companheiros de viagem, inclusive Carolina. Deve ter ido um dia antes dos demais, em companhia de Marinhas. É o que sugere a notícia publicada no dia 19 em *O Pharol*, principal jornal de Juiz de Fora, assinalando apenas a presença do escritor e do diretor da Pastoril Mineira na cidade:

> Vindo da capital federal, chegou ontem pelo expresso, à nossa cidade este aplaudido homem de letras, que aqui demorou-se apenas algumas horas, seguindo à tarde para Benfica em companhia do comerciante A. Martins Marinhas, um dos dignos diretores da Companhia Pastoril Mineira.
>
> Apresentamos ao distinto literato as nossas saudações (cf. Ubiratan Machado, *Três Vezes Machado de Assis*, São Paulo, Ateliê/Oficina do Livro Rubens Borba de Moraes, 2007, pp. 16-17).

Disso tudo, desejamos destacar a visita de Machado de Assis a Barbacena. O assunto estará ligado ao vivo interesse do escritor pelo estudo das condições extremas da alma humana. Ele próprio se verá envolvido por duas tenazes de condicionamento psíquico, tanto às esferas da herança biológica quanto às da convivência.

Com efeito, atormentava-o o fatalismo da epilepsia, de cujas crises, transformadas em espetáculo público, o envergonhavam até o limite da humilhação. Não menos constrangedor era o seu drama de origem, mulato de evidentes raízes negras, numa sociedade de fortes discriminações raciais. Tais circunstâncias entravavam os seus naturais impulsos de ascensão, tornando-o hipersensível e, ao mesmo tempo, observador profundo das contingências humanas. Paulatinamente, foi-se aprimorando nos juízos críticos e na absoluta descrença no aperfeiçoamento do homem. Não se fiava dos princípios de regeneração ou de amelhoramento da espécie.

Certo é que episódios de medo vivencial (o temor dos trovões, por exemplo) e de eventuais ataques epilépticos o fragilizavam física e mentalmente. E fizeram-no construir redes de proteção pessoal que lhe valeram, como escudo, cultivar amargo ceticismo.

O gênio literário adestrava-lhe cada vez mais o potencial de expressão. Usou da linguagem satírica, ou dos textos parodísticos, para alvejar a cidadela dos homens e de suas instituições. E pasmou, sempre que possível, com o descontrole mental dos loucos.

Já nos detivemos nos aspectos que psicólogos e psicanalistas exploraram na obra de Machado de Assis, bem como nos conteúdos de suas leituras acerca da psiquê humana. O que interessa, agora, são as marcas depositadas em seu espírito pela viagem até Barbacena. Quando produziu *Quincas Borba*, romance publicado em 1981, utilizou a cidade mineira para significar o lugar propício para o nascimento e a morte de Rubião. Vale escrutinar os momentos derradeiros da infortunada personagem que Machado criou. Rubião tornara-se herdeiro de Quincas Borba, outra extravagante personagem, esta, sim, geradora do célebre aforismo: "ao vencedor, as batatas". O relato não passa de refinada exposição do princípio Humanitas, nas palavras de Quincas Borba a Rubião:

> Não há morte. O encontro de duas expansões, ou a expansão de duas formas, pode determinar a supressão de uma delas; mas, rigorosamente, não há morte, há vida, porque a supressão de uma é a condição da sobrevivência da outra, e a destruição não atinge o princípio universal e comum. Daí o caráter conservador e benéfico da morte. Supõe tu um campo de batatas e duas tribos famintas. As batatas apenas chegam para alimentar uma das tribos, que assim adquire forças para transpor a montanha e ir à outra vertente, onde há batatas em abundância; mas, se as duas tribos dividirem em paz as batatas do campo, não chegam a nutrir-se sufi-

cientemente e morrem de inanição. A paz, nesse caso, é a destruição; a guerra é a conservação. Uma das tribos extermina a outra e recolhe os despojos. Daí a alegria da vitória, os hinos, aclamações, recompensas públicas, e todos os demais efeitos das ações bélicas. Se a guerra não fosse isso, tais demonstrações não chegariam a dar-se, pelo motivo real de que o homem só comemora e ama o que lhe é aprazível ou vantajoso, e pelo motivo racional de que nenhuma pessoa canoniza uma ação que virtualmente a destrói. Ao vencido, ódio ou compaixão; ao vencedor, as batatas (cf. *Quincas Borba*, capítulo VI, em *Machado de Assis, Obra Completa*, vol. I, Rio de Janeiro, Aguilar, 1959, p. 560).

No fundo, o romance *Quincas Borba* se aplica em definir os vencedores, segundo a óptica um tanto cáustica de Machado: os solertes, os simuladores, em suma, toda a casta de mesquinhos e espertalhões, tangida pelos interesses da hora.

Mais tarde, Quincas Borba, em plena decadência, intitulara-se Santo Agostinho, denunciava, com esquisitices e alteração de humor, "prenúncios da ruína total do cérebro. Morria antes de morrer", reza o texto no capítulo X.

Interessa perscrutar a lenta caminhada de Rubião para a demência e, finalmente, o fato de ser recolhido a uma casa de saúde, da qual escapulira em dada circunstância, sem deixar aviso. O capítulo CXCIV inicia-se com a revelação: "Como achar, porém, o nosso Rubião nem o cachorro, se ambos haviam partido para Barbacena?" E o capítulo CXCV principia com o registro:

Rubião, logo que chegou a Barbacena e começou a subir a rua que ora se chama de Tiradentes, exclamou parando: – Ao vencedor, as batatas! Tinha-as esquecido de todo, a fórmula e a alegoria. De repente, como se as sílabas houvessem ficado no ar, intactas, aguardando alguém que as pudesse entender, uniu-as, recompôs a fórmula, e proferiu-a com a mesma ênfase daquele dia em que a tomou por lei da vida e da verdade. Não se lembrava inteiramente da alegoria; mas, a palavra deu-lhe o sentido vago da luta e da vitória.

Adiante: "Rubião voltou-se, e do alto da rua estendeu os olhos abaixo e ao longe. Era ela, era Barbacena; a velha cidade natal ia-se-lhe desentranhando das profundas camadas da memória".

A seguir, o capítulo CXCVI evoca, de certo modo, a tempestade a que Machado de Assis assistirá mais ou menos apavorado. A mesma que agora castigava Rubião e o cachorro Quincas Borba:

Súbito, relampejou; as nuvens amontoavam-se às pressas. Relampejou mais forte, e estalou um trovão. Começou a chuviscar grosso, mais grosso, até que desabou a tempestade. Rubião, que aos primeiros pingos, deixara a igreja, foi andando rua abaixo, seguido sempre do cão, faminto e fiel, ambos tontos, debaixo do aguaceiro, sem destino, sem esperança de pouso ou de comida... (*op. cit.*, p. 723).

O final do capítulo é patético: "Já se não lembrava do motivo que o fizera mudar de rumo, e desceu outra vez, e o cão atrás, sem entender nem fugir, um e outro alagados, confusos, ao som da trovoada rija e contínua".

O término do romance narra o delírio de Rubião e o seu inaudito sofrimento, a exclamar confusamente "Ao vencedor, as batatas", a essência de Humanitas, a filosofia do amigo Quincas Borba.

Abrigado por uma comadre, Rubião sofreu a natural censura dos invejosos:

> Alguns antigos desafetos do Rubião iam entrando, sem cerimônia, para gozá--lo melhor; e diziam à comadre que não lhe convinha ficar com um doudo em casa, era perigoso; devia mandá-lo para a cadeia, até que a autoridade o remetesse para outra parte. Pessoa mais compassiva lembrou a conveniência de chamar o doutor. – Doutor para quê? Acudiu um dos primeiros. Este homem está maluco (*op. cit.*, p. 724).

O certo é que Machado de Assis, ao descrever a morte de Rubião, ilustra-a com singular analogia ao D. Quixote, uma das suas mais extremas admirações. Mas a agonia da personagem de Machado é mais vibrante que a da personagem imaginada por Cervantes. Também o cão se extinguiu pouco depois.

As palavras finais do romance incluem a mais terrível reflexão do romancista acerca da destinação do ser humano ao apostrofar o leitor: "Eia: chora os dous recentes mortos, se tens lágrimas. Se só tens riso, ri-te! É a mesma cousa. O Cruzeiro, que a linda Sofia não quis fitar, como lhe pedia Rubião, está assaz alto para não discernir os risos e as lágrimas dos homens".

Não é necessário perscrutar a multidão de circunstâncias em que Machado de Assis deixou-se prender pela curiosidade de investigar o comportamento das personagens, a fim de surpreendê-las fora dos trilhos, submissas momentânea ou permanentemente aos extremos da paixão.

Muitas vezes o escritor fez de seu texto o alvo de censuras à crença dos doutores no rigor dos esquemas interpretativos da alma. No caso, prevaleceu a ação crítica, travestida em ironia e, até, em sarcasmo, como condutora dos argumentos. Em suma: dirigia-lhe o verbo a razão, de algum modo a razão deceptiva.

Opondo-se à versão oficial do processo narrativo, que exalta os grandes feitos de soberanos e nobres senhores, Machado de Assis concentrou-se particularmente na história do sofrimento.

Foi na consideração daqueles que, inferiores, administram a sobrevivência no meio hostil, com as astúcias e perversidades imitadas dos próprios senhores, num mimetismo de alta simetria, que Machado realizou o relato do mundo real. Utilizou, *ad argumentandum*, tanto a descrição do mundo circundante, histórico, quanto a articulação do mundo simbólico. Ambos dispõem sobre a insolubilidade da tragédia humana, ante a consciência de que todos nascemos mortais.

O romancista, entretanto, punha-se a todo momento em confronto com o enigma do mal. Desenvolveu uma Ética perante a qual não se contempla nenhuma salvação. Desse modo, o homem não se aperfeiçoa. Não vê sentido para a lógica paradoxal da esperança.

Personagens de Guimarães Rosa no Rumo de Barbacena

Registremos o fato de ter Guimarães Rosa ingressado na Força Pública de Minas, mediante concurso, em abril de 1933, tendo sido nomeado, em maio, na função de capitão-médico do Serviço de Saúde do 9º Batalhão de Infantaria, sediado em Barbacena, para onde havia-se mudado com a família*.

Barbacena, conforme se sabe, tornara-se sede de um manicômio, cujos clientes, captados em todas as regiões do Estado, comumente eram transportados em vagões especiais de trens de ferro.

Essa memória terá talvez dado alento ao conto "Sorôco, sua Mãe, sua Filha", constante da coletânea *Primeiras Estórias* (Rio de Janeiro, Instituto Nacional do Livro/MEC/José Olympio, vol. 90 da Coleção Sagarana, 1962. Usaremos a 6ª edição, de 1972).

Um encadeamento de citações levará o leitor ao centro da questão: o conto apresenta, em primeiro plano, o vagão em que se alojariam as duas mulheres, familiares de Sorôco. Logo a seguir o lugar para onde se direcionavam. Inevitável a aparição de Barbacena. Assim, teremos o primeiro parágrafo, parte do segundo e o final do terceiro, tudo à p. 15:

---

* Apenas para ilustrar essa passagem na vida de Guimarães Rosa, convém assinalar que, em Barbacena, nasceu-lhe a segunda filha Agnes ("Agnucha") no dia 17 de janeiro de 1934.

Aquele carro parara na linha de resguardo, desde a véspera, tinha vindo com o expresso do Rio, e estava lá, no desvio de dentro, na esplanada da estação. Não era um vagão comum de passageiros, de primeira, só que mais vistoso, todo novo. A gente reparando, notava as diferenças. Assim repartido em dois, num dos cômodos as janelas sendo de grades, feito as de cadeia, para os presos. A gente sabia que, com pouco, ele ia rodar de volta, atrelado ao expresso daí de baixo, fazendo parte da composição. Ia servir para levar duas mulheres, para longe, para sempre. O trem do sertão passava às 15h45m.

Adiante se diz: "Sorôco ia trazer as duas conforme. A mãe de Sorôco era de idade, com para mais de uns setenta. A filha, ele só tinha aquela. Sorôco era viúvo. Afora essas, não se conhecia dele parente nenhum".

Por fim, o *lócus* em direção do qual iriam as duas personagens: "Para onde ia, no levar as mulheres, era para um lugar chamado Barbacena, longe. Para o pobre, os lugares são mais longe".

A grande concatenação dramática do relato consiste em focar de cada vez, em estilo de *close-up*, o aspecto solitário, ridículo e patético dos três. Vejamos a moça:

Aí paravam. A filha – a moça – tinha pegado a cantar, levantando os braços, a cantiga não vigorava certa, nem no tom nem no se-dizer das palavras – o nenhum. A moça punha os olhos no alto, que nem os santos e os espantados, vinha enfeitada de disparates, num aspecto de admiração. Assim com panos e papéis, de diversas cores, uma carapuça em cima dos espalhados cabelos, e enfunada em tantas roupas ainda de mais misturas, tiras e faixas, dependuradas – virundanças: matéria de maluco (*op. cit.*, p. 16).

A seguir, o comparsa-chefe:

Sorôco estava dando o braço a elas, uma de cada lado. Em mentira, parecia entrada em igreja, num casório. Era uma tristeza. Parecia enterro. Todos ficavam de parte, a chusma de gente não querendo afirmar as vistas, por causa daqueles trasmodos e despropósitos, de fazer risos, e por conta de Sorôco – para não parecer pouco caso. Ele hoje estava calçado de botinas, e de paletó, com chapéu grande, botara sua roupa melhor, os maltrapos. Todos diziam a ele seus respeitos, de dó. Ele respondia: "Deus vos pague essa despesa..." (*op. cit.*, p. 16).

O conto segue a mostrar a cantilena estúrdia da moça, a que se juntou a da mãe: "Agora elas cantavam junto, não paravam de cantar" (*op. cit.*, p. 17).

Postas no carro especial, depois de várias ansiedades, relatadas no estilo tenso de Guimarães Rosa, dá-se que a estapafúrdia cantoria contaminou Sorôco. Seu destempero, seu descontrole emocional, seu estranho comportamento se alastraram ao público, o desacerto se tornara geral, coletivo:

E foi sem combinação, nem ninguém entendia o que se fizesse: todos, de uma vez, de dó do Sorôco, principiavam também a acompanhar aquele canto sem razão. E com as vozes tão altas! Todos caminhando, com ele, Sorôco, e canta que cantando, atrás dele, os mais de detrás quase que corriam, ninguém deixasse de cantar. Foi o de não sair mais da memória. Foi um caso sem comparação.

Por fim, a seguir, o fecho do relato: "A gente estava levando agora o Sorôco para a casa dele, de verdade. A gente, com ele, ia até aonde que ia aquela cantiga" (*op. cit.*, p. 18).

Primeiras Estórias não se limitavam a explorar a dor da demência no caso de Sorôco, sua mãe, sua filha. Outros contos se juntam a documentar a incrível capacidade de Guimarães Rosa para revolver os interiores do sofrimento mental, estadeada, não raras vezes, com gestos e aparências exóticas, no limite do ridículo, desencadeadora do riso e, até, da gargalhada festiva. Ou patética.

Citemos o caso de "A Menina de Lá", estória de uma criança "com seus nem quatro anos", cheia de frases e especulações mágicas, na linha dos disparates. Antecipou a própria morte e deixou sobre si um aragem de santa.

Loucos e crianças, aliás, são personagens estratégicas de Guimarães Rosa para introduzir espaços de poesia no cursivo da prosa narrativa. Traduzem o ser natural, inspiram sentenças polissêmicas, operadoras de expressões--signos carregadas de lirismo.

Até no descrever, mal-e-mal, o perfil da personagem, vem o teor pensamenteiro do conceito geral: "Mesmo o menino sabe, às vezes, desconfiar do estreito caminhozinho por onde a gente tem de ir – beirando entre a paz e a angústia" (conto "Nenhum, Nenhuma", *op. cit.*, p. 52). Já a velha, "Pequenina como uma criança", "toda enrugadinha", [...] "perdida a claridade do juízo" (*op. cit.*, p. 52).

Deste modo, em contos outros, o encanto verbal e a seleção de condutas se concentram nas crianças pejadas de saber lírico, a orquestrar enigmas e mistérios. Passemos ao largo dessas lagoas e veredas, pois interessam mais, aqui, o desconcerto do mundo e as mentes disparatadas de Minas Gerais. "A Terceira Margem do Rio" e "Darandina", também de *Primeiras Estórias*, contam dessa gente tresloucada.

Belo Horizonte, Refúgio dos Loucos e Maníacos

Das páginas de Pedro Nava podemos exumar incontáveis exemplos do destempero da gente mineira. Tornaram-se, para ele e outros escritores excepcionais, fonte de beleza estética e testemunho da rápida metamorfose da feição psicológica dos habitantes da cidade inaugurada em 1897, em maquete superposta a Curral Del Rey. Os volumes do memorialista fazem do conjunto uma das mais valiosas peças da prosa evocativa da literatura em língua portuguesa.

A fim de contextualizar a façanha de Pedro Nava, diga-se que Belo Horizonte se tornara, após a construção, uma cidade tediosa, de apertado destino, conforme depõem autores como Eduardo Frieiro (cf. *Novo Diário*, Belo Horizonte, Itatiaia, 1986, *passim*) e Luiz Camilo de Oliveira Neto (cf. *Luiz Camilo – Perfil Intelectual de Maria Luiza Penna*, Belo Horizonte, Ed. UFMG, 2006, Carta a Mário de Andrade, p. 84).

Como preencher o vazio da cidade nos seus primeiros anos, sem atrativos nem áreas de entretenimento e lazer? Os jornais, mofinos, dominados pela oligarquia política, estimulavam a imaginação de alguns redatores e cronistas. Na falta de notícias, criavam-se fantasias. Quantos casos de assombrações, de fantasmas e almas-penadas não saíram da pena dos jornalistas? Carlos Drummond de Andrade, por exemplo, ajudou a criar uma aparição, uma espécie de espectro medonho que aterrorizava passantes e motoristas, nos escuros que demandavam o cemitério do Bonfim. Com o tempo, foram surgindo, nas camadas populares, depoimentos de pessoas apavoradas pelos mitos gestados e mantidos pelos jornais.

A vida ociosa de Belo Horizonte incitou o aparecimento de um sem-número de escritores e artistas marginais, notívagos, acicatados todos eles pela ilusão literária. Naquele imenso terreno baldio, que era a engatinhante Belo Horizonte, proliferaram igualmente os loucos e excêntricos. Deles tratou Pedro Nava, numa enumeração admirável. Está nas páginas finais de *Chão de Ferro* (São Paulo, Ateliê Editorial, 2001), quando o memorialista recorda os seus primeiros contatos com a urbe. Após apostrofar a bela cidade nos anos 1920, quando ele iria frequentar as aulas iniciais do curso de Medicina, fecha as lembranças com estas palavras:

> Jamais poderei esquecer-me de ti Belo Horizonte, de ti nos teus anos vinte. E, se isso acontecer, que, como no salmo, minha mão direita se resseque e que a língua se me pregue no céu da boca. Belo, belo – Belorizonte, Minas – minha confissão (*op. cit.*, p. 321).

Logo a seguir, vem o subcapítulo que nos chamou a atenção, à p. 321. O que espanta o memorialista e o torna investigador fino das camadas de insensatez depositadas na alma do mineiro é a especial qualificação de nossa loucura: o impossibilismo do mineiro. Vejamos o introito da explicação:

Qual o nome? que se poderá dar à propriedade que tem o mineiro, particularmente o da capital, de fornecer ao noticiário dos jornais do Rio os fatos extraordinários – que quando são divulgados logo se grita que aquilo é coisa de Belo Horizonte. E é. Insensatez? Não. Isto toca ao não razoável e os fatos que quero contar da nossa mineiragem estão rigorosamente dentro da razão, da lógica, do congruente apesar de terem certo aspecto de impossibilidade no gênero da demonstração da quadratura do círculo, da descoberta do moto-contínuo, do encontro das paralelas, da junção do princípio e do fim. Chegou perto do que desejo definir – da reunião do início e do termo porque trata-se justamente da compreensão, num mesmo ato, de ideias antagônicas. Como chamar? essa capacidade de beirar os impossíveis. Impossibilismo, talvez? Vá por impossibilismo. O impossibilismo do mineiro. Fica bom. Pelas incongruências da associação de certas imagens, pelo mundo do sonho e do pesadelo, os homens saltam, cada dia, por cima da loucura, como quem pula fogueira. Um gesto em falso, caem: é a queimadura, a camisa de força. O mineiro não. Qual salamandra, entra nas chamas e não arde. Penetra na loucura e pratica com sabedoria os atos mais dementes. Austero e incólume transpõe situações em que outros se esborrachariam irremediavelmente. E todos nós olhamos com simpatia e adesão o que a outros faria pular de espanto (*op. cit.*, pp. 321-322).

Enumeremos, na trilha de Pedro Nava, tanto quanto possível, as cifras da escondida loucura dos mineiros:

Só nós compreendemos o Presidente do Estado prendendo um bolina em flagrante, no *Cinema Odeon*. Outro chefe do executivo levantando-se de madrugada, para rasgar, escondido dos serventes, inquérito aberto contra pecados brejeiros que mereciam sua maior simpatia. O que foi precursor da *música viva*, que fazia bisar e trisar a afinação dos instrumentos nos concertos de Palácio. O que saía, para ver seus doentes, de carruagem oficial, seguido pelo piquete de cavalaria ordenado pelo protocolo. [...] Temos casos como o do pai de família que tirava o chapéu para a igreja de São José, virava-se e dava uma banana para o templo protestante fronteiro. [...] O do Otelo que dava vestidos mais lindos! à senhora mas que, para ela não poder sair e mostrá-los, só comprava chinelas, jamais sapatos. O último par que ela calçara fora o de cetim branco, do dia. O do sábio que, lendo à mesa, marcou a página em que parara com um bife. O dos herdeiros do padre de Diamantina que levantaram um muro diante da estante atochada de livros preciosos para não terem de aturar os emprestadores. Dizem que lá continuam entaipadas as bíblias, os missais, as obras dos exegetas, dos teólogos, dos liturgistas, anagogistas, catequistas e mistagogos. [...] O do moço desvairado que empenhou, no Murta, a dentadura de ouro da mãe para brincar no Carnaval. O do rapaz que desesperado com as escalas de piano da irmã amordaçou o instrumento fechando-lhe a tampa a prego e martelo. [...] A moça que virou homem. O sino grande de São Francisco de São João d'el-Rei que numa ida e volta atirou o sineiro da torre abaixo, matando-o. Pena dada pela irmandade, depois de julgamento: trinta anos sem repicar nem dobrar. E lá ficou o sinão cumprindo trinta janeiros de boca amarrada, sem bater.

Na mesma cidade, na mesma igreja o sininho soltou o badalo que foi quebrar o pé duma beata à entrada da missa. Pena ligeira, só de um mês. Dum contraparente muito mal, que minha Mãe foi visitar e a quem encontrou às voltas com o papa-defunto, encomendando o caixão, os veludos, os galões, o terrível pano branco de forrar. E discutindo as medidas. Não senhor! Mais largo, assim minha barriga não cabe e você sabe que eu não gosto de apertos. Isso não é tamanho de travesseiro, homem! Faça-me coisa mais cômoda. [...] Tudo, tudo isto pode ser estranho em qualquer Estado do Brasil. Em Minas, não. Não há um de nós que não compreenda, tolere, desculpe e, no fundo, não aplauda o conterrâneo nosso de cada dia deslizando assim entre o real e o irreal, sonhando, sofrendo, carregando sua cruz, pulando sua fogueira, às vezes caindo, queimando e *confirmando*. Então se usa esse verbo. Fulano *confirmou*. Foi internado ontem no *Raul Soares**. Solidários e cúmplices acompanhamos essa viagem de Alice no País das Maravilhas. Qual de nós será o próximo? a *confirmar*.

Minha Minas. Muito mais espanhola que portuguesa, muito mais cervantina que camoniana, goiesca que nuno-gonçalvina. Pelo tipo de teus filhos. Por tua porcentagem de ferro nas almas. Pelo auto de fé de teus crepúsculos vermelhos como Sevilha – como a Semana Santa acesa de Sevilha. Pelo teu gosto pela Morte (*op. cit.*, pp. 322-324).

Não se esgotam aí as particularidades dos surtos psicóticos ou de reações neuróticas do mineiro. Há toda uma etologia de que cuidar. Pedro Nava reservou, ainda, espaçoso território aos costumes surpreendentes, arraigados na mente dos filhos das Alterosas. Essa gente teimosa, insensata, ranheta, conservadora, apegada religiosamente aos mais absurdos cânones da tradição, amante bovinamente das liturgias e majestades do poder. Mas, num átimo, furiosa e entregue às mais desajuizadas reações.

E foi mais além, o doutor Pedro Nava. Tratou com minúcias e graça dos ritos da morte praticados pelos conterrâneos de Minas. Fala dos especialistas em ajudar a morrer aqueles entes queridos que demoravam a falecer, numa agonia sem termo. É só continuar a leitura do capítulo que estamos a enfatizar. Tudo será surpresa e espanto. É desses resíduos culturais que se alimentam os grandes e poderosos escritores.

---

* Famoso manicômio de Belo Horizonte.

32.
ROSA, MACHADO E OS LIMITES DO HUMANO

MARIA ESTHER MACIEL

> *O que sabemos sobre os animais é um índice de nosso poder, e assim é um índice que nos separa deles. Quando mais julgamos saber, mais distantes eles ficam.*
>
> JOHN BERGER

O esforço de sondar o espaço mais intrínseco da vida animal nunca deixou de desafiar poetas e escritores de todos os tempos e tradições. Seja através da descrição do comportamento e dos traços constitutivos dos animais de várias espécies, realidades e irrealidades, pelas vias da alegoria e da erudição, seja através da tentativa de antropomorfizá-los e convertê-los em metáforas do humano, muitos foram e são os autores dedicados à prática do que se pode chamar hoje, no campo dos estudos literários, de zooliteratura. Nesse rol ainda se incluem escritores que, avessos à ideia de circunscrever os bichos aos limites da mera representação alegórica, buscaram flagrá-los também fora desses contornos, optando por mostrar um vínculo afetivo ou uma espécie de compromisso ético com eles. Neste caso, cada bicho – tomado em sua insubstituível singularidade e subtraído da carga alegórica que a tradição dos bestiários antigos depositou sobre o mundo zoo – passa a ser visto como um sujeito dotado de inteligência, sensibilidade, competências e saberes diferenciados sobre o mundo. E que, portanto, deve ser preservado das práticas de assujeitamento e crueldade às quais os animais em geral vêm sendo submetidos ao longo dos tempos.

No Brasil, a miríade de escritores voltados para um enfoque mais consciencioso dos animais é expressiva, remontando à segunda metade do século XIX, sobretudo com Machado de Assis, que dedicou memoráveis contos, crônicas e passagens de romances à situação dos animais no mundo dominado pela ciência e pelo triunfo do racionalismo moderno. Vale dizer que ele foi um dos primeiros escritores nacionais a fazer o elogio do vegetarianismo, numa crônica sobre a greve de açougueiros acontecida na cidade do Rio de Janeiro em 1893[1], e a abordar criticamente a crueldade das práticas de vivissecção comuns nos laboratórios científicos do tempo. Além disso, manifestou-se contra as touradas e a exploração da força animal no trabalho, revelou sua simpatia pelas sociedades protetoras de animais[2] e explicitou sua visão cética sobre as filosofias humanistas amparadas na noção de racionalidade, a exemplo tanto da teoria do "humanitismo" apresentada nos romances *Memórias Póstumas de Brás Cubas* e *Quincas Borba*, quanto no embaralhamento, neste último, das noções de humanidade, animalidade e loucura.

Se Machado de Assis pode ser considerado, assim, o primeiro escritor brasileiro a tratar da questão do animal sob um prisma ético, pode-se dizer que Guimarães Rosa foi o grande animalista das letras brasileiras do século XX, uma vez que ele, desde seus primeiros livros, nunca deixou de conferir aos animais uma especial atenção, tomando-os quase sempre como sujeitos ativos, fora do amansamento antropomórfico e moralizador que constitui grande parte da zooliteratura ocidental. Não à toa Graciliano Ramos, ao comentar os contos de *Sagarana* em "Conversa dos Bastidores", ressaltou que nas páginas dessa obra "fervilham bichos", "exibidos com peladuras, esparavões e os necessários movimentos de orelhas e rabos"[3]. Além disso, os embates, as interações, o corpo a corpo dos homens com o mundo animal são bastante frequentes em suas narrativas, indiciando o vivo interesse do escritor em abordar as afinidades e os limites que há entre humanos e inumanos. Ao que se soma também o interesse do escritor em observar os aquários e os bichos enjaulados nos zoológicos do mundo, como atestam as instigantes séries "Aquário" e "Zoo", do livro póstumo *Ave Palavra*[4].

No que tange especificamente à série dos zoológicos, Rosa escreveu seis textos, cada um dedicado a um zoológico visitado por ele: o Whipsnade Park, de Londres; o zoo da Quinta da Boa Vista, no Rio de Janeiro; o Hagenbeks--Tierpark, de Hamburgo-Stellingen (que aparece também no quinto texto); o Jardin des Plantes, de Paris, e o Parc Zoologique du Bois de Vincennes. Compostos de fragmentos, esses escritos se oferecem também como notas de viagem e exercícios de afeto de quem gosta de animais e se interessa por eles. Cada extrato afigura-se como um *topos* alternativo, porque poético, para um

---

1. Machado de Assis, *Obras Completas*, vol. 3, pp. 576-578.
2. Ver as crônicas machadianas de 15.8.1876, 15.3.1877, 13.2.1888, 16.10.1892 e 5.3.1893 em Machado, *Obras Completas*, vol. 3.
3. Ramos, *Linhas Tortas*, p. 249.
4. Rosa, *Ficção Completa*, vol. 2, pp. 915-1188.

grupo ou um animal específico, numa ordenação que poderia ser (ou não) a da instituição visitada. Percebe-se, no conjunto, um misto de admiração, assombro, curiosidade, ludismo, ternura, compaixão e cumplicidade do narrador em relação às dezenas e dezenas de espécies que descreve, atento às particularidades de comportamento de cada um dos bichos retratados e, simultaneamente, buscando deles extrair uma linguagem, como se pode constatar nos trechos abaixo, extraído do "Jardin des Plantes"[5]:

O arganaz: um joão ratão, cor de urucum, que fica em pé, retaco e irritado, eriça os bigodes, gesticula. Aberta, de raiva, sua boquinha preta se arredonda, frige, atiça perdigotos. É o rato-de-honras. Tem ombros, tem boa barba. Seria capaz de brigar com o resto do mundo.

O Mangusto, só a diminutivos. Eis: um coisinho, bibichinho ruivo, ratote, minusculim, que assoma por entre as finas grades a cabecinha triangularzinha. Mimo de azougue, todo pessoa e curiosidade, forte pingo de vida. Segura as grades, empunha-as, com os bracinhos para trás e o peito ostentado, num desabuso de prisioneiro veterano. Mas enfeitaram-lhe o pescoço com uma fitinha azul, que parece agradar-lhe mais que muitíssimo.

Chama a atenção, numa das seções, uma frase que parece justificar toda a série zoológica de Rosa: "Amar os animais é aprendizado de humanidade"[6]. Do que se depreende um propósito também ético do escritor ao poetizar a existência desses seres que estão à mercê de seus tratadores. A compaixão não deixa, portanto, de ser um ingrediente importante para que tal aprendizado se efetive, o que o próprio Rosa demonstra ao mencionar repetidamente um ratinho branco que foi colocado pelos funcionários do zoológico dentro da jaula de uma cascavel, para que os visitantes pudessem ver o espetáculo da devoração. O escritor, nesses fragmentos, entra na pele do rato e, como que por contágio, traz para o corpo das palavras o tremor e o olhar "transido, arrepiado" do animalzinho comprimido num dos cantos da parede de tela, "no lugar mais longe que pôde"[7]. Vê-se aí, encenada, a contundente frase que Coetzee lança em seu *A Vida dos Animais*: "quem diz que a vida importa menos para os animais do que para nós nunca segurou nas mãos um animal que luta pela própria vida; todo o seu ser está na carne viva"[8].

5. *Idem*, pp. 1111-1115.
6. *Idem*, p. 1023.
7. *Idem*, p. 1111.
8. Coetzee, *A Vida dos Animais*, p 78.

Inventariar todos os animais que compõem o bestiário de Rosa seria uma tarefa árdua, para não dizer insana. Listas zoológicas abundam em sua obra – em especial no *Grande Sertão: Veredas* – indo de centenas de nomes de bois e vacas a dezenas de espécies espalhadas pelo sertão mineiro ou confinadas nos zoológicos do mundo. Para não mencionar a exploração que o autor faz dos traços de animalidade do humano, como em "Meu Tio o Iauaretê", que trata da transformação de um onceiro em um homem-onça, por um processo de contágio. No conto, o devir do homem em animal é encenado na própria superfície da linguagem que também se zoomorfiza através da desarticulação das palavras e do uso de onomatopeias estranhas, alheias ao léxico humano.

Através desse repertório múltiplo, composto a partir de uma relação intrínseca com o mundo zoo e de um profundo respeito pela "outridade" radical que os animais representam para a nossa racionalidade, Rosa não deixa de questionar as assertivas filosóficas que insistem numa suposta "pobreza de mundo" dos seres não-humanos. Além disso, ele critica veementemente a violência contra estes, num exercício de explícita compaixão, como vimos a propósito do ratinho branco e podemos atestar também no conto "O Burrinho-pedrês", de *Sagarana*, em que o narrador se "cola" na subjetividade do "miúdo e resignado"[9] burro de carga, "Sete-de-ouros", para contar a história sofrida de um animal marcado a ferro e sempre às voltas com chibatadas e esporas.

Aliás, a história da escravidão dos burros já havia sido tratada por Machado de Assis na "Crônica dos Burros", de 1892, onde ele relata uma interessante conversa entre dois desses animais sobre a possibilidade de ficarem livres da exploração humana por causa da expansão do uso da tração elétrica nos bondes do Rio de Janeiro. Destaca-se, na crônica, o que o mais cético diz ao outro: "Tu não conheces a história da nossa espécie, colega; ignoras a vida dos burros desde o começo do mundo. Tu nem reflexes que, tendo o Salvador dos homens nascido entre nós, honrando nossa humildade com a sua, nem no dia de Natal escapamos da pancadaria cristã"[10].

Notável nessa crônica e em outros textos de Machado de Assis é o uso paródico que ele faz das fábulas, ao dar voz e palavras aos animais. A diferença com relação à fábula tradicional é que os animais, neste caso, não são antropomorfizados e nem estão a serviço da edificação humana, mas aparecem como animais-animais que expressam o que o autor imagina que eles

---

9. Rosa, *Ficção Completa*, vol.1, p. 199.
10. Machado de Assis, *Obras Completas*, vol. 3, p. 551.

falariam se pudessem fazer uso da linguagem verbal[11]. Em geral, as falas têm um propósito crítico em relação à humanidade, aos usos cruéis da razão e à impotência desta diante de outros saberes que não os racionais.

Esse artifício recurso ficcional de o narrador entrar na subjetividade animal para tentar imaginar, pelo uso da primeira pessoa do discurso, possíveis emoções, pensamentos e inquietações próprias dos seres não-humanos, é também praticado por Rosa, como atesta o conto "Conversa de Bois", de *Sagarana*, que traz uma conversa similar à dos burros de Machado, embora sem as ironias da crônica machadiana. Os personagens são oito bois de guia, que lamentam sua condição de animais com "os flancos a sangrar" e expressam suas opiniões sobre a crueldade dos homens. Um deles chega a dizer: "O homem é um bicho esmochado, que não devia haver"[12], num tom de descrença em relação ao mundo daqueles são responsáveis pelas coisas ruins que acontecem com os bichos.

É uma fala que lembra muito também um poema de Drummond, "Um Boi Vê os Homens"[13], no qual o poeta, no rastro de Rosa, confere voz a um "eu-bovino" que – no exercício de uma linguagem que não é necessariamente a sua – rumina seu próprio conhecimento sobre a espécie humana, lamentando a pobreza de mundo inerente a esta e indagando sobre a necessidade que os homens têm de ser cruéis. Em outras palavras, o boi – movido por uma percepção que supostamente ultrapassa as divisas da razão legitimada pela sociedade dos homens – não apenas põe em xeque a capacidade destes de entender outros mundos que não o amparado por essa mesma razão, mas também revela uma visão própria das coisas que existem e compõem o que chamamos de vida.

Vê-se que a *persona* bovina de Drummond – tal como a de Rosa, ao dar voz aos seus bois, e a de Machado, ao relatar as falas dos burros de carga – busca encarnar uma subjetividade possível (ainda que inventada), de um ser que, nos confins de si mesmo, é sempre outro em relação ao que julgamos capturar pela força da imaginação. Isso, se considerarmos que entre os animais e os humanos predomina a ausência de uma linguagem comum, ausência esta que instaura uma distância mútua e uma radical diferença entre eles.

---

11. Derrida, a propósito da fábula, diz o seguinte: "Seria preciso sobretudo evitar a fábula. A fabulação, conhecemos sua história, permanece um amansamento antropomórfico, um assujeitamento moralizador, uma domesticação. Sempre um discurso do homem sobre o homem, para o homem." Cf. Derrida, *O Animal que Logo Sou*, p. 70.
12. Rosa, *Ficção Completa*, vol. 1, p. 410.
13. Andrade, *Poesia e Prosa*, p. 266.

No entanto, sabemos que tal distância/diferença não anula necessariamente aquilo que os aproxima e os coloca em relação também de afinidade. Falar sobre um animal ou assumir sua *persona* não deixa de ser também um gesto de espelhamento, de identificação com ele. Em outras palavras, o exercício da animalidade que nos habita[14].

De qualquer maneira, essas tentativas ficcionais de apreensão do "eu" dos bichos trazem inevitavelmente para o debate as seguintes indagações: até que ponto se pode falar propriamente de uma subjetividade animal? A percepção do mundo pelo olhar, a capacidade de sofrer e de construir seu próprio espaço vital seriam evidências bastantes para que os animais fossem considerados seres complexos, capazes de sentir, criar, se comunicar e até mesmo de pensar?

Montaigne foi um dos primeiros a chamar a atenção para a complexidade desses viventes não-humanos, ao mostrar que os bichos, dotados de variadas faculdades, "fazem coisas que ultrapassam de muito aquilo de que somos capazes, coisas que não conseguimos imitar e que nossa imaginação não nos permite sequer conceber"[15]. Considerações, aliás, que só muito recentemente encontraram amparo científico, graças sobretudo às descobertas da etologia contemporânea, ramo transdisciplinar da zoologia dedicado ao estudo do comportamento dos bichos. O etólogo Dominique Lestel, por exemplo, em seu já clássico *As Origens Animais da Cultura*, aponta a extraordinária diversidade de comportamentos e competências dos bichos, que vão da habilidade estética até formas elaboradas de comunicação. No que se refere à habilidade das aves na construção de ninhos, o estudioso lembra que, para fazê-los, "as aves tecem, colam, sobrepõem, entrecruzam, empilham, escavam, enlaçam, enrolam, assentam, cosem e atapetam", valendo-se não apenas de folhas e ramos, como também de "musgo, erva, terra, excrementos, saliva, pelos, filamentos de teias de aranha, fibras de algodão, pedaços de lã, ramos espinhosos e sementes"[16], cuidadosamente separados e combinados. Já no que tange à comunicação, ele explica que uma ave canora dos pântanos europeus "revela-se capaz de imitar setenta e oito outras espécies de aves"[17], que a vocalização de certos animais apresenta distinções individuais ou regionais, e que os gritos de um sagui podem obedecer a uma semântica bastante precisa[18].

---

14. Sobre esse tema, ver Maciel, *O Animal Escrito*.
15. Montaigne, "Apologia de Raymond Sebond", p. 118.
16. Lestel, *As Origens Animais da Cultura*, p. 59.
17. *Idem*, p. 108.
18. *Idem*, p. 183.

Diante de tais descobertas, quem garante que os animais estão impedidos de pensar, ainda que de uma forma muito diferente da nossa, e ter uma voz que se inscreve na linguagem? Estará, como indaga Lestel, a nossa racionalidade suficientemente desenvolvida para explicar uma "racionalidade" que lhe é estranha, caso esta realmente exista? Esta parece ser a discussão que Machado de Assis sugere em "Ideias de Canário", ao confrontar as concepções de mundo de um canário e de um cientista incapaz de entender e explicar a sabedoria da ave[19]. O conto traz a história de um ornitologista que encontra em uma loja escura, "atulhada de cousas velhas, tortas, rotas, enxovalhadas, enferrujadas"[20], uma gaiola com um canário dentro. O canário trila e sua linguagem entra dentro dos ouvidos do homem como se fosse de gente. Este, intrigado com a habilidade da ave em falar, pergunta a ela se não tinha saudade do espaço azul e infinito. Ao que o canário responde: "Mas, caro homem, que quer dizer espaço azul e infinito?" O homem pergunta-lhe, então, o que pensa do mundo. A resposta do canário é a seguinte: "o mundo é uma loja de Belchior, com uma pequena gaiola de taquara, quadrilonga, pendente de um prego; o canário é senhor da gaiola que habita e da loja que o cerca. Fora daí tudo é ilusão e mentira"[21]. O ornitólogo compra o pássaro, dá-lhe uma nova gaiola ampla e o leva para o jardim de sua própria casa, com propósitos de "alfabetar a língua" do canário, "estudar-lhe a estrutura, as relações com a música, os sentimentos estéticos do bicho, as suas ideias e reminiscências". Três semanas depois de intensa interlocução com o canário, o homem pede-lhe que repita a definição do mundo. E o canário diz: "é um jardim assaz largo com repuxo no meio, flores e arbustos, alguma grama, ar claro e um pouco de azul por cima; o canário, dono do mundo, habita uma gaiola vasta, branca e circular, donde mira o resto. Tudo o mais é ilusão e mentira". Depois que o pássaro foge e o ornitólogo finalmente o reencontra em um galho de árvore de uma chácara e pede-lhe que continue a conversa sobre o mundo composto de um jardim com repuxo. O diálogo que se segue e encerra o conto é o seguinte:

– Que jardim? que repuxo?
– O mundo, meu querido.
– Que mundo? Tu não perdes os maus costumes de professor. O mundo, concluiu solenemente, é um espaço infinito e azul, com o sol por cima.

---

19. Assis, *Obras Completas,* vol. 2, pp. 611-614.
20. *Idem,* p. 611.
21. *Idem,* p.613.

Indignado, retorqui-lhe que, se eu lhe desse crédito, o mundo era tudo; até já fora uma loja de belchior...
– De belchior? trilou ele às bandeiras despregadas. Mas há mesmo lojas de belchior?[22]

Através da sabedoria do canário, Machado de Assis troça da arrogância científica e das limitações humanas no que diz respeito ao entendimento do mundo. Ao atribuir ao pássaro o que filósofos como Heidegger e Agamben, na esteira de Rilke, chamaram de a experiência do Aberto, o escritor brasileiro contraria a assertiva heideggeriana de que o animal, "pobre de mundo", situa-se fora do ser, numa zona de não-conhecimento. Ele desafia assim, com seu canário, o que Agamben chama de "máquina antropológica do humanismo"[23], tradicionalmente assentada na fratura cartesiana que separa homem e animal, e não deixa de ironizar, por antecipação, o que Heidegger afirmaria muitos anos depois através da famosa tese de que "a pedra é sem mundo, o animal é pobre de mundo e o homem é formador de mundo"[24].

É nesse sentido que o conto machadiano poderia ser alinhado às reflexões de Derrida na conferência *O Animal que Logo Sou*, de 1999. Nesse texto, originalmente uma palestra, o filósofo argelino, ao confrontar a referida tese heideggeriana, realiza uma espécie de desconstrução do humanismo logocêntrico do Ocidente, questionando também toda uma linhagem de filósofos como Descartes, Levinas e Lacan, que, como Heidegger, usaram o animal enquanto um mero teorema para justificar a racionalidade e a linguagem humanas como propriedades diferenciais dos humanos em relação aos outros animais. A isso Derrida acrescenta também toda uma preocupação de ordem ética, chamando a atenção para como o logocentrismo contribuiu para a legitimação do assujeitamento animal, o que segundo ele configura uma grande violência, "mesmo que seja no sentido mais neutro do ponto de vista moral desse termo"[25]. E cita, a seguir, as experiências genéticas, os abatedouros, o extermínio de espécies, a exploração da energia animal, a produção alimentar de carne, o inferno das granjas e fazendas industriais como evidências de tal violência, afirmando no

---

22. *Idem*, p. 614.
23. Agamben desenvolve o conceito de "máquina antropológica" no livro *L'Aperto – l'uomo e l'animale*, de 2002. Segundo ele, "na medida em que nela está em jogo a produção do humano mediante a oposição homem/animal, humano/inumano, a máquina funciona necessariamente mediante uma exclusão (que é também e sempre já uma captura) e uma exclusão (que é também e sempre já uma exclusão)". Tradução minha da edição em inglês. Cf. Agamben, *The Open*, p. 37.
24. Heidegger, *Os Conceitos Fundamentais da Metafísica: Mundo, Finitude e Solidão*, p. 229.
25. Derrida, *O Animal que Logo Sou*, p. 51.

final: "Ninguém mais pode negar seriamente e por muito tempo que os homens fazem tudo o que podem para dissimular essa crueldade, para organizar em escala mundial o esquecimento ou o desconhecimento dessa violência que alguns poderiam comparar aos piores genocídios"[26].

O fato é que Guimarães Rosa e Machado de Assis não se furtam a trazer à tona, em seus escritos, a memória dessa crueldade, chegando mesmo a estabelecer nexos entre a violência contra os animais e a violência contra as pessoas; entre vitimização de animais e problemas sociais humanos, o que se pode constatar sobretudo na obra de Machado. Exemplar, nesse caso, é o terrível "Conto Alexandrino"[27], que parece prefigurar os horrores cometidos pelos médicos nazistas nos campos de concentração, ao mostrar como as práticas de vivissecção de animais (no caso do conto, ratos) realizadas em nome do progresso da ciência moderna podem culminar também na dissecação e amputação de seres humanos tidos, pela lógica hierárquica das instâncias de poder, como inferiores, anômalos, insanos, incapazes e supostamente nocivos à sociedade.

Escrito no apogeu do cientificismo do século XIX, o conto de Machado narra a história de dois cientistas que, em busca da fama, mudam-se para a Alexandria de Ptolomeu e passam a dissecar ratos vivos com o intuito de provar que o sangue de rato, dado a beber, ainda quente, a um homem, pode fazer deste um ratoneiro, um larápio. E visto que, segundo Machado, "a ciência, como a guerra, tem necessidades imperiosas"[28], os personagens cometem as maiores atrocidades contra os pobres bichos, deixando preocupados os "cães, rolas, pavões e outros animais ameaçados de igual destino"[29]. Como a experiência, por incrível que pareça, acaba dando certo, os cientistas se tornam ladrões e começam a fazer sucessivos furtos, até serem presos e condenados à morte. Então, um famoso anatomista da cidade, inspirado pelas experiências de vivissecção dos ratos, resolve transformar prisioneiros em cobaias, submetendo-os aos mais cruéis métodos de intervenção científica, sob a alegação de que a "sujeição dos réus à experiência anatômica era um modo indireto de servir à moral, visto que o terror do escalpelo impediria a prática de muitos crimes"[30]. Entre as vítimas estão, por ironia do destino (ou, melhor, do autor), os dois sábios cientistas que escalpelaram, vivos, dezenas de ratos. O autor, assim, problematiza no plano da ficção o que a filósofa Armelle le Bras-Chopard

26. *Idem*, p. 52.
27. Assis, *Obras Completas,* vol. 2, pp. 411-417.
28. *Idem*, p. 413.
29. *Idem*, p. 417.
30. *Idem*, p. 415.

chamou de discurso dominante no Ocidente, ou seja, o discurso que define o homem a partir da sua dominação sobre os animais e, ao mesmo tempo, utiliza o animal para justificar a dominação sobre outros seres humanos[31].

Assim, tanto Rosa quanto Machado, na tentativa de investigar – pelos poderes da imaginação – a subjetividade desse "completamente outro" que é o animal, e discutir as relações que os homens mantêm com ele, constroem, cada um a seu modo (Rosa pelo viés dos afetos e Machado pelo da ironia), um repertório zoológico bem particular. Abrem, dessa forma, um campo fértil para os escritores deste novo milênio que agora têm –mais do que nunca – a tarefa de repensar a questão dos animais sob o prisma da lamentável situação de barbárie do mundo. O que não garante, entretanto, que a literatura possa, algum dia, fechar os matadouros.

~

REFERÊNCIAS BIBLIOGRÁFICAS:

AGAMBEN, Giorgio. *The Open – Man and Animal*. Trad. Kevin Attell. Stanford, Stanford University Press, 2004.
ANDRADE, Carlos Drummond de. *Poesia e Prosa*. Rio de Janeiro, Nova Aguilar, 1979.
ASSIS, Machado de. "Conto Alexandrino. Ideias de Canário". *Obra Completa*. Vol. 2. Rio de Janeiro, Nova Aguilar, 1985, pp. 441-417 e 611-614.
_____. *Obra Completa*. Vol. III: *Crônicas*. Rio de Janeiro, Nova Aguilar, 1994, pp. 323-775.
BRAS-CHOPARD, Armelle le. *Le zoo des philosophes*. Paris, Plon, 2000.
COETZEE, J. M. *A Vida dos Animais*. Trad. José Rubens Siqueira. São Paulo, Companhia das Letras, 2002.
DERRIDA, Jacques. *O Animal que Logo Sou*. Trad. Fábio Landa. São Paulo, Editora Unesp, 2002.
HEIDEGGER, M. *Os Conceitos Fundamentais da Metafísica: Mundo, Finitude e Solidão*. Rio de Janeiro, Forense Universitária, 2003.
LESTEL, Dominique. *As Origens Animais da Cultura*. Trad. Maria João Reis. Lisboa, Instituto Piaget, 2002.
MACIEL, Maria Esther. *O Animal Escrito – Um Olhar sobre a Zooliteratura Contemporânea*. São Paulo, Lumme, 2008. (Col. Móbile)
MONTAIGNE, Michel de. "Apologia de Raymond Sebond". *Ensaios, II*. Trad. Sérgio Milliet. São Paulo, Abril Cultural, 1980, pp. 204-279.
ROSA, João Guimarães. *Ficção Completa* (volumes 1 e 2). Rio de Janeiro, Nova Aguilar, 1994.

31. Bras-Chopard, *Le zoo des philosophes*, p. 2.

33.
MACHADO DE ASSIS E GUIMARÃES ROSA: CONSTRUÇÃO POÉTICA E UTOPIA

VERA BASTAZIN (PUC-SP)

A produção poética dos grandes nomes literários tem sempre caráter universal, mas, concomitantemente, traz suas marcas de singularidade. Os escritores que povoam mais ou menos intensamente as diversas culturas oferecem aos seus leitores um sentimento de orgulho pela língua que compartilham. Mas, há de se ressaltar que esse orgulho cresce intensamente quando se tem a consciência do valor desses escritores e da dimensão do que expressam em seus escritos.

Machado de Assis e Guimarães Rosa são grandes expoentes do universo literário, cujo reconhecimento, há muito, rompeu fronteiras linguísticas, geográficas e culturais. A percepção do mundo e do homem, assim como de tudo aquilo que os envolveu histórico-social e culturalmente, associado a uma forma especial de dizer consagraram esses escritores como singularidades no mundo das Letras. Não é por menos que assumimos hoje, 2008, o privilégio dessa consagração para comemorar seja os cem anos de nascimento de Guimarães, seja os cem anos da vivência escritural que nos ficou com a morte de Machado.

Como num ritual, o ano de 2008 tem-nos proposto reviver o ciclo da vida. No eterno retorno ao texto, a literatura se consagra em alimento de cada dia. No palco das escrituras, comemoramos continuamente: leituras renovadas, reflexões, debates, descobertas de novos textos, surpresas de interpretações nunca antes realizadas. A cada novo evento celebrativo, a sensação de que o mundo literário ainda está pleno de ideias a serem descobertas e exploradas.

Apesar do orgulho, como leitores da mesma língua desses grandes escritores, não podemos esquecer que a eloquência do nacionalismo não foi o caminho ensinado por Machado. Ao contrário, foi ele dos primeiros a nos fazer avaliar, no contexto da crítica literária brasileira, o significado de romper localismos e ser nacional na perspectiva do universal. Como uma armadilha linguística Guimarães cantou os sertões presentes nos quatro cantos do mundo. O regional e o universal convivem em cada pequeno povoado. Portanto, freemos os impulsos. O nacionalismo não condiz com os nomes sobre os quais centramos nossa atenção e nossa homenagem. Ambos foram universais e manifestaram-se, na ficção, nos ensaios críticos e mesmo na própria vida, como seres de mente aberta para a pluralidade do mundo.

Escrever para atingir leitores sem fronteiras envolve, não só habilidades no manejo das palavras, mas também e acima de tudo, na seleção e no trato das ideias. Nossos escritores, em épocas distintas, mostraram e surpreenderam-nos com suas habilidades e propostas literárias.

Registradas no tempo e no espaço, os escritos de Machado de Assis e de Guimarães Rosa revelam-se como transtemporais e vazados em seus aspectos regionais, históricos e sociais. Na realidade, apesar de marcados pelo contexto cultural, a produção desses escritores ultrapassou delimitações e adquiriram, no ato da composição, valores universais, quer pelas temáticas que envolvem, quer pela estrutura literária na qual se manifestam.

Aproximar essas criaturas singulares será um exercício de prazer e desafio. Cada escritor, a seu modo, construiu sua poética, deixando em seus registros particularidades reveladoras da forma de ver, apreender e expressar o mundo.

Nosso objetivo, neste ensaio, é recolher sementes do solo textual de Machado e Guimarães e buscar adubá-las, tentando expressar, dentro de nossas condições perceptivas e analíticas, a inesgotável potencialidade que os escritos desses dois autores trazem latentes.

O recorte ficcional aqui proposto centra-se em textos narrativos de curta extensão: "Terpsícore", de Machado de Assis (1886), e "Arroio das Antas", de João Guimarães Rosa (1967). A partir de uma abordagem desses dois contos, buscaremos estabelecer relações entre as duas poéticas sob a perspectiva de uma construção utópica do texto associada à temática amorosa.

Assim, parece-nos importante destacar que o binômio literatura e utopia envolve certo desafio, pois a questão pode ser abordada tanto pela vertente temática quanto escritural. A utopia como projeção de um ideal é um fenômeno de linguagem que se aproxima, ou mesmo se imbrica diretamente à constituição do universo literário.

A capacidade humana de criar e projetar ideias extrapola os limites do mundo real e constitui uma ação que pertence tanto ao espaço literário quanto utópico. Esses dois universos são, *stricto sensu*, fenômenos de linguagem. O que significa que não possuiriam existência se não houvesse a capacidade criadora da mente humana de produzir linguagens.

O homem, insatisfeito com o que tem e com o que conhece, é alguém permanentemente inquieto. Seria possível arriscar que as indagações do ser humano, associadas ao mistério de sua origem e de sua morte, são as responsáveis por essa instabilidade existencial que tão profundamente o aflige nas suas relações com a vida e o conhecimento.

A ciência e os avanços tecnológicos, cada vez mais surpreendentes, sugerem que todas as questões podem ser respondidas; todo o conhecimento pode ser acessível. Todavia, a pergunta primeira e a resposta última – origem da vida e significado da morte – permanecerão sem resposta.

Cabe ao homem, valendo-se de sua capacidade de projetar o imaginário, construir alternativas como respostas às suas perguntas, inquietações e expectativas. Consequentemente, surgem, na ficção, as sociedades justas, os relacionamentos de paz, a felicidade ou, por que não?, também os seus opostos.

Tudo é possível no universo do imaginário e, com ele, criam-se as utopias: sociedades perfeitas, equilíbrio social, anulação da dor, extinção do mal, enfim, a realização perfeita da espécie humana.

A utopia se faz texto, de Platão, entre os gregos, a Thomas More entre os modernos.

Mas o que tem a literatura a ver com esses escritos?

A República (século IV a.C.) é um texto ficcional, porque só assim Platão conseguiu dar corpo às suas aspirações como filósofo e político, *A Utopia* de More é igualmente um texto ficcional que materializa o imaginário com as experiências de um homem cuja vida foi marcada por ações sociais, políticas, governamentais e, acima de tudo, humanísticas. Literatura e utopia revelam-se, nesses casos, como dupla face de uma mesma moeda.

Aspirações humanas e sonho encontram-se intimamente ligados tal como o pensamento e as ações, o imaginário e a realidade. A interdependência desses universos seria um índice de que na base de tudo há um elemento comum: a linguagem que os constitui. O sonho tanto quanto as aspirações humanas são realidades de linguagem.

Ficção e realidade borram-se nos seus limites, espelham-se e embaralham-se, impedindo, em certos momentos, qualquer tipo de diferenciação entre si.

Mas em que sentido essas realizações de linguagem representariam um ato de libertação?

Se a realidade é algo duro e concreto que se impõe à nossa frente, a ficção – e com ela, a própria utopia – é a possibilidade de escape e mesmo de realização que o homem cria, no seu ato de rebeldia e subversão. Essas ações (de rebeldia e subversão), quando tomam corpo, fazem-no não apenas por meio da palavra como instrumento, mas da palavra como objeto poético – arma indomável e camaleônica que surpreende, com frequência, o seu próprio criador.

A palavra, como manifestação estética, distancia-se de sua função comunicativa para assumir, em primeiro plano, a máscara de sujeito da ação. Ela retoma o existente – conhecido, incorporado, desgastado – para subvertê-lo, negá-lo ou, até mesmo, recriá-lo. Como afirma Roland Barthes (1977), a palavra é traiçoeira[1], ela tanto pode promover, quanto apunhalar e destruir seu próprio criador.

Mas cheguemos a Machado de Assis e Guimarães Rosa. Em dois tempos distintos, os projetos poéticos desses escritores surpreendem e revelam ao leitor a singularidade daquilo que chamamos de escritura utópica.

A literatura, como um complexo sistema de linguagem, traz consigo inscrições do tempo, do espaço, dos possíveis diálogos entre os escritores de um mesmo período histórico, de períodos que os antecederam, ou ainda – o que pode parecer surpreendente – de períodos do presente que passam a ser referência para os autores e os textos do passado[2].

As correlações sistêmicas que a literatura sugere e possibilita justificam-se também pelo fato de o texto literário permitir o diálogo com a vida do escritor, com os valores e crenças de seu tempo, com as conquistas sociais e científicas, com as outras criações artísticas, enfim, com um contingente infindável de subsistemas e manifestações que se estendem do social ao filosófico, do estético ao religioso. Em outras palavras, o texto literário é um objeto aberto ao diálogo e às interpretações daqueles que, dispostos a ouvir e a vivenciar a experiência estética, se colocam ávidos para o conhecimento de diferentes espaços, tradições, culturas e realizações no campo das artes.

1. Ver conferência do Colégio de França, em *A Aula*, 1977.
2. Ver Borges em "Kafka e seus Precursores" (1985). Na referência em questão, o autor inverte o processo de produção textual e transforma Kafka em modelo para aqueles que o antecederam como escritor. Assim, de forma peculiar, Borges cria uma tradição, cujo movimento é articulado contrário à convenção, isto é, do presente para o passado. Essa proposição original acaba por elaborar uma referência não só para o escritor e para o texto, mas também para o leitor que passa a ativar sua memória e com ela suas leituras, construindo redes de informação independentes do tempo histórico. O processo de leitura, portanto, é uma ação que desconstrói e reconstrói, permanentemente, o conhecimento, seja literário ou de outra área do saber.

Se tomarmos o papel do escritor como aquele que torna visível o invisível, poderemos verificar, no texto, as qualidades no tocante à poeticidade e mesmo às manifestações utópicas em suas mais diversas nuanças.

O Par Amoroso: Em Machado de Assis, uma Dança Escritural[3]; em Guimarães Rosa, Desconstrução e Encantamento

Em um enredo extremamente simples, Machado traça a aproximação entre um homem e uma mulher que, em breve espaço de tempo, se conhecem, se aproximam e se casam. Todavia, Glória e Porfírio, casados, enfrentam problemas de ordem financeira que abalam suas relações amorosas.

Aluguel atrasado e dívidas a pagar colocam marido e mulher frente a frente para pensar como resolver seus problemas. O marido, porém, ao receber algum valor pouco expressivo por serviços realizados, coloca-se em dúvida se paga as dívidas ou se tenta a sorte com a compra de um bilhete de loteria. O jogo de azar lhe favorece: ele é premiado. A personagem paga as dívidas e dá uma grande festa. O desenrolar dos fatos e das ações não desafia a leitura, tudo parece muito explícito e torcemos pela sorte do casal ou o recriminamos por não realizar poupança e precaver-se para o futuro. O enredo, como já dissemos, é banal.

A fábula fluente, sem desafios, parece propor apenas e tão somente uma lição: não se deve agir apenas pela prudência. A ação comportada e cautelosa deve, por vezes, ceder lugar àquilo que se pauta simplesmente pelo prazer, pelo descompromisso, pela descontração e busca da felicidade.

Seria uma proposta utópica? O que significa o afastamento do medo, a recusa da prudência como amiga da perfeição, a anulação do *juízo* e da precaução do homem para com o uso de suas economias financeiras?

O narrador de "Terpsícore" coloca todo o comportamento de precaução em segundo plano e abre as cortinas para o espaço da música, da dança, da satisfação do corpo e do espírito que, enlevado pelo divertimento vive seus melhores momentos sem se deixar contaminar pelas garantias de um futuro que exige comedimento de ações, de gastos e de prazeres.

O conto se realiza no âmbito da simplicidade vocabular, sintática e estrutural. Nada, aparentemente, em sua composição, se coloca como desafia-

---

3. A análise completa deste conto foi realizada, em conferência, sob o título "Artifício e Espontaneidade: A Dança Escritural do Conto Machadiano", no evento Múltiplos Machados, realizado pela parceria PUC-SP e Unesp/Assis, em junho de 2008. O texto, na íntegra, encontra-se publicado na *Revista Ângulo*, 2008.

dor. Ao leitor cabe embalar-se com a dança e festejar, junto, a sorte de Glória e Porfírio.

Lembremos, todavia, que a dança não é simplesmente um fenômeno natural, mas social, cultural e estético (Dalal, 1980). Apesar do gesto ser, em princípio, um movimento natural e, portanto, aprendido e transmitido, ele é também um movimento que se expressa como fato social, pois carrega consigo significados que se revestem de sentidos simples e banais ou densos e complexos.

Em relação à dança, a gestualidade assume vários significados. Sua intensionalidade, se nos é permitido assim dizer, desloca-se de uma função prática, imediata, que é o deslocamento do corpo no espaço, para uma outra função que passa a *falar* do movimento natural presente no corpo físico do ser como objeto de observação e/ou contemplação estética.

O ato de assumir um movimento coreográfico complexo (sobre)carrega significados e o que ocorre é a expressão de uma potencialidade criativa e sem nenhuma finalidade imediata. O gesto cria, no ato do movimento, um sentido possível de dizer ao homem sua própria potencialidade expressiva corporal. A dança funciona, portanto, como coreografia – escrita, transcrição do movimento como gesto, como movimento estético do corpo. No conto, o narrador constrói essa escrita coreográfica com a figura de Glória e leva ao leitor o reconhecimento de seu desempenho como a figura de um cisne em uma mulher, ou seja, uma bailarina, uma terpsícore. Nessa ação narrativa, a dança é transformada pelo narrador em um *fazer-parecido*, ou, ainda, um *fazer-crer* ao leitor que Glória é um cisne (...ou uma cabrita), pela iconização da dança das palavras.

Como linguagem, a dança permite reconhecer uma intencionalidade no movimento que se realiza do gesto natural para o gesto cultural e estético. Explicitando melhor, o gesto natural que é automatizado e repetitivo – como, por exemplo, andar para deslocar-se de um local a outro – assume uma outra função e expressa as potencialidades do corpo. Sua função passa a ter um caráter mítico, isto é, de busca ou de retomada de um gesto primeiro, inaugural. Em outras palavras, o valor mítico da dança seria a consciência do possível, do novo como (des)coberta de valores ocultos, escondidos no interior do homem. Esses valores, é preciso dizer, associam-se à beleza, ao prazer, à *inteligência*/habilidade do corpo, expressos, todos, pelo gesto de autonomia e criação.

Observa-se, nesse contexto que se inscreve, no gesto, sempre, uma espécie de dicotomia. Entre a gestualidade prática e a gestualidade mítica existe um confronto, uma mistura, um imbricamento de gestos de diferentes naturezas que se diluem e se fundem um no outro, formando uma unidade ou conjunto peculiar. Lembrando Paul Valéry, (1991, p. 211), "uma infinidade de criações e variações" do movimento permite a percepção de uma "segunda ordem para a gestualidade": é a questão da poética que se torna presente.

A dança, no conto, acaba por compor um texto poético, seja pelos movimentos breves e suaves, seja pela oposição aos movimentos pesados e truculentos.

A construção desses movimentos permite retomar duas diferentes categorias da dança: a clássica e a moderna. A primeira busca a estética da perfeição e produz movimentos que poderíamos chamar de líricos, pois evocam sensibilidade e contemplação; a moderna, por sua vez, faz um percurso em direção à essência do gesto, ou ao gesto primeiro, inaugural que não se constitui em algo para ser observado, contemplado, mas para ser (re)vivido como interação, soma infindável e indizível de realizações.

Retomando o texto, observamos que Glória não realiza uma dança qualquer, mas uma polca. Ela produz movimentos firmes, bem definidos, pesados, marcados não só pelo passo, mas também pelo corpo que o compõe como um todo coeso e articulado. A mescla das diferenças acaba por criar um jogo estético que aproxima e distancia o ideal de mulher criado pelo leitor, na construção da musa gloriosa.

A utopia escritural, em Machado, poderia ser entendida como uma forma de realização amorosa que deixa de lado qualquer dado da realidade cotidiana para realizar-se como movimento do corpo que provoca a satisfação, o prazer, a realização do ato de estar junto para comemorar, não interessa *o que*, nem *quando*. A festa do casamento ou a premiação da loteria são indistintamente motivos de comemoração.

A fábula e o movimento narrativo indicam a realização utópica. No início, o distanciamento; no encontro, os desafios – Porfírio aprende a dançar e aproxima-se de Glória. A dança conduz da aproximação à união. O casamento é festa: movimento intenso de música e dança. A falta de dinheiro traz as dívidas e o casal distancia-se. O jogo de azar reverte a situação, o casal reaproxima-se. Novamente a festa e, com ela, a música, a dança, a aproximação. O que importa é a busca da felicidade. E o ritual se repete: junto ao par amoroso, todos dançam e compartilham. Utopia da palavra que liberta para o movimento permanente do corpo e da mente.

Em Guimarães Rosa, o desenho narrativo é totalmente diverso. O par amoroso vai encontrar-se apenas ao final do conto, e todo o percurso composicional é marcado por ações, configuração de espaço e tempo e descrição de atributos referentes à personagem feminina que se constituem muito próximo a um processo de desconstrução. O narrador caminha em sentido inverso ao esperado, seja para compor o cenário, seja para criar a personagem, seja ainda para diagramar o conjunto de ações que culminará com o encontro entre a heroína (viúva!) e o príncipe que surgirá no seu cavalo grande/*branco*.

Assim, o eixo textual do conto rosiano estará centrado em dois aspectos: um primeiro, quase imediato, será a caracterização do espaço – cenário rústico, perdido nos ermos indefinidos do sem-fim, "último lugar do mundo onde se esperava a noite". Outra composição do eixo textual atrela-se à própria personagem: produto de uma ação permanente de construção e desconstrução narrativas.

"Aonde" tudo acontece é um "despovoado, o povoadozinho palustre, em feio o mau sertão". O *não-lugar* se inscreve como espaço distópico – o que haveria nele para que ali se acolhesse a felicidade?

Espaço do imaginário, criado como um alagado restrito, de pouca gente, e quase nenhum acontecimento, o lócus da fábula está metido onde nem mesmo o sertão encontra espaço para exercer seus poderes férteis à imaginação. Talvez por isso fosse o "mau sertão", daí, sem "assombros". Mas é exatamente deste *não-lugar*, de onde nada se promete, nem pelo cenário, nem pelos poucos que lá habitam, que surge a personagem: "Trouxe-se lá Drizilda, de nem quinze anos, que mais não chorava...".

A quase criança, que *não mais chorava* e, por isso, talvez já soubesse de seus reais desejos, trazia no nome um desconcerto rosiano – (Zilda?, Izilda?) Drizilda. Do conhecido para o desconhecido, do velho para o novo. Novo? Do grego, *Dryás*, era a ninfa dos bosques. Possivelmente, um bom indício para o mau sertão, onde se dará o nascimento do Moço, que em galope curto, num grande cavalo (talvez branco?), chegará para o encontro da ninfa. Mas... não adiantemos a história.

Sem castelos, nem florestas verdejantes ou jardins floridos aparece Drizilda – "quase bela", é jovem em flor, "cravinho branco", porém... despetalada. Como diria o próprio Guimarães, *aliás*..., viúva – duplamente: o irmão matara o marido. Drizilda estava só, "vestida de amargura"..., "sofria, sofria": o irmão preso, o marido enterrado. Ainda assim, a "flor é só flor e alegria de Deus".

Ao observar os atributos da personagem e o contexto em que surge na narrativa, coloca-se, inevitavelmente, a questão: haveria espaço para a felicidade?

O contraponto é intenso. De um lado, os traços positivos: os quinze anos, a quase beleza, a flor que é só flor, a alegria de Deus, os cabelos alongando-se. De outro, "de déu em doendo, à desvalença, para no retiramento ficar sempre vivendo, desde desengano. [...] De não ter filhos? Estranhos culpando-a, soante o costume, e o povo de parentes: fadada ao mal, nefandada".

Mas o tempo anula distâncias e aproxima Drizilda da gente. "As sobejadas secas velhinhas" chegam perto, tristilendas acontecem. A rotina se altera: as janelas espiam pelo escuro. O velho no novo se reúne, afinam-se desejos. Se todo dia é véspera, chegou, enfim, "o cavalo grande". Ele traz o príncipe que recolhe a dama. O certo é que o final deve ser feliz. O moço recolheu rédea, desmontou-se e tornou-se o senhor, na acolhida da amada.

Entreamor, Drizilda e o Moço.

A cinderela dos tempos modernos adquire, em Guimarães Rosa, uma dupla imagem. Inicialmente e, de forma reiterada, ao longo da narrativa, poder-se-ia dizer que tudo é *desfazimento*. Assim, o narrador constrói a narrativa na ação desconstrutiva de tudo que se conhece como tradição no conto maravilhoso[4].

Apesar dos quinze anos, a jovem viúva não sugere relações com nenhuma borralheira desprezada pela madrasta, abandonada pelo pai ou perdida pelos bosques encantados. Ao invés dos trabalhos forçados ou cercada por pássaros e duendes carentes, a personagem rosiana tem a vigia das "velhas, sem palavras", que apenas "moviam-na adiante, sob irresistíveis eflúvios, aspergiam-na, persignavam-lhe o travesseiro e os cabelos. Comutava-se. Olhos de receber, a cabeça de lado feito a aceitar carinho – sorria, de dom".

No sorriso que nascera com ela, poder-se-ia dizer, estava escrito: seria ela a escolhida, tão logo surgisse o Moço. Por isso, "ela percebeu-o puramente: levantou a beleza do rosto, reflor".

"Lembrados em par, os dois – Drizilda e o Moço, paixão para toda a vida. Aqui, na forte Fazenda, feliz que se ergueu e inda hoje há, onde o Arroio". Inscreve-se o *não-lugar* – imaginário para onde há espaço de acolhimento à utopia.

O conto maravilhoso dialoga utopicamente com a narrativa poética de Rosa. O encantamento, longe de realizar-se apenas nas últimas linhas, como afirmávamos no início, consagra-se a cada palavra e a cada nova sintaxe.

O som que liberta o imaginário tem em Guimarães seus agudos mais acentuados. A harmonia da palavra é a proposta utópica de constituir o fato narrativo como uma realidade de ação.

---

4. Ver Vladimir Propp, *Morfologia do Conto Maravilhoso*.

Se o percurso de Drizilda teve obstáculos e pôde contar com ajuda de fadas ou bruxas, registrou-se a tradição no presente – o salto no tempo, no espaço, na escritura que ressoa o passado e se desenha na modernidade das histórias que não se cansam de existir.

As narrativas literárias continuam a compor as perdas e desencontros, todavia persiste também a possibilidade de encontrar, ao final de um caminho narrativo, uma fonte que alimente o sonho de ser feliz – mera alternativa entre tantas outras para compor o jogo utópico literário.

~

REFERÊNCIAS BIBLIOGRÁFICAS:

ACHCAR, Dalal. *Ballet – Arte, Técnica e Expressão*. Rio de Janeiro, Artes Gráficas, 1980.
ASSIS, Machado de. *Terpsícore*. São Paulo, Boitempo, 1997.
BARTHES, Roland. *A Aula*. São Paulo, Cultrix, 1980.
BORGES, Jorge Luis."Kafka y sus Precursores". *Otras Inquisiciones – Obras Completas*. Buenos Aires, Emece, 1985.
MORE, Thomas. *Utopia*. São Paulo, Martins Fontes, 1999.
PLATÃO. *A República*. Lisboa, Fundação Calouste Gulbenkian, 1949.
ROSA, João Guimarães. "Arroio das Antas". *Tutameia*. Rio de Janeiro, Nova Fronteira, 1979.
VALÈRY, Paul. *Variedades*. São Paulo, Iluminuras, 1991.

LEITURAS ROSIANAS

34.
MEU TIO O IAUARETÊ:
A BIOGRAFIA IMPOSSÍVEL

EVELINA HOISEL (UFBA)

Estamos aqui para celebrar o centenário de dois imortais: Machado de Assis e João Guimarães Rosa. O *centenário de dois imortais* suscita uma primeira reflexão sobre morte e vida como dois movimentos opostos que fazem parte de um mesmo processo: a vida. Aqui, homenageamos Machado de Assis pelos cem anos da sua morte. E homenageamos João Guimarães Rosa pelos cem anos de seu nascimento. Ambos mortos. E ambos imortalizados no traço da letra, pela capacidade que tem a palavra poética de eternizar as coisas, os sentimentos, os personagens que ela constrói. Este movimento faz parte da escritura literária, que concebemos como lugar de vida, morte e ressurreição. Definida como uma biografia, uma vida grafada, a escritura literária inscreve o seu autor na teia das palavras, nos ritmos da linguagem, fazendo-o assumir múltiplas corporeidades, encarnando diferenciadas identidades.

O escritor, responsável pela existência do texto literário, está na sua escrita, em um movimento que afirma uma dupla experiência. Por um lado, ele personifica um corpo, que se acopla a um nome próprio singular: a sua primeira pessoa, que tem uma existência civil atestada pelo registro de identidade. Por outro lado, fragmenta-se e multiplica-se sem identidade, sem rosto, e sem nome próprio estável, nas imagens narcísicas e labirínticas que constrói através dos seus textos. Esta construção sustenta-se em um projeto ético e estético que insere o escritor na rede da escrita, tornando-o simultaneamente ausente e presente, singular e múltiplo. Um ausente presentificado pela letra. Na *usina imaginária da literatura*, o rosto impessoal e multifacetado do escritor (a sua terceira pessoa) é *letra morta, corpo morto*, mas é capaz de ser vivificado por cada leitor, no ato da leitura. O leitor atualiza a escrita, mobiliza os signos e, através dessa mobilização, enreda-se na malha textual, dinamizando a sua própria biografia a partir das projeções narcísicas que também tece. O caráter biográfico do texto literário desterritorializa e territorializa os sujeitos que atravessam o universo das palavras: o viver-em-linguagem da literatura confere ao escritor e ao leitor a possibilidade de tornar-se impessoal, tornar-se outro: tornar-se animal, tornar-se molécula, tornar-se vegetal. Como considera Gilles Deleuze (1997), o devir da literatura confere a possibilidade de nos transportarmos do plano do vivido para o plano do vivível.

Recorro ao texto de João Guimarães Rosa, "Meu Tio o Iauaretê" (1969), para refletir sobre algumas questões relacionadas com a concepção da escritura literária como biografia. Encontro nesta obra-prima da prosa rosiana, publicada pela primeira vez em 1961, na *Revista Senhor*[1], uma metáfora para desenvolver algumas reflexões relacionadas com a concepção da literatura como biografia.

O texto do "Iauaretê" tem sido considerado por especialistas, seguindo as anotações do próprio Guimarães Rosa, como a matriz do *Grande Sertão: Veredas*, publicado em 1956. Estabelecendo as diversas semelhanças e diferenças entre as duas narrativas, considero que "Meu Tio" radicaliza o projeto literário e biográfico rosiano: rompe de forma aberrante com os padrões literários estabelecidos no que diz respeito à concepção da linguagem literária, ao trabalho do escritor para com a linguagem e às relações entre vida e literatura.

Em "Meu Tio o Iauaretê," seguindo as pegadas do homem-onça, vivenciamos uma experiência dos limites: a passagem do humano para o animal, bem como da vida para a morte, pois o homem-onça conta a sua vida – trata-se de uma autobiografia oral – para um interlocutor mudo, nos momentos que antecedem a sua metamorfose, que é também o momento da sua morte. O final da sua história corresponde ao momento em que é assassinado pelo interlocutor-visitante, talvez um soldado que veio para observá-lo e conhecer o que se passava no ermo do sertão. Com a história do Iauaretê, habitamos os limites extremos da linguagem, que desarticula conceitos e valores civilizacionais. Habitamos o espaço intersticial do humano e do não-humano e, como o homem que virou onça e agregou a si uma outra identidade, podemos experimentar o lado animalesco, selvagem, obscuro – o devir animal – impossível de ser vivenciado dentro dos padrões civilizacionais estabele-

---

1. *Revista Senhor*, n. 25, março de 1961, "Meu Tio o Iauaretê". Segundo anotações de Guimarães Rosa, é anterior à escrita de *Grande Sertão: Veredas*, publicado em 1956.

cidos. Passamos da articulação linguística para uma extrema desarticulação, modulada pelas onomatopeias, pelo balbucio do homem-onça, no momento em que se transforma em fera, torna-se onça.

Como já foi assinalado por Ettore Finazzi-Àgro (2006), em seu ensaio "A Voz de Quem Morre. O Indício e a Testemunha em Meu Tio, o Iauaretê", o conto de Guimarães Rosa fala da "capacidade da linguagem humana de testemunhar aquilo de que não temos testemunho" – a passagem para a morte – pois, "pelo fato de comportar uma anulação do sujeito, não pode prever um sujeito falando dessa Passagem" (p. 27). Ettore Finazzi demonstra que, por caminhos bastante distintos que não abordaremos aqui, Guimarães Rosa, neste texto que se escreve no limite entre vida e morte, tangencia uma problemática representada por Machado de Assis nas *Memórias Póstumas de Brás Cubas*, onde o protagonista-narrador conta a sua própria morte.

Em "Meu Tio o Iauaretê", encontramo-nos diante de uma impactante fluência narrativa, onde a pulsão narrante do escritor João Guimarães Rosa está projetada no onceiro-narrador. Dessa perspectiva, podemos entender a sua dramaticidade pela presença de forças antagônicas na cena textual: a de entregar-se à usura de si mesmo e a de narrar-se, extroverter-se. O protagonista vivencia esse conflito dramático até fazer explodir o substrato linguístico que dá sustentação à sua narrativa, fazendo a linguagem humana desaparecer no devir mais potente da onça. "Hé... Aar-rrâ... Aaãh... Cê me arrhoôu... Remuaci... Rêiucàanacê... Araaã... Uhm... Ui... Ui... Uh... êeêê... êê... é... é..." (Rosa, 1969, p. 159).

Por isso é que, dentre os diversos textos de João Guimarães Rosa, é no "Iauaretê" que mais transparece o projeto linguístico-literário-biográfico constitutivo de sua poética, projeto disseminado ainda através das inúmeras cartas aos tradutores, das entrevistas, dos depoimentos deixados. "Meu Tio o Iauaretê" fornece uma lição no sentido de esclarecer que aquilo que se narra, ou se inscreve na escrita, não depende apenas de um querer dizer, e que seus fios são tecidos por um outro que aflora de um eu, variado, múltiplo, imprevisto.

No processo de enunciação do seu longo diálogo-monólogo, o protagonista-narrador-mestiço-índio perde gradativamente a sua identidade humana e vai-se identificando cada vez mais com o objeto de sua narração – as histórias das onças – até afirmar-se onça: "Eu sou onça... Eu – onça" (p. 135). "Sei só o que onça sabe" (p. 133). A longa fala do bugre elabora-se no sentido de reconstituir sua história vivida nos campos gerais, diante do olhar atento e ameaçador do interlocutor, ao tempo em que, gradativamente, vai-se instalando o processo de "oncificação" do seu discurso: cada vez mais o homem-onça parece cercar o visitante, preparando um salto para atacá-lo e devorá-lo.

A reconstituição dessa história não se dá linearmente, porém segue as impressões registradas na memória em sua relação com o interdito. Desse modo, instala-se uma forte tensão dramática proveniente do conflito vivenciado pelo sujeito no sentido de revelar ou não o interdito – os crimes cometidos nos campos gerais, para onde foi mandado para matar as onças, e a sua identidade onça. Na travessia que vai do humano ao animal, o zagaieiro deixa de matar as onças e passa a matar os homens. Por isso, as revelações sobre a matança dos homens, bem como as revelações sobre as suas relações de intimidade com as onças, principalmente com a onça Maria-Maria, vão sendo enunciadas lentamente, à medida que há um gradativo afrouxamento da censura, provocado pela bebida que, constantemente, o visitante oferece ao protagonista, no intuito de obter cada vez mais informações sobre os acontecimentos que envolviam sua atuação nos campos gerais. Cachaça que o onceiro bebe prazerosamente para auxiliar na sua travessia narrativa e identitária: "A pois, eu vou bebendo, mecê não importa. Agora é que tou alegre" (p. 132). "Cachacinha gostosa! Gosto de bochechar com ela, beber depois. Hum-hum. Aãã..." (p. 133).

"Meu Tio o Iauaretê", como autobiografia desse protagonista sem nome, pois já se chamou Bacuriquirepa, Breó, Beró, Tonico, Macuncôzo, Tonho Tigreiro, porém já não tem nenhum nome, não tem a marca principal de sua identidade como homem, define os traços de um sujeito que enceta, no espaço literário, um movimento de territorialização e de desterritorialização dos limites da linguagem. Esse movimento de desarticulação de padrões linguísticos e de reconstrução de outras possibilidades da linguagem teatraliza-se com o uso do português, do tupi, das onomatopeias que registram os mugidos e miados do homem-onça, na sua performance diante do interlocutor, quando afirma sua genealogia animal – o seu devir onça.

O devir animal do zagaieiro encontra no texto rosiano diversas motivações, mas é a onça Maria-Maria que leva o narrador a reconhecer-se na sua ancestralidade, passando de inimigo das onças, isto é, de matador de onças a matador de homens. Esta identidade instável, em constante transformação, é confirmada pelos diversos nomes que o Tigreiro assume no transcorrer de sua história. Cada nome se relaciona com um valor civilizacional que ele abandona até assumir a identidade animal:

Ah! Eu tenho todo nome. Nome meu minha mãe pôs: Bacuriquirepa. Breó, Beró, também. Pai meu me levou para o missionário. Batizou, batizou. Nome de Tonico; bonito, será? Antonho de Eiesús... Depois me chamavam de Macuncôzo, nome era de um sítio que era de outro dono, é – um sítio que chamam de Macuncôzo... Agora, tenho nome nenhum, não careço. Nhô Nhuão Guede me chamava de Tonho Tigreiro. Nhô Nhuão Guede me trouxe pr'aqui, eu nhum, sòzim. Não devia! Agora tenho nome mais não... (Rosa, 1969, p. 144).

Em "Meu Tio o Iauaretê", a escrita transforma-se em palco de uma *mise-en-scène* linguístico-existencial, que recupera arqueologicamente os diversos estratos da história de um sujeito e da linguagem, de uma travessia em busca de uma identidade impossível, de uma biografia impossível de ser recuperada no plano das vivências regidas e delimitadas pela racionalidade que mobiliza e sustenta as ações cotidianas. Por isso, "Meu Tio o Iauaretê", mais do que a autobiografia de um eu que já se diluiu em vários, cuja identidade se fragmentou na meada de nomes que incorporou a si na sua trajetória impossível, exibe esse processo de dispersão da identidade de um sujeito – o escritor – que se encorpa em cada signo, diluindo-se no outro, transmigrando, para encarnar neste outro, signo que lhe propicia grafar um inverossímil fragmento de sua biografia.

Em um sentido mais amplo, "o Iauaretê" não resgata apenas a biografia do sujeito que o produziu, porque edita e divulga o seu projeto ético e estético. Como metáfora biográfica, "o Iauaretê" acolhe também a história de cada leitor, pois nessa inacreditável narrativa do homem que quer ser onça, que vira onça, que é homem-onça, nos reconhecemos e dramatizamos nossos desejos interditos. Este é o devir louco e cruel que o texto rosiano nos proporciona: repetir na diferença o ato performático desse narrador que no seu discurso corporifica o movimento do animal em suas diversas modulações, fazendo dele um acontecimento presente em cada leitura. O leitor acompanha estas transformações através do corpo, gestos, movimentos que se alternam com os miados e onomatopeias, balbucios, encorpando-se na linguagem do Iauaretê, situando-se nesse entrelugar de ser e não ser onça, nesse trânsito instável de homem-onça.

Walnice Nogueira Galvão (1978), ao estudar o impossível retorno empreendido miticamente pela narrativa de "Meu Tio", em ensaio já antológico sobre o tema, ressalta a decidida tentativa de Guimarães Rosa de proceder a uma passagem do domínio da cultura para a natureza, onde a onça se destaca como totem do clã tribal, sendo o antepassado a origem mítica do protagonista. Este, ao perder sua identidade, os seus valores, a sua cultura, dirige-se no sentido de abandonar o domínio da cultura (do cozido) e voltar ao domínio da natureza (do cru), salientando o caráter antropológico do texto de Guimarães Rosa, que faz ressoar aquele aspecto contido em um outro conto, "O Espelho", quando o protagonista também se reencontra na imagem da onça como uma de suas faces.

Outros estudiosos têm abordado as relações entre o texto de Guimarães Rosa e o mito, demonstrando como determinados rituais ancestrais relativos ao totem estão representados na narrativa rosiana, onde o Iauaretê passa pelos rituais de sangue e erotismo, próprios às culturas totêmicas. Por sua vez, algumas leituras colocam a questão da identidade racial do Brasil, observando que a narrativa de Guimarães Rosa devolve ao índio o lugar que ele não teve na cultura ocidental. Ao transformar-se em um ancestral totêmico, o índio encontraria o lugar que ele não teve na nossa civilização, podendo assim permanecer. Este protagonista-mestiço-índio, falando um português cheio de desvios, "mosqueado de nhehengatu" e prestes a ser extinto com sua cultura, marca a sua presença na linguagem que enuncia com elementos expressivos da língua indígena – o tupi – afastando-se da língua portuguesa.

É assim que esta estória se quer história, individual e coletiva, ficção e verdade (não-ficção) – lembramos que constantemente o protagonista interrompe a sua fala para afirmar que "Tou falando verdade..." (p. 129) e "De verdade. Tou falando verdade, tou brabo!"(p. 135) – constrói-se escavando progressivamente os diversos estratos de um passado histórico-mítico, onde cada leitor pode se inserir e contracenar, dramatizando os seus próprios fantasmas, experienciando a vertiginosa travessia do homem-onça. Guimarães Rosa nos oferece esta possibilidade de viver o impossível, que é, por excelência, o viver-em-linguagem da literatura.

A insistência em traçar um duplo movimento biográfico da escritura literária – a biografia do onceiro como metáfora biográfica do escritor e do leitor – é porque temos em mente aquela concepção de Guimarães Rosa que define o sujeito poético como um ser trans-histórico, "pensando em eternidades", simultaneamente situado e des-situado, como é o personagem Macuncôzo, nome este escolhido aleatoriamente, pois poderíamos citar qualquer um dos outros nomes que ele foi incorporando na sua travessia identitária pelos gerais. Esse protagonista sem nome é um ser extremamente singular, com o qual os leitores que participam de sua aventura biográfica podem identificar-se e vivenciar uma fantástica aventura; ele é também o signo textual que melhor encena a produção da escritura literária. Em "Meu Tio o Iauaretê", como no *Grande Sertão: Veredas*, o espaço narrativo transforma-se em palco onde se assiste à produção da fala-texto, à medida que se processa a narração.

Aqui a enunciação do protagonista dramatiza o momento da verbalização poética, projetando na página do livro o esforço de captar o processo enunciador no próprio ato de sua realização. Justifica-se, por essa via, o teor de oralidade da narrativa do Iauaretê, que eleva às últimas consequências a teatralização da produção da fala-escritura. O narrador-protagonista presentifica o devir onça através do corpo, dos gestos, dos miados, dos sons, das onomatopeias que sustentam o seu diálogo-monólogo.

O apelo à oralidade tem assim outras possibilidades além daquelas já levantadas por diversos críticos de Guimarães Rosa, que a analisam principalmente em função do movimento de recriação do idioma a partir de elementos linguísticos mais vivos, dinâmicos, de cunho mais afetivo e expressivo do que a formalização lógica e normativa da escrita. Do ponto de vista de uma configuração da escritura biográfica, o recurso da oralidade apresenta-se como tentativa de cercar a escritura poética com as marcas de um sujeito que, não podendo corporificar-se na espessura da face do signo, estrategicamente apela para a teatralização e encenação, capazes de recuperá-lo na cena da leitura. O distanciamento característico da narração é quebrado e anulado pela presentificação do ato teatral, a ação desenrolando-se performaticamente aqui e agora, assistida pelo interlocutor-visitante-ouvinte-leitor, que capta as suas entonações, pausas, modulações da voz – o seu timbre – codificadas como suplemento de uma origem, como substitutos ficcionais capazes de definir um sujeito que só se presentifica na sua escritura substituído pelos seus suplementos. Esse tom de oralidade perpassa todo o conto e aqui, quase aleatoriamente, transcreve-se um trecho que ilustra essa performance:

> Bom, mas mecê não fala que eu matei onça, hem? Mecê escuta e não fala. Não pode. Hã? Será? Hué! Ói, que eu gosto de vermelho! Mecê já sabe...
> Bom, vou tomar um golinho. Uai, eu bebo até suar, até dar cinza na língua... Cãuinhuara! Careço de beber, pra ficar alegre. Careço, pra poder prosear. Se eu não beber muito, então não falo, não sei, tou só cansado... Dei'stá, manhã mecê vai embora. Eu fico sozinho, anhum. Que me importa? Eh! ésse é couro bom, da pequena, onça, cabeçuda. Cê quer esse? Leva. Mecê deixa o resto da cachaça pra mim? (Rosa, 1969, pp. 130-131).

A pulsão narrante de Macuncôzo, correlato objetivo da pulsão narrante do escritor, está expressa no desejo incontido de falar, metaforizado pela cachaça que o protagonista não pode dispensar, porque é veículo de liberação de sua voz, e o ato de verbalizar, de prosear, é uma necessidade vital. Numa determinada direção de análise, poder-se-ia registrar nas obras de Guimarães Rosa um centramento na voz como revelador de uma tendência fonocêntrica, que prioriza a fala, a voz presente a si, detectado por Jacques Derrida (1991) como (pré)conceito da metafísica ocidental, onde a *phoné* é inseparável da instância do *logos* e onde a fala se confunde com o ser como presença. De tal modo se imprime um tom na voz sonsa do tigreiro, que toda sua caracterização pode ser desentranhada, perseguindo-se esses traços da sua falação, no intuito de persuadir o interlocutor-ouvinte de sua história.

Todavia, se esta oralidade tem força mais expressiva e espontânea, favorecendo uma maior liberdade na utilização das palavras e a livre associação de ideias, permitindo a incursão por geografias linguísticas ainda não mapeadas, e sendo, portanto, procedimento importante para a realização do projeto explicitado por Guimarães Rosa no que se refere ao retorno ao momento original da linguagem, não se pode esquecer que toda essa oralidade é represada pela escrita.

Cria-se aqui mais um foco de expansão da tensão dramática, vivenciada pela linguagem, onde oralidade e escrita se confundem, e o estilo, suplemento do timbre na escritura, a ele se superpõe e pode ser depreendido como mais um traço que assinala a fisionomia de um sujeito, agora o escritor, que passa a se identificar linguisticamente com o homem-onça.

Se a fala do onceiro não é uma voz, é uma fala forjada, porque se deixa aprisionar pela escrita, como reconhecer o seu timbre, e identificar suas modulações, a não ser contornando o estilo que com ele passa a se confundir? Vê-se, por esse mecanismo, que o sujeito produtor da fala – o onceiro e homem-onça – identifica-se com o sujeito produtor da escritura – o escritor Guimarães Rosa – que encontra nesse procedimento de construção uma forma de registrar sua "autobiografia inconsciente". O reconhecimento do timbre verifica-se quando se detectam os elementos de particularização de um estilo: construções sintáticas, frases que se estruturam simultaneamente como perguntas e respostas, ritmo pontuado por frases curtas, interjeições, expletivos e diminutivos, utilização constante de todos os sinais de pontuação que dão o tom sonso e matreiro à sua voz.

Haroldo de Campos (1970), ao estudar a linguagem do Iauaretê, salienta a importância do processo de tupinização como prática de renovação da língua, considerando este aspecto na caracterização do estilo de Guimarães Rosa. Salienta Haroldo de Campos que

[...] neste texto de Rosa, além de suas costumeiras práticas de deformação oral e renovação do acervo da língua (frequentemente à base de matrizes arcaicas ou clássicas injetadas de surpreendente vitalidade), um procedimento prevalece, com função não apenas estilística mas fabulativa: a tupinização, a intervalos, da linguagem. O texto fica, por assim dizer, mosqueado de nhehengatu, e esses rastros que nele aparecem e anunciam o momento metamorfose, que dará à própria fala a sua fabulação, à estória o seu ser mesmo (Campos, 1970, p. 49).

O onceiro-narrador, ao produzir uma fala-escritura que rompe as normas estabelecidas, articulando um código inédito, incursionando por geografias ainda não codificadas, concretiza o projeto linguístico-literário-biográfico de João Guimarães Rosa de "retorno ao momento original da linguagem", sua travessia para o infinito, fazendo cada palavra aparecer como se fosse pronunciada pela primeira vez.

Por isso, "Meu Tio o Iauaretê" pode ser definido como uma arquiescritura, configurada por Jacques Derrida (1991) como escritura primeira, a possibilitar o aparecimento de toda fala e escrita. O espaço do livro é fonte simultânea da fala e da escrita, esta a fixar a fala, mas grafando-a na sua dinamicidade de fala, voz, timbre, presença que se teatraliza na ausência pelo estilo.

Assim, o texto do onceiro-Guimarães Rosa é forma indecidível, é *phoné* e *gramma*, é grau zero de significação, porque nele brota e germina toda significação, ponto de origem e resplendor dos signos a atravessarem incessantemente a linguagem. É por isso que, quando a narrativa chega ao seu final, no momento em que o interlocutor atira no homem-onça com medo de sua transformação, anunciada durante o desenrolar do diálogo-monólogo, as palavras se desintegram, articulando a passagem da linguagem ao silêncio, da fala ao espaço em branco do livro, lugar de morte e de ressurreição, subtraindo o escritor e o leitor da efemeridade do vivido pela dramatização de um (im)possível fragmento de sua própria biografia.

REFERÊNCIAS BIBLIOGRÁFICAS:

CAMPOS, Haroldo de. "A Linguagem do Iauaretê". *Metalinguagem*. Petrópolis, Vozes, 1970. (Col. Nosso Tempo)
DELEUZE, Gilles. *Crítica e Clínica*. Trad. Peter Pál Pelbart. São Paulo, Ed. 34, 1997.
DERRIDA. Jacques. *A Farmácia de Platão*. Trad. Rogério de Costa. São Paulo, Iluminuras, 1991. (Col. Polém)

FINAZZI-AGRÓ, Ettore. "A Voz de Quem Morre. O Indício e a Testemunha em 'Meu Tio o Iauaretê'", *O Eixo e a Roda. Revista de Literatura Brasileira*. Belo Horizonte, FALE/UFMG, vol. 12, pp. 25-32, jan.-jun. 2006.

GALVÃO, Walnice Nogueira. "O Impossível Retorno". *Mitológica Rosiana*. São Paulo, Ática, 1978. (Col. Ensaios 37).

ROSA, João Guimarães. "Meu Tio o Iauaretê". *Estas Estórias*. Rio de Janeiro, José Olympio, 1969.

35.
GUIMARÃES ROSA E A FILOSOFIA DA LINGUAGEM: XENOFILIA E HOSPITALIDADE

OLGÁRIA MATOS

Duas maneiras de enfrentar a mundialização da cultura se impuseram em nosso tempo: o nacionalismo, a resistência narcisista de uma identidade imaginária, de um lado, a adesão irrestrita à neutralização das línguas pela hegemonia do inglês ligado à globalização – o *basic English,* não-gramatical e antiliterário, de outro. Em ambos os casos, o desejo de identidade engendra uma percepção paranoica da diferença.

Procurando na literatura de Guimarães Rosa o filosófico, sua teoria da linguagem e da comunicação, é possível reconhecer no autor – e também nas diversas vozes narrativas de *Grande Sertão: Veredas* – nos prefácios programáticos, mas também na ficção[1], reflexões que o diferenciam de autores que buscam a "origem das línguas" e a encontram ora na metafísica, ora na política, inscrevendo-se em um registro próprio, nem particularismo linguístico, tampouco língua nacional ou unidimensionalidade das línguas tal como hoje se dá sob a hegemonia do inglês vernacular e técnico – aquele que dispensa o "estilo": "o inglês que hoje se impõe no mundo inteiro", escreve Marc Fumaroli, "é menos comparável à *koinê* do Mediterrâneo romano e mais à *lingua franca* do Mediterrâneo pós-Cruzadas: ora, é justamente este caráter sumário, cômodo, elementar, passivo que não pede nenhum compromisso

---

1. Este trabalho considera a autonomia do autor de *Grande Sertão: Veredas* com respeito ao narrador que o "representa" no mundo da obra, mas também a integração de todo pensamento sobre ela, no sentido de que a personagem de ficção (o narrador e suas vozes) pode ser compreendida com desdobramento dos princípios teóricos enunciados pelo autor, aproximando-se da assertiva de Guimarães Rosa quando flaubertianamente daclara "Riobaldo sou eu".

de seus locutores, nem na maneira, nem na matéria das palavras, o essencial em sua força de atração"[2].

Considerando a língua não um simples sistema de comunicação, mas sobretudo experiência expressionista de ser e de pensar, um modo de ser, de sentir e de pensar, Guimarães Rosa neologiza a língua com arabismos, helenismos, galicismos, tremações e sinal de vogais longas ou breves, inserindo o sertão nesses vocábulos, universalizando-o; e o faz também com transgressões nas regências, o subjuntivo em lugar do condicional, o passado pelo subjuntivo, às voltas com a insuficiência das palavras para dizer o mundo. Uma linguagem capaz de dizer "o não-senso [... que] reflete por um triz a coerência do mistério geral que nos envolve e cria"[3]. Por isso encontra-se distante de toda língua "global" adaptada à informação utilitária e amplamente suficiente para debates das mídias. Guimarães Rosa evoca línguas literárias e também orais e, em particular, uma que é a da "conversação", de tal maneira que a linguagem é iniciação a uma maneira excepcional de ser livre: "terá de ser agreste ou inculto o neologista [...] e ainda melhor se analfabeto for"[4]. Incultos mas, ao mesmo tempo, donos de retórica, os falantes do sertão. Têm estilo. Este corresponde, antes de mais nada, a uma "política da linguagem", sensível às virtualidades das línguas, colocando em trânsito direto o sertão e a metafísica de Unamuno: "[este] criou sua própria metafísica pessoal da linguagem [...]. Inventou 'nivola' e o 'nadaísmo'; são invenções próprias de um sertanejo"[5].

2. In *Quand l'Europe parlait français*, ed. de Fallois, 2001, p. 23. Em seu livro *The Media Are American*, Jeremy Tunstall considera que "o inglês é provavelmente a língua mais influenciada e afinada ao uso dos meios de comunicação [...]. A mídia em inglês está relativamente isenta da separação entre as formas alta e vulgar, comparada ao alemão [...]. O inglês contém a maior variedade de frases incisivas e de palavras simples que podem ser escolhidas para o uso dos meios de comunicação, comparado, por exemplo, ao francês, e a versão em língua inglesa é normalmente mais abreviada do que qualquer outra língua. O inglês tem também a gramática mais simples do que qualquer outro idioma concorrente, como o russo. A língua inglesa [e a que melhor se adapta às histórias em quadrinho, manchetes de jornais, frases de efeito, subtítulos de fotos, canções pop, gracejos de *disc jockey*, *flashes* e músicas para comerciais" (in *The Media Are American*, New York, Columbia University Press, 1977, pp. 127-129). Em outras palavras, uma certa facilidade gramatical favorece o aprendizado elementar da língua, o que a predispõe à comunicação oral não-literária, pragmática e instrumental, sem complexidade e sem estilo. Para uma discussão mais acurada do inglês como língua global e não internacional, no horizonte pós-colonial, imperialista e de predomínio da tecnociência e não das humanidades, cf. Renato Ortiz, "Mundialização, Saberes e Crenças" em *Mundialização: Saberes e Crenças*, São Paulo, Brasiliense, 2006.
3. Cf. Guimarães Rosa, "Alegria e Hermenêutica", em *Tutameia, Terceiras Histórias*, Rio de Janeiro, Nova Fronteiar, 1985, p. 8.
4. G. Rosa, "Hipotrélico", *Tutameia, op. cit.*, p. 77.
5. "Literatura e Vida, Diálogo entre João Guimarães Rosa e W. Lorenz", em *Diálogo com a América Latina*, São Paulo, Pedagógica Universitária, 1973.

E Guimarães Rosa reitera os cultores da língua, os inquiridores da filosofia da existência:

[...] levo o sertão dentro de mim e o mundo no qual vivo é também o sertão. Estes são os paradoxos incompreensíveis, dos quais o segredo da vida irrompe [...]. Goethe nasceu no sertão, assim como Dostoievski, Tolstoi, Flaubert, Balzac; ele era, como os outros que eu admiro, um moralista, um homem que vivia com a língua e pensava no infinito [...]. Ele era um sertanejo[6].

Compreendendo que tão somente a renovação da linguagem pode renovar o mundo e dissipar o gosto do *status quo* – com o que a linguagem corrente e seus clichês não se faz uma língua literária – Guimarães Rosa leva em conta esta "babel espiritual de valores em que hoje vivemos", na qual cada autor deve criar seu próprio léxico, e este entrecruza o sertão e a Europa: "para mim, Cordisburgo foi sempre uma Europa em miniatura". A língua literária é um ato comunicativo, cuja natureza é a da tradução, no sentido de "babelizar" o idioma, aprofundando estratégias disseminadoras e pluralizantes da língua: "eu quero tudo", escreve Guimarães Rosa, "o mineiro brasileiro, o português, o latim – e talvez até o esquimó e o tártaro. Queria a língua que se falava antes de Babel"[7]. Em uma de suas entrevistas, observou:

[...] falo português, alemão, francês, inglês, espanhol, italiano, esperanto, um pouco de russo; leio sueco, holandês, latim e grego (mas com o dicionário agarrado); grego clássico e grego moderno, húngaro, persa, chinês, servo-croata, hindu, malaio, entendo alguns dialetos alemães; estudei a gramática do húngaro, do árabe, do sânscrito, do lituânio, do polonês, do tupi, do hebraico, do japonês, do tcheco, do finlandês, do dinamarquês; bisbilhotei um pouco a respeito de outras. Mas tudo mal. E acho que estudar o espírito e o mecanismo de outras línguas ajuda muito à compreensão mais profunda do idioma nacional[8].

Questionando a metafísica e o mito de um idioma natural ou essencialista, Guimarães Rosa tem compromisso filosófico e cultural com a alteridade daquilo que se quis designar por *logos* e razão. Tal como a tradução, a linguagem literária não procura diluir as diferenças, "antibabelizar", segundo uma vontade taxinômica que tudo divide em dois: natureza/cultura; identidade/diferença,

---

6. Rosa, *op. cit.*, p. 13.
7. Carta de Guimarães Rosa a Mary L. Daniel, de 3.11.1964, *apud* W. Bolle, *grandesertão.br*, São Paulo, Duas Cidades, 2004, p. 408.
8. Cf. *Revista Bravo!*, nº especial 2006, "100 Livros Essenciais", p. 20; cf. também Günter Lorenz, "Entrevista com Guimarães Rosa".

ser humano/animal; normal/louco. Na contramão da lógica do incontrovertido encontra-se o conto "A Terceira Margem do Rio", de *Primeiras Histórias*. Aqui a lucidez do narrador vai ao encontro da loucura paterna, deixando-se atravessar por ela, desfazendo-se de qualquer lógica consensual: "Ninguém é doido. Ou, então, todos". Não se trata apenas de "desconstruir", para tomar de empréstimo um conceito de Derrida, oposições binárias da metafísica que mantêm hierarquias em que um dos termos comanda o outro, desempenhando sempre um deles papel subordinado, mas também de evitar sua neutralização. Assim animal/homem, identidade/diferença. Não é possível reconhecer onde termina a fala natural e onde começa o artifício. Até porque a onipresença animal, a empatia do autor para com eles é conhecida. Em "Sobre a Escova e a Dúvida", de *Tutameia*, o geralista-poeta lista seus nomes de vaca preferidos, além do que "todos temos cara de bichos": galo, tucano, burro, peru, touro, bezerro, vaga-lume. Os animais não são instrumento de subsistência apenas, mas sobretudo, companhia[9]. Guimarães Rosa sempre declarou seu amor aos cavalos e seu "desejo filosófico de ser um crocodilo". Dizia: "se olhares nos olhos de um cavalo, verás muito da tristeza do mundo. Eu queria que o mundo fosse habitado apenas por vaqueiros. Então tudo andaria melhor" – palavras que recordam as de Schopenhauer sobre os cães que são "seres de uma tristeza e de uma paciência infinitas" e exprimem o sofrimento do mundo. E também Rilke e os animais de suas elegias, que "olham o aberto", o não-tempo, o infinito, o Absoluto. Todas as identidades nacionais e de cultura vacilam, justamente porque se trata de questionar a lógica universalizante que predomina na história da filosofia, porque, pela lógica que ela pratica, é "a maldição do idioma": "o bom escritor é um descobridor. Colombo deve ter sido ilógico ou então não teria descoberto a América. O escritor deve ser um Colombo [contrariamente àqueles] que queriam impedir sua partida por ser contrária à sacrossanta lógica"[10]. Na língua rosiana identidades nacionais e de cultura vacilam, mesclam-se inúmeras línguas estrangeiras, geografias, culturas e alteridades, uma transculturação e transcriação tanto no plano do léxico quanto da sintaxe, conjugando línguas vernáculas com suas formulações arcaicas e modernas e suas diferentes lógicas. Eis o sertão e nossa brasilidade:

[...] nós, os brasileiros, estamos firmemente persuadidos, no fundo de nossos corações, que sobreviveremos ao fim do mundo que acontecerá um dia. Fundaremos

---

9. Cf. Walnice Galvão, "O Sertão e o Gado", em *As Formas do Falso. Um Estudo sobre a Ambiguidade no Grande Sertão: Veredas*, São Paulo, Perspectiva, 1972, pp. 25-34.
10. Rosa, *op. cit.*, p. 10.

então um reino de justiça, pois somos o único povo da terra que pratica diariamente a lógica do ilógico, como prova nossa política[11].

Nestas múltiplas lógicas, tudo é muito misturado:

[...] posso ser cristão de confissão sertanista, mas também pode ser que eu seja taoísta à maneira de Cordisburgo, ou um pagão crente à la Tolstoi [...]. Para compreender a "brasilidade" é importante antes de tudo aprender a reconhecer que a sabedoria é algo distinto da lógica [...]. Espero por uma literatura tão ilógica quanto a minha que transforme o cosmo em um sertão no qual a única realidade seja o inacreditável. A lógica é a força com a qual o homem um dia haverá de se matar [...], cada crime é cometido segundo suas leis[12].

O heterologos rosiano se extroverte segundo uma tradução simultânea, que é a maneira de Guimarães Rosa conceber a língua literária. Em seu diálogo com Günter Lorenz, ele diz: "enquanto vou escrevendo, eu traduzo, extraio de muitos outros idiomas". Além disso, como o autor observa em outra ocasião, em sua obra quase que

[...] toda palavra assume pluralidade de direções e sentidos, tem uma dinâmica espiritual, filosófica, disfarçada. Tem de ser tomado de um ângulo poético, antirracionalista e antirrealista. Há pouco, com poucos dias de diferença, um crítico aludiu a algo como que sendo transrealismo ou realismo cósmico. [*Primeiras Estórias*] é um livro contra a lógica comum, e tudo nele parte disso. Só se apoia na lógica para transcendê-la (*Folha de São Paulo*, Caderno *Mais!*).

Guimarães Rosa procede a um desarranjo na linguagem, desarranjo que é um transtorno das palavras, transtorno que lhes confere, devolvendo-lhes, seu aspecto de *exotes*, o sentimento do diferente, o poder de conceber o "outro" numa reconfiguração de si a partir da diferença e do reconhecimento fascinado do distante e do diverso. Riobaldo, o narrador de *Grande Sertão*, diz: "toda vida gostei demais de estrangeiros"[13]. A visitação às línguas estrangeiras, diversamente de significar uma limitação à nossa, é aquela que alarga nossa própria língua. Razão pela qual, para Rosa, conhecer o estranho, o estrangeiro é o que favorece descobrir o segredo do intrínseco, do próprio. Deslocando os

---

11. *Idem*, p. 15.
12. *Idem*, p. 16. Crítica semelhante encontra-se em H. Arendt, para quem lógica significa: "Não se pode colocar A sem B e C e assim por diante, até o fim do alfabeto do assassinato" (*The Origins of Totalitarism*, New York, Harcourt, 1968, p. 170).
13. *Grande Sertão: Veredas*, p. 107.

princípios lógico-silogísticos, dialético-hegelianos, nos quais opera a não-contradição e o terceiro excluído, isto é, o princípio de razão suficiente, Guimarães Rosa o enuncia em seu encadeamento "premissa maior, premissa menor, conclusão, no primeiro caso; tese-antítese-síntese, no segundo. Guimarães Rosa preserva e ativa não somente o parentesco entre as línguas mas também o que as torna estrangeiras, pois a criação literária não consiste na assimilação do outro a si mesmo, mas em uma aproximação da distância, a transposição de uma cultura estrangeira através dos expedientes da escritura, que transforma, por assim dizer, a primeira, já que esta figura da tradução não é cópia mas modificação tanto da língua estrangeira quanto da nacional. Modificação que revela a lógica com a qual se exprime na língua de acolhimento a língua visada. Há diversas passagens que o exprimem: "e como Otacília e eu ficamos gostando um do outro, conversamos, combinados no noitável"; "alastrei, no mau falar, no gaguejável"; "o abobadável daqueles olhos verdes"; "o que consumia de comer, era só um quase"; "ele recolhia pouco, nem o bastável". Ou "Diadorim, vindo do meu lado, rosável mocinho antigo", "o que vinha ainda molhado, friável, macio", "resoluto saí de lá, em galope, doidável".

Guimarães Rosa aloja no coração mesmo dos idiomas o que escapa ao princípio de identidade, princípio que se esforça por encontrar para cada palavra uma definição, uma delimitação e, de preferência, um sentido originário, próprio e "nacional". Eis por que Guimarães Rosa se contrapõe à maneira de Mário de Andrade de "abrasileirar" a todo custo a língua portuguesa, "de acordo com postulados eu sempre achei mutiladores, plebeizantes e empobrecedores da língua [...] Mario apoiava-se na sintaxe popular – filha da ignorância, da indigência verbal, que leva a frouxos alongamentos, a uma moleza sem contenção. Ao contrário, procuro a condensação, a força das cordas tensas"[14]. Guimarães Rosa chama a atenção para o estado de iletrismo dos brasileiros, em muito devido à atitude das elites brasileiras que não realizaram nem realizam qualquer diálogo entre as classes, pouco generosas em compartilhar sua cultura. Isto quer dizer que a língua de Guimarães Rosa abrange a do sertanejo que tem um léxico em estado de dicionário, pronto a viver em suas mutações, estado em que as palavras não estão consignadas, portanto.

Procedendo à crítica da visão isolacionista dos nacionalismos e outras figuras do integrismo, bem como da neutralização das línguas pela cultura média midiática, Guimarães Rosa procura o confronto entre línguas que

14. Carta de 3.11.1964.

se desentendem, para ampliar a própria língua com aquelas estrangeiras. Com o que Guimarães Rosa adota os princípios de fraternidade universal e transitividade cultural, no sentido de relativizar as diferenças entre nações, etnias, usos, costumes e idiomas únicos. Guimarães Rosa leva às últimas consequências as possibilidades das línguas, preenchendo lacunas no sistema linguístico: "aí, você não tem receios de que ela então fique sendo assim como uma outra pessoa, boçal, se enfeiando até, na chatice"[15]. Por isso, sua prosódia é assim? "A arte em esturdice, nunca vista"[16] / "árvore que morrera tanto. A limpa esguiez do tronco"[17]. Ou "com toda sua roxidão, roxura"[18]. / "e as coisas larguei, largaram de mim, na remotidão"[19]. / "o que fosse, eles podiam referver em imediatidade, o banguelë, num zunir"[20]. / "virou para um lado, para o outro – lépida, indecisa, decisa. Tomou direitidão"[21]. Quem não terá ímpeto de, baudelairianamente, "criar um vocativo absurdo e bradá-lo – a colossidade"[22]. O absurdo em lutar da lógica, porque a lógica não consola? "[...] o que é que vale e o que é que não vale? Tudo". Ou então? "[...] teve grandes ocasiões em que eu não podia proceder mal, ainda que quisesse. Por que Deus vem, guia a gente por uma légua e depois larga. Então tudo resta pior do que era antes. Esta vida é de cabeça para baixo, ninguém pode medir suas perdas e colheitas"[23]. Guimarães Rosa desestabiliza a linguagem convencionada, como os poetas que Verlaine denominou "malditos" – aqueles das vanguardas das últimas décadas do século XIX, que assinalam a desfuncionalização da língua instrumental do cotidiano, desfuncionalização "operada por esses artífices da contracomunicação, desfuncionalização que [se encontra] no código genético de todas as futuras dissidências literárias já que não há como defini-las sem começar pelo *estrago* que buscam fazer na linguagem". Reencontra-se em Guimarães Gregório de Matos: "a mestiçagem lexical de Gregório de Matos", anota Haroldo de Campos, "irritou um de seus mais acirrados críticos, Sílvio Júlio, que não hesita em recorrer a um jargão eivado de preconceito racista para verberar e tentar inferiorizar o poeta baiano em confronto ao

15. Como se lê em *Noites do Sertão*.
16. *Grande Sertão: Veredas*, p. 197.
17. Cf. *Primeiras Histórias*, p. 7.
18. *Grande Sertão: Veredas*, p. 152.
19. *Idem*, p. 412.
20. *Idem*, p. 199.
21. *Tutameia*, p. 175.
22. *Sagarana*, p. 236.
23. *Grande Sertão: Veredas*, p. 112.

barroco europeu de Góngora"[24]. Com efeito, o desabusado crítico diz que o que soava como "violino" em Góngora não passa, em Gregório de Matos, de "batuque africano".

O *heterologos* – o *logos*-outro rosiano – institui confronto entre identidade e alteridade, a distinção entre *heteros* e *allos*, desestabilizando suas acepções convencionais. De início ambos significam, em grego antigo, o "outro" – duas palavras que se referem ao "mesmo". Como em Platão: "quando dizemos 'o mesmo', é sua participação no 'mesmo' em relação a si mesmo que assim se faz dizer"[25]. Aqui, o "outro" é o contrário do "mesmo" e tão somente o "mesmo" *é* verdadeiramente, enquanto o "outro" "não é" ou é um "não-ser". Eis a maneira platônica – que o cartesianismo linguístico herdou em seu anseio por clareza e distinção. O "mesmo" é a condição do ser ou ele é a consciência, finalmente encontrada, da potência do *logos* – da razão que sabe organizar as coisas, "pô-las em ordem", colocá-las em relação a uma norma comum. É na *ordem* bem articulada que se encontraria a condição de uma existência confiável, pois a desordem é o irracional e o ininteligível. O mesmo sem diferença interna confere permanência a tudo que entra com ele em *koinonia*, única forma de assegurar a inteligibilidade do real. Também Aristóteles: "ao Uno pertencem o Mesmo, o Semelhante e o Igual, e à pluralidade o Outro, o Dessemelhante, o desigual"[26].

Mas há uma diferença entre *heteros* e *allos*. *Heteros* é o "outro" com respeito a uma coisa, *allos* é um "outro" entre muitos[27]. O *heteros* grego e o latim *alter* perturbam qualquer identificação com um outro "mesmo", pois se lhe opõem em termos de alternativa. Quanto ao *allos*, encontra-se

---

24. Haroldo de Campos, "De Babel a Pentecostes: Uma 'Utopia Concreta'", em Regina Fabrini (org.), *Interpretação*, São Paulo, Louise, 1998, p. 22. A expressão "utopia concreta" é tributária de Ernst Bloch que, em seu *Espírito da Utopia*, reencontra o humanismo e o universalismo do Renascimento em Erasmo – com o que deseja significar que a utopia é tanto mais necessária e incontornável quanto aparentemente não-praticável.
25. Cf. *Sofista*, p. 259 a-b.
26. *Metafísica*, X3, 1054ª, pp. 29-32. Aristóteles e o neoplatonismo, coerentes com a tradição neopitagórica, aproximam-se: o Uno – ou o Mesmo – é princípio de unidade e inteligibilidade, origem do *nous* ou *pensamento*. Quanto ao múltiplo, ele provém do "outro", é matéria, perda de energia, é "não-ser".
27. De onde as nuances entre os étimos provenientes de *heteros*: heterodoxo, heteronomia, heterogêneo, que passa ao latim como *alter*: alternativa, alternância, alteração, que significam "um de outro", o passar ao outro do mesmo, circunstância praticamente desconsiderada pelo sentido hegemônico que tomou o *heteros* com respeito ao *allos* – a simples oposição binária. De *allos*: alopatia, alegoria, alógeno, onde o sentido de "alteridade" é mais amplo do que em *heteros*. O *allos* é um entre outros, é *alii*.

em um conjunto geral com outros "mesmos". Se para o *heteros* a diferença com respeito ao outro é insuperável – fundando-se na irredutibilidade do "um" ao " outro", *allos* e *allius* – o grego e o latim-reenviam a uma matriz comum em que o mesmo e o outro constituem seus avatares. Talvez por isso diferentes línguas possuam expressões para dizer "o um e o outro" ao mesmo tempo: *both*, em inglês, *beide*, em alemão, *ambo*, em latim, – e as variações neolatinas – *ambedue* em italiano, *ambivalent* em francês, *ambos* em português. Na gramática fala-se, por exemplo – para declinações e conjugações – de casos "duais". O que instaura – sem resolvê-la nunca plenamente – a questão das relações entre texto, leitura, "realidades", contextos intersubjetivos, isto é, o confronto do texto e o mundo. Como o conceito de *mímesis* concebido aristotelicamente, traduzido por "imitação" ou "representação", sendo a escolha entre uma ou outra já uma opção teórica, pois há outras possibilidades: verossimilhança, ficção, ilusão, mentira, realismo, referência, referente, descrição[28]. E tudo isso por conta de Babel? A própria palavra sertão perde o peso da referencialidade, para expressar uma realidade ambígua e heterogênea, a um só tempo, regional e universal: "sertão é onde tudo é e não é" (*Grande Sertão*, p. 11); "sertão é quando menos se espera"; "sertão é dentro da gente" (p. 289); "sertão é uma espera enorme" (p. 538). Esses gerais são sem tamanho. "Enfim, cada um o que quer aprova, o senhor sabe. Pão ou pães é questão de opiniães". "O sertão está em toda parte" (p. 8).

A *episteme* rosiana não busca o claro e o distinto, conta uma outra história da razão e do discurso, com a aparência, a desordem, o devir, a diferença, o terceiro:

Podemos dizer que Guimarães Rosa, também no campo da criação lexical não se limita às possibilidades que oferece a língua portuguesa [...]; o autor cria uma

---

28. Cf. A. Compagnon, *O Demônio da Crítica*, Belo Horizonte, Ed. UFMG, 2001. O mesmo vale para o *pharmakon*, como enfatiza Derrida em *A Farmácia* de Platão e Mario Perniola para o *venus-venenum* latino: "ao vinho, os antigos chamavam 'veneno', diz Isidoro de Sevilha; tal testemunho, unido ao estudo das festas romanas da *Vinalia*, destaca não só o caráter sagrado do vinho, entendido como bebida venusiana por excelência, mas, do mesmo modo, a substituição do sangue pelo vinho nos sacrifícios. A embriaguez dionisíaca é a que provém da fúria do *sparmagmós*, da dilaceração da vítima, do consumo de suas carnes e de seu sangue. O *vinum-venenum* implica, ao contrário, uma recusa da violência, mesmo em seu uso profilático e terapêutico. Vênus instaura um mimetismo astuto que exalta a graça dos *détournements*" (cf. *Pensar o Ritual*, São Paulo, Studio Nobel, 2000, p. 56). Isto para permanecer somente no âmbito da terminologia filosófica.

espécie de co-sistema morfológico do português, caracterizando, assim, a terceira margem da criação lexical, qual seja, a dos vocábulos interditos[29].

Guimarães Rosa dá novo sentido ao mito de Babel que, desde as origens, já não era uno e unido. Anota S. Trigano:

> [...] a fraternidade de Babel é mentirosa. Nela, nenhum homem é reconhecido pelo que é mas por sua utilidade na construção da Torre. No interior deste mundo aparentemente unido ("uma só língua e as mesmas palavras") o outro não existe. Em Babel – como antes de dilúvio – os homens quiseram suprimir o princípio da separação, a diferenciação que é a garantia da possível presença de outros e dos futuros nascimentos (e enriquecimentos das línguas)[30].

Para Guimarães Rosa, se "Babel" significa "confusão", patologia da comunicação, desentendimento – é por manifestar a heterogeneidade da origem, uma vez que grande parte das palavras de uma determinada língua procede de idiomas anteriores – de onde não constituírem invenção exclusiva e propriedade de um só (povo, etnia ou nação). Eis por que a perspectiva nacionalista da apropriação de uma língua é psitacista, supõe uma cultura homogênea e idêntica a si mesma – como a ideia da existência de uma língua originariamente filosófica.

Que se pense na ideologia das "disposições naturais" de uma língua, sendo umas mais filosóficas que outras. À língua matricial é reservado tal privilégio, *en l'occurence* a língua grega, sendo que outras podem reivindicar, pela tradução, um aparentamento com o grego. A esse respeito Heidegger escreve:

> *Ousia* não é uma expressão artificial, aplicada apenas em filosofia, mas pertence ao discurso e à língua cotidiana dos gregos. A filosofia limitou-se a recolher uma palavra da língua pré-filosófica. Ora, que uma tal transposição tenha podido operar-se, por assim dizer, espontaneamente e sem espanto, isto nos obriga a supor que a língua pré-filosófica dos gregos já era filosófica. E é isso mesmo: a história da palavra fundamental da filosofia antiga é apenas um documento privilegiado que nos prova que a língua grega é filosófica, ou dito de outra forma, que ela não foi investida pela terminologia filosófica mas ela própria filosofava enquanto língua [...]. O mesmo vale para toda língua autêntica, naturalmente em diferentes graus. Este grau se mede pela profundidade e potência de existir de um povo e de uma raça que falam a língua

---

29. Cf. Luiz Carlos Rocha, "Guimarães Rosa e a Terceira Margem da Criação Lexical", em Lauro B. Mendes e Luiz Cláudio V. de Oliveira (orgs.), *A Astúcia das Palavra: Ensaios sobre Guimarães Rosa*, Belo Horizonte, Ed. UFMG, 1997, p. 98.
30. Em *Le Monothéisme est un Humanisme,* Paris, Odile Jacob, 2000, pp. 20-21.

e existem nela. Este caráter de profundidade e de criatividade filosófica da língua grega, nós não as reencontramos senão na língua alemã[31].

De uma maneira mitigada, a mesma defesa da língua alemã encontra-se em Hannah Arendt quando escreve *Só nos Resta a Língua Materna*. Subjaz aqui não apenas o desejo de dissociar a língua alemã do nazismo, mas uma invocação de pertencimento e nacionalismo linguístico. Esse modo de "nacionalizar" a filosofia ocorre, com mais frequência, quando "os filósofos, por razões reais ou fantasmáticas, imaginam ameaçadas a cultura e a língua a que se identificam"[32]. O caso modelar e mais patente do nacionalismo filosófico – defesa da pureza, antiguidade, desenvolvimento ininterrupto da língua – encontra-se, como é conhecido, em Fichte[33].

Essas "línguas de exceção" não se restringem apenas a si mesmas e à filosofia, mas se espraiam sobre o povo que as fala, assinalando-lhe, ao mesmo tempo, um lugar de exceção na história, pois evidenciam sua grandeza, gênio, "autenticidade" e "essência". Esta, sabe-se, é perfeita e verdadeira. O mesmo se passa com a "sociedade perfeita". Observa Z. Baum:

> O genocídio moderno é um elemento de engenharia social, visando realizar uma ordem social conforme ao projeto de uma sociedade perfeita [...]. As vítimas de Stalin e Hitler não foram assassinadas para conquistar ou colonizar o território que ocupavam. Frequentemente foram mortas de forma obtusa e automática, sem nenhuma emoção, nem mesmo ódio. Foram eliminadas em virtude de sua incompatibilidade, por uma ou por outra razão, com o projeto de uma sociedade perfeita[34].

Não esquecer que os prisioneiros em Auschwitz chamavam a torre do campo de concentração de *"Babelturm"*[35], testemunha da construção da sociedade e da língua perfeitas, as da "origem".

A língua constitui mais uma questão filosófica e política que teológica, já que a Torre de Babel não narra somente a saída do homem da Terra para

---

31. Em *Vom Wesen der menschlichen Freiheit: Einleitung in die Philosophie*, Frankfurt, Klostermann, 1994, pp. 50-51; trad. francesa: *Sur l'Essence de la Liberté Humaine: Introduction à la philosophie*, Paris, Gallimard, 1987.
32. Cf. Marc Crépon, *Les Promesses du Langage: Rosenzweig, Heidegger, Benjamin,* Paris, Vrin, 2001, p. 20. Adorno tampouco teria escapado ao nacionalismo linguístico (cf. "Sobre a Pergunta: O Que É Ser Alemão?", em *Palavras e Sinais: Modelos Críticos 2*, trad. M.H. Ruschel, Petrópolis, Vozes, 1995).
33. Cf. *Discursos à Nação Alemã*.
34. "Modernity and Holocaust", Oxford, Basil Blackwell, 1989, pp. 34-36.
35. Cf. Primo Levi, *Se isto É um Homem,* trad. Luigi Del Re, Rio de Janeiro, Rocco, 1988.

o Céu mas também a descida do Céu para a Terra. De fato, o livro 11 do Gênesis não descreve a construção da cidade, nem a da torre, mas relata, antes, a construção da cidade enquanto torre e o desejo de reduzir o mundo à "razão pura"[36], reconduzindo a uma genealogia única, contrafação ao "crescei e multiplicai-vos, povoai a terra, andai". Se os homens se multiplicaram e dispersaram, Babel é o chamamento da diversidade à unidade, à reunião de cada um em torno de si mesmo, e a língua não significa mais uma luz para aclarar as diferenças e o "nós" não constitui a "aliança de eus", pois cada um fala sua língua particular. Que cada qual diga ao outro a mesma coisa – "venham, façamos tijolos e coloquemo-los ao fogo" não institui propriamente a unanimidade, pois "para ser uma só alma (*una anima*) é necessário que cada um tenha perdido a própria. Ou melhor: uniformização (*Uniformisation*) – o termo é de Freud – em uma multidão na qual cada um não faz senão repetir *slogans* [...]. Há falsificação da primeira pessoa do plural, onde esta não é mais o plural das primeiras pessoas no singular"[37]. Analogamente, é sempre só de *uma* língua que se trata quando se diz "o gênio da língua", sempre idêntica a si mesma, homogênea e única, instrumento privilegiado da essencialização ou substancialização de um povo ou comunidade. Eis a superstição própria à singularidade e identidade quando tomadas como propriedade de uma língua só, pelo "um idêntico". Não se está longe da ideia de agressividade que se liga à forma "narcísica" da identidade do eu que jamais se confronta efetivamente com o outro, uma vez que este é sua própria imagem: "o 'tu' com o qual o 'eu' se confronta nunca chega a constituir uma verdadeira alteridade [...], faltando-lhe a experiência do oposto"[38], só lhe restando a "riva-

---

36. Há autores que incluem nesse ímpeto a filosofia crítica de Kant: "criticar o saber para preservar a crença ao abrigo do saber, para reservar-lhe um altar inatacável – uma tal crítica não se exerce sobre o conteúdo do discurso que se pretende defender e que se manterá de qualquer jeito, mas sobre suas condições de possibilidade: a verdade que eu penso – isto é, Deus, a imortalidade, a liberdade, enquanto conferem um sentido ao mundo e à ação – sendo necessário, vamos examinar como isso é possível. Estranha crítica que toma como asseguradas e intocáveis as verdades que ela se propõe precisamente a criticar e interroga, assim, aparentemente desprezando toda lógica, acerca das condições de *possibilidade* de verdades tidas já como *necessárias* [...]. Kant é o inventor de uma crítica 'branca', crítica não criticante [...]. Não criticando nem Deus nem a moral, mas a razão pura, a razão prática. [...]. A crítica passou, atenta e escrupulosa, deixando intactas crenças e opiniões. [...]. A ideia reguladora só pode ser mantida como pura crença, crença que não deseja nada, sendo incapaz de precisar a natureza daquilo em que acredita, o objeto de sua aposta, pois é próprio de toda crença ser sem objeto" (C. Rosset, *Le Réel: traité d'idiotie*, Paris, Minuit, 2004, pp. 61-62).
37. M. Balmary, *Le Sacrifice Interdit*, Paris, Grasset, 1986, pp. 91-92.
38. Mario Perniola, *Contro la Communicazione*, Torino, Einaudi, 2004, pp. 36-38.

lidade mimética" e a polaridade: ou destrói o outro ou o "engloba". Fanatismo ou *melting polt*, portanto.

Neste horizonte, Guimarães Rosa reflete em termos de "diferença" e "identificação", de "vizinhança" e "distância", vislumbrando a estratégia que dá plenos direitos à pluralidade a partir das línguas, na exigência de "passagens", "transposições", "traduções", que desapropriem pertencimentos linguísticos, liberando-os de referências a sangue, solo ou história coletiva – língua que vem de outros lugares, alimentando-se de diferentes línguas e culturas, que não sofrem de "otite"[39]. Desacreditando "origens genealógicas", Haroldo de Campos estuda a literatura brasileira e Guimarães Rosa, não em um quadro de dependência ou imitação da literatura brasileira com seus pares europeus:

> [...] (ela), como muitos heróis mitológicos, não (teve) infância. Nossa literatura nasceu madura, adulta [...], sem a prévia afasia da inefável idade infantil [...], no cenário vertiginoso do barroco – um estilo universal, e não apenas ocidental [...]. Especialistas de dramaturgia oriental discernem traços barroquistas em modalidades teatrais seiscentistas como *kabuko* e o *Bunraku* que, por esses traços, se distinguem da sobriedade "clássica" do NÔ [...]. Nossa literatura, de fato, emergiu – exsurgiu – sob o signo do multilinguismo, do sincretismo, da transculturação[40].

A tradução como ato político desestabiliza não apenas a noção de identidade sedentária, mas sobretudo a timidez *snob* da isoglossia. Um anacronismo latente faz com que as literaturas compartilhem espaços e tempos heterogêneos e simultâneos.

Ao traduzir o português para outras línguas e outras línguas para o português, valendo-se também de formulações arcaizantes das mesmas, Guimarães Rosa embaralha as denominações espaçotemporais:

---

39. A expressão é de Nietzsche, em carta a Jean Bourdeau: "a propósito de meu texto sobre Wagner, diz-se que foi a tal ponto pensado em francês que não poderia ser traduzido para o alemão [...]. Agora *Ecce Homo ou como tornar-se o que se é* vai ser publicado. Mais para frente, a transvaloração de todos os valores. Mas estas obras também deviam ser traduzidas para o francês e para o inglês pois em última instância não quero que meu destino dependa de nenhuma medida de polícia imperial [...]. Este jovem imperador nunca ouviu falar nisso; quanto a nós, mal começamos a ouvir algo: otite, já quase metaotite" (cf. *Dernières Lettres*, Paris, Rivages, 1989, carta de 17.12.1888). Já que se trata de escrever em uma "língua universal" – que se faça em uma que não pertença a ninguém, isto é, que não possa ser controlada ou recuperada por nenhuma autoridade ou polícia do pensamento. Talvez seja este o experimento intelectual nietzschiano em seu *Zaratustra*.
40. Em "De Babel a Pentecostes: Uma 'Utopia Concreta'", *op. cit.*, pp. 20-21.

[...] primeiro há meu método que implica na utilização de cada palavr como se ela tivesse acabado de nascer [...]. Por isso, esse é o segundo elemento, eu incluo em minha dicção certas particularidades dialéticas de minha região, que são linguagem literária e ainda têm sua marca original, não estão desgastadas e quase sempre são de uma grande sabedoria linguística. Além disso, como autor do século xx, devo me ocupar do idioma formado sob a influência das ciências modernas e que representa uma espécie de dialeto. E também está a minha disposição esse magnífico idioma quase esquecido. O antigo português dos sábios e poetas daquela época dos escolásticos da Idade Média, tal como se falava, por exemplo, em Coimbra.

Guimarães Rosa propõe questões ao mundo contemporâneo e problemas contemporâneos ao mundo antigo – com o que se ampliam as identidades, bem como a compreensão do presente. Mimética e não-mimética, a tradução é a "sobrevida" do texto original: vive mais tempo e também de modo diverso. De onde ser a tradução uma experiência expressionista, capaz de anamorfoses, de ser ela mesma e um outro. Eis por que a tradução não procura comunicar preferencialmente pela enunciação – no que seria mais "literal" – mas perderia o essencial. O tradutor – como o escritor e o leitor – abandonam, para tanto, seu contexto familiar, alcançando o estrangeiro e o distante numa aura de inclusão e proximidade. Por um *dépaysement* linguístico, evoca-se o estrangeiro, transformando-o em familiar. Por isso "no aprendizado das línguas, o mais importante não é aquela que se aprende, mas o abandono da nossa [...]. Só então se a compreende verdadeiramente"[41]. Uma espécie de confisco do sentido do original significa a despossessão daquilo em que estávamos alienados, tranquilizados – sendo esta condição de uma escuta nova da acústica das palavras, escuta imagética e "redentora" da incomunicabilidade. Por isso, Derrida, por sua vez, pode escrever: "eu só tenho uma língua e ela não é a minha"[42]. Em seus escritos são recorrentes palavras latinas e do grego antigo, palavras alemãs, inglesas, espanholas, italianas, palavras em hebraico e em árabe.

Quando se trata de palavras antes inexistentes no léxico filosófico ou literário, forjá-las e inventá-las é, sobretudo, deslimitá-las[43]. O tradutor de *Finnegans Wake* para o português, Donald Schüller, fala dos étimos da obra, tomando como exemplo *imarginable*:

---

41. (Araújo, *Guimarães Rosa: Diplomata*, p. 16) Gide, apud Benjamin, W., *Gesammelte Schriften*, IV, 1 ed., Suhrkamp, 7 vol, 1972-1989, p. 506.
42. Cf. *Le Monolinguisme de l´Autre*, Paris, Galilée, 1999, p. 15.
43. Guimarães Rosa desgostava de ser aproximado de Joyce, pois neste "há ludismo feroz", "excessiva intencionalidade formal", um "*voulu*" que não aprecia (cf. carta de 3.11.1964, citada por Wilson Martins, *História da Inteligência Brasileira*, São Paulo, Cultrix, 1979, vol. VII, p. 374).

[...] *imarginable* significa "sem margem" [...]. Mas também o que abre todas as margens [...]. Joyce lida com setenta línguas e seu romance tem sessenta mil verbetes quando as pessoas falam normalmente três mil vocábulos [...]. Faz composições com palavras de setenta línguas [...]. Joyce vivia no Império Britânico. É outro elemento importante, as coisas acontecendo na periferia (na Irlanda). Como elemento periférico, Joyce era anti-imperialista. O imperialismo da Inglaterra, que vem desde a Idade Média, foi tão forte na Irlanda que acabou com a língua irlandesa, impôs a língua estrangeira. Assim ele assimila a língua inglesa inteiramente e a enriquece. Joyce é irlandês e nunca deixou de sê-lo, mas não compactua com aqueles movimentos que pretendem fazer do regionalismo inglês um elemento de isolamento. Não participa dos movimentos nacionalistas irlandeses, tampouco se submete ao imperialismo britânico, para que se possa tornar efetivamente universal. Aí está o *imarginable* o que não tem margens[44].

Schüller diz ainda que Joyce era profundamente "mineiro", mineiro no sentido da língua de Guimarães Rosa que, com anglicismos, arabismos, latinismos, helenismos, germanismos, tremas e sinais de vogais breves ou longas do grego e do latim, introduz o sertão em seus vocábulos, universalizando-o. As línguas são diferenças que comunicam diferenças – eis o que torna a tradução possível. Razão pela qual Benjamin observou ser preciso escutar nas línguas seus apelos, pois quem não souber reviver essa "nostalgia" – a história de suas transformações – jamais poderá respirar o seu perfume. Todas as línguas são nostálgicas por constituírem, a um só tempo, nosso presente e nossa história[45]. É por fazer um só corpo com o tempo e a história que a má tradução é justamente aquela que transfere "o inexato de um conteúdo inessencial". Borgesianamente, Guimarães Rosa "original é sempre infiel a sua tradução". Daí o grande valor que ele atribuía á tradução de seu romance para as diversas línguas e, em particular, para o alemão.

Guimarães Rosa concebe uma política da escritura, na qual procede por heterogênese e exofilia, acolhendo o múltiplo, o diverso, o diferente. Todos os signos linguísticos das diferentes línguas estão em mutação. A escrita literária é heterogênea e seu universo é intersemiótico, de onde sua "alotropia

---

44. Em Revista *Leitura*, ano 17, agosto de 1999, pp. 21-22.
45. Cf. Susana Lages, *Melancolia e Tradução em Walter Benjamin*, São Paulo, Edusp, 2002. Mas essa perda da linguagem originária, pré-queda, de pura nomeação e, assim, não instrumental ou comunicacional, representa ainda, do ponto de vista de Haroldo de Campos, um postulado ontológico, na distinção entre "original" e "tradução": a teoria benjaminiana revelaria, assim, uma vocação logocêntrica, não obstante a radicalidade de suas propostas (Susana Lages, *op. cit.*, p. 190).

estilística"[46]. Em sua correspondência com seu tradutor para o italiano Guimarães Rosa anota:

> "Grimo": de uma feiura sério-cômica, parecendo com as figuras dos velhos livros de estórias; feio careteante; de rosto engelhado, rugoso (cf. em italiano: = *Vecchio grinzoso*). Em inglês: grim = carrancudo, severo, feio, horrendo, sombrio etc. Em alemão: Grimm = furioso, sanhoso. Em dinamarquês: grimme = feio. Em português: grima = raiva, ódio; grimaça = careta. Eu quis captar o *quid* universal desse radical[47].

Esse multilinguismo amoroso de Guimarães Rosa encontra-se, segundo Haroldo de Campos, na escritura barroca brasileira:

> [...] no barroco do seiscentos, a vocação multilingue, transcultural se confirma plenamente. Seja em Gregório de Matos (1633-1695), figura máxima do período, não só no bilinguismo ibérico de seu estro, mas, pronunciadamente, nos célebres sonetos satíricos mosqueados de tupinismos e africanismos, seja no caso menos considerado de Botelho de Oliveira (1636-1711), poeta de acento marinista e de marcada competência artesanal. A *Música no Parnaso* (1705, Lisboa), primeiro livro impresso de autor nascido no Brasil, recolhe poemas em português, espanhol, italiano e latim. Botelho empenha-se em demonstrar, como referem no prólogo de seu livro, que, no "século do delicioso marino", do "culto Gôngora" e do "vastíssimo Lope", precedidos pelo grande Tasso e pelo "insigne Camões", as Musas poderiam também fazer-se "brasileiras", assim como as gregas de Homero "renasceram em Itália" (e na Espanha, e em Portugal, ilustre parte das Espanhas). Esse plurilinguismo de adoção (fez) "conaturais", diz Botelho, as musas trasladadas para novos domicílios que, longe de expressar uma veleidade cosmopolita, "alienada", assinalava uma vocação dupla – para o universal e para a alteridade, o mesmo e a diferença[48].

Também Guimarães Rosa reconhece a tarefa tanto da literatura quanto da tradução: ambas mostram como tudo se passa como se a tradução assediasse as diversas ocorrências e acepções possíveis – e o campo semântico – dos vocábulos que liberam assim sua mais-valia afetiva e de conhecimento do outro e de autoconhecimento. Ato político, Guimarães Rosa, na linhagem das revoluções literárias europeias e do surrealismo – como já o detectava

---

46. "A preferência [de Guimarães Rosa] por palavras que guardem, em vários idiomas, parentesco semântico e sonoro mostra a luta do escritor com as palavras, frente a seu desafio de criar uma linguagem que se aproxime do ideal de inteligibilidade universal" (Marli Fantini, *Guimarães Rosa: Fronteiras, Margens, Passagens*, São Paulo, Ateliê/Senac, 2003, p. 144).
47. Cf. Bizzarri, *João Guimarães Rosa: Correspondência com seu Tradutor Italiano Edoardo Bizzarri*, São Paulo, Queiroz Editor, 1981, p. 42.
48. Haroldo de Campos, *op.cit.*, pp. 22-23.

o segundo Manifesto Surrealista de Breton – interpela o "eurologocentrismo" do Ocidente, em seu "isolamento universalizante": não tememos entrar em insurreição contra a lógica (que acredita que o 'real' literário é uma reunião de palavras) que é um aparelho de conservantismo social". A literatura não pode submeter-se às exigências da ação política (do militantismo e da propaganda), pois esta concepção da lógica e da linguagem é tributária de uma geografia espiritual em que o Ocidente se opõe ao Oriente e produziu os nacionalismos e fascismos linguísticos ou a neutralização multicultural dissolvente das diferenças e diferenciações. Tudo se passa, na concepção da política da linguagem de Guimarães Rosa, que não há emancipação política, cosmopolitismo e hospitalidade entre os povos e nações, sem transformação dos valores sobre os quais o Ocidente se construiu, é à lógica que é preciso se opor, é sobre as palavras que é preciso agir:

> [...] a adoção dos princípios de fraternidade universal e da transitividade cultural é o vetor que Guimarães Rosa opera no sentido de relativizar as diferenças entre as nações, etnias, usos, costumes e idiomas [...]. Em não raras situações, as várias personas do escritor, oriundo do sertão mineiro e cidadão do mundo, se manifestam sob a forma de contradições [...], o mais importante [sendo] a habilidade de Guimarães Rosa em lidar com situações-limite e criar novas alternativas culturais ou políticas seja na literatura, seja fora dela. Neste sentido, pode-se perceber [...] que o *pharmakon*, de onde ele maneja veneno e antídoto para regular os eixos do "mundo desconcertado", é uma operação na qual intervêm, além do criativo escritor, o diplomata e o médico[49].

Liberar-se da lógica imposta pelo uso cotidiano da linguagem é radicalizar a revolução até a despossessão de si (despossessão dos costumes e das práticas próprias ao Ocidente) – o que desfaz o núcleo de todas as identidades. A revolução exige este trabalho de si sobre si que inscreve a diferença na identidade. Deste ponto de vista, questiona-se o fundamento ocidental-racional da modernidade e as regras da *adequatio* aferidos à linguagem e à literatura, pois começam e terminam hierarquizando as línguas. Trata-se, pois, de descobrir as diversas maneiras de visualizar objetos, colocando-os em estado de participação – sem o que cada língua seria incompleta e revelaria sua "inadequação". Guimarães Rosa desvia-se de uma "língua pura" pré-babélica, monolíngue[50]:

---

49. Cf. Marli Fantini, *op. cit.*, pp. 151-152.
50. Guimarães Rosa desenvolve uma apreciação que se afasta daquela de Benjamin e o aproxima de Haroldo de Campos quanto à origem das línguas, em particular no ensaio de Benjamin "Sobre a Linguagem em Geral e a Linguagem Humana", onde o filósofo parte de uma língua pura, não-instrumental, adamítica e nomeadora – anterior à queda, colocando-lhe, pelo menos duas

[...] já que a propriedade natural (de uma língua) não existe, nem o direito de propriedade em geral, lá onde se reconhece esta desapropriação é possível e torna-se mais necessário que nunca identificar e mesmo por vezes combater movimentos, fantasmas, "ideologias", "fetichizações" e símbolos de apropriação[51].

Dito de outra forma, o que se toma por "minha cultura" não é nunca uma propriedade minha, pois que todo discurso sobre uma identidade cultural, toda concepção uni-identitária da cultura que a apresenta como um todo homogêneo organizado em torno da língua ou a partir dela tem por fim dissimular nossa despossessão, pois uma língua só é um pertencimento se se traduzir em uma outra que, pela tradução, passa por transmutações "a ponto de não ser mais língua de ninguém". Assim é a língua literária para Guimarães Rosa: ela abandona os nexos lógicos da linearidade causal das culturas, praticando a arte não só de reconhecer analogias, correspondências, diferenças e semelhanças entre as línguas, mas também de produzi-las.

Cosmopolitismo de tipo novo, transverso a governos, economias e mercados – aquele que instala em nós a diferença como condição de nosso estar com os outros. Se o princípio de identidade e não-contradição determinam um "terceiro excluído", rever este princípio de razão significa apreender um pensamento eclético e plural que recusa a lógica binária das ortodoxias: Como pensador do Brasil a partir de suas artes – e não o contrário – vale para Guimarães Rosa o que se escreveu sobre Haroldo de Campos que

[...] nos ensinou que não existe cultura conclusa, nem cultura que não se defina em diálogo com outras culturas. Preparou-nos assim para ver a cultura brasileira como parte integrante da ocidental. Com isso modificou nossa interpretação do país, salvou o artista brasileiro da condenação de ser um imitador do que se faz fora, mostrou que os infantes americanos nada ficam devendo ao Ocidente por terem entrado nele, no século XVI, com o bonde andando, e contou de outro modo a história da colônia e do barroco literário[52].

A razão – o *logos* rosiano – poderia ser dita "Razão mestiça", porque mista, porque joga com descobertas, plasticidade e metamorfose, destacando um terceiro termo que, incluído, é o da "tolerância heterodoxa"[53].

questões: a de saber se Babel encontra-se na origem da diversidade das línguas – e a de saber se uma tal diversidade é fonte de infelicidade. Guimarães Rosa preferiria falar, ao que tudo indica, de um milagre da multiplicação das línguas.
51. J. Derrida, *Le Monolinguisme, op cit.*, p. 121.
52. "Para Haroldo de Campos", Revista *Galaxia*, nº 6, outubro de 2003, p. 13.
53. Cf. Maria Helena Varella, *O Heterologos em Língua Portuguesa*, Rio de Janeiro, Espaço e Tempo, 1996, p. 96.

Sincretismos e hibridizações constituem uma metodologia, indicando um plano diverso daquele que se engaja em uma verdade essencial, como uma identidade eleata, garantidora de uma origem. O conceito de sincretismo – que migrou do campo conceitual para o religioso – é um outro *logos* que atesta a crise das aculturações violentas e corsárias, com lógicas "ilegítimas" e "sem coerência", transitando em assimetrias, contagiando significações permanentes, desviando-se de universalismos intolerantes, indigenizando-se em mutações culturais. Observa Haroldo de Campos:

[...] a questão do nacionalismo literário não pode ser encarada de um ponto de vista fechado, monológico. Desde o Barroco (sem falar no pré-lúdio multilingue anchietano) não podemos pensar como identidade conclusa, acabada, mas sim, como diferença, como abertura, como movimento dialógico da diferença como o pano de fundo da universalidade (no caso, da "literatura universal"). Nacionalismo dialógico, portanto, modal, relacional, ao invés de ontológico, xenófobo, fundamentalista[54].

Transitar, portanto, de um ao outro, de uma cultura a outra, de um texto a sua tradução, requer a prática da tradução, o diálogo entre as línguas. Noção das mais importantes, este encontra-se não apenas na filosofia mas ligado ao próprio ato de pensar. Diálogo supõe movimentar-se em um campo semântico e conceitual que leva em conta a distinção, a diferença. O diálogo "é o fazer-se palavra da consciência"[55]. A assim denominada mundialização da cultura pela cultura média midiática inflaciona a linguagem, o que contraria o diálogo. O prefixo *dia-* justaposto a *logos* indica, ao mesmo tempo, o que une e o que separa os contrários. Para haver diálogo na política, entre culturas, na sociedade, é preciso existir *encontro* o que só ocorre com a condição "de que duas culturas tenham esquecido a própria 'origem', e isto depende de que cada uma tenha se tornado dupla com respeito a si mesma"[56].

A literatura é a política da hospitalidade[57]. Diferentemente do cosmopolitismo – que se associa à ideia de tolerância – a hospitalidade, quanto a

---

54. Haroldo de Campos, *op. cit.*, p. 32.
55. M. Perniola, *Transiti*, Bologna, Capelli, 1985, p. 140.
56. *Idem*, p. 145.
57. A literatura é, para Guimarães Rosa, a expressão e a experiência de acolhimento. Leitor e intérprete da *Ilíada* e da *Odisseia*, Guimarães Rosa reflete, em sua obra, sobre a condição do estrangeiro. Que se pense na *Odisseia*, quando Ulisses é recebido por Eumeu, o guardador de porcos, que não reconhece seu senhor – que Atena transformara em homem idoso – quando exclama: "vem, ancião, segue-me; entremos em minha tenda; desejo que de alimentos e vinho te sacies, depois tu me dirás de onde vens e os males que teu coração suportou". Quem é esse homem, esse mendigo cuja identidade é, por ainda, desconhecida? É um "infeliz e, assim, im-

ela, é incondicional. No par cosmopolitismo-tolerância trata-se sempre de um "direito de visita", de não ser tratado como inimigo em terra estrangeira. Observa Derrida:

> [...] a tolerância encontra-se do lado da "razão do mais forte", que é uma marca suplementar de soberania – é sua boa face que, do alto, significa ao outro:

> porta antes de tudo alimentá-lo e saciá-lo e só depois vem a pergunta: "Quem és?" "De onde vens?". O ato de humanidade – a hospitalidade – não se subordina a qualquer identificação: "Estrangeiro", diz Eumeu, "meu costume é honrar o hóspede mesmo se me chegasse um mais digno de piedade do que ti; estrangeiros, mendigos, todos nos vêm de Zeus". Se "todos nos vêm de Zeus" é porque não se trata de *nomos*, hábito com força de lei humana – mas a hospitalidade é uma lei divina – "lei moral", pode-se dizer. Reconhecer a dignidade de cada um, não importando seu nome, origem étnica ou geográfica, sua condição social ou religião, eis a lei da hospitalidade e da humanidade, inscrita como uma convicção no interior da cultura grega e de todos os gregos. Quando Ulisses é recebido, em outro episódio, pelos Feácios, antes de retornar a Ítaca, tendo naufragado às margens de um rio entre rochedos, Nausícaa – filha do rei Alkinoos, que lavava seus pertences, Ulisses surge diante das "jovens de cabelos em caracol". Estas os acompanham quase nu, "o corpo maltratado pelo mar", numa visão assustadora. Mas Nausícaa diz: "já que estás em nossa cidade e terra, não temas que te faltem roupas ou qualquer coisa que se deva oferecer, num tal encontro, ao pobre suplicante". Auxiliar primeiro, informar-se depois. Também o mais idoso dos feácios, Echénéos, lembra, ao vê-lo, o sacrossanto respeito ao hóspede inesperado e, dirigindo-se ao Rei: "Ergue o estrangeiro (que se sentara à beira da lareira sobre cinzas por sua condição de suplicante), faze-o repousar em um assento com pregos de prata, ordena em seguida aos arautos misturar o vinho: que se beba àquele que brande os raios, a Zeus que nos envia e recomenda a nossos respeitos os suplicantes". Ulisses come e bebe, honrado e festejado. Chegada a noite, todos se retiram e só então, a rainha Areté interpela o visitante: "o que quero perguntar-te, meu hóspede, é teu nome e teu povo", mas logo a conversação é desviada e até a manhã seguinte ainda não se conhece quem ele é. O rei Alkinoos assim o apresenta aos seus: "Doges e conselheiros de Feácia, duas palavras! Tenho aqui um estrangeiro cujo nome ignoro". Homero, em seu poema filosófico, ensina que há relação entre hospitalidade e amizade – um laço afetivo entre os homens simplesmente por participarem de uma mesma humanidade: termos derivados de *philos* (amigo), escreve Trajano Vieira, "são particularmente relevantes para a definição do comportamento heroico. O verbo *philein* significa muitas vezes 'hospedar' em Homero e aparece relacionado a *ksénos* ('estrangeiro'). Na *Odisseia*, Odisseu, hóspede de Laodamas, aceita participar de competições esportivas, mas se nega a enfrentar seu anfitrião, pois ele é meu *kseînos*; quem poderia enfrentar alguém que o acolhe (*philéonti*)?" [...] Emblemático da questão da reciprocidade e da hospitalidade na na sociedade homérica é o episódio em que se encontram os inimigos Glauco (troiano) e Diomedes (grego). [...] Note-se, por exemplo, a sutileza com que Glauco altera o sentido dado no contexto ao substantivo *geneén* que usado no significado de "estirpe", "raça", no relato sobre os antepassados, ganha, em sua fala, a outra acepção possível, "geração", para introduzir o tópico da brevidade da vida. [...]. Impossibilitado de matar um hóspede, Proitos envia Belerofonte ao sogro Iobates, fazendo-o portador de uma carta com instruções para matá-lo – Belerofonte é acusado de assédio pela rainha, depois de não corresponder a suas investidas amorosas. Novamente a condição de hóspede de Belerofonte impede que Iobates cumpra a solicitação do genro [...]. Ao ouvir esse relato, Diomedes recorda que Belerofonte havia sido hóspede de seu avô, Eneu, o que o impossibilitaria a ele, Diomedes, enfrentar Glauco: "de fato considero que és – e desde muito – um hóspede paterno". No belo desfecho da passagem, não só os dois ad-

eu te deixo viver, não me és insuportável, eu te ofereço um lugar em minha casa, mas não te esqueças, estou em minha casa: eu te acolho com a condição que te adaptes às leis e normas de meu território, segundo minha língua, minha tradição e memória[58].

Quanto à hospitalidade, ela diz respeito ao estrangeiro que chega sem ter avisado: "a hospitalidade é antecipadamente aberta a quem não é esperado nem convidado, a todo aquele que chega como visitante absolutamente estrangeiro, alguém que chega e que não é nem identificável nem previsível"[59]. A hospitalidade é da ordem do puro dom, um "salto absoluto" para além da retribuição ou da "norma" ou da "regra".

Diferentemente da estrutura econômica do dom e do contradom – em que a reciprocidade garante que nada se perde e onde quem recebe é constrangido a restituir o dom – experiência tautológica e não gratuita da doação – a hospitalidade como "dom absoluto" é "autêntico", não espera nada em troca, é um "esquecimento absoluto" do dar[60]. Adiante completa a análise:

> [...] todas estas instituições (obrigação de dar, obrigação de receber) exprimem apenas um fato, um sistema social, uma mentalidade definida: é que tudo – alimentos, dons, crianças, bens, talismãs, solo, trabalho, serviços, ofícios sacerdotais e hierarquias – é matéria de transmissão. Tudo vai e volta como se houvesse troca constante de uma substância espiritual que abrange objetos e homens[61].

versários desistem do duelo, como decidem trocar suas armas, selando o pacto de hospitalidade respeitado pelos ancestrais: Em Argos, para mim, serás hóspede e amigo; / se um dia eu for à Lícia, tu me hospedarás. / Evitemos, portanto, cruzar nossas lanças, / ainda que seja em campo de batalha. Bravos troicos e aliados há muitos para abater, os que um deus me ofereça e aqueles que eu persiga, troquemos nossas armas, pois; do penhor paterno, orgulho nosso, saibam todos". O que reúne todos os homens é o estarem submetidos a um destino comum: frágeis, vulneráveis, mortais. A primeira verdade não é, pois, o Cogito cartesiano, mas simplesmente "seres efêmeros", de "um só dia", "da raça das folhas". Uma "lei natural" quer que os humanos se reconheçam– todos – como membros da "família humana" e que se entretenham e entretratem com humanidade e compaixão.

58. Cf. *Le Concept du 11 Septembre*, Paris, Galilée, p. 186.
59. *Idem, op. cit.*, p. 43.
60. Em *Sociologie et Anthropologie*, Marcel Mauss reconhece no dom um sentido espiritual, mas a partir de uma filosofia cosmológica mais que antropológica. Considera-o, primeiramente, como circularidade econômica: a um dom corresponde um contradom, mesmo que venha muito tempo depois, sendo sempre uma troca que assegura, entre grupos ou pessoas, que a troca econômica perpetua o equilíbrio cósmico: "as trocas e contratos", anota Mauss, "fazem-se (entre os polinésios) na forma dos dons – em teoria voluntários – na realidade obrigatoriamente dados e retribuídos" ("Ensaio sobre o Dom", *op. cit.*, Paris, PUF, 1950, p. 147).
61. *Idem*, pp. 163-164.

Trabalhando com a heterogeneidade cultural e hibridismo linguísticos, inserindo outros idiomas no português, Guimarães Rosa rompe com os particularismos de línguas, território e cultura, a distância da utopia de originalidade isolacionista, o regionalismo patriótico e provinciano. Riobaldo diz:

> E como é mesmo que o senhor fraseia? *Wusp?* É. Seo Emílio Wuspes... *Wúpsis...* Vupses. Pois esse Vupes apareceu lá, logo me reconheceu, como me conhecia, do Curralinho. Me reconheceu devagar, exatão. Sujeito escovado! Me olhou, me disse: – "Folgo. Senhor estar bom? Folgo..." E eu gostei daquela saudação [...]. – "Seo Vupes, eu também folgo. Senhor também estar bom? Folgo" – que eu respondi, civilizadamente[62].

Note-se que, ao mimetizar a fala do interlocutor alemão e preservar o verbo no infinitivo, o narrador pratica a interculturalidade e a hospitalidade, quebrando também a hierarquia de línguas de origem e prestígio distintos. A hospitalidade linguística pertence à ordem do "dom absoluto": perturba as fronteiras, cria heteroidentidades cujo caráter não é homogêneo, mas necessariamente compósito – de onde o caráter factício de toda identidade consistir justamente em instalar a homogeneidade, a simetria e a reciprocidade onde esta não existe. Deste modo

> Babel prefigura o universo concentracionário do qual se expulsa toda alteridade, toda singularidade [...]. O texto bíblico está encarregado de instruir um processo histórico. Ele denuncia um mundo do qual estariam expurgadas a diferença e a irremediável pluralidade em benefício de uma reabsorção violenta na unidade e na igualdade[63].

Guimarães Rosa associa literatura e hospitalidade, pois a babelização não alcança apenas a multiplicidade das línguas, mas sua identidade que só pode ser identificada, abrindo-se "à hospitalidade de uma diferença com respeito a si mesma. A urgência dessa reflexão se faz não apenas quanto ao futuro, mas com respeito à história recente feita cada vez mais de naufrágios, expulsão de populações inteiras de seu país, privados de família, desprovidos de tudo, em situação, portanto, de "demanda absoluta" – lembrando, ainda, os campos de refugiados – o que exige, imediatamente, uma reflexão ética e política sobre a hospitalidade e a amizade. Os náufragos-refugiados – que

---

62. Cf. *Grande Sertão: Veredas, op. cit.*, p. 66.
63. P. Giusel, *La Création*, Génève, Labor et Fides, 1980, pp. 45-47.

tudo perderam – e cuja identidade parece "duvidosa" e aos quais não se sabe bem que lei aplicar – assemelham-se ao "visitante absoluto"[64].

Adotando o princípio da fraternidade universal e incondicional, isto é, a hospitalidade, Guimarães Rosa relativiza hierarquias e diferenças entre nações, etnias, usos, costumes e idiomas. Suas personagens e sua língua são, a um só tempo, do sertão mineiro e cidadãos do mundo. Opera não por gênese, mas por heterogênese: "minha língua [...] é a arma com a qual defendo a dignidade do homem [...]. Somente renovando a língua é que se pode renovar o mundo"[65].

---

[64]. Deste modo, a literatura é política em sentido preciso: é defesa da língua e por isso heterofilia – é, para nos valermos de uma expressão de Haroldo de Campos, Pentecostes. Com efeito, se "Deus destinou o homem à tradução", necessária e sempre "imperfeita", Pentecostes consistiria no momento em que o impossível de tradução torna-se possível, em uma espécie de tradução simultânea plenamente realizada – com o que a dispersão e a confusão imposta a Babel seriam recompostas e reconduzidas a sua unidade de múltiplas lógicas que constituem a condição ético-política da escrita e da tradução: "sob o signo bíblico da 'Torre de Babel'", escreve Haroldo de Campos, "o homem dispersou-se, dividiu-se em línguas e nações a balbúrdia dos particularismos – ensina-nos a história – poucas vezes tem encontrado condições harmoniosas de convivência não-excludente. Sob o signo da reconversão de Babel em pentecostes – de que a literatura e a cultura podem muito bem ser portadoras – a humanidade do novo milênio conseguirá, quem sabe, reencontrar em um espaço convivial, planetário, plural e transcultural, expandindo no sentido pleno o conceito fecundo de *Weltliteratur*, tão caro a Goethe como ao goetheano Marx [...]. Entreviu-a talvez, em pleno século XIII, o rei castelhano Don Afonso X, El Sabio (1221-1284) que trovava em galaico-português (sob a influência de Provença, cuja língua d'oc dominava) e que auspiciou a 'Escola de tradutores' de Toledo, onde o grego, o latim, o árabe e o hebraico permeavam-se num confraterno e seminal movimento translatício. Gostaria de invocá-lo como patrono, ao subscrever-me – poeta brasileiro e cidadão ecumênico da língua portuguesa [...], no limiar de um terceiro milênio que auguro pentecostal e pós-babélico".

[65]. Cf. Lorenz, *op. cit.*, p. 52.

36.

NARRATIVAS DA INFIDELIDADE EM *SAGARANA*, DE GUIMARÃES ROSA

REGINA ZILBERMAN (UFRGS; FAPA)

> *Mirem-se no exemplo*
> *Daquelas mulheres de Atenas*
> *Despem-se pros maridos*
> *Bravos guerreiros de Atenas*
>
> CHICO BUARQUE DE HOLANDA

1. Entre Penélopes e Helenas

No século XIX, a ficção brasileira balançou entre Penélopes e Helenas. Penélope em terras de Pindorama é Carolina, que protagoniza "A Viuvinha", uma das primeiras novelas de José de Alencar (1829-1877). Comparece igualmente em um conto que Machado de Assis (1839-1908) publicou no *Jornal das Famílias* em 1868, "A Mulher de Preto", conforme sugere o narrador da história, ainda que, nesse caso, a heroína, Madalena, igualmente uma falsa viúva, ao invés de aguardar o marido distante, vai em busca dele no Rio de Janeiro. Até Capitu, enquanto espera Bentinho liberar-se da promessa de sua mãe, que queria fazê-lo padre, e obter o diploma em Direito em São Paulo, tem sua faceta Penélope.

As Helenas também comparecem em número notável, embora seja aos olhos dos parceiros masculinos que, seguidamente, se apresentem sob o ângulo da mulher pouco confiável, ao mesmo tempo simulada e sedutora, fêmea de difícil definição. A Lúcia, que protagoniza *Lucíola*, de José de Alencar, exibe identidade escorregadia, a começar pela sua denominação. Batizada Maria da Glória, adota o nome de uma amiga quando essa morre, para figurar como uma espécie de apelido, de alcunha ou metáfora na capa do livro assinado pelo romancista cearense.

Foi, contudo, Machado de Assis que desenhou a Helena-matriz da ficção nacional, modelo que migra de um romance para outro, adensando-se. O folhetim que Machado publicou em 1876, originalmente no jornal *O Globo* e, depois, em livro, pela Garnier, apresenta o formato original da personagem, já que a personagem lendária dá nome não apenas à protagonista do texto, mas também à obra inteira, sugerindo a associação entre as duas figuras.

Como se sabe, a Helena dos helênicos dispôs, entre seus conterrâneos, de substancial trajetória literária: aparece nas duas epopeias, a *Ilíada* e a *Odisseia*, atribuídas a Homero (século VIII?), depois em poema de Estesícoro (*c.* 632 a.C.–*c.* 553 a.C.) datado do século VI a.c., e ocupa a imaginação de pensadores e artistas do século V a.c., bastando lembrar a *Apologia de Helena*, do sofista Górgias (480 a.C.–375 a.C.), e os dramas de Eurípedes (485 a.C.–406 a.C.), *As Troianas*, de 415 a.C., e *Helena*, de 412 a.C.

Nessas obras, Helena é invariavelmente uma figura dotada de grande beleza, qualidade que transportou para suas representações modernas, como se verifica em *A Trágica História da Vida e Morte do Doutor Fausto*, de Christopher Marlowe (1564-1593), ou no *Fausto*, de Johan Wolfgang von Goethe (1749-1832). É também mulher sedutora, a ponto de reverter a fortuna em seu favor, como mostra Eurípedes, em *As Troianas*, e Górgias, na *Apologia*, capaz de argumentar e justificar-se, até o ponto de caírem as acusações que pesam sobre sua pessoa. Mas nunca deixa de se mostrar simulada e pouco confiável, propriedades que se evidenciam desde a *Odisseia*, de Homero, onde tem curta participação em episódio exemplar para sua caracterização. Nesse trecho da epopeia, que ocupa o canto IV, ela relembra para Telêmaco, filho de Ulisses, e diante de Menelau, outra vez seu marido e de novo em Esparta, a saudade de sua pátria, quando estava em Troia, longe da terra natal. É então contestada pelo cônjuge, que recorda o incidente do cavalo de madeira, em cujo interior os aqueus se escondiam, com o fito de tomar a cidade inimiga. Nessa ocasião, Helena, junto com as troianas, imitava a voz dos soldados gregos, visando fazê-los denunciarem-se e, com isso, prejudicar o estratagema que os levou à vitória:

> Las troyanas rompieron a llorar con fuerza, mas mi corazón se alegraba, porque ya ansiaba regresar rápidamente a mi casa y lamentaba la obcecación que me otorgó Afrodita cuando me condujo allí lejos de mi patria, alejándome de mi hija, de mi cama y de mi marido, que no es inferior a nadie ni en juicio ni en porte.
> Y el rubio Menelao le contestó y dijo:
> [...] Tres veces lo acercaste a palpar la cóncava trampa y llamaste a los mejores dánaos, designando a cada uno por su nombre, imitando la voz de las esposas de cada uno de los argivos. También yo y el hijo de Tideo y el divino Odiseo, sentados en el centro, lo oímos cuando nos llamaste. Nosotros dos tratamos de echar a andar para

salir o responder luego desde dentro. Pero Odiseo lo impidió y nos contuvo, aunque mucho lo deseábamos. Así que los demás hijos de los aqueos quedaron en silencio, y sólo Anticlo deseaba contestarte con su palabra. Pero Odiseo apretó su fuerte mano reciamente sobre la boca y salvó a todos los aqueos[1].

Na obra de Machado de Assis, a protagonista faz jus ao nome, pois também ela oscila entre duas pátrias, a de sua família original, pois protege o pai, Salvador, e a da família que a adotou, os Vale, não confessando a Estácio a falsidade de sua posição. Nesse romance de recorte romântico e posicionamento conservador, porém, Helena não alcança a redenção, pois não dispõe de suficiente habilidade para conciliar as duas paternidades, a falsa, que a beneficia, e a verdadeira, que a prejudica. Na impossibilidade de harmonizar os contrários, acaba vítima das contradições que armou.

Virgília, sua sucessora e personagem de *Memórias Póstumas de Brás Cubas*, é mais bem-sucedida, podendo trocar de casa sem mudar de personalidade. Talvez a diferença entre as duas moças, portadoras ambas de denominações de procedência clássica, uma grega, outra latina, seja de ordem econômica, já que, nascida em berço de ouro e bem casada, Virgília não precisa proteger-se da miséria. Mas a esposa de Lobo Neves e amante de Brás Cubas arrisca sua honra, que preserva por meio do melhor dos ardis – a simulação, jamais falando de um parceiro quando está na presença do outro, que é tanto mais eficaz quanto mais ancorada no encanto pessoal e na beleza.

Sofia, de *Quincas Borba*, é mais uma personagem cuja nomeação é devedora da migração de vocábulos gregos para a língua portuguesa. Também ela não diverge do paradigma, embora esse só seja amplamente confirmado em *Dom Casmurro*, quando entra em cena Capitolina, a fêmea que talvez se equipare ao Zeus Capitolino celebrado, mas evitado por Olavo Bilac (1865-1918) poucos anos antes, em "Profissão de Fé":

> Não quero o Zeus Capitolino
> Hercúleo e belo,
> Talhar no mármore divino
> Com o camartelo[2].

Capitu sintetiza os atributos de Helena, já que, conforme Bento Santiago, seu namorado e, depois, marido, é bela, sedutora, simulada e pouco confiá-

---

1. Homero, *La Odisea*, p. 48.
2. Olavo Bilac, "Profissão de Fé", p. 39. Ao final do poema, é indicada sua data de criação: 1º de setembro de 1886 (ver p. 43).

vel. Tal como sua precursora, alterna-se entre duas pátrias, não a dos pais, mas a dos amados e amantes, arriscando-se mesmo a perder a segurança do lar em nome de aventura, na expectativa, provavelmente, de recuperar o conforto anterior. Capitu acaba por não ter essa sorte, mas outra de suas irmãs literárias, Fidélia, de *Memorial de Aires*, é bem-sucedida, para felicidade de todos, menos de seu admirador silencioso, o Conselheiro Aires, que assistiu à lenta desconstrução dos protestos de fidelidade por parte dessa viúva que pareceu, mas não foi, uma autêntica Penélope, para conquistar e reter Tristão, o amado da vez.

2. Penélopes e Helenas do Sertão

Quando Guimarães Rosa (1908-1967) publicou *Sagarana*, em 1946, o legado representado por Penélopes – poucas – e Helenas – muitas – já se mostrava consolidado desde o começo do século XX. Helenas visivelmente prevaricadoras já tinham protagonizado narrativas como *O Marido da Adúltera*, de 1882, de Lúcio Mendonça (1854-1909), *Hóspede* (talvez a melhor configuração da Helena original em romance brasileiro), de 1888, de Pardal Mallet (1864-1894), *Mocidade Morta*, de 1899, de Gonzaga Duque (1863--1911), ou *A Esfinge*, de 1911, de Afrânio Peixoto (1876-1947). Independentemente da trajetória da narrativa fecundada pelos propósitos estéticos da Semana de Arte Moderna e da vanguarda modernista, paradigmas de representação do comportamento da mulher se apresentavam ao escritor na qualidade de inspiração ou de sugestão.

Sagarana, diante desse padrão, tanto reproduz quanto subverte os modelos em circulação.

2.1. Pequenas Helenas

> *Quando eles se entopem de vinho*
> *Costumam buscar um carinho*
> *De outras falenas*
> *Mas no fim da noite, aos pedaços*
> *Quase sempre voltam pros braços*
> *De suas pequenas, Helenas*
>
> CHICO BUARQUE DE HOLANDA

As Helenas são mais frequentes em *Sagarana*, aparecendo em seis das nove narrativas que formam o conjunto do livro, embora nem sempre sejam responsáveis pelos principais acontecimentos. Em "O Burrinho Pedrês", por exemplo, pertence ao paradigma das Helenas a "namorada do Silvino"[3], que Badu tomou, determinando o desejo de vingança por parte do vaqueiro traído. Por causa disso, Badu é obrigado a domar um touro furioso, jogado para cima dele pelo rival; pela mesma razão, o Major Saulo, que comanda o grupo de peões e exerce grande autoridade moral sobre os rapazes, pede a Francolim que observe o Silvino: "é para vigiar o Silvino, todo o tempo, que ele quer mesmo matar o Badu e tomar rumo. Agora, eu sei, tenho a certeza" (p. 51). Contudo, a vingança não se concretiza, pois a enchente acaba levando o Silvino, enquanto que Badu, agarrado à cauda do burro Sete-de-Ouros conduzido por Francolim, chega são e salvo, embora bêbado, à fazenda do Major Saulo.

A Helena de "O Burrinho Pedrês" não tem corporalidade, mas não deixa de prejudicar seus admiradores. A guerra teria sido mais violenta, não fosse a intervenção da natureza, imprevista pelos homens, que, encerrados em seus problemas, não perceberam o avolumar das águas, que transformaram o Córrego da Fome em torrente caudalosa, lavando os pecados do mundo, inclusive os de Silvino, de Badu e da namorada de ambos.

A Helena de "Sarapalha" também não se materializa, embora habite a memória dos dois primos, Ribeiro e Argemiro, que, tomados pela malária, vivem de recordar a época em que o primeiro, casado, tinha saúde e dinheiro, até perder a esposa e deixar-se levar pela doença e pela febre. "Sarapalha" acompanha o padrão lendário, embora não o apresente segundo a perspectiva cronológica, já que a narrativa se concentra na atualidade dos primos condenados pela maleita, até os acontecimentos passados começarem a se revelar nas falas memorialistas das personagens: Primo Argemiro já residia com Primo Ribeiro e a esposa deste, quando aparece o boiadeiro, que "tinha ficado três dias na fazenda, com desculpa de esperar outra ponta de gado... Não era a primeira vez que ele se arranchava ali. Mas nunca ninguém tinha visto os dois sozinhos..." (p. 135). O hóspede parece ter arrebatado a esposa de Ribeiro, que foge com o estrangeiro, nunca mais retornando.

É a partir desse pressuposto que o relato de Guimarães Rosa começa a emancipar-se do mito original: Ribeiro impede que Argemiro persiga o par fujão, apesar da vontade dele de vingar-se: "Ai, Primo Ribeiro, por que foi que o senhor não me deixou ir atrás deles, quando eles fugiram? Eu matava o homem e trazia minha prima de volta p'ra trás..." (p. 133).

---

3. João Guimarães Rosa, "O Burrinho Pedrês", *Sagarana*, p. 46. As demais citações provêm desta edição, sendo indicadas, entre parênteses, as páginas onde se encontram.

Além disso, os dois parentes já estavam adoentados, quando o fato aconteceu: "gente já estava amaleitados" (p. 133), conforme observa Ribeiro. Por fim, o que parece mais decisivo, Argemiro igualmente era apaixonado pela moça com quem Ribeiro casara, amor que nascera antes mesmo do matrimônio do primo e que o levara a abandonar tudo, para residir na casa do parente e manter-se próximo da amada. De certo modo, Guimarães Rosa, em "Sarapalha", duplica as figuras masculinas, estabelecendo, ao mesmo tempo, uma paradoxal triangulação entre eles, já que Argemiro tanto espelha Ribeiro quanto o boiadeiro, no primeiro caso porque é o amante abandonado, no outro porque ele poderia ter sido o motivador do adultério, fato que não aconteceu dada a intromissão do sedutor estrangeiro.

Assim, "Sarapalha" substitui a dupla de rivais por um trio de homens atraídos pela mesma mulher, a que se submetem, dado o poder de encantamento e fascínio que a caracteriza. Sob este prisma, Guimarães Rosa altera a composição masculina do mito original, estabelecida, de um lado, pelos irmãos Menelau e Agamemnon, de outro, pelo troiano Páris. Por sua vez, a personagem feminina não aparece diretamente em cena, sendo tão somente presença na memória de Argemiro, o ângulo menos favorecido do triângulo, já que não corresponde ao marido, nem à figura masculina que, procedendo de fora, desestabiliza o lar. Argemiro é a metade de cada um desses, sem coincidir com eles, o que acentua sua fragilidade; mas é também a presença mais consistente da narrativa, já que suas recordações verbalizam o passado. No lado oposto, coloca-se a personagem feminina, a mais ausente, porém, pela mesma razão, a mais influente, desarticulando, a cada vez em que é mencionada, a estabilidade já tão precária dos seres masculinos restantes, os dois primos febris.

"Minha Gente" é outra das narrativas que lida com o modelo feminino traduzido pelo mito de Helena. Mas, nesse texto, ela tem nome – Maria Irma – e aparência física digna de descrição bastante detalhada: seu andar tem "ondular de pombo e o deslizar de bailarina, porque o dorso alto dos seus pezinhos é uma das dez mil belezas de Maria Irma" (p. 196). Mais adiante, o narrador dá conta de outros atributos da moça, destacando os olhos, fator essencial na descrição das personagens femininas e sedutoras nos contos de *Sagarana* e já sugerido quando do desenho da esposa de Primo Ribeiro, em "Sarapalha":

> E reparei que os olhos de Maria Irma são negros de verdade, tais, que, para demarcar-lhes a pupila da íris, só o deus dos muçulmanos, que vê uma formiga preta

pernejar no mármore preto, ou o gavião indaiê, que, ao lusco-fusco e em voo beira nuvens, localiza um anu pousado imóvel em chão de queimada (p. 196).

Só que a novela, narrada em primeira pessoa, apresenta a perspectiva do homem que vem de fora – e da cidade, sendo acolhido por seu tio Emílio, que o introduz no sutil jogo da política local. Submetido às graças de Maria Irma, ele confessa seu amor e seu desejo: "De repente, notei que estava com um pensamento mau: por que não namoraria a minha prima? Que adoráveis não seriam seus beijos... E as mãos?!... [...] Acariciar os seus braços bronzeados... Por que não?..." (pp. 208-209). Acaba, porém, vítima dos estratagemas da moça, que o usa, para chegar a Ramiro, o rapaz da vila que almeja desposar. O narrador acaba cedendo à armação da prima e deixa-se casar com Armanda, "a de admirável boca e de olhos esplêndidos" (p. 227), forma conveniente de terminar sua aventura de modo feliz.

Outra Helena habita a história apresentada em "São Marcos", inserida na qualidade de relato metalinguístico. Trata-se do episódio de Tião Tranjão, narrado por Aurísio, que conta como o rapaz foi traído pela mulher, vingando-se, depois, por meio da reza de São Marcos, a mesma que salvará José, o protagonista desse texto, da cegueira e da maldição do feiticeiro João Mangolô. Também "Conversa de Bois" relata o adultério praticado pela mãe de Tiãozinho, provocando a morte do pai do menino, transportado no carro de bois, e a vingança dos animais, enquanto que "Corpo Fechado" dá conta da rivalidade entre Manuel Fulô e Targino, por causa da noiva do primeiro, desejada pelo segundo.

Nos relatos citados, a mulher desempenha papel central, embora, seguidamente, seja apenas matéria da recordação interior ou do discurso de personagens (exceção feita à noiva de Manuel Fulô, em "Corpo Fechado"), que, da sua parte, são antes testemunhas dos acontecimentos que seus agentes. O processo colateraliza as figuras humanas, marginaliza-as do decurso do narração, mas não perde de vista sua importância para o desfecho dos fatos relatados. É como se a narrativa pendesse entre a centralidade da figura feminina para o transcurso das ações principais e a apresentação periférica de sua materialidade física, situação que magnifica seu poder, tornado quase divino por força de sua ausência palpável no momento em que os episódios estão sendo passados aos interlocutores do narrador.

Cabe destacar ainda um aspecto relativo à construção dessas personagens: transgressoras, por romperem os laços de fidelidade que as unem a seus parceiros (como a namorada do Silvino, a esposa do Primo Ribeiro, a filha do tio Emílio, Maria Irma, a mulher de Tião Tranjão, a mãe de Tiãozinho), elas são também bem-sucedidas, já que seus novos companheiros não as abandonam. Assim, elas não são criminalizadas, nem punidas; curiosa ou paradoxalmente, o castigo, quando ocorre, atinge sobretudo o ex-amado (Silvino, Primo Ribeiro, Primo Argemiro) e só eventualmente o novo amante, como ocorre a Agenor Soronho, em "Conversa de Bois".

Esse posicionamento é coerente com a conformação clássica do mito de Helena, que, tendo causado, entre outros males, a guerra entre aqueus e troianos, o que levou à destruição da cidade e da família de Príamo, não sofre qualquer penalidade, exceto as palavras amargas da vencida Hécuba, em *As Troianas*, de Eurípedes, ou a réplica de Menelau, no citado trecho da *Odisseia*. Implantando no coração do sertão mineiro suas Helenas nativas, Guimarães Rosa confirma o mito, dando continuidade, de modo, porém, nada moralista, a uma tradição que remonta ao Romantismo nacional.

2.2. Penélopes Impacientes

> *Quando eles embarcam, soldados,*
> *Elas tecem longos bordados,*
> *Mil quarentenas,*
> *E quando eles voltam, sedentos,*
> *Querem arrancar, violentos,*
> *Carícias plenas, obscenas...*
>
> Chico Buarque de Holanda

Penélopes são personagens de mais difícil representação. Paradigma da esposa fiel, que aguarda o retorno do parceiro, garantindo a estabilidade do lar e a gestão da família, a figura de Penélope arrisca-se à submissão e à subalternidade. Não é o caso da rainha da Ítaca e companheira de Ulisses; também não é o caso das personagens criadas por Érico Veríssimo (1905-1975), que conferiu a seres imaginários como Clarissa, em *Saga*, por exemplo, ou Bibiana Terra, em *O Continente*, primeiro volume da trilogia *O Tempo e o Vento*, status de guerreiras domésticas, mulheres cuja fibra depende de sua capacidade de resistir ao assédio do mundo masculino, representado pelo poder, pela riqueza e pela autoridade.

Guimarães Rosa dá outra estatura ao mito de base. Uma de suas representações mais provocadoras aparece em "A Volta do Marido Pródigo", cujo título alude à situação original, experimentada por Ulisses, só que vertida em timbre paródico. O indigitado "marido pródigo" é Eulálio de Souza Salãthiel, o Lalino, que trabalha na construção da estrada de rodagem entre Belo Horizonte e São Paulo. É amado por sua esposa, Maria Rita, conforme o depoimento de algumas personagens que conhecem o casal, sendo que o próprio narrador informa que ela "o bem-queria muito" (p. 84). Contudo, nem Lalino está satisfeito com sua vida, sentindo-se muito limitado no acanhado ambiente de trabalho, nem Maria Rita é criatura de deixar os outros indiferentes, pois, conforme sugere um diálogo entre personagens secundárias, o Ramiro espanhol, outro dos trabalhadores engajados na construção da estrada, ronda a mulher de Lalino; e, embora um deles comente que "séria ela é" e que "ela gosta dele, muito" (p. 79), o outro retruca: "É, mas quem tem mulher bonita e nova, deve de trazer debaixo de olho..." (p. 79).

É o que Lalino não faz; pelo contrário, desejoso de romper suas estreitas fronteiras, pois nunca tinha passado "além de Congonhas, na bitola larga, nem de Sabará, na bitolinha, e, portanto, jamais pôs os pés na grande capital" (pp. 80-81), resolve partir, dirigindo-se a Belo Horizonte e, depois, para a "capital do país" (p. 91). Não apenas abandona a mulher – a mesma que, numa manhã em que "vendo que o marido não ia trabalhar, esperou [...] o milagre de uma nova lua de mel. Enfeitou-se melhor, e, silenciosa, com quieta vigilância, desenrolava, dedo a dedo, palmo a palmo, o grande jogo, a teia sorrateira que às mulheres ninguém precisa de ensinar." (p. 85) – como, para poder viajar, pede dinheiro emprestado para o rival Ramiro, "negociando", de certo modo, a mulher Maria Rita, que encantava o outro.

Maria Rita não apenas fica desobrigada de aguardar o marido aventureiro, como acaba por amigar-se com Ramiro: depois de três meses, ela "estava morando com o espanhol" (p. 90). Lalino, porém, retorna à casa, após ter passado por aventuras que, segundo o narrador, "só podem ser pensadas e não contadas, porque no meio houve demasia de imoralidade" (p. 91). Sem dinheiro e sem mulher, ele vai em busca do auxílio do Major Anacleto, que concorre à reeleição em sua terra. Lalino revela-se excelente cabo eleitoral, conquistando votos para o Major até em redutos oposicionistas. Sabendo ter sido um colaborador eficiente, o "marido pródigo" pede ajuda a Oscar, filho de Anacleto, com o fito de reconquistar Maria Rita.

Mais uma vez a Penélope sertaneja surpreende: pois, se se recusara a aguardar o marido fujão, agora é a primeira a tomar sua defesa, argumentando: "Fiquei com o espanhol por um castigo, mas o Laio é que é meu marido, hei de gostar dele até na horinha d'eu morrer!" (p. 112).

Ao final, é ela – conforme o narrador, "uma rapariga bonita, em pranto, com grandes olhos pretos que pareciam os de uma veadinha acuada em campo aberto" (p. 116) – quem pede ajuda ao Major, visando alcançar a reconciliação, resultado obtido ao final do relato.

Maria Rita é, assim, a mulher de um só homem, ainda que tenha aceitado o comércio com o espanhol Ramiro, de certo modo facilitado pelo marido. Outras duas senhoras, embora apresentem semelhanças físicas com a esposa de Lalino, não agem da mesma maneira.

Dona Silivana, esposa de Turíbio Todo, é a Penélope mais impaciente do grupo feminino de *Sagarana*. Seu marido, "seleiro de profissão" (p. 145), ficara sem serviço com o advento da "estrada de ferro" e "de duas estradas de automóvel" (p. 146); ele então "caiu por força na vadiação" (p. 146), o que significa passar o tempo em pescarias e outras aventuras fora de casa. Um dia, retornando de uma dessas atividades, conta o narrador, "veio encontrá-la [Silivana] em pleno (com perdão da palavra, mas é verídica a narrativa) em pleno adultério, no mais doce, dado e descuidoso, dos idílios fraudulentos" (p. 147).

Como se verifica, a Penélope não perdera tempo, tomando-se de amores pelo ex-anspeçada Cassiano Gomes. Turíbio Todo resolve vingar-se, mas, sabendo que o rival é bom atirador, escolhe tocaiá-lo; contudo, decide desde logo poupar Silivana:

> Nem por sonhos pensou em exterminar a esposa (Dona Silivana tinha grandes olhos bonitos, de cabra tonta), porque era um cavalheiro, incapaz da covardia de maltratar uma senhora, e porque basta, de sobra, o sangue de uma criatura, para lavar, enxaguar e enxugar a honra mais exigente (p. 148).

O ardil de Turíbio Todo não resulta bem: acaba por alvejar Levindo Gomes, irmão de Cassiano Gomes, o que provoca nova necessidade de vingança, matéria da longa travessia dos dois homens pelo sertão, até culminar na morte do marido traído por um capiau, o 21, que o surpreende com um tiro certeiro. Enquanto corta o território de Minas Gerais e o de São Paulo, em fuga, Turíbio não deixa de retornar à casa e rever a mulher, que, Penélope dos avessos, aproveita a oportunidade para saber dos planos do marido e contá-los ao amante.

Penélope impaciente é, por fim, Dianóra, esposa de Augusto Esteves (depois, Matraga), o irresponsável filho do coronel Afonsão Esteves, "das Pindaíbas e do Saco-da Embira" (p. 329). De Augusto diz o narrador que andava "sempre com os capangas, com mulheres perdidas, com o que houvesse de pior. Na fazenda – no Saco-da-Embira, nas Pindaíbas, ou no retiro do Morro Azul – ele tinha outros prazeres, outras mulheres, o jogo do truque e as caçadas" (p. 334). Como se vê, um Ulisses sem epopeia, que ainda piora após a morte do pai, pois ficara "mais estúrdio, estouvado e sem regra" (p. 334), com "dívidas enormes, política do lado que perde, falta de crédito, as terras no desmando, as fazendas escritas por paga, e tudo de fazer ânsia por diante, sem portas, como parede branca" (p. 334).

Dianóra, por sua vez, "tinha belos cabelos e olhos sérios" (p. 333) e "amara-o três anos, dois anos dera-os às dúvidas, e o suportara outros todos" (p. 335). A boa Penélope, porém, cansa, especialmente após a decadência econômica e moral do marido. Cansa também porque "agora, porém, tinha aparecido outro" (p. 335?). No começo, a moça hesita, segundo informa o narrador: "Não, só de pôr aquilo na ideia, já sentia medo... Por si e pela filha... Um medo imenso" (p. 335). Mas acaba por ceder, pois "o outro era diferente! Gostava dela, muito..." (p. 335), o que a leva a abandonar Augusto Esteves e partir, acompanhada da filha, na companhia de Ovídio Moura. Mais adiante, quando Augusto, em penitência, busca a redenção por seus pecados da juventude, descobre, por intermédio do Tião da Thereza, qual foi o destino de sua mulher e de sua filha: "a mulher, Dona Dianóra, continuava amigada com seu Ovídio, muito de-bem os dois, com tenção até em casamento de igreja" (p. 349); a filha, por sua vez, "crescera sã e se encorpara uma mocinha muito linda, mas tinha caído na vida, seduzida por um cometa, que a levara do arraial, para onde não se sabia..." (p. 249).

A penélope Dianóra, mais paciente que as antecessoras Maria Rita, de "A Volta do Marido Pródigo", e Silivana, de "Duelo", fora igualmente bem-sucedida, reproduzindo-se um padrão de comportamento, caracterizado pela infidelidade conjugal por parte de moças assediadas por homens atraentes que, direta ou indiretamente, abalam sua situação doméstica e até podem retirá-las de casa. Essas Penélopes, ao contrário das Helenas, têm presença física e corporalidade no relato, destacando-se sobretudo a beleza. Mas, tal como ocorre ao primeiro grupo, elas não são objeto de criminalização ou castigo, até porque sua culpabilidade é matizada.

Não é difícil reconhecer o reaparecimento dessas personalidades no desenho de personagens de *Corpo de Baile*, como Nhanina, a mãe de Miguilim, de "Campo geral", dividida entre Bernardo Caz, seu marido e pai do menino, e o Tio Terez, problema resolvido com a morte do primeiro, reproduzindo a dualidade configurada na clássica Helena. Por sua vez, Doralda, de "Dão--lalalão, o devente" personifica a Penélope por excelência, à espera do retorno de Soropita, ainda que a travessia do marido se reduza ao trajeto entre o Ão e o Andrequicé. Otacília, de *Grande Sertão: Veredas*, também se incorpora ao modelo das penélopes sertanejas, de todas talvez a única em que o quesito paciência jamais é posto em dúvida.

Com nenhuma delas, porém, identifica-se Diadorim, talvez porque essa mulher guerreira nunca tenha abdicado da fidelidade, um de seus atributos, não o principal, provavelmente, contudo o mais constante. De todo modo, essas personagens já não pertencem a *Sagarana*, conjunto de narrativas em que Guimarães Rosa, pela primeira vez, deparou-se com a volubilidade do amor e a imprevisibilidade das mulheres.

REFERÊNCIAS BIBLIOGRÁFICAS:

BILAC, Olavo. "Profissão de Fé". *Olavo Bilac. Poesia*. Rio de Janeiro, Agir, 1959.
HOMERO, *La Odisea*. Trad. de Luis Segala y Estalella. Madri, Aguilar, 1960.
ROSA, João Guimarães. *Sagarana*. 4. ed. [versão definitiva]. Rio de Janeiro, José Olympio, 1956.

37.
O AVESSO DA LINGUAGEM EM *GRANDE SERTÃO: VEREDAS*

EDNA MARIA F. S. NASCIMENTO*

A publicação de *Grande Sertão: Veredas* de João Guimarães Rosa, em maio de 1956, causa polêmica. O motivo das críticas – favoráveis e desfavoráveis – é principalmente a elaboração linguística do romance. Comentando sobre o seu trabalho com a linguagem, em carta de 17 de junho de 1963, a Meyer-Clason, seu tradutor para o idioma alemão, Guimarães Rosa ressalta a dificuldade dos tradutores em notar a musicalidade das formas do seu texto:

Não viram: 1) que aquela notação, *ali*, pontuava, objetiva, energicamente, o trecho, numa brusca mudança ou alternância, relevante para o "ritmo emocional" do monólogo; 2) que esta brusca mudança guarda analogia com as "pontuações" da música moderna. (E o GRANDE SERTÃO: VEREDAS [...] obedece, *em sua estrutura*, a um rigor de desenvolvimento musical...) Não viram, principalmente, que o livro é tanto um romance, quanto um poema grande, também. É poesia (ou pretende ser, pelo menos).

Inúmeros críticos já chamaram atenção para essa valorização do plano da expressão da linguagem, comentada pelo próprio autor. Oswaldino Marques, em seu ensaio pioneiro "Canto e Plumagem das Palavras" (1957, p. 21), à falta de um termo corrente, cunha o neologismo *prosoema* para nomear a expressão literária de Guimarães Rosa.

O trabalho de elaboração textual está presente ao longo de toda a obra rosiana, imprimindo-lhe características próprias. Mas desse conjunto de

---

* Docente da Universidade de Franca – Unifran, do Programa de Mestrado em Linguística da Unesp-
-Araraquara e Bolsista de Produtividade em Pesquisa 2 – CNPq.

obras é *Grande Sertão: Veredas* que, justamente por reunir as ousadias de seu fazer literário, o notabiliza como escritor. São concedidos ao romance três prêmios: Machado de Assis (Instituto Nacional do Livro, 1956), Carmem Dolores Barbosa (São Paulo, 1956) e Paula Brito (Rio de Janeiro, 1957); e é ele que tem o maior número de edições tanto no Brasil como em outros países.

A inovação do romance ocorre em diferentes níveis: desde a narração que se constitui como um monólogo ininterrupto, sem ordem cronológica, o uso de termos arcaicos e eruditos, as ousadias sintáticas, os jogos sonoros, até as palavras cunhadas. Em cerca de 500 páginas, Guimarães Rosa imprime um estilo que dá forma a uma textura verbal que cobre a dupla extensão das categorias prosa e poesia. Essa consonância perfeita entre plano de conteúdo e plano de expressão, segundo nosso ponto de vista, é também resultado de um trabalho com a linguagem que envolve a metalinguagem.

A metalinguagem é o avesso, o duplo da linguagem. Só há linguagem porque qualquer sentido pode ser traduzido por outros signos. Essa tradução intralingual constitui-se como um mecanismo linguístico que qualquer falante desenvolve, naturalmente, ao apreender uma língua, porque falar uma língua implica uma atitude simultânea que é falar sobre essa língua. Nesse sentido, todo ato de linguagem é criativo: qualquer falante desenvolve a propriedade metalinguística de modificar definições estereotipadas, solidificadas na cultura e abonadas, quase sempre, nos dicionários. Podemos até pensar que, se o falante não desenvolvesse a atividade metalinguística, todos produziriam um mesmo discurso ao terem como referência um mesmo tema e que há graus de criatividade quando se usa a metalinguagem natural: um texto do cotidiano é menos criativo, nesse sentido, porque as definições que se encontram nele estão mais próximas do saber comum e em um texto literário, por sua vez, há mais criatividade, porque se alteram, se neutralizam certos semas ou se elaboram jogos com a linguagem.

A manifestação desses dois níveis linguísticos em um texto, a língua e a metalíngua, caracteriza-se como um artifício empregado em um tipo de texto que Roland Barthes (1970, p. 203) denomina *lisible*: "Deux codes mis côte à côte dans une phrase: cette opération, artifice courant du lisible, n'est pas indifférente; coulé dans une même unité linguistique, les deux codes y nouent un lien apparamment naturel".

Para Barthes (1970, p. 10), esse tipo de texto, que tem como característica fundamental a explicitação do seu próprio sentido, suscita a seguinte imagem: "[...] comme une armoire ménagère où les sens sont rangés, empilés, economisés (dans ce texte, jamais rien de perdu: les sens récupére tout)".

O texto *lisible* é um produto, segundo Barthes (1970, p. 10). O papel do leitor é o de um passivo consumidor:

> Ce lecteur est alors plongé dans une sorte d'oisivité, d'intransitivité, et, pour tout dire, de serieux: au lieux de jouer lui-même, d'accéder pleinement à l'enchantement du signifiant, à la volupté de l'escriture, il ne lui reste plus en partage que la pauvre liberté de recevoir ou rejeter le texte: la lecture n'est plus qu'un *referendum*.

A presença do texto *lisible* na obra rosiana pode ser sentida quando o autor dilui a vasta massa documental de que se nutriu para escrever o romance. Já não são mais as informações colhidas nas viagens de 1945 e 1952 a Minas Gerais, nem as anotações guardadas no Arquivo Guimarães Rosa (IEB-USP) sob a forma de "Estudos para a Obra", cujos temas são animais, botânica, geofísica, entre outros. Utilizando-se da definição pronta de um termo em estado de língua, ele constrói outro sentido no processo discursivo. É a transcodificação desses elementos do código que faz do discurso rosiano um novo discurso. A partir de um saber armazenado na língua, o autor constrói o saber de um discurso. Também sob esse ponto de vista, o fazer literário não se coloca como repetição de dados colhidos, mas como trabalho: o autor não é aquele que apenas se apropria de um sistema de relações já dadas, ele também as constrói. A criatividade de Guimarães Rosa manifesta-se também quando, ultrapassando os limites do codificado, do já-dito, ele manipula o material coletado, investindo-o de sentido único. O transporte desse universo coletado assume um papel estilístico na obra. Constitui-se em elemento essencial para a construção do seu discurso, não só na montagem de um universo veredictório, mas também na composição de um universo poético.

Os brasileirismos transcodificados por Guimarães Rosa referem-se, em geral, à denominação de usos, costumes, armas e acidentes geográficos, que caracterizam o sertão. A paráfrase, nos exemplos arrolados, introduzida por travessão, vírgula, por um comentário metalinguístico, determina o sentido que o autor atribui a cada termo, fechando a interpretação no próprio texto:

> Primeiro, encontramos de repente com ele, quando se ia por um assente – chapadazinha dessas, de capim fraco (Rosa, 1968, p. 405).
> Sempre eu sabia tal crendice, como alguns procediam assim dito – os caborjudos, sujeitos de corpo-fechado (*idem*, p. 113).
> Para agasalhar Medeiro Vaz, tinham levantado um boi – o senhor sabe: um couro só, espetado numa estaca, por resguardar a pessoa do rumo donde vem o vento – o bafe-bafe (*idem*, p. 62).

Arte, artimanha: que agora eles decerto andavam disfarçados de mbaiá – o senhor sabe – isto é, revestido com moitas verdes e folhas. Adequado que, embaiados assim, sempre escapavam muito de nosso ver e mirar (*idem*, p. 269).
[...] um pé enorme, descalço, cheio de coceiras, frieiras de remeio do rio, pé-pubo (*idem*, p. 132).
Que, por armas de sua personalidade, só possuía ali era uma faquinha e facão cego, e um calaboca – porrete esse que em parte ocado e recheio de chumbo, por valer até para mortes (*idem*, p. 393).

Termos menos comuns, como *aravia*, vocábulo de origem árabe ou *zafamar*, deformação aferética de *azafamar* também são expandidos:

Só o que me invocava era a linguagem garganteada que falavam uns com uns, a aravia (*idem*, p. 89).
[...] para os fins, executou na hora da confusão da saída, no zafamar (*idem*, p. 408).

A paráfrase interpretativa é também responsável pela circularidade, pelo fechamento do sentido de algumas expressões populares: "[...] dão nele, de miséria e mastro – botam o menino sem comer, amarram em árvores no terreiro, ele nu nuelo, mesmo em junho frio" (*idem*, p. 13).
Em passagens de *Grande Sertão: Veredas*, o narrador Riobaldo, além de parafrasear um termo, introduz no seu discurso comentários metalinguísticos que chamam a atenção para as diferenças vocabulares das terras de onde provêm alguns jagunços:

– "Hã, hã: no quembembe..." – o que, quembembe, na linguagem da terra dele, vinha a ser: na virada, na tombada... (*idem*, p. 145)
E foi aí que Veraldo, que era do Serro-Frio, reconheceu uma planta, que se chamava guia-torto, se certo suponho, mas se chamava candeia na terra dele, a qual se acendia e prendia em forquilha de qualquer árvore, ela aí ardendo luminosa, clara, feito uma tocha (*idem*, p. 40).

No exemplo a seguir, a flor capitão-da-sala, para Riobaldo, recebe denominações diferentes conforme se pode verificar pela citação da fala do jagunço Diadorim e pela constatação de outra personagem, o jagunço Alaripe, que faz um comentário metalinguístico de como essa é chamada em sua terra:

E era bonito, no correr do baixo campo, as flores do capitão-da-sala – todas vermelhas e alaranjadas, rebrilhando estremecidas, de reflexo. – "É o cavalheiro-da-sala..." – Diadorim falou, entusiasmado. Mas o Alaripe, perto de nós, sacudiu a cabeça. – "Em minha terra, o nome dessa – ele disse – "é dona Joana... Mas o leite dela é venenoso..." (*idem*, p. 45)

Em alguns casos, a metalinguagem não se processa na relação definição/denominação, como nos exemplos já citados, mas em uma relação denominação/denominação, caracterizando a sinonímia. As formas populares *vertentes, grande maioral* são acompanhadas dos termos *dependurados* e *tutumumbuca*, brasileirismos, respectivamente de Goiás e Minas Gerais:

[...] possuíam aquelas roças de milho e feijão nas vertentes, nos dependurados (*idem*, p. 398).
Joca Ramiro era o mesmo tutùmumbuca, grande maioral (*idem*, p. 202).

O termo arcaico *jiga-joga*[1] é explicado pelo seu sinônimo atual: "O senhor entenderá, agora ainda não me entende. E o mais, que eu estava criticando, era me a mim contando logro – jiga-jogas" (*idem*, p. 116).

Refletindo sobre essa tessitura fechada, *lisible*, no dizer de Barthes (1970, p. 162): "Autrement dit, le discours s'enferme avec scrupule dans une cercle de solidarités, et ce cercle, on tout se tient", é possível pensar em três funções para o uso desse tipo de texto:

1. função prática: visa à comunicação, explica o sentido dos termos. É lugar-comum afirmar que o texto rosiano é entremeado de arcaísmos, brasileirismos, termos e expressões populares, termos que se referem à zoologia, à botânica. A intelecção desses termos, muitas vezes desconhecidos do leitor, é possível porque o autor tece o seu microuniverso textual utilizando-se dessas traduções intralinguais;

2. função veredictória: auxilia a imprimir coerência e veracidade às personagens, ao universo e ao enredo;

3. função poética: a metalinguagem natural se apresenta como um "filtro" das informações colhidas nas diferentes formas de armazenar material, como as viagens a Minas Gerais em 1945 e 1952, as fotos, os recortes e os textos sobre animais, vaqueiros e tropeiros, as listas de palavras, em ordem alfabética, acompanhadas de sua tradução intralingual.

Já não são exatamente as informações colhidas e hoje armazenadas na série "Estudos para a Obra" e em outros documentos do Arquivo na Coleção Guimarães Rosa, do Instituto de Estudos Brasileiros da Universidade de São Paulo. Com o uso da metalinguagem, Guimarães Rosa focaliza certos semas,

1. Ferreira, 1999.

neutraliza outros, mas esse saber distendido em forma de definição ou sinonímia, nos exemplos citados, está sedimentado no código ou em subcódigos da língua portuguesa. O texto rosiano, nesse caso, é circular, coexistem nele a língua-objeto e a metalinguagem, mas essa última resulta de paráfrases que estão homologadas fora do texto, são extradiscursivas.

Há casos, entretanto, em que Guimarães Rosa cria definições intradiscursivas para certos termos. Essas paráfrases, que não estão previstas nos dicionários, dão origem a neologismos semânticos: denominações já existentes no código da Língua Portuguesa cujos *designata* não se fundam no código, mas no contexto da obra, como no exemplo em que Riobaldo comenta os termos empregados pelo jagunço Garanço para denominar afetivamente as armas: "Ele tinha ideias, às vezes parecia criança pequena. Punha nome em suas armas: o facão era torturúm, o revólver rouxinol, a clavina era berra-bode" (Rosa, 1968, p. 135).

O termo *rouxinol* é unidade de comunicação já existente no código, apenas é transferida de seu campo semântico para designar um tipo de arma. Há uma translação semântica: um empréstimo interno. Os termos *torturúm* e *berra-bode*, ao contrário, são criações lexicais. O primeiro parece ter origem na deformação do vocábulo *tortura* ou *torturante*; o segundo é formado pela justaposição de dois elementos codificados.

O termo *sertão* é de difícil definição para Riobaldo. Em um mesmo trecho é incluído em uma classe generalizante, o dêitico *isto*; a seguir, é definido de uma forma oblíqua, considerando-se semas específicos: "Sertão é isto: o senhor empurra para trás, mas de repente ele volta a rodear o senhor dos lados. Sertão e quando menos se espera; digo" (*idem*, p. 218).

Outros termos e expressões exemplificam esse grau mais poético de utilizar a metalinguagem que se afasta do significado abonado no dicionário, caracterizando definições metafóricas:

> Vingar, digo ao senhor: é lamber, o que outro cozinhou quente demais (*idem*, p. 137).
> Do vento. Do vento que vinha, rodopiando. Redemoinho: o senhor sabe – a briga de ventos (*idem*, p. 187).
> Eu bebi gotas: digo, isto é, que ainda esperei mais (*idem*, p. 418).
> Estavam escutando sem entender, estavam ouvindo missa (*idem*, p. 199).
> O senhor abre a boca, o pelo da gente se arrepia de total gastura, o sobregelo (*idem*, p. 259).

Contrapondo a essa forma mais acabada de texto, encontramos uma forma mais aberta de escritura. Nesse caso, a metalinguagem natural é utilizada pela metade. O sentido é uma operação de linguagem *in fieri*. Esse texto que se caracteriza pela pluralidade de sentidos e se constitui como uma produção pode, acreditamos, ser identificado com um tipo de texto que Barthes denomina *scriptible* (1970, p. 10). O texto *scriptible*, segundo o semiólogo francês, eleva o leitor do estatuto de mero consumidor, como ocorre no texto *lisible*, ao patamar de coautor, de produtor de texto: "Parce que l'enjeu du travail littéraire (de la littérature comme travail), c'est de faire du lecteur, non plus um consommateur, mais un producteur du texte".

Para a construção do texto *scriptible*, Guimarães Rosa usa recursos da língua que desencadeiam um verdadeiro jogo na busca do sentido. Provocam esse tipo de metalinguagem natural, que chamamos de implícita, em oposição ao texto *lisible*, que denominamos explícito, a desconstrução da linguagem, o trocadilho, a elaboração do plano de expressão da linguagem. Na rica correspondência de Guimarães Rosa com seus tradutores (cerca de 950 cartas que fazem parte do Arquivo Guimarães Rosa), ele dá a chave que abre e desvenda o sentido e a composição de muitas de suas criações e construções insólitas que se encontram também em outras obras.

Por desconstrução da linguagem entendemos a alteração total ou parcial de diferentes segmentos do plano de expressão: provérbio, expressão, palavra.

A narrativa de *Grande Sertão: Veredas* é entrecortada de enunciados de cunho proverbial que sintetizam com um saber popular o sentimento de Riobaldo em relação a um fato vivido. O reaproveitamento de ditos populares, como "Notícia, se boa corre, se ruim avoa" (Rosa, 1968, p. 44), "Couro ruim é que chama ferrão de ponta" (*idem*, p. 18), "Dei rapadura ao jumento" (*idem*, p. 22), empresta à estória um tom de oralidade.

Não é raro, porém, encontrar provérbios e expressões populares desconstruídas. O autor comenta, em trecho da correspondência com Meyer--Clason, carta datada de 17.6.1963, documento pertencente ao IEB, sobre o enunciado "Daí, sendo a noite, aos pardos gatos" (*idem*, p. 149): "[...] aos pardos gatos alude ao provérbio universal: De noite, todos os gatos são pardos [...] se refere, evidentemente, A NOITINHA, ainda no começo da noite".

O uso do provérbio, no último exemplo, auxilia na descrição da noite que chega, mas a quebra do enunciado pela desconstrução do grupo fraseológico pode dar ao texto um tom jocoso: "Nu da cintura para os queixos" (*idem*, p. 389). "Não sabiam de nada coisíssima" (*idem*, p. 531).

As formas *ruim-querer* e *pormiúdo* são cunhadas a partir das matrizes *bem-querer*, *pormenor*: "[...] aquilo de ruim-querer [...]" (*idem*, p. 356). "[...] o Quim Pidão, no pormiúdo de honesto" (*idem*, p. 275).

A desconstrução adquire forma de derivação regressiva nos exemplos abaixo:

Você jurou vinga (*idem*, p. 284).
Semvergonhice e airado avejo[2] servem só para tirar da gente o poder da coragem (*idem*, p. 147).
Moxinife[3] de más gentes, tudo na deslei da jagunçagem bargada (*idem*, p. 123).

Na página 290 de *Grande Sertão: Veredas*, trecho citado abaixo, encontramos o termo *banglafumém*: "E renuia com a cabeça, o banglafumém, mesmo quando falava, com uma voz de qualidade diversa, costumada daquela terra de lugar".

Esse termo é explicado pelo autor na correspondência a Angel Crespo, seu tradutor para língua espanhola, na carta datada de 9 março de 1966: "Banglafumém [...] é o mesmo 'bangla-la-fumega, que está nos dicionários = João-ninguém, indivíduo sem valor nem importância, sujeito à-toa, legalhé, mequetrefe, borra-botas' (é termo regional do interior bruto)".

A desconstrução desses clichês, que os torna um desvio, exigindo do leitor um esforço de interpretação, é uma forma de provocar o inusitado e de o autor libertar-se do já-ouvido e do já-dito. A alteração no plano de expressão de uma sequência linguística tem a finalidade, como ressalta o autor em passagens de sua correspondência, de fugir do lugar-comum, evitando formas estereotipadas como o clichê, de conseguir maior efeito expressivo e de obter um tom de humor. O processo de descoberta da matriz, além de instalar no texto a surpresa, provoca um jogo, no qual o leitor, como participante, torna-se coautor. Esse procedimento de desconstruir para construir representa também uma maneira peculiar de ele montar o seu universo singular, preenchendo-o com formas reelaboradas e transformadas.

A desconstrução de palavra pode ser causada pela junção com outra palavra. O resultado é o empastamento semântico ou cruzamento, conforme denomina o escritor. A primeira denominação aparece quando ele explica a Edoardo Bizzarri (Rosa, 1972, p. 91), que, um tanto perplexo, pergunta pela formação da expressão *tontas vezes*; "[...] tontas vezes (é assim mesmo, assimilando tontas e tantas, ou é erro de revisão?) Sim. É o empastamento semântico de 'tantas' e 'tontas'".

2. De *avejão*, visão, fantasma (Ferreira, 1999).
3. De *moxinifada*, confusão (*idem*).

A denominação cruzamento é usada, na carta a Meyer-Clason, de 14.2.1964, para explicar a formação da palavra *tresmente*: "Penso que é o 'cruzamento' ou superposição de 'entrementes' com o prefixo tres..., de reforço, ou designativo de intensidade. Creio que o melhor será traduzir por: entrementes principalmente... etc."

Duas vezes aparece esse empastamento semântico em *Grande Sertão: Veredas*:

> Tresmente: que com o capitão-do-campo de prateadas pontas, viçoso no cerrado; o aniz enfeitando suas moitas, e com florzinhas as dejaniras (Rosa, 1968, p. 24).
>
> Numa roda-morta, se esperou, té que de lá, da dobrada duma ladeirinha, os três tiros eles deram, somando o aprovado. A tanto, tresmente, também se respondeu desfechando (*idem*, p. 276).

Para entender o sentido dessas formas e de outras aqui citadas a seguir, o leitor terá de sair da inércia, como deseja Guimarães Rosa, e buscar a matriz da criação:

> – Zé Bebelo indarguiu (*idem*, p. 229).
> [...] impondo o sofrer no quieto arruado dos outros, matando e roupilhando (*idem*, p. 169).
> Tudo turbulindo (*idem*, p. 32).
> Aí o truvisco; e buzegava (*idem*, p. 410).

Esses amálgamas podem inclusive ter mais de um significado, constituindo-se em uma polissemia complexa, como explica Guimarães Rosa, em carta de 17.8.1966, a Meyer-Clason, ao comentar a formação *terrivorosos*, do conto de *Primeiras Estórias*, "A Benfazeja":

> [...] TERRIVOROSOS =
> de terrív(el) + (pa)voroso
> MAS também de:
> terr(a) + (...)voro (de devorar)
> (Cf. a expressão usual: "com estes olhos que a terra há de comer...")
> É uma polissemia complexa, cheia de fortes sugestões. Sugiro aproveitar para exemplificação, no seu estudo que acompanhará o livro.

Partes de vocábulos que o autor cortou e nominalizou constituem-se em autonímicos (Rey-Debove, 1978, p. 115). Como o corte não é efetuado conforme os morfemas formadores, esses autonímicos não têm significado referencial. Tais segmentos, que são nomes da sua própria forma, imprimem ao discurso um alto grau de circularidade, porque o sentido advém de expressividade que demonstra diferentes sensações diante de um objeto percebido, como o medo de Riobaldo frente ao demo:

> Digo ao senhor: se o demônio existisse, e o senhor visse, ah, o senhor não devia de, não convém espiar para esse, nem mi de minuto! – não pode, não deve-de (Rosa, 1968, p. 177).
> [...] com esse não começo conversa, não hio e não chio (*idem*, p. 98).
> Toleima sei, bobeia disso, a basba do basbaque (*idem*, p. 216).

É um *o* autonímico que expressa a mesma sensação de medo de Riobaldo, no exemplo abaixo: "Pensei; quase disse. Aquilo durou o de um pingo no ar. Eu havia de? Ah, não, meu senhor" (*idem*, p. 432).

A reiteração de segmentos de vocábulos pode também expressar uma atitude eufórica do corpo frente a uma sensação: "Revirei meu fraseado. Quis falar em coração fiel e sentidas coisas. Poetagem. Mas era o que eu sincero queria – como em fala de livros, o senhor sabe: bel-ver, bel-fazer e bel-amar" (*idem*, p. 149).

As causas que levam o escritor a esse trabalho com a linguagem podem ser enumeradas a partir do trecho de sua carta a Harriet de Onís, datada de 2.5.1969:

> Deve ter notado que, em meus livros, eu faço, ou procuro fazer isso, permanentemente, constantemente, com o português: chocar, "estranhar" o leitor, não deixar que ele repouse na bengala dos lugares comuns, das expressões domesticadas e acostumadas; obrigá-lo a sentir a frase meio exótica, uma "novidade" nas palavras, na sintaxe. Pode parecer *crazzy* de minha parte, mas quero que o leitor tenha de enfrentar um pouco o texto, como a um animal bravo e vivo. O que eu gostaria era de falar tanto ao inconsciente quanto à mente consciente do leitor. Mas, me perdoe.

É também utilizando a metalinguagem natural explícita e implícita que Guimarães Rosa constrói o seu microuniverso discursivo. A primeira provoca no texto um efeito de extensidade, tendendo à tematização, ao explicitar o sentido de termos que fazem parte do código ou de subcódigos da Língua Portuguesa, a segunda, o de intensidade, manifestado pela concretude da linguagem que, apresentando-se de uma forma mais condensada, produz impacto no leitor e o faz refletir sobre a língua para descobrir efeitos de sentido. A coexistência desses dois tipos de metalinguagem torna o texto rosiano, por um lado, explicativo, claro, lógico, unissêmico, por outro, um texto obscuro e polissêmico.

A edição genético-crítica de *Grande Sertão: Veredas*, que ainda se encontra no prelo, é prova real e viva da constante preocupação do escritor com a expressão do conteúdo. Inúmeras são as variantes do "primeiro rascunho" em relação ao "segundo rascunho", denominação do escritor. Cada linha, das 21 mil, ou 571 páginas da segunda edição, que serviu de texto-base para o trabalho, pode ter até quatro variantes nessa fase de elaboração da obra. Esse processo angustiante da escritura do romance e o alívio da entrega dos originais ao editor José Olympio é descrito em carta ao embaixador Antonio F. Azeredo da Silveira a 9 de fevereiro de 1956 (Rosa, 1983, p. 322):

> Conto a você que na última semana, antes de entregar a José Olympio o "Grande Sertão", passei três dias e duas noites trabalhando sem interrupção, sem dormir, sem tirar a roupa, sem ver cama: foi uma verdadeira experiência trans-psíquica, estranha, sei lá, eu me sentia um espírito sem corpo, pairante, levitando, desencarnado – só lucidez e angústia. Daí entregues os originais, foi uma brusca sensação de renascimento, de completa e incômoda libertação, de rejuvenescimento: eu ia voar, como folha seca. Imagine, eu passei dois anos num túnel, um subterrâneo, escrevendo eternamente...

Em carta a Harriet de Onís, de 23 de abril de 1959, três anos após a publicação do romance, Guimarães Rosa recorda os efeitos psicossomáticos provocados durante a sua elaboração e por ocasião da revisão das provas: "Chego a pensar que foi de escrevê-lo, e, mais tarde, rever-lhe as provas, que adoeci: eu, que sempre tive pressão arterial baixa, e que agora passei a tê-la verticalíssima..."

Com esse trabalho constante com a linguagem, também sob o ponto de vista da metalinguagem, Guimarães Rosa dá em *Grande Sertão: Veredas*, e em outras obras, à forma estatuto igual ao da construção da personagem ou da narrativa. É assim que o leitor é convidado a prestar atenção na linguagem como presta atenção nos outros dois componentes do romance. A forma iguala-se ao conteúdo: é a poetização da prosa.

~

REFERÊNCIAS BIBLIOGRÁFICAS:

BARTHES, Roland. S/Z. Paris, Seuil, 1970.
FERREIRA, Aurélio Buarque de Holanda. *Novo Aurélio Século XXI: O Dicionário da Língua Portuguesa*. Rio de Janeiro, Nova Fronteira, 1999.

MARQUES, O. "Canto e Plumagem das Palavras". *A Seta e o Alvo: Análise Estrutural de Textos e Crítica Literária*. Rio de Janeiro, MEC/INL, 1957. pp. 9-128.

NASCIMENTO, Edna Maria Fernandes dos Santos. *Estudo da Metalinguagem Natural na Obra de Guimarães Rosa*. São Paulo, 1987. Tese de doutorado, Departamento de Linguística e Línguas Orientais da FFLCH-USP (mimeografada).

_____ & COVIZZI, Lenira Marques. *João Guimarães Rosa: Homem Plural, Escritor Singular*. São Paulo, Atual, 1988.

REY-DEBOVE, Josette. *Le métalangage: étude linguistique du discours sur le langage*. Paris, Le Robert, 1978.

ROSA, João Guimarães. *Correspondência com o Tradutor Italiano*. São Paulo, Instituto Cultural Ítalo-Brasileiro, Caderno, nº 8, 1972.

_____. *Correspondência Inédita de João Guimarães Rosa*. Arquivo Guimarães Rosa. IEB-USP.

_____. *Grande Sertão: Veredas*. Rio de Janeiro, José Olympio, 1968.

ROSA, Vilma Guimarães. *Relembramentos: João Guimarães Rosa, Meu Pai*. Rio de Janeiro, Nova Fronteira, 1983.

38.
DITO E MIGUILIM
OU OS DOIS USOS DA LINGUAGEM

LÉLIA PARREIRA DUARTE (PUC-MINAS)

> *Para Márcio Seligmann-Silva, cujos estudos sobre o testemunho me ajudaram a perceber o* superstes *presente no Miguilim.*

> *Poeta é, primeiramente, não quem sabe instrumentalizar o idioma, e sim aquele que se mostra apto para desembaraçar-se do uso corrente do idioma*
> KOVADLOFF, *O Silêncio Primordial.*

> *Em meus textos, quero chocar o leitor, não deixar que ele repouse na senzala dos lugares-comuns, nas expressões acostumadas e domésticas. Quero obrigá-lo a sentir uma novidade nas palavras!*
> GUIMARÃES ROSA

"Campo Geral", de Guimarães Rosa, chamado pelo criador de "poema", lembra o tribunal instituído na *Oresteia*, do grego Ésquilo, tribunal que funciona como reflexo do mundo divino, justificando assim a violência e o terror falocêntrico. Explica-se, assim, a violência do pai: se ele é o criador, pois é o que fecunda, a sua lei é incontestável e o seu poder indiscutível[1]. A consequência é o *homo sacer* (de que fala Giorgio Agamben, 2004), aquele que é passível de ser objeto de uma morte violenta, sem que o autor de tal morte seja considerado um homicida.

---

1. A partir do estudo da tragédia de Ésquilo, Márcio Seligmann-Silva relaciona patriarcado e testemunho, estabelece a diferença entre *testis* e *superstes* e fala de vários tipos de testemunho (cf. Seligmann-Silva, 2005, pp. 71-98).

"Campo Geral", de Guimarães Rosa, parece lembrar esse tipo de tribunal, ao apresentar personagens que lembram o *homo sacer*, sendo o principal exemplo o de Miguilim, que é como um banido – o sacrificável submetido sem apelação, sem defesa e sem socorro à violência paterna, que representa a lei solar-masculina e domina pelo medo e pela potencial punição. Como as Fúrias da tragédia grega, que nunca esquecem o mal e para quem não existe perdão ou esquecimento, esse pai está sempre pronto a castigar Miguilim, apoiado pelos homens da família – tio Osmundo e o irmão mais velho, Liovaldo, os quais referendam e repetem a violência da lei instituída pelo pai[2]. Desautoriza-se, em consequência, qualquer manifestação de lei ou de acolhimento/proteção da noite-feminina: se a mãe do menino é completamente impotente para defendê-lo, diante da autoridade suprema daquele pai que julga e condena, a avó paterna, com suas implicâncias, apenas confirma com a constante repressão o banimento e a condição de sacrificável de Miguilim, em favor de quem nenhuma voz se levanta.

O castigo do menino é inevitável, em sua prisão no espaço concentracionário do Mutum, embora nunca haja clareza relativamente à sua culpa e ao seu existir negativo. A sua *nuda vita de homo sacer*[3] é regida por uma lei soberana que define o que ele pode ou não fazer, o que deve ou não dizer, nos limites de uma incompreensão que ele não consegue medir. Trata-se de uma exclusão inclusiva, de uma regra que formalmente o bane enquanto sujeito, forçando-o entretanto a "viver" (e a morrer simbólicas mortes diárias), de acordo com o que essa regra institui.

Depois da morte do Dito, seu grande amigo e confidente, Miguilim tem ainda mais acentuada a tonalidade trágica de sua história, pois até o seu sofrimento é criticado e reprimido: quando se sente em perigo de morte, ele insiste com a avó por uma nova sessão de rezas, com a desculpa das chuvas, já que "dura e braba desconforme, então ela devia de ter competência enorme para o lucro de rezarem reunidos"[4]. Mas Vovó Izidra não quer saber de sua aflição e não o atende, esbravejando: "– Tu tem é semvergonhice, falta de couro!

---

2. A dominação de tio Osmundo tem uma sutil representação: há um momento em que, aparentemente amável e conciliador, o tio dá uma moeda a Miguilim, o que poderia ser visto como um lembrete de seu poder, ou mesmo o óbolo devido ao Caronte, numa sugestão de que ele era ali indesejado.
3. Em interessante análise, Helena Buescu estuda a questão do *homo sacer* em contos de *Seta Despedida*, de Maria Judite de Carvalho (Buescu, 2006, pp. 209-233).
4. Rosa, 2006, pp. 42-43. Todas as citações serão dessa edição, indicadas apenas pelos números das páginas.

Menino atentado!..." (p. 43). Posteriormente Vovó Izidra quer reprimir até as manifestações de sofrimento de Miguilim, depois da morte de Dito: "Isso nem é mais estima pelo irmão morto. Isso é nervosias..." (p. 104).

Um outro elemento (afinal o mesmo) liga "Campo Geral" e a tragédia de Ésquilo: trata-se do peso da religião, tão presente e tão negativa na vida das personagens de "Campo Geral", em que a ideia do inferno, com suas promessas de castigos e violências, funciona como uma outra vertente da autoridade suprema do pai, pronta sempre a castigar e punir, como que representando a ameaça/presença permanente da morte.

Narrado essencialmente pela perspectiva de Miguilim, o "poema" "Campo Geral" apresenta assim o testemunho de um *superstes* – daquele que, como diz Benveniste, é um sobrevivente: é o que viu e ouviu e que subsiste "além de" (1995, p. 278). Esse testemunho de Miguilim não é exatamente como o da era das catástrofes, tão focalizado pelos estudos pós-coloniais – das guerras e massacres que marcaram o século xx. Como eles, entretanto, poderia ser visto como concessão de espaço aos excluídos, como os dos escritos testemunhais de soldados que lutaram nas guerras, recolhidos e estudados por Jean Norton Cru (referidos por Seligmann-Silva, 2005, p. 83). Pois as penas e angústias do menino que vivia no Mutum em ameaça constante seriam como as daqueles soldados que temiam sempre pelo agravamento da guerra e por suas consequências. Além de sua própria situação de banido e sacrificável, Miguilim testemunha, por exemplo, o banimento – com a morte simbólica – do tio Terêz, bem como o assassinato de Luizaltino, o suicídio do pai e a tristeza constante da mãe, além do desamparo que marca a doença e morte do Dito, o que acentua o estado de banimento/exílio e negatividade do espaço concentracionário do Mutum. E Miguilim se angustia também por perceber em si mesmo ecos daquela violência, quando inexplicavelmente se volta contra Dito e o espanca, sendo que até o rápido perdão do irmão querido traz um acréscimo ao seu medo e impotência.

É interessante entretanto observar como Miguilim consegue reverter essa situação de *homo sacer* através do uso da linguagem, como veremos a seguir.

Observemos mais de perto, inicialmente, a diferença de Miguilim: a estória fala de um "certo Miguilim", amoroso mas desajeitado, o que mais fica de castigo na turma dos irmãos: é ele o mais frequente recebedor das surras e o mais constante usuário do tamborete do castigo. Miguilim estava sempre ligado às negatividades, certamente por sentir-se constantemente rejeitado pelo pai, que só se lembrava dele para castigá-lo, para rir dele ou para dar-lhe trabalho, "– xingando e nem olhando Miguilim"

(p. 107). Em nenhum momento o pai lhe dedica uma atenção positiva; quando o toma como interlocutor, trata de assuntos de que o menino não consegue participar, e só o acaricia brevemente num momento em que quer agradar à mãe.

Isso indica os problemas do menino no seio daquela família, cuja religiosidade negativa é tão marcada pelo medo do inferno, pela instabilidade do tempo e das finanças e pela ameaça do ambiente inóspito, das mudanças, do desemprego. O fato de ter sido crismado é também diferença que serve para afastar Miguilim do convívio da família: lembre-se que, assim que ele volta da crisma com tio Terêz, o pai leva os irmãos para a pescaria, ficando ele em casa de castigo, porque, na sua ânsia de entregar para a mãe o presente que lhe trouxera e que devia consolá-la e alegrá-la – e que consistia na notícia de que o Mutum era bonito, como dissera o moço da cidade –, o menino não dera ao pai a esperada atenção. Recebe por isso duplo castigo, já que a mãe também não dá valor ou crédito ao presente que ele lhe trouxera...

O fato de Miguilim não enxergar bem tem certamente relação com os seus problemas, que se poderiam resumir na sua memória traumática, na negatividade do Mutum (e da vida nele vivida) e nas suas constantes dúvidas. Por isso precisava ele contrapor à racionalização dos outros a sua percepção, o seu pensamento fragmentado, de imagens em constante movimento, em busca recorrente de um tu que pudesse ajudá-lo a compreender. Também por isso precisava ele do socorro da linguagem: quando perde o irmão querido, busca ansiosamente recuperá-lo através das palavras da mãe (quer ouvir de novo o que ela dissera sobre os cabelos, o nariz, o machucadinho do pé, quando estavam lavando o menino morto). Como a mãe não sabe recuperar as palavras então ditas, ele as repete alto, imitando-lhe a voz, como se, a partir do ouvido (da memória auditiva), pudesse ter o alívio das lágrimas[5], pois precisava guardar aquelas expressões, "decoradas, ressofridas; se não, alguma coisa de muito grave e necessária para sempre se perdia" (p. 105). Miguilim perguntava também a outras pessoas, mas ninguém sabia responder satisfatoriamente, pois o que ele queria mesmo era algo impossível: "algum sinal do *Dito morto* ainda no *Dito vivo*, ou o *Dito vivo* mesmo no *Dito morto*" (p. 105).

---

5. O alívio das lágrimas podia ser, como a ficção, artificial: quando viajara com tio Terêz para a crisma, Miguilim padecera tanta saudade que parecia sufocado. Descobriu então, "por si, que, umedecendo as ventas com um tico de cuspe, aquela aflição um pouco aliviava" (p. 102).

O Problema da Linguagem

Parece ligarem-se a isso as dúvidas de Miguilim com relação à linguagem: a questão não estaria nos enunciados ou na sua "verdade"; não importava haver ou não beleza no Mutum ("nem ele sabia distinguir o que era um lugar bonito e um lugar feio" [p. 13]). O importante seria o "como" expressar-se: o moço tinha falado sobre o Mutum "de longe, de leve, sem interesse nenhum" (p. 13); o importante seria também o tom da mãe, ao falar do Dito morto. Para Miguilim haveria então um erro ou uma inadequação, no começo de tudo, pois não entende nem mesmo as suas próprias falas; quando tio Terêz o consola por ter perdido a pescaria e lhe pergunta em que estava pensando, Miguilim estranha a própria resposta e fica num "atordoado sentimento de perdão" (p. 13), já que pensava na liberdade dos sanhaços e responde que estava pensando no pai, como que cumprindo a obrigação – o sentido esperado – de aprender com o castigo, assumindo a sua condição de *homo sacer* – o banido, o fora da lei, que deve ser sempre castigado, quase que por apenas existir. Como o herói trágico, que é naturalmente bom mas comete inadvertidamente um crime, Miguilim sabe-se culpado e deve aceitar a sua culpa.

Outros episódios ligados à questão da linguagem confirmam a condição do menino de herói trágico: ainda antes de morar no Mutum, Miguilim tivera outra traumática experiência com o entendimento da linguagem: foi quando, encantado com um peru[6], Miguilim repetiu, para agradar, o som do que gritava um menino grande: "É meu!", recebendo em troca uma pedrada na cabeça, o que o coloca em tão grande perigo que a mãe fica em desespero: "Acabaram com o meu filho!..." (p. 14). Também quando volta da crisma e usa a ficção, chamando de santinho uma imagem que parece a de uma santa, e quando começa a inventar uma estória – que se constituiria como o presente que não pôde trazer e que interessa ao irmão menor, ainda não contaminado com o pragmatismo dos adultos –, é ameaçado com o fogo do inferno.

Dito tinha uma situação melhor diante do pai e até se atrevia a desafiá-lo e a convencê-lo com mentiras, como no episódio da árvore que precisava ser cortada. Dito era diferente de Miguilim: "era menor mas sabia o sério, pensava ligeiro as coisas" (p. 19). Observador e ligado ao real, sempre preocupado em ouvir tudo o que diziam os grandes, buscava compreender o sentido

---

6. Esse episódio do peru faz lembrar outra tristeza de criança nas estórias rosianas: trata-se do menino de "As Margens da Alegria", para quem, com a morte de um outro peru, "Tudo perdia a eternidade e a certeza; num lufo, num átimo, da gente as mais belas coisas se roubavam" (Rosa, 2001, p. 52).

pretendido e aprender com os acontecimentos, aperfeiçoando sua esperteza, sua habilidade de usar palavras que pudessem abrandar ânimos exaltados e reverter o que era negativo em positivo. Bom ouvinte (nem fazia companhia aos meninos, "falava que carecia de ir ouvir as conversas todas das pessoas grandes" [p. 35]), Dito preparava-se para crescer e tornar-se grande fazendeiro: precisava aprender a manipular as palavras para construir certezas que eram convenientes construções de linguagem, repetidoras de "verdades" já estabelecidas. Por isso mesmo explica a tempestade e os trovões amedrontadores como uma "raiva de surpresa" do Papai-do-Céu, quando explode o problema do suposto triângulo amoroso Mãe, Pai e tio Terêz.

Bom aprendiz (mestre não é quem ensina, mas quem de repente aprende, já dizia o seu criador), Dito aprende os usos retóricos da linguagem; a família se assusta com a ordem que ele dá a Luizaltino para cortar a árvore, contra o desejo do pai, a quem afirma ter feito aquilo por preocupação com ele, a quem amava tanto, provocando emoção e demonstrações de carinho, em vez do castigo que se esperava.

Também quando Miguilim está estranho, depois do episódio do bilhete de tio Terêz para a mãe, ele se espanta com a esperteza do irmão, pois, mesmo sem saber de nada, Dito abranda as desconfianças de Vovó Izidra, dizendo que Miguilim teria ficado com medo do capeta quando passou no mato para levar comida para o pai.

Mas a esperteza maior do Dito surge quase no momento de sua morte, quando ele revela a Miguilim o grande segredo "aprendido" em seu leito de agonia: "– Miguilim, Miguilim, vou ensinar o que agorinha eu sei, demais: é que a gente pode ficar sempre alegre, alegre, mesmo com toda coisa ruim que acontece acontecendo. A gente deve de poder ficar então mais alegre, mais alegre, por dentro!..." (p. 100). Teria o Dito aprendido realmente essa grande lição? Ou procuraria ele, dessa forma, trazer indiretamente a Miguilim algum conforto para o sofrimento que sabia que o irmãozinho teria com a sua morte? Parece que, mais uma vez, Dito demonstra o seu conhecimento do interlocutor e a sua habilidade para manipular palavras de forma pragmática, confortante e apaziguadora.

A Relação de Miguilim com o Sentido

Apesar de suas dúvidas e oscilações, Miguilim deseja ter confiança na linguagem, como o Dito; talvez por isso caia nos enganos do Patori que lhe dá uma pedra embrulhada em papel de bala. Acredita também em Seo Deográcias, apoiado em Vovó Izidra, que confia em seus conhecimentos de remédios, bem como no pai que o deseja como professor dos filhos, embora o julgue "truqueado com tantos desmiolamentos" (p. 41). Por isso, quando Seo Deográcias observa-o, magrelo e com as costelinhas à mostra, e prevê que "p'ra passar a héctico é só facilitar de beirinha", pois "o caso aí maleja…" (p. 38), Miguilim começa a pensar que estava mesmo muito mal e que ia morrer, especialmente depois que a Rosa lhe explica que "Héctico é tísico, essas doenças, derrói no bofe, pessoa vai minguando magra, não esbarra de tossir, chega cospe sangue…" (p. 46).

Miguilim busca então o socorro do poder – de Deus, da religião. Mas quando se vê aflito e impotente com a doença do irmão, que lhe confessara um dia o medo de morrer ("Não queria ir para o Céu menino pequeno" [p. 28]) e que nem podia ir ver a construção do presépio, de que tanto gostava, Miguilim busca o socorro do uso livre da linguagem. O testemunho da negatividade, da perda e da falta parece então impulsionar a criatividade e, em vez de falar de morte, Miguilim passa a criar a vida do texto literário.

Desenvolve então a habilidade mostrada quando Siàrlinda contou "estórias de sombração", oportunidade em que a mãe chegou a dizer que Miguilim era muito ladino (p. 86). E começa a contar "estórias compridas, que ninguém nunca tinha sabido" (p. 96). Encantado com a descoberta, que lhe lembra Seo Aristeu que, com suas narrativas, teve o poder de "vencer a sua morte", Miguilim "não esbarrava de contar, estava tão alegre nervoso, aquilo para ele era o entendimento maior" (p. 97)[7]. É como se ele descobrisse heuristicamente a força da ficção, percebendo que em lugar do saber tácito é possível colocar a palavra fingida, com eliminação de predicados que seriam atribuídos à realidade. Ao desautomatizar assim a linguagem, desembaraçando-se do uso corrente do idioma, Miguilim podia libertar-se de sua grande preocupação – de como compreender o incompreensível – para criar um mundo novo, onde pulsava a vida, eliminando a ameaça de morte que pairava especialmente nesse momento sobre todos, com a doença do Dito, o que remete para a epígrafe de Kovadloff que abre este trabalho: "Poeta é, primeiramente, não quem sabe instrumentalizar o idioma, e sim aquele que se mostra apto para desembaraçar-se do uso corrente do idioma" (Kovadloff, 2003, p. 30).

---

7. Miguilim lembra assim Brejeirinha, de "Partida do Audaz Navegante", e também "A Menina de Lá" que, distanciando-se de seu mundo em que imperava o pragmatismo e o racionalismo, usam com liberdade a linguagem, num verdadeiro exercício de criatividade e de arte literária.

É então com essa segunda perspectiva sobre a morte, significativamente não a do eu, mas a do outro, que Miguilim assume o uso livre da palavra, articulada em ficção. É nesse momento que ele se arrisca a buscar a terceira margem, o que ensaiara depois da crisma, com a estória do jacaré, que não pudera continuar, devido à preocupação dos irmãos com a mentira e com o inferno.

O Duplo Ponto de Vista da Narrativa

Vários estudiosos falam do duplo tipo de linguagem observável em "Campo Geral", e Erich Soares Nogueira considera que à linguagem racional e utilitária, dominante na novela, opõe-se a linguagem sensorial de Miguilim, cuja experiência ou cujo conhecimento parte "da visão, do olfato, da audição, do tato e do paladar" (2005, p. 371). Os estudiosos referem certamente a duplicação de perspectivas, parte da estratégia dessa narrativa que oscila entre a visão infantil de Miguilim – confusa, emocional (preocupada com a linguagem e com a morte) – e uma outra visão, partilhada por Dito, que busca a racionalidade e que supõe a divisão do mundo em bem e mal, garantindo as estruturas de poder, com forte sustentáculo em personagens marcadas pela negatividade.

É também nessa duplicidade que se apoia este estudo, pois a conclusão é que de um lado a narrativa apresenta perspectivas que testemunham a perda e a falta e, relacionando-se com a morte, elaboram estórias que falam da realidade do Mutum, com suas tristezas e negatividades: entre elas estariam a da Pingo-de-ouro, tão amiga de Miguilim, velha e quase cega, que é dada para os tropeiros, com seu cachorrinho. Estariam também as que Miguilim lembra, insone, com o Dito adormecido e o bilhete do tio Terêz no bolso: do Lobo-Afonso e do Pitôrro, que falam de monstros e de demônios. Estariam ainda a do Patori, que matou "sem querer" e foi depois assassinado. E também a estória da "morte anunciada" de Miguilim, a série sucessiva de desgraças acontecidas no "tempo-do-ruim" – com a frustrada caçada da anta, a morte do Julim abraçado com o tamanduá-bandeira, Tomezinho ferroado por marimbondo, a mão de Miguilim esmagada pelo Rio-Negro, a briga com o Dito, a fuga do vaqueiro Jé com a Maria Pretinha e a do mico-estrela, a que se segue o fatal corte no pé do Dito (pp. 89-94). Isso sem falar do Luisaltino assassinado pelo Pai, que em seguida se enforca.

Existe no texto, porém, uma outra perspectiva que focaliza o mistério e acentua o estranhamento da linguagem, vista como código evanescente e lugar de passagem, em que se entretecem real e fantasia. Essa perspectiva será certamente a de Seo Aristeu, artista cantador, dançador e tocador de viola, cujo olhar positivo livra Miguilim de sua morte anunciada. Será também a da contadora Siàrlinda, cujas estórias provocam um medo salutar, por se evidenciarem como construções de linguagem. Será também a do Grivo, que "contava uma estória comprida, diferente de todas, a gente logo ficava gostando daquele menino das palavras sozinhas" (p. 82). Serão ainda as que contava o papagaio do Luisaltino, estórias fragmentadas e papagaiadas, que não se podia levar a sério. E serão certamente as estórias de Miguilim, em que se acentua o caráter ficcional e a autorreferencialidade.

Deixando de lado a racionalidade, essas estórias exibem o seu caráter fictício e a artificialidade com que vencem a negatividade do Mutum. Por não se preocuparem em apresentar lições e verdades, podem entreter o que Iser chama de real, ficcional e imaginário (Iser, 2002), para assim trazer o testemunho de sobreviventes que souberam olhar apenas indiretamente o "olhar da medusa", para ficar oscilando entre extremos, sem chegar a conclusões definitivas, de forma a tornar possível a degustação prazerosa do último diálogo de "Campo Geral":

– Mãe, mas por que é, então, para que é, que acontece tudo?!
– Miguilim, me abraça, meu filhinho, que eu te tenho tanto amor... (p. 132)

REFERÊNCIAS BIBLIOGRÁFICAS:

AGAMBEN, Giorgio. "Ideia da Morte". *Ideia da Prosa*. Trad., pref. e notas João Barrento. Lisboa, Cotovia, 1999. pp. 19-26.

_____. *Homo Sacer – O Poder Soberano e a Vida Nua*. Trad. Henrique Burigo. Belo Horizonte, Ed. UFMG, 2004.

BUESCU, Helena Carvalhão. "Somos Todos *Homines Sacri*: Uma Lectura Agambiana de Maria Judite de Carvalho". In: DUARTE, Lélia Parreira (org). *De Orfeu e de Perséfone – Morte e Literatura*. São Paulo/Belo Horizonte, Ateliê Editorial/PUC Minas, 2006. pp. 209-233.

FARIA, Elisabete Brockelmann. "O Papel do Narrador em 'Campo Geral'". In: DUARTE, Lélia Parreira (org.). *Veredas de Rosa II*. Belo Horizonte, Ed. PUC Minas, 2003. pp. 184-189.

GRIMAL, Pierre. *Diccionario de la Mitología Griega y Romana*. Barcelona, Editorial Labor, 1966.

ISER, Wolfgang. "Os Atos de Fingir ou o que É Fictício no Texto Ficcional". Trad. Heidrum K. Olinto e Luiz Costa Lima. In: LIMA, Luiz Costa. *Teoria da Lite-*

ratura em suas Fontes. Rio de Janeiro, Civilização Brasileira, 2002. Vol. 2, pp. 955-987.

KOVADLOFF, Santiago. "Prólogo de um Silêncio Maior". *O Silêncio Primordial*. Trad. Eric Nepomuceno e Luís Carlos Cabral. Rio de Janeiro, José Olympio, 2003, pp. 9-38.

LEITE, Dante Moreira. "Campo Geral". *Psicologia e Literatura*. 4. ed. São Paulo, Editora da Unesp, 1987.

NOGUEIRA, Erich Soares. "O Corpo e a Palavra: Uma Leitura de 'Campo Geral'". In: DUARTE, Lélia Parreira (org.). *Scripta*. Belo Horizonte, PUC Minas, 2º sem. 2005, pp. 369-384.

ROSA, João Guimarães. "Campo Geral". *Corpo de Baile*. Rio de Janeiro, Nova Fronteira, 2006, pp. 11-133.

―――. "As Margens da Alegria". *Primeiras Estórias*. 49ª Reimpressão. Rio de Janeiro, Nova Fronteira, 2001, pp. 49-55.

SELIGMANN-SILVA, Márcio. "O Testemunho: Entre a Ficção e o 'Real'". *História, Memória, Literatura*. Campinas, Unicamp, 2003, pp. 375-390.

―――. www.pucsp.br/projetohistoria/downloads/volume30/04-Artg-(Marcio).pdf

39.
NUM ALISO DE VEREDA, EU VI O RIO: IMAGENS DO *GRANDE SERTÃO*

FABIANA B. CARELLI MARQUEZINI (USP)
JÚLIO CÉSAR BORGES BOMFIM (FAPESP)

> *Será que um filme contando a estória daquele encontro iniciático precisaria ser rodado no cenário descrito por Guimarães Rosa? Afinal, a simbologia do batismo e do fluir das águas estaria em qualquer rio. Mas ver com os próprios olhos e tocar com as mãos foi encontrar o rio, os rios, Manuelzão, Dona Didi, Andrequicé, o ar e as estrelas do sertão, com os Gerais correndo em volta.*
>
> MARILY BEZERRA E
> DIETER HEIDEMANN

Fala: Olhar

Em agosto de 2003, durante o III Seminário Internacional Guimarães Rosa, aqui nesta mesma Belo Horizonte, curiosamente no mesmo simpósio em que eu apresentava comunicação e numa mesa intitulada "Viagens & Correspondências, Sertão e Mar", tive a oportunidade de ouvir, com emoção, a fala da cineasta Marily da Cunha Bezerra a respeito do filme que então ela preparava, uma adaptação do episódio final do *Grande Sertão: Veredas*, de Guimarães Rosa, em que Riobaldo, "doidável", "ao deusdar", "desembestado doente", parte para os *gerais* de Lassance em busca da origem de Diadorim, que acabara de morrer no duelo final com o Hermógenes.

Perfazendo a trajetória descrita no livro, a cineasta contava então que, ao buscar na realidade geográfica do sertão as referências topográficas do romance, pensava ter encontrado, na igreja matriz da cidade de Itacambira, a pia batismal de Diadorim, conforme o narrado por Riobaldo no final do *Grande Sertão: Veredas*:

Aonde fui, a um lugar, nos *gerais* de Lassance, Os-Porcos. Assim lá estivemos. A todos eu perguntei, em toda porta bati; triste foi o que me resultaram. O que pensei encontrar: alguma velha, ou um velho, que da história soubessem – dela lembrados quando tinha sido menina – e então a razão rastraz de muitas coisas haviam de poder me expor, muito mundo. Isso não achamos. [...] Só um letreiro achei. Este papel, que eu trouxe – batistério. Da matriz de Itacambira, onde tem tantos mortos enterrados. Lá ela foi levada à pia. Lá registrada, assim. Em um 11 de setembro da era de 1800 e tantos... O senhor lê. De *Maria Deodorina da Fé Bettancourt Marins* – que nasceu para o dever de guerrear e de nunca ter medo, e mais para muito amar, sem gozo de amor... (Rosa, 1967, pp. 457-458).

A postura emocionada da cineasta ao buscar na realidade os caminhos percorridos pela ficção demonstrava, então, de modo concreto, suas afirmações, num texto de 2006, de que "Viajar pelo sertão rosiano é antes de tudo uma descoberta!" (Bezerra & Heidemann, 2006, p. 7) e de que

Viajar [pelo sertão de Rosa, em 2005,] foi [...] um exercício de ampliação da capacidade de percepção das paisagens rosianas. Serviu para reconhecer, ao mesmo tempo, o sertão-mundo, o sertão dentro de nós e o sertão da topografia real mineira, cujos cerrados e veredas sofrem violentamente as consequências das monoculturas de soja e de eucalipto (Bezerra & Heidemann, 2006, p. 13).

Ao transportar a ficção para a realidade e, de certo modo, ao confundir o universo ficcional rosiano com o mundo concreto, buscando neste os rastros daquele, Marily Bezerra acabaria confirmando, por meio de sua vivência particular, a força quase encantatória da literatura de Rosa, capaz de nos fazer alçar à vida seres e lugares "de papel" – algo a que Antonio Candido já se referia em 1957, por ocasião do lançamento do romance, enfatizando seu caráter ficcional:

Cautela, todavia. Premido pela curiosidade, o mapa se desarticula e foge. Aqui um vazio; ali uma impossível combinação de lugares; mais longe uma rota misteriosa, nomes irreais. E certos pontos decisivos só parecem existir como invenções. Começamos então a sentir que a flora e a topografia obedecem frequentemente a necessidades da composição; que o deserto é sobretudo projeção da alma, e as galas vegetais simbolizam traços afetivos. Aos poucos vemos surgir um universo fictício, à medida que a realidade geográfica é recoberta pela natureza convencional (Candido, em Rosa, 1994, p. 80).

À reconstrução ficcional da paisagem sertaneja por Guimarães Rosa, portanto, vai sobrevir uma outra reconstrução, também ficcional, mas não especificamente literária, elaborada pela própria Marily Bezerra, que é a da elaboração fílmica. Em 2003, enquanto cineasta, Marily se ocupava em buscar, no mapa do sertão mineiro, as locações para seu filme sobre a morte de Diadorim, descobrindo nesse mapa as possíveis referências da ficção. Mas a elaboração completa dessa obra cinematográfica parece não ter-se concluído, embargada que foi pela doença que acometeu sua idealizadora.

Há, no entanto, uma obra concluída de Marily, também a respeito do *Grande Sertão: Veredas* – ao que parece, seu livro do coração. Dez anos antes da comunicação proferida em 2003 – portanto, em 1993 –, a cineasta escreveu e dirigiu o curta-metragem *rio de-janeiro, minas* (cor, 9 min), em que reconta o episódio do primeiro encontro entre Riobaldo e o menino Diadorim.

É desta breve, mas preciosa adaptação do romance de Rosa, em comparação com o longa-metragem *Grande Sertão*, lançado nos anos 1960, que tratará, primordialmente, a presente comunicação. Com ela, pretendemos lançar um breve olhar ao fruto dessa paixão contagiante de Marily Bezerra pela literatura de Guimarães Rosa, fazendo-lhe, talvez, uma singela homenagem.

Adaptando o (?) Inadaptável

Uma pesquisa sucinta a respeito das adaptações de *Grande Sertão: Veredas* para o cinema ou para a televisão parece revelar, já do princípio, algo até certo ponto previsível: elas são raras. Talvez pela dificuldade que o próprio texto, articulado numa matriz profundamente literária e muito trabalhado na linguagem, apresente a quem se dispuser a transformá-lo em imagens-movimento.

Nesse sentido, é preciso lembrar o desafio que é comparar, tanto na criação como na crítica, linguagens diferenciadas como a literatura e o cinema. A linguagem cinematográfica vale-se de imagens, de enquadramentos, de planos, de cenários; a literatura se expressa quase que exclusivamente por meio da palavra, e as imagens construídas nas narrativas escritas não são diretamente visualizadas, pois deve haver uma interação entre, por exemplo, a paisagem descrita e interpretada por um escritor e a imaginação do leitor. Entretanto, cinema e literatura trabalham com o signo, e o material específico do cinema é o objeto óptico e acústico transformado em signo.

Assim, enquanto um romancista tem à disposição a linguagem verbal, com toda a sua riqueza metafórica e figurativa, um cineasta lida com pelo menos cinco materiais de expressão diferentes: imagens visuais, a linguagem verbal oral (diálogo, narração e letras de música), sons não-verbais (ruídos e efeitos sonoros), música e a própria língua escrita (créditos, títulos e outros). A diferença básica entre os dois meios não se reduz, portanto, à diferença entre a linguagem escrita e a imagem visual, como se costuma dizer.

Nesse sentido, os procedimentos narrativos mais ortodoxos, tanto os literários quanto os cinematográficos, caracterizam-se por sua dimensão monológica. A literatura de Guimarães Rosa, porém, é singularizada justamente pelo ato de "desenredar". Sob esse prisma, *Grande Sertão: Veredas* apresenta uma multiplicidade de vozes, de temas, de leituras, de tradições. Essa construção complexa possibilita que o sertão e o sertanejo não sejam, no livro, objetos dos quais se fala, mas a própria "matéria vertente", e a desconstrução da distância entre o narrador e o narrado se produz na teia dialógica dos discursos.

Dessa forma, a expectativa dos leitores de *Grande Sertão: Veredas* seria de que as adaptações cinematográficas desse livro "muito misturado", mesmo que não dessem conta de toda a sua complexidade, pudessem ao menos ser, não monológicas, mas também complexas, dentro da especificidade narrativa da própria arte cinematográfica. É o que procuraremos ver a seguir.

Épico – Ou Hípico?

Segundo Antonio Candido, no mesmo ensaio sobre *Grande Sertão: Veredas* referido anteriormente, há, nesse romance de Rosa,

[...] de tudo para quem souber ler, e nel[e] tudo é forte, belo, impecavelmente realizado. Cada um poderá abordá-l[o] a seu gosto, conforme o seu ofício: mas em cada aspecto aparecerá o traço fundamental do autor: a absoluta confiança na capacidade de inventar (Candido, 1957).

De fato, o *Grande Sertão: Veredas* é obra algo enciclopédica, em que pesquisa e criação de linguagem, geografia, tradição literária, ensaio histórico-sociológico, inventário de espécies da flora e da fauna, efabulação e criação poética se misturam e se confundem, fiozinhos de veredas que, ao convergirem, formam o grande rio que é o romance (cf. Arrigucci Jr., 1994).

As leituras sucessivas desse livro – ao qual sempre se volta – revelam camadas que vão-se descortinando ao leitor segundo a relação que se estabelece entre ele, leitor, e o narrado, de acordo com a sua vivência e seus anseios no momento da leitura. Assim, um adolescente provavelmente vive, no *Grande Sertão*, a história de amor, enquanto que o homem maduro consegue enxergar, naquelas páginas, a questão existencial de Riobaldo, um "homem dos avessos", na expressão de Rosa, em busca de um sentido para a travessia da vida.

Sendo assim, talvez seja possível identificar, no *Grande Sertão: Veredas* de Rosa, pelo menos quatro grandes planos, que se entrecruzam e, dessa forma, acabam por alicerçar sua estrutura: um plano eminentemente lírico, em que sobressai a história de amor intenso e platônico entre Riobaldo e Diadorim; um plano épico, em que o livro se apresenta como uma história de guerras e de mortes; um plano existencial, em que a narrativa de Riobaldo, sempre em primeira pessoa, busca, através da rememoração da experiência, descobrir o sentido de seu "estar-no-mundo"; e um plano filosófico-religioso, no qual a narrativa se estrutura em torno da pergunta fundamental: "E o demo existe?" (Rosa, 1967, p. 365). Perpassando todos esses planos, ainda há também aquele, enfatizado por Willi Bolle em *grandesertão.br*, em que o livro se constitui "como um retrato do Brasil" (Bolle, 2004, p. 23).

Sob esse prisma, a abertura do longa-metragem *Grande Sertão* (1965), dirigido pelos irmãos Geraldo e Renato dos Santos Pereira, é emblemática. A imagens de sombras de buritis contra a luz tênue da aurora sobrepõe-se um som de berrante, seguido por mugidos da boiada, e aparece o letreiro inicial, no qual se lê: "Sertão, o senhor sabe, é onde manda quem é forte, com as astúcias. Deus mesmo, quando vier, que venha armado!" (cf. Rosa, 1967, pp. 17-18).

Em seguida, ao mesmo tempo em que é exibido o nome das companhias cinematográficas produtoras (Vera Cruz e Vila Rica Cinematográfica Ltda.), entra uma música grandiloquente, orquestral (a trilha sonora é de Radamés Gnatalli), evocando algo de épico e, ao mesmo tempo, bélico. Na sequência, surge o nome do filme: *Grande Sertão*.

A diferença entre o título do longa-metragem e o do livro, posteriormente se verificará, é plena de sentido: à medida que se abre mão das "veredas", perde-se, na adaptação fílmica, tudo o que é pequeno, particular, privado, e enfatiza-se o que possa haver de grandioso nesse sertão: o espaço aberto, a guerra, as armas, a força bruta, o poder. Trata-se – poder-se-ia, talvez, adiantar aqui – de um universo eminentemente masculino, que achata a ambivalência existente no romance, sintetizada pela figura andrógina de Diadorim e que contamina também a paisagem, grandiosa e ao mesmo tempo lírica, metonímica, pequena, como também a própria identidade de Riobaldo, homem que se percebe gostando de outro homem dentro do universo machista da jagunçagem e que, por isso, acaba aprendendo a prestar atenção em pássaros e pedras, em gestos esparsos e em silêncios inexplicáveis.

A ênfase bélica da adaptação cinematográfica também está presente na citação de Rosa que aparece no primeiro letreiro, como que a dar o mote para a glosa que é o filme ("Deus mesmo, quando vier, que venha armado!", *idem, ibidem*), e que é repetida, como narração em voz *over*, imediatamente antes dos momentos finais da película. Com o duelo final entre Hermógenes e Diadorim como epílogo, a narrativa de guerras, então, se fecha.

O episódio final do filme, aliás, é digno de nota. Nas cenas da batalha, o tiroteio é tão intenso, a movimentação de cena é tão rápida, o cenário do Paredão é tão árido, o tempo decorrido é tão longo, e o foco nas armas, tão evidente, que remetem o espectador ao modelo dos *westerns* hollywoodianos, cuja função social também foi, sem dúvida, dar a "conhecer" o Oeste remoto (ou, logicamente, uma *leitura* dele) ao grande público e, de certa forma, legitimar esse espaço geográfico e social enquanto um dos mitos fundadores da nacionalidade norte-americana.

De fato, nunca é demais lembrar que *Grande Sertão* tem o selo da Cia. Cinematográfica Vera Cruz, que, embora já em pleno declínio na década de 1960, foi, como apontam Randal Johnson e Robert Stam,

> [...] uma tentativa de criar o cinema do Primeiro Mundo num país de Terceiro Mundo. Como uma Hollywood tropical, [a Vera Cruz] estabeleceu um sistema caro e luxuoso, com diretores e estrelas contratados, mas sem a infraestrutura econômica sobre a qual basear esse sistema. Em tudo ela imitou Hollywood, exceto em seu sucesso financeiro, [...] ignorando completamente os gostos, interesses e a situação concreta do povo brasileiro (Johnson & Stam, 1995, pp. 28-29; trad. nossa).

Nesse sentido é que, segundo conta Rubens Ewald Filho em seu *Dicionário de Cineastas* (2002, p. 398), o jornalista Sérgio Augusto, que à época do lançamento de *Grande Sertão* (1965) era crítico de cinema no periódico carioca *Tribuna da Imprensa*, classificou o filme, não de épico, mas de "hípico", devido ao excesso de cenas de batalhas e lutas com cavalos – o que acabou conferindo-lhe um caráter quase caricatural.

Essa caricatura, no entanto, tem aspecto perigoso, porque extremamente conservador. O retrato do sertão que ela revela é violento, muito próximo do animal, do primitivo e do arcaico – o que o romance rosiano, a seu modo, também traz –, mas também exótico e, principalmente, *visto de fora*.

De fato, na cena inicial do filme, que narra a chegada da tropa de jagunços de Joca Ramiro à fazenda de Selorico Mendes, há um nevoeiro matinal, que dá à atmosfera certo mistério. No centro dos cavaleiros está Joca Ramiro. Os jagunços são, quase todos, mostrados um a um na tela, segundo um movimento descritivo que procura exibir seus aspectos físicos, feições, roupas, armas e montarias. Lembrando as descrições feitas por Euclides da Cunha sobre os habitantes de Canudos, a câmera olha, de frente e de fora, para aqueles seres exóticos e estranhos, que emergem em meio à fumaça da manhã, como se avaliasse espécimes raros.

Em meio ao grupo de jagunços, Diadorim surge pela primeira vez na tela. Há tanto um ponto de vista "de fora para dentro", ao longe, à maneira de um narrador onisciente, como também o de quem supostamente já está na casa e receberá os jagunços. Um ponto de vista que os encara frente a frente – mas também numa direção que se revela oposta à deles. Sendo assim, estariam eles, câmera e jagunços, em *lados,* ou *campos,* opostos?

Ao abrir a porta da casa para receber o grupo, Selorico Mendes inicia, também, as falas no filme: "Senhor Joca Ramiro, entre! Se chegue com Deus!" Os jagunços entram na casa. Lá dentro, curioso, Riobaldo (que aparece pela primeira vez na narrativa fílmica) abre uma porta e avança lentamente para observar os que entram. O cenário é detalhado, com objetos típicos ornando as paredes. Novamente, percebe-se uma mesma postura, de caráter descritivista.

Inicia-se, então, a narração de Riobaldo em voz *over*: "Naquela madrugada chegaram à fazenda Joca Ramiro, rei dos Gerais, e alguns dos homens mais terríveis sertanejos. Os jagunços do grande sertão" (adaptação livre de Rosa, 1967, pp. 90 e ss.). Riobaldo observa atentamente os que entram. A câmera intercala entre o plano de seu olhar e o contraplano de sua expressão atônita: "Entraram como uma aragem que me dava susto de guerra. Arrastando esporas, trazendo armas e um rumo novo de meu destino" (cf. Rosa, 1967, p. 90 – "Ali entraram com uma aragem que me deu susto de possível reboldosa. Admirei: tantas armas").

A análise desse trecho da película aponta para a grande complexidade da construção do ponto de vista no âmbito do cinema, e para contrastes significativos entre as instâncias narrativas do filme e do romance. De fato, enquanto a narrativa literária parece constituir *um* ponto de vista (que pode, no âmbito da modernidade, tornar-se mais complexo e fragmentado), na narrativa fílmica, como lembra David Bordwell, "todas as técnicas fílmicas [angulação de câmera, montagem, trilha sonora etc.], [...] funcionam narrativamente, estruturando o universo da história para efeitos específicos" (Bordwell, 1985, p. 12; trad. nossa).

Assim, muito embora o ponto de vista instituído pela câmera não seja a única instância narrativa na constituição fílmica (seria ingênuo acreditar numa simples antropomorfização das lentes, "colocada[s] como uma pessoa diante de um fenômeno real", ainda nas palavras de Bordwell, 1985, p. 11, trad. nossa), ele é, sem dúvida, uma das maneiras de estruturar o narrador no cinema.

Nesse sentido é que, embora no início do filme *Grande Sertão*, a narração em voz *over* procure imitar, levando para as telas, a primeira pessoa que estrutura o romance de Rosa, uma outra instância narrativa, representada pela câmera, instaura *ao mesmo tempo*, no filme, um ponto de vista em terceira pessoa que dialoga com o primeiro e, em várias passagens, a ele se sobrepõe – até o contradiz. O olhar espantado de Riobaldo diante dos jagunços que tomam conta da Fazenda São Gregório numa manhã fria de maio, de acordo com o filme, talvez simbolize, também, o olhar de susto projetado pelo filme no espectador (dentro do jogo de campo/contracampo da película), o qual, diante de uma realidade representada que lhe é, com certeza, absolutamente estranha, arcaica e exótica, lança a ela, através mesmo da câmera, uma mirada inquieta e distante.

No filme, também é sintomático que a visão existencial de Riobaldo, construída, no livro, por meio de suas memórias, vá-se perdendo no correr da narrativa, em que a voz *over* e os planos médios, aproximados e *close-ups* do início serão substituídos por amplos e longos *travellings* e panorâmicas da paisagem, com trilha musical grandiloquente, assim que o Riobaldo do filme resolve deixar a fazenda do padrinho para se juntar à jagunçagem.

A paisagem do sertão no filme, portanto, está menos para o *Grande Sertão* rosiano, em que ela é constituída pela "matéria vertente" e existencial da memória, e mais para *Os Sertões*, de Euclides da Cunha, e parte do regionalismo do século XIX, enquanto visão algo anacrônica de uma realidade distante e pitoresca de um Brasil desconhecido e selvagem.

Do Rio a Minas, um Rio em Minas

A referência, aqui reiterada, da relação entre o *Grande Sertão* de Rosa e *Os Sertões* de Euclides da Cunha, além de não ser inédita (Antonio Candido já a estabelece, em 1957), não é, também, gratuita, à medida que se percebe que tanto um livro como outro se constituem enquanto histórias de (des)encontros.

Talvez o comentário feito por Willi Bolle a respeito de *Os Sertões*, no início de *grandesertão.br*, sirva, também, sob um outro ângulo, para o livro de Rosa:

"Só faltou uma conversa." Estas palavras do morador João de Régis (1907-2002), projetadas num cartaz na Praça do Povo, em Canudos, na primeira semana de dezembro de 2002, durante um desfile comemorativo dos cem anos da publicação d'*Os Sertões*, contêm uma explicação simples porém acertada da guerra de 1897 (Bolle, 2004, p. 17).

Talvez a Riobaldo e Diadorim tenha faltado, também, apenas uma conversa, para que o encontro entre eles, ainda crianças, na travessia do Rio São Francisco, não se tivesse tornado o grande e trágico desencontro narrado pelo romance.

É justamente o episódio do primeiro encontro entre Riobaldo e o menino Diadorim, de grandes silêncios, nas barrancas do rio de-Janeiro, que Marily Bezerra resolveu levar à cena em 1993, ao mesmo tempo roteirizando e dirigindo o curta-metragem *rio de-janeiro, minas*.

Já à primeira vista, o título intrigante do trabalho de Marily parece remeter ao de *Paris, Texas* (Alemanha Ocidental/França, 1984, drama, 146 min, cor), de Wim Wenders, com efeito semelhante. Como no filme de Wenders, o título do curta-metragem se refere a um local geograficamente concreto, assinalável no mapa (a cidade de Paris, no Texas, Estados Unidos, no primeiro; o rio de-Janeiro, afluente do São Francisco, em Minas Gerais, Brasil, no segundo). Mas o espectador desavisado, num primeiro contato, pode pensar tratar-se de histórias de viagens entre os topônimos mais conhecidos (as cidades de Paris, capital da França, e do Rio de Janeiro) e locais mais remotos, como o Texas e Minas Gerais, ambos espaços vinculados à ideia do inóspito, do selvático, do *sertão*. E, poderíamos dizer, simbolicamente, enquanto visão que reconstrói o espaço longínquo e desconhecido do sertão, que há, sim, no caso de *rio de-janeiro, minas*, uma viagem do litoral ao interior do Brasil, este visitado e recriado por uma cultura e meios que lhe são estrangeiros, como é o caso da representação cinematográfica.

E as relações não param por aí. Enquanto o filme de Wenders narra a trajetória, muito masculina, do resgate de uma relação entre pai e filho, diante da natureza indomável do deserto, o curta de Marily também problematiza a questão do encontro inicial, e "iniciático", em suas próprias palavras (Bezerra & Heidemann, 2006, p. 7), entre dois "homens" – dois meninos, na visão do Riobaldo personagem –, com a participação também predominante, no episódio, de outros indivíduos do sexo masculino (o menino canoeiro, o rapaz mulato que quer-se aproveitar sexualmente dos rapazes, o tio do moço dos olhos verdes, os carregadores de sacos de arroz) e de (aparentemente) uma única mulher, a mãe de Riobaldo, a *Bigrí*.

Nessa história, tal como contada por Rosa, a iniciação sexual do Riobaldo rapaz, que passa pela descoberta do desejo ("O menino tinha me dado a mão para descer o barranco. Era uma mão bonita, macia e quente, agora eu estava vergonhoso, perturbado"; Rosa, 1967, p. 81), acontece de forma platônica e identificatória, dentro de um universo eminentemente masculino, ligado ao descortinar de uma amizade sem explicação lógica ("só meu companheiro amigo desconhecido", Rosa, 1967, p. 81, é como Riobaldo se refere ao Menino) e a certas "provações", que tratam, entre outras questões ligadas à afirmação da masculinidade, da superação do medo pela coragem:

> Tive medo. Sabe? Tudo foi isso: tive medo! [...] Me deu uma tontura. O ódio que eu quis: ah, tantas canoas no porto, boas canoas boiantes, de faveira ou tamboril, de imburana, vinhático ou cedro, e a gente tinha escolhido aquela... Quieto, composto, confronte, o menino me via. – "Carece de ter coragem..." – ele me disse (Rosa, 1967, p. 83).

Nesse episódio do livro, porém, o aparente predomínio das questões masculinas (iniciação, coragem, amizade etc.) é matizado por uma feminilidade sensível que, simbolicamente encoberta pelo gibão de couro de Diadorim, insinua-se indelevelmente.

Assim é que, à primeira imagem que Riobaldo tem de Diadorim, a de um menino "encostado numa árvore, pitando cigarro" (Rosa, 1967, p. 80), e aos signos da "macheza" daquele rapaz tão "diferente", que são enumerados pela narrativa – o fato de ter dinheiro seu, e de não pedir licença a ninguém para tomar decisões; de dar ordens ao canoeiro; de ter o pai como modelo de valentia ("Meu pai é o homem mais valente deste mundo", Rosa, 1967, p. 83); de enfrentar o mulato a faca etc. –, vão-se descortinando outros signos, de uma feminilidade apenas entrevista: os olhos muito verdes, as mãos ("a mão bonita, macia e quente", Rosa, 1967, p. 81; "uma mão branca, com os dedos dela delicados", Rosa, 1967, p. 84). Mas, acima de tudo, é transmitida a Riobaldo, pela presença mesma daquele Menino, uma feminilidade enquanto percepção sensível do mundo, que observa traços do entorno, da paisagem, daquilo que é minúsculo e singelo, praticamente imperceptíveis a um olhar masculino mais duro e generalizador:

> Saiba o senhor, o de-Janeiro é de águas claras. E é rio cheio de bichos cágados. Se olhava a lado, se via um vivente desses – em cima de pedra, quentando sol, ou nadando descoberto, exato. Foi o menino quem me mostrou. E chamou minha atenção para o mato da beira, em pé, paredão, feito à régua regulado. – "As flores..." – ele prezou. [...] Um pássaro cantou. Nhambú? [...] Um papagaio vermelho: – "Arara for?" – ele me disse. E – *quê, quê, quê?* – o araçarí perguntava (Rosa, 1967, p. 82).

Diante disso, Riobaldo comenta: "Ele, o menino, era dessemelhante, já disse, não dava minúcia de pessoa outra nenhuma. Comparável um suave de ser, mas asseado e forte – assim se fosse um cheiro bom se cheiro nenhum sensível – o senhor represente" (*idem, ibidem*).

Nesse contexto, a adaptação feita pela cineasta Marily Bezerra, enquanto releitura de *Grande Sertão: Veredas*, reverte o predomínio do masculino no episódio, elaborando uma outra narrativa fortemente marcada pelo feminino e enfatizando, justamente, aquilo que o texto de Rosa traz dessa sensibilidade "abafada".

Em princípio, isso já acontece pela escolha do elenco. Curiosamente, enquanto na maioria das adaptações do livro (inclusive no longa-metragem *Grande Sertão* e na versão televisiva) há a escolha de um ator para viver Riobaldo e de uma atriz para fazer o papel de Diadorim (o que, de certo modo, antecipa o desfecho do livro), no filme de Marily, tanto Riobaldo quanto o Menino são vividos por – atrizes!: Diadorim, por Cristina Ferrantini, e Riobaldo, por Nanna de Castro.

Temos, também, uma produção cinematográfica que se constitui enquanto um olhar feminino sobre a realidade e sobre a obra de Rosa. Trabalho de uma diretora e roteirista, de uma montadora, de uma diretora de arte, de uma cantora e de duas atrizes que, de certa forma, subvertem, ainda que respeitosa e amorosamente, a narrativa literária e, de alguma forma, redimem uma Diadorim sufocada pelo universo jagunço e violento em que viveu, para que ela possa, na adaptação fílmica, fazer falar a sua feminilidade, mais do que submeter-se à masculinidade de seu mundo. Nas palavras de Sandra Gilbert e de Susan Gubar,

> A batalha [da mulher escritora – no caso, da mulher diretora e, poderíamos dizer também, talvez da mulher-personagem] não é contra a leitura do mundo de seu precursor (masculino), mas contra a leitura que este faz *dela* (Gilbert & Gubar, em Leitch *et al.*, 2001, p. 2023, trad. nossa).

Nesse sentido é que, talvez, *rio de-janeiro, minas*, ao contrário do que se viu no longa *Grande Sertão*, abre mão dos planos amplos e abertos e de um ponto de vista "objetivo", em prol de planos médios e fechados e de uma angulação de câmera que "acompanha" os personagens de perto, por várias vezes colocando-se como o olhar de Riobaldo em *close-up*: da ponta da canoa, dos olhos de Diadorim, da passagem do de-Janeiro ao São Francisco, embora seja mantida a narração em voz *over*. Com isso, o filme cria uma atmosfera intimista, perturbadora, talvez mais próxima do caráter existencial, de busca de sentido, presente no texto de Rosa, como vimos ("Por que foi que eu conheci aquele Menino? – Rosa, 1967, p. 86).

Além disso, percebemos que a grande maioria dos elementos de descrição da paisagem, minúsculos, que parecem quase acessórios e que fazem parte dessa percepção metonímica e simbólica, de natureza essencialmente feminina, que está no romance, são transportados para a tela, até para surpresa do espectador que também foi leitor do livro e se "esqueceu" de que, no romance, aqueles elementos já estavam lá: "No porto do rio de-janeiro nosso, o senhor viu. [...] Tinha até um pé de roseira. Rosmes!..." (Rosa, 1967, p. 79); "[...] o de-Janeiro é de águas claras." (*Idem*, p. 81); "rio cheio de bichos cágados" (*idem, ibidem*); "Um papagaio vermelho" (*idem, ibidem*).

Ocorre, porém, que, no âmbito fílmico e, especificamente, em *rio de-janeiro, minas*, por meio do princípio da montagem enquanto "arte da combinação e da organização" (Aumont *et al*, 2007, p. 53), é possível perceber que a justaposição das imagens descritivas da paisagem aos outros elementos narrativos acaba criando, também, novos sentidos, à medida que, como coloca Jacques Aumont, é possível haver, na construção fílmica, o que se pode chamar de *montagem expressiva* – isto é, uma montagem que "não é um meio, mas um fim" e que "visa a exprimir por si mesma, pelo choque de duas imagens, um sentimento ou uma ideia" (Marcel Martin) (Aumont *et al.*, 2007, p. 64).

Isso parece acontecer pelo menos em três momentos do curta-metragem. O primeiro é quando à descrição da paisagem sertaneja estabelecida pelo cenário (uma casa, árvores, uma beira de rio) filmado em plano de conjunto é justaposta a imagem da roseira em *close-up*, o que confere ao objeto fotografado uma importância e uma proximidade que o cenário, a maior distância, deixa de possuir. A flor, portanto, passa a ser "maior" que a paisagem.

O segundo é em relação aos cágados que, no filme, deixam a margem do de-Janeiro e entram nas águas do rio. Observe-se que, no romance, não há referência a serem dois, como aparecem no curta-metragem. Justapostos às imagens de Riobaldo e Diadorim dentro da canoa, eles estabelecem, com os personagens, uma analogia e, portanto, parecem apontar para uma relação de companheirismo ou, no limite, de casal entre eles, algo que, no livro de Rosa, só ficará explícito mais tarde, quando Riobaldo reencontra o Menino Reinaldo na jagunçagem e este lhe chama a atenção para o manuelzinho-da-croa:

> Era o manuelzinho-da-croa, sempre em casal, indo por cima da areia lisa, eles altas perninhas vermelhas, esteiadas muito atrás traseiras, desempinadinhos, peitudos, escrupulosos catando suas coisinhas para comer alimentação. Machozinho e fêmea – às vezes davam beijos de biquinquim – a galinholagem deles. – "É preciso olhar para esses com um todo carinho..." – o Reinaldo disse (Rosa, 1967, p. 111).

Em terceiro lugar, há a imagem, reiterada, do sapo, que aparece indo em direção à terra, na beira d'água, no momento em que Riobaldo e o Menino aportam na "beira de lá" do São Francisco, e indo em direção à água, no momento em que eles iniciam a travessia de volta. Como ser anfíbio, que habita os dois universos, o da terra e o do rio, o sapo talvez simbolize justamente a conquista desses dois mundos por Riobaldo através mesmo do Menino: terra e rio, feminino e masculino, coragem e sensibilidade.

Por tudo isso, talvez se pudesse falar, em *rio de-janeiro, minas*, de um uso denotativo do *cenário* (muito colado à descrição rosiana) e de um uso conotativo da *paisagem*, que, por meio da montagem, vai construindo, ampliando, revertendo e revelando significados presentes, ou não, em *Grande Sertão: Veredas*.

Sertão, Veredas, Retratos

O problema enfrentado por muitos observadores leigos e também profissionais da relação entre literatura e cinema (e a chave para a compreensão mais rica dessa mesma relação) reside no fato de que o estabelecimento de uma instrução normativa entre essas duas linguagens, entre uma obra original e uma versão derivada, entre a autenticidade e o simulacro e, por extensão, entre a cultura de elite e a cultura de massa vem-se baseando, tradicionalmente, na ideia da inviolabilidade da obra literária e da sua especificidade estética. Daí uma insistência na "fidelidade" da adaptação cinematográfica à obra literária "originária". Essa atitude vem resultando em julgamentos superficiais, que frequentemente valorizam a obra literária em detrimento da adaptação cinematográfica, na maioria das vezes sem uma reflexão mais profunda.

A insistência na ideia da "fidelidade" (que deriva das expectativas que o espectador projeta sobre o filme, baseadas na sua leitura particular do texto literário) geralmente ignora o fato de que a literatura e o cinema constituem dois campos de produção cultural distintos, embora em algum nível relacionados.

Nesse sentido, nunca é demais lembrar a proposição de Lukács, citado por Randal Johnson, segundo a qual "as obras de arte [adaptadas] são revitalizadas quando correspondem a ansiedades similares àquelas do período no qual foram originalmente produzidas" (*apud* Rocha, 1987, p. 407). Ou, talvez colocado de outra forma, as releituras produzidas numa determinada época dizem respeito à maneira como essa época lê uma obra de arte, e à maneira como os significados mais profundos dessa obra parecem responder a questões fundamentais desse mesmo período histórico.

Sob esse prisma, se Willi Bolle tem razão ao afirmar que *Grande Sertão: Veredas* é um retrato (literário) do Brasil (cf. Bolle, 2004, pp. 23 e ss.), talvez possamos dizer que as adaptações cinematográficas do romance de Rosa analisadas aqui sejam, não apenas retratos do sertão mineiro na virada do século xix para o século xx (tempo em que ocorrem os fatos da fábula), mas também, e primordialmente, retratos do Brasil, ou dos "brasis", que recontam essa história.

Assim, enquanto o *Grande Sertão* dos irmãos Pereira parece revelar o Brasil conservador, ufanista, oficial e machista por trás das lentes que recriaram o universo rosiano em 1965, portanto logo após o Golpe Militar de 64, *rio de-janeiro, minas* talvez descortine um pouco da sensibilidade e do intimismo do início dos anos 1990, época da ruína de antigas utopias, da descrença em soluções coletivas e, quem sabe, da necessidade de buscar, na pequenez da história individual de cada um, mapas para novas travessias.

~

FILMOGRAFIA:

Grande Sertão (Brasil, 1965, drama, 92 min, p/b). Dir. Geraldo e Renato dos Santos Pereira
rio de-janeiro, minas (Brasil, 1993, drama, 8 min, cor, 35 mm.). Dir. Marily da Cunha Bezerra.

REFERÊNCIAS BIBLIOGRÁFICAS:

ARRIGUCCI JR., Davi. "O Mundo Misturado: Romance e Experiência em Guimarães Rosa". *Novos Estudos CEBRAP*, Nº 40, novembro 1994, pp. 7-29.
AUMONT, Jacques *et alii*. *A Estética do Filme*. 5. ed. São Paulo, Papirus, 2007.

BEZERRA, Marily da Cunha & HEIDEMANN, Dieter. "Viajar pelo Sertão Roseano é Antes de Tudo uma Descoberta!". *Estudos Avançados*, 2006, vol. 20, nº 58, pp. 5-17.

BOLLE, Willi. *grandesertão.br: O Romance de Formação do Brasil*. São Paulo, Duas Cidades/Editora 34, 2004.

BORDWELL, David. *Narration in the Fiction Film*. Madison, University of Wisconsin Press, 1985.

CANDIDO, Antonio. "O Homem dos Avessos". In: ROSA, João Guimarães. *Ficção Completa*. vol. 1. Rio de Janeiro, Nova Aguilar, 1994, pp. 78-92.

CUNHA, Euclides da. *Os Sertões: Campanha de Canudos*. 34. ed. Rio de Janeiro, Francisco Alves, 1989.

EWALD FILHO, Rubens. *Dicionário de Cineastas*. São Paulo, IBEP-Nacional, 2002.

GILBERT, Sandra & GUBAR, Susan. "Infection in the Sentence: The Woman Writer and the Anxiety of Authorship". In: LEITCH, Vincent B. *et alii*. *The Norton Anthology of Theory and Criticism*. New York/London, The W. W. Norton & Company, 2001.

JOHNSON, Randal & STAM, Robert (eds.). *Brazilian Cinema. Expanded Edition*. New York, Columbia University Press, 1995.

ROCHA, Antônio do Amaral. "Graciliano no Cinema". In: GARBUGLIO, José Carlos *et al. Graciliano Ramos*. São Paulo, Ática, 1987, pp. 407-416.

ROSA, João Guimarães. *Grande Sertão: Veredas*. 5. ed. Rio de Janeiro, José Olympio, 1967.

O DIABO EM *GRANDE SERTÃO: VEREDAS*

40.
O DIABO E A INQUISIÇÃO: REPERCUSSÕES EM *GRANDE SERTÃO: VEREDAS*

SUZI FRANKL SPERBER (UNICAMP)*

Já em *Sagarana*, cuja primeira edição foi em 1946, as tramas dos contos de Guimarães Rosa revelam confrontos com crime, culpa, vida e morte, sofrimento, doença, a busca da salvação e da redenção. *Corpo de Baile* confirma e afina estas questões. Mas é em *Grande Sertão: Veredas* que se manifesta a angústia maior com relação à culpa, ao Mal (e ao Bem), ao desejo de onipotência que culmina com o pacto.

O pacto configura a ação humana de quem quer ser todo-poderoso – pelo menos para a consecução de uma ação determinada. Durante a Inquisição, este seria o sinal mais evidente da heresia, a ser severamente punido. O solilóquio de Riobaldo revela sua necessidade de provar sua inocência com relação ao pacto – que ele não teria feito, afirma, reafirma, duvida, se questiona. Para isto precisa de uma testemunha: seu ouvinte-leitor.

Mas minha alma tem de ser de Deus: se não, como é que ela podia ser minha? O senhor reza comigo. A qualquer oração. Olhe: tudo o que não é oração, é maluqueira... Então, não sei se vendi? Digo ao senhor: meu medo é esse. Todos não vendem? Digo ao senhor: o diabo não existe, não há, e a ele eu vendi a alma... Meu medo é

---

* Pesquisadora interdisciplinar, cuja dissertação de mestrado foi de comparação entre Literatura e Cinema; o doutorado versou sobre a obra de João Guimarães Rosa, com pesquisa em sua biblioteca particular. Publicou livros sobre a obra de João Guimarães Rosa: *Caos e Cosmos – Leituras de Guimarães Rosa*, São Paulo, Livraria Duas Cidades, 1976, e *Guimarães Rosa: Signo e Sentimento*. São Paulo, Ática, 1982. Publicou pelo menos vinte artigos sobre a obra de Rosa. Passou a trabalhar, simultaneamente, com o tema da oralidade, tendo o livro *Ficção e Razão* a sair nos próximos meses (Hucitec). Coordenadora do Lume Teatro desde 1996, tem publicações sobre teatro. Bolsa de Produtividade em Pesquisa – CNPq: "Contadores de histórias da Amazônia: um estudo de efabulação popular."

este. A quem vendi? Medo meu é este, meu senhor: então, a alma, a gente vende, só, é sem nenhum comprador... (Rosa, 1994, p. 693).

Só a memória pode resgatar Riobaldo, que lembrará de detalhes indicativos de um conhecimento que a vida lhe ministra: a presença constante e por toda parte do diabo. "Hoje, sei. E sei que em cada virada de campo, e debaixo de sombra de cada árvore, está dia e noite um diabo, que não dá movimento, tomando conta" (Rosa, 1994, p. 405).

A memória dos acontecimentos se apresenta misturada entre tempos passados diferentes, emoções diferentes vividas pelo mesmo narrador-personagem. Mas a organização dos eventos é propelida por algumas referências históricas anteriores: a Inquisição. A Inquisição por um lado levou a que Portugal exilasse os hereges para o Brasil (era a mais grave punição, pior que os crimes de roubo, ou assassinato). Por outro, a Inquisição veio ao Brasil, exerceu seu poder, chegando a repatriar e levar à fogueira um autor como Antonio José da Silva, o Judeu. Foram três os papéis exercidos indiretamente pela Inquisição no Brasil: acolhimento da noção de "heresia", *i.e.*, acolhimento do medo e do sentimento de culpa diante do proibido; temor de revelar a própria religião, mantida em segredo, levando ao silenciamento de visões, sonhos, pesadelos, crenças, costumes; preconceito contra judeus, exercido indiretamente nas fantasias criadas pela Inquisição sobre as práticas judaicas ou judaizantes, fantasias que partiram da execração das heresias medievais. Diz Heitor Furtado de Mendonça, em *Primeira Visitação do Sancto Officio às partes do Brasil. Confissões de Bahia – 1591-1592*:

> Item, se sabeis, vistes, ou ouvistes, que algumas pessoas, ou pessoa, fizerão ou fazem certas invocações dos diabos, andando como bruxas de noite em companhia dos demônios, como os maléficos feiticeiros, maléficas feiticeiras, costumão fazer, e fazem encomendandose a Belzebut, e a Sathanaz, e a Barrabás, e renegando a nossa sancta Fé Catholica, offerecendo ao diabo a alma, ou algum membro, ou membros de seu corpo e crendo em elle, e adorandoo, e chamandoo para que lhes diga cousas que estão por vir, cujo saber a só Deos todo poderoso pertence[1].

A crença no Diabo e a prática do pacto com Satanás foram tematizadas por Johann Wolfgang von Goethe – e, antes dele, por Christopher Marlowe. O problema do Mal se coloca para os seres humanos desde a Antiguidade e

---

1. Heitor Furtado de Mendonça, *Primeira Visitação do Sancto Officio às Partes do Brasil. Confissões de Bahia – 1591-1592*, prefácio J. Capistrano de Abreu, Rio de Janeiro, F. Briguiet & Cia., 1935, p. xxxiv.

foi objeto de normatizações por parte das diferentes religiões. Poderia bastar-nos considerar que Guimarães Rosa se baseou em uma ou em ambas as obras acima citadas para construir a figura do diabo e da culpa em *Grande Sertão: Veredas*. Quero insistir que a figura do diabo aparece mais fortemente durante o período da Inquisição, aproveitando a figura do diabo tematizado de alguma forma a partir das heresias, mas aplicado especialmente na perseguição aos judeus. A figura do diabo foi aproveitada inclusive pelos catequizadores, como por José de Anchieta, para infundir medo nos indígenas e infundir sentimento de culpa. Sua penetração no imaginário popular brasileiro deve-se aos reflexos da Inquisição até mesmo nas leituras bíblicas e não aos autores acima mencionados: Marlowe e Goethe. João Guimarães Rosa foi autor especialmente sensível às linhas de força do imaginário brasileiro, passando a estudar a fundo o que parecia mais fluido, ou inconsistente. Daí seus estudos espirituais tão abrangentes e diferentes, daí seu desejo de apreender o pensamento indígena, oriental, judeu, muçulmano, visto que de forma difusa chegaram ao Brasil diferentes crenças, costumes, tendências. Eis uma razão para que Riobaldo tome a temática luciferina como parâmetro de avaliação de sua existência, ainda que o autor, João Guimarães Rosa, tenha lido e aproveitado impulsos sobre o assunto a partir dos dois *Faustos*, sobretudo do de Goethe.

João Guimarães Rosa foi leitor interessado de temas relativos à espiritualidade e à geografia, além de literatura – e tinha memória prodigiosa. Pode ter lido acerca de heresias, ainda que não houvesse este tipo de livros em sua biblioteca. As heresias apresentaram a moldura para a perseguição e, pois, para a configuração do diabo. Veremos alguns dados a seguir.

Orígenes, teólogo de Alexandria (século III d.C.), mistura elementos da gnose do platonismo e do cristianismo, afirmando uma restauração final de todos os seres, inclusive o demônio e os condenados. Os monges da Palestina debatem a questão, exigindo a intervenção das autoridades. Foi o que se deu em 539: o Patriarca de Jerusalém pediu ao Imperador Justiniano de Constantinopla o seu pronunciamento contra o origenismo, especificamente contra a teoria da reencarnação (naquela época os temas teológicos interessavam ao Imperador tanto quanto as questões de administração pública). Justiniano, em resposta, escreveu um tratado incisivo e violento, que se encerrava com uma série de dez anátemas contra Orígenes, dos quais merecem a nossa atenção os seguintes:

1. Se alguém disser ou julgar que as almas humanas existiam anteriormente, como espíritos ou poderes sagrados, os quais, desviando-se de visão de Deus, se dei-

xaram arrastar ao mal, e, por este motivo, perderam o amor de Deus, foram chamados almas e relegados para dentro de um corpo à guisa de punição, seja anátema.
[...]
9. Se alguém disser ou julgar que a pena dos demônios ou dos ímpios não será eterna, mas terá fim, e que se dará uma restauração (*apokatástasis*, reabilitação) dos demônios, seja anátema[2].

As condenações proferidas por bispos e sínodos no século VI sobre o origenismo versam explicitamente sobre as doutrinas da preexistência e da restauração das almas (o que naturalmente implica a condenação da própria tese da reencarnação, na medida em que esta depende daquelas doutrinas e era professada pelos origenistas).

A doutrina da reencarnação foi rejeitada não somente pelo magistério ordinário da Igreja (baseado na palavra da Sagrada Escritura) desde os tempos mais remotos, mas também pelo magistério extraordinário nos concílios ecumênicos de Lyon em 1274 ("As almas ... são imediatamente recebidas no céu") e de Florença em 1439 ("As almas ... passam imediatamente para o inferno a fim de aí receber a punição") (cf. Denzinger-Schönmetzer, Enquirídio nº 857 (464) e 1306 (693)).

A Igreja criou forma mais colorida e menos abstrata para expressar o anátema: a figura do diabo, a encarnação do Mal. Era a maneira de demonizar as crenças não-aceitas pela Igreja Católica, para que a religião cristã se prestasse como nova ferramenta de poder e de controle sobre os diversos povos que viviam dentro das fronteiras do decaído Império Romano, fornecendo uma base de cultura comum para um mundo extremamente diverso e conflitivo. Hoje a Igreja não usa mais a personificação do Mal para intimidar os crentes, até porque perdeu o controle e poder sobre as populações, que aderiram a miríades de movimentos religiosos. No imaginário popular do Brasil, sobretudo da primeira metade do século XX, Satanás ainda impera poderoso como corruptor da humanidade, levando-a para a perdição do pecado e para o Inferno. Em *Vidas Secas*, de Graciliano Ramos, o menino menor pergunta sobre o inferno. Guimarães Rosa coloca o diabo como ameaça para Riobaldo. Ameaça de pecado, de estar tomado por ele, de perder o reino do céu, de culpa maior. E até hoje, em tempos que

---

2. D. Estevão Bettencourt, OSB, "Orígenes e Reencarnação", acessado em 12.6.2008: http://www.psleo.com.br/he04_origenes.htm. e D. Estevão Bettencourt, OSB, "Orígenes e Origenismo", http://www.universocatolico.com.br/index2.php?option=com_content&do_pdf=1&id=574, acessado em 19.10.2008.

poderíamos supor livres de temores e de superstições, igrejas pentecostais têm dias dedicados ao exorcismo, com a finalidade de tirar do corpo de fiéis o demônio que os tomou.

A ideia da reencarnação existiu também no catarismo. Os cátaros acreditavam que o mundo não havia sido criado diretamente por Deus. Seria uma materialização do Mal e, portanto, os que aqui viviam estavam destinados à expiação até que, após uma vida destinada ao bem, voltassem ao Paraíso perdido. Enquanto não conseguissem isso, teriam de reencarnar em sucessivas vidas na Terra. Algumas ideias do catarismo reapareceram mais tarde em diversos momentos, como no Movimento da Reforma Protestante e nas doutrinas que visam resgatar o cristianismo primitivo, como a doutrina espírita.

A ideia da reencarnação é debatida por Riobaldo, que acaba duvidando da pertinácia desta hipótese. Riobaldo se pergunta a respeito da reencarnação, mas o verdadeiro problema é a dor, o Mal. Afinal, como entender a necessidade do Mal no mundo? Como diversas doutrinas trabalharam com oposições, o princípio dualista, opositivo, impregnou mentes, metodologias, e continua fortemente incorporado nos caminhos reflexivos. Os cátaros eram dualistas, acreditavam no conflito entre o bem e o mal, o espírito e a carne, o superior e o inferior. Para eles, toda a Criação estava imersa em uma guerra eterna entre os dois princípios inconciliáveis: A luz – ou seja, o espírito – e a escuridão, ou matéria; sendo os primeiros obra e origem Divina do Bem, e o segundo obra e criação do Mal.

Riobaldo-narrador passa pelo recurso do método reflexivo dualista. O que não é de Deus seria do Demônio.

É concepção que lembra também o deísmo, segundo o qual Deus criou o mundo e não interfere na realidade criada. A lei natural é o critério moral para os homens. Não existem revelações verdadeiras, nem o conhecimento da natureza ética ou intelectual de Deus.

Riobaldo, em seu questionamento sobre a existência e a natureza do diabo, passa por explicações do mundo e das forças criadoras provenientes de diferentes heresias. Em verdade, este tipo de justificativas tornou-se muito difuso no mundo, e especificamente no Brasil, cuja população inicial foi constituída por considerável contingente de cristãos-novos, expulsos de Portugal. Aqui chegando, diversos cristãos-novos voltaram à prática oculta do judaísmo. Mas com sobrevivências ou ecos de heresias medievais. O medo da punição deve ter expandido a imagem da encarnação do mal, do diabo, como forma de controle das mentes. E assim é que encontramos indivíduos, no interior de qualquer estado, que partilham destas ideias.

Em *Grande Sertão: Veredas* há momentos em que a natureza bela é reveladora de Deus, tanto que lembra o panteísmo, que afirma que deus é o mundo, que, ao conhecermos o mundo, conhecemos Deus ("Deus está em tudo – conforme a crença?" Rosa, 1994, p. 439). Não haveria transcendência para fora do mundo. Em *Caos e Cosmos* referi que uma das tentações dos humanos é o rebaixamento do panteão divino, o que ocorre quando o crente pede a Deus cura, riqueza, amores, a compra de uma casa, a solução de litígios, coisas que seitas religiosas contemporâneas tantas vezes prometem. As seitas falam de Deus de maneiras diferentes, atribuindo-Lhe um lugar, poderes, características que não condizem com o cristianismo. Riobaldo não diz ao seu leitor que tais ponderações provêm de diferentes heresias. Mas sua consciência revela-se construída em cima de uma ideia de justiça, de Bem e de Beleza que orienta suas reflexões. Também sua concepção de Deus é superior, evitando aderir aos rebaixamentos e simplificações. Daí surgirem dúvidas sobre o Diabo, figura sempre presente na crítica às heresias.

Por extensão, também a figura de Deus passa por figurações variadas no grande romance, como a concepção do deus da gnose, impessoal. É um princípio constitutivo e unificador do cosmos. Seus adeptos acreditam na emanação do mundo a partir de Deus (ou na expansão da divindade). A doutrina católica não aceita a ideia de mutações na divindade. Tudo aquilo que muda e se transforma, por definição, não é Deus. A criação do mundo, segundo o catolicismo, foi feita a partir do nada e a realidade criada é necessariamente diferente de Deus. Segundo o catolicismo, tudo aquilo que muda e que se transforma é parte da realidade criada. Riobaldo apresenta um Deus mutante, que é paciência[3], mas que também é traiçoeiro: "E, outra coisa: o diabo, é às brutas; mas Deus é traiçoeiro! Ah, uma beleza de traiçoeiro – dá gosto! A força dele, quando quer – moço!" (Rosa, 1994, p. 25).

Ideia semelhante sobre a natureza de Deus invisível, oposta à do Diabo – visível – aparece em outros momentos: "Olhe: Deus come escondido, e o diabo sai por toda parte lambendo o prato..." (Rosa, 1994, p. 71).

Para os gnósticos, existem dois deuses: o deus criador imperfeito, associado ao Jeová do Velho Testamento, e outro, bom, associado ao Novo Testamento. O primeiro criou o mundo com imperfeição, e desta imperfeição se

---

3. "Moço!: Deus é paciência. O contrário, é o diabo. Se gasteja. O senhor rela faca em faca – e afia – que se raspam. Até as pedras do fundo, uma dá na outra, vão-se arredondinhando lisas, que o riachinho rola" (p. 17).

origina o sofrimento humano, que aprisiona a humanidade. Mas a essência humana seria oriunda de uma "centelha divina" que perpassa todo o cosmos, mesmo sem nele se situar, e o deus bom teve pena e deu aos homens a capacidade de despertarem deste mundo de ilusões e imperfeição.

Para que o homem possa libertar-se dos sofrimentos deste mundo, segundo os gnósticos, ele deve retornar ao Todo Uno, por ascensão ao pleroma, e isto só pode ser alcançado pelo Conhecimento Verdadeiro (representado pela Gnose). Este despertar só pode ocorrer se o homem se descobre, conhecendo-se a si próprio. Neste ponto reconhecemos o lema socrático "conhece-te a ti mesmo". É que o gnosticismo tem algo do platonismo. Este intertexto ajuda a compreender Guimarães Rosa e suas leituras espirituais, religiosas, filosóficas. Enquanto isto, o contraponto cristão ameaça sempre com a figura satânica.

Em *Grande Sertão: Veredas* não há dois deuses, um imperfeito e outro perfeito. Há um deus perfeito. A imperfeição é do demônio. Mas a necessidade do conhecimento é manifesta:

> É preciso de Deus existir a gente, mais; e do diabo divertir a gente com sua dele nenhuma existência. O que há é uma certa coisa – uma só, diversa para cada um – que Deus está esperando que esse faça. Neste mundo tem maus e bons – todo grau de pessoa. Mas, então, todos são maus. Mas, mais então, todos não serão bons? Ah, para o prazer e para ser feliz, é que é preciso a gente saber tudo, formar alma, na consciência; para penar, não se carece: bicho tem dor, e sofre sem saber mais porquê (Rosa, 1994, p. 440).

"O que há é uma certa coisa – uma só, diversa para cada um – que Deus está esperando que esse faça." Esta posição lembra os cátaros, que acreditavam na salvação pela ação pessoal. Cada indivíduo era responsável por sua própria salvação – irrestrita – através de seus atos. Daí que todos teriam direito à salvação, dependendo de suas ações – aliás, todos, menos o Hermógenes... A crença era que a relação Deus-homem não necessitava de intermediários.

Riobaldo passa a rezar quando já está de range-rede. No tempo da jagunçagem, não existem referências a ritos (missa e as prescrições rituais para certas datas, como a Quaresma, a Páscoa, o Natal...). Não existe busca de pureza. Depois de ocorridos os terríveis fatos, Riobaldo busca resgatar a todos: "Por que é que todos não se reúnem, para sofrer e vencer juntos, de uma vez? Eu queria formar uma cidade da religião. Lá, nos confins do Chapadão, nas pontas do Urucúia" (Rosa, 1994, p. 436). E o tempo todo pinga a experiência como forma de conhecimento: "Porque aprender-a-viver é que é o viver, mesmo. O sertão me produz, depois me engoliu, depois me cuspiu do quente da boca..." (Rosa, 1994, p. 840).

Voltemos aos cátaros, que tinham dois deuses: um era o Princípio, o Puro Espírito, a Energia livre das manchas da matéria. Era o Deus do Amor, considerado incompatível com o poder. Sendo a carne uma manifestação do poder, toda criação material seria obra do segundo deus, um deus usurpador, mau em seu interior, chamado pelos cátaros de Deus do Mundo. Ora, o difícil trecho do centro de *Grande Sertão: Veredas* reúne o amor e Deus: "Qualquer amor já é um pouquinho de saúde, um descanso na loucura. Deus é que me sabe" (Rosa, 1994, p. 439). Existe, aí, um aceno do Deus do Amor. Já o poder, é seduz com rosinhas flores para todos: "Esses homens! Todos puxavam o mundo para si, para o concertar consertado. Mas cada um só vê e entende as coisas dum seu modo" (Rosa, 1994, p. 16). A divisão entre Amor e Poder talvez explique às avessas o desejo de Riobaldo de que o Estado cuide do nível religioso:

> Olhe: o que devia de haver, era de se reunirem-se os sábios, políticos, constituições gradas, fecharem o definitivo a noção – proclamar por uma vez, artes assembleias, que não tem diabo nenhum, não existe, não pode. Valor de lei! Só assim, davam tranquilidade boa à gente (Rosa, 1994, p. 14).

Quando Riobaldo velho e barranqueiro fala de religião, diz que todas o refrescam. Portanto, o estado de religião, de busca da ascese e de plenitude o leva a buscar – todas as religiões? Ou, em cada uma, como parece que o fez Guimarães Rosa, algum princípio, ou diversos princípios que rompam com a dualidade severa, com a coerção, com o sentimento de culpa, com características do mundo do poder. Riobaldo tem a necessidade de negar a existência do diabo, ao mesmo tempo em que o convoca; pretende fazer um pacto, nega o pacto e evita o demônio. O corpo é bom e as relações sexuais também, para Riobaldo. Mas quando o medo aperta, ele decide fazer um período de jejum de sexo. Teria isto relação longínqua com o que ensinavam os cátaros? Que o espírito foi criado por Deus e que era bom, enquanto o corpo teria sido criado pelo Mal? Para os cristãos havia valido esta postura até que se pensou na reprodução da espécie e o corpo passou a ter esta função precípua. Como se vê, mesmo aceitando esta função, o cristianismo balança entre a satanização do corpo e o seu resgate do Mal – até hoje.

Dentre as repercussões de leituras e do pensamento difuso da crítica a doutrinas consideradas heréticas, que estimularam o ser humano pensante a refletir sobre o Bem e o Mal, sobre a ação humana e suas dimensões morais e éticas, a partir ou não de um pensamento religioso, existe o maniqueísmo. O que dele nos veio foi uma caricatura opositiva, que lembra: "Neste mundo tem maus e bons – todo grau de pessoa. Mas, então, todos são maus. Mas, mais então, todos não serão bons?" (Rosa, 1994, p. 440).

Segundo Mani (Pérsia, século III), fundador do maniqueísmo, o mundo foi dividido entre duas metades. Um mundo seria o das trevas, governado por Satanás, o Príncipe das Trevas. O outro seria o mundo da luz, governado por Deus. Um conceito tão categórico se aplica ao mundo das ideias. Na lei maniqueísta não há zona cinzenta: as coisas, as ações são radicalmente más ou boas. Especialmente interessante para quem estuda *Grande Sertão: Veredas* é que Mani divide o mundo em três tempos, ligados ao precedente e caracterizados pela divisão absoluta e não misturada entre as trevas e a luz. As últimas pareceriam ignorar a sua existência mútua. Nem as trevas, nem a luz podem ser aniquiladas. Portanto, o estado anterior à sua criação é considerado um estado perfeito do mundo. O segundo tempo é o momento do meio, central, ou presente. Este começa com a criação da humanidade e se caracteriza pela mistura instável de trevas e de luz. O terceiro tempo é o momento posterior. Ele é totalmente idêntico ao momento anterior. As almas humanas, que provêm da essência do homem primordial, repousam em um imenso carma luminoso que representa o homem primordial.

A mistura entre os dois reinos, de luz e de trevas, produziu um fermento que mergulhou o reino das trevas em uma dança turbilhonante, *i.e.*, em um redemoinho caótico através do qual surgiu a morte, elemento que deu ao homem uma espécie de transubstanciação. Tal fenômeno se dá tão bem e fortemente, que carrega em si o germe de seu aniquilamento – vale dizer, para o ser humano, uma transmutação em luz que passa pelo extraordinário fulgor da morte. Podemos dizer que é o que acontece com Diadorim. "Diadorim vivia só um sentimento de cada vez." E quando morre, revela-se sua natureza, seu gênero, seu espírito, sua semelhança com Nossa Senhora:

> O diabo na rua, no meio do redemunho... Assim, ah – mirei e vi – *o claro claramente*: ai Diadorim cravar e sangrar o Hermógenes... [...] e só orvalhou em mim, por prestígios do *arrebatado no momento*, foi poder *imaginar a minha Nossa Senhora assentada no meio da igreja*... [...] Tudo sai é mesmo de escuros buracos, tirante o que vem do Céu... (pp. 855-856)

Existe um pensamento profundo neste relato. O reino das trevas deve ser ultrapassado pelo reino da luz; não pelo castigo, mas pela doçura; não se opondo ao Mal, mas misturando-se a ele, a fim de redimir o Mal enquanto tal. A morte acontece em dose dupla – a de Hermógenes – o pactário e, por extensão, o demônio – e Diadorim – que sente um só sentimento por vez, que é capaz de ódio, mas também de extrema doçura e tem marcas duplas, ao mesmo tempo de deus (di) e do diabo (dia) cf. está em Sperber 1976 e Sperber 1982. A de Hermógenes – nome composto de Hermes e genes (poderia ser a unidade da mensagem, ou a mensagem unitária) se acaba em sangue e pó, num homem sem cara ("Preto, possuindo a cara nenhuma" – Rosa, 1994, p. 692), portanto o diabo.

O Hermógenes e a luta contra ele sempre são anunciados pelo diabo e pelo redemoinho: "O diabo na rua, no meio do redemunho... Sangue. Cortavam toucinho debaixo de couro humano, esfaqueavam carnes". A luta foi do uno – mas não todo – contra o duplo, dos opostos que se entrelaçam (di e diá). A morte de Diadorim redime os jagunços e acaba com a jagunçagem, pelo menos do jagunço Riobaldo. Di-diá: Diadorim tem este nome para Riobaldo. Para os jagunços ele é o Reinaldo. Decompondo o nome, sabemos o que é rei, palavra que vem da realeza, mas que pode vir de coisa, *res*, sendo rei um genitivo ou dativo: da coisa ou para a coisa. Naldo é palavra teutônica que significa "o admirável, o corajoso". Corajoso e admirável: cabe em Diadorim. E só esta força e integridade, e em certa medida pureza, feita de virgindade, é capaz de vencer o diabo na forma de Hermógenes.

A figura do diabo ocupa Riobaldo por culpa e medo de ser responsabilizado – por si mesmo – pela morte de Diadorim. Reflete, como propus no começo deste texto, a crítica da Igreja às heresias. Mas as heresias se ocuparam de pensar o Bem, o Mal, o mundo, Deus. E Guimarães Rosa estudou obras e refletiu sobre problemas que têm um viés que ecoa aspectos de diversas heresias. Estes se encontram difusos no imaginário popular rural. De qualquer maneira, Riobaldo está atento ao pecado, às forças do diabo e afirma com segurança que não se uniu a ele, porque não foi soberbo. Portanto, mesmo recorrendo a aspectos de heresias, não quer ser um herege.

O estigma da heresia foi e é sempre o orgulho. A humildade sempre foi e é o baluarte, a defesa mais segura da fé. Disse Santo Agostinho: "Há diversos caminhos que conduzem ao conhecimento da verdade, o primeiro é o da humildade; humildade é o segundo e o terceiro é ainda a humildade. Eu fiquei crente, porque me pus a crer o que não compreendia". Riobaldo segue caminho paralelo no seu não saber, na sua dúvida repetida, continuada.

E repete que não existe aquele que ocupa a sua mente, que o diabo não há.

Retomemos o Mefistófeles goethiano. Este diz que Fausto pare. A parada do movimento equivale à morte. Já Riobaldo entende as coisas de outro modo:

> Deus está em tudo – conforme a crença? Mas tudo vai vivendo demais, se remexendo. Deus estava mesmo vislumbrante era se tudo esbarrasse, por uma vez. Como é que se pode pensar toda hora nos novíssimos, a gente estando ocupado com estes negócios gerais? Tudo o que já foi, é o começo do que vai vir, toda a hora a gente está num cômpito. Eu penso é assim, na paridade. O demônio na rua... Viver é muito perigoso; e não é não (Rosa, 1994, p. 439).

É que o diabo rosiano é o do redemoinho, aquele de Maniqueu, ou Mani, redemoinho caótico gerador da morte, enquanto que o deus rosiano pede a parada que transubstancia. Ambos necessários para o desenvolvimento da personagem. Pois é: caos e cosmos no *Grande Sertão*.

REFERÊNCIAS BIBLIOGRÁFICAS:

BETTENCOURT, D. Estevão, OSB. "Orígenes e Origenismo". http://www.universo catolico.com.br/index2.php?option=com_content&do_pdf=1&id=574, acessado em 19.10.2008

_____. "Orígenes e Reencarnação". http://www.psleo.com.br/he04_origenes.htm. Acessado em 12.6.2008.

FURTADO DE MENDONÇA, Heitor. *Primeira Visitação do Sancto Ofício às Partes do Brasil. Confissões de Bahia – 1591-1592*. Prefácio J. Capistrano de Abreu. Rio de Janeiro, F. Briguiet & Cia., 1935.

ORÍGENES. *Contra Celso*. São Paulo, Paulus, 2007.

ROSA, Guimarães. *Grande Sertão: Veredas*. Rio de Janeiro, Nova Aguilar, 1994. (Biblioteca Luso-Brasileira Série Brasileira). Compulsado na versão online http://www.scribd.com/doc/2208932/Rosa-J-G-Grande-Sertao-Veredas?ga_related_doc=1

SPERBER, Suzi Frankl. "A Busca da Liberdade e as Regras de Direito em *Grande Sertão: Veredas*", *Revista Scripta, Literatura*. Edição Especial do II Seminário Internacional Guimarães Rosa – Rotas e Roteiros. Revista do Programa de Pós-Graduação em Letras e do CESPUC, vol. 5, nº 10, Belo Horizonte, CESPUC-Ed. PUC Minas, 1º sem. 2002, pp. 334-342.

_____. "Mandala, Mandorla: Figuração da Positividade e Esperança", *Estudos Avançados*, vol. 20, nº 58. São Paulo, 2006.

_____. "O Tema do Pacto no *Fausto* e em *Grande Sertão: Veredas*". *Actas del IX Congreso Latinoamericano de Germanística* (Concepción, Chile – enero 1998),

Concepción, Chile. 1ª ed. Editorial Universidad de Concepción, Chile. 8/2000, pp. 441-448.

──────. *Caos e Cosmos*. São Paulo, Duas Cidades, 1976.

──────. *Signo e Sentimento*. São Paulo, Ática, 1982.

41.
A FUNÇÃO LUCIFÉRICA DA LINGUAGEM: *GRANDE SERTÃO: VEREDAS* À LUZ DA *HISTÓRIA DO DIABO* DE VILÉM FLUSSER

WILLI BOLLE

> *Quem-sabe, a gente criatura ainda é tão ruim, tão, que Deus só pode às vezes manobrar com os homens é mandando por intermédio do diá?*
>
> Grande Sertão: Veredas

Quando li, em 2005, *A História do Diabo* de Vilém Flusser (o livro foi lançado então em segunda edição; a primeira é de 1965), fiquei com a impressão de que existe uma forte afinidade eletiva entre as ideias desse filósofo da linguagem e teórico da comunicação e a história do pactário Riobaldo, que constitui o núcleo do romance *Grande Sertão: Veredas*. Como eu tinha publicado no ano anterior, em 2004, o livro *grandesertão.br*, que é um estudo sobre a obra-prima de Guimarães Rosa como "romance de formação do Brasil", senti-me incentivado a fazer uma releitura das minhas observações sobre o romance, usando como meio heurístico o quadro teórico proposto por Flusser. A proposta desta exposição é reexaminar mais especificamente o projeto literário e político-cultural de Guimarães Rosa, com os parâmetros da filosofia da linguagem de Flusser. Neste contexto, eu gostaria de desenvolver a hipótese de trabalho de que o autor de *Grande Sertão: Veredas* põe em obra uma "função diabólica" da linguagem, que se desdobra dialeticamente em uma "função lucifériica".

Enquanto o Criador do mundo tem a todo momento o poder de trazer a salvação e, com isso, de dissolver o tempo da história, parece ser a tarefa do Diabo manter o mundo dentro da dimensão temporal (cf. Flusser, 2005, p. 23). Desta forma, o Diabo representa o princípio da história e da historicidade do homem. Na luta pelo tempo, o Diabo "recorre aos chamados 'sete pecados capitais' para seduzir e aniquilar nossas almas" (p. 25). É esse séptuplo método de sedução que serve a Flusser de fio condutor para descrever detalhadamente a atuação do Diabo nos diversos domínios do saber e do fazer humanos. Acompanharei de perto esse método, a fim de retraçar ou redesenhar a minha própria interpretação do romance de Guimarães Rosa, em que se trata dos seguintes temas: o gênero dos retratos do Brasil, o sertão como forma de pensamento, o sistema jagunço, o pacto com o Demo e a função diabólica da linguagem, a paixão como *medium*-de-reflexão, a nação dilacerada, a representação do povo e a invenção da linguagem. Este redesenhar se fará, por assim dizer, sob a orientação do Diabo. Como proteção contra o contágio de tão perigosa companhia, usarei como amuleto uma reflexão de Riobaldo, escolhida como epígrafe para esta apresentação: "[Q]uem-sabe, a gente criatura ainda é tão ruim, tão, que Deus só pode às vezes manobrar com os homens é mandando por intermédio do *diá*?" (GSV, p. 33)

* * *

Vou lhe falar. Lhe falo do sertão. Do que não sei. Um grande sertão! Não sei. Ninguém ainda não sabe. Só umas raríssimas pessoas – e só essas poucas veredas (GSV, p. 79).

Esta passagem, em que o narrador explica as três palavras do título, é uma espécie de introdução sintética ao *corpus* do romance que se estende por mais de 500 páginas. Em contraponto ao *Grande Sertão*, a palavra *Veredas* é uma chave topográfica diferente para entender a estratégia narrativa de Riobaldo – cujo nome contém igualmente o elemento fluvial. A indicação *Veredas-Mortas* remete para aquele lugar do sertão onde o protagonista-narrador, muitos anos atrás, quando foi chefe de jagunços, concluiu (ou acredita ter concluído) o pacto com o Diabo.

Um dado básico da história narrada, como também da feitura da narração, é o estatuto do protagonista-narrador como pactário. A situação narrativa é bem conhecida: o velho latifundiário e ex-jagunço Riobaldo recebe em sua fazenda às margens do rio São Francisco um jovem doutor da cidade e lhe narra a sua vida. A inquietude que move o narrador é a pergunta se, naquele tempo, à meia-noite, numa encruzilhada das Veredas-Mortas, ele não teria firmado um pacto com o Demo. Na figura do Outro, Riobaldo reconhece um pedaço de si mesmo. Ele se lembra de um episódio do seu tempo como chefe de um bando de jagunços, quando toparam no caminho com um viajante:

[Q]uem mandava em mim já eram os meus avessos. [...] se esquentou em mim o doido afã de matar aquele homem, tresmatado. [...] matar, matar assassinado, por má lei. [...] Mas, aquilo de ruim-querer carecia de dividimento [...] o demo então era eu mesmo? (GSV, pp. 355-356).

As características do pactário impregnam também o modo de narrar. Se Riobaldo firmou um pacto com o "pai da mentira", isso deve ter afetado também o seu modo de pensar e de falar. O que, no seu relato, é verdade e o que é mentira? Qual é a credibilidade dessa narração, se a linguagem pode tanto ser um *medium* da verdade quanto uma das "formas do falso"?

Eis a pergunta filosófica básica, colocada pelo escritor João Guimarães Rosa e que deve ser esclarecida aqui à luz da *História do Diabo*, do filósofo da linguagem Vilém Flusser. Como o Diabo, segundo Flusser, representa o princípio da temporalidade – em oposição à eternidade de Deus –, ele é, por isso mesmo, também o representante da história e da linguagem (verbal), que é condicionada pelo tempo e se desenvolve dentro de uma sequência temporal. No contexto da discussão secular sobre a origem da linguagem, Flusser defende, portanto, a teoria de uma origem e essência diabólicas da linguagem, que está diametralmente oposta às teorias teológicas, fundadas na "palavra de Deus". O amor do escritor para com a língua e a linguagem é, de acordo com Flusser, uma inclinação diabólica, que tem sua base num dos sete pecados capitais, a *luxúria*, que acaba contagiando os outros pecados capitais.

* * *

O conceito de *luxúria* é explicado por Flusser dentro do quadro de uma ordem biológica do saber. O nascimento e a reprodução da vida são fundamentados na divisão das células, e a luxúria, materialmente falando, visa a união das células. "Quanto mais evoluído o animal, tanto mais vergonha [ou inibição] demonstra no seu comportamento", sendo que "o mais inibido dos animais é o homem" (p. 69). Na terminologia científica dos psicólogos, o nome de Deus é substituído pelo conceito de inibição. Em torno da alma humana trava-se, como expõe Flusser, uma luta entre a luxúria proporcionada pelo Diabo e a castidade incentivada por Deus. Em *Grande Sertão: Veredas* o palco dessa luta é a alma do jagunço Riobaldo, que se sente atraído pelo jagunço Diadorim. Ocorre que na sociedade machista do sertão, Riobaldo sente-se totalmente inibido para ceder ao impulso desse amor, e está cheio de culpa por cultivar esse sentimento:

Diadorim, duro sério, tão bonito [...] era um delém que me tirava para ele – o irremediável extenso da vida. Por mim, não sei que tontura de vexame, com ele calado eu a ele estava obedecendo quieto. [...] Eu não tinha coragem de mudar para mais perto (GSV, p. 25).

Na luta pela alma de Riobaldo, o elemento divino da inibição, da castidade, da proibição do contato físico com a pessoa amada vence a tentação diabólica da luxúria. Para Riobaldo isso significa um aumento do seu sofrimento. E como se isso não bastasse, no final da história, quando Diadorim morre na luta contra o Hermógenes, Riobaldo vem a conhecer a sua identidade verdadeira: Diadorim, que recebeu o nome de batismo *Maria Deodorina* ("dádiva de Deus"), é "o corpo de uma mulher, moça perfeita" (GSV, pp. 458 e 453). Essa revelação deixa Riobaldo num estado de profunda melancolia. A sua narração, no sentido de transformar a melancolia num trabalho de luto – com o desejo de "repor Diadorim em vida" – é uma tentativa de cura.

Apesar da derrota, o Diabo, de acordo com Flusser (cf. pp. 84 e ss.), continua sua luta pela alma humana, recorrendo agora às *formas sublimadas da luxúria*. Uma "forma abstrata de amor" pode ser identificada no nacionalismo ou no amor ao povo, que é de fato uma atitude que subjaz ao romance *Grande Sertão: Veredas* do início ao fim. É por causa do amor por Diadorim que Riobaldo se desloca para o ambiente social dos jagunços e com isso também para o meio do povo simples do sertão, cujas condições de vida ele chega a conhecer e a compartilhar em todos os detalhes. Na observação dos usos e costumes do cotidiano dos sertanejos, especialmente também de sua linguagem, o romance de Guimarães Rosa chega a ser um registro mais sensível e mais exato que qualquer estudo antropológico. Assim com Diadorim, no plano da ação do protagoniasta-narrador Riobaldo, representa o grande amor de sua vida, assim Diadorim, enquanto *figura*, constitui para o escritor Guimarães Rosa uma *paixão estética*. A memória emotiva individual e o trabalho de luto de Riobaldo formam o *medium* que permite ao escritor apresentar o retrato de uma sociedade e, com isso, uma história coletiva do sofrimento. Isso se dá através de um mergulho profundo e radical na oficina de linguagem do povo.

O nacionalismo ou o amor ao povo manifesta-se, portanto, como "amor pela língua materna" (Flusser, p. 91); talvez possamos acrescentar: como amor à língua que é como uma mulher que dá a vida. O que personifica essa paixão do escritor João Guimarães Rosa pela língua e pela invenção linguística é o próprio romance, impregnado pela figura de Diadorim. "Enquanto eu escrevia o *Grande Sertão*", declarou ele numa entrevista ao crítico Günter W. Lorenz, "minha mulher sofreu muito, pois nessa época eu estava casado com o livro". "A língua e eu somos um casal de amantes, que juntos procriam apaixonadamente" (*apud* Lorenz 1970, pp. 510 e 516; trad. bras., pp. 79 e 83). É este amor pela língua e pelo ofício de escritor que ilustra no caso de *Grande Sertão: Veredas* a forma mais intensa da luxúria sublimada.

"A mente inspirada pela luxúria de ler nada numa corrente praticamente infinita de livros", escreve Flusser na *História do Diabo* (p. 94). Como se sabe, Guimarães Rosa era um apaixonado leitor e frequentador de bibliotecas. Lembremos, de passagem, que esse tipo de impulso satânico para a onisciência é descrito de maneira semelhante por Walter Benjamin em *Origem do Drama Barroco Alemão* (cf. Benjamin 1972, p. 260; trad. bras., p. 252). Aquele que é inspirado pelo Diabo nutre o desejo de ler "todos" os livros. Como paraíso na Terra, o Diabo coloca diante de nossos olhos a biblioteca perfeita (cf. Flusser, p. 98). Disso nasce, como ideal diabólico, o desejo máximo do escritor de escrever o livro perfeito, "o último livro", que seria a superação da Bíblia e, com isso, a forma máxima de blasfemar a Sagrada Escritura. Ao ofício do escritor é inerente, portanto, algo deveras diabólico.

Com a luxúria assim definida, o autor da *História do Diabo* caracteriza o impulso básico de vida do homem criador. Se demos aqui este amplo espaço para caracterizar a luxúria, é porque ela é o fundamento dos seis demais pecados capitais, tanto em Flusser quanto na nossa releitura do romance de Guimarães Rosa.

* * *

A partir da luxúria, desenvolve-se a *Ira*. Estabelecendo um paralelo entre esses dois comportamentos ou pecados capitais, Flusser esclarece que o ideal da luxúria é o gozo, enquanto o ideal da ira é a liberdade (cf. p. 107). A ira é um revoltar-se contra as leis. O Diabo nos promete a libertação dos limites que nos foram impostos. Em *Grande Sertão: Veredas*, no plano da ação narrada, a existência de homens vivendo em plena e irrestrita liberdade é personificada pelos jagunços que, num primeiro momento, são apresentados de forma bastante idealizada. Em cima de seus cavalos, de armas na mão, e numa liberdade aparentemente irrestrita, eles atravessam um sertão do tamanho do mundo. O modo mítico de vê-los, por parte de Selorico Mendes, pai de Riobaldo, mas também por parte do próprio protagonista-narrador, faz lembrar os romances de cavalaria da Idade Média, na medida em que os jagunços são elevados muito acima da vida rasa do comum dos mortais: "[Q]uando se jornadeia de jagunço, [...] não se nota tanto: o estatuto de misérias e enfermidades. Guerra diverte – o demo acha" (GSV, p. 48).

A liberdade dos jagunços, várias vezes enaltecida no decorrer da narração, revela-se finalmente como ilusória. A epopeia da jagunçagem acaba cedendo lugar a uma descrição das condições socioeconômicas reais. A pobreza e a miséria no sertão colocam à disposição dos donos do poder uma imensa reserva de mão de obra que facilita o recrutamento de jagunços. No plano da ação do romance, o elemento rebelde da liberdade ou da "ira", com seu *pathos* romântico, termina em desencanto.

No nível da composição da obra, a ira manifesta-se como atitude da liberdade radical do escritor no seu processo de criação artística e invenção de linguagem, especialmente como ira contra a retórica dos políticos, que contaminam a língua com a sua "verborreia". "Eu nunca poderia ser político", declarou Guimarães Rosa, "pois abomino sua permanente tagarelice sobre a 'realidade'" (*apud* Lorenz, p. 508; trad. bras., p. 77).

* * *

Um terceiro pecado capital, a *gula* ou falta de medida, manifesta-se, como expõe Flusser, como fome de conhecimento, seguida do processo de "digestão", associado pelo filósofo à "tecnologia" (cf. p. 122). O princípio geral da gula espiritual consiste em um querer entender o mundo em forma de um "engolir" e "devorar" o mundo. No romance de Guimarães Rosa podemos observar um fenômeno análogo na maneira como ele representa o sertão.

"O sertão me produz, depois me engoliu, depois me cuspiu do quente da boca..." (GSV, p. 443) – assim Riobaldo explica a sua relação com o meio ambiente que o formou. É válida também a relação inversa: o romance *Grande Sertão: Veredas* é um ato de o escritor Guimarães Rosa "incorporar" o sertão. A obra é uma imensa transformação do sertão em palavras. O programa de incorporar ou "engolir" o mundo sensível, isto é, de transformá-lo em um sistema de símbolos, é realizado, segundo Flusser, com o auxílio da tecnologia, com instrumentos e máquinas. É o que Guimarães Rosa faz com o sertão. Por um lado, ele reproduz em grande parte os dados topográficos e toponímicos reais, na medida em que cerca de 90% dos lugares mencionados no romance podem ser identificados na geografia real. Por outro lado, ele recria o sertão em forma de um labirinto linguístico. No prefácio à *Antologia do Conto Húngaro*, escrito dois meses após o lançamento de *Grande Sertão: Veredas*, ele descreveu indiretamente esse procedimento por meio da seguinte imagem tecnológica:

> [É] uma língua *in opere*, fabulosamente em movimento [...], toda possibilidades, como se estivesse sempre em estado nascente [...] como um prestante e moderno mecanismo, [...] aceita quaisquer aperfeiçoamentos estruturais e instrumentais [...]. Por sua própria natureza original, permite todas as caprichosas e ousadas manipulações da gênese inventiva [...] como [...] um painel de mesa telefônica, para os engates *ad libitum* (Rosa, 1958, p. XXIV).

Com esta metáfora tecnológica, Guimarães Rosa nos fornece indicações sobre seus procedimentos em termos de invenção de linguagem e técnica narrativa. A partir daí pode ser descrita detalhadamente a composição de *Grande Sertão: Veredas*, tanto no plano das macroestruturas narrativas quanto das microestruturas linguísticas. A imagem do sertão construído no *medium* da linguagem, como se fosse com o auxílio de uma tecnologia eletrônica, incentiva o leitor a "organizar" a sua leitura dessa obra labiríntica, construída como um hipertexto. Como expliquei detalhadamente no meu livro *grandesertão.br*, o romance sugere uma estratégia espacial de leitura. Esta é especialmente adequada para perceber e organizar as referências aos momentos decisivos da história do Brasil, que são espalhadas nessa obra por mais de 500 páginas. Trata-se de um estilo de composição "disjuntivo", para retomar o termo de um teórico da Antiguidade, Demétrios; ou, usando a terminologia da nossa era eletrônica: *Grande Sertão: Veredas* pode ser concebido como uma espécie de *website* dos discursos sobre o Brasil. No meio da massa imensa da matéria narrada e de fragmentos de todo tipo de discursos, o leitor é incentivado a identificar os fragmentos mais significativos e a combiná-los em forma de uma montagem, de tal maneira que se obtém um *insight* nas estruturas constitutivas do País, com uma qualidade estética que desta forma não existe nos demais retratos do Brasil.

* * *

Pela sua construção ousada e ambiciosa, o romance de Guimarães Rosa situa-se com referência aos outros retratos do Brasil numa relação de rivalidade e concorrência. Estes elementos podem ser apreendidos da melhor maneira sob o signo de outros dois pecados capitais: a inveja e a avareza. Da perspectiva do Diabo, segundo Flusser, a inveja e a avareza são comportamentos que contribuem para o fortalecimento da sociedade (cf. p. 138). A *inveja* é entendida como um princípio da evolução, do desenvolvimento e do aperfeiçoamento, na medida em que o homem invejoso visa ultrapassar todos seus concorrentes. Quando Guimarães Rosa começou a trabalhar no *Grande Sertão: Veredas*, colocou-se para ele um problema que pode ser assim formulado: Como conseguir construir um grande retrato do Brasil, com o sertão como alegoria do País, se uma tal apresentação já existia em forma da obra-prima *Os Sertões*, publicada em 1902 por Euclides da Cunha? A aceitação desse desafio e a realização do plano começaram com uma leitura crítica da obra do grande precursor e sua assimilação em termos de um "esquecimento ativo". Com efeito, *Grande Sertão: Veredas* é uma reescrita crítica de *Os Sertões* sob todos os aspectos: postura do narrador, perspectiva sobre o sertão, concepção da instituição da jagunçagem, compreensão da religiosidade dos sertanejos, essência e poder do amor, concepção da linguagem, da poética, da retórica e dos discursos, e da relação entre o intelectual e o povo.

Além de ter entrado em uma relação de concorrência com Euclides da Cunha, o autor de *Grande Sertão: Veredas* parece ter lido, com uma perspectiva de desafio, também outros grandes retratos do Brasil, com o intuito de superá-los. Notadamente *Casa-Grande & Senzala*, de Gilberto Freyre; *Raízes do Brasil*, de Sergio Buarque de Holanda; e *Formação do Brasil Contemporâneo*, de Caio Prado Jr. No que concerne, por exemplo, à apresentação da jagunçagem e do mundo do crime em Caio Prado, a perspectiva é um tanto idealizada: a organização de bandos por chefes políticos seria "um penhor de segurança e tranquilidade". O romance de Guimarães Rosa trata esse tema de modo muito mais profundo e de forma radical. Sua obra não nos tranquiliza fazendo crer que o mundo do crime constitui um desvio da lei, mas o crime é mostrado como fazendo parte da lei.

Como complemento da inveja, focalizada aqui como desejo de ultrapassar os concorrentes, aparece a *avareza*, como estratagema de evitar ser ultrapassado pelos outros (cf. p. 143). Guimarães Rosa construiu a sua obra de tal maneira que ninguém entre os escritores brasileiros seus contemporâneos e sucessores conseguiu até hoje atingir o mesmo nível de qualidade.

Voltando ainda por um momento à inveja: ela aparece também sob uma outra forma: como a inveja que o Diabo sente com relação a Deus. Na concepção flusseriana, cada palavra é um nome inventado pelo Diabo, "um grito [...] contra o inefável" (p. 149). Com isso, a filosofia da linguagem de Flusser está diametralmente oposta à de Walter Benjamin – mas este seria um tema para um estudo à parte. Cada palavra é, segundo Flusser, a expressão de um sentimento de inveja da inteligência com relação a Deus. "O Diabo é idêntico à língua", resume o filósofo (p. 91). O autor de *Grande Sertão: Veredas* situa-se próximo dessa teoria, como mostra sua concepção da criação de uma nova linguagem. A ela subjaz a postura de querer entrar em concorrência com Deus, portanto, um comportamento de pura blasfêmia. Com efeito, na entrevista com Lorenz, Guimarães Rosa explicou a tendência metafísica de sua língua da seguinte maneira: "no fundo, trata-se de uma concepção blasfematória, pois ela faz do homem o dono da criação" (*apud* Lorenz, p. 516; trad. bras., p. 83).

* * *

A capacidade do narrador do sertão em inventar uma nova língua atinge seu auge sob o signo da *soberba*. Este pecado capital é, como mostra Flusser, a sensação da onipotência da imaginação humana. O mundo, assim como o concebe o homem soberbo, não é senão uma criação da vontade humana (cf. Schopenhauer, *Die Welt als Wille und Vorstellung*, "O Mundo como Vontade e Representação", 1819). Vistos desta perspectiva, mesmo as figuras do Diabo e de Deus são apenas projeções da imaginação humana. Sob o signo da soberba, o homem extraordinário eleva-se acima de seus semelhantes, acima do "rebanho", tornando-se um ser superior, um "super-homem" (cf. o *Übermensch*, de Nietzsche). Em *Grande Sertão: Veredas* podemos observar essa atitude em diversos planos.

Riobaldo, apesar de sua opção de viver entre os jagunços e os sertanejos comuns, sente-se muito superior àqueles "sofreúdos", àquela "cabralhada", "rafameia, mera gente" (GSV, p. 128). No fundo, ele despreza seus companheiros. Pouco antes de se preparar para fazer o pacto com o Diabo, ele pratica um ato de traição: diante do latifundiário seô Habão, que quer se aproveitar da presença do bando de jagunços, usando-os como mão de obra escrava, Riobaldo faz questão de se diferenciar dos demais, revelando que ele é filho de fazendeiro.

Riobaldo exibe a sua superioridade também em relação aos chefes dos jagunços, com os quais aprende as técnicas e os truques do exercício do poder e da retórica. Ele analisa e desconstrói os discursos dos outros. Assim, por exemplo, percebe o faz de conta de seu chefe Zé Bebelo, que quer dar-se ares de um líder guiado por motivos religiosos, mas no fundo persegue interesses políticos e financeiros bem profanos. Quando, no final, Riobaldo se torna ele próprio chefe do bando, mostra sua soberba em momentos como na batalha do Tamanduá-tão, quando se considera "o homem maior valente no mundo todo" (GSV, p. 420).

No papel de narrador, Riobaldo cultiva com relação ao seu ouvinte letrado da cidade a postura de uma "humildade fingida" ou "soberba humilde" (Flusser, p. 185): "Sou só um sertanejo, nessas altas ideias navego mal. Sou muito pobre coitado. Inveja minha pura é de uns conforme o senhor, com toda leitura e suma doutoração" (GSV, p. 14).

O mais alto grau de soberba é atingido em *Grande Sertão: Veredas* no domínio da poética. É uma soberba por assim dizer babilônica. Ouçamos a esse respeito um depoimento do próprio escritor, numa carta de novembro de 1964 para a linguista Mary L. Daniel, onde apresenta a sua vontade de potência de linguagem: "Eu quero tudo: o mineiro, o brasileiro, o português, o latim – talvez até o esquimó e o tártaro. Queria a língua que se falava antes de Babel" (em Daniel, 1968, p. 26).

O objetivo ideal do escritor Guimarães Rosa seria portanto uma língua universal, criada por montagens sintáticas e verbais, com as mais diversas superposições multiculturais, de modo que virtualmente todos os habitantes da Terra pudessem comunicar-se com ela. Isso equivaleria a abolir a incomunicabilidade e a incompreensibilidade causadas pela diversidade de línguas que Deus impôs como castigo aos homens que tentaram desafiá-lo com a construção da Torre de Babel. Vale lembrar, neste contexto, que, segundo um levantamento feito pela linguista Nilce Sant'Anna Martins (2001), aproximadamente 10% do vocabulário brasileiro são constituídos por recriações de João Guimarães Rosa.

A soberba humana como tentativa de igualar-se a Deus, por meio de uma língua universal que concorresse com a palavra de Deus, é castigada pelo Criador com a dispersão e confusão de línguas. Evoquemos a esse respeito o episódio bíblico (Gênesis 11: 4) da construção da Torre de Babel. Naquele tempo, os descendentes de Noé ainda andavam unidos e falavam a mesma língua. Sabendo que a unidade faz a força, eles diziam uns aos outros: "Vinde! Vamos construir uma cidade e uma torre cujo ápice penetre nos céus! Façamo-nos um nome e não sejamos dispersos sobre toda a terra!"

Deus, no entanto, pensou: "Isso é só o começo de suas iniciativas! Daqui em diante, nenhum desígnio será irrealizável para eles. Vamos descer e confundir a sua língua para que não mais se entendam uns aos outros".

* * *

A partir da confusão babilônica da língua podemos observar a reviravolta da soberba para o sétimo e último pecado capital. Nesta altura parece que Deus está agindo através do Diabo. Instaura-se a *preguiça* ou a acédia, enquanto inércia ou *tristeza* do espírito e do coração. Esta, conforme explica Flusser (1993, p. 181), se manifesta numa condenação "ao perpétuo falar" ou "a um calar-se, carregado de culpa", isto é, ou através da tagarelice ou através da incapacidade de comunicar-se com seu semelhante. Pela soberba de querer igualar-se a Deus, os homens são castigados com uma multiplicação das línguas, o que traz a incompreensibilidade e a falta de comunicação.

O paradoxo desse castigo é que só agora, através da intervenção de Deus, a língua se torna verdadeiramente diabólica. Se a língua, segundo Flusser, é um invenção do Diabo, então, o projeto de construção da Torre de Babel, expresso na língua única pré-babilônica, era formulado na língua do Diabo. Mas só em seguida, com a confusão de línguas criada por Deus, a língua torna-se efetivamente diabólica, no sentido etimológico da palavra. Quer dizer, o *diábolos* (do grego *diabállein*) – "se joga no meio" ou "se interpõe" entre os homens que se comunicam no *medium* da língua. O Diabo, portanto, não representa (mais) o princípio da comunicação e do entendimento, mas a incompreensibilidade.

"Não existe ilusão maior do que a opinião de que a língua seja um meio de comunicação entre os homens", sentenciou o escritor Elias Canetti (1975, p. 45). Com esta frase pode ser descrita de modo preciso a função da linguagem em *Grande Sertão: Veredas*. Canetti retoma a ideia central do ensaio do crítico romântico Friedrich Schlegel, *Sobre a Incompreensibilidade*. Segundo Schlegel, não existe nenhuma garantia de que o entendimento dos homens no *medium* da língua seja efetivamente possível. Pois, além de ser o meio de muitas boas intenções e da busca sincera da verdade, não é que a língua é, ao mesmo tempo, o lugar dos mal-entendidos e da ambiguidade, da aparência e da hipocrisia, do engano e da mentira, da dissimulação e do mascaramento? (cf. Weinrich, 1970). À língua é inerente a algo de diabólico. A tal ponto que talvez se deva introduzir no quadro das seis funções de linguagem definidas por Roman Jakobson – emotiva (emissor), apelativa (destinatário), fática (contato), referencial (contexto), metalinguística (código) e poética (mensagem) – ainda uma sétima função: *a função diabólica da linguagem*, que aponta para o fato de que, em todo ato de comunicação humana também o

Diabo está no meio. Evidentemente, para tornar operacional esta sugestão, que foi inspirada por uma metaforização metafísica, todo o quadro teórico precisaria ser repensado.

* * *

A hipótese de uma função diabólica da linguagem poderia ser corroborada com numerosas citações de *Grande Sertão: Veredas*. A história de vida de Riobaldo é a história de uma paixão amorosa sob o signo da incompreensibilidade. Dito de outra maneira: no *medium* do romance, o escritor Guimarães Rosa reconstrói e investiga algumas situações típicas de incomunicabilidade. À guisa de exemplo, vejamos aqui três momentos significativos de diálogo entre Riobaldo e Diadorim, nos quais predomina a função diabólica da linguagem.

Na primeira situação, o desejo de um entendimento mútuo por meio de uma conversa aberta tem de ceder o lugar a um silêncio imposto, sob a ameaça de que o diálogo seja interrompido:

> E estávamos conversando, perto do rego [...]. Quase que a gente não abria boca; mas era um delém que me tirava para ele – o irremediável extenso da vida. Por mim, não sei que tontura de vexame, com ele calado eu a ele estava obedecendo quieto (GSV, p. 25).

A segunda situação típica consiste no fato de a pessoa amada, que se sente ferida pelas palavras e pelo comportamento do outro, não mais se interessa em conversar, mas passa a entender errado o que foi dito, ou *quer* entender errado; ela, então, se fecha ou usa a palavra como arma:

> Diadorim mesmo mal me entendeu. [...] Afirmo que não colhi a grã do que ele disse, porque naquela hora as ideias nossas estavam descompassadas surdas, um do outro a gente desregulava (GSV, p. 403).
>
> Meio arrependido do dito, puxei outra conversa com Diadorim; e ele me contrariou com derresposta, com o pique de muita solércia (GSV, p. 436).

Na terceira situação, finalmente fala-se abertamente tudo aquilo que nunca se ousou dizer. Mas, mal foram pronunciadas essas sinceras palavras, que a reação do outro e o súbito medo diante da própria coragem fazem com que se retire o que foi dito, com a alegação de que foi um equívoco ou uma brincadeira. A linguagem torna-se assim um mero faz de conta, o lugar de um permanente jogo de máscaras:

E tudo impossível. Três-tantos impossível, que eu descuidei, e falei: – ...*Meu bem, estivesse dia claro, e eu pudesse espiar a cor de seus olhos...* –; e disse, vagável, num esquecimento, assim como estivesse pensando somente, modo se diz um verso. Diadorim se pôs pra trás, só assustado. – *O senhor não fala sério!* [...] Arrepio como recaí em mim, furioso com meu patetear. – *Não te ofendo, Mano. Sei que tu é corajoso...* eu disfarcei, afetando que tinha sido brinca de zombarias, recompondo o significado (GSV, p. 437).

Parece que a relação amorosa é o lugar por excelência para experienciar plenamente a dimensão diabólica da linguagem. Mas já está na hora de parar e de resumir, numa consideração final, qual foi o nosso objetivo principal nesta releitura do romance de Guimarães Rosa pelo prisma da *História do Diabo* de Vilém Flusser.

* * *

Grande Sertão: Veredas é considerado unanimemente como um livro muito difícil, escrito no limiar da compreensibilidade. Trata-se de uma incompreensibilidade estratégica. A situação narrativa, de que um homem culto da cidade se dispõe a escutar a fala de um "simples sertanejo" durante um tempo equivalente a 500 páginas, é uma construção irônica. Com isso, o escritor chama a atenção para uma falta de diálogo, no Brasil real, entre os que se servem da norma culta e os que falam a língua do povo. Enquanto história de uma incomunicabilidade, a história do amor entre Riobaldo e Diadorim aguça o olhar para o problema de uma dificuldade de entendimento mútuo que é coletiva. O projeto de Guimarães Rosa como escritor, visto em sua dimensão cultural e política, visa enfrentar esse problema com a utopia da invenção de uma nova língua (geral). Esse projeto não é propagado de forma missionária, como ocorre em tantos projetos de educação formulados de modo edificante. O escritor faz questão de distanciar-se da retórica política corrente, que desgasta e inflaciona o significado das palavras. O lema da construção do projeto de Guimarães Rosa parece ser este: "O diabo, é às brutas; mas Deus [...] faz é na lei do mansinho!" (GSV, p. 21). Do ponto de vista estilístico, trata-se de uma construção *discreta*. No entanto: em cada linha do romance podemos sentir uma confiança no poder da palavra e na capacidade de cada membro da comunidade dos falantes de cooperar na construção da língua como um bem público comum. É para esta direção que aponta, a meu ver, o projeto de João Guimarães Rosa como preceptor do Brasil: transformar a língua diabólica em uma língua rigorosamente luciférica. De um *medium* de incompreensão, ela passa então a ser, dialeticamente, uma língua que traz e divulga a luz e o esclarecimento.

~

REFERÊNCIAS BIBLIOGRÁFICAS:

GSV = ROSA, João Guimarães. *Grande Sertão: Veredas*. 5. ed., Rio de Janeiro, José Olympio, 1967. (1. ed.: 1956.)
ROSA, João Guimarães. "Pequena Palavra". In: RÓNAI, Paulo. *Antologia do Conto Húngaro*. 2. ed., Rio de Janeiro, Civilização Brasileira, 1958, pp. XI-XXVIII.

BENJAMIN, Walter (1972). *Ursprung des deutschen Trauerspiels*. Frankfurt am Main: Suhrkamp. (1. ed.: 1928). Ed. brasileira: *Origem do Drama Barroco Alemão*. Trad. Sergio Paulo Rouanet. São Paulo, Brasiliense, 1984.
BOLLE, Willi. *grandesertão.br – O Romance de Formação do Brasil*. São Paulo, Duas Cidades/Editora 34, 2004.
CANETTI, Elias. "Karl Kraus, Schule des Widerstands". *Das Gewissen der Worte: Essays*. München/Wien, Hanser, 1975, pp. 39-49.
DANIEL, Mary L. *João Guimarães Rosa: Travessia Literária*. Rio de Janeiro, José Olympio, 1968.
FLUSSER, Vilém. *Die Geschichte des Teufels*. Göttingen, European Photography, 1993.
_____. *A História do Diabo*. São Paulo, Annablume, 2005. (1. ed.: 1965.)
LORENZ, Günter W. "João Guimarães Rosa". *Dialog mit Lateinamerika: Panorama einer Literatur der Zukunft*. Tübingen/ Bale, Horst Erdmann, 1970, pp. 481-538. Ed. brasileira: "Diálogo com Guimarães Rosa". Trad. Rosemará Costhek Abílio. In: COUTINHO, Eduardo (org.). *Guimarães Rosa*. Rio de Janeiro, Civilização Brasileira, 1983, pp. 62-97.
MARTINS, Nilce Sant'Anna. *O Léxico de Guimarães Rosa*. São Paulo, Edusp, 2001.
SCHLEGEL, Friedrich. "Über die Unverständlichkeit". *Charakteristiken und Kritiken I (1796-1801)*. Ed. org. por Hans Eichner. München/Paderborn/Wien, Ferdinand Schöningh, 1967, pp. 363-372. (Inicialmente publicado em 1800.)
WEINRICH, Harald. *Linguistik der Lüge*. 4. ed. Heidelberg, Lambert Schneider, 1970.

Título	Machado e Rosa: Leituras Críticas
Organizadora	Marli Fantini
Editor	Plinio Martins Filho
Produção Editorial	Aline Sato
Ilustração da Capa	André Coelho e Gina Nogueira (CEDECOM-UFMG)
Capa	Tomás Martins
Editoração Eletrônica	Daniela Fujiwara
Revisão	Geraldo Gerson de Souza
Formato	16 x 23 cm
Tipologia	Minion Pro
Papel	Cartão Supremo 250 g/m^2 (capa)
	Pólen Soft 80 g/m^2 (miolo)
Número de Páginas	512
Impressão e Acabamento	Gráfica Vida e Consciência